Siedler

David Fraser, einer der angesehensten britischen Historiker, zeichnet die faszinierende Lebensgeschichte vom »Wüstenfuchs« Erwin Rommel mit der Imagination des großen Biographen und der nüchternen Präzision des Militärhistorikers nach. Detailliert untersucht Fraser den Aufstieg, Triumph und Sturz Rommels, der im Ersten Weltkrieg einer der höchstdekorierten deutschen Offiziere war und der populärste Feldherr des Zweiten. Wie stand Rommel tatsächlich zum Nationalsozialismus und zur Person Hitlers? Lange diente er Hitler voller Ergebenheit. War Rommel einer von »des Teufels Generälen«? Der Held von El-Alamein, erfolgreich gegen die weit überlegenen britischen Streitkräfte, als Bauherr des »Atlantikwalls« Verteidiger der Westfront, zweifelte erst spät am verheißenen Endsieg. Dann aber, angesichts der verzweifelten militärischen Lage Deutschlands und dem offensichtlichen Versagen Hitlers als Kriegsherr forderte er unmißverständlich Konsequenzen und eine politische Lösung des Krieges. Als vermeintlicher Mitwisser des Staatsstreichs vom 20. Juli wurde er zum Selbstmord gedrängt. War Rommel ein Widerstandskämpfer? David Fraser macht sich auf, die geheimnisvolle Persönlichkeit des Mythos Rommel zu ergründen, der sogar von seinen Gegnern geachtet und bewundert wurde – als militärischer Genius, mehr noch aber als ritterlicher Feldherr.

»Fraser bettet Rommels Lebenslauf in die allgemeine innen- wie außenpolitische Lage Deutschlands in Europa ein. So wird die Biographie zugleich zu einem spannend geschriebenen Geschichtsbuch.«   NDR

Autor
David Fraser, Jahrgang 1920, war Militärhistoriker der britischen Armee im Zweiten Weltkrieg. Er ist Autor zahlreicher zeitgeschichtlicher Publikationen.

David Fraser

Rommel
Die Biographie

Aus dem Englischen von
Hans Jürgen von Koskull

Siedler

Die Originalausgabe erschien 1993 unter dem Titel
»Knight's Cross: A life of Field Marshall Erwin Rommel«
bei HarperCollins, New York.

Siedler Taschenbücher erscheinen im Goldmann Verlag,
einem Unternehmen der Verlagsgruppe Bertelsmann.

1. Auflage
Vollständige Taschenbuchausgabe Februar 2000
© 1993 Fraser Publications Ltd., London
© 1995 der deutschsprachigen Ausgabe
Wolf Jobst Siedler Verlag, Berlin
Umschlaggestaltung: Design Team München
Foto: AKG, Berlin
KF · Herstellung: Augustin Wiesbeck
Made in Germany
ISBN 3-442-75588-3

Inhalt

V. Teil
1943-1944

I. Teil
1891-1918

1.

»Macht mir
den rechten Flügel stark!«

Erwin Rommel war einer der großen Meister des Bewegungskrieges. Er gehört zu jenen seltenen Persönlichkeiten, deren Ruhm die Zeit überdauert hat. Männer wie er hatten ihre Siege der Fähigkeit zu verdanken, ihre Absichten verständlich zu machen, ihren Willen durchzusetzen und in der auf dem Schlachtfeld herrschenden Verwirrung auch über große Entfernungen wirksam in das Geschehen einzugreifen. Man könnte sagen, daß es diesen Männern gelungen ist, die Vorhänge der Geschichte wie mit einem Schwertstreich zu durchtrennen und sich kommenden Generationen in faszinierender Weise zu vergegenwärtigen. Als lebende Legenden haben sie, jeder auf seine Weise, das klassische Bild des Kriegers sichtbar gemacht: Sie waren tapfer, energisch, scharfsichtig und scharfsinnig, wachsam in der Gefahr und kühner im Kampf als ihre Gegner. Zu dieser einzigartigen Bruderschaft gehört auch Rommel, und es ist erstaunlich, daß ein so praktisch und modern denkender Mann wie er, der alles andere war als ein Phantast, heute zu denen zählt, deren Leben für die Nachwelt zum Mythos geworden ist.

Im Lauf der Zeit hat sich die Einstellung der Öffentlichkeit gegenüber der Kriegführung immer wieder geändert, und die Kriegshelden haben entsprechend der allgemeinen Stimmungslage hohes Ansehen genossen oder wurden verteufelt. In der heutigen Zeit wirkt die Tatkraft einer Persönlichkeit wie der Karls XII. von Schweden eher abstoßend als faszinierend; auch er war ein glänzender Truppenführer, ein Mann, der seine Feinde verfolgte und achtzehn Jahre lang ununterbrochen und bedenkenlos Krieg führte. Als Gefangener der Türken organisierte Karl todesmutig den blutigen und selbstmörderischen Widerstand seiner Mitgefangenen gegen die zahlenmäßig überlegenen türkischen Bewacher und tötete viele von ihnen, bis er überwältigt wurde. Zuvor war der König den Bedenken seiner zivilen Ratgeber dadurch begegnet, daß er ihnen sagte, ihre Pflicht sei es nur, das Geld für seine Kriege aufzubringen, und diese Kriege würden zum Ruhm des königlichen Hauses Wasa geführt. Sie sollten stolz darauf sein, einen gewissen Anteil daran zu haben.

Zu unserer Zeit würde ein Mann wie Karl XII. mit seiner Arroganz und Amoralität nur auf Entsetzen und Unverständnis stoßen.

Aber wenn wir von seinem Siegeszug im Nordischen Krieg lesen, in dem er mit erstaunlicher Geschwindigkeit Polen, Russen und Deutsche unterwarf, neue Staaten gründete und alte vernichtete, wenn wir erfahren, daß er seine kurze und erstaunlich erfolgreiche Laufbahn als Knabe von vierzehn Jahren begonnen und sie bereits im Alter von sechsunddreißig Jahren beendet hat, dann erkennen wir, wenn auch widerwillig, etwas Bemerkenswertes in diesem blassen Gesicht und der hochgewachsenen, schlanken Gestalt, die sich mit dem Schwert in der Hand auf Europa stürzte, »der wildeste Krieger der neueren Geschichte. . ., unerschrocken und unversöhnlich, mit kalter Berechnung und, über eine lange Zeit hin, einem wie durch Zauber unverwundbaren Leben«.[1] Wir sehen in Karl den Kriegshelden, auch wenn wir uns abgestoßen fühlen, und sind beeindruckt.

Es ist die bloße Energie dieser Männer, die über die Jahre fortwirkt und sie schon zu Lebzeiten zu Mythen gemacht hat — Männer wie Jeb Stuart, der große Reiterführer auf der Seite der Konföderierten im amerikanischen Sezessionskrieg, der seine Soldaten inspirierte, wo er sich zeigte — und er erschien an so vielen, weit voneinander entfernten Punkten auf dem Schlachtfeld (und jedesmal an entscheidender Stelle), daß man den Eindruck hatte, hier seien übernatürliche Kräfte im Spiel: ». . . ständig im Sattel. . ., überall gegenwärtig zu jeder Stunde des Tages und der Nacht. . ., und immer gutgelaunt und humorvoll«.[2] So galoppierte er über die Hügelketten von Chancellorsville vor dem großen Sieg des Generals Lee über die Armee des Potomac. Hier denken wir auch an den unvergleichlichen Bedford Forrest im gleichen Krieg, einen Mann mit der Brillanz und Unfaßbarkeit des Quecksilbers. Diese Männer, seien es nun Herrscher oder ihre Untergebenen, waren zweifellos Helden, große Heerführer und Meister des Schlachtfeldes. Sie mochten politische Fragen oder historische Ereignisse falsch beurteilen, aber diese Urteile waren in jedem Fall durch ihre Lebensumstände und die in ihrer Umgebung geltenden Auffassungen beeinflußt. Wenn man sich eingehender mit ihnen beschäftigt, muß man sich unbedingt davor hüten, sie aus der Perspektive ganz anderer Epochen und Kulturkreise zu beurteilen. Diese Männer waren mit all ihren Fehlern und Schwächen Kinder ihrer Zeit, und diese Zeit muß sowohl durch ihre Augen als auch objektiv betrachtet werden. Aber ihre Wirkung ist geblieben, und unsere Bewunderung für sie wird nicht aufhören.

In einem Zeitalter der Luftstreitkräfte, der Mechanisierung, der Erhöhung der Feuerkraft in einem bis dahin unvorstellbaren Ausmaß, einem Zeitalter, in dem ein Krieg zwischen modernen Industriegesellschaften unausweichlich einen Konflikt entpersonalisierter Massen zu bedeuten schien, der sich über ein weites Gebiet erstreckte — in einem solchen Zeitalter waren, wie man noch vor nicht allzu langer Zeit glaubte, die Tage der Helden auf den Schlachtfeldern gezählt. Ihre Leistungen waren großartig, doch nun hielt man sie für primitiv und irrelevant. Im folgenden Zitat äußert sich Churchill nach dem Ersten Weltkrieg über die militärischen Qualitäten von Marlborough:»In den Zeiten, über die wir berichten, bewies der große Feldherr am Tage der Schlacht, daß er über eine für seine Aufgabe erforderliche Kombination geistiger, moralischer und physischer Qualitäten verfügte, die so weit über dem Durchschnitt lagen, daß sie fast göttlich erschienen. Seine äußere Erscheinung, seine Heiterkeit, sein strahlender Blick, seine Gesten, der Ton seiner Stimme — und sogar der Rhythmus seines Herzschlags — verbreiteten in seiner ganzen Umgebung eine harmonische Atmosphäre. Jedes Wort, das er sprach, war entscheidend. . . Dieses Zeitalter ist für immer vergangen.«[3]

Neun Jahre nach Veröffentlichung dieser Zeilen finden wir den Verfasser in seinem provisorischen Quartier in Kairo wieder, wo er unruhig auf und ab geht, immer wieder den Namen eines gewissen deutschen Generals nennt und ausruft:»Jetzt kommt es nur darauf an, ihn zu schlagen!« Denn es hatte den Anschein, als sei eine historische Gestalt wieder lebendig geworden — in gewissem Sinn eine ganz und gar in unsere Zeit gehörende Gestalt, technisch versiert und einfallsreich, fortschrittlich in ihren Ideen und in einzigartiger Weise geschickt in der Kunst der Kriegführung des 20. Jahrhunderts, aber doch ein Mann, dessen persönliche Beherrschung des Schlachtfeldes an die Leistungen eines vergangenen heroischen Zeitalters erinnerte. Seine Leistungen hatten Churchill sogar veranlaßt, im Unterhaus von »einem sehr kühnen und geschickten Gegner. . . und, wenn ich das über alle Schrecken des Krieges hinweg sagen darf, einem großen Feldherrn« zu sprechen. Gemeint war Erwin Rommel.

Der Held, und als solchen darf man Erwin Rommel zweifellos bezeichnen, wird völlig versagen, wenn er neben seinem Charisma nicht auch über das notwendige Fachwissen verfügt. Diese Männer — und man kann darüber streiten, wen man zu ihnen rechnen darf — verstanden ihr Handwerk. Ob es Könige oder Berufssoldaten waren, ob sie das Kriegshandwerk einer Familientradition folgend ergriffen hatten oder durch historische Zufälle oder Revolutionen dazu gekommen waren, sie waren Meister ihres Fachs. Sie benutzten ihren Verstand, waren rastlos tätig und verstanden es, den Anforderungen der Schlacht zu genügen. Sie stammten aus den verschiedensten Bevölkerungsschichten; aber wo sie auch herkommen mochten und ungeachtet der Einflüsse ihrer Familien und ihrer Abstammung zeigten sie in jedem Fall eine Kombination von drei Qualitäten, die gemeinsam die Fähigkeiten eines Heerführers bestimmten. Die erste dieser Qualitäten könnte man als ihr Temperament bezeichnen.

Der Herr des Schlachtfeldes hat es zu allen Zeiten genossen, sich den Herausforderungen des Kampfes zu stellen. Er selbst hat dieses Vergnügen oft getadelt, zumindest in neuerer Zeit, und seine Biographen folgten ihm darin. Der Krieg kann grausige Formen annehmen. In seinem Gefolge erleben wir Verstümmelung, Tod und Zerstörung. Seine Atmosphäre ist von Gewalt und Schmerzen geprägt. Seine Folgen sind Leiden und schmerzliche Verluste, und er erzeugt — wenn auch nicht unbedingt bei der kämpfenden Truppe — bestenfalls ungewollte, schlimmstenfalls bösartige Grausamkeiten. Die schwersten Vorwürfe richten sich heute gegen diejenigen, die den Krieg planen oder verherrlichen, und da die Schlacht das natürliche Element des Helden ist, muß unsere Haltung ihm gegenüber ambivalent sein. Diese Ambivalenz wird heute im allgemeinen durch das Konzept der Pflichterfüllung aufgehoben. Der Soldat wird als ein Mann dargestellt, der mit stoischer Ruhe und technischer Brillanz Befehle ausführt und eine im Grunde hassenswerte Aufgabe übernimmt, ohne sich selbst dabei zu beflecken, denn der politische Streit, der Anlaß des Krieges, läßt sich von ihm nicht beeinflussen. Gewiß hat es auch in unserer Zeit den kriegführenden Souverän und Diktator gegeben, aber er hat sich nur selten auf dem Schlachtfeld oder in der vordersten Linie gezeigt. Dort kann der Heerführer von der Schuld, die Umstände herbeigeführt zu haben, denen er seine Aufgabe und seine Chancen verdankt (zumindest von den Historikern) freigesprochen werden.

Wir dürfen jedoch nicht glauben, daß der Kriegsheld aufgrund dieser Unschuld seine Aufgabe nicht freudig erfüllt. Wäre das so, dann wäre er aufgrund seines Temperaments ungeeignet für den Beruf des Soldaten. Es ist unmöglich, daß jemand irgend etwas mit Geschick und Sachkenntnis unternimmt, ohne Befriedigung dabei zu empfinden, und die siegreichen Heerführer haben, wie uns die Geschichte lehrt, unabhängig davon, ob sie sich für eine gerechte Sache einsetzten oder nicht, mit einer Begeisterung gekämpft, die nur durch das eigene Versagen oder die Unfähigkeit eines Vorgesetzten gedämpft werden konnte. Diese Begeisterung bedeutete jedoch nicht Herzlosigkeit. Der Verlust von Freunden, das Leiden von Untergebenen, ja sogar das der Feinde, haben oft das Mitgefühl der großen Heerführer erregt. Mit Sicherheit hat auch Erwin Rommel so empfunden. Aber es wäre Unsinn, so zu tun, als hätte Rommel seine Rolle als Heerführer weniger genossen als Alexander von Mazedonien oder der große O'Neill. Das Temperament des erfolgreichen Kriegers — so sehr er sich auch darum bemühen mag, ihm in einer Weise Ausdruck zu verleihen, die den konventionellen Vorstellungen seiner Zeit entspricht — ist abgestimmt auf die besonderen Anforderungen der Schlacht. Die Schlacht ist sein Element. Und obwohl er den Krieg nach Beendigung der Kämpfe, wenn sich die Erregung des Kampfgeschehens gelegt hatte, als ein törichtes Geschäft bezeichnet hat, war die Schlacht Erwin Rommels Element.

Wenn das entsprechende Temperament eine unverzichtbare Qualität des Heerführers in der Schlacht ist, dann gilt das auch für das richtige Verständnis der Erfordernisse der erfolgreichen Kriegführung. Jeder siegreiche Heerführer hat es besessen — jenes untrügliche Gefühl dafür, was unter den oft außergewöhnlichen Umständen zum Erfolg führen wird. Ein solches Verständnis muß zum Teil durch Studium und Überlegung gewonnen werden (obwohl dieses »Lernen« ein akademischer Vorgang ist, auf den man in der Praxis oft verzichten muß). Es entsteht zum großen Teil dank der Erfahrungen aus vergangenen Ereignissen, und das können und müssen oft Erfahrungen anderer sein, von denen die Geschichte berichtet. Diese Erkenntnisse müssen zweifellos ihre Wurzeln in praktischen, technischen und professionellen Faktoren haben, die beherrscht und gewürdigt werden. Hier geht es um die Leistungsfähigkeit und die Schwächen von Waffen, Ausrüstung und Fahrzeugen, vor allem aber um die Fähigkeiten und Schwächen von Menschen. Aber das Verständnis und das Wissen vom Krieg in der Vollkommenheit, mit der es den wirklich großen Heerführer auszeichnet, geht über das rein Verstandesmäßige hinaus. Es wird zum sechsten Sinn, zu einer instinktmäßigen Reaktion jenseits solcher Phänomene (die ebenso wichtig, aber leichter zu beschreiben sind) wie der Fähigkeit, eine militärische Lage und eine günstige Gelegenheit sofort zu beurteilen und geschickt auszunutzen. Dieser sechste Sinn ist mehr als der rasche Überblick, der Wellington bei Salamanca veranlaßte, plötzlich aufzuspringen, als er die Kolonnen von Marmont erblickte und ausrief: »Bei Gott! Das genügt!«, um dann zum vielleicht glänzendsten Sieg seiner militärischen Laufbahn davonzugaloppieren, aber er kommt dieser Reaktion sehr nahe. Er ist das, was man Erwin Rommels »Fingerspitzengefühl« genannt hat, seine fast instinktive Reaktion auf die Gefahren, die Chancen und den Verlauf der Schlacht. Diese Reaktionsfähigkeit kennen wir bei allen großen Heerführern im Bewegungskrieg, sie äußert sich in vielerlei Gestalt und hat viele Namen.

»Handeln, ohne zu zögern«. Die wichtigste der drei Qualitäten, die den großen Heerführer ausmachen, ist die Fähigkeit, klar, entschlossen und vor allem schnell zu denken und zu handeln. Das Temperament mag dem militärischen Führer den notwendigen Enthusiasmus bringen, das Wissen kann sichere und gelegentlich auch gefährliche Einsichten über das vermitteln, was getan werden sollte, aber der siegreiche Befehlshaber im Bewegungskrieg ist der Feldherr, der so rasch, sicher und energisch handelt, daß er das Tempo und den Verlauf der Schlacht bestimmt. Es war Ruprecht, der (obwohl nach der Legende aufbrausend und ungestüm, ein Berufssoldat mit reichen militärischen Erfahrungen) schon zu Beginn des englischen Bürgerkriegs den Gegner bei Powick Bridge angriff, bevor irgend jemand und am wenigsten der Feind damit rechnete. Er führte seinen Angriff gegen überlegene feindliche Kräfte, bevor diese sich zum Kampf bereitstellen konnten, und schlug sie in die Flucht, ehe sie sich darüber klar geworden waren, was mit ihnen geschah. Diesem Sieg hatte er den Namen »Prinz Ruprecht der Schreckliche« zu verdanken.[4] Dabei blieb es. Und so geschah es dreihundert Jahre später auch mit Rommel.

Erwin Rommel war Schwabe, und in vielerlei Hinsicht besaß er die charakteristischen Eigenarten seiner Landsleute: ihre Sparsamkeit, Gründlichkeit und Besonnenheit, ihren gesunden Menschenverstand, ihren kühlen Kopf und eine gewisse Schläue. Trotz seiner später gelegentlich zutage tretenden Neigung zur Selbstüberschätzung — vielleicht eine Folge der romantischen Aura des Helden, die ihn umgab —, war Rommel ein echter Schwabe.

Sein Vater, Erwin Rommel senior, war Schullehrer in der württembergischen Stadt Heidenheim, etwa achtzig Kilometer östlich von Stuttgart und fünfunddreißig Kilometer nördlich von Ulm. Seine Mutter, geborene Helene Luz (sie lebte bis 1940), war die Tochter des Reutlinger Regierungspräsidenten. Als Kind war der am 15. November 1891 geborene Erwin Rommel junior ein kleiner, blasser, blonder und blauäugiger, manchmal etwas träumerischer, aber immer ausgeglichener Junge, der Eltern und Erziehern keinerlei Schwierigkeiten machte. Seine Leistungen in der Schule und im Sport entsprachen dem Durchschnitt. Als er älter wurde, entwickelte er eine gewisse Vorliebe für die Mathematik, wie sie schon sein Vater und sein Großvater besessen hatten, und das ist bis zu seinem Tode so geblieben. Die bemerkenswerte körperliche Zähigkeit und Energie, die für den Soldaten Rommel während seiner ganzen militärischen Laufbahn so charakteristisch waren, waren in seiner Jugend noch nicht so ausgeprägt. Doch seine Geschwister (er hatte eine ältere Schwester und zwei jüngere Brüder) erinnerten sich an eine besondere Charaktereigenschaft: Er schien sich vor niemandem zu fürchten.

Nach seinem vierzehnten Lebensjahr machte Rommel einen großen Entwicklungssprung. Er zeigte nicht nur gute mathematische Leistungen, sondern war ein leidenschaftlicher Skifahrer, liebte das Radfahren und ausgedehnte Wanderungen. Als Lektüre bevorzugte er Sachbücher, während ihn Romane, wie überhaupt die Kunst, weniger interessierten.

Erwin Rommel senior hatte, bevor er den Beruf eines Lehrers ergriff, als Artillerieoffizier in der Armee gedient, obwohl es in der Familie keine besondere militärische Tradition gab. Nach erfolgreichem Schulabschluß begann sich der junge Erwin für die Luftfahrt zu interessieren und hatte zunächst die Absicht, sich um eine Stelle bei den Zeppelinwerken in Friedrichshafen zu bewerben. Sein Vater war jedoch dagegen und riet ihm, Soldat zu werden, und erstaunlicherweise ist Rommel trotz seiner ursprünglich ganz anderen Berufspläne diesem Rat gefolgt.

Dem siegreichen Ende des deutsch-französischen Krieges folgte 1871 die Gründung des deutschen Kaiserreichs. Die unabhängigen Souveräne, die Könige, Großherzöge, Herzöge und Fürsten der verschiedenen deutschen Staaten erkannten den König von Preußen als Deutschen Kaiser an. Anschließend kam es darauf an, auf den meisten Gebieten des politischen Lebens die einander zum Teil widersprechenden legitimen Ansprüche der Einzelstaaten mit denen des gesamten Deutschen Reiches in Einklang zu bringen. Diese Vielgestaltigkeit, die von der Bevölkerung in den einzelnen Staaten und von ihren Fürsten für wertvoll gehalten wurde, denen etwa als Bayern oder Württembergern die Ostpreußen oder Schlesier völlig fremd waren, mußte nun mit jener Geschlossenheit in Übereinstimmung gebracht werden, die den Erfordernissen des wirtschaftlichen Fortschritts und der militärischen Sicherheit entsprachen.

Dieses in der Geschichte immer wieder auftretende und uns auch heute nicht fremde Problem wurde von der Reichsverfassung des Jahres 1871 anerkannt, welche die Beziehungen der Einzelstaaten innerhalb des gesamten deutschen Kaiserreiches zueinander regelte. Nach den darin festgelegten Bestimmungen bildeten auf militärischer Seite die Truppen des Königreichs Württemberg das XIII. Armeekorps des deutschen Heeres. An der Spitze der deutschen Armee stand der Große Generalstab, dessen Väter die bedeutenden Preußen aus den Befreiungskriegen, Scharnhorst und Gneisenau, waren, und deren berühmter Chef, der ältere Moltke, den Feldzug gegen Frankreich geführt hatte, dessen siegreichem Ausgang dies alles zu verdanken war. Sie war eine zahlenmäßig starke Truppe, die bei der Mobilmachung durch die im Frieden weitgehend selbständige Bayerische und Sächsische Armee ergänzt wurde. Die deutsche Armee entsprach in ihrer Gliederung der Zusammensetzung des Kaiserreichs und erkannte den Kaiser als Obersten Kriegsherrn an. Sie erfreute sich aller (oder nach Ansicht ihrer Kritiker nur einiger) Vorteile ihrer Geschlossenheit, aber auch ihre Vielfalt war ein positiver Aspekt (obwohl die Kritiker sie für einen Nachteil hielten). Die Württemberger traten, zumindest in der Theorie, in die Königlich Württembergische Armee ein, und der König von Württemberg besaß gewisse »Reservatsrechte« an seiner Armee. Der Ausgleich zwischen Vielfalt und Geschlossenheit scheint, zumindest für Außenstehende, glänzend gelungen zu sein. Dazu trug zweifellos die Tradition des »Volkes in Waffen« bei. Dieser Idee fühlte sich jeder Soldat verpflichtet, der als Wehrpflichtiger oder Freiwilliger diente oder als Reservist und in der Landwehr bis zum Alter von fünfundvierzig Jahren der Armee zur Verfügung stand. Diese Bestimmungen für den Heeresdienst galten im ganzen Deutschen Reich. So genoß der deutsche Soldat in allen Einzelstaaten die gleichen Privilegien und mußte die gleichen Pflichten übernehmen. Der Lokalpatriotismus war stark, manchmal sogar beherrschend. Aber jetzt gab es auch das propagandistisch geförderte und unter den geeigneten Umständen immer stärker ins Bewußtsein tretende Konzept des alle Deutschen vereinenden Vaterlandes als Gegenstand des Stolzes, des Mythos und patriotischer Lieder.

Erwin Rommel zeigte während seines ganzen Lebens eine gewisse vorsichtige Skepsis, ja sogar Empfindlichkeit in Fragen der gesellschaftlichen Klassenunterschiede. Man trifft häufig auf die falsche Vorstellung, daß die Offiziere des kaiserlichen Heeres zum größten Teil Adlige gewesen seien, wenn auch oft jüngere oder verarmte Angehörige adliger Familien. Aber das ist nicht richtig. Das alte preußische Konzept von einem Thron, der sich ausschließlich auf eine durch Vererbung dazu bestimmte Kaste stützte, von einer aristokratischen Gesellschaftsordnung, war unter dem Druck der Ereignisse, der sozialen Evolution und der Bedürfnisse beim Ausbau der Armee wesentlich modifiziert worden. In Preußen selbst waren seit 1845 zahlreiche Angehörige des Mittelstandes in das Offizierkorps aufgenommen worden, eine Entwicklung, die durch einen kaiserlichen Erlaß aus dem Jahr 1890 legalisiert wurde, während in den süddeutschen Staaten einschließlich Württembergs das Offizierkorps schon seit langer Zeit zum großen Teil aus Bürgerlichen bestand. 1912, als Rommel nach der Absolvierung der Kriegsschule in sein Regiment zurückkehrte, waren in der deutschen Armee insgesamt nur etwas mehr als ein Viertel der jüngeren Offiziere adlig. Zum Adel gehörten allerdings nicht nur alle Nachkommen von adligen Großgrundbesitzern, sondern auch zahlreiche Angehörige von Familien, die aufgrund ihrer Leistungen im Staatsdienst geadelt worden waren. In Württemberg war der Prozentsatz adliger Offiziere wesentlich geringer, und der Adel hatte in der Armee kaum einen Einfluß. Deshalb befand sich Rommel, der einer rein bürgerlichen Familie angehörte (der Großvater mütterlicherseits besaß den württembergischen persönlichen Adel), hier ganz in seinem Element, und als junger Mann hat er es kaum mit irgendwelchen gesellschaftlichen Vorurteilen zu tun gehabt. Der Einfluß des Adels innerhalb des elitären Generalstabs — damals und später — war etwas anderes, denn als Rommel zum Leutnant befördert wurde, bestand der deutsche Generalstab mindestens zur Hälfte aus Adligen. Doch Rommels heftige Auseinandersetzungen mit dem Generalstab lagen noch in ferner Zukunft.[5]

Was ihn unmittelbar berührte, war die Entwicklung der Grundsätze für die Ausbildung und Auswahl der Offizieranwärter, eine Entwicklung, die wir auch bei anderen Nationen und zu anderen Zeiten feststellen können. Die alte preußische Tradition hatte sich nicht nur auf ererbte Vorrechte, sondern auch auf die charakterliche Eignung der künftigen Offiziere gestützt. Die Schulbildung als solche war dabei im allgemeinen nicht beachtet oder sogar verachtet worden. Die revolutionären Entwicklungen in der Militärwissenschaft und in den Grundauffassungen, welche die Napoleonischen Kriege mit sich gebracht hatten, hatten das alles verändert. In der Folgezeit kam es in Preußen zu einer Heeresreform, und es wurde das Fundament für ein dauerhaftes und beeindruckendes Gebäude gelegt. Dieses Gebäude bestand aus dem Generalstab und seinem neuen Führungssystem. Der wichtigste Reformer war Scharnhorst gewesen, der daran gezweifelt hatte, daß man ohne einen geschulten Intellekt erfolgreich Krieg führen könne. Er war überzeugt, daß nur der gebildete Mann ein guter Offizier sei, und seine Reformen folgten dieser Überzeugung.

Darauf erfolgte, wie nicht anders zu erwarten, eine Reaktion, und das neunzehnte Jahrhundert erlebte einen Konflikt zwischen den maßgebenden Männern in Preußen (und anschließend im ganzen Deutschen Reich), die der Auffassung waren, die einzigen Erfordernisse, die ein Offizier zu erfüllen habe, seien, daß er aus »gutem Hause« stamme und »Charakter« habe, also dem konservativen Flügel dieser Gruppierung, und denen, die verlangten, er müsse außerdem intellektuelle und schulische Qualitäten zeigen und angeregt werden, sie zu entwickeln. Diese Meinung wurde von den Progressiven vertreten. Um diese Konzepte wurde leidenschaftlich gestritten, man schloß Kompromisse, ergriff halbe Maßnahmen, und die Methoden wurden immer wieder geändert. Noch 1897 wurde eine Kabinettsorder herausgegeben, in der ausdrücklich darauf hingewiesen wurde, daß es bei der Auswahl der Offizieranwärter auf die »Erziehung«, den »Willen« und den »gesunden Menschenverstand« ankäme (ohne daß etwas über die Schulbildung gesagt wurde). Diese Kabinettsorder richtete sich eindeutig gegen die »Progressiven«. Doch in den ersten Jahren des 20. Jahrhunderts trat eine Wende ein, und als Rommel den Beruf ergriff, den er bis zu seinem Tode ausüben sollte, wurden nur noch vier Prozent der Anwärter ohne Nachweis einer abgeschlossenen Oberschulausbildung als Offizieranwärter eingestellt, wie das bisher möglich gewesen war, wenn die betreffenden jungen

Männer aus »gutem Hause« stammten und aufgrund ihres »Charakters« für geeignet gehalten wurden.

Rommel hätte keinesfalls Schwierigkeiten gehabt, akzeptiert zu werden, denn er hätte in jedem Fall alle Bedingungen erfüllt, und zwar sowohl die Forderungen der Konservativen, denen es auf charakterliche Eignung ankam, als auch die der Progressiven, die eine entsprechende Schulung des Intellekts zur Voraussetzung machten. Bei der Auswahl der Offiziere folgte man verschiedenen Systemen. Die wichtigste Ausbildungsstätte für Offiziere zur Zeit des jungen Rommel war die Kriegsschule in Danzig an der Ostsee, einer alten westpreußischen Hafenstadt. Diese Kriegsschule, in die Rommel nun aufgenommen werden wollte, war eine Einrichtung der preußischen Armee, in die die württembergische Armee ja eingegliedert war. Da er den notwendigen Schulabschluß, das Abitur eines Realgymnasiums, vorweisen konnte, war er berechtigt, sich als »Avantageur« — Offizieranwärter — bei einem württembergischen Regiment zu melden. Falls dieser Versuch mißlungen wäre, hätte er seinen Wehrdienst als einjährig Freiwilliger ableisten können (das heißt, er hätte nicht, wie die Rekruten ohne Schulabschluß, zwei, sondern nur ein Jahr dienen müssen, hätte dann aber Reserveoffizier werden können — allerdings mit der Verpflichtung, Uniform und Ausrüstung selbst zu kaufen, was beträchtliche Ansprüche an die Vermögensverhältnisse des Vaters stellte).

Zunächst versuchte Rommel, bei der Artillerie unterzukommen. Noch kurz zuvor hatte diese Waffengattung kein besonderes gesellschaftliches Ansehen genossen, aber inzwischen rangierte die Feldartillerie gesellschaftlich unmittelbar nach der Kavallerie. Doch auf die Bewerbung seines Sohnes erhielt Erwin Rommel senior eine enttäuschende Absage des örtlichen Artilleriekommandeurs, der ihm mitteilte, daß in seinem Regiment »in absehbarer Zeit keine Stelle frei wird«. Auch bei den Pionieren, bei denen sich Rommel anschließend bewarb, wurde er nicht angenommen. So blieb dem jungen Erwin nur noch das Infanterieregiment 124 der 26. württembergischen Infanteriedivision. Nachdem er aus gesundheitlichen Gründen (er mußte sich an einem Leistenbruch operieren lassen) vier Monate zurückgestellt worden war, wurde er im Juli 1910 als Fahnenjunker (Offizieranwärter) in diesem Regiment angestellt und diente dort vom Juli 1910 bis zum März 1911.

In der deutschen Armee ist es bis heute üblich, daß jeder Offizieranwärter vor Beginn der Offizierausbildung an der Kriegsschule und vor der Beförderung zum Leutnant in seinem Regiment bei der Truppe dienen muß, um sich als Unterführer zu bewähren. Schließlich — und das war sehr wichtig — mußte er früher vom Offizierkorps seines Regiments nach Abschluß der Ausbildung zum Offizier gewählt werden. Eine ähnlich strenge Auswahl gibt es auch in anderen Armeen, wenn auch nicht überall nach bestimmten festgelegten Regeln. So etwas kann natürlich zu Mißbräuchen, zu Cliquenbildung und zum Festhalten an falschen Wertvorstellungen führen. Aber es unterstreicht die Notwendigkeit des gegenseitigen Vertrauens innerhalb einer Bruderschaft, deren Mitglieder sich gegebenenfalls gemeinsam im Kampf bewähren müssen, wo sie auf die kameradschaftliche Verbundenheit angewiesen sind.

Ein Offizieranwärter genoß damals zwar gewisse Vorrechte, die nur dem Offizier zustanden, es wurden aber härtere Anforderungen an ihn gestellt als an einen jungen Offizier oder einen einfachen Soldaten. Seine Stellung ähnelte der des Leutnants zur See in der Königlich Britischen Marine, und man erwartete von ihm, daß er vor Eintritt in die Kriegsschule die Pflichten eines Vorgesetzten im Unteroffiziersrang übernehmen konnte.

Rommel zeigte befriedigende Leistungen und wurde im Oktober 1910 zum Gefreiten, am Ende des Jahres zum Unteroffizier befördert und im März 1911 auf die Königlich Preußische Kriegsschule in Danzig geschickt, wo er hart arbeiten mußte. Der theoretische Unterricht lag ihm weniger, aber in allen praktischen Fächern zeigte er gute Leistungen. Er nahm seine Pflichten ernst und war entschlossen, allen Anforderungen gerecht zu werden. Der Lehrgang dauerte bis Ende November 1911. Das Abschlußzeugnis bescheinigte Rommel die Eignung in allen geprüften Fächern und enthielt die Note »Führung gut«. Im Dezember kehrte der schneidige, monokelbewehrte junge Mann, der am 27. Januar 1912 zum Leutnant befördert wurde, zu seinem Regiment nach Weingarten zurück.

Die deutsche Armee des Kaiserreiches war eine gewaltige und beeindruckende Organisation. Die Soldaten genossen eine harte und gründliche Ausbildung und boten in ihren prächtigen Uniformen ein glänzendes Bild. Ein Foto von Rommel im Waffenrock mit hochgeschlossenem Kragen und der Pickelhaube des württembergischen Infanteristen zeigt einen elegant wirkenden jungen Offizier. Wahrscheinlich hat er ähnliches empfunden wie einer seiner Zeitgenossen, ein junger sächsischer Offizier, der in seinen Erinnerungen schreibt: ». . . Als ich nach zweijähriger Dienstzeit zum ersten Mal als Offizier vom Dienst mit dem Brustschild aus Messing an silberner Kette um den Hals durch die Korridore meiner Kaserne ging und den Widerhall meiner Schritte hörte, hatte ich das Gefühl, nichts könnte die Würde militärischen Auftretens besser zum Ausdruck bringen. Wenn man das als Militarismus bezeichnen will, dann bekenne ich mich schuldig. Man war stolz auf die Uniform, und die Worte ›esprit de corps‹ hatten noch eine Bedeutung.«[6]

Die jungen Offiziere im ganzen Deutschen Reich hatten damals das erhebende Gefühl, zu einer großen Armee zu gehören, die überdies 1870/71 einen gewaltigen Sieg errungen hatte. Auch die gesellschaftliche Stellung, die ihnen eingeräumt wurde, bestärkte sie in diesem Gefühl. In manchen deutschen Städten erwartete man von den Zivilisten, daß sie einem Offizier in Uniform Platz machten, wenn sie ihm auf dem Bürgersteig begegneten, und der politische Einfluß der militärischen Führung auf den Kaiser, der nach preußischer Tradition und nach der Verfassung nicht nur als verfassungsmäßiger Souverän, sondern auch als Oberbefehlshaber der Streitkräfte anerkannt wurde, war angeblich sehr stark. Der Chef des Generalstabs der Armee wurde häufiger zur Audienz beim Kaiser vorgelassen als jeder Minister — ein Chef des Generalstabs, dessen Vorgänger man einst ohne weiteres das Recht zugestanden hatte, entscheidenden Einfluß auf die Formulierung der deutschen Außenpolitik zu nehmen.[7] Denn in diesem seltsam atavistischen Gemeinwesen wurden alle Qualitäten einer modernen und dynamischen Industrienation, die straff organisiert, intelligent geleitet, technisch fortschrittlich in vielen kommerziellen, sozialen, künstlerischen und erzieherischen Leistungen an der Spitze Europas stand, wie von einem soliden, aber dennoch durchschaubaren Glanz von der historischen Überlieferung Preußens überlagert, jenes preußischen Staates, von dem man gesagt hat, daß in den meisten Gemeinwesen der Staat eine Armee besitzt, während in Preußen die Armee den Staat besitzt. Und es war Preußen — das strenge, pflichtbewußte, prinzipientreue, gottesfürchtige Preußen —, das in der Armee des Kaiserreiches den Ton angab (wobei Bayern und Sachsen zum Teil eine Ausnahme machten). Das traf auch für das ganze deutsche Reich zu, und zwar so stark, daß viele Deutsche Anstoß daran nahmen. Das alles verbarg sich zwar zum Teil hinter den zivilen Konventionen des 20. Jahrhunderts, aber dennoch wuchs Rommel in einer vom militärischen Geist bestimmten Gesellschaft auf. In Preußen waren der Adel und das Offizierkorps die bevorzugte höchste Gesellschaftsschicht, und hier neigten im ganzen Deutschen Reich auch diejenigen, die gesellschaftlich aufstiegen und oft als Reserveoffiziere der Armee angehörten, dazu, das Verhalten der Angehörigen dieser Schicht zu imitieren und die Gewohnheiten und Vorurteile zu übertreiben, durch welche sich eine militärisch geprägte Gesellschaft auszeichnet.

Kaum jemand hatte an diesem Zustand etwas zu kritisieren. Das deutsche Kaiserreich verfügte über eine sehr starke Armee, jedenfalls war ihre Mannschaftsstärke nach einer Mobilmachung beeindruckend, aber sie war schwächer als die Armeen Frankreichs oder Rußlands. Und Frankreich hatte ein Bündnis mit Rußland geschlossen, das den Dreibund — den bisherigen Zweibund zwischen

Deutschland und Österreich-Ungarn, dem sich nun ein nicht ganz zuverlässiges Italien angeschlossen hatte – als potentiellen Feind ansah. Ob man diese Bündnisse nun als offensiv oder defensiv betrachtete, hing davon ab, aus welcher Perspektive man sie beurteilte. 1912 verpflichtete sich der russische Generalstab in der Form einer ins einzelne gehenden Erklärung, auf die man sich im Grundsatz schon vor vielen Jahren geeinigt hatte, bei der Mobilmachung 800 000 Mann gegen Deutschland aufmarschieren zu lassen und am fünfzehnten Tage nach Anordnung dieser Mobilmachung eine Offensive zu beginnen. Die Einzelheiten einer für den Kriegsfall geplanten französischen Offensive im Elsaß waren für den deutschen Generalstab kein Geheimnis.

Für die Deutschen war die Armee der Garant ihrer Sicherheit in einem Europa, in dem sie, wie schon so oft, an beiden Flanken von Feinden bedroht wurden. Darüber hinaus war es ein Europa, in dem Deutschland bei ungezählten Gelegenheiten zum Schlachtfeld fremder und überlegener Mächte geworden war, die in deutsche Gebiete einmarschiert waren, um hier zu kämpfen und arge Verwüstungen anzurichten. Vor vierzig Jahren hatte Preußen und nicht Österreich die Vorherrschaft in den von Deutschen bewohnten Ländern gewonnen. Frankreich war entscheidend geschlagen worden, und anschließend waren zur Sicherung der deutschen Westgrenze die von Deutschen bewohnten oder besetzten ehemaligen französischen Provinzen Elsaß und Lothringen annektiert worden. Darauf war die Gründung des Deutschen Kaiserreichs gefolgt. Die Aufgabe der Armee war es, diesem neuen Deutschen Reich die äußere Sicherheit zu garantieren.

In den beiden auf die Beförderung Rommels zum Leutnant folgenden Jahren zeichnete sich immer deutlicher ab, daß die Stärke der deutschen Armee bald auf die Probe gestellt werden würde. Jenseits der deutschen Ostgrenze herrschte in Rußland eine besorgniserregende politische Instabilität, und man mußte jederzeit damit rechnen, daß die Russen versuchen könnten, sich durch außenpolitische Abenteuer vom innenpolitischen Druck zu befreien. Rußland hatte auf dem Balkan, im europäischen Südosten, eine Reihe von unruhigen Klientelstaaten, die sich von den Nachwirkungen der türkischen Oberhoheit befreien wollten und nun die Muskeln spielen ließen. Nach Auffassung der Deutschen war Serbien der gefährlichste dieser Unruhestifter.

Serbien war ein kleines, seit 1878 unabhängiges Land, und die Serben strebten danach, ihr Gebiet auszuweiten und ihre Position zu stärken. Im Norden und Westen Serbiens lagen Provinzen des Österreich-Ungarischen Kaiserreiches. Manche von ihnen waren von Slawen bewohnt, denen sich die Serben enger verbunden fühlten als den Deutschen und Ungarn, die das Land von Wien und Budapest aus regierten. Einige dieser Gebiete, besonders Bosnien und Herzegowina, waren erst 1908 offiziell von Österreich annektiert worden (das diese Gebiete bis dahin mit dem Einverständnis der Türken schon seit langer Zeit verwaltet hatte). Für Österreich-Ungarn war Serbien ein ständiges Ärgernis, ein Störenfried und Förderer von Umsturzgedanken bei den politischen Gegnern in einigen Teilen des österreichischen Kaiserreichs. Die Serben galten in Wien als kleine internationale Gangster, die um so bedrohlicher waren, als hinter ihnen das mächtige Rußland stand, das den Ton angab und die Entwicklung entscheidend beeinflußte.

Diese Umstände führten dazu, daß die Sorgen Österreich-Ungarns (sehr zum Mißfallen Berlins) auch zu den Sorgen Deutschlands wurden, und bei mehr als einer Gelegenheit hatte der deutsche Kaiser seinen Verbündeten jede Unterstützung zugesagt (der Zweibund bestand offiziell seit 1879) – und zwar in einer Form, deren Überspanntheit ganz Europa hatte schaudern lassen. Der jüngere Moltke hatte als Chef des preußischen Generalstabs Wien im Jahr 1909 versichert, sobald Rußland mobilmache, werde Deutschland das auch tun. Bismarck hingegen hatte sich noch in ganz anderem Sinn geäußert: »Für uns kann die Balkanfrage in keinem Fall zum Kriegsgrund werden.«

Die russische Armee war zahlenmäßig sehr stark, jedoch nicht so schlagkräftig, wie sie hätte sein können. Tatsächlich brauchte sie eine gewisse Zeit für die Mobilmachung, weil Reservisten und Regimenter weite Strecken zurücklegen mußten, um ihre Bereitstellungsräume zu erreichen. Im Westen dagegen stand die französische Armee, die bis 1870 als die stärkste Landstreitmacht in Europa gegolten hatte. Hier herrschte noch immer der Geist des großen Napoleon, und die Deutschen glaubten nicht ohne Grund, daß bei den Franzosen das Verlangen nach Rache noch sehr lebendig sei: Rache für 1870 und für Sedan. Die Franzosen, so schien es, warteten nur auf eine Gelegenheit, ihre »verlorenen Provinzen«, Elsaß und Lothringen, zurückzuerobern (obwohl das Elsaß und Teile Lothringens von einer deutschsprachigen Bevölkerung mit deutschen Traditionen bewohnt wurde). So glaubten sich die Deutschen an allen ihren Grenzen bedroht. Und nicht nur Rommel hatte wohl gelegentlich auch beunruhigende Berichte über die Unzuverlässigkeit von Teilen der Streitkräfte des wichtigsten deutschen Verbündeten, Österreich-Ungarns, und die Differenzen gehört, die es zwischen ihnen und der Regierung in Wien sowie zwischen den Truppenteilen der verschiedenen Landesteile gab. Alle diese Faktoren mußten die Sicherheit des Deutschen Reiches auf Dauer gefährden.

Doch das war noch nicht alles. Schon vor Jahrzehnten hatte der bis in das erste Jahrzehnt des 20. Jahrhunderts fortdauernde Wettstreit um den Erwerb von Kolonien in Afrika begonnen, an dem sich schließlich alle europäischen Großmächte beteiligten. Sie hatten in Afrika Gebiete erworben, Niederlassungen eingerichtet und sich Konzessionen gesichert.

Deutschland beteiligte sich verhältnismäßig spät an diesem Spiel, tat es aber dann mit großer Energie, wobei es in vielen Fällen fast zu unmittelbaren Zusammenstößen mit Franzosen und Briten kam. Für die Deutschen war die Reaktion der anderen europäischen Staaten auf die eigenen kolonialen Ambitionen böswillig und heuchlerisch — böswillig, weil sie sich auf unausrottbare antideutsche Vorurteile stützten wie im Falle von Frankreich, und heuchlerisch, weil sich jeder Ankläger die gleichen Übergriffe hatte zuschulden kommen lassen, die er nun den Deutschen vorwarf. Wegen der großen Entfernung dieser Kolonien von Europa und weil ihr einziger Wert, wenn überhaupt, in ihrem wirtschaftlichen Potential lag, wurde die Frage nach der Beherrschung der Seewege zu einem besonderen Problem.

Während des ganzen 19. Jahrhunderts hatte Großbritannien noch vom Ruhm des Sieges von Trafalgar gezehrt und stolz behaupten können, seine Flotte beherrsche die Meere. Aber gegen Ende des Jahrhunderts wurde diese Vorherrschaft immer mehr in Frage gestellt, besonders durch Deutschland. Wilhelm II. war leidenschaftlich an machtpolitischen Fragen interessiert und von der großen Bedeutung einer schlagkräftigen Flotte überzeugt. Er glaubte, das Deutsche Reich müsse, wenn es den seiner Bedeutung angemessenen Platz in Europa und der Welt einnehmen wolle, eine respektgebietende Seemacht sein. In dieser Auffassung wurde der Kaiser von der Mehrheit der Bevölkerung der an der Nord- und Ostsee gelegenen Staaten des Deutschen Reiches unterstützt. So entschloß sich die deutsche Regierung zu einem Flottenbauprogramm, das den Bau einer Hochseeflotte vorsah, die stark genug sein würde, sich den Flotten Großbritanniens und seiner Verbündeten entgegenzustellen. Sie sollte in der Lage sein, Großbritannien im Fall eines Krieges an der Errichtung einer Kontinentalsperre zu hindern, mit der Jahrzehnte zuvor Napoleon isoliert worden war. Zur gleichen Zeit nahm in weiten Kreisen Deutschlands aus ähnlichen, wenn auch diffusen Gründen das Mißtrauen und die Abneigung gegenüber England zu.

Der Ehrgeiz des Kaisers hatte — und auch das war durchaus verständlich — in Großbritannien erhebliche Befürchtungen ausgelöst, und so wurden seit 1906 zwischen den militärischen Stäben in London und Paris freundschaftliche Gespräche geführt. Schon 1904 war zwischen den beiden Ländern die »Entente cordiale« geschlossen worden. Diese Vereinbarungen verpflichteten Großbritannien zwar nicht unbedingt, an einem Krieg auf dem europäischen Kontinent teilzunehmen, erleichterten eine solche Teilnahme allerdings ganz wesentlich. Deshalb war es durchaus denkbar, daß England, das in den vergangenen Jahrhunderten in ungezählten Kriegen mit Preußen verbündet gewesen war, jetzt zu den Feinden Deutschlands gezählt werden könnte.

In dieser Lage fühlten sich die Deutschen von Feinden umgeben, mißverstanden und ernsthaft bedroht — bedroht durch die unberechenbare Politik eines von panslawistischen Leidenschaften beherrschten Rußlands, das geneigt war, die Balkanvölker auf seine Seite zu ziehen, durch den unversöhnlichen Revanchismus Frankreichs und schließlich, wenn auch nicht unmittelbar, durch das, was man als verständnislose Eifersucht Großbritanniens ansah.

Für den Betrachter westlich des Rheins, östlich der Weichsel oder jenseits des Ärmelkanals nahmen sich diese Dinge allerdings ganz anders aus. Dort verfolgte man die deutsche Außenpolitik mit großem Mißtrauen. Deutschlands Größe und Stärke, die notorische Wankelmütigkeit des Deutschen Kaisers und die in Deutschland herrschende, als schamlos militaristisch gebrandmarkte Philosophie empfand man als eine der gefährlichsten Bedrohungen des Friedens in Europa.

Doch aus welcher Perspektive man die allgemeine Lage in Europa auch betrachten mochte, überall hatte man den Eindruck, daß es ausreichend Konfliktstoff gäbe. Zu der Zeit, als Rommel die Kriegsschule in Danzig besuchte, wurde Marokko von Frankreich besetzt. Deutschland hatte während der vergangenen Jahre mißbilligend und eifersüchtig den französischen Expansionismus in Nordafrika beobachtet, und um diese Haltung zu unterstreichen, wurde das deutsche Kanonenboot »Panther« nach Agadir entsandt. Ein solches Unternehmen — Großbritannien hatte in den vergangenen Jahren im Vertrauen auf seine Stärke schon häufiger ähnliche Maßnahmen ergriffen — löste Empörung aus, und London reagierte diplomatisch, aber energisch darauf (was im Grunde mit der bisherigen britischen Haltung unvereinbar war, denn Großbritannien hatte Deutschland vor einigen Jahren aufgefordert, in Nordafrika die Initiative zu ergreifen, um Frankreich zuvorzukommen; aber der Wind blies jetzt eben aus einer anderen Richtung). Im Jahr 1912 — Rommel war inzwischen zu seinem Regiment zurückgekehrt — verpflichtete sich Frankreich, im Fall eines Krieges Rußland *unter allen Umständen* militärisch zu unterstützen. Auch auf dem Balkan, in Serbien, wurde die Lage immer bedrohlicher, und man hatte den Eindruck, in absehbarer Zeit wieder mit kriegerischen Auseinandersetzungen rechnen zu müssen.

In Berlin verfaßte Moltke im Dezember 1912 eine Denkschrift, in der sie die Lage aus deutscher Sicht zusammenfassend folgendermaßen beurteilten: Der Dreibund sei ein Verteidigungsbündnis. Rußland bemühe sich, als Vorkämpfer des Panslawismus in Europa zu gelten und sich nach einem Sieg über Österreich einen Zugang zur Adria zu sichern. Frankreich sinne auf Rache und wolle seine verlorenen Provinzen zurückgewinnen. England wolle »den Alptraum der deutschen Seemacht« loswerden. Deutschland habe nur den Wunsch, sich zu verteidigen, aber die strategische Defensive verlange eine Verteidigungsoffensive, eine Notwendigkeit, die der doppelten Logik der geographischen und relativen Stärke entspräche.[8]

In dieser gespannten internationalen Atmosphäre arbeitete der preußische Generalstab unermüdlich an der Ausarbeitung oder Modifizierung seiner Pläne und Tabellen für die Truppenbewegungen. Falls es zu einem Krieg gegen Frankreich und Rußland, einem Zweifrontenkrieg, kommen sollte, verlangte die Strategie einen entscheidenden Schlag gegen einen der beiden Gegner, bevor man sich dem zweiten zuwenden konnte. Dieser erste Offensivschlag sollte sich gegen die Franzosen wenden, deren Mobilmachung weniger Zeit in Anspruch nehmen würde als die der Russen. Und nach den Plänen für eine große Offensive im Westen mit 35 Armeekorps, die von dem früheren Chef des Generalstabes, Graf v. Schlieffen, ausgearbeitet worden waren, war auch der Einsatz des XIII. (württembergischen) Armeekorps bei dieser Offensive vorgesehen. Der Schlieffenplan zielte auf einen schnellen Durchbruch in Belgien; gleich einem riesigen Rad, dessen Reifen durch Belgien und am Kanal entlanglief, sollten die deutschen Truppen in Frankreich einfallen und die französische Niederlage erzwingen. Schlieffen hatte 1906 den Abschied genommen, sich aber bis zu seinem Tode im Jahr 1912 unaufhörlich mit diesem gewaltigen Vorhaben beschäftigt. Seine letzten Worte auf dem Totenbett waren: »Macht mir den rechten Flügel stark!«[9]

2.

Der Sturzflug des Falken

Nach Ansicht der meisten Deutschen entsprach das Bündnis mit
Österreich durchaus einem Gebot politischer Vernunft. Deutschland
hatte ein vitales Interesse daran, die militärische Niederlage oder gar
die Auflösung Österreich-Ungarns zu verhindern. Jedem Deutschen
war klar, daß Österreich-Ungarn jetzt, nachdem die Macht des Otto-
manischen Reiches gebrochen war und die Türken Europa hatten
räumen müssen, in erster Linie durch das russische Kaiserreich bedroht wurde. Und jeder Deutsche wußte, daß die Russen in ihren
Absichten, wenigstens zunächst, von ihrem balkanischen Satelliten
Serbien unterstützt würden.

Denn die Serben waren nicht gewillt, die Annexion Bosniens und
der Herzegowina durch Österreich hinzunehmen. Als der österreichische Thronfolger, Erzherzog Franz Ferdinand, mit seiner Frau
während eines Besuchs in Sarajewo, der Hauptstadt von Bosnien,
am 28. Juni 1914 ermordet wurde, stand in Wien sofort fest, daß dieser Mord von Belgrad geplant worden war (die Mörder waren Na-
tionalisten, deren Ziel es war, einen von Wien unabhängigen jugosla-
wischen Staat unter Einschluß von Serbien zu schaffen). Deshalb
stellte Wien den Serben ein Ultimatum und erhob eine Anzahl von
Forderungen, deren Annahme sich kaum mit dem Fortbestand Serbiens als eines unabhängigen Staates vereinbaren ließ. Die Regierung
in Wien hielt die Zeit für gekommen, endgültig mit Serbien abzu-
rechnen, und das Verbrechen war der Funke, mit dem eine schon
lange vorbereitete Sprengladung zur Detonation gebracht werden
konnte. Überdies, so kalkulierte man, würde ein Krieg gegen Serbi-
en nun zu einem gemeinsamen Vorgehen des deutschen und ungarischen Bevölkerungsteils innerhalb der k.u.k Monarchie führen – in
dieser Lage ein entscheidender Faktor.

Das österreichische Ultimatum wurde den Serben am 23. Juli
übermittelt und sollte innerhalb von 48 Stunden beantwortet werden. Am folgenden Tag unterrichtete Deutschland die Regierungen
in Rußland, Frankreich und Großbritannien davon, daß die österreichischen Forderungen von Berlin als absolut gerechtfertigt angesehen wurden. Das bedeutete praktisch, daß Deutschland den Öster-
reichern auf jeden Fall zur Seite stehen würde.

Serbien akzeptierte alle österreichischen Forderungen bis auf zwei, aber inzwischen hatte die Angelegenheit eine eigene Dynamik entwickelt. Nicht anders als der junge Leutnant Rommel hatte eine ganze Generation junger Deutscher − und junger Russen, Franzosen und Briten − den Eindruck, daß sich der Lauf der Ereignisse nicht mehr aufhalten ließ. Die Hauptbeteiligten − der alte Kaiser Franz Joseph, der Zar, der Kaiser und auch der deutsche Generalstab − nahmen die an sie herangetragenen Warnungen und Proteste zur Kenntnis, aber die Logik der Mobilmachungen und Aufmarschpläne trieb zur Eile. Einen oder zwei Tage hinter dem Gegner zurückzubleiben, bedeutete unter Umständen einen verhängnisvollen Zeitverlust und entschied vielleicht über Sieg oder Niederlage.

So rückte das Verhängnis unaufhaltsam näher. Die Antwort Serbiens auf das österreichische Ultimatum traf am Abend des 25. Juli in Wien ein und wurde dort als unzureichend beurteilt. Österreich-Ungarn erklärte Serbien am Morgen des 28. Juli den Krieg. Schon vorher hatte sich Rußland zur Mobilmachung entschlossen, aber vor allem aufgrund einer Intervention des Zaren verzögerte sich die Mobilmachung der russischen Armee an der ganzen Front und wurde erst am Nachmittag des 30. Juli angeordnet.

Von diesem Augenblick an war der Ausbruch eines großen europäischen Krieges nicht mehr aufzuhalten. Nun mußte auf die totale russische Mobilmachung mit der Mobilmachung der deutschen Armee geantwortet werden, obwohl man in weiten Kreisen Deutschlands der Auffassung war, daß der österreichisch-serbische Konflikt für Rußland keine Bedrohung darstellte. Von dieser beabsichtigten Maßnahme hatte man natürlich auch die Regierung in Wien unterrichtet, und die österreichische Mobilmachung wurde am folgenden Tag, dem 31. Juli, um 13.45 Uhr angeordnet.

Rommel war im Sommer 1914 zum Württembergischen Feldartillerieregiment 49 in Ulm kommandiert worden, wo er als Zugführer seine militärischen Kenntnisse erweitern sollte. Es war dasselbe Regiment, dessen Kommandeur Rommels Vater einen kurzen abschlägigen Bescheid auf den Antrag seines Sohnes gegeben hatte, als Fahnenjunker bei der Artillerie eingestellt zu werden. Am Tag der Mobilmachung war Rommel mit seiner Batterie auf dem Weg zu einer Feldübung durch die Straßen Ulms geritten und anschließend, mit der Regimentsmusik an der Spitze, wieder in die Kaserne zurückgekehrt. Am Nachmittag traf der Gestellungsbefehl ein, und noch am Abend meldete sich Rommel wieder beim 124. Infanterieregiment in Weingarten.

Am 1. August erklärte Deutschland Rußland den Krieg und gab die allgemeine Mobilmachung bekannt. Am gleichen Tag machte deshalb auch Frankreich gemäß den Vereinbarungen des französisch-russischen Vertrags mobil. Am 3. August erklärte Deutschland Frankreich den Krieg.

Jetzt aber gab es ein entscheidendes Problem. Der Schlieffenplan sah vor, daß der rechte Flügel der deutschen Armee bei seinem Vormarsch gegen Frankreich belgisches Gebiet passierte (in einer früheren Form dieses Plans galt das auch für Holland). Am Abend des 2. August, einen Tag vor der Kriegserklärung an Frankreich, stellte Deutschland an Belgien deshalb die Forderung, den Durchzug deutscher Truppen zu gestatten. Belgien wies das deutsche Ansinnen zurück. Dennoch begann die deutsche Armee ihren Vormarsch am 3. August gemäß dem Zeitplan und auf den Marschrouten, die während des vergangenen Jahrzehnts in allen Einzelheiten festgelegt worden waren. Wo die Belgier Widerstand leisteten, wurde dieser gebrochen. Das alles geschah, obwohl die belgische Neutralität durch einen Vertrag aus dem Jahr 1839 von den europäischen Mächten einschließlich Großbritanniens garantiert wurde.

In London bestanden zunächst gewisse Zweifel daran, ob man sich an diesem Krieg beteiligen sollte; im britischen Kabinett waren die Meinungen geteilt. Auf einem in jenen Tagen herausgegebenen Flugblatt konnte man die Überschrift lesen: »Zum Teufel mit Serbien«. Doch der deutsche Einmarsch in Belgien beseitigte die letzten Zweifel. Großbritannien hatte versucht, von den Deutschen die Zusicherung zu erhalten, daß sie die Neutralität Belgiens nicht verletzen würden, aber Deutschland hatte das abgelehnt. So erwies sich der Schlieffenplan als eine militärische Notwendigkeit, aber als politische Katastrophe: Großbritannien, das bis zu diesem Augenblick noch gezögert hatte, brach am 4. August um 23 Uhr — in Deutschland war es Mitternacht — die diplomatischen Beziehungen zu Deutschland ab und erklärte damit den Krieg.

Am folgenden Abend bestieg Rommel den Zug, der ihn an die Westfront bringen sollte. Vorauskommandos des Regiments 124 waren schon vor einigen Tagen in Marsch gesetzt worden. Die Soldaten trugen bereits die neuen feldgrauen Uniformen, an deren Anblick sich die Völker Europas während der kommenden dreißig Jahre nur allzusehr gewöhnen sollten.

Um internationale Schuldzuweisungen als Folge einer Verletzung der Neutralität Belgiens und Hollands (sowie die Beteiligung Großbritanniens am Krieg) zu vermeiden, hatte Schlieffen vorgeschlagen, Frankreich so weit zu provozieren, daß es seinerseits in Belgien einmarschierte. Er hatte gehofft, ein deutscher Aufmarsch vor den Ardennen werde das französische Oberkommando veranlassen, eine für die Verteidigung günstige Stellung vor der französischen Grenze zu besetzen. Damit wäre ein Vorwand geschaffen, seinem Plan zu folgen. Denn Schlieffen hatte stets an eine große Kesselschlacht gedacht, eine Entscheidungsschlacht, deren Erfolg um so größer sein würde, je weiter die französischen Truppen veranlaßt würden, in das Zentrum dieses Kessels vorzustoßen. Die deutschen Truppen im Osten sollten während dieser Zeit in der Defensive bleiben.

Der französische Plan XVII, der eine konzentrierte französische Offensive gegen die Saar und nach Lothringen hinein vorsah, betraf vor allem das Gebiet an der deutsch-französischen Grenze südlich des deutschen Schwerpunkts. Die Franzosen, die sich der deutschen Absichten durchaus bewußt waren, hatten auch wirklich daran gedacht, nach Belgien vorzustoßen, wenn sich herausstellen sollte, daß starke deutsche Truppenverbände gegenüber Belgien und dem Maastrichter Zipfel zusammengezogen wurden. Sie hatten diese Idee schließlich aber aufgegeben, in erster Linie, weil sie die internationalen Reaktionen und die Haltung Großbritanniens fürchteten. Schlieffens Hoffnungen erfüllten sich daher nicht, obwohl sie durchaus berechtigt gewesen waren.

So schloß die französische Offensive schließlich ein Vorgehen nach Belgien hinein aus. Die deutsche Offensive folgte zwar im allgemeinen dem von Schlieffen entworfenen Plan, die am rechten Flügel eingesetzten Truppen waren jedoch wesentlich schwächer als ursprünglich vorgesehen, und das hatte verhängnisvolle Folgen.[1] Hinzu kam das ebenso verhängnisvolle (aber vielleicht unvermeidbare) vorzeitige Umschwenken der am weitesten rechts eingesetzten deutschen Armee nach Norden. Es war die 1. Armee des Generalobersten v. Kluck. Aus dieser für die Deutschen ungünstigen Lage entwickelte sich dann die Marneschlacht, der erfolgreiche französisch-britische Gegenschlag der äußeren französischen Flanke gegen den deutschen rechten Flügel.

In dem ihm zugewiesenen kleinen Rahmen beteiligte sich Rommel an den ersten Kämpfen, mit denen das Drama begann. Sein Regiment im XIII. (Württembergischen) Armeekorps des Generals v. Fabeck war Teil der deutschen 5. Armee unter dem Befehl des Deutschen Kronprinzen.

Die 5. Armee bildete den Drehpunkt des gewaltigen Rades im Raum nördlich von Metz und südlich von Luxemburg in den südlichen Ardennen. Hier war es die Aufgabe der Deutschen, die ihnen gegenüberliegenden französischen Truppen zu binden, während südlich davon, östlich der Linie zwischen Metz und Nancy, die deutsche 6. Armee unter dem bayerischen Kronprinzen Rupprecht (nach dem Schlieffenplan) einen französischen Angriff auffangen und sich dann zurückziehen sollte, um den Feind in einen Kessel zu locken. Damit sollte — nach Beendigung des weiten Umfassungsmarsches des deutschen rechten Flügels — die völlige Einkreisung vorbereitet werden.

Wie erwartet und entsprechend dem französischen Plan XVII stießen die französische 1. und 2. Armee nach Lothringen vor. Ihre Offensive wurde jedoch durch die starken Abwehrkräfte der deutschen 6. Armee bei Saarburg und Mörchingen, östlich von Nancy und Metz, zum Stehen gebracht. Bei diesem erfolgreichen Abwehrkampf fügten die Deutschen den Franzosen schwere und blutige Verluste zu. Diese Erfolge veranlaßten den Kronprinzen Rupprecht, um eine Änderung des ursprünglichen Plans nachzusuchen. Er bat die deutsche Heeresleitung um Erlaubnis, zum Angriff übergehen und die Mosel überschreiten zu dürfen, statt sich, wie ursprünglich vorgesehen, zurückzuziehen, um den Gegner zur Verfolgung herauszufordern. Moltke erklärte sich einverstanden. Durch diese weitere Abweichung vom Schlieffenplan (der bereits geschwächte rechte Flügel konnte nun nicht mehr mit baldigen Verstärkungen aus dem Raum links der Mitte rechnen) wurde die bereits voraussehbare Erstarrung der Fronten unabwendbar. Am 20. August und an den unmittelbar darauf folgenden Tagen gingen die deutsche 5. und 6. Armee zum Angriff über. Die ganze deutsche Front unternahm damit den Versuch, eine Offensive zu beginnen, war aber für ein solches Unternehmen nirgends stark genug. Der Schlieffenplan war inzwischen so sehr abgeändert worden, daß seine weitere Verwirklichung unmöglich wurde.

Zweifellos sind Rommel die katastrophalen Folgen dieser Fehlentscheidungen deutlich bewußt geworden, als er älter war und Zeit hatte, angesichts seiner eigenen Erfahrungen über die Zusammenhänge in diesem gewaltigen Konflikt nachzudenken. Er, der nie dem Generalstab angehörte, aber ein hervorragender autodidaktischer Militärtheoretiker und Schriftsteller war, sollte später ebenso sicher die größeren Lehren von 1914 ziehen, wie er lernte, sich die kleineren, die taktischen, direkten Probleme anzueignen. Zu Beginn des Ersten Weltkrieges aber war er noch ein junger Offizier, der wenig wußte, was über seine unmittelbare Umgebung hinausging.

Seine erste Feindberührung hatte er bei Longwy im Grenzgebiet zwischen Belgien und Frankreich. Hier mußte er im offenen Feld kämpfen, wo sich jede Seite um Geländegewinn bemühte und in aller Eile Feuerstellungen einzunehmen suchte, wo die Regimenter auf breiter Front auseinandergezogen vorwärtsstürmten, wo die Geschütze im Galopp in ihre weiter vorn oder rückwärts liegenden Stellungen gebracht wurden und den Gegner auf vergleichsweise kurze Entfernungen unter Feuer nahmen.

Doch als Erwin Rommel am 22. August 1914 zum ersten Mal in feindliches Feuer geriet, hatte er fast vierundzwanzig Stunden lang ununterbrochen zu Fuß oder im Sattel gegen den Feind aufgeklärt sowie die Verbindung zur Nachbartruppe aufgenommen und war bereits vollkommen erschöpft. Sein Bataillon — er führte einen Zug im II. Bataillon des 124. Regiments — hatte die Friedensgarnison Weingarten am 2. August verlassen und war zu einer kurzen, aber intensiven Ausbildung in den Raum Ruxweiler verlegt worden. Nachdem das Regiment durch Reservisten auf Kriegsstärke aufgefüllt worden war, so daß es nun aus drei Bataillonen mit jeweils vier Kompanien bestand, setzte es sich am 18. August in nördliche Richtung in Marsch, überquerte am gleichen Tage die Grenze zu Luxemburg, wendete sich dann nach Südwesten, marschierte in Belgien ein und ging dann über die Grenze nach Frankreich. Dort setzte es als Teil der 5. Armee unter dem Deutschen Kronprinzen an der inneren Flanke des Schlieffenschen »Rades« den Vormarsch in Richtung auf die Maas fort.

Der 21. August war für das Bataillon als Ruhetag nach den anstrengenden Märschen der vergangenen drei Tage vorgesehen. Aber für Rommel war er das Gegenteil. Er erhielt den Auftrag, mit einem aus fünf Mann bestehenden Spähtrupp zu erkunden, ob das Gelände unmittelbar vor der Front schon vom Feind besetzt war. Anders als bei den früheren Felddienstübungen im Frieden wurde er sich hierbei in aller Deutlichkeit der Verantwortung für die Sicherheit seiner Männer bewußt und spürte die nervliche Anspannung und die Notwendigkeit, sich in dieser ungeklärten Lage äußerst vorsichtig und oft unter großen körperlichen Anstrengungen im feindlichen Gelände zu bewegen. Zum ersten Mal erlebte er auch, was es bedeutete, wenn bei einem solchen Einsatz die physischen Kräfte nachließen, daß es dann darauf ankam, die durch den Mangel an Schlaf eingetretene Erschöpfung zu überwinden und die gestellte Aufgabe mit wachen Sinnen zu erfüllen. Überdies litt er schon hier — wie später noch oft — unter starken Magenbeschwerden.

Nachdem Rommel das (negative) Ergebnis seines Aufklärungsvorstoßes gemeldet hatte, erhielt er sofort einen neuen Auftrag von seinem Regimentskommandeur, der von seinem energischen und intelligenten Offizier offenbar mehr verlangte, als dies vertretbar war. Rommel erhielt den Befehl, Verbindung zum Nachbarbataillon (dem I.) seines eigenen II. Bataillons aufzunehmen und ihm einen Rückzugsbefehl zu überbringen. Anschließend sollte er das Bataillon in seine neuen Stellungen führen.

Doch der Kommandeur des I. Bataillons erklärte, diesem Befehl nicht nachkommen zu können, da er noch einer anderen Brigade unterstehe. Als sich der 23jährige Leutnant Rommel bei dem General meldete, der diese Brigade befehligte, erklärte der, nicht auf das I. Bataillon des Infanterieregiments 124 verzichten zu können. Das Bataillon sei außerstande, den Befehl des Regimentskommandeurs zu befolgen.

Völlig erschöpft kehrte Rommel zu seinem Regimentskommandeur zurück und meldete ihm, auf welch unklare Befehlsverhältnisse er bei der Brigade gestoßen sei. Darauf erhielt er den Befehl, unverzüglich den eigenen Brigadekommandeur, Generalmajor v. Moser, aufzusuchen und dessen Entscheidung einzuholen. Dort gelang es Rommel, mit seinem Bericht die Entscheidung zu erwirken, die sich das Regiment 124 gewünscht hatte: Bei Tagesanbruch des 22. August sollte das I. Bataillon wieder seinem Regimentskommandeur unterstellt werden.

Am selben Tag mußte Rommel, der nun vierundzwanzig Stunden lang entweder im Sattel oder zu Fuß mit Feindaufklärung oder Befehlsübermittlung zugebracht hatte, beim weiteren Vormarsch mit seinem Zug die Spitze des Bataillons übernehmen. Zusammen mit drei anderen Regimentern rückte sein Regiment in breiter Front in Richtung auf das Dorf Bleid vor. Beim Angriff gerieten Rommel und seine Männer in feindliches Feuer und suchten Deckung in einem Kartoffelfeld. Niemand wurde verletzt, es ließ sich aber auch nicht feststellen, wo der Feind sich versteckte, in dessen Schußlinie sie geraten waren. Der Zug erhob sich und wiederholte das gleiche Manöver ein paarmal, bis im Nebel die Dächer von Bleid erkennbar wurden.

Hier ließ Rommel seinen Zug liegen und näherte sich mit drei Mann einigen am Dorfrand stehenden Bauernhäusern. Das am nächsten liegende Gebäude schien nicht vom Feind besetzt zu sein. Vorsichtig schlichen die Deutschen im Schutz der Hauswand zu der dahinterliegenden Straße und erblickten vor sich fünfzehn bis zwanzig französische Soldaten, die Kaffee tranken, ohne sich einer Gefahr bewußt zu sein.

Rommel hat später ohne Selbstgefälligkeit und Prahlerei über seine Reaktionen berichtet. Sollte er einen Mann zurückschicken und den Zug nachkommen lassen? Das hatte keinen Sinn. Er und seine drei Soldaten würden sich allein helfen können. In der Deckung hinter dem Gebäude entschied er, was zu tun sei: Gewehre entsichern, schnell aus der Deckung springen und dann im Stehen das Feuer eröffnen. Es war nicht die erste Feindberührung, die Rommel erlebte, denn sein Zug war schon während des Vorrückens gegen Bleid in sporadisches feindliches Feuer geraten. Aber als er und sein Spähtrupp jetzt aus der Deckung sprangen und das Feuer auf die überraschten Franzosen eröffneten, war es das erste Mal, daß er selbst einen feindlichen Soldaten töten mußte.

Die Hälfte der Franzosen fiel unter den Schüssen Rommels und seines Spähtrupps. Doch bald wurde das Feuer aus anderen Gebäuden erwidert, und Rommel zog sich mit den drei Männern in die Stellung seines Zuges zurück. Er hatte die für ihn so typische Kühnheit gezeigt — die Bereitschaft zu handeln, anstatt zu warten, und spontan und persönlich anzugreifen, anstatt zeitraubende Pläne zu entwerfen und geeignete Kräfte zu formieren. So läßt der an sich unbedeutende Vorfall am Dorfrand von Bleid bereits den Mann erkennen, der eines Tages ohne oder sogar gegen Befehle eine Offensive gegen die Briten in der Cyrenaika beginnen sollte, während das Gros seiner Truppen sich noch auf dem Weg von Europa nach Nordafrika befand.

Nun begann Rommel, mit seinem ganzen Zug den Ostteil von Bleid systematisch vom Feind zu säubern. Er führte einen Teil seines Zuges in verdeckte Feuerstellungen, von denen aus die Männer ein vom Feind gehaltenes Haus unter Feuer nehmen konnten. Mit dem Rest des Zuges umging er das Angriffsziel, um es auf ein verabredetes Zeichen hin mit Handgranaten und Handfeuerwaffen zu erstürmen. Währenddessen drangen andere Teile des Regiments in den Ort ein und verwandelten ihn in ein brennendes Inferno. »Feuer, dicker, erstickender Qualm«, schrieb Rommel, »glimmende Balken, zusammengestürzte Häuser.«[2] Doch ein Teil des Dorfes war immer noch in französischer Hand.

Inzwischen hatte Rommel die Verbindung zu seiner Kompanie und zu seinem Bataillon verloren und zog sich mit seinem Zug auf eine niedrige Anhöhe etwa dreihundert Meter nordöstlich des Dorfes zurück. Von dort aus konnte er die Lage gut überblicken. Achthundert Meter vor sich sah er die roten Hosen der französischen Infanteristen, die augenscheinlich am Rand eines Weizenfeldes Gräben aushoben. Wo der Rest des II. Bataillons geblieben war, ließ sich allerdings nicht feststellen.

Rommels Bericht über die Lage in diesem Augenblick ist charakteristisch für ihn: »Da ich mit meinem Zug nicht untätig bleiben will, entschließe ich mich zum Angriff auf den mir gegenüberliegenden Feind, der sich ja zudem im Gefechtsstreifen des II. Bataillons befindet.«[3] Rommel kannte die Grenzen des seinem Bataillon zugewiesenen Angriffsstreifens. Er befand sich immer noch innerhalb dieses Streifens, und der Gegner war auf Schußweite zu erkennen. Nachdem er seine Männer wieder in Stellung gebracht hatte, eröffnete er das Feuer. Nach 15 Minuten sah er einen Teil des II. Bataillons rechts neben seinem Zug heranrücken. Die Franzosen hatten das Feuer erwidert, aber nun konnte »der Zug unbesorgt angreifen«.[4]

Der Angriff wurde, wie es die Gefechtsausbildung vorsah, so ausgeführt, daß jeweils eine Gruppe vorwärtsstürmte, während die andere liegenblieb und Feuerschutz gab. Rommel gelangte in den toten Winkel und befahl, die Bajonette aufzupflanzen. Dann griff er an. Doch als er die feindlichen Gräben erreichte, waren sie leer. Der Feind hatte sich zurückgezogen.

Rommel war dem Rest des Bataillons inzwischen weit voraus und beschloß, so lange zu warten, bis auch die anderen Kompanien herangekommen waren. Er selbst ging weiter vor, um festzustellen, wohin sich der Gegner zurückgezogen hatte. Bald erblickte er im Norden französische Infanteriekolonnen, die, von der deutschen Artillerie aus ihren Stellungen vertrieben, vor der deutschen Front von rechts nach links vorbeizogen. Wieder überlegte er einen Augenblick, was zu tun sei. »Soll ich rasch den Zug herbeirufen? Nein! Der bleibt viel besser in seiner Stellung.«[5] Rommel und die beiden Männer, die ihn begleiteten, eröffneten das Feuer auf die Spitzen der französischen Kolonnen und beobachteten, wie sich die geschlossenen Verbände daraufhin auflösten und in westlicher Richtung abzogen. Andere Franzosen, die sich in nächster Nähe versteckt gehalten hatten, ergaben sich und wurden gefangengenommen.

Inzwischen waren auch Teile des Infanterieregiments 123 von Rommels Division herangerückt. Nach einem heftigen Feuerwechsel klärte sich die Lage, und die Kompanien des Regiments rückten zusammen. Sie hatten ein Siebtel ihres Mannschaftsbestandes und ein Viertel ihrer Offiziere verloren. Das war die Schlacht bei Longwy.

In den einzelnen Episoden dieser Schlacht treten bereits die wesentlichen Charakterzüge von Rommel zutage. 26 Jahre später schrieb er, ebenfalls in Frankreich, daß in einem Begegnungsgefecht diejenige Partei den Sieg davonträgt, die den Gegner als erste mit Feuer zudeckt. Darin zeigte sich Rommels Instinkt, der Instinkt des geborenen Soldaten; aber dieser Instinkt basierte auf einer langen Reihe von Erfahrungen, deren erste die Schlacht bei Longwy im August 1914 gewesen war.

Nach dem Gefecht bei Bleid rückte das Infanterieregiment 124 bis zur Maas vor und stellte sich im Waldgebiet östlich von Dun zum Übergang über die Maas bereit. Hier geriet es in das Feuer der überlegenen französischen Artillerie. Im Tal der Maas kam es zu einem heftigen Artillerieduell. Am 31. August überschritt das Regiment den Fluß auf einer Pontonbrücke und besetzte Stellungen auf einem Höhenzug am anderen Flußufer. Auch hier wurden die Deutschen von der französischen Artillerie unter starkes Feuer genommen. Doch schon bald setzte das Regiment seinen Vormarsch fort.

Nach einer kurzen Ruhepause in den ersten Septembertagen marschierte das Regiment zunächst nach Süden, dann nach Westen und schließlich nach Südosten in den Raum von Gesnes, nordwestlich von Verdun. Am 2. September wurde Rommel zum Bataillonsadjutanten des II. Bataillons ernannt. Obwohl es hier seine Hauptaufgabe war, seinen Kommandeur bei der Führung zu unterstützen, wurde er auch weiterhin immer wieder als Spähtruppführer, Verbindungsoffizier oder Führer von Verbänden eingesetzt und mit Sonderaufgaben betraut.

Rommels II. Bataillon kämpfte immer noch im Bewegungskrieg. Die Erstarrung der Fronten, zu der es in den folgenden Jahren an der Westfront kam, hatte noch nicht begonnen, und obwohl Rommel von seinen Männern immer wieder verlangte, zum Schutz gegen feindliches Feuer Schützengräben auszuheben, war das doch nur eine Maßnahme gegen den sehr präzisen Beschuß durch die französische Artillerie und hatte jedenfalls noch nichts mit dem komplexen Verteidigungssystem zu tun, zu dem die Fronten sehr bald erstarren sollten. Sein Gefechtsbericht vom 7. September vermittelt ein anschauliches Bild von diesen Kämpfen. Das Regiment war eine Zeitlang nach Süden marschiert und lag jetzt südwestlich von Verdun.

»Jetzt kommt von rückwärts der Regimentsbefehl: ›II. Bataillon nicht weiter vorgehen, liegen bleiben!‹ Erst gebe ich den Befehl an die Kompanien weiter, dann galoppiere ich zum Regimentsgefechtsstand zurück, um Grund und Dauer des Haltens zu erfragen. Oberst Haas will mit dem Angriff warten, bis die Grenadiere rechts auf gleicher Höhe sind. Wie lange dies dauert, läßt sich nicht absehen.

Inzwischen ist die französische Artillerie in Tätigkeit getreten. Ihr Feuer gilt vor allem den ohne Deckung liegenden Teilen der vorderen Linie und den noch geschlossenen Reserve-Kompanien... Im Galopp jage ich nach vorne mit dem Bataillons-Befehl, daß sich die vordere Linie in Kraut- und Kartoffeläcker gut versteckt einzugraben habe. Beim Zurückreiten nimmt mich eine französische Batterie mit Schrapnellen aufs Korn. Seitwärts und im Zickzack galoppierend, entwische ich jedoch leicht ihren Geschossen...

Im Straßenabschnitt 2 km nordostwärts Vaubecourt liegen Bataillons- und Regimentsgefechtsstand dicht beisammen. Es dauert nicht lange, so nehmen mehrere französische Batterien den Einschnitt unter stärkstes Feuer. Kein Wunder! Die zahlreichen Melder und Berittenen, die strahlenförmig hierherströmen, haben die Lage der Gefechtsstände verraten... Stunden vergehen in diesem Feuer, zu einer Fortsetzung des Angriffs kommt es nicht.

Müde und abgespannt liege ich im Straßengraben und versuche, den versäumten Nachtschlaf nachzuholen. Das Bersten der Granaten in unmittelbarer Nähe regt nun nicht mehr auf.«[6]

Wenn das Bataillon weitermarschierte oder angriff, folgten damals der Kommandeur oder sein Adjutant zu Pferde den Kompanien in vorderster Linie. Und so ritt Rommel am folgenden Tag »...dicht hinter der Schützenlinie der auf dem linken Flügel befindlichen 7. Kompanie. Es dämmert bereits.

Als wir auf 150 Meter an den Wald herangekommen sind, empfangen uns die Franzosen mit Schnellfeuer. In wenigen Sekunden ist ein hitziger Feuerkampf im Gang. Die dicht aufgeschlossenen Komp(anie)-Reserven schwärmen in die vordere Linie ein. Nun liegt Mann an Mann ohne Deckung. Rückwärts im Grund suchten Teile des Regiments Deckung ... Dort eröffnen jetzt Züge der MGK (MG-Kompanie) aus Stellungen dicht neben den Gefechtsfahrzeugen über die wenige 100 m davor liegende eigene vordere Linie hinweg Dauerfeuer gegen den Waldrand. Die vordere Linie brüllt auf: ›MGK schießt in uns hinein!‹ ... Ich jage in gestrecktem Galopp auf die Maschinengewehre zu, lasse sie stopfen, gebe mein Pferd dem nächsten besten Mann und nehme einen MG-Zug auf den linken Flügel der 7. Kompanie mit vor.

Dort liegen die braven Musketiere in heftigem Feuerkampf. Es klatscht ringsum, der Tod hält Ernte. Kurz nachdem der s(chwere) MG-Zug das Feuer eröffnet hat, treten wir zum Sturm an.«[7]

Jetzt erkannte Rommel, wie so oft, seine Chance, und mit dem Ruf »Zum Sturm auf, marsch, marsch!« führte er die Männer, die bei ihm waren, bis zum Waldrand vor, wo er feststellte, daß der Feind geflohen war.

In der Hoffnung, den Franzosen den Fluchtweg abzuschneiden, nahm Rommel zwei Schützengruppen und den schweren MG-Zug und führte sie auf eine Anhöhe links des Waldes, die bisher von französischen Soldaten besetzt gewesen war. Von hier aus konnte er bis in das Gelände einige hundert Meter hinter dem Wald sehen, wo die zurückgehenden Franzosen erscheinen mußten.

Rommels eigenmächtiges Vorgehen — es lag mit Sicherheit außerhalb des Zuständigkeitsbereichs eines Bataillonsadjutanten, der sich nur im äußersten Notfall dazu hätte entschließen dürfen — war riskant. Da ihn niemand angewiesen hatte, den Zug mit den schweren Maschinengewehren zu diesem selbständigen Unternehmen mitzunehmen, hatte er selbst zweifellos Bedenken. Aber die Gelegenheit war ihm günstig erschienen, und dementsprechend hatte er gehandelt. Die Zeit verstrich, und es begann dunkel zu werden. Kein Franzose ließ sich blicken. Entmutigt schickte Rommel die schweren Maschinengewehre zurück; sein Vorhaben war offenkundig gescheitert.

Aber die Maschinengewehrschützen waren kaum abgezogen, als auf einer kahlen Anhöhe in einer Entfernung von etwa 120 Metern eine französische Kolonne erschien. Es war genau so, wie Rommel gehofft hatte, und er entschloß sich sofort zum Eingreifen. Der Gegner zog sich durch sein Schußfeld zurück, und zwar im geschlossenen Verband. Rommel verfügte jetzt zwar nicht mehr über die Maschinengewehre, befahl aber seinen sechzehn Gewehrschützen, das Feuer zu eröffnen.

Doch anstatt sich aufzulösen, wie das bisher schon so oft geschehen war, stellte sich die französische Kolonne zum Kampf. Die Franzosen — es waren zwei Kompanien — machten Front und griffen die kleine vorwitzige deutsche Abteilung an. Rommel ließ weiterschießen und beschloß, erst auszuweichen, wenn sich der Feind zum Bajonettangriff fertigmachte. Ungeachtet ihrer Verluste rückten die Franzosen immer näher. Etwa vierzig Meter vor der deutschen Stellung blieben sie liegen, zogen sich dann aber im deutschen Gewehrfeuer zurück. Ein Stoßtrupp, den Rommel ihnen hinterherschickte, zählte dreißig gefallene Gegner und kehrte mit zwölf Gefangenen zurück. Damit war das kleine Gefecht beendet.

Nun suchte Rommel wieder die Verbindung zu seinem Bataillon aufzunehmen. Unterwegs begegnete er dem Regimentskommandeur, der sich von der Erfolgsmeldung jedoch keineswegs beeindrucken ließ, sondern Rommel vielmehr beschuldigte, versehentlich auf die Soldaten eines deutschen Regiments geschossen zu haben. Wie Rommel später berichtete, hätten ihn »selbst die Gefangenen und die Packpferde mit ihrem MG«[8] nicht umstimmen können.

Um diese Zeit richtete sich die deutsche 5. Armee, wenn auch nur vorübergehend, zur Verteidigung ein. Wegen des starken französischen Artilleriefeuers wurden Schützengräben ausgehoben. Der Boden war sehr hart, und die anstrengende Arbeit ging nur langsam voran. Am späten Abend des 7. September hatte das Bataillon seine Stellungen am Wald von Defuy ausgebaut. Zum ersten Mal seit Beginn des Feldzuges wurde die Post verteilt. Der Ausbau der Stellungen ging in der Nacht und während des ganzen folgenden Tages weiter. Die französische Artillerie eröffnete um sechs Uhr morgens das Feuer und belegte die deutschen Stellungen auch den ganzen Tag über mit Störfeuer, das sich gegen Abend intensivierte und zum Trommelfeuer wurde. Sobald eine Feuerpause eintrat, gruben die Männer weiter. Am 9. September schienen die überall mindestens 1,8 Meter tiefen Gräben dem Bataillon den notwendigen Schutz zu bieten. Bis dahin hatte es noch keinen französischen Infanterieangriff gegeben, aber die französischen Geschütze hatten bei den in der Flanke des Regiments eingesetzten Bataillonen schwere Verluste verursacht, und die Verbindung zwischen dem II. Bataillon Rommels und den anderen Truppen des Regiments war unterbrochen. Man mußte jederzeit mit dem Infanterieangriff starker französischer Verbände rechnen.

Bei einem von ihm selbst geführten Aufklärungsunternehmen hatte Rommel festgestellt, daß die Franzosen in einem etwa sechshundert Meter entfernten Raum starke Reserven zusammengezogen hatten. Wenn Maschinengewehre auf einer Anhöhe links des Bataillons in Stellung gebracht würden, so glaubte er, könnte die französische Infanterie durch Flankenfeuer wahrscheinlich zur Aufgabe dieser Stellung gezwungen werden. So machte er dem Zugführer der

Maschinengewehrkompanie den Vorschlag, seine Waffen dort einzusetzen. Doch dieser hatte seine Zweifel und lehnte den Vorschlag ab. Wie schon so oft nahm Rommel die Sache jetzt selbst in die Hand. Als Adjutant übernahm er das Kommando über die Maschinengewehre des Bataillons (eine Entscheidung, für die zweifellos nur der Bataillonskommandeur zuständig war), ließ sie in Stellung gehen und die französischen Reserven unter Feuer nehmen, um die Stellung sofort wieder zu räumen, bevor die französische Artillerie mit einem Gegenschlag antworten konnte.

In den frühen Morgenstunden des folgenden Tages erhielt das Bataillon den Befehl, den Gegner vor seiner Front noch in der Dunkelheit anzugreifen und den feindlichen Widerstand zu brechen. Mit allen vier Kompanien in vorderster Front trat das II. Bataillon zum Angriff in Richtung auf Rembercourt an, doch als es hell zu werden begann, setzte das Feuer der französischen Artillerie wieder ein und brachte den angreifenden Deutschen schwere Verluste bei. Es war der 10. September. Rommel meldete die Verluste seines Bataillons — vier Offiziere und vierzig Mann gefallen, vier Offiziere und einhundertsechzig Mann verwundet und acht Mann vermißt. Die starke französische Festung Verdun war nun nach dem weiteren Vormarsch der deutschen 5. Armee fast völlig eingeschlossen, aber die Deutschen hatten dieses Vorrücken teuer bezahlen müssen.

Während des Bewegungskrieges im September hatte Rommel, wie schon so oft, unter starken Magenbeschwerden zu leiden. Außerdem war er nach den gewaltigen Anstrengungen dieser Tage völlig erschöpft. Am Nachmittag des 12. September, zwei Tage nach dem Gefecht im Morgengrauen bei Rembercourt, legte er sich hin und schlief so fest, daß niemand ihn wecken konnte. Am folgenden Tag wurde er für dieses angebliche Versagen scharf gerügt.

Am 13. September räumte das Bataillon seine Stellungen vor Verdun und marschierte in nordwestlicher Richtung nach Varennes. Von dort ging es am 18. September in nördlicher Richtung weiter nach Eglisfontaine und Sommerance, wo das Bataillon einige Tage in Ruhestellung bleiben sollte. Doch auch diese Ruhetage wurden immer wieder durch Alarm, Befehle und Gegenbefehle gestört. Das II. Bataillon lag nun am Rande der Argonnen. Am 22. September erhielt es den Angriffsbefehl.

Nach Ansicht Rommels, der den Befehl vom Regimentsgefechtsstand abgeholt hatte, zeugte der Angriffsbefehl von einem Mangel an Phantasie, und er fürchtete, es werde unnötige Verluste geben, wenn nicht mit mehr Scharfsinn geführt würde. Er schlug seinem Bataillonskommandeur, Major Salzmann, deshalb ein Ausweichen des Bataillons und seine Verlegung in einen gedeckten Bereitstellungsraum vor, von dem aus das Bataillon den Gegner aus der Flanke angreifen konnte. Er glaubte, den Gegner mit einem Angriff auf dessen Flanke überraschen zu können. So geschah es auch: »Der überraschende, wuchtige Stoß in Flanke und Rücken trifft hart. Panik erfaßt die Reserven und die Verteidiger der Astverhaue... 50 Franzosen, mehrere MG und 10 Munitionswagen einer Batterie fallen in unsere Hände, dazu noch so mancher Feldkessel mit fertiger, warmer französischer Abendkost über offenem Feuer.«[9] Die Deutschen verloren vier Gefallene und elf Verwundete, und die ganze französische Brigade räumte ihre Stellungen.

Das Infanterieregiment 124 wurde nun westlich von Varennes eingesetzt, und in der waldreichen Gegend kam es immer wieder zu sporadischen Feuergefechten gegen einzelne feindliche Verbände. Rommel befand sich an anderer Stelle. Wie er später über diesen Tag schrieb, folgte der Bataillonsstab der 7. Kompanie, doch nach einiger Zeit gingen Major Salzmann und Rommel in die vorderste Linie vor, um die 7. Kompanie rascher voranzubringen. Rommel ließ sich von einem Verwundeten dessen Gewehr und Munition geben und übernahm die Führung von »etwa zwei Gruppen«.[10] Jetzt ging es nicht einfach darum, zu befehlen, sondern zu führen, wo geführt werden mußte.

Kurz darauf wurde Rommel während eines Nahkampfes von einer Kugel getroffen, die ihm in der linken Hüfte eine faustgroße Wunde beibrachte. Es war seine erste Verwundung. Wenige Tage später wurde er im Feldlazarett von Stenay mit dem Eisernen Kreuz II. Klasse ausgezeichnet.

Die Front der deutschen Armeen war jetzt erstarrt. Die Franzosen hielten Verdun am Ostrand einer Ausbuchtung, die durch den tiefen deutschen Vorstoß von Norden und Nordosten entstanden war, während es den Franzosen und Briten am Westflügel der ungeheuren Front nicht nur gelungen war, den deutschen Angriff zum Stehen zu bringen, sondern an der Marne auch einen Gegenangriff zu führen. Zu dieser Krise war es am 8. September gekommen, zwei Wochen vor den Kämpfen bei Varennes, in deren Verlauf Rommel verwundet worden war. Der deutsche rechte Flügel hatte sich auf die Aisne zurückziehen müssen.

Im folgenden Monat suchten beide Seiten die in Flandern zur See hin gelegene Flanke des Gegners zu umgehen. Daraus entwickelte sich die erste Schlacht bei Ypern. Doch die Überflügelungsversuche schlugen fehl, und bei Einbruch des Winters erstarrten die Fronten der deutschen und französisch-britischen Armeen in den deprimierenden Zwängen des Stellungskrieges.

Als Rommel, dessen Verletzung noch nicht ganz ausgeheilt war, gegen den Rat der Ärzte im Januar 1915 wieder zu seinem Regiment zurückkehrte, hatte sich die Lage dort grundsätzlich geändert.

Wo uns Rommel in jenen ersten Gefechten auch begegnet, sehen wir in ihm einen Menschen mit außergewöhnlicher Entschlußkraft, bemerkenswertem Selbstvertrauen und moralischem und physischem Mut bei der Umsetzung seiner Entscheidungen. Der junge Rommel erkannte augenblicklich das Wesentliche an der jeweiligen Lage, entschloß sich spontan zum Handeln, übernahm die Führung der am nächsten stehenden Truppe (wobei er den zuständigen Kommandeur von der Notwendigkeit seines Eingreifens überzeugte oder ihn einfach überging) und fügte dem Gegner mit blitzartigem Zupacken den größtmöglichen Schaden zu. Sein Gespür für die Verwundbarkeit des Gegners glich dem feinen Geruchssinn eines Jagdhundes, und der gleichsam raubtierhafte Instinkt war es, der seinen Namen schon bald zur Legende werden ließ. In der Tat verfügte Rommel über jene blitzartige Reaktion, die Sun-tzu mit der Schnelligkeit des sich auf sein Opfer stürzenden Falken verglichen hat.

3.
Das Gebirgsbataillon

Januar 1915. Im Westen war jetzt der tote Punkt erreicht; entlang der ganzen breiten Front von der Schweiz bis an die Nordsee hatte man Schützengräben ausgehoben, Stacheldrahthindernisse gebaut und bereitete sich nun widerwillig auf etwas vor, das zur Bestürzung der Regierungen und Armeen auf beiden Seiten ein langwieriges, zermürbendes Ringen werden sollte. Diese Kriegführung ließ sich kaum noch von einem Belagerungskrieg unterscheiden, und zumindest im Westen gehörte der Bewegungskrieg der Vergangenheit an.

Es konnte auch gar nicht anders sein. Die Front war sehr lang, und die auf beiden Seiten eingesetzten Armeen waren umfangreich und insgesamt etwa gleich stark. Die Entwicklung der Handfeuerwaffen und besonders der Einsatz von Maschinengewehren bedeuteten, daß das Infanteriegeschoß das taktische Vorfeld und die Bewegungen von Männern und Pferden beherrschte, während die laufende Weiterentwicklung von Geschützen und Sprenggranaten ebenso wie die moderne Nachrichtentechnik der Artillerie die Möglichkeit boten, die Kampfhandlungen entscheidend zu beeinflussen. Zum ersten Mal standen sich hier große Industrienationen mit einem derart starken Potential auf einem Kriegsschauplatz gegenüber. Hinter ihnen standen der Erfindergeist der modernen Wissenschaft und eine gewaltige technische Produktionskapazität, aber auch Völker, die sich im Verlauf von mehr als hundert Jahren aufgrund der Industrialisierung und Prosperität wesentlich vergrößert hatten.

Die Erstarrung der Fronten in Frankreich und Belgien war, nachdem es in dem vorangegangenen Bewegungskrieg nicht gelungen war, eine Entscheidung herbeizuführen, eine unvermeidliche Folge der Stärke der eingesetzten Armeen und der Wirksamkeit ihrer Waffen. Um diesen Zustand zu beenden, hätte es entweder einer ganz neuen Bewaffnung oder eines außergewöhnlichen und kühnen Erfindergeistes bedurft. Die letzte Möglichkeit wäre die Erschöpfung der einen oder anderen Seite in einem unerbittlichen Zermürbungskrieg gewesen. In einem solchen Belagerungskrieg ließ sich ein Durchbruch nur nach einer langen, methodischen und kostspieligen Vorbereitung erzwingen. Die Überraschung des Gegners war, wenn überhaupt, außerordentlich schwer zu erreichen.

Das war die Lage im Januar 1915. Die Soldaten bauten ihre Stellungen weiter aus, sie litten unter der Kälte und den in jeder Beziehung ungünstigen Lebensverhältnissen und brachten dem Gegner, soweit dies in den immer besser ausgebauten Grabensystemen gelang, möglichst hohe Verluste bei.

Rommel kehrte als 23jähriger Kompanieführer zu seinem II. Bataillon zurück und fand dort die Stellungen seiner Kompanie bei weitem nicht so gut gesichert, wie es erforderlich gewesen wäre. Die Gräben waren an manchen Stellen zu flach (die Trockenlegung der Schützengräben bereitete überall große Schwierigkeiten, und aus diesem Grund ließ sich ein bestimmtes Niveau der Grabensohle nicht unterschreiten) und die aus den Grabenwänden ausgehobenen Unterstände, die jeweils acht bis zehn Mann Schutz bieten sollten, nicht sicher genug abgedeckt. Die darüber aufgeschüttete Erde bot ein gutes Ziel für die feindliche Artillerie, und die Abdeckung war so schwach, daß die darunter Schutz suchenden Männer von einschlagenden Granaten getroffen werden konnten.

So ging Rommel mit der für ihn typischen Energie daran, Verbesserungen vorzunehmen. Seine 9. Kompanie (die drei Bataillone des Regiments hatten jetzt jeweils fünf fortlaufend numerierte Kompanien) bestand aus zweihundert Mann, und der Verteidigungsabschnitt der Kompanie war ein 400 Meter langer, nach Süden ausgerichteter Schützengraben der vordersten Linie im Westteil der Argonnen bei Binarville. Rommel sorgte dafür, daß diese Stellung wesentlich sicherer gemacht wurde, auch wenn es Schwerstarbeit für seine Männer bedeutete. Über diese Zeit schreibt er: »Durch Umsicht, klare Anordnungen, durch stete Sorge für die anvertrauten Männer, durch Härte gegen sich selbst und durch das Zusammenleben unter gleichen, dürftigen Bedingungen kann der Führer in kurzer Zeit das Vertrauen seiner Untergebenen gewinnen.«[1] Er teilte sich seinen Unterstand, ein feuchtes und kaltes Erdloch, aus dem alle vier Stunden das Wasser ausgeschöpft werden mußte, mit einem seiner Zugführer. Im übrigen waren die Verhältnisse in den Ruhestellungen fast noch schlechter als an der Front. Die Kompanien wurden abwechselnd für wenige Tage von der Front in die Reservestellungen zurückgenommen, wo sie, anstatt am weiteren Ausbau der vorderen Linie zu arbeiten, zum Arbeitsdienst eingesetzt wurden. Die Männer waren jedesmal erleichtert, wenn sie an die Front zurückkehren durften. Gleichwohl schien die Moral der Truppe gut. Rommel schrieb, daß die Soldaten, wenn ihr Vorgesetzter einmal ihr Vertrauen gewonnen hatte, ihm durch dick und dünn folgen würden, und so war es auch bei seinen eigenen Männern.

Die Franzosen, deren Stellungen etwa 300 Meter von den deutschen Gräben entfernt waren, nahmen die deutschen Arbeitskommandos sporadisch unter Gewehr- und Artilleriefeuer. In diesem ersten Kriegswinter war das Leben auf beiden Seiten und in allen Abschnitten außerordentlich entbehrungsreich. Aber noch hatte niemand den Glauben an einen raschen Sieg im Frühjahr verloren. Jeder war davon überzeugt, daß er sein Vaterland, seine persönlichen Rechte und Freiheiten gegen einen grausamen und gefährlichen Feind verteidigte. Und Rommels Gegenwart wirkte sich wie immer positiv auf seine Umgebung aus. Ein Offizier aus seinem Bataillon schrieb, wer unter den Einfluß seiner Persönlichkeit kam, »wurde Soldat«. So hart die äußeren Lebensbedingungen auch sein mochten, Rommel schien über einen fast unerschöpflichen Kräftevorrat zu verfügen und genau zu wissen, wie der Feind in einer bestimmten Lage reagieren würde. Rommel verfüge über einen ungewöhnlichen Ideenreichtum, fuhr der Offizier in seiner Schilderung fort, er scheine keinerlei Furcht zu kennen, und seine Männer »vergötterten ihn«.[2]

In der letzten Januarwoche regnete oder schneite es Tag für Tag, und für den 29. war ein kleiner deutscher Ablenkungsangriff geplant, der die Franzosen daran hindern sollte, Kräfte aus diesem Teil der Front abzuziehen. Rommels Division, die 27., sollte mit allen Regimentern daran teilnehmen, und im Abschnitt von Rommels Infanterieregiment 124 sollte ein Vorstoß mit begrenztem Ziel gegen die »Zentralstellung« des Feindes geführt werden. Sein II. Bataillon hatte den Befehl, nach Angriffsbeginn die Stellung zu halten und den Gegner unter Feuer zu nehmen. Den Angriff selbst sollte das III., rechts vom II. liegende Bataillon führen.

Der Angriff des III. Bataillons verlief wie geplant, und nach kurzer Zeit sah Rommel den Adjutanten des Bataillons zu seiner Kompanie herüberkommen, der ihn im Auftrag des Bataillonsführers fragte, »ob die 9. Kompanie sich nicht dem Vorgehen anschließen wolle.«[3]

Rommel erklärte sich sofort dazu bereit, und in fünfzehn Minuten war er mit seiner Kompanie einen Graben hinaufgekrochen, der von der rechten Grenze seines Abschnitts nach vorn führte, und versammelte dort seine Männer an einer Stelle, die den französischen Stellungen näher war als der vorderste Graben in seinem Abschnitt.

Doch jetzt hatten die Franzosen Rommels Männer entdeckt, und während diese sich dicht an den gefrorenen Boden preßten, wurden sie mit starkem Maschinengewehrfeuer belegt. Um die vor ihnen liegende Mulde zu erreichen, die etwas bessere Deckung bot und in der sie sich zum Angriff bereitstellen konnten, mußten sie eine Strecke von 50 Metern in dem vom Feind eingesehenen Gelände überwinden. Rommel beschloß, den Versuch zu wagen. Die Franzosen deckten die Kompanie mit starkem, wenn auch ungezieltem Feuer zu, und man mußte mit Verlusten rechnen. Doch kaum hatte Rommel seinen Entschluß gefaßt, als er weit rechts ein Hornsignal hörte. Es war das Angriffssignal für das III. Bataillon. Rommel befahl nun dem Hornisten seiner Kompanie, ebenfalls zum Angriff zu blasen.

Die 9. Kompanie sprang auf und stürmte voran. Die Männer liefen den Abhang hinunter, durchquerten die Senke, in der sie noch vor wenigen Sekunden hatten in Deckung gehen wollen, und liefen weiter bis zum französischen Stacheldrahthindernis. Aber die Franzosen hatten sich bereits zur Flucht gewendet. Die Deutschen stürmten weiter durch die erste, zweite und dritte französische Verteidigungslinie. Alle Gräben waren vom Feind geräumt, bevor die 9. Kompanie sie erreichte, ohne einen einzigen Mann verloren zu haben.

Doch obgleich sich große Teile der französischen Infanterie zurückzogen, geriet die 9. Kompanie unter schweres Feuer von links und stieß bei ihrem weiteren Vormarsch auf ein 80 bis 100 Meter tiefes Gewirr aus Stacheldrahtzäunen. Rommel kroch als erster unter dem Hindernis durch, wandte sich um, winkte und rief den Männern zu, sie sollten ihm folgen.

Niemand rührte sich. Alles Winken und Rufen war vergeblich. Allein gelassen sah sich Rommel das Hindernis genauer an und fand einen geeigneteren Durchgang. Er kroch zurück und stieß vor dem Hindernis auf den Führer seines vordersten Zuges, dem er drohte, »daß ich ihn erschießen werde, wenn er nicht unverzüglich meine Befehle ausführt«.[4] Der Zugführer gehorchte, und erst jetzt folgte die ganze 9. Kompanie.

Das Hindernis konnte von einigen Blockhäusern aus, die in etwa fünfzig Meter Entfernung lagen, eingesehen werden und wurde jetzt von dort unter Feuer genommen. Vor den Blockhäusern befand sich eine Brustwehr, hinter der die Gewehrschützen in Stellung gehen und schießen konnten. Zwischen dieser Brustwehr und dem Stacheldrahthindernis lag ein fünf Meter breiter, mit Wasser gefüllter Graben, der jetzt zugefroren war. Diese starke Befestigungsanlage zog sich durch die ganzen Argonnen. Der unmittelbar vor Rommel liegende Abschnitt schien jedoch nicht vom Feind besetzt zu sein.

Rommel ließ seine Kompanie im Halbkreis in Stellung gehen und sich eingraben. Dann schickte er eine schriftliche Meldung zum Gefechtsstand des II. Bataillons: »9. Komp. ist in festungsartig ausgebautes französisches Erdwerk, 1 1/2 km südlich der Sturmausgangsstellung, eingedrungen ... Erbitte dringendst Unterstützung, MG-Munition und Handgranaten.«[5]

Die 9. Kompanie war jetzt also tief in die französischen Linien vorgestoßen, was nicht zuletzt aufgrund der ungewöhnlichen Energie ihres Führers gelungen war. Sehr bald aber geriet Rommels Kompanie unter schweres Feuer und kämpfte sich bis zu einem anderen Teil der französischen Befestigungsanlage durch, wo sie, wie Rommel glaubte, einen gut zu verteidigenden Stützpunkt ausbauen konnte. Nun erwartete er, wie er später berichtete, »sehnlichst ... das Eintreffen von Unterstützungen und Munition«.[6] Er hatte seine Kompanie im Halbkreis eingesetzt, in den auch vier Blockhäuser eingeschlossen waren. Dahinter lag das Stacheldrahthindernis. Einen Zug hatte er als Reserve zwischen dieses Hindernis und seine Hauptstellung zurückverlegt. In dem gefrorenen Boden war das Graben fast unmöglich, und Rommel wußte, wie gefährdet er in dieser Stellung war. In diesem Augenblick begannen französische Infanteristen, die etwa fünfzig Meter rechts von seiner Stellung im Blickfeld der 9. Kompanie lagen, sich durch das Stacheldrahthindernis zurückzuziehen. Die Kompanie eröffnete das Feuer.

Doch der erhoffte Erfolg blieb aus, und sehr bald gerieten die Deutschen in ernste Bedrängnis. Die Franzosen zogen zwar zunächst in Bataillonsstärke nach Westen ab, kehrten aber dann über einen anderen Durchgang im Hindernis auf Rommels Seite des Stacheldrahts zurück und gingen nun in breiter Front gegen ihn vor. Rommel wußte, daß sich französische Kräfte auf der gegenüberliegenden Seite noch ungestört in ihren Stellungen befanden. So konnten sie den Durchgang, der von seiner Stellung durch das Hindernis führte, von beiden Flanken unter Feuer nehmen. Der vorgehende Feind war inzwischen gefährlich nahe gekommen, die Männer Rommels hatten sich nicht eingraben können, und die Munition wurde knapp. Das am weitesten rechts gelegene Blockhaus war nun wieder von den Franzosen besetzt worden. In diesem Augenblick erreichte Rommel die Meldung vom Bataillon, daß es nicht möglich sei, ihm Verstärkung zu schicken. Die 9. Kompanie habe sich zurückzuziehen. Das II. Bataillon sei weiter vorgerückt und 800 Meter weiter nördlich in Stellung gegangen. Das hieß, die 9. Kompanie war praktisch vom Gegner eingeschlossen.

Rommel blieben jetzt drei Möglichkeiten. Er konnte die restliche Munition verschießen und sich dann dem Feind ergeben. Er konnte aber auch den Befehl des Bataillons genau befolgen und sich mit seiner Kompanie durch das Stacheldrahthindernis zurückziehen. Da dieser Durchgang von beiden Seiten von den Franzosen beschossen werden konnte, rechnete Rommel damit, dann die Hälfte seiner Kompanie zu verlieren.

Die dritte Möglichkeit war, den Gegner an irgendeiner Stelle so energisch anzugreifen, daß dessen Angriff vorübergehend zum Stehen kam. Unter Ausnutzung der dabei entstandenen Verwirrung konnte sich die 9. Kompanie auf die Stellungen des Bataillons zurückziehen.

Rommel zögerte keinen Augenblick. Er befahl seinem Reservezug, das Blockhaus anzugreifen, das die Franzosen eben zurückerobert hatten, und in kürzester Zeit war der Feind daraus vertrieben. Dann führte er die ganze Kompanie nach Osten und in langer Reihe durch das Hindernis. Daß es gelungen war, den Gegner aus dem Blockhaus zu vertreiben, hatte die erhoffte Wirkung: Der französische Angriff verlor an Schwung und wurde dann ganz eingestellt. An der anderen Flanke eröffneten die Franzosen das Feuer, und einige Soldaten der 9. Kompanie wurden verwundet. Aber die Entfernung betrug nur etwa 300 Meter, und Rommels Soldaten liefen sehr schnell. Das Hindernis wurde überwunden, und schließlich erreichte die Kompanie die neue Stellung des II. Bataillons. Es war Rommel sogar gelungen, die fünf verwundeten Soldaten in Sicherheit zu bringen.

Am späten Abend des gleichen Tages wehrte das Bataillon einen massiven französischen Infanterieangriff ab. Das während der ganzen Nacht andauernde Störfeuer der französischen Artillerie verursachte jedoch Verluste. Zwölf Mann fielen oder wurden verwundet. Das waren mehr, als Rommel während des ganzen Unternehmens verloren hatte, bemerkte er bissig. In seinen Augen war es ein Versäumnis, daß weder das Bataillon noch das Regiment den erfolgreichen Vorstoß der 9. Kompanie ausgenutzt hatten. Jedenfalls bedauerte er nicht, diesen Angriff auf eigene Initiative unternommen zu haben.

In eben dieser selbstbewußten Haltung liegt wahrscheinlich der Schlüssel zu den militärischen Erfolgen Rommels. Er war überzeugt davon, daß die mutige und entschlossene Initiative des einzelnen von entscheidender Bedeutung für den Ausgang eines Gefechts war. Seine eigenen Triumphe — aber auch einige Rückschläge — sind dieser Überzeugung zuzuschreiben. Rommel glaubte, daß auf dem Schlachtfeld nur derjenige Truppenführer Erfolg haben konnte, der eine Gelegenheit zur rechten Zeit zu nutzen verstand, und daß nur er und nicht sein Vorgesetzter eine solche Gelegenheit rechtzeitig zu erkennen vermochte. Seiner Ansicht nach kam es daher darauf an, die Unabhängigkeit der Lagebeurteilung und des Handelns im Rahmen eines Gesamtplans so weit wie möglich zu fördern, und es war diese Selbständigkeit des Denkens, die sein Handeln als Truppenführer vom ersten Tag an bestimmt hat. Und Rommel hat es damals wie später nie für notwendig gehalten, diese Haltung zu rechtfertigen.

Überdies war die Unabhängigkeit im taktischen Urteil ein Grundsatz der deutschen Ausbildung, und deshalb hat Rommel, auch wenn seine Eigenmächtigkeit zuweilen die Grenzen des Ungehorsams streifte, das System, dem er diente, niemals verletzt. So wurde sein tapferes Verhalten am 29. Januar denn auch nicht getadelt, sondern im Gegenteil mit der Verleihung des Eisernen Kreuzes I. Klasse belohnt. Rommel war damit der erste Leutnant seines Regiments, der diese hohe Auszeichnung erhielt.

Es überrascht nicht, daß Rommel um diese Zeit bereits zu einem im ganzen Regiment bekannten Mann und sein Name sprichwörtlich geworden war. Er war schlank, sah gut aus, wirkte jugendlich und war ungewöhnlich ehrgeizig. Er steckte jeden mit seiner Begeisterung an, tat sich durch ungewöhnliche Tapferkeit hervor, schien unermüdlich zu sein und war mit seiner auch physisch harten und ausdauernden Natur den weniger robusten Kameraden ein Beispiel. Darüber hinaus beeindruckte Rommel jeden, der ihn kannte, mit seinem außergewöhnlichen Instinkt für das Geschehen auf dem Schlachtfeld. Es war, als spüre er intuitiv, wie sich der Feind in einer bestimmten Lage verhalten würde und was die wirkungsvollsten Gegenmaßnahmen sein könnten. Dies wurde auch im Kreis seiner Kameraden als etwas Besonderes anerkannt. Nur selten ließen ihn diese Qualitäten im Stich, und das hatte zur Folge, daß die Männer, die er führte, ihm bedingungslos vertrauten. »Wo Rommel ist«, sagten sie, »da ist die Front.«

Hinzu kam Rommels sicheres Urteil. Obwohl er als tapferer Offizier seine Männer stets von vorn führte, wußte er sehr wohl zwischen verantwortungsvoller Führung und Tollkühnheit zu unterscheiden. Er war nicht furchtlos geboren und hat seinem Sohn später einmal gesagt, die Furcht müsse überwunden werden, weshalb man sich ihrer bewußt sein und sie bei der ersten Gelegenheit erfolgreich bekämpfen müsse. Doch Tapferkeit war nicht das Gegenteil von Vernunft. Sehr viel später meinte er vielsagend: »Um als Held zu leben, muß man zuerst überleben!«[7] Als glänzender Infanterist besaß Rommel zugleich alle Qualitäten des glänzenden Kavalleristen: den raschen Blick und das schnelle Urteil, das sofortige Reagieren. Aber er war auch ein typischer Schwabe mit dem kühlen Verstand, der Gelassenheit, dem Sinn für das Berechenbare und einer gewissen Sturheit. Alles in allem eine bemerkenswerte Kombination.

Im Mai wurde ihm eröffnet, daß er als einer der jüngsten Offiziere seines Regiments die Führung der 9. Kompanie abgeben müsse. Das Kommando übernahm ein dienstälterer Oberleutnant, der kürzlich in das Regiment versetzt worden war, aber, wie Rommel ärgerlich bemerkte, »bisher noch nicht im Feld gewesen war«.[8] Der Regimentskommandeur nahm an, diese Entscheidung könnte Rommel kränken, und legte ihm die Versetzung zu einem anderen Truppenteil nahe, aber Rommel wollte lieber bei seinen Männern bleiben. Die 9. Kompanie war inzwischen fast so etwas wie sein Zuhause geworden. So wurde er nun wieder Zugführer, und zwar als hochdekorierter und im ganzen Regiment angesehener junger Offizier.

Inzwischen ging der verlustreiche und erschöpfende Stellungskrieg weiter. Die deutschen und französischen Gräben in den Argonnen lagen einander an vielen Stellen nur auf Handgranatenwurfweite gegenüber, und die Gefechtsvorposten mußten noch vor den Hauptgräben in vorgeschobenen Stellungen kämpfen, die durch Sandsäcke geschützt waren. Minen- und Tunnelkrieg erhöhten die Gefahr in dieser außergewöhnlichen Phase dieses außergewöhnlichen Feldzuges.

Ende Juni nahm Rommels Bataillon wieder an einem Angriff in demselben Gelände wie am 29. Januar teil. Er selbst befehligte diesmal nicht nur seinen eigenen Zug, sondern auch Teile des III. Bataillons. Während des Gefechts war er zeitweilig von anderen Teilen seines Bataillons und des Regiments abgeschnitten. Später schrieb er: »Ein weiteres Vorgehen der Kompanie in südlicher Richtung erscheint in Anbetracht der offenen rechten Flanke und der Hartnäckigkeit der Kämpfe ... nicht ratsam. Der Tag unseres letzten Sturmes (29. Januar), an dem ich so weit vor der eigenen Front war und schließlich aufgegeben wurde, ist noch frisch in Erinnerung.«[9] Das war ein seltenes Eingeständnis.

Im Juli übernahm Rommel für fünf Wochen vertretungsweise die 10. Kompanie, die mit dem Ausbau der Stellungen beschäftigt war. Und nach einem wohlverdienten Urlaub — dem ersten Urlaub seit August 1914 — wurde er zum Führer der 4. Kompanie im I. Bataillon ernannt.

Doch auch dieses Kommando dauerte nur wenige Tage im September. Das Dienstalter verlangte sein Recht, und Rommel wurde wieder Zugführer in einer neuen Angriffsschlacht. Diese Schlacht war wohlvorbereitet, und Rommel schrieb im Rückblick, es sei ein großer Vorteil, wenn man sich für den Angriff auf stark befestigte Stellungen gründlich vorbereite und sorgfältig übe. Obwohl er in besonderer Weise für den Bewegungskrieg begabt war, war er alles andere als leichtfertig. Wenn die Zeit es erlaubte und die Situation es erforderte, war er äußerst methodisch. Hatte er die Wahl zwischen der Schnelligkeit mit ihren Risiken und der Methode mit ihrer unvermeidlichen Verzögerung, entschied er sich instinktiv für ersteres — und sein Instinkt hat ihn nur selten im Stich gelassen. Im September wurde er zum Oberleutnant befördert, und damit deuteten sich entscheidende Veränderungen an.

Im September 1915 verließ Rommel das Infanterieregiment 124, das seit seinem Eintritt in die Armee seine Heimat gewesen war. Der Abschied fiel ihm schwer, denn er verließ, wie er schrieb, tapfere Kameraden und den »blutgetränkten, heißumstrittenen Argonnenboden«.[10] Rommel wurde zu einem neuen Verband versetzt, dem Königlich-Württembergischen Gebirgsbataillon, das im württembergischen Münsingen aufgestellt und im Dezember zur Skiausbildung auf den Arlberg in Österreich verlegt wurde. Das Bataillon bestand aus sechs Schützenkompanien und sechs Gebirgs-MG-Zügen. Offiziere und Mannschaften kamen aus verschiedenen Regimentern und Waffengattungen. Wie es bei solchen ad hoc zusammengestellten Truppenteilen meist der Fall ist, waren diese Leute hochmotiviert und ungeduldig, neue Erfahrungen zu machen. Rommel übernahm die Führung der 2. Kompanie. Die Ausbildung war anstrengend, und er war täglich von der Morgendämmerung bis zum Dunkelwerden auf den Hängen, und zwar meist mit einem schweren Tornister auf dem Rücken. Abends saßen Offiziere und Mannschaften bei Musik und Gesang zusammen, was den kameradschaftlichen Zusammenhalt wesentlich förderte. Jeder hoffte, daß das Bataillon nach der Ausbildung im Gebirge an die italienische Front verlegt werden würde.

Doch diese Hoffnung wurde enttäuscht. Am 29. Dezember 1915 verließ das Gebirgsbataillon seine so friedliche Unterkunft am Arlberg und wurde im Eisenbahntransport an die Westfront verlegt. Am letzten Tag des Jahres 1915 übernahm es einen ganz im Süden gelegenen Abschnitt, wo die Verhältnisse völlig anders waren als in den Argonnen. Das Bataillon war für einen zehn Kilometer breiten Frontabschnitt an den Hängen des Hilsenfirsts in den elsässischen Vogesen verantwortlich. An diesem Teil der Front war der Abstand zwischen den deutschen und den französischen Gräben verhältnismäßig groß, und die Verteidigungsanlagen bestanden aus weit auseinander liegenden, zur Rundumverteidigung eingerichteten Stützpunkten. Die Offensivunternehmen beschränkten sich auf die Stoßtrupptätigkeit. Das Bataillon blieb zehn Monate in diesem Raum.

Rommel hatte gegen derartige Stoßtruppunternehmen gewisse Vorbehalte. Seine bisherige Erfahrung hatte ihn gelehrt, daß sie sehr schwierig und kostspielig sein konnten und die dabei auftretenden Verluste ihren Nutzen nicht aufwogen. Doch im Oktober 1916 erhielt seine Kompanie den Befehl, sich auf einen Stoßtrupp vorzubereiten. Das Ziel war — wie so oft —, Gefangene zu machen und festzustellen, zu welchen französischen Truppenteilen sie gehörten. Rommel unternahm zunächst einen Erkundungsvorstoß, um sich ein Bild von der Lage zu machen. Er kroch einen Graben entlang, der zum französischen Gefechtsvorposten hinaufführte — die Front verlief durch bewaldetes Gelände und über einen etwas mehr als tausend Meter hohen Gebirgskamm —, und öffnete sich mit der Drahtschere einen Durchgang durch den dichten französischen Drahtverhau. Auf dem Rückweg brach er versehentlich einen Zweig ab, und dieses

Geräusch löste sofort feindliches Gewehrfeuer im ganzen Abschnitt aus. Rommel schloß daraus, daß der Feind zumindest hier das Vorfeld sehr aufmerksam beobachtete und jeder Stoßtrupp mit schweren Verlusten rechnen mußte.

Anschließend erkundete Rommel mehrere Nächte lang einen zweiten Abschnitt und gelangte zu dem Schluß, daß es hier möglich sein würde, mit einem zwanzig Mann starken Stoßtrupp zwischen zwei französischen Posten durch das Stacheldrahthindernis zu kommen und die Verteidiger in der Flanke oder im Rücken zu fassen. Wenn das geschehen war, sollten weitere Truppen, die unmittelbar vor den bekannten französischen Vorposten lagen, die allgemeine Verwirrung ausnützen und Fluchtwege für den an anderer Stelle eingesetzten Stoßtrupp öffnen.

Rommel bereitete das ganze Unternehmen sehr sorgfältig vor und wartete auf möglichst schlechtes, stürmisches Wetter, das es den Franzosen unmöglich machen würde, die Vorgänge in ihrem Vorfeld so aufmerksam zu beobachten wie sonst. Am 4. Oktober war es endlich so weit. Ein eisiger Nordwestwind ging in Sturm und starke Regenfälle über. Jetzt würden die Franzosen einen großen Teil ihrer Energie darauf verwenden, Schutz vor Kälte und Nässe zu suchen, und die von dem Stoßtrupp versehentlich erzeugten Geräusche würden nicht mehr zu hören sein. Gegen 21 Uhr verließ Rommel mit drei Gruppen den Graben seiner Kompanie, schickte die beiden Drahtschneidetrupps zu den an den Flanken gelegenen Vorposten und kroch mit zwanzig Soldaten, die ebenfalls Drahtscheren mitführten, den feindlichen Gräben entgegen. Der französische Drahtverhau war hoch und engmaschig, und die Arbeit nahm einige Stunden in Anspruch. Schließlich gelang es Rommel und den beiden ihm unmittelbar folgenden Männern, das Hindernis zu überwinden.

In diesem Augenblick — die anderen Männer des Stoßtrupps lagen noch hinter dem Hindernis — kam eine französische Patrouille den feindlichen Graben entlang. Rommel selbst lag schon fast am Grabenrand. Er beschloß, die Patrouille vorbeizulassen, um den Gegner nicht zu alarmieren. Die Franzosen entfernten sich wieder, und nachdem ein paar Minuten verstrichen waren, ließ Rommel den ganzen Stoßtrupp durch den Drahtverhau nachkommen.

Als die Deutschen in den feindlichen Graben sprangen, brach die Hölle los. Der Stoßtrupp hatte, wie vorgesehen, zwei Abteilungen gebildet, und die eine war auf eine Gruppe französischer Soldaten gestoßen. Zwischen den Männern von Rommels Stoßtrupp detonierten Handgranaten. Im Graben war es so eng, daß die Deutschen, um sich in Sicherheit zu bringen, nur noch angreifen konnten. Rommel führte den Vorstoß an und hatte die Franzosen bald überwältigt. Gefolgt von einem Feldwebel, stürmte er den feindlichen Unterstand und sah sich sieben bewaffneten französischen Soldaten gegenüber, die, wie er später berichtete, nach einer kurzen Auseinandersetzung die Waffen streckten. »Für uns wäre es ungefährlicher gewesen«, schrieb er im Rückblick, »diese Unterstandsbesatzung mit der Handgranate zu erledigen.«[11] Der Stoßtrupp hatte jedoch den Auftrag, Gefangene zurückzubringen, und deshalb zog sich Rommel schon nach wenigen Minuten mit elf französischen Gefangenen durch den Stacheldrahtverhau zurück.

Ende Oktober 1916 verließ das Gebirgsbataillon Frankreich und wurde an eine andere Front verlegt: nach Rumänien.

Rumänien war im August 1916 auf der Seite der Westalliierten in den Krieg eingetreten. Ermutigt durch die zeitweiligen Erfolge der Russen unter Brussilow gegen die im Süden der Ostfront eingesetzten österreichischen und deutschen Armeen — wobei die Russen sehr viele Gefangene gemacht hatten —, hatten sich die Rumänen entschlossen, in den Krieg gegen die Mittelmächte einzutreten. In Bukarest glaubte man, sich auf diese Weise des damals noch zu Österreich gehörenden Siebenbürgens bemächtigen zu können, wo eine rumänische Minorität lebte. Da die Rumänen sich als ein romanisches Volk betrachteten und sich mit Frankreich freundschaftlich verbunden fühlten, hielten sie den Augenblick für günstig, eine Entscheidung über Siebenbürgen herbeizuführen. Doch die Brussilow-Offensive wurde in den Karpaten zum Stehen gebracht, und die österreichisch-deutschen Armeen, die zunächst einem zahlenmäßig weit überlegenen Gegner gegenübergestanden hatten, nun aber wesentlich verstärkt worden waren, hatten einen rumänischen Vorstoß in Siebenbürgen abwehren und ihrerseits zur Offensive übergehen können. Als Rommels Gebirgsbataillon Ende Oktober den rumänischen Kriegsschauplatz erreichte, begannen die österreichisch-deutschen Streitkräfte eine große konzentrische, südöstlich von Ungarn und nördlich von Bulgarien über den Unterlauf der Donau nach Rumänien führende Offensive. Die Rumänen waren zurückgeworfen worden und hielten jetzt Stellungen in den Südkarpaten (Transsilvanische Alpen), also an dem Frontabschnitt, an den Rommels Division verlegt wurde.

Das Gebirgsbataillon wurde zu einem Ort gebracht, den Rommel Hobicauricany nennt (wahrscheinlich Hobiczarikáni, 16 Kilometer westlich von Petroseni), wurde dort einem Kavalleriekorps unterstellt und mußte sofort abmarschieren, um eine Stellung an der Front in einem sehr hochgelegenen und unwirtlichen Gelände zu besetzen und von dort aus Aufklärungsvorstöße zu unternehmen.

Im November nahm das Bataillon an einem Angriff teil, der über den Gebirgskamm, welcher die Grenze zwischen (Österreich-)Ungarn und Rumänien bildete, hinausführte. Die Kompanie marschierte von Dorf zu Dorf, erkundete das Gelände und traf alle notwendigen Vorsichtsmaßnahmen, behielt jedoch das Tempo bei. Wo der Gegner Widerstand leistete, wurde er im Zusammenwirken aller Kräfte angegriffen. Das war wieder der Bewegungskrieg, der an das Jahr 1914 erinnerte; man mußte jederzeit und überall mit dem plötzlichen Auftauchen des Gegners rechnen, und es kam darauf an, mit untrüglichem Blick die günstigste Gelegenheit zu erkennen und schnell die richtige Entscheidung zu treffen. Die erregten Berichte Rommels kennzeichnen die Atmosphäre:

»Ich gehe mit der aus einer Gruppe bestehenden Spitze vor. Die Kompanie folgt auf etwa 150 m. Der Nebel wogt jetzt hin und her. Manchmal ist Sicht auf 100 m, dann wieder nur 30 m. − Kurz ehe die Spitze das Südende der Ortschaft erreicht, prallt sie auf eine entgegenkommende geschlossene rumänische Kolonne. Auf knapp 50 m entspinnt sich innerhalb von Sekunden ein sehr heftiger Feuerkampf. Die ersten Schüsse werden im stehenden Anschlag abgegeben ... Die Rumänen sind in mindestens zehnfacher Übermacht. Schnellfeuer hält sie uns vom Leib. − Rechts und links des Weges taucht an Hecken und Büschen neuer Feind auf, schleicht und schießt sich näher. Die Lage der Spitze ist verzweifelt.«[12]

Als sich die durch einige russische Divisionen verstärkte rumänische Armee in die Ebene südlich des Gebirges, in das Rumänische Tiefland, zurückzog, wurde der Widerstand erbitterter. Bukarest fiel am 6. Dezember. Die Rumänen kämpften nun mit dem Schwarzen Meer im Rücken und hielten noch eine schwache Verteidigungsstellung am Ostrand des Gebirges. Die Kampfhandlungen von Dezember bis Anfang Januar bestanden größtenteils aus Vorpostengefechten in Schnee und Nebel, bei denen es allerdings zu überraschenden Überfällen auf einzelne rumänische Abteilungen kam. Im übrigen waren die Anstrengungen vor allem darauf gerichtet, in der strengen Winterkälte am Leben zu bleiben und die zahlreichen rumänischen Gefangenen zu versorgen.

Aber auch in diesem Feldzug zahlten sich am Ende nur Tapferkeit, Einfallsreichtum und Kühnheit aus. Wie immer versuchte Rommel, sich ungesehen dem Feind zu nähern, ihn aus einer unerwarteten Richtung anzugreifen und das Feuer gegen eine Feindstellung erst dann zu eröffnen, wenn die Überraschung garantiert war. Dann allerdings schlug er mit außergewöhnlicher Schnelligkeit und Härte zu.

Am 7. Januar 1917 stürmte er das Dorf Gagesti im Tal der Putna westlich von Focsani. Er ging zunächst im Nebel bis auf eine Anhöhe vor, von der aus er den Ort überblicken konnte, schoß sich durch eine dünne rumänische Verteidigungslinie und baute den Hügel zur Angriffsbasis aus. Dann wartete er, erkundete das vor ihm liegende Gelände und änderte schließlich seinen Angriffsplan. In der Nacht machte er mit seiner Kompanie einen langen Umweg, marschierte zuerst nach Nordwesten, dann nach Norden und schließlich nach Osten und umging dabei die rumänischen Stellungen, deren genaue Lage er vorher erkundet hatte. Schließlich stellte er sich mit seiner Kompanie an einer anderen beherrschenden Höhe zum Angriff bereit, verharrte eine Weile und verteilte dann die verschiedenen Angriffsgruppen auf Bereitstellungsräume gegenüber ausgewählten Zielen im Dorf. Als er schließlich den Ort mit Unterstützung seiner schweren Maschinengewehre erstürmte — seine Kompanie befand sich inzwischen etwa sechs Kilometer vor den deutschen Linien —, nahm er 360 rumänische Soldaten gefangen. Rommels Kompanie hatte keine Verluste.

Während dieser Tage befehligte Rommel nicht nur seine eigene Kompanie, sondern eine aus zwei Schützenkompanien und einer MG-Kompanie bestehende Kampfgruppe des Bataillons (»Abteilung Rommel«). Wenn er einen Angriff plante, wandte er — wie man es nennen könnte und wie es später auch bezeichnet wurde — klassische Grundsätze in moderner Weise an. Er konzentrierte das Maschinengewehrfeuer auf die ausgesuchte Angriffsstelle, brach auf enger Front in die Verteidigungsstellung des Feindes ein, besetzte sofort innerhalb des feindlichen Verteidigungssystems eigene Stellungen, von wo aus er Flankenfeuer nach außen eröffnen konnte, und wenn er angriff, wies er seine Leute an, den Angriffsschwung ohne Rücksicht auf Flanken- und Rückenbedrohung aufrechtzuerhalten. In alledem wird in dem jungen Rommel schon der spätere General und Panzerführer erkennbar. Doch für den Erforscher der Kriegsgeschichte — und Rommel hat sich während seines ganzen Lebens fundiert, mit praktischem Interesse und sehr eingehend mit der Geschichte der Kriege beschäftigt — war sein Vorgehen typisch napoleonisch. Rommel war ein großer Bewunderer Napoleons, den er sogar höher schätzte als Friedrich den Großen. Als junger Offizier hatte er ein Porträt des Kaisers aus der Zeit von dessen Exil in St. Helena gekauft und in seinem Zimmer aufgehängt.

Die Gliederung des Württembergischen Gebirgsbataillons in eine große Zahl starker Schützen- und MG-Kompanien ermöglichte die Bildung von Kampfgruppen, deren Stärke und Zusammensetzung sich nach der jeweiligen Aufgabe und den äußeren Umständen richteten. Daraus ergab sich eine Flexibilität, mit der die für ein Gefecht zusammengestellte Abteilung in ganz natürlicher Weise für ein anderes neu gegliedert oder verstärkt werden konnte. Im Zweiten Weltkrieg bewunderten die Gegner der deutschen Armee oft die Leichtigkeit, mit der das deutsche Heer Ad-hoc-Verbände aufzustellen schien, die für besondere Gefechte besonders gut geeignet waren, sich nach keinem bestimmten Gliederungsschema richteten und auf dem Schlachtfeld zusammengefügt oder aufgelöst wurden, ohne etwas von ihrer Schlagkraft einzubüßen. Dies wurde einerseits durch die hervorragenden Nachrichtenverbindungen ermöglicht, zum großen Teil aber auch dadurch, daß es innerhalb des deutschen Heeres einheitliche Grundsätze für die taktische Ausbildung gab. So konnte man sich die Zeit sparen, die erforderlich gewesen wäre, die einzelnen Glieder des Ad-hoc-Verbandes mühsam aneinander zu gewöhnen. In anderen Armeen mußten Einheiten, die sich nicht kannten, manchmal noch während der Schlacht um die gegenseitige Verständigung und die taktische Übereinstimmung kämpfen. Rommel hat später als Befehlshaber großen Nutzen aus dieser Flexibilität gezogen und sie als eine wichtige und natürliche Fähigkeit einer gut ausgebildeten Truppe angesehen. Wahrscheinlich haben ihn seine Erfahrungen beim Gebirgsbataillon davon überzeugt, wie wichtig es ist, jede starre Truppengliederung zu vermeiden und Truppen für bestimmte Aufgaben zusammenzufassen — kurz: improvisieren zu können.

Anfang 1917 wurde das Bataillon wieder nach Frankreich verlegt, und zwar zurück in die Vogesen, in die Gegend um den Hilsenfirst, von wo aus es im vergangenen Oktober nach Rumänien gezogen war. Das bedeutete die Rückkehr in die Schützengräben, zu den Artillerieduellen, zu den nie endenden Schanzarbeiten, dem Bau von Drainagegräben und Brustwehren und zu Ausbesserungsarbeiten. Doch schon im August 1917 wurde das Bataillon wieder nach Osten an die rumänische Front transportiert — dieses Mal bei großer Hitze statt bei fast unerträglicher Kälte.

Am 7. August traf das Bataillon in Bereczk ein und fuhr von dort weiter nach Sosmezö an die damalige ungarisch-rumänische Grenze. Während der folgenden zwei Wochen nahm Rommel an der Schlacht um den Berg Cosna teil, einer der härtesten Schlachten, die er erlebte. Der Cosna befand sich in rumänischer Hand, und die Gesamtlage an der Ostfront erforderte, daß er genommen wurde. Obwohl die Deutschen im rumänischen Feldzug bis nach Bukarest gekommen waren und die rumänischen Verteidiger bis ans Schwarze Meer zurückgedrängt hatten, so daß fast das ganze Land von Truppen der Mittelmächte besetzt war, hatte man die Rumänen noch nicht zur endgültigen Kapitulation zwingen können. 1916 standen mehr deutsche und österreichische Divisionen im Kampf an der Ost- als an der Westfront, und es war offensichtlich ein Hauptinteresse der Feinde Deutschlands, Rußland im Krieg zu halten. Der wichtigste Faktor dabei war natürlich die innere Stabilität Rußlands.

Die russische Revolution im Februar 1917 hatte die Entente beunruhigt; man hoffte allerdings, daß eine zuverlässigere Regierung an die Macht kommen werde. Im Sommer hielt die Ostfront noch, und es war das vorrangige Ziel der Deutschen, diese Front auszuschalten, um die dort freiwerdenden Kräfte nach Westen verlegen und in Frankreich und Flandern eine Kriegsentscheidung erzwingen zu können. Das wurde im großen und ganzen durch die bolschewistische Revolution im folgenden Oktober erreicht. Aber schon vorher schien es dringend geboten, die Lage in Rumänien zu bereinigen.

Die rumänische Front verlief noch immer am Ostrand des Gebirges, etwa dort, wo das Gebirgsbataillon zu Beginn des Jahres eingesetzt gewesen war. Die Frontlinie war bekannt, und der Cosna ihr höchster und östlichster Punkt. Hinter ihm fiel das Gebirge in die Täler des Oitoz und der Trotus ab. Östlich ihres Zusammenflusses erstreckte sich die Tiefebene bis zum Schwarzen Meer im Rücken der rumänischen Front.

Für die ersten Phasen der Schlacht wurde Rommel der Befehl über einen Großteil des Bataillons übertragen — über vier Schützen- und drei MG-Kompanien. Seine Aufgabe war es, vom Oitoztal aus aufzusteigen und seine Abteilung auf einem Plateau zum Angriff gegen die feindliche Verteidigungsstellung bereitzuhalten. Rommel hielt die bisherigen Aufklärungsergebnisse für unzureichend, und wie gewohnt schickte er einen Spähtrupp aus, um sich genauer über die Lage zu orientieren. Sehr bald stellte er zu seiner Überraschung fest, daß der Feind augenscheinlich eine vorgeschobene Stellung auf dem Plateau geräumt hatte, und ließ daher diese Stellung sofort von zwei Kompanien besetzen. Anschließend unternahm er weitere Aufklärungsvorstöße. Der Plan der Brigade sah vor, den Feind von dem Gebirgsbataillon gemeinsam mit einem links von ihm liegenden bayerischen Reserveinfanterieregiment am Nachmittag unter Rommels Führung angreifen zu lassen.

Doch schon vor Angriffsbeginn hatte Rommel erstaunliches Glück. Einer seiner Spähtrupps unter der Führung eines Vizefeldwebels stieß auf einen rumänischen Verband, der gerade Rast machte und die Gewehre zusammengelegt hatte, ohne Wachen aufzustellen. Der Vizefeldwebel kehrte mit 75 Rumänen und fünf Maschinengewehren zurück, ohne einen Schuß abgegeben zu haben. Rommel beschloß, zwei Kompanien dorthin zu schicken, wo die Rumänen überrascht worden waren, und den Gegner von da aus gleichzeitig mit den Hauptkräften anzugreifen. Dies bedeutete, daß man zunächst ein Stück absteigen mußte, um dann wieder emporzuklettern. Als Rommels Abteilung während des Aufstiegs in feindliches Feuer geriet, wie er vorausgesehen hatte, befahl er seiner Spitzengruppe, »bei einem Zusammenstoß mit dem Feind sofort in

Deckung zu gehen«[13] und den Gegner mit Handgranaten und Hurrarufen zu täuschen. Dann griff er mit seinen Hauptkräften rechts umfassend an. Auf diese Weise gelang es, die feindliche Stellung zu durchbrechen und die feindliche Infanterie daraus zu vertreiben.

Es war sehr heiß, und einige Männer erlitten Schwächeanfälle, während sie den Feind fünfmal nacheinander daran hinderten, neue Stellungen zu beziehen. Schließlich hielten nur noch zehn bis zwölf Mann mit Rommel Schritt, und mit ihnen setzte er den Aufstieg zur Verfolgung der Rumänen unermüdlich fort, bis er an den Waldrand am oberen Ende des steilen Hanges kam. Hier wurde er von den beiden nach Atem ringenden Kompanien eingeholt.

Das Angriffsziel war der Gebirgskamm gewesen, und Rommel, der unter dauerndem Klettern und Schießen praktisch schon in das Zentrum der feindlichen Stellung eingebrochen war, stellte nun fest, daß der Gebirgskamm nur noch 800 Meter vor ihm lag. Zwischen seiner Abteilung und diesem Angriffsziel waren jedoch rumänische Gewehr- und Maschinengewehrschützen in Stellung gegangen, die jetzt das Feuer eröffneten. Der Feind hatte die Zeit, während der Rommel seine Truppen sammelte, dazu genutzt, seine Leute wieder fest in die Hand zu bekommen und eine neue Front zu bilden. Die Geschwindigkeit dieser Operationen hatte aber den für den Nachmittag geplanten Angriff der Hauptkräfte weit hinter sich gelassen.

Rommel hatte keine Maschinengewehre mitnehmen können, da das bei dem steilen Aufstieg über die dicht mit Buschwerk bewachsenen Hänge ein aussichtsloses Unterfangen gewesen wäre. Nun begann er, sich mit seinen Gewehrschützen vorzuarbeiten, und nutzte dabei die kleinen Unebenheiten und Risse im Boden aus. In kleinen Gruppen kamen die Männer staffelweise immer weiter voran, und vor Einbruch der Dunkelheit lagen sie nur noch 60 Meter vor der rumänischen Verteidigungslinie. Hier richtete er sich mit seiner Abteilung sofort zur Rundumverteidigung ein, da er mit einem rumänischen Gegenangriff rechnen mußte. Er befand sich nun etwa 1000 Meter hinter der ursprünglichen rumänischen Front und hatte bis zum 10. August um 6 Uhr morgens, als die erste Telefonleitung gelegt war, keine Verbindung zu seinem Bataillon.

Mit seinem kühnen und umsichtigen Vorgehen hatte Rommel eine perfekte Ausgangsstellung für einen Angriff gegen die erste Linie der feindlichen Hauptstellung auf dem Cosna besetzt. Praktisch hatte seine Abteilung eine stählerne Sonde vorangetrieben, die nun verstärkt werden konnte, und in den frühen Morgenstunden stießen die anderen Kompanien des Gebirgsbataillons nach vorn und schlossen sich ihm an. Währenddessen hatte Rommel mit energischen Aufklärungsvorstößen die genaue Lage und die Grenzen der feindlichen Stellungen erkundet und die Angriffstaktik festgelegt. Man unterstellte ihm drei Schützenkompanien und zwei Maschinengewehr-kompanien und befahl ihm anzugreifen. Er wies persönlich zehn Maschinengewehren ihre Feuerstellungen an und brachte jedes einzelne an seinen Platz, an dem es nicht vom Feind eingesehen werden konnte, zeigte den Maschinengewehrschützen ihre Ziele und erläuterte ihnen den Zeitplan des Angriffs. Dann ließ er seine drei Angriffskompanien in einer Bodensenke Deckung nehmen und teilte sie in zwei Gruppen ein, deren eine einen Scheinangriff durchführen sollte, während die zweite den Hauptangriff führte.

Um 12 Uhr mittags gab er das Signal. Die Maschinengewehre eröffneten das Feuer, und die Angriffskompanien rückten vor. Es folgte ein heftiger Schußwechsel auf nahe Distanz, die Rumänen unternahmen tapfere Gegenangriffe. Aber das Bataillon erreichte sein Angriffsziel, und Rommel (der am Arm verwundet worden und durch den Blutverlust geschwächt war) hielt den vorderen Rand der neuen Stellung mit zwei Kompanien.

Rommel hatte aus diesem kurzen, aber schwierigen Gefecht manches gelernt. Da es die Umstände erforderten, hatte er ohne die Unterstützung durch Artillerie oder Granatwerfer angegriffen, statt dessen aber schwere Maschinengewehre eingesetzt, die eine verheerende Wirkung zeigten. Dank der sorgfältigen Aufklärung hatte er sich ein genaues und zuverlässiges Bild von der Feindlage verschafft und zutreffend erkannt, wie und wo er den Feind würde überraschen können. Er hatte das Unternehmen mit großem taktischem Geschick geführt; ein Teil seiner Kräfte hatte mit einem Scheinangriff das feindliche Feuer auf sich gezogen und den vorzeitigen Einsatz der rumänischen Reserven herausgefordert. Dann hatte er unter Einsatz aller noch verfügbaren Kräfte den Hauptstoß geführt. So war es dem Bataillon gelungen, sich auf dem am nächsten gelegenen Kamm des Cosna festzusetzen. Aber es standen noch harte Kämpfe bevor.

Am folgenden Tag, dem 11. August 1917, verfügte Rommel für die nächste Phase der Offensivschlacht über sechs Schützen- und zwei MG-Kompanien. Er hatte kaum geschlafen, seine Wunde schmerzte, der Tag war anstrengend und nervenaufreibend gewesen, und der Aufstieg in der sommerlichen Hitze hatte seine Kräfte erschöpft. Die rumänischen Stellungen waren weit in die Tiefe gestaffelt, und die einzelnen Verteidigungslinien waren durch Gebirgsschluchten voneinander getrennt. Bisher hatte das Bataillon nur die vorderste Linie genommen, und der Berggipfel befand sich noch in Feindeshand.

Als Angriffsziel war Rommel der Gipfel des Cosna vorgegeben worden. Der direkte Weg führte über einen kahlen Gebirgskamm, und die rumänischen Stellungen lagen hauptsächlich beiderseits dieses Kammes. Rommel setzte einige seiner Maschinengewehre und zwei Kompanien dazu ein, die rumänische Front im direkten Beschuß unter schweres Feuer zu nehmen, um den Gegner an der Umgehung der Flanken zu hindern. Jeder MG-Schütze mußte eine Last von annähernd einem Zentner auf dem Rücken schleppen, und die Sonne brannte erbarmungslos. Die vier anderen Schützenkompanien und eine Maschinengewehrkompanie wollte Rommel an die im Norden gelegene rechte feindliche Flanke führen, wo die bewaldeten Hänge eines anderen Berges einige Deckung boten. Wenn es ihm gelang, die Rumänen bei diesem Angriff auf ihre rechts gelegenen Stellungen zu überraschen, sollte auch die Gruppe, die ihn bisher mit ihrem Feuer unterstützt hatte, auf dem über den Kamm führenden Weg weiter vorgehen.

Es war ein anstrengender Marsch über den steilen und unebenen, von Schluchten durchzogenen Hang. Als Rommel schließlich seine Kompanien in dem vorgesehenen Bereitstellungsraum versammelt hatte, stellte sich heraus, daß die Telefonleitungen durchschnitten oder beschädigt waren, wodurch nicht nur die rechtzeitige Artillerieunterstützung gefährdet, sondern auch die Verbindung zu demjenigen Teil seiner Abteilung abgerissen war, der den Befehl hatte, den Feind mit Feuer vor der Front zu fesseln. Aber obwohl diese gleichsam lebensnotwendige Verbindung nun unterbrochen war, ging Rommel an die Durchführung seines Angriffsplans. Die Maschinengewehrschützen und ein Zug der Schützenkompanie sollten sich in Richtung auf die feindliche Stellung vorarbeiten. Rommel vermutete, daß es sich dabei um den rechten Flügel der rumänischen Gipfelstellung auf dem Cosna handelte. Wenn der Feind das Feuer von dort aus eröffnete, sollten diese Kräfte es auf kürzeste Entfernung erwidern, während die restlichen Kompanien zugleich die feindliche Stellung erstürmen würden. Einzelne Infanteriezüge sollten die Flanken der Einbruchsstelle sichern und weiter durch das ganze feindliche Verteidigungssystem kämpfend vordringen, um sich anschließend nach Südosten zu wenden.

Der erste Teil des Unternehmens verlief erstaunlich reibungslos. Nachdem die Maschinengewehre das Feuer eingestellt hatten, ging Rommel mit seinen Kompanien zum Angriff über, brach in die feindlichen Stellungen ein und erreichte die Grenze des ersten Angriffsziels, wobei er kaum einen Mann verlor. Doch beim weiteren Vordringen — der Gipfel war noch längst nicht erreicht — blieben Rommel und seine Männer im Feuer rumänischer Maschinengewehre und Gewehrschützen liegen. Im starken feindlichen Feuer gab es zahlreiche Verluste, während die rumänische Infanterie, nun auch durch Artilleriefeuer unterstützt, zum Gegenangriff auf Rommels Kompanien antrat.

Es war offenkundig, daß der linke Flügel seines Verbandes nicht weiter vorankommen konnte. Mit einem Teil der rechts von ihm eingesetzten Kräfte ging Rommel deshalb entlang der von seiner Ausgangsstellung zum Zentrum der feindlichen Stellungen führenden Linie weiter vor. Er hoffte, die linke Flanke der Rumänen angreifen zu können, die sich seiner Flankenbewegung entgegengestellt hatten. In diesem Augenblick erschien gemäß dem ersten Angriffsbefehl die Gruppe, die ihn bis dahin mit ihrem Feuer unterstützt hatte, und griff, über den Kamm vorstoßend, die Rumänen ebenfalls an.

Das brachte die Entscheidung. Der Gegner hatte alle verfügbaren Kräfte zur Abwehr der Bedrohung an seiner rechten Flanke durch Rommel eingesetzt, und beim Auftauchen neuer deutscher Angreifer aus einer anderen Richtung wandte er sich zur Flucht. Rommels Abteilung hatte jetzt eine niedrigere Kuppe vor dem Gipfel besetzt, die den zentralen Rückhalt der vorgeschobenen rumänischen Stellung gebildet hatte. Vor Rommel lag jenseits einer Schlucht, die von ihm beherrscht wurde, der Gipfel des Cosna. Die niedrigere Kuppe bezeichnete Rommel als »Stabskuppe«.

Trotz der Erschöpfung seiner Leute war Rommel entschlossen, binnen einer Stunde wieder anzugreifen, und sein Bataillonskommandeur stimmte ihm zu. Rommel beabsichtigte, das Manöver vom Vormittag zu wiederholen und vier Kompanien an der linken Flanke in die vor ihnen liegende Schlucht und dann wieder herauszuführen, während die auf der nun von den Deutschen besetzten Anhöhe in Stellung gegangenen Gebirgsschützen den Feuerschutz übernahmen. Die Ausführung gelang, und nach stundenlangem Klettern und nach Gefechten mit den rumänischen Vorposten stand Rommel mit seinem Verband auf dem Cosnagipfel, von dem die meisten feindlichen Soldaten geflohen waren.

Doch die Rumänen hielten noch immer starke Stellungen östlich und nordöstlich des Gipfels besetzt, und es war aussichtslos, die Tiefebene und damit das strategische Ziel zu erreichen, bevor auch diese feindlichen Kräfte geschlagen waren. Darüber hinaus konnten die Rumänen die nach Osten hin noch nicht ausgebauten deutschen Stellungen auf dem Cosna fortlaufend mit Artilleriefeuer stören und aus gefährlicher Nähe zu Gegenangriffen antreten. Ein deutscher Angriff auf diese Stellungen bedeutete jedoch ein weiteres Vorrücken auf den Osthängen des Berges im vollen Blickfeld des Gegners.

Dennoch hielt Rommel ein solches Vorgehen für notwendig. Wie er später bezeichnenderweise schrieb, zog er es vor, »lieber Hammer als Amboß«[14] zu sein. Der erste Teil des Angriffs — der Abstieg in eine von den Rumänen nicht einsehbare Mulde — war gelungen, und Rommel war entschlossen, weiter vorzugehen. Da erreichte ihn über die inzwischen wiederhergestellte Fernsprechverbindung ein klarer und unzweideutiger Befehl seines Bataillonskommandeurs: Die Abteilung Rommel habe sich unverzüglich auf den Gebirgskamm 800 Meter westlich des Cosna zurückzuziehen.

Von dort aus war seine Abteilung am Tage zuvor zum Angriff angetreten. Doch die Russen hatten inzwischen eine ganz neue Lage geschaffen: Sie waren an der Nordflanke der Rumänen durchgebrochen und bedrohten nun die tiefe linke Flanke der Deutschen.

Am späten Abend des 12. August hatte der Kommandeur des Württembergischen Gebirgsbataillons, Major Sproesser (der das Bataillon seit dessen Aufstellung führte), die Kompanieführer zu einer Besprechung zu sich gerufen und sie um Vorschläge für den Einsatz des Bataillons in dieser gefährlichen Lage gebeten. Es war jetzt von feindlichen Verbänden fast eingekreist oder würde es bald sein, und man mußte damit rechnen, daß die ersten rumänischen oder russischen Angriffe schon bald nach Tagesanbruch beginnen würden. Schließlich folgte man den Vorschlägen Rommels, der sich während der nächsten dramatischen Tage als der unermüdliche Organisator der Verteidigung in einer wahrhaft verzweifelten Lage erwies.

Rommel schlug vor, den Gipfel des Cosna vorläufig aufzugeben. Er sollte zwar mit Feuer bedeckt, aber nicht besetzt werden. Maschinengewehr- und Artilleriefeuer sollte ihn wieder säubern, wenn ihn die Rumänen, wie zu erwarten war, zu besetzen versuchten. Die Deutschen sollten Beobachtungsposten südlich und nördlich des Berges einrichten, die nötigenfalls, aber nicht zu früh, zurückgenommen werden könnten, und nördlich des Gipfels sollten zwei Kompanien auf einem abfallenden Bergrücken zur Rundumverteidigung eingerichtete Stützpunkte besetzen, und zwar so, daß der Eindruck entstünde, sie seien stärker und umfangreicher, als sie es in Wirklichkeit waren. Um den Gegner zu täuschen, sollten an verschiedenen Punkten Lagerfeuer brennen.

Zentrum der Verteidigungsstellung des Bataillons sollte die niedrigere »Stabskuppe« sein, die Rommel vor der Erstürmung des Cosnagipfels genommen hatte. Sie sollte von schweren Maschinengewehren und einem Gebirgsschützenzug gehalten werden, die den Cosnagipfel unter Feuer nehmen konnten. Die Hauptkräfte der vier Kompanien sollten sich unterhalb der »Stabskuppe« als Reserve eingraben, um notfalls einen Gegenangriff zu führen oder die vorne eingesetzten Kräfte zu verstärken. Damit verschaffte sich Rommel die Voraussetzungen, das Gefecht durch den Einsatz von Reserven zu beeinflussen, obwohl er dabei die zur Verteidigung eingesetzten Kräfte zunächst augenscheinlich schwächte.

Der rumänische Angriff begann etwa so, wie Rommel ihn vorausgesehen hatte, und wurde aus allen Richtungen mit beachtlicher Wucht und mit sehr starken Kräften während des ganzen 13. August fortgesetzt. Einer der von Rommel südlich des Berges eingerichteten Beobachtungsposten zog sich zurück – ohne zwingenden Grund, wie Rommel glaubte –, woraufhin Rommel sofort einen Gegenangriff unternahm. Aber auch seine anderen Gefechtsvorposten mußten ihre Stellungen räumen. Seine Reservekompanien wurden während seiner vorübergehenden Abwesenheit zur Verteidigung der »Stabskuppe« eingesetzt, die von sehr starken russischen Kräften angegriffen wurde. Währenddessen räumten die Rumänen unter dem schweren Feuer deutscher Maschinengewehre und Geschütze den von ihnen wiederbesetzten Cosnagipfel und zogen den Hang hinunter nach Westen ab. Rommel hatte das erwartet und sich darauf vorbereitet. Nun griff der Gegner die deutschen Stellungen auch von Osten, Norden und Süden an, und die Munition wurde knapp. Währenddessen kam es im ganzen Kampfbereich des Bataillons immer wieder zu Scharmützeln auf Handgranatenwurfentfernung (Rommel war für den Abschnitt Cosna und »Stabskuppe« verantwortlich, während Major Sproesser einen größeren Bereich hatte). Bei Einbruch der Nacht war Rommel zu der Überzeugung gekommen, daß das Gebirgsbataillon so hohe Verluste wie an diesem 13. August an einem neuen Kampftag nicht mehr hinnehmen könne – und zweifellos mußte man am folgenden Tag mit ebenso harten Kämpfen rechnen. Er war entschlossen, die Stellungen trotz aller Schwierigkeiten weiter auszubauen und die Truppe umzugruppieren. So wurde noch am gleichen Abend eine Pionierkompanie herangeführt, um auf der »Stabskuppe«, im Zentrum der Stellung, mit der Arbeit zu beginnen.

Rommel war jetzt fünf Tage lang nicht aus den Stiefeln gekommen. Seine Füße waren geschwollen, und der Verband an seinem verwundeten Arm hatte nicht gewechselt werden können. Seine Uniform war blutdurchtränkt, und im Gegensatz zu der glühenden Hitze am Tag war es nachts ausgesprochen kalt. Während der ganzen Nacht arbeitete die Abteilung Rommel am Ausbau ihrer Stellung, und zu Rommels großer Erleichterung trafen noch vor Morgengrauen einige Kompanien eines anderen Regiments zur Verstärkung ein. Während der folgenden beiden Tage konnte sich das Bataillon in den verstärkten Stellungen auf und vor der »Stabskuppe« halten. Am 16. August ließ die Hitze nach einem starken Gewitter zwar nach, aber die Soldaten wurden durch den Regen völlig durchnäßt. Sie trockneten ihre Uniformen, ohne sie auszuziehen, an einem von rumänischen Gefangenen unterhaltenen Lagerfeuer. Gleichwohl schrieb Rommel später, die Stimmung sei hervorragend gewesen.

Nördlich des Bataillons hatte sich die Lage stabilisiert. Am 19. August wurde die Offensive fortgesetzt, und wieder führte Rommel mit drei Schützen- und zwei MG-Kompanien einen Angriff gegen die rumänischen Linien und vertrieb den Gegner vom Cosna. Wieder ging er nach dem gleichen Muster vor: Nach sorgfältiger Vorbereitung, einem mühevollen, aber nach Möglichkeit verdeckten Vorgehen und einem vernichtenden Feuerschlag mit Maschinengewehren und Artillerie griff er mit ausreichend starken Kräften an, um über das erste Angriffsziel hinweg weiter vorzustoßen, und zwar mit solchem Schwung, daß dem Feind keine Atempause blieb. Ein zweiter rumänischer Gegenangriff mit dem Ziel, das Gebirgsbataillon wieder vom Cosna zu vertreiben, schlug fehl. Dennoch hatte das Bataillon in den zweieinhalbwöchigen Sommerkämpfen 500 Mann verloren, davon 60 Gefallene. Am 25. August wurde es aus der Front in die Reserve zurückgezogen.

4.

Pour le Mérite

Nach der Schlacht wurde Rommel für mehrere Wochen beurlaubt und reiste an die Ostsee, gemeinsam mit seiner jungen Frau Lucie, in die er sich noch während seiner Zeit an der Kriegsschule in Danzig verliebt hatte. Die halboffizielle Verlobung hatte schon in Danzig stattgefunden, und die Kriegstrauung wurde im November 1916 vollzogen. In den folgenden dreißig Jahren sollte Lucie zu einer Lebensgefährtin und Vertrauten werden, auf die sich Rommel in jeder Hinsicht verlassen konnte. Er schrieb ihr täglich — oder fast jeden Tag, soweit es seine dienstlichen Obliegenheiten zuließen —, und seine oft in aller Eile hingeworfenen kurzen Briefe aus dem Felde an »Meine liebste Lu« von »Deinem Erwin« brachten zum Ausdruck, was ihn im Augenblick am meisten beschäftigte.

Der Urlaub war sicherlich längst überfällig. Rommels Aufzeichnungen läßt sich entnehmen, daß er vollkommen erschöpft war. Am Ende der Schlacht hatte er hohes Fieber und begann, wie er später schrieb, »das tollste Zeug« zu plappern. Er war sich schließlich selbst darüber klargeworden, daß er nicht mehr in der Lage war, eine Truppe zu führen. So wurde er abgelöst, fraglos als Opfer einer schweren physischen und psychischen Überbelastung. Fünf Tage später war der Kampf um den Cosna beendet. Erst im Oktober 1917 kehrte Rommel zu seiner Truppe zurück, und damit begann ein neues Kapitel in der Geschichte des Gebirgsbataillons.

Inzwischen glich die Situation der Mittelmächte im Herbst 1917 der eines Menschen mit einer sich langsam zuziehenden Schlinge um den Hals. Deutschland und Österreich-Ungarn waren von allen Seiten von Feinden umschlossen, und obwohl die Mittelmächte an der inneren Linie operierten und über ein gutes Eisenbahnnetz verfügten, waren diese Feinde immer stärker geworden.

Doch der Druck auf die Mittelmächte war nicht an allen Fronten gleich stark. Im Westen hatten im Juli die großen und verlustreichen Kämpfe begonnen, die von den Alliierten als die 3. Ypernschlacht bezeichnet wurden. Sie dauerten bis zum 4. November. Keine Seite hatte dabei wesentliche Geländegewinne machen können, und wenn doch, dann handelte es sich in der Hauptsache um unbedeutende Sumpfgebiete. Aber im Südosten, in Rumänien und auf dem Balkan, hatte die deutsche Offensive praktisch die südliche Verankerung der russischen Front beseitigt.

Im November 1917 folgte der bolschewistischen Revolution in Rußland fast unmittelbar ein Friedensersuchen an Deutschland.[1] Damit war die Bedrohung im Osten und Südosten geringer geworden und sollte sehr bald ganz verschwinden. Es sah nun so aus, als könne Ludendorffs Vision von einer Konzentration aller Kräfte für einen entscheidenden letzten Schlag im Westen zur Wirklichkeit werden.

Das war auch dringend notwendig. Die Bevölkerung in Österreich-Ungarn und Deutschland war während der vergangenen drei Jahre ungeheuren Belastungen ausgesetzt gewesen, und die Blockade durch die alliierten Seestreitkräfte hatte sich auf die Gesundheit und Moral an der Heimatfront außerordentlich negativ ausgewirkt. Überdies waren die Vereinigten Staaten in den Krieg gegen Deutschland eingetreten. So kam es jetzt darauf an, genügend starke Kräfte aufzubieten, um eine Entscheidung im Westen herbeizuführen, bevor die noch schwachen und unerfahrenen amerikanischen Streitkräfte so weit verstärkt werden konnten, daß sie zum entscheidenden Faktor wurden.

Indessen hatte man es aber auch noch mit dem Kriegsschauplatz in Italien zu tun, und als Rommel im Oktober 1917 zum Gebirgsbataillon zurückkehrte, waren seine Kameraden im Bahntransport über Mazedonien in das österreichische Kärnten verlegt worden, um an den nächsten Schlachten im italienischen Feldzug teilzunehmen.

Der Italienfeldzug hatte im Mai 1915 nach der Kriegserklärung Italiens an Österreich begonnen. In seinen ersten Phasen stand Österreich bei der Verteidigung allein. Die italienische Offensive – die Italiener betrachteten ihr Vorgehen von Anfang an als eine strategische Offensive – war als ein Vorstoß nach Osten im südlichen Teil des Isonzotals geplant, und zwar dort, wo der Fluß die Richtung auf den Golf von Triest nimmt. Die nördliche und nordöstliche Gebirgsflanke sollte defensiv bleiben. Hauptangriffsziel war Triest.

Der erste italienische Vorstoß erstarrte sehr bald im Stellungskrieg, und die anschließenden Isonzoschlachten verliefen ganz ähnlich wie die ersten Kämpfe an der Westfront. Es wurden starke Artilleriekräfte zusammengezogen, und auf beiden Seiten gab es hohe Verluste, wobei keine Seite wesentliche Geländegewinne verzeichnen konnte. Doch in der 11. Isonzoschlacht im August 1917 war es den Italienern gelungen, die Österreicher über eine größere Entfernung zurückzudrängen, und nach der Einnahme von Görz befanden sie sich schließlich schon in Sichtweite von Triest. Außerdem hatten sie die Hochebene zwischen Görz und Tolmein besetzt.[2]

Die österreichische Front war damit ernsthaft bedroht, und die Österreicher baten die Deutschen um Unterstützung. Deutschland befand sich zwar ebenfalls in ernster Bedrängnis, erklärte sich aber bereit, die 14. Armee mit sieben Divisionen an die Isonzofront zu verlegen, wo sobald wie möglich eine Gegenoffensive beginnen sollte, um die Italiener nach Italien zurückzuwerfen. Der Angriff sollte sich gegen den italienischen Verteidigungsabschnitt bei Tolmein richten mit dem Ziel, den Isonzo zu überschreiten — beide Steilufer waren in italienischer Hand —, die Italiener aus dem Gebirge westlich des Flusses zu vertreiben und in die Poebene sowie das Tal des Tagliamento vorzustoßen. Das war ein ehrgeiziges Vorhaben, denn die Italiener hatten ihre Stellungen in großer Tiefe ausgebaut. Der Flußlauf des Isonzo bildete streckenweise die vorderste Linie, dahinter befanden sich eine zweite und dritte Verteidigungslinie auf den hohen Kämmen des Monte Matajur und Monte Kuk. Die Aufgabe des Deutschen Alpenkorps[3] war es, diese letzten und höchsten Angriffsziele in Besitz zu nehmen, und das Württembergische Gebirgsbataillon sollte rechts vom Bayerischen Leibregiment vorgehen und sicher erkannte Artilleriestellungen ausschalten. Dann sollte das Bataillon dem Leibregiment zum Gipfel des Matajur folgen.

Rommel übernahm die Führung von drei Schützenkompanien und einer Maschinengewehrkompanie — der Verband wurde, wie immer in solchen Fällen, als »Abteilung Rommel« bezeichnet — und erhielt den Befehl, in der ersten Phase des Unternehmens den führenden Truppenteilen zu folgen und dann nach der Überquerung des Flusses und dem Durchstoßen der ersten italienischen Linie die Aufgaben des Spitzenbataillons zu übernehmen.

Rommel war Oberleutnant, eigentlich nur Kompanieführer. Doch in den meisten Fällen hat er während dieses Feldzuges ebenso wie in Rumänien und auch oft in Frankreich ein Bataillon oder einen Verband geführt, der etwa Bataillonsstärke hatte. Das war nichts Ungewöhnliches. Im damaligen Heer erfolgte die Beförderung von Offizieren hauptsächlich nach dem Dienstalter, nicht aber, weil der Betreffende für einige Zeit eine bestimmte Dienststellung innehatte. So übernahmen in der deutschen Armee rangniedere Offiziere und Unteroffiziere häufig Führungsaufgaben, die ihnen in anderen Armeen nicht übertragen worden wären. Rommel führte als Oberleutnant oder Hauptmann mehrere Kompanien im Gefecht und erteilte einem größeren Truppenteil unter einem Feldwebel Befehle, während Major Sproesser als Kommandeur des Württembergischen Gebirgsbataillons elf Kompanien unter sich hatte, die je nach Lage flexibel eingesetzt wurden. Jede Kompanie bestand aus etwa 200 Schützen. Welches auch die Schwächen der deutschen Armee gewesen sein mochten — kopflastig war sie mit Sicherheit nicht.

Der deutsche Angriff begann am 24. Oktober nach intensiver Artillerievorbereitung. Tausend Geschütze eröffneten um zwei Uhr morgens das Feuer, und das laute Detonieren der Granaten in den engen Gebirgstälern hatte eine dramatische Wirkung. Es goß in Strömen, und die italienischen Suchscheinwerfer, mit denen der Feind die Angreifer aufzuspüren versuchte — denn ein solches Trommelfeuer konnte nur einen bevorstehenden Angriff andeuten —, richteten wenig aus. Im Morgengrauen ging die Abteilung mit starker Artillerieunterstützung vor, erkletterte die steilen Hänge und überquerte ohne große Schwierigkeiten den Isonzo. Sehr bald hatte sie im Schutz der vernichtenden Geschützsalven und des Unwetters die erste italienische Stellung durchbrochen und näherte sich nun auf einem steilen Pfad der zweiten. Die Hänge waren bewaldet, und Bäume und Büsche waren noch belaubt. Rommel hatte mit seiner Abteilung die Vorhut übernommen, kletterte steil bergan und geriet bald unter feindlichen Beschuß. Er vermutete, daß es sich dabei um die zweite italienische Stellung handelte. Von der Spitze seiner Gruppe kam die Meldung, daß die Soldaten auf Stacheldraht und Schützengräben gestoßen waren.

Rommel hoffte, einen günstigeren Zugang zur italienischen Stellung zu finden, wenn er den vorgesehenen Angriffsstreifen verlassen und in einer weiter links gelegenen steilen Rinne weiter aufsteigen würde. Er selbst kletterte voraus, die Abteilung folgte ihm, und bald stießen sie auf eine »zusammenhängende, gut verdrahtete Stellung«, die »wie tot« dalag.[4] All das erinnerte Rommel an die Erstürmung des Cosnagipfels. In der Nähe machte er einige italienische Soldaten aus, die ihn und seine Truppe offenbar noch nicht bemerkt hatten. Ein gut getarnter Zugang schien direkt in die Stellung zu führen. Rommel schickte einen aus acht Mann bestehenden Spähtrupp diesen Pfad entlang, gab aber die Anweisung, sich möglichst ruhig zu verhalten und nur zu schießen, wenn es unbedingt notwendig sei. Der Rest der Abteilung blieb liegen, bereit, das Feuer zu eröffnen, wenn der Spähtrupp in Schwierigkeiten geraten sollte. Schon bald kam einer der Männer zurück und meldete im Flüsterton, der Spähtrupp habe sieben Italiener in einem Unterstand gefangengenommen und sei in die Stellung eingedrungen, jedoch auf keinen weiteren Widerstand gestoßen.

In dem Glauben, auch die zweite italienische Stellung durchstoßen zu haben, führte Rommel die ganze Abteilung, die er an beiden Flanken von je einer kleinen Deckungsgruppe absichern ließ, auf dem gleichen Pfad weiter. Unterwegs nahm er eine Anzahl italienischer Soldaten gefangen, die in ihren Unterständen Schutz gesucht hatten. Noch immer regnete es, aber zu einem Gefecht war es bisher nicht gekommen.

Seit ihrem Kriegseintritt im Jahre 1915 versuchten die Italiener, am Isonzo die österreichischen Stellungen zu durchbrechen; das Fernziel war die Eroberung des österreichischen Kriegshafens Triest. Nach fünf vergeblichen Anläufen nahmen sie in der 6. Isonzoschlacht endlich die am Ostufer des Flusses gelegene Stadt Görz ein. Als Rommels Bataillon im September 1917 nach Norditalien verlegt wurde, bereiteten die Mittelmächte eine Großoffensive vor, die am 24. Oktober 1917 bei strömendem Regen begann. Dabei gelang es, die Italiener taktisch zu überraschen, deren Front bald über eine Breite von 24 Kilometern aufgerissen war. Die Schlacht endete mit einem vollständigen Sieg der angreifenden Deutschen und Österreicher: Die Moral der italienischen Frontverbände brach zusammen, es kam zu zahllosen Desertionen und der Rückzug der Italiener glich einer Massenflucht.
Die Abbildung zeigt Kaiser Wilhelm II. mit seinen Stabsoffizieren an der italienischen Front im zurückeroberten Görz. Ein Generalstabsoffizier erklärt dem Kaiser den Frontverlauf.

Die Kampfgruppe legte die nächsten 1000 Meter in Einzelreihe zurück, und wieder mußte jeder Maschinengewehrschütze eine neunzig Pfund schwere Last mitschleppen. Rommel war jetzt dem Zeitplan weit voraus und befürchtete, in deutsches Artilleriefeuer zu geraten. Doch ungeachtet dieses Risikos ging er weiter vor und stieß dabei auf einige italienische Spähtrupps, die sich widerstandslos gefangennehmen ließen. Am Spätnachmittag konnte er wie vorgesehen die Verbindung zu dem links von ihm vorgehenden Bayerischen Leibregiment aufnehmen. Vor ihm lag ein hoher Gebirgskamm, der Kolovratrücken. Die Hauptstellung der Italiener verlief von diesem Kamm zu dem einige hundert Meter höher gelegenen Matajurrücken.

Um 19 Uhr — die Deutschen standen jetzt vor der dritten italienischen Stellung — wurde Rommel zum Gefechtsstand des III. Bataillons des Bayerischen Leibregiments gebeten, das unmittelbar links neben ihm lag. Der Regimentsführer verlangte, wie Rommel berichtet, »die Unterstellung unter sein Kommando. Ich erlaube mir einzuwenden, daß ich bisher Befehle von Major Sproesser bekäme, der meines Wissens dienstälter sei als der Führer des Leib-Regiments«.[5] Die barsche Unterredung endete damit, daß Rommel den Befehl erhielt, dem Leibregiment zu folgen und die Höhe zu besetzen. Rommel sagte, er werde es seinem Kommandeur melden. Er war »wenig froh« über diesen Befehl.[6]

Das ist leicht zu verstehen. Zweifellos widerstrebte es Rommel, dem bayerischen Regiment zu folgen und ein Gelände zu besetzen, das dieses erobert hatte. Zwar hatte er jetzt ein paar Stunden Zeit, sich auszuruhen, war aber sichtlich verärgert, und da er nicht einschlafen konnte, legte er sich einen Plan zurecht.

Am folgenden Morgen um fünf Uhr kam sein eigener Bataillonskommandeur Sproesser an der Spitze der restlichen Kompanien des Württembergischen Gebirgsbataillons an, und Rommel erläuterte ihm seinen Plan. Er wollte weit außerhalb des Angriffsstreifens des bayerischen Regiments nach Westen vorstoßen und einen selbständigen Angriff auf die »etliche 1000 m«[7] weiter westlich auf dem Gebirgskamm gelegenen Teil der feindlichen Stellungen führen. Major Sproesser war einverstanden, und Rommel machte sich mit zwei Schützenkompanien (er hatte zunächst um vier Kompanien gebeten) und einer Maschinengewehrkompanie auf den Weg. Das Unternehmen begann im Morgengrauen des 25. Oktober und sollte zur Eroberung des Kolovratrückens und des Monte Matajur führen. Wahrscheinlich hat sich Rommel später mit größerer Befriedigung an diesen Erfolg erinnert als an irgendein anderes erfolgreiches Unternehmen in seiner Laufbahn als Truppenführer.

Wie schon so oft in vergleichbaren Situationen ging Rommel zunächst daran, eine Anzahl italienischer Gefechtsvorposten und Wachen zu überwältigen, die die italienische Front gegen das tief unten gelegene Isonzotal sicherten. Rommel näherte sich ihnen seitwärts über den Hang aus einer Richtung, in der sie keine Gefahr vermutet hatten, und konnte sie daher überraschen. Mit seiner besonderen Begabung, sich an den Feind unter geschickter Ausnutzung des Geländes heranzupirschen, hatte er zunächst das Feuer eines Maschinengewehrs auf sich gezogen, seine Männer dann aber zu einem etwa 200 Meter unterhalb des Kammes gelegenen, mit Buschwerk bewachsenen Teil des Hangs geführt. Die ganze Kampfgruppe erreichte diese Ausgangsstellung, ohne von den Italienern auf dem Kamm bemerkt worden zu sein. Rommel war parallel zu den italienischen Stellungen vorgegangen. Hinter ihm, von dort aus, wo die Bayern immer noch vor einem besonders hohen Punkt des Kolovrat lagen, war der Lärm eines lebhaften Feuergefechts vernehmbar.

Schließlich erreichte Rommel die Stelle, an der er in die feindliche Stellung einbrechen wollte. Hier mußte er seine Abteilung nach links dirigieren, mit ihr den steilen Hang hinaufklettern und die feindliche Stellung stürmen. Zunächst legte er eine Rast ein, während ein Spähtrupp den Hang hinaufstieg, um sich ein möglichst genaues Bild von der Feindlage zu verschaffen. Schon nach wenigen Minuten meldete sich der Spähtrupp zurück. Es war gelungen, in die feindliche Stellung einzudringen und einige Gefangene zu machen, ohne einen einzigen Schuß abzugeben. Das genügte Rommel. Das Überraschungsmoment war noch nicht verloren. So schnell wie möglich führte er die ganze Abteilung auf den etwa 50 Meter breiten Sattel, der den Kolovratrücken krönte. Die Italiener, die hier in einem Unterstand Schutz gesucht hatten, ergaben sich sofort. In kürzester Zeit hatte Rommel einige hundert Gefangene gemacht.

Doch mit einem so günstigen weiteren Verlauf seines Unternehmens durfte er nicht rechnen. Er beschloß, weiter nach Westen in Richtung auf den Monte Matajur vorzugehen, mußte aber sehr bald feststellen, daß der Kamm, auf dem der Weg verlief, von einer Anhöhe westlich des Sattels gedeckt wurde. Von dieser Anhöhe aus verlief eine Linie von Schützengräben im rechten Winkel zum Kolovratrücken und blockierte das weitere Vorgehen der Abteilung nach Westen. Zur Linken kamen jetzt frische italienische Infanteriekräfte über die Südhänge des Kammes herauf, und der Gegner vor ihm, in dessen Schußfeld der entlang des Kammes führende Weg lag, belegte Rommels Leute mit schwerem Gewehr- und Maschinengewehrfeuer. Rommel hatte mit seinen Kompanien inzwischen den ersten Teil seines Angriffsziels, den Kamm, erreicht. Doch dieser Kamm bot keinerlei Deckung.

Der Kriegsschauplatz war in dem unzugänglichen Gelände der Alpen völlig anders als in Frankreich. Hohe Berge, Schluchten, reißende Flüsse und schlechtes Wetter stellten höchste Anforderungen an die schlecht ernährten Soldaten, die mit ihren Geschützen lange und anstrengende Märsche zurücklegen mußten und dabei stets der Gefahr ausgesetzt waren, unter den von feindlichem Beschuß ausgelösten Felslawinen begraben zu werden.
Oben: Geschütztransport durch österreichisch-ungarische Truppen in den Tiroler Gletschern.
Rechts: Eine Festungsartillerie-Kolonne auf dem Marsch über einen Gebirgspaß.

Angesichts dieser schwierigen Lage auf dem Gebirgskamm schien ein weiterer Vorstoß in westlicher Richtung aussichtslos. Deshalb befahl Rommel der vordersten Kompanie, die Stellung zu halten, während er den Rest seiner Kampfgruppe so schnell wie möglich zu dem Sattel zurückführte. Die vorderste Kompanie geriet nun in einen mit Gewehren und Handgranaten ausgetragenen Nahkampf und wurde nicht nur von vorn – von Westen her –, sondern auch in den Flanken angegriffen. Es war eine Situation, in die Rommel immer wieder geraten sollte: Er hatte mit geschicktem und energischem Vorgehen den Gegner überrascht und einen erstaunlichen Anfangserfolg errungen. Nun mußte er aber feststellen, daß er mit diesem Erfolg seine Truppe oder Teile davon in große Gefahr gebracht hatte, und er mußte entscheiden, wie dieser Gefahr zu begegnen sei – ob er, um weitere Verluste zu vermeiden, zurückgehen und einen Teil seiner Abteilung opfern sollte, um den Rest zu retten, oder ob er zum Angriff übergehen sollte, um seine Männer dadurch aus der gefährlichen Lage zu befreien. Wie so oft, wählte er auch diesmal den zweiten Ausweg. »Rasch wird mir klar, daß die 2. Komp(anie) nur durch einen überraschenden Stoß der übrigen Abteilung in die Flanke und den Rücken des Feindes herausgehauen werden kann ... 100 m vor uns erhebt sich, angefeuert von den Kommandos der Offiziere, der dichtmassierte Feind zum Sturm auf die eingekeilte 2. Kompanie.«[8]

Rommel ließ rechts neben sich ein MG mit Front nach Westen und parallel zu der zum Gebirgskamm verlaufenden Schußrichtung in Stellung gehen und besetzte mit einer Schützenkompanie ein links von seinem Standort gelegenes Geländestück, von dem aus er den Gegner in der Flanke zu fassen hoffte. Seine beiden Kompanien waren jetzt im Einsatz, und die vorderste Kompanie war dadurch geschwächt, daß sie einen Teil ihrer Männer dazu eingesetzt hatte, mit Front nach Osten entlang des Gebirgskamms den eigenen Rücken zu sichern. Mit diesen relativ schwachen Kräften konnte er nur noch versuchen, den Gegner mit einem Vorstoß aus unerwarteter Richtung zu erschüttern und auf diese Weise zurückzuwerfen.

Tatsächlich gelang ihm das. Die Italiener, die seine äußerst bedrängte vorderste Kompanie angriffen, wurden in der Flanke gefaßt, worauf die Kompanie nun ihrerseits zur Offensive überging und den Feind von zwei Seiten angriff. Schon nach wenigen Minuten hatte sich ein aus 12 Offizieren und 500 Mann bestehendes italienisches Bataillon der Abteilung Rommel ergeben. Damit erhöhte sich die Zahl der Gefangenen in dem Gefecht am Kolovrat auf 1 000. Doch vor und hinter Rommels Stellung rückten neue italienische Truppen zum Angriff an.

Nun begann für Rommel eines der kühnsten Unternehmen seiner ganzen militärischen Laufbahn. Der neben und hinter den italienischen Stellungen auf den Monte Matajur führende Weg war von italienischen Pionieren aus dem Felshang gesprengt worden und ließ sich von den Kammstellungen der Italiener nur schwer mit Feuer abdecken. Rommel glaubte, daß er jetzt entweder die auf dem Gipfel des Monte Kuk in Stellung gegangenen Feinde, die ihn bis dahin aufgehalten hatten, zurückwerfen oder, ohne sich weiter um sie zu kümmern, sie am Rand des Dorfes Luico angreifen könnte, wenn er mit seinem Verband so weit und so schnell wie möglich über den vom Kamm hinabführenden Weg vorstieß. Luico lag unterhalb des nördlichen Hanges rechts von Rommel. Wenn er auf diesem Weg weit genug vorankam, bestand die Chance, eine starke italienische Truppenkonzentration zu zerschlagen und so das gesamte Angriffsziel um so leichter in Besitz zu nehmen.

Im Laufschritt eilte die ganze Abteilung Rommel praktisch parallel zur feindlichen Front und stieß dabei auf völlig überraschte Trupps italienischer Soldaten, auf Fuhrwerke und Geschütze. Hier und da wurden Gefangene gemacht. »Das macht Spaß!« schrieb Rommel. »Zum Schießen kommt es dabei nicht ... Bald zählen wir über 100 Gefangene und 50 Fahrzeuge. Das Geschäft blüht!«[9] Unterhalb des Gebirgskammes näherte er sich nun einem Tal, aus dem ein Pfad hinausführte, den die Italiener offenbar als Versorgungsweg benutzt hatten. Gelang es, dieses Tal zu besetzen und den Weg zu blockieren, dann war damit, wie Rommel glaubte, ein großer Teil der vordersten Truppen, das Zentrum der italienischen Hauptstellung, eingeschlossen, und zwar zwischen seiner Abteilung und dem Rest des Bataillons. Einige italienische Fahrzeuge hatten Brot, Obst, Eier und Wein geladen, für die erhitzten und erschöpften Soldaten der Abteilung Rommel eine willkommene Beute. Rommel hatte jetzt sein vorläufiges Ziel erreicht, und seine Soldaten richteten sich zur Rundumverteidigung ein. Er befand sich mit seiner Abteilung mehr als drei Kilometer hinter der Linie, die die Italiener für ihre Front hielten.

Doch bei dem raschen Vorstoß hatte der größte Teil der Abteilung nicht Schritt halten können, und als nun plötzlich eine italienische Kolonne, die sich keiner Gefahr bewußt war, Rommel auf der nach oben führenden Straße entgegenkam, verfügte er nur über 150 Mann. Er ließ sie beiderseits der Straße in Stellung gehen, gab der Kolonne mit einem weißen Taschentuch ein Zeichen und schickte ihr einen Parlamentär entgegen, der sie aufforderte, sich zu ergeben. Aber dieses Mal gelang das Manöver nicht sofort. Die Italiener nahmen den Parlamentär gefangen und eröffneten das Feuer. Erst nach einem zehnminütigen Schußwechsel ergaben sie sich.

50 Offiziere und 2 000 Mann einer Bersaglieri-Brigade marschierten nun in die Gefangenschaft. Die Zahl der gefangenen italienischen Soldaten hatte sich gewaltig erhöht. Eine der zurückgebliebenen Kompanien Rommels hatte ihn inzwischen eingeholt, die Deutschen marschierten in das Dorf Luico ein und trafen dort auf den Rest des Gebirgsbataillons, welches das Dorf aus einer anderen Richtung erreicht hatte. Hier wurden Rommel drei weitere Schützen- und drei Maschinengewehrkompanien für die nächste Phase der Operation unterstellt.

Inzwischen war es Nacht geworden. Im Schein des Mondes machte sich die Kampfgruppe wieder auf den Weg über den steilen Pfad hinauf zum Gipfel des Monte Cragonza. An diesem Weg lag das Dorf Jevscek. Man mußte damit rechnen, unterwegs auf italienische Stellungen zu stoßen. Jevscek konnte bei Tageslicht vom Cragonza aus überblickt werden.

Rommel besetzte Jevscek, ohne in der Dunkelheit von den dort liegenden italienischen Truppen bemerkt zu werden. Kurz vor Tagesanbruch am 26. Oktober machte er sich wieder auf den Weg, aber als es hell wurde, geriet die Abteilung in das Feuer einer offenbar starken Stellung an den nahe gelegenen Hängen des Cragonza. Einen Teil seines Verbandes hatte Rommel als Nachhut mit dem Auftrag eingesetzt, etwaige Ausbruchsversuche der inzwischen eingeschlossenen Verteidiger von Jevscek zu verhindern, die jetzt feststellen mußten, daß die Deutschen ihnen in den Rücken gestoßen waren. Das Gefecht verlief erfolgreich für die Deutschen, und weitere 1 000 Italiener wurden gefangengenommen. Doch der Feind besaß auf dem Cragonza gut ausgebaute Stellungen. Hier hatte Rommel keine andere Möglichkeit, als den Gegner frontal anzugreifen. Die Hänge zwischen ihm und den Italienern boten keinerlei Deckung, und daher mußte er bergauf und im Blickfeld des Feindes angreifen. Es blieb nichts anderes übrig, als energisch vorzustoßen. Rommel führte die in der Mitte eingesetzte Kompanie, und trotz einiger Verluste erreichten die Gebirgsjäger das feindliche Grabensystem, töteten diejenigen italienischen Soldaten, die sich nicht ergaben, und am frühen Morgen des 26. Oktober um 7.15 Uhr waren sie im Besitz des Cragonzagipfels. Jetzt lag nur noch der Gipfel des Mrzli zwischen den angreifenden Deutschen und ihrem letzten Angriffsziel, dem Monte Matajur.

Rommel und seine Männer waren erschöpft von dem Nachtmarsch, der Einnahme von Jevscek und dem kräftezehrenden Frontalangriff, aber er gönnte weder sich noch der Truppe eine Ruhepause. Nach einigem Geplänkel mit den über die Höhen verstreuten kleinen italienischen Trupps stellte er zwei Schützen- und eine Maschinengewehrkompanie zum Angriff bereit und forderte mit Leuchtsignalen Artilleriefeuer zur Unterstützung des Angriffs an. Schon nach wenigen Minuten beschoß die Artillerie die feindlichen Stellungen an den Südosthängen des Mrzli. Auf dem Berggipfel befand sich ein weiterer Sattel; dort hatten sich nach Rommels Schätzung etwa drei italienische Bataillone zur Verteidigung eingerichtet.

Rommel beschloß, langsam gegen sie vorzugehen. Kein Schuß fiel. Er rückte weiter vor, winkte mit dem Taschentuch und forderte die Italiener mit lauter Stimme auf, sich zu ergeben. Noch immer kein italienisches Abwehrfeuer.

Als er bis auf 150 Meter an die gegnerischen Stellungen herangekommen war, sprangen plötzlich italienische Soldaten vor ihnen auf und liefen in verschiedenen Richtungen auseinander. Hunderte kamen auf Rommel zu, hoben ihn auf die Schultern und brüllten begeistert: »Evviva Germania!« Andere warfen zu Hunderten ihre Waffen fort und ergaben sich. Es waren 1 500 Mann der Brigade Salerno. Wie man wußte, hatte ein anderes Regiment dieser Brigade — ein hochangesehener Truppenteil — die Stellungen auf dem Monte Matajur, dem letzten Angriffsziel, besetzt. Und jetzt lag der Gipfel des Matajur unmittelbar vor den angreifenden Deutschen.

Noch einmal aber wurde der Erfolg des ganzen Unternehmens in Frage gestellt: Rommel erhielt von seinem Bataillonskommandeur den Befehl zum Rückzug. Major Sproesser hatte die mehr als 3 000 von Rommel gefangengenommenen Italiener gesehen und daraus geschlossen, daß das ganze Angriffsziel in deutscher Hand und das Gefecht vorüber sei. Auch die am weitesten östlich liegenden Kompanien Rommels hatten diesen Befehl bekommen und angefangen, ihre Stellungen zu räumen. So verfügte Rommel nur noch über 100 Mann und 6 Maschinengewehre.

Aber der Befehl eines Truppenführers, der nicht über alle Tatsachen unterrichtet ist, kann von einem Untergebenen, der diese Tatsachen kennt, umgestoßen werden — vorausgesetzt natürlich, daß dieser Untergebene den Mut hat, seiner Überzeugung gemäß zu handeln. Dazu aber entschloß sich Rommel. Er entschied, mit den ihm verbliebenen relativ schwachen Kräften gegen den Befehl seines Kommandeurs zu handeln. Offensichtlich hatte Major Sproesser kein zutreffendes Bild von der Lage und wußte nicht, daß sich der Monte Matajur noch in italienischer Hand befand.

Rommel brachte seine Maschinengewehre in Stellung und eröffnete das Feuer. Dadurch gedeckt, ließ er wenige Minuten später seine hundert Gebirgsschützen ausschwärmen und ging mit ihnen vor. Als der Monte Matajur schließlich ins Blickfeld der Abteilung kam — bisher hatten nur seine eigenen Maschinengewehre geschossen, die nun das Feuer einstellten —, bot sich ihnen in einer Entfernung von

300 Metern ein frappierendes Bild: Das berühmte 2. Regiment der Brigade Salerno versammelte sich im Freien, und 1 200 Mann, die ihren Offizieren den Gehorsam verweigerten, legten die Waffen nieder.

Der Berggipfel lag jedoch immer noch in einiger Entfernung, und die Abteilung Rommel rückte stetig weiter vor. Nach einigen Feuerstößen aus den deutschen Maschinengewehren und nachdem die Abteilung durch das felsige Gelände noch einmal 400 Meter zurückgelegt hatte, ergaben sich weitere 120 Italiener. Am 26. Oktober 1917 um 11.40 Uhr ließ Rommel Leuchtkugeln abschießen, die anzeigten, daß das Gebirgsbataillon sein Angriffsziel erreicht hatte. Rommel hatte im Verlauf der 52 Stunden dauernden Märsche und Kämpfe insgesamt mehr als 9 000 Gefangene gemacht. Seine Kampfgruppe hatte 6 Gefallene und 30 Verwundete verloren.

Die großen Erfolge der Abteilung Rommel wurden im Tagesbefehl des Deutschen Alpenkorps besonders hervorgehoben. Dennoch mußte Rommel zu seiner nicht geringen Verwunderung erfahren, daß ein anderer Offizier, Leutnant Ferdinand Schörner, mit dem Pour le Mérite ausgezeichnet worden war, weil er angeblich als erster den Gipfel des Monte Matajur erreicht hatte. Schörner, im Zweiten Weltkrieg Generalfeldmarschall mit zweifelhaftem Ruf, war mit dem hohen Orden ausgezeichnet worden, auf den Rommel, wie er glaubte, weit größeren Anspruch gehabt hätte. Zweifellos war das eine herbe Enttäuschung, denn Rommel war sehr ehrgeizig, und sein persönlicher Ruhm bedeutete ihm viel.

Es war nicht Rommels Art, sich gegenüber einem geschlagenen Gegner aufzuspielen oder ihn zu verhöhnen, und er hat bei mancher Gelegenheit den Mut der Italiener gewürdigt, die tapfer gekämpft hatten. Ebenso hat er aber auch im nachhinein versucht, die Gründe für solche Niederlagen zu analysieren.

Die deutsche Armee hatte nun die Gebirgsbarriere durchbrochen und verfolgte die über Cividale und darüber hinaus zurückgehenden Italiener. Dabei überquerten die deutschen Truppen bei Cornino nordwestlich von Udine den Tagliamento, überwältigten sehr rasch die italienischen Nachhuten und gingen so schnell wie möglich über die Meduna gegen den Oberlauf der Piave nördlich von Belluno vor. Hier kamen Rommel und seine Abteilung wieder in bergiges Gelände, und am 7. November erhielt er mit seinen drei Schützen- und einer Maschinengewehrkompanie den Befehl, den Feind von einem 1 000 Meter hohen Gebirgspaß zu vertreiben, von dem aus die wichtigste deutsche Vormarschstraße unter Feuer genommen werden konnte. Unterhalb der gut ausgebauten feindlichen Stellung lagen steile Felswände. Um hinaufzukommen, mußte man einen Umweg über enge Serpentinen machen und konnte dann die Italiener unter

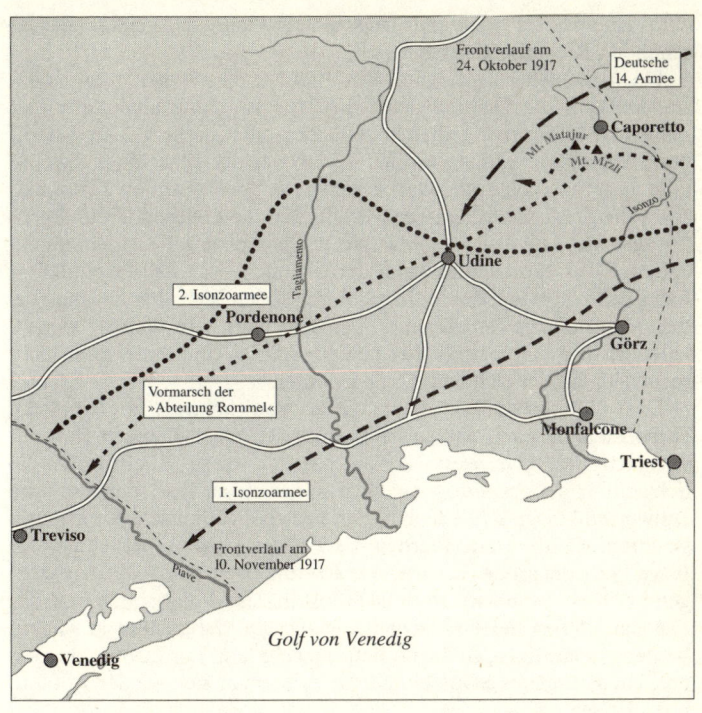

Frontverlauf am
24. Oktober 1917

Deutsche
14. Armee

Mt. Matajur
Caporetto
Mt. Mrzli

Isonzo

Udine

Tagliamento

2. Isonzoarmee

Pordenone

Görz

Vormarsch der
»Abteilung Rommel«

Monfalcone

Triest

1. Isonzoarmee

Treviso

Frontverlauf am
10. November 1917

Piave

Golf von Venedig

Venedig

Rommels Vormarsch bis zur Piave

dem Feuerschutz schwerer Maschinengewehre aus einer überraschenden Richtung angreifen.

Doch der Angriff mißlang. Rommel hat dies später offen eingestanden und die Gründe des Scheiterns sorgfältig analysiert. Der Fehler lag in der mangelhaften zeitlichen Abstimmung: Der Angriff der Schützenkompanien mußte vom Feuer der Maschinengewehre unterstützt werden, und zwar zu einem ganz bestimmten Zeitpunkt. Aber die Schützenkompanien versäumten die Gelegenheit und griffen erst an, nachdem die Maschinengewehre das Feuer eingestellt hatten. Der Grund — oder einer der Gründe — war, daß sie auf Rommel gewartet hatten, der sie hätte führen sollen, sich aber zu lange bei den Maschinengewehrzügen aufgehalten hatte, um deren Feuer zu leiten. Es war ein persönlicher Fehler — dieses eine Mal war er nicht rechtzeitig an der richtigen Stelle gewesen.

Das Gebirgsbataillon ging weiter vor, nahm eine feindliche Höhenstellung nach der anderen und trieb die fliehenden Italiener vor sich her. Die Westalliierten nannten diese Katastrophe die Schlacht von Caporetto — nach jenem Ort, an dem der deutsche Schwerpunkt lag. Schließlich näherten sich die Deutschen, nachdem sie ihren Männern und Pferden das Äußerste zugemutet hatten, der Piave bei Longarone. Es war, wie Rommel schrieb, »ein überwältigend schöner Anblick: Im prallen Schein der Mittagssonne liegt das Piavetal. 150 m tiefer rauscht der hellgrüne Gebirgsfluß in seinem breiten, vielarmigen, steinigen Bett. Jenseits liegt Longarone, ein kleines, langgezogenes Städtchen, dahinter türmen sich wieder 2 000 m hohe Felsen auf.

Über die Piavebrücke fährt soeben der Kraftwagen des italienischen Sprengkommandos. Auf der großen Talstraße auf dem Westufer des Piave marschiert eine endlos lange Feindkolonne aller Waffen, aus den Dolomiten von Norden kommend, durch Longarone hindurch nach Süden.«[10]

Rommel befand sich an der Spitze des Vorhutbataillons, das sich beeilte, den Italienern den Rückweg abzuschneiden und nach Möglichkeit die Brücke in Besitz zu nehmen, bevor sie gesprengt wurde. Begleitet wurde er von nur zehn Schützen auf erbeuteten Fahrrädern. Bald konnte er die Italiener auf sehr weite Entfernung an einer Stelle unter Gewehrfeuer nehmen, wo die nach Süden führende Fluchtstraße zwischen einer hohen Felswand und dem Flußufer eingeengt wurde, und so die italienische Kolonne zum Halten zwingen. Inzwischen holte ihn auch der Rest seiner Kampfgruppe ein, und Rommel führte sie in aller Eile bis zu dem südlich von Longarone gelegenen Ort Dogna. Er wollte unbedingt die Piave überschreiten und seine Männer an beiden Ufern in Stellung bringen.

Von überall her strömten lange Kolonnen italienischer Gefangener von anderen Teilen der Front hier zusammen, wodurch die Lage noch unübersichtlicher wurde. Es war kaum mehr möglich, das Vorgehen der deutschen Truppen mit Artilleriefeuer zu unterstützen. Dennoch gelang es Rommel schließlich, die verschiedenen Arme der Piave zu überschreiten. Die meisten waren zwar seicht, hatten aber eine starke Strömung. Bei der Flußüberquerung halfen ihm einige ortskundige italienische Gefangene. Weiter nördlich waren ein paar seiner Männer durch den Fluß geschwommen, und auf dem Westufer blockierte Rommel die von Longarone nach Süden führende Straße bei Fae und nahm zahlreiche italienische Soldaten gefangen.

Rommel hätte sich damit zufriedengeben können, den Fluß überquert und starke italienische Kräfte durch die Blockierung der Straße am Weitermarsch gehindert zu haben. In dieser Lage hätte er ohne weiteres die Heranführung von Verstärkungen abwarten können. Er war jedoch überzeugt, mit der Erstürmung von Longarone, wo sich starke italienische Truppen befanden, einen noch größeren Erfolg erzielen zu können. Er wußte, daß sich ihm diese Chance jetzt bot und daß er die Initiative ergreifen mußte, um sie nicht zu verpassen. Denn die italienische Artillerie war noch einsatzbereit, und die Lage konnte sich jeden Augenblick ändern. Zahlenmäßig waren die Italiener den Deutschen weit überlegen, und es war durchaus denkbar, daß sie diese Episode in eine Verfolgung der Deutschen und eine blutige, verlustreiche Schlacht verwandeln würden. Gegen Ende dieses Novembertages entschloß sich Rommel deshalb, in der Abenddämmerung anzugreifen und am Westufer der Piave nach Norden gegen Longarone vorzugehen. Dazu standen ihm zwei Schützenkompanien seines Bataillons und eine Maschinengewehrkompanie zur Verfügung. Er trat zum Angriff an und führte selbst die Vorhut. Die Schützenkompanien und die leichten Maschinengewehre waren feuerbereit, und die schweren Maschinengewehre am Ostufer in Stellung gegangen, um die Angreifer am gegenüberliegenden Ufer mit ihrem Feuer zu unterstützen.

Die Vorhut hatte sich den ersten Häusern von Longarone bis auf etwa 100 Meter genähert, als die Lage bedrohlich zu werden begann. Starkes italienisches Gewehr- und Maschinengewehrfeuer von vorne erfaßte die deutschen Angriffstruppen. Zur gleichen Zeit begannen die eigenen Maschinengewehre, in Dogna am Ostufer die Italiener über den Fluß hinweg zu beschießen. Die Koordination hatte versagt. In Rommels Augen war das Unternehmen damit völlig aussichtslos geworden. Es gelang ihm gerade noch, seine Männer so weit zurückzuziehen, daß sie hinter den Mauern und Häusern am Straßenrand Deckung nehmen konnten.

Inzwischen war es dunkel geworden. Wenige Augenblicke später stürmte ihm auf der nach Longarone führenden Straße eine dichte Masse von Italienern laut schreiend entgegen; Rommel glaubte zuerst, sie wollten sich ergeben. Sie überrannten einzelne deutsche Soldaten, ließen sich aber nicht aufhalten. Fast wäre ihnen Rommel selbst in die Hände gefallen. Er sprang über eine Mauer am Straßenrand und lief in der Dunkelheit querfeldein, um die Voranstürmenden zu überholen. Und tatsächlich erreichte er das etwa anderthalb Kilometer von Longarone entfernte Fae noch vor den Italienern, unterstellte sich dort die mit Front nach Süden postierten deutschen Soldaten, ließ sie kehrtmachen und eine dünne Verteidigungslinie bilden, gegen die die Italiener in der Dunkelheit vergeblich anrannten. Um 2 Uhr morgens trafen Verstärkungen ein, und nach einiger Zeit zogen sich die Italiener, die zunächst beachtlichen Mut gezeigt, aber schwere Verluste erlitten hatten, wieder nach Longarone zurück.

Im Morgengrauen ging die Abteilung Rommel mit drei Schützen- und einer Maschinengewehrkompanie wieder in nördlicher Richtung gegen Longarone vor. Als sich Rommel dem Ort näherte, begrüßte ihn ein deutscher Leutnant, der kurz zuvor in Gefangenschaft geraten war und ihm nun auf einem Muli entgegenritt. Ihm folgten zahlreiche italienische Soldaten, die weiße Tücher schwenkten. Der Leutnant überbrachte einen Brief des italienischen Stadtkommandanten, der die Kapitulationserklärung enthielt.

Als Rommel mit seiner Abteilung in Longarone einmarschierte, standen die Italiener dichtgedrängt am Straßenrand und begrüßten sie mit dem Ruf »Evviva Germania!« Es war der 10. November 1917, der Tag des großen österreichisch-deutschen Sieges. Doch die Schicksalswende stand kurz bevor: Französische und britische Verstärkungen, darunter fünf britische Divisionen, waren in aller Eile nach Italien verlegt worden und hatten am Jahresende mit einer Offensive begonnen.

Am Ende der ersten Januarwoche 1918 wurde Rommel zu einem Erholungsurlaub nach Hause geschickt. Ungern verließ er das Württembergische Gebirgsbataillon, das bald darauf wieder an der Westfront eingesetzt wurde. Bevor er sich vom Bataillon verabschiedete, wurden er und sein Bataillonskommandeur, Major Sproesser, endlich doch mit dem Pour le Mérite ausgezeichnet, den er schon unmittelbar nach dem Gefecht am Monte Matajur verdient zu haben glaubte.[11] Jetzt wurde er als Ordonnanzoffizier zum Stab des (Württembergischen) Generalkommandos z. b. V. 64 an die Westfront versetzt und für kurze Zeit in mehreren anderen Stellen verwendet; erst an Weihnachten 1918 kehrte er zu seinem alten Infanterieregiment 124 zurück. Nun sollten mehr als zwanzig Jahre vergehen, bis er wieder Soldaten auf dem Schlachtfeld führte.

In der zehntägigen Schlacht von Longarone gelang es Rommel, an einem einzi-
gen Tag 8 000 Gefangene zu machen. Sein Bataillon hingegen verlor lediglich
dreizehn Mann und einen Offizier, obwohl die Italiener den Deutschen zahlen-
mäßig weit überlegen gewesen waren. Am 18. Dezember 1917 erhielten Rommel
und sein Bataillonskommandeur Major Sproesser vom Kaiser den begehrten
Pour le Mérite verliehen. Es war, so schrieb Rommel später, eine »für damalige
Zeit unerhörte Auszeichnung für ein Bataillon«. Die im Januar 1918 während der
Gebirgskämpfe an der österreichisch/italienischen Front in Tirol entstandene
Aufnahme zeigt den damaligen Oberleutnant Rommel vom Württembergischen
Gebirgs-Bataillon zusammen mit Major Stroesser.

Wenn man Rommels eigene Berichte über sein Leben in den Jahren von 1914 bis 1918 liest und aus anderen Quellen erfährt, welchen Eindruck er auf die Menschen machte, die ihn kannten, dann entsteht dabei zweifellos das Bild eines außerordentlich heldenhaften Mannes. Er erkannte seine Chance, faßte Beschlüsse und handelte mit einer Energie, die man später einmal als genial bezeichnen würde. Er besaß in der Tat die zupackende Kraft des »stürzenden Falken«. Und in den Jahren nach 1939 profitierte Rommel – anders als einige seiner Zeitgenossen in anderen Armeen – von dem Umstand, daß in diesem früheren Krieg wenigstens einige seiner Feldzüge auch flüssige Operationen des Bewegungskrieges enthalten hatten. Das entsprach seinem Temperament und trug außerdem zur Gestaltung seines Schicksals bei.

Rommel fand ausgesprochenen Geschmack an seinem persönlichen Ruhm und der damit einhergehenden Publizität, aber zu glauben, er sei in seiner Jugend oder später nur ein begabter Abenteurer, ein Draufgänger und Haudegen gewesen, wäre falsch. Er war auch nachdenklich – und wortgewandt. Außerdem war er, wenn auch nicht gerade übermäßig bescheiden, so doch unverändert natürlich, schlicht und unprätentiös im Umgang mit jedermann. Er nutzte jede Gelegenheit, die ihm in der Schlacht geboten wurde, und setzte seine Erfahrungen intelligent und objektiv in militärische Grunderkenntnisse um. So wurde aus ihm nicht nur ein überragender Mann der Tat, sondern auch ein Militärtheoretiker. Es war diese Gabe Rommels, seine Erfahrungen zu verarbeiten, persönliche Leistungen in die Sprache allgemeingültiger operativer und taktischer Lektionen zu übersetzen, die ihn besonders auszeichnete und zum Schlüssel seines Erfolges wurde. Während seines ganzen Lebens konnte er sich rasch entscheiden, kühn handeln, sich deutlich an Vergangenes erinnern, lebendig erzählen, gründlich überlegen und aus allem die richtigen Schlüsse ziehen. Basil Liddell Hart hat Rommels Genialität in seiner Fähigkeit gesehen, sein theoretisches und praktisches Talent zu verbinden, und bezeichnete ihn auch als »einen der wenigen bedeutenden Truppenführer, die sich als militärische Denker und Schriftsteller ausgezeichnet haben«.[12] Liddell Hart schreibt allerdings hauptsächlich über den Rommel des Zweiten Weltkriegs, aber sein Urteil bestätigt sich, wenn wir Rommels Berichte aus jenen Jahren lesen und darin den Rommel in den Argonnen, auf dem Hilsenfirst, in den Karpaten, am Monte Matajur und an der Piave erleben. Andere erfolgreiche Truppenführer, von Caesar bis Wavell, haben sich sowohl als Truppenführer wie als Autoren ausgezeichnet. Rommel hat schon früh bewiesen, daß er mit ihnen in einer Reihe genannt werden darf.

Schon damals war auch erkennbar, wie rasch Kritiker später bereit waren, Rommel anzugreifen — nicht ganz zu Unrecht: Er ging absichtliche Risiken in der logistischen Versorgung ein, entschlossen bestimmte er den Gang der Ereignisse mit eigener Tapferkeit statt nach dem Gebot der Klugheit. Dies ist eine zutreffende Beobachtung, denn Rommel war als berechnender Organisator des Krieges nie so gründlich wie als begeisternder Truppenführer. Aber für den jungen wie für den älteren Rommel war es für den Sieg entscheidend, daß die Schlacht taktisch gewonnen wurde. Er glaubte — instinktiv, aber auch verstandesmäßig —, daß methodisches Vorgehen und sorgfältige Vorbereitung in bestimmten Phasen eines Feldzuges wesentlich seien, daß sie aber nur dann die Entscheidung herbeiführen könnten, wenn die taktische Gefechtsführung »an der Speerspitze« der des Gegners überlegen wäre.

Das war Rommels Glaubensbekenntnis. Eine Schlacht taktisch zu gewinnen, entscheidet vielleicht einen Feldzug nicht, aber darin zu scheitern, führt sicher zu keinem Ergebnis. In dem Erwin Rommel jener frühen Jahre, dem 23jährigen Leutnant an der Westfront und dem 26jährigen Offizier, der Longarone stürmte, erkennt man sofort den Mann, der fünfundzwanzig Jahre später eine feindliche Armee geradezu hypnotisiert hat. Überall erkennen wir den gleichen Instinkt, der ihn veranlaßte, seine Truppen aus vorderster Linie zu führen, den Feind aus der Flanke und im Rücken anzugreifen und das Kampfgeschehen beweglich zu halten. »Wo Rommel ist, da ist die Front« — Rommels Charakter als Truppenführer war im wesentlichen herrisch, vorwärtsdrängend und kraftvoll. Solche Menschen neigen nicht immer zur Reflexion; für Rommel aber trifft es zu.

II. Teil

1919-1939

5.
Der unpolitische Soldat

Der Zusammenbruch des deutschen Kaiserreiches 1918 wird von dem noch katastrophaleren Untergang des Dritten Reichs 1945 in den Schatten gestellt. Die bedingungslose Kapitulation im Mai 1945 bedeutete die völlige Vernichtung eines verbrecherischen Regimes, das sich nur zwölf Jahre hatte halten können, und wurde begleitet von der Besetzung Deutschlands durch fremde Armeen, von erschreckenden Plünderungen, Vergewaltigungen und Zerstörungen, der Auflösung »Großdeutschlands« und der praktischen Auflösung eines gesamtdeutschen Staates. Neue öffentliche Einrichtungen für die in den Trümmern lebende und durch Leid, Terror und Verluste abgestumpfte Bevölkerung bedurften zunächst der Zustimmung der Sieger.

Die Ereignisse des Jahres 1918 erscheinen im Rückblick weniger verheerend, wenngleich auch sie einer ganzen Generation von Deutschen eine schmerzliche, dramatische und zugleich verwirrende Lektion erteilten. Die starken, eng miteinander verbundenen deutschen Streitkräfte, die eine zentrale Stellung im Staat einnahmen, waren der Übermacht der Feinde erlegen, hatten aber zusammen mit ihren österreichisch-ungarischen Verbündeten an der Ostfront und auf dem Balkan eine Reihe von erfolgreichen Feldzügen geführt und wurden, wie es schien, schließlich mit den Erschütterungen der Russischen Revolution belohnt, auf die im März 1918 der Friede von Brest-Litowsk folgte.

Aber in Italien, wo Deutschland Österreich zu Hilfe gekommen war und im Gebirgskampf und im Durchbruch zur Piave bedeutende Erfolge errungen hatte, die den Ruhm des jungen Erwin Rommel begründeten, war auf den Sieg eine Katastrophe gefolgt, als die Österreicher im Oktober 1918 auf die Unterstützung durch das hart bedrängte Deutschland verzichten mußten und von einer italienisch-britischen Armee vernichtend geschlagen wurden. Anfang November mußten sie um Frieden bitten.

Mittlerweile hatte das deutsche Heer an der Westfront — verstärkt durch 52 Divisionen von der nun beruhigten Ostfront — eine letzte und zunächst erfolgreiche Reihe von Offensiven mit dem Ziel begonnen, die Erstarrung der Front aufzubrechen und die Westalliierten zu zerschmettern, bevor das ganze Gewicht des amerikanischen militärischen Potentials entwickelt und in Europa eingesetzt werden konnte. Fast wäre dieser Versuch gelungen. Aber die Verluste in den furchtbaren Zermürbungsschlachten, die die Deutschen bei Verdun begonnen hatten und die ihnen dann bei Ypern, an der Somme und in der Champagne aufgezwungen wurden, waren zu hoch gewesen. Zwar hatten auch die Alliierten schwere Verluste hinnehmen müssen, was zum Nachlassen des Widerstandswillens und zur Schwächung der Kampfmoral führte. Aber schließlich hatten sie, wenn auch indirekt und nach einiger Verzögerung, ihr wichtigstes Ziel erreicht: Sie hatten die deutsche Armee so weit geschwächt, daß deren Offensive durch entschlossenes Handeln zum Stehen gebracht werden konnte. Im Sommer 1918 war dies trotz bemerkenswerter deutscher Anfangserfolge tatsächlich gelungen, und im August kam die große alliierte Gegenoffensive in Gang.

Am 11. August erklärte der Kaiser seiner Obersten Heeresleitung: »Der Krieg muß beendet werden.« Und am 11. November wurde der Waffenstillstand unterzeichnet, dessen Bedingungen keinen Zweifel mehr daran ließen, daß dem geschlagenen Deutschland der Friede aufgezwungen werden würde. Die Anstrengungen und Verluste des Krieges ließen kaum mehr Raum für Großmut der Sieger. Überdies waren auch die Bedingungen, die Deutschland dem nachrevolutionären Rußland diktiert hatte (allerdings hatte sich Deutschland damals noch im Krieg befunden), vor allem im Hinblick auf die Gebietsabtretungen hart gewesen. Nun war Deutschland an der Reihe.

Die Niederlage der deutschen Armee auf dem Schlachtfeld war für die Deutschen eine erschütternde Überraschung. Nur wenige hatten geahnt, daß die Lage so ernst war. Die deutsche Regierung hatte die Hoffnung auf einen entscheidenden Sieg zwar schon 1916 mehr oder weniger aufgegeben, aber da die Oberste Heeresleitung, und dort vor allem der Chef des Generalstabes des Feldheeres, Generalfeldmarschall v. Hindenburg, und sein Erster Generalquartiermeister, General Ludendorff, die deutsche Politik mit eiserner Hand zu lenken wußten, war das Vertrauen eines großen Teils der Bevölkerung zur politischen und militärischen Führung noch ungebrochen.

Die Oberste Heeresleitung hatte sich rücksichtslos fast aller Aufgaben der Reichsregierung bemächtigt. 1917 hatte sie den Rücktritt des Reichskanzlers v. Bethmann-Hollweg erzwungen, weil sie ihn für die Fortsetzung des Krieges für »zu weich« hielt. Noch im Juli 1918, als die alliierte Offensive bereits in vollem Gange war, hatte sie an Belgien extreme und absurde »Friedensforderungen« gestellt. Jetzt hatte sie den Krieg verloren.

Der Friedensvertrag von Versailles, der 1919 folgte, sah die militärische Besetzung von Teilen Westdeutschlands, die Zahlung enormer (und unbezahlbarer) Reparationen und damit die völlige Ausschaltung Deutschlands als Militärmacht vor. Ein großer Teil der deutschen Hochseeflotte (die sich bei Scapa Flow in einem Akt von Trotz, der unwillentlich die Bewunderung der Gegner hervorrief, selbst versenkte) sollte ausgeliefert werden. Deutschland sollte bestimmte selbstbeschuldigende Klauseln akzeptieren und die Schuld am Krieg anerkennen. Schließlich sah der Vertrag eine Reihe von Gebietsabtretungen vor: Elsaß-Lothringen fiel an Frankreich und Teile preußischer Ostprovinzen einschließlich des nordöstlichen Teils von Ostpreußen an den wiedererrichteten Staat Polen. Die gegen Österreich-Ungarn gerichteten Forderungen waren noch drastischer: Aus den bis dahin zum Habsburgerreich gehörenden Provinzen Böhmen, Mähren und der Slowakei entstand die neue Tschechoslowakei, während die Ansprüche der südlichen und östlichen Verbündeten der westlichen Alliierten – Italiens, Rumäniens und Serbiens – durch die Abtretung eines Teiles von Tirol und der österreichischen Adriaprovinzen an Italien, von Teilen Ungarns, Sloweniens und Kroatiens an Rumänien und an ein neugeschaffenes »Königreich der Südslawen« mit dem Namen Jugoslawien, in dem die Serben die Vorherrschaft hatten, befriedigt wurden. Das Hohenzollernreich und das Habsburgerreich hörten auf zu existieren, und Europa, das durch diesen Krieg und seine Grausamkeit zerstört worden war, geriet in einen Zustand politischer und wirtschaftlicher Instabilität, vielerorts verbunden mit Unzufriedenheit über die neuen Grenzen. Es kam zu inneren Unruhen, als der Versuch unternommen wurde, das russisch-bolschewistische Experiment in anderen Ländern zu wiederholen. Vor allem aber gab es bei den Besiegten bittere Ressentiments gegen die aufgezwungene neue Ordnung.[1]

Die Demütigungen hörten jedoch damit noch nicht auf: In einer alliierten Note vom Februar 1920 wurde die Auslieferung einer Reihe von »Kriegsverbrechern« verlangt. Die Liste der Alliierten (sie wurde als noch nicht vollständig bezeichnet) enthielt die Namen des Deutschen Kronprinzen und zweier seiner Brüder, des Herzogs Albrecht von Württemberg, des Kronprinzen Rupprecht von Bayern, der Feldmarschälle v. Hindenburg und v. Mackensen, des Großadmirals v. Tirpitz, des Generals v. Ludendorff, der ehemaligen Reichskanzler v. Bethmann-Hollweg und Michaelis sowie von 900 anderen Offizieren und Unteroffizieren. In dieser Atmosphäre von Haß und politischer Instabilität wurde die Weimarer Republik geboren.

Welche Reaktionen und Gefühle das alles bei einem jungen deutschen Offizier wie Rommel auslöste, kann man sich in etwa vorstellen. Der Kaiser, der Oberste Kriegsherr, hatte abgedankt, ebenso auch alle anderen Könige und Fürsten der deutschen Staaten, aus denen das Kaiserreich bestand. Die Einheit Deutschlands war durch separatistische Bestrebungen bedroht, und in vielen Teilen des Landes kam es zu revolutionären Umtrieben. Obwohl die Armee recht diszipliniert von der Westfront nach Deutschland zurückmarschiert war, wurde sie vielerorts als Sündenbock betrachtet und zum Opfer von Übergriffen. Offiziere wurden angegriffen, man riß ihnen die Rangabzeichen von den Uniformen und beschimpfte sie. Auch Rommel wurde belästigt und bedroht, als er mit seiner Frau von Danzig nach Hause zurückkehrte. Und überall herrschte Hunger, denn die alliierte Blockade, die in den letzten Kriegsjahren immer wirksamer geworden war und nach dem Waffenstillstand aufrechterhalten wurde, um weiteren Druck auf Deutschland auszuüben, hatte in einigen Regionen eine regelrechte Hungersnot bewirkt.

In manchen Gebieten, besonders in Sachsen, in Berlin und Teilen Bayerns, kam es zu meist kurzlebigen kommunistischen Aufständen, die von Ordnungskräften und Freikorps energisch niedergeschlagen wurden. Letztere waren Truppen von entlassenen und verbitterten ehemaligen Offizieren und Soldaten, die in dem Autoritätsvakuum, das im besiegten Deutschland herrschte, eine Art brutaler Ordnung schafften. Aber im Januar 1919 war die Flamme der Revolution erstickt — obwohl die Glut unter der Asche noch eine Zeitlang weiterschwelte.

Für Erwin Rommel bestand die wichtigste Aufgabe nun darin, eine sinnvolle Beschäftigung zu finden. Nach seinen Abenteuern in Italien hatte er eher widerwillig im Stab eines Armeekorps gedient, doch schon im ersten Nachkriegswinter kehrte er zu seinem alten württembergischen Regiment zurück. Die Armee des Kaiserreiches war inzwischen aufgelöst worden, und nach den Bedingungen des Versailler Vertrages durfte die neue Republik lediglich ein Berufsheer von 100 000 Mann unterhalten, ohne moderne Ausrüstung wie Panzer und Flugzeuge. Diese Armee hatten die Siegermächte Deutschland als eine Art Polizeitruppe zugestanden, die allenfalls geeignet sein sollte, die innere Sicherheit des Staates zu gewährleisten, ohne jedoch eine Bedrohung für die Nachbarn jenseits der Grenzen darzustellen. In den Augen der Deutschen war sie sogar unfähig, die eigenen Grenzen hinreichend gegen die Feinde auf allen Seiten zu verteidigen.

Da Rommel nichts weiter als seine militärische Ausbildung vorweisen konnte und ein leidenschaftlicher Soldat war, bewarb er sich um Aufnahme in diese Armee, und obgleich die Zahl der Antragsteller bei weitem die der offenen Stellen überstieg, konnte man einen Offizier, der bereits einen solchen Ruf wie Rommel genoß, kaum abweisen. So trat er nun in die neue Armee der Weimarer Republik, die Reichswehr, ein und wurde 1921 Kompaniechef in dem neu aufgestellten Infanterieregiment 13 in Ludwigsburg, nachdem er angesichts der unruhigen Situation in Deutschland zuvor schon in anderen Teilen des Landes eingesetzt worden war.

Die Reichsregierung verfügte mit den Verbänden der Reichswehr gerade über die nötigsten Kräfte zur Aufrechterhaltung von Ruhe und Ordnung, und diese Kräfte wurden dringend gebraucht. Denn es waren beunruhigende und leidvolle Zeiten, und angesichts wiederholter Putschversuche gegen die Regierung bestand die Gefahr, daß deutsche Truppen den Befehl erhielten, auf andere deutsche Truppen zu schießen. So wurden die Offiziere in den ersten Jahren der Reichswehr mit der bitteren Realität einer innerlich zerrissenen und in Unordnung geratenen Nation konfrontiert. Diese unerfreuliche Realität verstärkte den allgemeinen Unmut über die Friedensbedingungen von Versailles, die als hart und demütigend empfunden wurden und die den »Vierzehn Punkten« Präsident Wilsons geradezu hohnzusprechen schienen, welche die Grundlage des Waffenstillstandes bildeten, um den Deutschland nachgesucht hatte. In der deutschen Öffentlichkeit war man der Auffassung – und darin war man sich mit den Offizieren der Reichswehr höchstwahrscheinlich einig –, daß die Armee, wenn auch zu sehr ungünstigen Bedingungen, einen ehrenhaften Waffenstillstand angestrebt hatte, der Nation jedoch anschließend und ohne weitere Diskussionen ein bei weitem zu harter Friedensvertrag diktiert worden sei. Von hier war es nicht mehr weit bis zu dem Glauben, die deutsche Armee sei im Felde unbesiegt geblieben, und die Männer, die den Waffenstillstand ausgehandelt hatten, seien von erbärmlichen Zivilisten unter Druck gesetzt und von einem demoralisierten Kaiser im Stich gelassen worden. So hätten sie eine ungeschlagene Armee verraten und seien für die Schande und das Elend Deutschlands verantwortlich. Das war der Ursprung der »Dolchstoßlegende«.

Ein Psychologe würde diese Legende wahrscheinlich als einen Verteidigungsmechanismus bezeichnen, einen Glauben, der für die mentale Sicherheit dessen, der an sie glaubt, notwendig, aber objektiv falsch ist. Den deutschen Soldaten fiel es schwer, sich damit abzufinden, daß die deutsche Armee versagt und den Krieg verloren hatte. Sie hatte ebenso wie ihre Feinde große Opfer gebracht. Ihre Disziplin, Ausbildung, Schlagkraft und ihre Leistungen auf dem Schlachtfeld waren in der ganzen Welt bewundert worden. Sie hatte sich einem großen Teil dieser waffenstarrenden Welt stellen müssen und in Italien, Galizien, auf dem Balkan und in Frankreich zahlreiche Siege erfochten. Und nun hatte sie verloren und um Frieden nachgesucht, war über den Rhein zurückmarschiert, gefolgt von den Bataillonen der siegreichen Alliierten. Dafür mußte es einen Grund geben, und das konnte nur Verrat gewesen sein. Und die Verräter waren zweifellos »die Männer von 1918«, die für die Kapitulation verantwortlich waren. Der gleiche Vorwurf richtete sich auch gegen das politische Establishment von Weimar. Die Republik war das Ergebnis dieser Demütigung. Sie war aus der Niederlage geboren, und ihr wurde zu Unrecht ein Teil der Schuld an dieser Niederlage angelastet. Extremistische Gruppen und Organisationen, deren Anhänger sich in vielen Fällen aus ehemaligen Offizieren und Soldaten rekrutierten, riefen zur Gewalt gegen Politiker auf, die angeblich die Armee und die Nation verraten hatten. Der Württemberger Matthias Erzberger, der an den Waffenstillstandsverhandlungen teilgenommen hatte, wurde 1921 im Schwarzwald ermordet. 1922 teilte der ehemalige Minister Walther Rathenau dieses Schicksal mit ihm.

Rommel, ein nüchterner, praktisch denkender junger Mann, der ganz in der Theorie und Praxis seines Berufes aufging und sich nicht für politische oder historische Spekulationen interessierte, wird die Dolchstoßlegende kaum vorbehaltlos übernommen haben. Aber auch er war ein glühender Nationalist, liebte sein Land, war stolz auf die deutsche Armee und deshalb ebenso wie seine Kameraden sicherlich nicht unempfänglich für diesen Mythos.

Vierzehn Jahre diente Erwin Rommel in der Reichswehr. Während der Hälfte dieser Zeit stand General Hans v. Seeckt, ein hochintelligenter, wenngleich schwer durchschaubarer Mann als Chef der Heeresleitung an der Spitze der Reichswehr. Der Generalstab war (offiziell) abgeschafft worden, und der (ebenfalls offizielle) Oberbefehlshaber war der Reichspräsident. In Wirklichkeit aber hatte Seeckt das Heft in der Hand, und sein Einfluß auf die Entwicklung der deutschen Armee zwischen beiden Weltkriegen war bedeutend.

Angesichts der deutschen Niederlage, der wirtschaftlichen und politischen Schwäche und der Uneinigkeit der Deutschen gegenüber der (scheinbaren) Unversöhnlichkeit der siegreichen Alliierten erkannte Seeckt, daß die deutschen Streitkräfte sich zunächst mit einer eingeschränkten Existenz zufriedengeben mußten. Die neue Armee war für eine in der Mitte des Kontinents gelegene Nation mit Deutschlands Fläche und Grenzen geradezu lächerlich schwach und hinsichtlich ihrer Ausrüstung und Bewaffnung restlos veraltet. Denn das Verbot, moderne Waffen zu entwickeln, erfolgte zu einer Zeit, in der sich die Militärtechnologie rasch entwickelt hatte (wie das ja in jedem Krieg geschieht), und so bedeutete das Modernisierungsverbot praktisch, daß für die deutsche Armee sozusagen die Zeit stehenblieb. Zudem waren die Streitkräfte einer demokratisch gewählten Reichsregierung unterstellt, für die nur wenige Achtung und

Loyalität empfanden und an deren Fähigkeit, die wichtigsten staatlichen Aufgaben zu erfüllen, kaum jemand glaubte. Weimar ließ die Herzen der Skeptiker kalt und, wenigstens zunächst, die Mägen leer. Die Moral der kleinen Berufsarmee, die an ihrer Aufgabe zweifelte, ein ungeliebtes System verteidigen zu müssen, stützte sich auf kein sicheres Fundament.

Seeckt hatte eine diesen Gegebenheiten angepaßte vorläufige Militärpolitik entwickelt. Er stammte aus einem Garderegiment und sah mit seinem dünnen Hals, dem Monokel, dem Schnurrbart, dem kalten, starren Blick und seiner aufrechten Haltung beinahe aus wie eine Karikatur des typischen preußischen Offiziers, war aber in Wirklichkeit ein hochintelligenter Mann mit einem feinen Kunstverständnis, das vielleicht am besten in der überraschenden Schönheit seiner schmalen Hände und schlanken Finger zum Ausdruck kam. Er wußte, daß die Schlagkraft und die Moral seiner Soldaten angesichts der zahlenmäßigen Reduzierung in der Qualität der Reichswehr liegen mußte. Eine so kleine und nur unzureichend bewaffnete und ausgerüstete Truppe konnte nur dann an sich glauben, wenn sie sich als hochqualifizierte Elite betrachtete, und darin sah Seeckt die Voraussetzung, daß die Armee in Zeiten der Gefahr wieder modernisiert und vergrößert werden konnte, und zwar innerhalb kürzester Zeit.

Deshalb stellte er die höchsten Anforderungen an seine Offiziere und Soldaten. Die Mannschaften, so legte er fest, sollten vor allem aus der bäuerlichen Bevölkerung stammen. Dieser Bestimmung lag vielleicht die damals in Europa weitverbreitete Auffassung zugrunde, daß das Leben auf dem Bauernhof härtere, robustere Männer hervorbrachte, die den militärischen Anforderungen besser genügten als die Rekruten aus kleineren oder größeren Städten. Sie eigneten sich nach Ansicht Seeckts auch am besten für das künftige Unteroffizierskorps, das ihm vorschwebte. Von Anfang an erklärte Seeckt, er brauche vor allem ein »Führerheer«. Und er war entschlossen, zum Offizierberuf nur die jeweils besten Männer zuzulassen.

Seeckt konnte es sich leisten, wählerisch zu sein. Nach dem Versailler Vertrag waren für die Reichswehr insgesamt nur 4 000 Offiziere vorgesehen, und wie nicht anders zu erwarten, befand sich unter den für den Dienst in der Reichswehr Ausgewählten ein hoher Anteil von Generalstabsoffizieren. Die Zahl der Adligen unter den erfolgreichen Bewerbern war relativ hoch — hier schwamm Seeckt unerschrocken gegen den demokratischen Strom —, so daß der Prozentsatz der adligen Offiziere in der Reichswehr ungefähr dem in der alten Armee entsprach. Aber Seeckt duldete keinen Dilettantismus, verlangte ein hohes Maß an Intelligenz und Allgemeinbildung und war entschlossen, seinen Offizieren alle Möglichkeiten zu geben, ihren geistigen Horizont zu erweitern. So ermutigte er sie dazu, als

Gasthörer an den Vorlesungen der Universitäten und der Technischen Hochschulen teilzunehmen.

Die Offiziere mußten sich zu einer fünfundzwanzigjährigen Dienstzeit verpflichten, während die Dienstzeit der Mannschaften und Unteroffiziere zwölf Jahre betrug. Die Reichswehr war also eine Berufsarmee mit einer relativ langen Dienstzeit. Was die Religionszugehörigkeit der Soldaten betraf, so war es eine Mischung aus Protestanten und Katholiken. Es gab zwar auch jüdische Soldaten, aber nur wenige. In der alten preußischen Armee konnten nach den Vorschriften ihrer Religion lebende Juden nicht aktive Offiziere werden (obwohl es im katholischen Bayern möglich war). Dieses Vorurteil war religiös, aber nicht rassisch begründet. Nach den in der preußischen Armee geltenden Vorschriften war der christliche Glaube ihr geistiges Fundament. Unmittelbar vor dem Ersten Weltkrieg wurden diese Vorschriften gelockert, und 1914 gab es 26 Juden, denen man den Vorzug eingeräumt hatte, als Reserveoffiziere in der Armee zu dienen. Im Krieg selbst waren alle Tapferkeitsauszeichnungen einschließlich des Pour le Mérite an Juden verliehen worden.

Obwohl der Generalstab als Institution und als Name mit dem Versailler Vertrag abgeschafft worden war, war Seeckt gemäß der preußischen Tradition entschlossen, die neue Armee auch weiterhin von einer Elite gründlich ausgebildeter und hochqualifizierter Offiziere führen zu lassen. Diese Elite sollte wie bisher von der zentralen Führung in die Truppenstäbe versetzt werden und dafür sorgen, daß die Truppenteile überall gemäß einer gründlich erörterten und klar formulierten taktischen Doktrin ausgebildet wurden, die bestimmten strategischen Grundsätzen folgte. Weil der Generalstab immer eine geschlossene und zentral geführte Körperschaft gewesen war und es auch blieb, konnte er auf der Ebene der Truppenstäbe relativ klein bleiben. Auf lange Erklärungen, einen umfangreichen Papierkrieg und das Eingehen auf viele Einzelheiten konnte man weitgehend verzichten, weil man über hervorragend und einheitlich ausgebildete Offiziere verfügte. Unter Seeckt wurde die Ausbildungszeit zum »Führergehilfen«, wie der Generalstabsoffizier nun hieß, auf vier Jahre verlängert. Während der folgenden zwanzig Jahre — und das war kein Zufall — waren die deutschen Stäbe im Vergleich zu einigen anderen außergewöhnlich klein, aber überaus leistungsfähig.

Doch während man im Truppengeneralstab mit verhältnismäßig wenig Personal auskommen konnte, bedurfte man an der Spitze und auf höherer Ebene einer umfangreichen Planungskapazität. Die Reichswehr mußte bei ihrer Ausstattung mit Führungspersonal gleichwohl bestimmte Grenzen beachten und verfügte über rund 40 Generale und 10 Admirale. Ein bedeutender Prozentsatz ihres Offizierskorps (es waren 300) diente in der Berliner Heeresleitung, und hier war Seeckt der Chef, der, wenn auch unaufdringlich, Wert auf die Traditionspflege legte. Alle Regimenter, Kompanien, Schwadronen oder Batterien der Infanterie, der Kavallerie und Artillerie übernahmen die Tradition eines Truppenteils der alten kaiserlichen Armee. Zudem lagen Pläne vor, jedes Regiment um ein Mehrfaches zu vergrößern, falls die Grenzen der erlaubten Mannschaftsstärke für die Reichswehr aufgehoben wurden.

Ein weiteres Problem ergab sich aus dem Verbot der Modernisierung, und hier nutzte Seeckt die besondere politische Lage in Europa in einer Weise, die einen der eklatantesten Widersprüche der Zeit vor Augen führt.

Das Russische Reich war durch die Revolution und den Bürgerkrieg in seinen Grundfesten erschüttert, aber als schließlich eine Art innerer Friede geschlossen wurde und ein instabiles, umsturzgefährdetes und bankrottes Regime in dem weiten Gebiet, das nun zur Sowjetunion geworden war, versuchte, seine Autorität zu festigen, mußten die Bolschewiken eine neue russische Armee, die Rote Armee, aufbauen. Dazu benötigten sie die technische, taktische und organisatorische Hilfe von Fachleuten.

Seeckt bot ihnen diese Hilfe an. Obwohl er die Bolschewiken als konservativer Monarchist zutiefst verachtete, war er sich doch der Tatsache bewußt, daß Russen und Deutsche in der Völkerfamilie als Parias angesehen wurden; die einen wegen ihrer bolschewistischen Überzeugungen und Exzesse, die anderen, weil sie in einem langen Krieg militärisch geschlagen worden waren, für dessen Ausbruch man ihnen die Schuld gab. Überdies waren beide Völker nicht nur gleich unbeliebt, sondern hatten darüber hinaus ein gemeinsames Interesse. Deutschlands neue Ostgrenze und die Abtretung des sogenannten Polnischen Korridors und von Teilen Schlesiens an das neue Polen waren für die Deutschen unannehmbare Tatsachen. Und das neue Polen hatte, nachdem es 1920 einen russischen Einmarschversuch abgewehrt hatte, größere Gebiete annektiert, die zum zaristischen Rußland gehört hatten. Die Existenz Polens war damit für die Bolschewiken ebenso unerträglich wie für die Deutschen, und Seeckt erklärte offen, ein vorrangiges und historisches Interesse Deutschlands sei die Schaffung einer gemeinsamen Grenze mit Rußland. »Polen«, erklärte er, »muß verschwinden, und damit wird eine der stärksten Säulen des Friedens von Versailles umgestürzt sein — die Hegemonie Frankreichs.« Diese Auffassung wurde von vielen geteilt. In Rußland hatte Lenin selbst erklärt: »Deutschland will Vergeltung, und wir wollen die Revolution. Im Augenblick sind unsere Ziele die gleichen.«[2]

Zur allgemeinen Überraschung der Weltöffentlichkeit wurde am Ostersonntag 1922 der Vertrag von Rapallo zwischen der Sowjetunion und Deutschland unterzeichnet, mit dem die Reparationsansprüche beider Seiten gestrichen wurden und der die Aufnahme diplomatischer Beziehungen und den Beginn einer begrenzten wirtschaftlichen Zusammenarbeit vorsah. Seeckt nutzte die durch den Vertrag geschaffene Entspannung dazu, eine Reihe geheimer Vereinbarungen zwischen der Roten Armee und der Reichswehr zu treffen, Vereinbarungen, über deren Inhalt er die Reichsregierung allerdings in diskreter Form unterrichtete. Vereinbart wurde unter anderem der Austausch von Offizieren in bedeutendem Umfang, wodurch Deutschland der Roten Armee praktisch eine größere Zahl von Ausbildern zur Verfügung stellte. Als Gegenleistung gestattete es die sowjetische Regierung der Reichswehr, »verbotene« Waffen wie Panzer, schwere Geschütze und Militärflugzeuge in Rußland zu entwickeln. Darüber hinaus erklärten sich die Russen einverstanden, in Rußland Rüstungsfabriken bauen zu lassen, in denen die den Deutschen verbotenen Waffen und Ausrüstungsgegenstände hergestellt werden konnten. So richtete die Reichswehr Schulen für die künftige Luftwaffe bei Lipezk und für die Panzertruppe in Kasan ein, während künftige Truppenführer der Roten Armee neben jungen deutschen Offizieren in Deutschland die Generalstabslehrgänge besuchten (auch wenn diese Lehrgänge einen anderen Namen hatten).

Während seiner ganzen Zeit als Chef der Heeresleitung verfolgte Seeckt damit eine nach Osten gewendete Politik, von deren Richtigkeit er zutiefst überzeugt war, da Deutschland, wie er schrieb, nur in enger Zusammenarbeit mit einem großen Rußland die Chance haben werde, seine Position als Weltmacht zurückzugewinnen.[3] Den Feind hingegen sah er im Westen. Einige Jahrzehnte zuvor hatte Bismarck im Hinblick auf das russische Zarenreich erklärt, Deutschland habe keine Feinde im Osten. Das gleiche sagte nun auch Seeckt, allerdings unter völlig anderen Umständen, aus ganz anderen Gründen und mit anderen Vorbehalten.

Neben all diesen bemerkenswerten Maßnahmen, die getroffen wurden, um die Bestimmungen von Versailles zu umgehen, entwickelte Seeckt energisch die operativen Grundsätze der Armee. Er selbst war ein überzeugter Vertreter des offensiven Denkens im Krieg, und um das Zusammenwirken aller Waffengattungen im Manöver zu üben, begann er schon 1921 damit, die Truppe im Bewegungskrieg auszubilden. Dabei verwendete er die im Vertrag erlaubten Truppentransportfahrzeuge als Panzerattrappen. Eine Anzahl weitblickender, für die Verwendung der Panzerwaffe begeisterter Offiziere wurde bevorzugt befördert. Seeckt selbst war eine beeindruckende Erscheinung; ein Traditionalist mit einem besonderen Verständnis für die Moderne und ein Progressiver, der den Wert der Tradition zu schätzen wußte.

Seeckt stellte daher hohe Anforderungen an die Leistung seiner Soldaten und sorgte dafür, daß nur wirklich qualifizierte Leute in die Reichswehr aufgenommen wurden. Es ging ihm darum, geeignete Unterführer auszubilden, und dabei pflegte er die Tradition zur Stärkung des Zusammenhalts, schuf jedoch einen Rahmen, innerhalb dessen eine Vermehrung der Streitkräfte störungsfrei und vernünftig vorgenommen werden konnte. Die Entwicklung der Ausrüstung erfolgte mit Zustimmung Moskaus im geheimen. Mit dieser Politik schuf er ein Fundament, und dieses Fundament war stark.

Seeckt war sich auch klar darüber, daß die wirtschaftlichen und industriellen Erfordernisse einer eines Tages durchzuführenden Vergrößerung der Armee der Planung bedurften. 1924 richtete er einen militärökonomischen Planungsstab ein, der die Aufgabe hatte, die Erfordernisse für die gesamte Ausrüstung und Versorgung einer Armee mit 63 Divisionen zu untersuchen (die Reichswehr bestand aus 10 Divisionen). Er nahm auch die Verbindung zur Industrie auf, besonders zu Krupp. Damit wurde es möglich, Forschungen auf dem Gebiet der Rüstung durchzuführen, ohne daß dies nach außen drang. Wo notwendig, geschah das in ausländischen Zweigfirmen wie etwa in Schweden, wo die einschränkenden Bestimmungen des Versailler Vertrages nicht galten.

Was die Frage nach der Loyalität gegenüber der jeweiligen politischen Führung betraf, so kannte Seeckt keine Kompromisse. Seinem autokratischen Charakter entsprechend war er entschlossen, »die Armee aus der Parteipolitik herauszuhalten«. Die Armee müsse dem Staat dienen und dürfe sich dabei nicht von irgendwelchen politischen Gruppierungen oder Parteien abhängig machen. So durften denn auch Soldaten aller Rangstufen keine politischen Aufgaben übernehmen und besaßen bei Wahlen kein Stimmrecht. Die Loyalität des Soldaten sollte seinem militärischen Vorgesetzten und durch diesen dem Reichspräsidenten als der Verkörperung des Staates gehören. Als eine äußerst nervöse Reichsregierung in Berlin 1923 von dem fehlgeschlagenen Putsch in München hörte, wurde Seeckt vorgeladen und gefragt, ob die Reichswehr hinter der Regierung stehe. Seeckt erschien in Uniform, aufrecht, mit dem Monokel im Auge und dem Säbel an der Seite. Er blieb an der Türe stehen, sah seine politischen Vorgesetzten an, und seine Antwort war unmißverständlich: »Die Reichswehr, Herr Reichspräsident, steht hinter mir!«

Die Entpolitisierung der Streitkräfte war — ebenso wie das Verbot, mit politischen Parteien zusammenzuarbeiten — angesichts der innenpolitischen Wirren theoretisch durchaus begrüßenswert und gewann an Bedeutung, als die politischen Parteien in Deutschland sich zunehmend außerparlamentarischen Aktivitäten zuwendeten und es in der Folge zu Demonstrationen, Gewaltakten und schließlich zu regelrechten Straßenkämpfen zwischen uniformierten Verbänden der einzelnen Parteien kam. Aber die Sache hatte auch eine Kehrseite. Durch die rigorose Isolierung der Soldaten vom politischen Geschehen förderte Seeckt bei seinen Offizieren und Mannschaften eine gewisse politische Naivität. Als die höchste Form moralischen Verhaltens pries er die absolute Loyalität gegenüber dem Staat — dem Vaterland —, die nicht durch parteipolitische Überlegungen verfälscht werden dürfe, aber er berücksichtigte dabei nicht, daß eine solche Loyalität zur Gefahr werden konnte, wenn sich extremistische Parteien des Staates bemächtigten. Nur wenige erkannten diese latenten Gefahren. Eine Handvoll Offiziere — eine kleine, zumeist aus Adligen bestehende, aber keineswegs repräsentative Minderheit — gelangte im Lauf der Zeit zu der Ansicht, daß der Offizier offen seine Meinung sagen und sich in angemessener Form in die Politik einschalten müsse, in erster Linie, um sich dem politischen Extremismus entgegenzustellen. Zu diesen Männern aber zählte Rommel nicht. Er betrachtete den Verzicht der Reichswehr auf jedes politische Engagement als durchaus wünschenswert und im Interesse des Vaterlandes begründet.

Die ganze Frage nach der Beteiligung der Armee am politischen Leben war natürlich umstritten. In den zwanziger und dreißiger Jahren wurde die Gesellschaft immer wieder von revolutionären Bestrebungen der politischen Linken oder Rechten bedroht. Unmittelbar nach dem Krieg war es zu blutigen kommunistischen und spartakistischen Revolten gekommen, die gewaltsam niedergeschlagen wurden. 1923 hatten die Nationalsozialisten versucht, in einem Putsch die Macht an sich zu reißen, aber dieser Versuch mißlang angesichts der Standhaftigkeit des Militärs, die in hohem Maß der kühlen Entschlossenheit Seeckts zu verdanken war, denn eine ganze Anzahl von Einheiten sowie die Stäbe einiger Offizierschulen unterstützten ganz offen den nationalsozialistischen Umsturzversuch. Das führte zu einem Verbot jeder Werbung für den Nationalsozialismus in der Reichswehr. Kritiker haben Seeckt vorgeworfen, seine entschiedene Ablehnung einer Politisierung der Armee habe es nicht nur an Deutlichkeit fehlen lassen, sondern er selbst habe insgeheim mit der radikalen Rechten sympathisiert. Seine persönliche Loyalität gegenüber einzelnen Ministern und Reichskanzlern habe oft darunter gelitten, daß er politischen Richtungen mißtraute, die nicht mit seinen tiefempfundenen und oft engen patriotischen Überzeugungen übereinstimmten.

Denn obwohl Seeckt streng darüber wachte, daß sein Grundsatz, die Armee aus der Politik herauszuhalten, genau beachtet wurde, gab es hier eine gewisse Ambivalenz. Gewiß verdient er unsere Bewunderung dafür, daß er entschlossen war, keine Parteipolitik in der Armee zu dulden, aber er war ebenso entschlossen, dafür zu sorgen, daß die Stimme und die Interessen der Armee das Gewicht bekamen, das er ihnen geben konnte – und das war eine ganz andere Sache als die politische Aktivität einzelner. Und wenn er sich um die Wahrung der Interessen der Reichswehr bemühte (natürlich die Interessen einer Reichswehr, wie er sie sich vorstellte, einer Armee, die vergrößert und modernisiert werden konnte und dazu über ein beachtliches militärisches Potential verfügte), dann konnten weder Seeckt noch seine Nachfolger vermeiden, daß es zu Intrigen kam und damit zu einer gewissen Beteiligung an politischen Vorgängen. Da diese Männer die demokratischen Gepflogenheiten nicht kannten, glaubten sie manchmal, bestimmte Politiker oder Parteien seien Gegner der Reichswehr (und damit nach ihrem Verständnis auch Feinde Deutschlands), und da die Reichswehr für die Regierung ein unverzichtbares Instrument zur Aufrechterhaltung von Ruhe und Sicherheit war, nutzten sie ihre, wie sie glaubten, zentrale Stellung dazu, gewisse politische Entwicklungen zu fördern und andere zu behindern. Diese gefährliche Neigung konnte durch die Wahl des ehrwürdigen Feldmarschalls von Hindenburg zum Reichspräsidenten – er war ja einer von ihnen – einigermaßen im Zaum gehalten werden. Aber die Loyalität gegenüber der republikanischen Idee war schwer durchzusetzen und existierte damals kaum.

Dennoch versuchte Seeckt nicht ohne vorübergehenden Erfolg, die durch den Zusammenbruch des Kaiserreichs und seiner Symbole entstandene Lücke auszufüllen, und zwar mit einem einfachen und verständlichen Patriotismus, der mehr bedeutete als jede Parteizugehörigkeit. Unter Seeckt gelang das zum Teil, aber nur oberflächlich. Innerlich lehnten die meisten Offiziere der Reichswehr die Republik und ihr System ab. Die Ermahnungen, die Reichsidee über alle politischen Parteien zu stellen, führte in diesen verworrenen und desorientierten Zeiten zu einer Verachtung der Parteien, und diese Verachtung wurde allzu leicht zum Glauben an eine politische Philosophie, die alle Parteien verdammte bis auf eine.

So übte Seeckt seine Pflicht aus, wie er sie sah. Für die Siegermächte war dies, wenn bewußte Verstöße gegen die Bestimmungen des Versailler Vertrages festgestellt und veröffentlicht wurden, natürlich der Beweis für die Niedertracht und Unbelehrbarkeit der Deutschen, für ihre Schamlosigkeit und Böswilligkeit, mit der sie die Welt bedrohten. Für die Offiziere der Reichswehr wie Erwin Rommel waren diese Verstöße vollkommen gerechtfertigt. Sie kritisierten sie nur, wo sie nicht weitgehend, schnell oder offen genug erfolgten. Für die Reichswehr war der ungerechte und ehrverletzende Versailler Vertrag Deutschland aufgezwungen worden. In der Reichswehr hatte man das Gefühl, Deutschland könne nicht mehr frei atmen, bevor es nicht über Streitkräfte verfügte, die so stark waren, daß sich die Deutschen über alle Drohungen und Erpressungsversuche an allen Fronten hinwegsetzen konnten. Seeckts Bemühungen, eine Armee heranzubilden, die eines Tages zu einer starken und modernen Streitmacht herangewachsen sein würde, waren für die meisten der einzige Weg, den ein Patriot beschreiten konnte.

Die ersten Jahre der Weimarer Republik und der Reichswehr waren daher bedrückende Jahre. Es waren Jahre der Armut, der Erniedrigung und des Hasses, und dieser Haß richtete sich ganz natürlicherweise sowohl gegen die Siegermächte, die sich mit dem Versailler Vertrag durchgesetzt hatten, als auch gegen die angeblich selbstsüchtigen und feigen demokratischen Politiker, die viel zu nachgiebig gewesen waren und es nicht fertigbrachten, Entscheidendes für die Rettung Deutschlands zu tun. Die nach Überzeugung der Deutschen weit überhöhten alliierten Reparationsforderungen führten zu einer katastrophalen Inflation, die alle Ersparnisse verschlang und in einem finanziellen Chaos endete. Die Inflationsrate im Sommer 1923 führte bis zum Herbst des selben Jahres zu einem so starken Wertverlust der Mark, daß jetzt anderthalb Millionen nur noch die Kaufkraft von einer Reichsmark hatten. Die sich daraus ergebenden Entbehrungen, Verhandlungen, Reformen und die allgemeine Verbitterung prägten eine ganze Generation von Deutschen und nährten, auch als die Finanzkrise schließlich überwunden wurde, eine Stimmung, die man nur als verzweifelt bezeichnen kann. Warum mußten wir das alles ertragen? Das war der beherrschende Gedanke. Und welche Hoffnungen haben wir noch für die Zukunft? Und natürlich — »wer trägt die Schuld?« In einer Atmosphäre, die von solchen Gefühlen bestimmt wurde, erlebte Rommel die ersten zehn Jahre des sogenannten Friedens nach der Unterzeichnung des Vertrags von Versailles, und trotz der für ihn so charakteristischen Robustheit und seines gesunden Menschenverstandes ist diese Zeit an ihm ebensowenig spurlos vorübergegangen wie an seinen Zeitgenossen.

Im Jahr 1925 wurde der greise Paul von Hindenburg zum Reichspräsidenten gewählt und löste Friedrich Ebert ab, einen ungewöhnlich mutigen Gewerkschaftsführer. Hindenburg, der sich wegen seiner Rolle bei der Abdankung des Kaisers lange Zeit Vorwürfe gemacht hatte, war ein Symbol. Ein Hüne von Gestalt, solide und väterlich wirkend, schien er eine Atmosphäre der Ruhe und Stetigkeit um sich zu verbreiten, und die Führung der Reichswehr verbeugte sich ehrfürchtig vor dem Rang und der Persönlichkeit des Feldmarschalls. Doch Hindenburg mußte mit Problemen, Situationen und deren Folgen fertig werden, denen er nicht gewachsen war. Die junge deutsche Verfassung legte in dem Bestreben, ein gewisses Gleichgewicht der Kräfte zwischen Legislative und Exekutive herzustellen, weitgehende Vollmachten in die Hände des Reichspräsidenten, und dazu gehörte auch die Befugnis, den Reichskanzler zu ernennen, der sich anschließend vom Reichstag in seinem Amt bestätigen lassen mußte. Noch vor Übernahme des Präsidentenamtes durch Hindenburg hatten die Franzosen das Ruhrgebiet besetzt, um die im Versailler Vertrag vorgesehenen Reparationszahlungen Deutschlands zu erzwingen, und nun mehrten sich die Berichte über besonders von den französischen Kolonialtruppen verübte Greueltaten. Dann war ein neuer Reparationsplan, der Dawes-Plan, ausgehandelt worden, der vielen eine gewisse Hoffnung auf Versöhnung zu bieten schien, und Hindenburgs Wahl erfolgte zugleich mit dem Angebot der Reichsregierung, enger mit den Alliierten zusammenzuarbeiten für den Fall, daß sie bereit waren, die besetzten deutschen Gebiete eher zu räumen. Gegen diese Zusammenarbeit lief die nationalistische äußerste Rechte zwar Sturm, aber sie wurde im Oktober 1925 im Vertrag von Locarno noch einmal näher spezifiziert. Die politische Lage schien sich etwas beruhigt zu haben, und die Wirtschaft fing an, sich in den folgenden Jahren zu erholen.

Rommel wurde unterdessen so verwendet, wie es für einen Berufsoffizier im Frieden üblich war. 1924 hatte er eine Maschinengewehrkompanie übernommen (niemand eignete sich besser für diese Aufgabe als er). Er machte seinen Militärführerschein, nahm an einem Lehrgang über den Einsatz von Kampfgas teil, wurde zum Skilehrer ausgebildet und als solcher regelmäßig zu anderen Truppenteilen kommandiert. Zur Generalstabsausbildung aber wurde er zu seinem Verdruß nicht zugelassen. Dem Generalstab gehörten zahlreiche Artilleristen und ein recht hoher Prozentsatz von adligen Offizieren an, und Rommel hat ihn stets mit einem gewissen Argwohn betrachtet. Der Grund war vielleicht das Gefühl, ungerecht behandelt worden zu sein. Aber er hat auch viele Angehörige des Generalstabs als zu intellektuell empfunden, als Männer, die ihm im Vergleich mit den Frontsoldaten, mit denen er seine Kriegserfahrungen teilte, fremd erschienen. Und mancher Generalstäbler in höherer Stellung sah in Rommel einen Mann, dessen draufgängerisches Temperament bedenklich erschien und der zudem ein ziemlicher Egoist war. Wahrscheinlich hatten beide Seiten nicht ganz unrecht.

Im Dezember 1928, am ersten Weihnachtsfeiertag, wurde Rommels Sohn Manfred geboren, und Rommel, der ein begeisterter Familienvater war, gewöhnte sich bald an das häusliche Leben. Wann immer er und seine Frau Lucie die Möglichkeit dazu hatten, unternahmen sie gemeinsame Ausritte, Bootsfahrten und Wanderungen oder fuhren Ski.

Im darauffolgenden Jahr, im September 1929, wurde Rommel als Lehrer zur Infanterieschule nach Dresden versetzt, die Seeckt nach dem fehlgeschlagenen Putsch im November 1923 von München nach Dresden verlegt hatte, da Lehrer wie Offiziersanwärter während des Novemberputsches in München ganz auf seiten Hitlers gewesen waren. Daran sollte jedoch auch die Verlegung nur wenig ändern. Noch 1930 stellte ein Gastdozent für Politikwissenschaft fest, daß viele der jungen Männer an der Offiziersschule noch immer begeisterte Nationalsozialisten waren. Obwohl es keine schriftlichen Unterlagen gibt, aus denen ersichtlich wäre, daß Rommel die Meinung dieser jungen Leute geteilt hat, scheint er sie nicht in entgegengesetzter Richtung beeinflußt zu haben. Er selbst war im Grunde ein unpolitischer Mensch, aber wahrscheinlich hatte er Verständnis für die allgemeine Enttäuschung, die manchen Soldaten veranlaßte, nach extremen Lösungen zu suchen.

Rommels bisherige Kommandeure hatten ihn als einen harten und eigenwilligen, aber auch ruhigen, taktvollen und bescheidenen Offizier mit hervorragenden militärischen Gaben und einem besonders guten »Auge« für das Gelände beurteilt. In Dresden wurde er nun ein äußerst beliebter Lehrer. Sein Vortrag war lebendig, er konnte überzeugen und verstand es, seine Zuhörer mit seinen Berichten über die eigenen Kriegserfahrungen und besonders über die Einnahme des Monte Matajur mitzureißen und sie für die »Heldentaten« seiner Soldaten zu begeistern. Seine Schüler erinnerten sich auch noch später an das sympathische Lächeln und die vorbildliche Art Rommels,[4] und der Kommandeur der Infanterieschule beurteilte ihn als »Prachtmensch« und »vorzüglichen Soldaten«.[5]

Vier Jahre blieb Rommel in Dresden, und während dieser Zeit begann er, aus früheren Notizen die Berichte und anekdotischen Erläuterungen über seine Kriegserlebnisse zusammenzustellen, die er 1937 als Buch unter dem Titel »Infanterie greift an« veröffentlichen sollte. Das Buch hatte sofort einen außerordentlichen Erfolg.

Im April 1932, nach einer zwanzigjährigen Dienstzeit als Offizier, wurde Rommel im Alter von vierzig Jahren zum Major befördert.

6.

Finsternis und Morgendämmerung

Im Oktober 1933 wurde Rommel zum Kommandeur des III. Bataillons (»Goslarer Jäger«) des Infanterieregiments 17 in Goslar ernannt. Seine Zeit in Dresden war beruflich erfolgreich gewesen. Die Lehrtätigkeit gefiel ihm, und er hatte Freude daran, die jungen Männer für seine Ideen begeistern zu können. Zugleich hatte er seine Fähigkeit geschult, sich anderen mitzuteilen und seine Gedanken schriftlich zum Ausdruck zu bringen.

Was Rommel auszeichnete, war nicht nur sein persönlicher Mut, sondern auch seine mathematische und technische Begabung und sein Einfallsreichtum. Er war ein mitreißender Infanterieführer und ein hervorragender Praktiker, der sich auch für theoretische Fragen interessierte. Seine besondere Stärke, die sich im Lauf der Zeit immer deutlicher ausprägte, lag darin, daß er aus praktischen Erfahrungen allgemeingültige militärische Schlußfolgerungen zog, also nicht die Theorie in die Praxis umsetzte, sondern handelte, wie es ihm seine Intuition eingab, und auf diesem Wege zu allgemeingültigen Theorien gelangte. Nur wenige Soldaten haben ihre Erkenntnisse so eindrucksvoll in die Tat umgesetzt und rückblickend die richtigen Lehren daraus gezogen.

Doch obwohl die Zeit von 1929 bis 1933 für Rommel beruflich durchaus erfolgreich verlief, waren es für Deutschland schwere und entbehrungsreiche Jahre, und wenn die Reichswehr auch theoretisch jede Einmischung in die Politik ablehnte, konnte kein deutscher Patriot übersehen oder gleichgültig hinnehmen, was in seinem Land geschah. An den Wahlen konnte sich Rommel natürlich nur durch seine Frau Lucie beteiligen. Er selbst durfte nicht wählen (und hatte wahrscheinlich auch kein Verlangen danach), aber dieses Verbot betraf nicht das Wahlrecht der Ehefrauen, und Rommel sprach mit seiner Frau über die Frage, welcher Partei sie in der verwirrenden Vielzahl der damals stattfindenden Wahlen den Vorzug geben sollte. Er empfahl ihr eine Partei der liberalen Mitte und sagte, die konservativen Deutschnationalen würden zu sehr vom Adel beherrscht, dessen Vorurteile innerhalb und außerhalb der Armee Rommel mit Skepsis betrachtete. Das darf man jedoch nicht allzu ernst nehmen, denn unter den Offizieren, mit denen Rommel dienstlich am engsten verbunden war und die zu seinen besten Freunden zählten, waren Adlige wie etwa die späteren Generale von Falkenhausen oder von Stülpnagel. Rommel war durchaus kein introvertierter Snob und litt keineswegs unter einem Minderwertigkeitskomplex, lehnte es aber ab, sich nur deshalb vor einem Menschen zu beugen, weil dieser auf der gesellschaftlichen Stufenleiter über ihm stand.

Das wirtschaftliche Leben in der ganzen westlichen Welt wurde in den Jahren nach 1929 von einer nahezu weltweiten Depression beherrscht. In Deutschland jagte eine Wahl die andere. Die demokratischen Institutionen in Deutschland hatten es schwer, sich gegen Gewalt und Instabilität zu behaupten. Die Parteien der extremen Linken und Rechten verfügten schon seit längerer Zeit über Privatarmeen, die sich aus uniformierten Rowdies zusammensetzten und die Straßen beherrschten. Jede von ihnen verkündete lautstark, mit welchen Mitteln sie Deutschland aus der (sehr realen) verzweifelten Lage herausführen werde. Die Last der Reparationen schien wiederum alle Bemühungen um ein wirtschaftliches Wiederaufleben scheitern zu lassen. Im Mai 1928 hatte die politische Linke angesichts der inzwischen bedrohlichen Wirtschaftskrise bei den Wahlen überall einen beachtlichen Stimmenzuwachs zu verzeichnen. Sehr bald konnte das stetige Ansteigen der Preise nur durch erhebliche Lohnerhöhungen ausgeglichen werden, und das führte unausweichlich zu einer dramatischen Zunahme der Arbeitslosigkeit. Der Dawes-Plan wurde abgelöst vom »Young-Plan«, der von den Deutschnationalen als langfristige Hypothek auf Deutschlands Zukunft ebenso leidenschaftlich angegriffen wurde. 1930 — es war Rommels erstes Jahr in Dresden — hatte sich die Wirtschaftskrise verschärft, und die wirtschaftlichen Probleme der deutschen Regierung waren so akut, daß sie nicht mehr in der Lage war, die Arbeitslosenunterstützung zu zahlen. Überall suchten die Menschen verzweifelt nach Arbeit und nach Möglichkeiten, sich und ihre Familien zu ernähren.

Unter solchen Umständen neigten viele Menschen zu einfachen Ursachen und einfachen Lösungen und sehnten einen autoritären und zum Handeln entschlossenen Mann herbei. Eine solche Persönlichkeit zeigte sich aber auch bei den fünf Wahlen während der zwölf Monate von 1931 bis 1932 nicht. Nach jeder Wahl wurde die Regierung umgebildet, und man versuchte ständig, neue Koalitionen einzugehen, aber das alles führte weder zu einer starken Regierung noch zu einer entschlossenen Regierungspolitik. Der 1932 wiedergewählte greise Reichspräsident v. Hindenburg schien auf Gedeih und Verderb allen möglichen Intriganten und Günstlingen ausgeliefert zu sein, während überall und auch in der Reichswehr von der bevorstehenden »nationalen Befreiung« und der notwendigen »nationalen Erhebung« die Rede war.

Bei den Bezirks- und Gemeindewahlen im April 1932 verzeichneten die Nationalsozialisten beachtliche Stimmengewinne. Die Nazis verfügten (ebenso wie die Sozialdemokraten) über eine zahlenmäßig starke, gewaltbereite uniformierte Parteitruppe, die Sturmabteilung oder SA, die dem »Reichsbanner« (einer vergleichbaren Organisation der Linken) und anderen manche blutige Straßenschlacht lieferte. Die SA hatte es sich sogar zum Ziel gesetzt, die Reichswehr durch eine 400 000 Mann starke nationalsozialistische »Volksarmee« abzulösen, während die kleine Partei-Elite der »Schutzstaffel« (SS) bestrebt war, ihren Führernachwuchs aus den Reihen der jüngeren Offiziere der Reichswehr zu rekrutieren.

So wurde die politische Lage in Deutschland immer bedrohlicher. Der Wahlkampf vor den allgemeinen Wahlen im Juli 1932 forderte sogar einige Todesopfer. Als die Wahlen im November 1932 wiederholt wurden, mußten die Nazis zwar gewisse Stimmenverluste hinnehmen, blieben aber dennoch in einer starken Position und arbeiteten bei der Unterstützung einiger Streiks sogar mit den Kommunisten zusammen, während die Straßenkämpfe zwischen den Anhängern beider Parteien weitergingen. Bei den ebenfalls 1932 stattfindenden Präsidentschaftswahlen ließ sich Hitler als Kandidat aufstellen, und wieder wurde die SA zur Unterstützung des Wahlkampfs mobilisiert.

Nach seiner Wiederwahl bildete Hindenburg ein Kabinett aus Politikern der Rechten, das jedoch unfähig war, sich auf ein Regierungsprogramm zu einigen. So stand das Land kurz vor einem Bürgerkrieg. Der innere Friede und das persönliche Eigentum der Bürger schienen bedroht, und der neue Reichskanzler, Franz v. Papen (der im Mai die Nachfolge Brünings angetreten hatte), war bei der Bevölkerung ebenso unbeliebt wie in der Reichswehr.

Die Offiziere der Reichswehr wurden trotz ihrer Tradition von der Linken und Rechten umworben. Viele jüngere Offiziere sympathisierten mit den Nazis, denn sie hatten die verheerenden Auswirkungen der Wirtschaftskrise erlebt und waren beeindruckt von den lautstark verkündeten nationalistischen Parolen der Nazis. Man verlangte nach radikalen Veränderungen und wünschte eine dazu entschlossene Regierung herbei. 1930 hatten sich aus diesem Grund einige junge Artillerieoffiziere an einem Werbefeldzug für die NSDAP beteiligt und waren dafür vor Gericht gestellt worden.

Nach den allgemeinen Wahlen von 1932 schien es angesichts der Realität auf den Straßen unumgänglich geworden, die Nazis entweder energisch zu bekämpfen oder sie an der Regierung zu beteiligen. Die NSDAP war inzwischen die stärkste Partei im Reichstag, und es wurde immer schwieriger, ohne ihre Unterstützung verfassungsmäßig zu regieren. Papen trat zurück, und nach einem kurzen Intermezzo mit General v. Schleicher als Reichskanzler (Schleicher war ein begabter Generalstabsoffizier, der sich besonders durch sein Geschick bei politischen Intrigen auszeichnete) überredete Papen den 85jährigen Reichspräsidenten im Januar 1933, der Logik der Ereignisse zu folgen und den Führer der NSDAP zum Reichskanzler zu ernennen.

Als Rommel im Oktober des gleichen Jahres sein Bataillon in Goslar übernahm, war Adolf Hitler, der unter Beachtung aller in der Verfassung gegebenen Vorschriften ernannt worden war, bereits acht Monate Kanzler des Deutschen Reiches. Und im März 1933 hatte der Reichstag dem Ermächtigungsgesetz zugestimmt, das Hitler gestattete, während der nächsten vier Jahre durch Erlasse zu regieren.

Der Traditionstruppenteil des Bataillons, das Rommel in Goslar übernahm, war ein hannoversches Regiment, das am Siebenjährigen Krieg, an Feldzügen auf Gibraltar, in Spanien und — was besonders bemerkenswert war — an der Schlacht bei Waterloo teilgenommen und sich überall durch besondere Tapferkeit ausgezeichnet hatte. Bei Waterloo hatte es nicht als Teil der preußischen Armee Blüchers, sondern im Dienst des Königs von England teilgenommen. Das Goslarer Jägerbataillon hatte daher die Tradition der Königlich-britischen Deutschen Legion aus der Zeit Napoleons übernommen, einer kampferprobten Legion, die aus Männern bestanden hatte, die von Hannover nach England geflohen waren, als Hannover von den Franzosen überrannt wurde. Die hannoversche Armee selbst war zwangsweise aufgelöst worden, aber die Flüchtlinge, die sich im englischen Asyl wieder zusammenfanden, nahmen die alte Regimentstradition wieder auf. Das Bataillon, dessen Tradition Rommel fortführte, war dann 1803 in Portsmouth aufgestellt worden und hatte sich anschließend durch besondere militärische Leistungen ausgezeichnet. Bei Talavera war die Hälfte seiner Soldaten gefallen, bei Vittoria hatte es sich unvergänglichen Ruhm erworben und bei Waterloo rechts der Mitte gestanden und das Bauerngehöft La Haye-Sainte verteidigt. Anschließend wurden die Goslarer Jäger in die neuaufgestellten Streitkräfte des befreiten Hannover eingegliedert, nahmen als Teile der preußischen Armee an den Feldzügen gegen Österreich und Frankreich teil und verloren im Ersten Weltkrieg 3 000 Mann. 1908 wurde Heinz Guderian in diesem Bataillon, dessen Kommandeur schon sein Vater gewesen war, zum Leutnant befördert und übernahm 1920 eine seiner Kompanien.

Rommel war ein energischer Bataillonskommandeur, der es verstand, seine Untergebenen zu guten Leistungen anzuspornen. Er ging ihnen stets mit gutem Beispiel voran, ließ seine Offiziere die steilen schneebedeckten Hänge in der Umgebung von Goslar erklimmen und setzte sich bei der Abfahrt ins Tal an ihre Spitze, um sie sofort wieder zu einer zweiten Abfahrt nach oben zu führen, noch bevor sie zu Atem gekommen waren. Wieder lobten seine Vorgesetzten die guten Leistungen Rommels als Lehrer, Ausbilder und Truppenführer. Sein Regimentskommandeur, Oberstleutnant von der Chevalerie, schrieb in seiner Beurteilung, Rommels Jägerbataillon sei das »Rommelbataillon«,[1] und Rommel überrage den durchschnittlichen Bataillonskommandeur in jeder Hinsicht um Haupteslänge.

Rommel liebte den Harz und wurde ein leidenschaftlicher Jäger. In der Pirsch sah er eine gute Möglichkeit für den Soldaten, das richtige Verhalten im Gelände zu üben. Er verstand es, sehr bald die Loyalität seiner Untergebenen zu gewinnen, und zwar nicht nur mit seinem unbestritten hervorragenden beruflichen Können, sondern auch mit seiner einnehmenden und schlichten Persönlichkeit. Als Truppenführer und unter Bedingungen, die den ganzen Mann forderten, war er in seinem Element. Überdies wehte in der Armee jetzt — wie in ganz Deutschland — ein frischer Wind. Man hatte den Eindruck, das ganze Land habe sich verwandelt.

Angesichts des fast unvorstellbaren Ausmaßes der zu seiner Regierungszeit verübten Verbrechen fällt es späteren Generationen schwer, sich ein zutreffendes Bild vom Charakter Adolf Hitlers zu machen. Über den deutschen Diktator gibt es eine umfangreiche Literatur, aber häufig treffen wir hier auf eine gewisse Scheu, mit der es vermieden wird, sich mit der Persönlichkeit dieses Mannes zu beschäftigen, als müsse es sich angesichts der Ungeheuerlichkeiten, die er veranlaßt hat, auch bei ihm notwendigerweise um ein Ungeheuer handeln, das unmöglich nach den normalen, für menschliche Eigenschaften und menschliches Verhalten geltenden Kriterien bewertet werden kann. Es läßt sich jedoch nicht bestreiten, daß eine große Zahl intelligenter, anständiger und gewöhnlicher — oder im Fall von Rommel außergewöhnlicher — Männer und Frauen den deutschen Führer und Reichskanzler glühend verehrt haben, und so neigen die Historiker — mit einigen hervorragenden Ausnahmen — dazu, dieses Problem achselzuckend zu übersehen. Es ist schwer zu erklären, wie es möglich ist, ein Ungeheuer zu bewundern, und gleichzeitig wird im allgemeinen zugegeben, daß Hitler eine bemerkenswerte Persönlichkeit gewesen ist, die sich irgendwie der menschlichen Vorstellungskraft entzieht. Robert Birley, der sich intensiv mit Deutschland beschäftigt hat, bezeichnet ihn als das am schwersten zu begreifende Phänomen in der ganzen europäischen Geschichte.

Hitlers Verbrechen waren zwar ohne Zweifel diabolisch, aber seine Qualitäten und Talente waren sehr menschlich. Seine Anziehungskraft und seine Erfolge hatten durchaus menschliche Ursachen. Erstens besaß Hitler, so unglaublich und banal es auch jenen scheinen muß, die nur seine Verbrechen kennen, einen besonderen Charme. Bei einem Mann, der nach allen uns vorliegenden Berichten unfähig war zuzuhören und der ganz gefangen in seiner eigenen seltsamen Gedankenwelt lebte, erscheint eine solche Charakterisierung vielleicht pervers. Doch obwohl sich manche sofort von ihm abgestoßen fühlten, berichten andere, besonders Menschen, die seine Neigungen und Interessen teilten und von denen auch er sich angezogen fühlte, er sei eine Persönlichkeit gewesen, die ungewöhnlich anziehend, ja fast unwiderstehlich war.[2] Das darf uns nicht überraschen, denn ein Redner, der seine Zuhörer so im Bann halten kann wie Hitler, besitzt im allgemeinen einen außergewöhnlichen Magnetismus. Rommel hat das sicher gespürt, als er den Führer näher kennenlernte. Diese Qualität erscheint nur bizarr, wenn wir daran denken, daß er für den Tod und die Demütigung von Millionen Menschen verantwortlich war. Doch 1933 lag das alles noch in weiter Ferne, und niemand hätte ihn solcher Verbrechen für fähig gehalten.

Österreicher besitzen oft einen besonderen Charme, halb südländisch und halb teutonisch; es ist eine Mischung von Sanftheit und Kraft, die uns auch bei Hitler begegnet. Sein demagogisches Talent war geradezu legendär, und er konnte den Menschen schmeicheln, sie bezaubern und im einzelnen ebenso wie in der Masse seiner Zuhörer Sympathie und Verständnis wecken. Er konnte — und Rommel hat das später immer wieder bezeugt — den Eindruck der persönlichen Bescheidenheit, Ehrlichkeit und sogar Demut vermitteln. Der tüchtige, aufrechte und vernünftige schwäbische General Wilhelm Groener, der den Mut gehabt hatte, sich 1918 an die Spitze der geschlagenen kaiserlichen Armee zu stellen, und stets bemüht war, die Loyalität der Reichswehr gegenüber der neuen deutschen Republik zu garantieren, der sich als Reichswehrminister als integre und anspruchslose Persönlichkeit bewährt hatte — Groener hat Hitler als einen »bescheidenen und ordnungsliebenden Mann« bezeichnet, der sich Sorgen um die Extremisten in den eigenen Reihen machte, für Deutschland nur das Beste wollte und im Gegensatz zu den Männern seiner engeren Umgebung im Grunde ein anständiger Mensch war. Ein so hartgesottener politischer Spekulant wie David Lloyd George hat Hitler den »George Washington Deutschlands«[3] genannt. Hitler hat es in der Tat verstanden, die Menschen zu bezaubern.

Zweitens war Hitler ein Meister der politischen Psychologie. Er wußte, daß die Deutschen überall ungeachtet ihrer politischen Neigungen und Vorurteile Bedürfnisse hatten, die jenseits jener materiallen Erfordernisse lagen, die er mit Energie, Rücksichtslosigkeit,

Phantasie und beachtlichem Erfolg zu befriedigen suchte. Die immateriellen Bedürfnisse waren Wunden, die geheilt werden mußten, und die erste von ihnen war die dem Stolz und der Selbstachtung der Deutschen zugefügte. Hitler wußte — und als ehemaliger Frontsoldat wußte er es aus eigener schmerzlicher Erfahrung —, daß die Deutschen sich verletzt fühlten und es als eine Entehrung der Gefallenen empfanden, daß die Alliierten offenbar der Auffassung waren, die Deutschen hätten ihr Unglück selbst verschuldet und es daher auch durchaus verdient. Dabei spielte es kaum eine Rolle, daß viele dieser Mißstände in Deutschland bereits beseitigt waren oder demnächst beseitigt sein würden. Das Problem der Reparationen war gelöst, die diskriminierenden Bestimmungen für die Rüstungsbeschränkung waren entweder aufgehoben worden oder sollten demnächst bei internationalen Verhandlungen erörtert werden und so weiter. Hitler wußte jedoch, daß diese Wunden Narben hinterlassen hatten, und er war entschlossen, dafür zu sorgen, daß die deutsche Öffentlichkeit diese Narben auch weiterhin spürte und der dadurch erzeugte Unmut gerechtfertigt erschien. Er richtete sich in erster Linie dagegen, daß den Deutschen offen oder versteckt die Kriegsschuld zugeschoben wurde.

Hitler sagte den Deutschen, es gebe keinen erkennbaren Grund für eine solche Schuld und deshalb auch keinen Grund, unglücklich zu sein. Er sagte ihnen, sie könnten erhobenen Hauptes in die Zukunft blicken, denn ihnen gehöre die Zukunft, und sie hätten den Anspruch darauf, glücklich zu sein. Im Lauf von fünfzehn Jahren hatte ihnen kein verantwortlicher Politiker so etwas gesagt, und nun hörten sie diese tröstlichen Worte und *waren* glücklich. Hitler war der große Tröster und der große Optimist. Er löste eine große nationale Euphorie aus, die jedoch durch gezielte Warnungen vor äußeren, in erster Linie aber vor inneren Feinden gedämpft wurde. Endlich konnte ein stolzes, geeintes und zufriedenes Deutschland wieder aufgebaut werden. Es war wie ein Sonnenaufgang. Sich gegen eine solche Stimmung zu wenden war unerträglich, es war, als wolle man die Sonne verdunkeln und die Deutschen wieder in den Schatten drängen. Hitler hatte eine Botschaft für alle Generationen: Den Älteren nahm er die Zukunftsangst und besänftigte ihren Unmut, und ebenso erfolgreich appellierte er an den Idealismus der Jugend, einen ehrenhaften, wenn auch manchmal gefährlichen Idealismus, zu dem besonders die deutsche Jugend neigte.

Drittens hatte Hitler anscheinend Erfolg mit der Bewältigung der materiellen Probleme, die eine Reihe schwacher Regierungen nicht befriedigend hatte lösen können. Massenarbeitslosigkeit, Unterernährung und eine ständige Gefährdung der öffentlichen Ordnung hatten jahrelang das Leben in der Weimarer Republik gekennzeichnet. Dazu kam eine gewisse propagierte Entartung in der Unterhaltungsindustrie und in der Kunst. Gegen alle diese Erscheinungen führte Hitler seine Angriffe. Er propagierte einen neuen Pseudo-Puritanismus, und jedes mutige oder scheinbar gewagte Experiment in der Kunst oder Literatur wurde gerichtlich oder mit anderen Mitteln verfolgt, was unausweichlich zur Emigration einiger der schöpferischsten Talente in Deutschland führte. Zur Beseitigung der Arbeitslosigkeit wurden umfangreiche öffentliche Arbeiten in Angriff genommen. Auf Hitlers Veranlassung wurden drakonische Gesetze zur Bekämpfung aller Versuche, die öffentliche Ordnung zu stören, und alles, was als Sabotage angesehen werden konnte, erlassen. Er wendete sich gegen die Kommunisten, die, wie er behauptete, schon viel zu lange in der Sterilität eines Klassenkampfes, von dem nur Deutschlands Feinde und Verleumder profitieren konnten, Deutsche gegen Deutsche aufgehetzt hatten – und es ist ein Irrtum zu glauben, daß die ersten Gefolgsleute des Nationalsozialismus nur grobschlächtige Rowdies gewesen seien. Zu ihnen gehörten vielmehr einige hochanständige, patriotische und mutige Männer, die es als ihre Aufgabe ansahen, ihr Land vor der brutalen Vergewaltigung durch den Bolschewismus zu retten, und sich nun von einer Partei angezogen fühlten, die nicht davor zurückschreckte, mit Taten und Worten gegen eine solche Entwicklung anzugehen. Hitler fand lobende Worte für die Industrie, deren Bestimmung es sei, Deutschland stark und reich zu machen, und er predigte, daß die Deutschen durch ihren Fleiß gleichzeitig – und ehrenhaft – zu persönlichem Wohlstand kommen und etwas für die Größe des Vaterlands tun könnten.

Zudem verkündete Hitler die Gleichheit aller Deutschen, die gemeinsam einer glorreichen nationalsozialistischen Zukunft entgegensähen. Mit beachtlichem Geschick hatte er es verstanden, einen Ausgleich zwischen dem radikalen, revolutionären Flügel seiner Partei und den eher konservativen Kräften zu finden, denen es darauf ankam, die innere Ordnung wiederherzustellen. Für viele in allen Gesellschaftsschichten, und zu ihnen gehörte auch Erwin Rommel, war das im Programm der nationalsozialistischen Partei verkündete Dogma von der Gleichheit aller keineswegs negativ zu beurteilen. Man sorgte sich auch nicht um das Schicksal der zu Unrecht Verfolgten. Mit großer Begeisterung ging man an die Verwirklichung eines Wohnungsbauprogramms, in dessen Rahmen relativ geschmackvolle neue Häuser entstanden. Ein »Volkswagen« sollte es auch den Bevölkerungsschichten mit niedrigerem Einkommen ermöglichen, ein Auto zu erwerben. Neue Fernstraßen, die in ihrer Anlage den Schienenwegen glichen, erhielten dieser Vorstellung entsprechend die Bezeichnung »Autobahnen«. Und das alles schien, wenigstens eine Zeitlang, ohne eine Abwertung der Währung zu gelingen, ohne daß es wieder zu dieser unvergessenen Inflation kam, die Anfang der zwanziger Jahre Deutschland heimgesucht und die Ersparnisse von Millionen vernichtet hatte. Der Präsident der Reichsbank, Dr. Hjalmar Schacht, schien eine Wirtschaft zu lenken, die nach Auffassung von Fachleuten auf schwachen Füßen stand, von der die meisten Deutschen aber glaubten, sie stünde auf einem stabilen Fundament der Arbeitskraft und nationalen Disziplin. Mancher hat vieles von alledem zwar durchschaut, aber für die meisten war es ein Segen, daß es Arbeit und Brot gab, daß endlich Ordnung herrschte und sie ihre Selbstachtung zurückgewonnen hatten.

Viertens, und das war am berauschendsten, sagte Hitler den Deutschen, daß sie nun wieder von anderen Nationen geachtet und sogar gefürchtet würden. Die Folgen der Niederlage hatten lange genug wie ein dunkler Schatten über Deutschland gelegen, aber jetzt sollte dieser Schatten weichen, und das deutlichste Zeichen dafür, daß dies geschehen war, sollte die Wiederherstellung der militärischen Stärke Deutschlands sein, die durch die Bedingungen des Versailler Vertrags auf ein Niveau zurückgeschraubt worden war, das für die Deutschen im Grundsatz eine Demütigung bedeutet und sie in der Praxis wehrlos gemacht hatte. Deutschland war, wie es hieß, »heerlos, wehrlos und ehrlos« gewesen. Das war es jetzt nicht mehr.

Die Haltung der Reichswehr gegenüber der nationalsozialistischen Partei war zwiespältig gewesen. In den ersten Tagen hatte Seeckt die »Überparteilichkeit«, sein klar formuliertes Grundprinzip angesichts der Versuche der Nazis (und aller anderen Parteien), die Soldaten für ihre politischen Ziele zu gewinnen, energisch verteidigt. Dann war es zu dem bekannten Gerichtsverfahren gegen drei Offiziere gekommen, die 1930 in Ulm verurteilt worden waren, weil sie für die Nationalsozialisten geworben hatten. Doch als es unmittelbar vor der Ernennung Hitlers zum Reichskanzler im Januar 1933 überall zu erregten politischen Debatten kam, hatten die Offiziere der Reichswehr nicht mehr ihre Augen verschließen und so tun können, als interessiere sie das alles nicht. Und natürlich war die offizielle Haltung der Führung der Reichswehr für die Regierung von großer Bedeutung, denn die Reichswehr war mit ihrem Gewaltmonopol die einzige staatliche Einrichtung, die imstande war, die Autorität des Staates zu garantieren. Die jeweilige militärische Führung hatte nicht nur deutlich erkannt, welche entscheidende Stellung die Streitkräfte einnahmen, ob sie das nun begrüßte oder nicht, sondern hatte auch — bewußt oder unbewußt — politischen Einfluß. Für sie konnten die quälenden Vorgänge um eine Regierungsbildung entweder zu einem günstigen oder zu einem ungünstigen Ergebnis führen.

Immer deutlicher und besonders unter dem Einfluß des Generals

von Schleicher — der grauen Eminenz in einer Reihe von Reichswehrministern und Kanzlern und des Präsidenten, der schließlich
selbst für kurze Zeit das Amt des Reichskanzlers übernahm — wurde sich die Führung der Reichswehr der Tatsache bewußt, daß keine
Regierung, der nicht auch die Nationalsozialisten angehörten, die
notwendige Unterstützung der Bevölkerung gewinnen werde, und
daß ohne diese Unterstützung jede Regierung angesichts einer so
verwirrten und in sich gespaltenen Nation das Abgleiten in den Bürgerkrieg würde erleben müssen. Eine ironische Konsequenz dieser
Erkenntnis war es, daß das Verbot der SA im April 1932 von vielen
Angehörigen der Reichswehr verurteilt wurde. Schleicher und andere konnten (ehrlich und mit aus ihrer Sicht stichhaltigen Argumenten) den Reichspräsidenten und die Reichswehr überzeugen, daß die
Nazis »gezähmt« werden könnten, wenn man sie zusammen mit
Mitgliedern anderer Parteien an der Regierungsverantwortung beteiligte. Viele glaubten, die Exzesse der Nazis auf den Straßen (die keineswegs eine einmalige Erscheinung waren) seien das Werk gewalttätiger Elemente, bei deren Disziplinierung Hitler unterstützt werden
müsse, und man dürfe ihm nicht den Vorwurf machen, diese Übergriffe geduldet zu haben. Der nach den Worten Groeners »ordnungsliebende« und »gemäßigte« Hitler schien der Reichswehr die
Hoffnung auf ein friedliches, einiges und (eines Tages) starkes
Deutschland zu bieten, und man war überzeugt, die Maßlosigkeit einiger seiner Erklärungen und Träume werde sich bald auf das rechte
Maß zurückführen lassen.

Doch wenn dieser skeptische Optimismus (der in vielen verschiedenen Nuancen zum Ausdruck kam) der Haltung vieler höherer Offiziere in der Reichswehr entsprach, so wurde er keineswegs von allen jüngeren Offizieren geteilt. Die Generationen vertraten weit auseinandergehende Meinungen. Für viele junge Offiziere, Kinder der
Nachkriegsinflation und der dadurch verursachten Wirtschaftskrise,
verärgert über das, was sie als eine lächerliche und schmachvolle
Herabsetzung der nationalen Würde empfanden, unter der sie aufgewachsen waren, war der Nationalsozialismus eine Jugendbewegung,
und seine Ideen wirkten geradezu berauschend auf die revolutionäre
und romantische nationale Leidenschaft junger Menschen. Die
Reichswehr hatte der Republik mit einer Distanz gedient, die oft einer feindseligen Haltung nahekam. Die konservative Deutschnationale Partei, die Rommel als vom Adel beherrscht kritisierte, wurde
als unerträglich altmodisch angesehen. Die Parteien der Linken waren entweder antipatriotisch oder abstoßend destruktiv. Nun versprach ein Regime, alles zu erneuern, und rief zu einer Revolution
auf, aber diesmal zu einer patriotischen Revolution. Noch ahnte man
nichts von den Exzessen, den moralischen Krisen und den Unge

heuerlichkeiten, zu denen es in nicht mehr ferner Zukunft kommen würde. Viele der besten jungen Männer fühlten sich von dieser neuen Partei mächtig angezogen. Als die Nazis zur Feier der Einführung Hitlers in das Amt des Reichskanzlers am Abend des 30. Januar 1933 durch Bamberg zogen, marschierte ein junger Kavallerieoffizier unter Mißachtung des in der Reichswehr noch geltenden Verbots, an politischen Veranstaltungen teilzunehmen, in Uniform an ihrer Spitze. Sein Name war Claus Schenk Graf von Stauffenberg.[4]

Die Wiederaufrüstung Deutschlands war von Anfang an ein zentraler Punkt in Hitlers Parteiprogramm gewesen, und zwar schon zu der Zeit, als Ludendorff 1923 bei dem gescheiterten Putsch neben Hitler durch München marschiert war. Nun war Hitler deutscher Reichskanzler und konnte nicht nur Reden halten, sondern auch handeln.

Wie auf vielen anderen Gebieten rechnete es sich Hitler als persönliches Verdienst an, die Wiederaufrüstung ermöglicht zu haben, und suchte die Leistungen bisheriger Regierungen auch dort zu schmälern, wo es nicht gerechtfertigt war. In der Weimarer Republik hatte man bereits ein Aufrüstungsprogramm entwickelt, das eine allmähliche Vergrößerung des Heeres und Wiederbewaffnung vorsah. Doch jetzt erhielten diese Maßnahmen als fundamentale und revolutionäre Maßnahmen die absolute Priorität. Das entsprach wohl den Erwartungen der Reichswehr. Der spätere Chef des Generalstabes des Heeres, General Ludwig Beck, der am 20. Juli 1944 nach dem fehlgeschlagenen Attentat auf Hitler als einer der führenden Köpfe der Verschwörung erschossen wurde, bezeichnete die Machtergreifung durch die Nazis im Januar 1933 als ersten Lichtstrahl seit 1918. Später ist die deutsche Armeeführung dafür kritisiert worden, daß sie Hitler nicht schon zu Beginn seiner politischen Laufbahn Einhalt geboten hatte. Aber ganz abgesehen von der absurden Vorstellung, eine Armee könne es aus rechtlichen oder moralischen Gründen auf sich nehmen, eine verfassungsmäßig ernannte Regierung zu stürzen, hätte die Stimmungslage in der Reichswehr einen solchen Putsch niemals zugelassen, der völlig unvereinbar mit der deutschen Tradition und gewiß auch mit den Überzeugungen der meisten Soldaten aller Rangstufen war.

Dennoch wurde Hitlers Vorhaben zunächst mit einiger Skepsis aufgenommen. In der ersten Woche nach seiner Ernennung zum Reichskanzler hielt Hitler vor den dienstältesten Generalen der Reichswehr eine Ansprache, in der er andeutete, daß es ihm außenpolitisch vor allem um die Beseitung des Versailler Vertrages gehe. Nur am Rande wurde dabei von der Eroberung neuen Lebensraums im Osten gesprochen. Die Generale hatten ihre Bedenken. Wie würde das alles enden?

Doch abgesehen von allen Zweifeln und Befürchtungen: Es war klar, daß dieser Mann wirklich beabsichtigte, die Streitkräfte in respektabler Stärke wiederaufzubauen und sie zu modernisieren. Wenn ihm das gelang und wenn er kühn und geschickt genug war, seine revisionistische Politik auf der europäischen Bühne durchzusetzen – was war dagegen einzuwenden?

Tatsächlich wurde schon im Dezember 1933 der Beschluß bekanntgegeben, die Stärke des Heeres auf 300 000 Mann zu erhöhen. Im Oktober 1934 beschloß das Kabinett eine Mobilmachungsstärke von 24 Divisionen, und im März 1935 wurden es 36, eine Zahl, die sich immer wieder erhöhte, bis Deutschland 1939 über 52 aktive und 51 Reservedivisionen verfügte und fast vier Millionen Mann mobilmachen konnte. Die Basis für diese innerhalb von sechs Jahren erfolgte Heeresvergrößerung war das 100 000 Mann starke »Führerheer« des Generals v. Seeckt gewesen. Die Motorisierung von Teilen der Kavallerie hatte begonnen, und diese Entwicklung war das Ergebnis der Arbeit von Guderian und anderer in der Inspektion der Kraftfahrtruppen.

Im Generalstab gab es ernsthafte Bedenken wegen der unzureichenden Vorbereitung dieser Heeresvergrößerung, wegen des Mangels an Erfahrungen in einem gewaltig vergrößerten Offiziers- und Unteroffizierskorps und des Fehlens eines tragfähigen Fundaments für das in kürzester Zeit durchgeführte Vorhaben. Doch für die Welt – und für Deutschland – war es eine phänomenale Leistung. Daß es sich die Reichswehr zur Aufgabe gemacht hatte, Führungskräfte heranzubilden, die sofort die Verantwortung für die Erziehung und Disziplin einer solchen Truppe übernehmen konnten, schien in hervorragender Weise gerechtfertigt zu sein.

Zunächst zeigten sich jedoch auch gewisse Schwächen. In den Jahren 1935 und 1936 wurden die meisten Soldaten des bisherigen Hunderttausend-Mann-Heeres in kleinen Gruppen als Ausbilder auseinandergerissen, und außer auf dem Papier war die Kampfkraft des gesamten Heeres eine Zeitlang in Frage gestellt. Doch vorausgesetzt, man ließ sich auf keine Abenteuer ein und wurde nicht durch plötzliche Angriffe von außen bedroht, konnte der Aufbau auf sicherem Fundament fortgesetzt werden.[5]

So nahm die Armee schon unmittelbar nach der Machtergreifung durch Hitler im Bewußtsein der Nation wieder eine bevorzugte Stellung ein und wurde nun selbst zunehmend von der allgemeinen nationalen Euphorie ergriffen.

Doch dann drohte noch einmal eine Auseinandersetzung zwischen Reichswehr und Regierung. Der Grund dafür waren die immer deutlicher zum Ausdruck kommenden Machtansprüche der SA.

Der Hauptmann a.D. Ernst Röhm war 1931, zwei Jahre vor Hitlers Machtergreifung, »Stabschef« der SA geworden. Für ihn, einen Vertreter der im wesentlichen sozialrevolutionären Aspekte des Nationalsozialismus, war die Reichswehr eine Armee, die noch viel zu sehr vom standesbewußten und konservativen Geist des deutschen Kaiserreichs und des monarchischen Preußen beherrscht wurde (was durchaus in der Absicht von Seeckt gelegen hatte). Erfüllt von einem fanatischen Glauben an die Ziele der nationalsozialistischen Revolution, betrachtete er die Reichswehr als ein entscheidendes Hindernis für ihre Vollendung. Lautstark erklärte er, die Revolution sei noch nicht zu Ende, die Armee des neuen nationalsozialistischen Staates dürfe nicht dieses konservative Überbleibsel aus einer diskreditierten Vergangenheit, sondern müsse eine neue und wirklich radikale Volksarmee sein. Die Reichswehr sollte praktisch in einer Art Assimilationsprozeß von der SA, der Bannerträgerin des Nationalsozialismus, abgelöst werden. Die Braunhemden der SA, die bewährten Straßenkämpfer der Partei und die kämpferischen Helden eines nun zu Ende gegangenen turbulenten Jahrzehnts sollten die bewaffnete Streitmacht des neuen Deutschland bilden. Röhm erklärte, es dürfe nicht nur ein Wechsel der Regierungspartei stattfinden, sondern es müsse vielmehr einen ganz neuen Staatsbegriff geben, den eines nationalsozialistischen Staates, der sich radikal von allem unterscheide, was es vorher gegeben habe. An seiner Spitze stehe der Parteiführer Adolf Hitler.

Als Hitler unmittelbar nach seiner Ernennung zum Reichskanzler vor den ranghöchsten Generalen der Reichswehr sprach, hatte er ihnen jedoch aus taktischen Gründen eine Zusicherung gemacht, die für seine Zuhörer von entscheidender Bedeutung war. Er hatte erklärt, die Stellung der Reichswehr als Garant der nationalen Sicherheit werde niemals von anderen beansprucht werden, also auch nicht von der SA. In der unmittelbar darauf folgenden Zeit hielt sich Hitler gewissenhaft an diese Zusicherung und demonstrierte in der Öffentlichkeit bei jeder Gelegenheit seine Hochachtung vor dem greisen Hindenburg. Im März 1933 verbeugte er sich in der Garnisonskirche zu Potsdam in Gegenwart aller Größen der alten Armee des Kaiserreiches und der obersten Vertreter der Reichswehr ehrfürchtig vor dem Feldmarschall-Präsidenten. Der Führer der »vaterländischen Revolution« verneigte sich vor der Inkarnation der stolzen militärischen Vergangenheit Deutschlands und des ruhmreichen Preußen. »Die nationale Ehre ist wiederhergestellt«, erklärte Hitler bei dieser Gelegenheit in feierlichem Ton. »Die Ehe zwischen den Symbolen der alten Größe und der neuen Stärke ist vollzogen.« Damit erwies er den großen Namen in der Hierarchie des deutschen Heeres alle äußeren Ehren. Er hatte ihnen das Bild von einer leuchtenden Zukunft entworfen und schien durchaus bereit zu sein, den Empfehlungen der Berufssoldaten zur Militärpolitik, zu Beförderungen und Ernennungen folgen zu wollen. So demonstrierte er der Reichswehr sein Vertrauen und seine Vertrauenswürdigkeit. Die Führung der Reichswehr reagierte entsprechend.

1934, ein Jahr nach der Machtergreifung durch Hitler, hatte die SA eine Mannschaftsstärke von anderthalb Millionen und war nach offizieller Lesart bereit und fähig, im Notfall als besondere Hilfspolizei eingesetzt zu werden. Als Führer dieser starken bewaffneten Truppe forderte Röhm, daß die SA-Führer entsprechend ihrer jeweiligen Dienststellung zu Offizieren ernannt würden. Außerdem sollte die SA eine eigene Fliegertruppe, einen eigenen Nachrichtendienst usw. aufstellen dürfen. Schon seit 1932 gab es auch ein »Wehrpolitisches Amt« der NSDAP, eine Art nationalsozialistisches Schattenkriegsministerium. Im Februar 1934 erfuhr man in der Reichswehr von einem Brief Röhms an das Reichswehrministerium, in dem er erklärt hatte, »die Kriegführung und daher auch die Mobilmachung ist in Zukunft Aufgabe der SA«. Weiter hieß es in diesem Brief, die Reichswehr solle von nun an als Ausbildungsorganisation angesehen werden.

In der Armee weckten diese anmaßenden Forderungen sogar unter denen, die bisher mit der SA sympathisiert hatten, eine Mischung von Besorgnis und Ekel, und aus der Art, wie er sich später über diese Periode geäußert hat, erkennen wir deutlich, daß auch Rommel diese ablehnende Haltung teilte. Die Beziehungen zwischen der Reichswehr und der SA erreichten jetzt einen kritischen Punkt, und nur Hitler konnte etwas zur Überwindung dieser Krise tun. Ende Februar unternahm er einen Besänftigungsversuch und sprach auf einer Konferenz in Berlin mit den führenden Vertretern beider Seiten. Dabei bekräftigte er aufs neue die besondere Rolle der Armee, indem er erklärte, die Soldaten der Streitkräfte seien die einzigen Waffenträger im Staat, die Verteidiger der Nation. Die SA solle sich auf die »politische Arbeit«, auf die vormilitärische Ausbildung und (eine Zeitlang) auf den Grenzschutz konzentrieren. In einer im folgenden Monat gehaltenen Rede sagte Hitler das gleiche.

Röhm reagierte mit verächtlichen und zornigen Worten (was Hitler natürlich sofort gemeldet wurde) und sprach von der Notwendigkeit, »den Gefreiten in den Urlaub zu schicken«. Die SA, die loyal hinter ihm stand und in der sogenannten Kampfzeit straff organisiert worden war, fühlte sich zum Putsch bereit. Außerdem kannte Röhm seinen »Führer« sehr genau und setzte darauf, daß es diesem wie schon so oft schwerfallen würde, schwierige Entscheidungen zu treffen oder mit unangenehmen Tatsachen fertigzuwerden. Er glaubte nicht, daß es Hitler zu einer Kraftprobe mit seinen alten Kämpfern kommen lassen würde, die die ersten Schlachten der Nazis gewonnen, seine Anhängerschaft in der Bevölkerung geschützt und ihr Bestes gegeben hatten, um ihn an die Macht zu bringen.

Aber Hitler wußte, daß die Verwirklichung seiner Zukunftsvisionen vom Heer abhing. Zudem wollte er die Nachfolge Hindenburgs als Reichspräsident antreten, dessen körperliche und geistige Kräfte rapide nachließen. Hitler brauchte daher eine gewisse Garantie dafür, daß sein Anspruch auf die Nachfolge des Reichspräsidenten nicht auf den Widerstand der Reichswehr stieß. Er erhielt die notwendigen Zusicherungen und gab der Armee als Gegenleistung seinerseits die von den Militärs erwarteten Versprechungen.

Im Juni beurlaubte Röhm die ganze Führung der SA. Als eine recht eigenartige Geste mutet es an, daß er kurz zuvor dem Chef der Heeresleitung, General v. Fritsch, einen versöhnlichen Brief geschrieben hatte. Einige ausgewählte höhere SA-Führer sollten sich mit v. Fritsch Ende des Monats in Bad Wiessee am Tegernsee in Bayern treffen, wo sich der homosexuelle Röhm mit seinen Getreuen in dem am Seeufer gelegenen Gasthof Hanselbauer erholen wollte.

Die später so genannte »Nacht der langen Messer« hat der Welt deutlicher als manches andere die ganze Brutalität des Hitler-Regimes vor Augen geführt. Was nun kommen sollte, läßt vielleicht schon ein Artikel des Reichskriegsministers General v. Blomberg erahnen, der am 29. Juni in der nationalsozialistischen Parteizeitung »Völkischer Beobachter« erschien. In diesem Artikel, der Partei und Armee als die beiden Säulen bezeichnete, auf denen der Staat ruhe, wies Blomberg unmißverständlich darauf hin, daß die Armee hinter Hitler stand und er sie auch im Fall einer Auseinandersetzung mit der unbotmäßigen SA auf seiner Seite haben werde.

Ebenso eindeutig — und das war von besonderer Bedeutung — stand ihm auch die andere paramilitärische Parteiorganisation, Heinrich Himmlers Schutzstaffel, die schwarzuniformierte SS, zur Seite. Auf örtlicher Ebene hatten auf Initiative der SS Gespräche zwischen ihr und der Reichswehr über das Eingreifen im »Notfall« begonnen, wobei klar war, daß es sich bei einem solchen Notfall nur um eine Revolte der SA handeln konnte. Alle Vorbereitungen waren getroffen. Das Drama konnte beginnen — vor dem Hintergrund beiderseitigen und von Hitler bewußt geschürten Mißtrauens.

Am 30. Juni fuhr Hitler persönlich mit einer Abteilung der SS-Leibstandarte nach Bad Wiessee und nahm schon unterwegs auf dem Münchener Hauptbahnhof eine Reihe von SA-Führern fest, die sich auf dem Weg zu der von Röhm einberufenen Konferenz befanden. Anschließend kam es zu einem regelrechten Massaker. Eine große Zahl hoher SA-Führer wurde im Münchener Zuchthaus Stadelheim ohne ein vorhergehendes Gerichtsverfahren erschossen. Röhm, der Hitler bis zuletzt seine Verachtung zeigte, wurde erst am folgenden Tag in seiner Zelle erschossen. Ein Exekutionskommando der SS führte die Erschießungen durch. Der in Angst und Schrecken versetzte Rest der SA wurde von Hitler persönlich beurlaubt. Die Männer sollten nach Hause gehen, ihre Uniformen ausziehen und die Befehle neuer, noch zu ernennender Führer abwarten.

Indessen begann die SS in Berlin, andere Rechnungen zu begleichen. Ihr Vorgehen richtete sich gegen Persönlichkeiten, die von der Parteiführung und besonders von Himmler und Göring als verdächtig angesehen wurden. Der Vizekanzler, Franz v. Papen, wurde festgenommen, blieb aber am Leben, während zwei seiner Mitarbeiter erschossen wurden. General v. Schleicher wurde ebenso wie seine Frau erschossen. Ihr Schicksal teilten General v. Bredow und viele andere. Die Mörder nutzten die Gelegenheit, sich eines Teils ihrer einstigen Gegner zu entledigen.

Die Führung der Reichswehr ist wahrscheinlich nicht im einzelnen über diese Vorgänge unterrichtet worden, denn die Morde wurden von der SS begangen. Doch bald zeigte sich, daß die SS eine von der Regierung genehmigte Mordorgie veranstaltete, ohne daß irgendwo die Gerichte eingeschaltet wurden. Als der Chef der Heeresleitung, General v. Fritsch, später zur Rede gestellt und gefragt wurde, weshalb die Armee nicht eingegriffen habe, erklärte er, Blomberg habe ein Eingreifen der Streitkräfte abgelehnt, und ohne Zustimmung des Ministers habe auch er, Fritsch, nichts unternehmen können. Wahrscheinlich haben auch Fritsch und der Chef des Generalstabes, General Beck, erst einige Zeit später erfahren, was wirklich geschehen war.

Aber auch wenn sie sich zum Handeln entschlossen hätte — die Armee auf den Straßen der Hauptstadt die Rolle der Polizei übernehmen zu lassen, und zwar gegen kleine Abteilungen der SS, wäre eine hochpolitische Entscheidung und ein außerordentlich schwieriges Unternehmen gewesen. Bedenkt man, daß die SS (in Berlin) die Anweisungen hochrangiger Regierungsmitglieder befolgte, dann wäre das Eingreifen des Militärs, auch wenn es in bester Absicht geschah, so etwas wie ein militärischer Staatsstreich gewesen. Trotzdem hat man Fritsch und der damaligen deutschen Generalität vorgeworfen, daß sie achtundvierzig Stunden lang nichts unternommen hätten, während zweifellos schwere Verbrechen verübt wurden. Viele haben damals und später sogar geglaubt, die militärische Führung habe sich bewußt zurückgehalten; die Reichswehr habe es im Grunde begrüßt, daß die SA entmachtet worden sei, und in Kauf genommen, daß es dabei einige bedauernswerte Opfer wie Schleicher gab.[6]

Im Jahr 1933 erhielt der zum Major beförderte Rommel das Kommando über das 3. Bataillon des Infanterieregiments 17 in Goslar. Die »Goslarer Jäger« galten als einer der besten Verbände des Heeres, wurden schon in der Ausbildung zu schnellem Handeln erzogen und zeichneten sich daher vor allem durch ihre Beweglichkeit im Gefecht aus. Als Hitler Goslar im Jahr 1934 besuchte, erhielt Rommel den Befehl, den Schutz- und Geleitdienst zu übernehmen. Die Begegnung mit Hitler sollte für Rommel, der dem »Führer« zunehmend Bewunderung und Dankbarkeit entgegenbrachte, schicksalhaft werden. Die Aufnahme zeigt Hitler beim Abschreiten einer Ehrenkompanie der Goslarer Jäger. Ganz links im Bild der damalige Oberst Rommel.

Rommel hat zu diesen Vorgängen eine ganz eindeutige Meinung vertreten.[7] Er war zu dieser Zeit Bataillonskommandeur in Goslar und an den Vorgängen völlig unbeteiligt, aber wie alle anderen Offiziere der Reichswehr erfuhr auch er schließlich, was geschehen war, und war Hitler für den in seinen Augen kühnen Entschluß dankbar, die SA zu entmachten. Als er die Einzelheiten erfuhr, verurteilte er zwar die Methoden, mit denen man vorgegangen war, aber er hatte keine Zweifel an den positiven Auswirkungen und teilte damit die wahrscheinlich von der Mehrheit der Offiziere in den mittleren Rängen vertretene Meinung, Hitler sei in den ersten Jahren seiner politischen Laufbahn von der SA zwar abhängig gewesen und habe ihr Freundschaft und Anerkennung geschuldet, doch nun habe er moralischen Mut bewiesen und Deutschland vor einem drohenden Bürgerkrieg bewahrt. Rommel empfand gegenüber Hitler eine tiefe und aufrichtige Dankbarkeit für das, was nach seiner Meinung die rasche und ungewöhnlich wirksame Wiederherstellung der Ordnung gewesen war. Zumindest oberflächlich betrachtet standen die wirtschaftlichen Probleme ja unmittelbar vor der Lösung, und die Menschen konnten erhobenen Hauptes den Weg in die Zukunft gehen. Eine Krankheit schien überwunden zu sein, und der Arzt — überzeugend, optimistisch und erfolgreich — war Adolf Hitler. Dem Tod war die Auferstehung gefolgt; der Finsternis die Morgendämmerung.

Viele, aber doch nicht alle deutschen Offiziere seiner Generation fühlten so. Die Reaktionen waren gemischt, vielleicht besonders unter denen, die wußten, wie das Ausland diese Ereignisse beurteilte — und dort war man im allgemeinen entsetzt. Ein Mann, dessen Weg sich unter ganz anderen Umständen zehn Jahre später mit dem Rommels kreuzen sollte, Freiherr Geyr v. Schweppenburg, besuchte einen britischen Freund und brach in Tränen aus. Er sagte: »Sie müssen glauben, daß das alles schnell vorübergehen wird. Das ist nicht das wirkliche Deutschland.«[8]

Ob es nun das wirkliche Deutschland war oder nicht, der Kriegsminister übermittelte Hitler die Glückwünsche des Kabinetts, und Hindenburg schickte ihm ein Telegramm, in dem er sein Verhalten billigte. Kaum fünf Wochen später, am 2. August 1934, starb der Reichspräsident, und schon wenige Stunden nach seinem Tod hatte Hitler die beiden Ämter des Staatsoberhaupts und des Regierungschefs in seiner Person vereinigt und nannte sich von jetzt an »Führer und Reichskanzler«. Am Nachmittag und Abend desselben Tages wurden alle Soldaten der Reichswehr auf Hitler vereidigt. Die Eidesformel lautete: »Ich schwöre bei Gott diesen heiligen Eid, daß ich dem Führer des Deutschen Reiches und Volkes, Adolf Hitler, dem Oberbefehlshaber der Wehrmacht, unbedingten Gehorsam leisten und als tapferer Soldat bereit sein will, jederzeit für diesen Eid mein Leben einzusetzen.«[9]

Am 15. August wurde das auf den 11. Mai 1934 datierte Testament Hindenburgs veröffentlicht. Darin stand auch der Satz: »Mein Kanzler Adolf Hitler und seine Bewegung haben gemeinsam die deutsche Nation über alle beruflichen und Klassenunterschiede hinweg zur inneren Einheit geführt«, und es schlöß mit den Worten: »In diesem festen Glauben an die Zukunft des Vaterlandes schließe ich meine Augen in Frieden.«[10]

Rommel begegnete Hitler zum ersten Mal im September 1934, einem Hitler, der im Monat zuvor Reichskanzler, Reichspräsident, also Regierungschef und Staatsoberhaupt, sowie Oberbefehlshaber der deutschen Wehrmacht geworden war. Doch für Hitler bedeutete der Titel »Führer« sehr viel mehr. Er wollte vor allem der »Führer« einer Bewegung sein, einer revolutionären historischen Entwicklung, ein Führer, der in der Erfüllung seines persönlichen Schicksals und der Bestimmung Deutschlands die höchsten Staatsämter »an sich gezogen« hatte. Für einige war dies eher ein mystischer als ein verfassungskonformer, legitimer Vorgang, und das waren auch die verschwommenen Vorstellungen, die von der Elite der nationalsozialistischen Bewegung aufgenommen und gepredigt wurden. Für die SS, deren Status sich mit der blutigen Liquidierung der obersten SA-Führung wesentlich gefestigt hatte, war Hitler die verehrungswürdige Persönlichkeit, der man in jeder Beziehung bedingungslosen Gehorsam schuldete, nicht als Oberbefehlshaber, nicht als Reichspräsident und am wenigsten als Reichskanzler. Die Hingabe dieser Männer gebührte ihm allein als dem Führer Adolf Hitler, einem für alle Zeiten einmaligen Phänomen. Wer in die SS eintrat, verließ die Sphäre, in der er nur die Verpflichtungen des loyalen Bürgers zu erfüllen hatte, und wurde Mitglied eines Kreises, innerhalb dessen die Ideologie alles andere in den Schatten stellte.

Solche Theorien waren gefährlich, denn sie bedeuteten, daß die Loyalität nicht mehr dem Inhaber eines Staatsamtes galt, sondern einer Einzelpersönlichkeit, und zwar einer im wesentlichen politischen Persönlichkeit. Sie erzeugten aber auch eine Dualität zwischen den Staatsorganen – die bis zum bitteren Ende zumindest eine gewisse Kontinuität der Tradition und Legalität zeigten – und den Parteiorganen (in erster Linie der SS unter ihrem »Reichsführer« Heinrich Himmler), die sich zu einer fast vollständigen Schattenorganisation der Regierungsbürokratie entwickelte, so daß ein Minister (im Lauf der Zeit immer deutlicher) feststellen mußte, daß seine normalen Funktionen von irgendeinem Dienststelleninhaber der SS zum zweiten Mal wahrgenommen oder ganz übernommen wurden, wobei man nach außen hin den Eindruck erweckte, es handele sich dabei lediglich um eine »Verbindungsaufnahme« oder »politische Koordination«. Doch die wirkliche Bedeutung solcher organisatorischen Veränderungen waren für einen normalen Truppenoffizier nicht erkennbar, und als Hitler in jenem September nach Goslar kam, stellte ihm Rommel mit seinem Bataillon eine Ehrenwache. Es wird berichtet,[11] daß Rommel, als er erfuhr, daß vor seinem Bataillon zum persönlichen Schutz des Führers eine SS-Formation Aufstellung nehmen sollte, gedroht habe, seine Männer abzuziehen, falls Hitler nicht auf die SS verzichten sollte: Er betrachtete ihre Gegenwart als Beleidigung, weil sie den Anschein erweckte, seine Soldaten seien nicht in der Lage, die Sicherheit Hitlers zu garantieren. In dem Bericht heißt es, er habe sich mit diesem Argument durchsetzen können.

Ein Jahr später, im September 1935, mußte Rommel sein Bataillon abgeben und wurde als Lehrer an die Kriegsschule nach Potsdam versetzt, wo er während der folgenden drei Jahre blieb. Er war als Kommandeur des Jägerbataillons in Goslar seinen ganz persönlichen Methoden gefolgt, und seine Untergebenen wußten das zu schätzen. Rommel war jetzt fast 44 Jahre alt und blieb aber durchaus der junge Soldat, der in Frankreich, Rumänien und Italien Bewundernswertes geleistet hatte, und dessen Mut und Energie sprichwörtlich geworden waren. Und er selbst zweifelte wenig an seinen Fähigkeiten. »Als junger Hauptmann«, sagte er einmal zu Manfred, »wußte ich schon, wie man eine Armee führt.«[12]

Lucie war in den Augen der Freunde die dominierende Persönlichkeit in der Familie. Sie war demonstrativer patriotisch als ihr Mann, und sie neigte dazu, Streitfragen in den Begriffen schwarz und weiß zu sehen. Rommel dachte, daß er in häuslichen Auseinandersetzungen wenig Siege errang — einer davon war zu verhindern, daß ein Klavier ins Haus kam.[13] Er überließ ihr einen Großteil der Heimatfront, an der es viel Gelächter gab.[14]

Helden können anspruchsvolle Väter sein. Wie die meisten Männer seiner Art erwartete Rommel, daß sein Sohn Manfred die gleichen Qualitäten entwickelte, die er selbst in sich ausgebildet hatte, ob sie nun körperlicher oder intellektueller Art waren. Doch Manfred erwies sich von Anfang an als selbständiger Geist. Er wollte sich von seinem Vater nicht über die Grenze dessen drängen lassen, was er für richtig hielt, und zwar nicht für seinen Vater, sondern für sich selbst. Er wollte auch nicht versuchen, dem Wagemut seines Vaters nachzueifern, wenn er sich nicht dazu angetrieben fühlte. Als junger Mensch rebellierte Manfred gegen die konventionellen religiösen Vorstellungen (seine Mutter war katholisch, der Vater evangelisch, und das hatte in der Familie Rommel zu gewissen Spannungen auf diesem Gebiet geführt), und so hörte er zwar die Argumente seines Vaters für die Existenz Gottes — eines in militärischer Weise etwas autoritären Gottes —, hielt aber an seinen eigenen Auffassungen fest, die sein Vater respektierte.[15] Er war in seiner Art ebenso unnachgiebig wie Erwin Rommel; und Erwin Rommels Stolz und Zuneigung scheinen durch seine Briefe bis zum Ende.

7

Ein persönlicher Auftrag

Zu jener Zeit geriet die Armee zunehmend unter den Druck der von der Partei ausgehenden egalisierenden Tendenzen.[1] Röhm und seine Gesinnungsgenossen hatten sich gerühmt, die nationale Revolution werde die überholten und reaktionären Denkgewohnheiten der herrschenden Kreise in der Armee hinwegfegen, und das wirkte auch noch nach, als die SA als politische Kraft praktisch ausgeschaltet war, denn nicht zuletzt hegte Hitler ähnliche Vorstellungen.

Im Mai 1934, unmittelbar vor der »Nacht der langen Messer«, hatte der Kriegsminister v. Blomberg einen Erlaß herausgegeben, in dem es hieß, die Offiziere müßten die Vorstellung von der Exklusivität auch in Detailfragen aufgeben. So sollten sie künftig bei geselligen Veranstaltungen für alle Dienstgrade nicht unter sich bleiben, sondern sich auch mit Unteroffizieren und Mannschaften zusammensetzen. Die Reaktionen auf solche Anregungen waren verschieden. Zweifellos wurden sie von einigen als bedeutungsloser Populismus abgelehnt und irritierten andere, die sie in einem guten Regiment für unnötig hielten. Sie fanden aber auch den Beifall derjenigen, die sie als einen Schritt in die richtige Richtung in einer noch allzu traditions- und standesbewußten Gesellschaft ansahen. Doch solche Richtungsänderungen sowie das gewaltige Ausmaß der Heeresvermehrung nach 1933 bedeuteten natürlich, daß die starren Grundsätze und Normen, die unter Seeckt gegolten hatten, jetzt — ebenso wie die einstige Entpolitisierung — bedeutungslos geworden waren. Etwas eigenartig war es, daß das Duellieren, das zur Zeit der Weimarer Republik verboten war, 1938 wieder erlaubt wurde, obwohl es in gewisser Weise dem Zeitgeist widersprach. Duelle hatten in der Armee lange Zeit keine Rolle mehr gespielt und waren nur selten vorgekommen. Ihre Legalisierung, mehr eine Geste als irgendetwas anderes, ist wahrscheinlich eine Verbeugung vor den neuheidnischen Idealen der von den Nazis propagierten »soldatischen Männlichkeit« gewesen und kein Zugeständnis an die militärischen Bräuche des alten Preußen.

Rommel ist nie in die NSDAP eingetreten, sympathisierte aber zweifellos mit den neuen Machthabern, deren Maßnahmen in mancher Hinsicht seiner inneren Überzeugung entsprach. Obwohl er selbst ein strenger Vorgesetzter war und sich gewissenhaft an die Gebote der militärischen Disziplin hielt, begrüßte er das Gleichheitsprinzip durchaus und war, was die Frage der militärischen Hierarchie betraf, eher ein Demokrat. Er selbst war es gewohnt, ohne Rücksicht auf die gesellschaftliche oder dienstliche Stellung seines Gesprächspartners offen seine Meinung zu sagen. Er sagte, was er dachte, in der Sprache des Soldaten. Bis zum Schluß konnte er im Gespräch mit einem General den Ton anschlagen, den auch ein Feldwebel verstanden hätte, und er war froh, diese Fähigkeit zu haben, obwohl seine Umgangsformen nicht überall Anklang fanden.

An der Haltung der Nationalsozialisten gegenüber der Armee (zumindest soweit sie von Hitler vertreten wurde) gab es nichts, was einen Berufssoldaten von der Art Rommels hätte stören können. Hitler setzte sich augenscheinlich für eine Modernisierung der Armee ein, und zwar sowohl in bezug auf das Verhältnis zwischen Vorgesetzten und Untergebenen als auch wegen seines offensichtlichen Interesses für moderne Waffentechnik. Mit seinem ostentativen Respekt gegenüber der Armee demonstrierte er dem Volk, daß es eine ehrenvolle Aufgabe war, Soldat zu sein. Und immer wieder hatte Hitler seine Hochachtung vor der alten militärischen Tradition Preußens bezeugt. Schon sein Auftritt in der Garnisonskirche zu Potsdam hatte gezeigt, daß die Art von Modernität, die ihm vorschwebte, die ehrenhafte Vergangenheit nicht bedrohte, sondern dieser Vergangenheit in Wirklichkeit ihre Stärke verdankte. Und was die moralischen Grundlagen des neuen Staates betraf, so hatte die Regierung ja deutlich erklärt, daß sie »das Christentum als das unerschütterliche Fundament der öffentlichen Moral und Ethik« betrachtete.

Natürlich hatte es Diskussionen darüber gegeben, in welche Richtung sich die neue Armee verändern sollte. Es gab Befürworter einer kleinen »mobilen« Berufsarmee, der eine starke »defensive Miliz« zur Seite stehen sollte, deren Unterführer erfahrene Berufssoldaten waren. Hitler lehnte dieses Konzept jedoch ab. Als Schüler Ludendorffs glaubte er an die Notwendigkeit der »starken Bataillone«, ohne die sich seine bisher noch geheimen ehrgeizigen Pläne nicht würden verwirklichen lassen.

Im September 1936, in seinem zweiten Potsdamer Jahr, war Rommel zum zweiten Mal mit Hitler zusammengetroffen, als er auf dem Nürnberger Parteitag zur militärischen Eskorte des »Führers« abkommandiert wurde. Im Februar des folgenden Jahres wurde er neben seiner Tätigkeit an der Kriegsakademie mit der Aufgabe des Verbindungsoffiziers des Kriegsministeriums zur Hitlerjugend betraut, der damals fünfeinhalb Millionen Jugendliche unter der Führung des 29jährigen Baldur v. Schirach, einem begeisterten Nationalsozialisten, angehörten.

Die HJ, die Jugendorganisation der NSDAP, war 1926 als »Bund deutscher Arbeiterjugend« gegründet worden und diente im Dritten Reich der »körperlich-geistigen und sittlichen Erziehung« der Jugend, war also eine Organisation, deren Ziel es war, die Jugendlichen im Geist des Nationalsozialismus zu erziehen. Die Hitlerjugend, deren Marschkolonnen damals fröhlich durch die Straßen zogen, schien das wiedergewonnene Selbstvertrauen einer neuen und optimistischen Generation zu verkörpern.

Nach einem Vorschlag des Kriegsministeriums sollten die Jungen aber auch schon eine Art vormilitärischer Ausbildung erhalten, und Rommel, dessen Vorgesetzte in ihren Beurteilungen stets darauf hinwiesen, wie gut er es verstand, mit jungen Menschen umzugehen, wurde als der am besten geeignete Vertreter der Armee angesehen.

Rommels Buch »Infanterie greift an« stand inzwischen kurz vor der Veröffentlichung. Es war in erster Linie ein autobiographisches Werk und spannend zu lesen — und so fand es einen großen Leserkreis, zu dem wahrscheinlich auch Hitler gehörte. Für die HJ und ihre Führung war Rommel daher ein Mann, der als Verfasser eines ausführlichen Berichts über seine eigenen Kriegserfahrungen alle Voraussetzungen bot, sich als Autorität über den Geist des Abenteuers und den Geist des Dienens zu artikulieren.

Dennoch gab es bald Meinungsverschiedenheiten mit Baldur v. Schirach. Nach Aussagen Schirachs wünschte Rommel, der angeregt hatte, daß sich junge Leutnante an den Wochenenden für die militärische Ausbildung der Hitlerjugend zur Verfügung stellen sollten, in den Lehrplan viel militärischen Stoff aufzunehmen.[2] Anderen Berichten zufolge zielten Rommels Einwände genau in die entgegengesetzte Richtung: Er sei der Auffassung gewesen, daß zu viel Wert auf den Sport und die paramilitärische Ausbildung gelegt werde und die Erziehung im weiteren Sinne darunter leide.[3] Welche Meinungsverschiedenheiten es im einzelnen zwischen Rommel und Schirach auch gegeben haben mag, es zeigte sich sehr bald, daß eine weitere Zusammenarbeit nicht gut möglich war. Für Rommel war diese Aufgabe ohnedies nur eine Teilzeitbeschäftigung, denn er blieb bis 1938 Lehrer an der Kriegsakademie.

Indessen feierte Hitler auch außenpolitisch einen Erfolg nach dem anderen. Im März 1935 war die allgemeine Wehrpflicht eingeführt worden. Ein Jahr darauf, im März 1936, marschierten deutsche Truppen in das Rheinland ein, das nach den Bestimmungen des Versailler Vertrags eine entmilitarisierte Zone war. Damit war ein klarer Bruch der Verträge von Versailles und Locarno vollzogen. Doch Hitler erklärte, der kürzlich zwischen Frankreich und Rußland abgeschlossene Beistandspakt sei bereits ein Bruch der Absprachen von Locarno gewesen und rechtfertige daher sein Vorgehen.

Nach weiteren zwei Jahren, im März 1938, gelang es Hitler, Österreich mit einer Kombination aus Einschüchterung und Intrigen zu veranlassen, um die Entsendung deutscher Truppen nachzusuchen, die das Land besetzen und damit den Anschluß Österreichs an Deutschland sichern sollten, und als die deutschen Truppen schließlich friedlich einmarschierten, wurden sie mit großem Jubel empfangen.

Noch dachte kaum jemand in Deutschland ernsthaft an die Möglichkeit eines Krieges. Gegenüber dem Ausland konnte die Politik Hitlers bis zum Anschluß Österreichs im Grunde als gerechtfertigt dargestellt werden, da sie zumindest einige Ungerechtigkeiten des Friedensvertrags von Versailles beseitigte, und zwar zum Nutzen der europäischen Völkergemeinschaft und ohne ihr friedliches Fortbestehen zu gefährden. Hitler hatte alle diese Vorhaben durchsetzen können, ohne auf physischen Widerstand zu stoßen und ohne daß es irgendwo zu einem Blutvergießen gekommen wäre. Wenn man in England oder Frankreich in den Wochenschauen der Kinos sah, wie deutsche Truppen in das entmilitarisierte Rheinland marschierten oder durch die Straßen Wiens zogen, dann sah und hörte man den Jubel ekstatischer Menschenmengen, die den Soldaten Blumen zuwarfen. Und den Marschkolonnen folgte, mit dem zum »deutschen Gruß« ausgestreckten Arm im offenen Wagen stehend, der undurchschaubare Hitler.

Einen Monat vor dem Anschluß Österreichs hatte Hitler eine Umgliederung der Wehrmachtführung vorgenommen. Am 4. Februar 1938 hatte er seine Absicht kundgetan, persönlich den Oberbefehl über die Wehrmacht zu übernehmen. Aus dem Reichskriegsministerium wurde das Oberkommando der Wehrmacht (OKW), und sein im Rang eines Ministers stehender Chef, der Hitler direkt unterstellt war, übernahm alle Aufgaben des bisherigen Kriegsministers — mit Ausnahme der Befehlsgewalt. Blomberg mußte (als Opfer eines Skandals, der seine Frau betraf) den Abschied nehmen. Von nun an war der Chef des OKW, Generaloberst Keitel, der engste militärische Mitarbeiter des Obersten Befehlshabers, und die politische Bedeutung des Heeres nahm dementsprechend ab. Die Oberkommandos des Heeres (OKH), der Kriegsmarine (OKM) und der Luftwaffe (OKL) waren zumindest theoretisch einem unparteiischen OKW unterstellt.

Aber dieses OKW war von Anfang an ein Werkzeug in den Händen Hitlers und jedenfalls alles andere als eine unabhängige Institution mit der Aufgabe, die jeweilige militärische Lage zu beurteilen und die militärische Führung zu beraten. Theoretisch sollte mit diesem neuen System die Zusammenarbeit der Wehrmachtteile bei der Festlegung strategischer Prioritäten gesichert werden. In der Praxis diente es aber der Entmachtung der Berufssoldaten.

Der deutsche Generalstab betrachtete diese Umstrukturierung mit großer Skepsis. Er hatte es zwar mit vorsichtiger Zurückhaltung begrüßt, daß Hitler sofort mit der Wiederbewaffnung und Vergrößerung der Streitkräfte begann, hatte sich dann aber trotz Hitlers beschwichtigender Argumente besorgt über dessen Entschluß gezeigt, unter Mißachtung des Versailler Vertrags das Rheinland zu besetzen. Würde sich der Westen, so befürchtete man, dieser Entwicklung nicht mit Gewalt widersetzen?

Doch nichts geschah. In London und zum Teil sogar auch in Paris akzeptierte man mit einer gewissen Resignation, daß die Vereinbarungen von 1918 revidiert wurden. Der österreichische Anschluß Anfang 1938 verursachte zwar einige Aufregung, die sich jedoch sehr bald legte. Die Reaktion der begeisterten Österreicher legte überdies die Vermutung nahe, daß die Anbindung Österreichs an das Deutsche Reich von der Mehrheit des Volkes begrüßt wurde.

Und wieder reagierte die Armee trotz ihrer anfänglichen Nervosität dankbar auf den friedlichen Verlauf der Operation, bei der die motorisierten Kolonnen mit blumengeschmückten Panzern an der Spitze zum Ausdruck brachten, daß das ganze Unternehmen mehr einem Freudenfest als einer militanten Demonstration glich.[4]

Im Fall der Tschechoslowakei lagen die Dinge jedoch ganz anders. Das Sudetenland rings um die Tschechoslowakei, eines vom Versailler Vertrag geschaffenen Staates, war von Deutschen bewohnt. Diese beklagten sich (ohne wirklich ausreichende Gründe) darüber, daß sie von der tschechischen Regierung schlechter behandelt würden als ihre tschechischen Landsleute. Sie wurden von militanten nationalsozialistischen Sympathisanten zum Widerstand aufgerufen und verlangten die Eingliederung in das Deutsche Reich. Nach dem österreichischen Anschluß — das Gebiet der Tschechoslowakei hatte vor 1918 zu Österreich-Ungarn gehört — wurden diese Forderungen immer lauter, und die Stationierung deutscher Truppen in Österreich an der Südwestgrenze der Tschechoslowakei setzte Westböhmen im Kriegsfall einer Bedrohung durch einen konzentrischen Angriff aus. 1938 nahmen die mit großer Lautstärke vorgetragenen, stark übertriebenen Darstellungen der mißlichen Lage der Deutschen in der Tschechoslowakei an Schärfe zu, und Hitler befahl, die Planungen und Vorbereitungen für ein militärisches Eingreifen voranzutreiben.

In Wirklichkeit war die Sudetenfrage für Hitler vor allem ein Vorwand für eine Politik, zu der er sich aus ganz anderen Gründen schon lange vor dem Anschluß Österreichs entschlossen hatte. Bei einer vertraulichen Besprechung mit Reichskriegsminister v. Blomberg, Reichsaußenminister v. Neurath und den drei Oberbefehlshabern v. Fritsch, Raeder und Göring im November des Vorjahres hatte er bereits angedeutet, daß die Annexion Österreichs und der Tschechoslowakei nur die Vorstufe für die Verwirklichung seiner sehr viel weiter gesteckten außenpolitischen Ziele sei.

Aber zwischen der Tschechoslowakei und Frankreich bestanden enge Beziehungen. In deren Rahmen hatte Frankreich, dessen Streitkräfte von Deutschland als die stärksten und bedrohlichsten in ganz Europa angesehen wurden, bestimmte Verpflichtungen übernommen. Darüber hinaus verfügten auch die Tschechen über eine starke Armee mit 34 Divisionen, deren Zahl bei einer Mobilmachung auf 45 erhöht werden und gegen die Deutschland damals nur 55 ins Feld stellen konnte. Zudem stützte sich die tschechische Armee auf eine beachtliche Rüstungsindustrie und starke Befestigungen an ihren Grenzen.

Bei einem möglichen Krieg gegen die Tschechoslowakei mußte man mit der Intervention Frankreichs — und wahrscheinlich auch Großbritanniens — rechnen. Für den deutschen Generalstab bedeutete ein militärisches Vorgehen gegen die Tschechoslowakei somit ein hohes politisches Risiko. Er hielt das Heer für eine solche Konfrontation noch zu schwach. Die ungeheuer rasch vorangetriebene Heeresvergrößerung war noch nicht abgeschlossen, und trotz der sorgfältigen Vorbereitungen Seeckts fehlte es ihr an erfahrenen, gut ausgebildeten Männern in den höheren Rängen sowie an Bewaffnung und Ausrüstung für die größere Zahl neu aufgestellter Divisionen. In den Jahren 1935 bis 1937 war die Verwundbarkeit am größten gewesen, aber die militärische Führung und besonders der Chef des Generalstabes des Heeres, General Ludwig Beck, hielten die Absicht Hitlers, einen militärischen Schlag gegen die Tschechoslowakei zu führen, für so gefährlich, daß man nun in fieberhafter Eile an die Ausarbeitung der Pläne für einen Staatsstreich ging.

Beck — er war zu dieser Zeit die treibende Kraft — versuchte, zuerst ohne Erfolg, im Juli 1938 einen offiziellen Protest der Generale zu initiieren, die an den Vorbereitungen für die Operationen gegen die Tschechoslowakei beteiligt waren.[5] Unter der Führung des Oberbefehlshabers des Heeres, Generaloberst v. Brauchitsch, sollten sie sich gemeinsam an Hitler wenden und ihm deutlich machen, daß sein Vorhaben mit einer Katastrophe für Deutschland enden werde. Dabei sollten sie ihm die harten Tatsachen über die mangelnde Einsatzbereitschaft des deutschen Heeres vor Augen führen.

Doch es war Beck nicht möglich, die Generale zum gemeinsamen Handeln zu bewegen. Hitler hatte sich bereits im Mai entschieden, die Operation wie geplant durchzuführen. Im August reichte Beck seinen Abschied ein. Kurz zuvor hatte Hitler seinen Generälen vorgeworfen, sie fürchteten sich vor einem Schatten, denn Frankreich und Großbritannien würden nicht bereit sein, für die Tschechoslowakei zu kämpfen. Nachfolger Becks wurde der bayerische Katholik Franz Halder.

Einige Generale unter der Führung des Kommandierenden Generals des III. Armeekorps in Berlin, General v. Witzleben, hatten beschlossen, Hitler festzunehmen, sobald er den Befehl für den Beginn des Unternehmens »Grün«, den Einmarsch in die Tschechoslowakei, gegeben hatte, und ihn anschließend vor Gericht zu stellen. Ebenso wie Beck waren sie überzeugt, daß die Politik Hitlers Deutschland in die Katastrophe führen werde. Die Voraussetzung für das Gelingen des Plans der Verschwörer war jedoch, daß sie glaubhaft machen konnten, Deutschland vor einem Krieg bewahrt zu haben. Und dazu mußten sie nachweisen können, daß ein Überfall Hitlers auf die »Tschechei« mit der Kriegserklärung Großbritanniens und Frankreichs beantwortet werden würde. Das deutsche Volk, dem der »Führer« bisher offenbar alle Vorteile territorialer Eroberungen verschafft hatte, ohne die Risiken oder Verluste einer militärischen Konfrontation hinnehmen zu müssen, würde sich kaum für einen Krieg begeistern können. Zu deutlich waren die Schrecken des Krieges von 1914/18 noch in Erinnerung, und die Verhinderung eines neuen Krieges, so das Kalkül der Verschwörer, würde von den Deutschen mit so großer Erleichterung aufgenommen werden, daß die Gefahr einer neuen »Dolchstoßlegende« nicht bestand. Schon Beck hatte angeblich gesagt, falls man ihm den Nachweis dafür lieferte, daß England kämpfen würde, wenn Deutschland die Tschechoslowakei angriff, würde er dieses Regime stürzen.[6]

Ob die Verschwörer wirklich so fest entschlossen waren einzugreifen, wie man das später behauptet hat, oder nicht — das in München dank Mussolinis Vermittlung zwischen Hitler, Chamberlain und Daladier zustande gekommene Münchner Abkommen entzog den Verschwörern mit Sicherheit den Boden.[7]

Zunächst wurden die deutsch besiedelten Provinzen der Tschechoslowakei aufgrund internationaler Vereinbarungen an das Deutsche Reich abgetreten, und es erfolgte ebenso wie beim Anschluß Österreichs die unblutige Besetzung des Sudetenlandes durch die deutsche Armee, begleitet von der begeisterten Zustimmung der Bevölkerung. Dies war, wie die Deutschen sagten, kein Vorgehen gegen Feinde, denn diese sogenannten Tschechen waren Deutsche. Und die einzigen Feinde, die durch die Entschlossenheit des »Führers« zum Nachgeben gezwungen worden waren, waren diejenigen, die die tschechoslowakische Regierung zum Widerstand hätten veranlassen können, weil sie Deutschland schaden wollten. So dachten damals wohl die meisten Deutschen und wahrscheinlich auch Erwin Rommel, der seit Jahren ein dankbarer und aufrichtiger Bewunderer Hitlers war. Jetzt, im September 1938, stand Hitlers Stern im Zenit. Die »kleinmütigen Generale«, die (natürlich ohne Wissen der Öffentlichkeit) dem »Führer« zur Vorsicht geraten hatten, waren in den Augen Hitlers diskreditiert, ihre Ratschläge waren töricht oder unbrauchbar gewesen. Der Reichsminister für Volksaufklärung und Propaganda, Joseph Goebbels, bezeichnete sie als eine Gruppe von Reaktionären.

Hitlers politischer Instinkt hatte sich noch einmal als unfehlbar erwiesen, und viele Deutsche erkannten diese Tatsache an. Das taten auch die meisten deutschen Soldaten. Zudem hatten Hitlers gefährlichste Gegner im Oberkommando schon vor einiger Zeit willfährigeren Männern Platz machen müssen. So waren Generaloberst v. Fritsch, ein erbitterter Gegner des Regimes, durch einen von der SS zum Meineid angestifteten Zeugen der Homosexualität bezichtigt und v. Brauchitsch als Oberfehlshaber des Heeres abgelöst worden.

Im Oktober 1938 wurde Oberst Rommel von der Potsdamer Kriegsakademie zu einem Sonderauftrag abkommandiert und mußte den Befehl über das Begleitbataillon des Führers bei der Besetzung des Sudetenlandes übernehmen. Er war persönlich für diese Aufgabe ausgewählt worden. Sein Kommandeur in Potsdam schrieb über ihn: »Ein kristallklarer Charakter, selbstlos, schlicht und bescheiden ... bei den Kameraden beliebt, von den Untergebenen hochverehrt.«[8] Während dieses kurzen Kommandos erregte Rommel ein weiteres Mal Hitlers persönliche Aufmerksamkeit.

Es sollte der letzte Sonderauftrag sein, den er während seiner Zeit in Potsdam übernehmen mußte. Im November 1938 zog Rommel mit seiner ganzen Familie von Preußen ins ehemalige Österreich, wo er zum Kommandeur der Kriegsschule in Wiener Neustadt südlich von Wien ernannt worden war. Am 9. November kam es in vielen deutschen Städten zu einem Ereignis, das der Welt eine andere unvergeßliche Facette des nationalsozialistischen Regimes vor Augen führte.

Die Geschichte des Antisemitismus in Deutschland ist, wie in den meisten europäischen Ländern, lang und unerfreulich, und sie fand ihren Höhepunkt im Zweiten Weltkrieg mit einem Verbrechen fast unvorstellbaren Ausmaßes.

Nachdem Hitler an die Macht gekommen war, nahm der durch die nationalsozialistische Ideologie begründete Judenhaß immer militantere Formen an und fand seinen ersten amtlichen Ausdruck in den Nürnberger Gesetzen, die im September 1935 erlassen wurden, dem gleichen Monat, in dem Rommel seinen Dienst in Potsdam antrat. Schon 1934 waren alle Juden aus der Armee ausgestoßen worden. Mit diesen Gesetzen wurden die Juden praktisch zu Bürgern zweiter Klasse. Sie verloren bestimmte bürgerliche Grundrechte wie das Recht der freien Berufswahl (für Juden wurde für jede Tätigkeit und jeden Beruf eine bestimmte »Quote« festgelegt) und die Gleichbehandlung in mancher anderen Beziehung. Diese Gesetze waren bewußt in einer diskriminierenden und demütigenden Sprache abgefaßt. Aber sie bezeichneten nur eine Stufe in einem Vorgang, der mit antijüdischen Hetzreden begonnen hatte und bereits durch sporadische, wenn auch nicht offiziell organisierte Gewalttaten gekennzeichnet war. So wurden im März 1933 unmittelbar nach der Übernahme der politischen Macht durch die Nationalsozialisten in Göttingen die Schaufenster aller jüdischen Geschäfte eingeschlagen.

Die Lage verschärfte sich und löste in Deutschland nur schwache und unwirksame Proteste aus. Wenige mutige Persönlichkeiten unterstützten die Juden und halfen ihnen, was ihnen jedoch die Mißbilligung der Partei eintrug – eine Mißbilligung, die für die Betroffenen immer gefährlicher wurde, je mehr sich das Klima verschlechterte, und die nach Kriegsausbruch zur tödlichen Gefahr wurde. Es gab allerdings Kirchenmänner, die es wagten, solche Übergriffe scharf zu verurteilen. Ein organisierter Widerstand existierte jedoch kaum, geschweige denn, daß es zu irgendwelchen Gegenmaßnahmen kam. Spätere Generationen werden diese deprimierenden Tatsachen nur verstehen, wenn man sie an die allgemeine Stimmung erinnert, die damals in ganz Europa und keineswegs nur in Deutschland herrschte.

Die Juden waren bekanntlich schon im Mittelalter und in den darauffolgenden Jahrhunderten Gezeichnete gewesen. Ihre Religion hatte sie, zumindest bei oberflächlicher Betrachtung, zu unversöhnlichen Feinden des Christentums gemacht, und das Gebet für ihre Bekehrung gehörte zur Liturgie der meisten christlichen Gemeinschaften. Schon im Mittelalter hielt man sie für besonders erfolgreich im Umgang mit Geld als Kreditgeber und Bankiers. So waren sie wie alle erfolgreichen Fremden unbeliebt und wurden beneidet, denn die Juden waren wegen ihrer Religion, ihrer Gebräuche Fremde geblieben, selbst wenn sie, was nicht vermieden werden konnte, in christliche Familien einheirateten. In Deutschland betrachtete man die Juden in den zwanziger Jahren nach dem finanziellen Zusammenbruch und der großen Inflation als diejenigen, die sich während dieser Zeit bereichert hatten, wohingegen die Deutschen alles verloren. Es entstand ein neuer Mythos, der an diese alten Mythen anknüpfte: Der Jude hatte aus der Niederlage des Vaterlandes nur Vorteile gezogen.

Der Antisemitismus war auch auf kulturellem Gebiet spürbar. Die Juden galten als führend in der bildenden Kunst, der Literatur und in allem, was heute unter dem Begriff »Medien« zusammengefaßt wird.

Es hieß, sie begünstigten ihresgleichen und förderten deren Interessen und Meinungen. Soweit das zutraf, lag es zweifellos an der besonderen künstlerischen Begabung und Sensibilität vieler Juden. Aber das förderte auch einen weiteren Mythos — daß nämlich weite Bereiche des Lebens in Deutschland (und das waren besonders wichtige Bereiche) von Juden »beherrscht« wurden. Dieser Einfluß wurde oft als destruktiv und zynisch verurteilt, und es war ironisch, daß die Nazis unter anderem behaupteten, es mangelte ihnen die Fähigkeit, schöpferisch tätig zu sein,[9] obwohl aus ihren Reihen Persönlichkeiten wie Mendelssohn und Heine hervorgegangen waren. Nach der nazistischen Mythologie beherrschten die Juden also zu ihrem eigenen Vorteil die Bereiche der Finanz, der Kultur und der Medien in Deutschland.

Von wesentlicher Bedeutung war auch die Frage des Patriotismus, der Loyalität gegenüber dem Vaterland. Die Juden seien — und diese Meinung hörte man zu jener Zeit und früher in den meisten europäischen Ländern, in England und Frankreich ebenso wie in Deutschland — »eine Nation innerhalb einer Nation«, und daher müsse man an ihrer Loyalität zweifeln, weil sie sich in erster Linie ihrem Judentum verpflichtet fühlten. Aber in Deutschland hatte diese Auffassung als Folge der traumatischen Ereignisse und des Zusammenbruchs im Jahr 1918 größere Bedeutung als anderswo. Die öffentliche Meinung identifizierte bestimmte deutsche Juden mit der Friedensbewegung, und so wurde das Judentum vielfach mit den »Schuldigen« vom November 1918 in Verbindung gebracht — eine historisch höchst zweifelhafte Zuordnung.

Im kaiserlichen Deutschland hatte es ebenso wie anderswo mit Sicherheit Vorurteile gegeben. Dennoch hatten Juden als tapfere Soldaten im Heer gedient, waren zu Offizieren befördert worden und ebenso wie jeder andere Deutsche und wie die Juden in anderen europäischen Nationen ihrer vaterländischen Pflicht nachgekommen. Das von der Legende einer »Verschwörung des Weltjudentums zur Übernahme der Weltherrschaft« erzeugte Mißtrauen hatte seine Wurzeln in den achtziger Jahren des letzten Jahrhunderts und nahm nach 1918 zu. Jetzt wuchs es zu ungeheuerlichen Proportionen an. Es war beschämend zu erleben, wie 1935 die Namen jüdischer Gefallener von deutschen Kriegerdenkmälern entfernt wurden — angeblich aus Rücksichtnahme auf die Gefühle ihrer jeweiligen deutschen Mitbürger. Und da Karl Marx Jude war und eine Reihe von Juden, besonders Trotzki, in der russischen bolschewistischen Revolution und anschließend in der kommunistischen Hierarchie der Sowjetunion führende Stellungen eingenommen hatten (ebenso auch in einigen revolutionären Bewegungen in Deutschland) sprachen die Nazis oft auch vom »jüdischen Bolschewismus«. Die nationalsozialistische

Propaganda bezeichnete aber auch fälschlicherweise viele »internationale Finanziers« als Juden und suchte damit die Glaubwürdigkeit einer gewissen Zahl deutscher Staatsangehöriger zu erschüttern.

Dieser wirtschaftliche, religiöse, kulturelle, historische und politische Mythos wurde von Hitler und seinen Genossen durch deren Rassentheorie erweitert. Das Fundament der deutschen Größe sollte die rassische Reinheit seiner Bevölkerung sein, und jüdisches Blut verderbe diese Reinheit. Rassenmischung könne daher nur zur »rassischen Entartung« führen. Die Juden seien daher ein »innerer Feind«, und der von Hitler in Deutschland aufrechterhaltene Ausnahmezustand sollte unter anderem dazu dienen, alle innere Feinde auszuschalten.

Aber »innere Feinde« waren keineswegs nur die Juden. Die jüdische Bevölkerung in Deutschland zählte etwa eine halbe Million Personen, von denen in den Jahren zwischen der Machtergreifung durch die Nazis und dem Ausbruch des Zweiten Weltkriegs 175 000 auswanderten. Die ersten Konzentrationslager, in denen die politischen Gegner des Naziregimes unter strengsten Bedingungen eingesperrt wurden, waren 1933 eingerichtet worden, und 1939 gab es sechs von ihnen. Doch zu ihren Insassen gehörten außer Kriminellen alle denkbaren Kategorien von politischen Gefangenen sowie Personen, die unerschütterlich an ihren religiösen und politischen Überzeugungen festhielten wie zum Beispiel die Zeugen Jehovas. Dennoch waren eine beträchtliche Zahl der Insassen der Konzentrationslager Juden. 1939 gab es insgesamt 21 000 KZ-Häftlinge.[10] Sie waren wegen »asozialen Verhaltens« oder anderer verbotener Aktivitäten zur Lagerhaft verurteilt worden. Die Konzentrationslager unterstanden allein dem Reichsführer-SS, Heinrich Himmler; sie wurden von einem Amt der SS verwaltet. Die geheime Staatspolizei (Gestapo), deren Aufgabe es war, alle Verstöße zu untersuchen, die mit Lagerhaft geahndet wurden, unterstand seit September 1939 ebenfalls der SS und damit Himmler. So waren diese schreckenerregenden Instrumente der Diktatur in erster Linie Einrichtungen der Partei und wurden zu keiner Zeit von den ordentlichen Gerichten kontrolliert.

Die Juden sahen sich in einem immer enger werdenden Netz aus nationalsozialistischen Hetzreden, politischer Feindschaft und Vorurteilen gefangen. Und wegen der Verschiedenartigkeit der Fäden, aus denen dieses Netz bestand, waren es keineswegs nur die Nazi-Ideologen, die diese Situation ohne große Bedenken akzeptierten und tolerierten. Das galt sogar für die Armee. So ablehnend ein Offizier wie Fritsch auch Hitler gegenüber stand, hatte er doch schon vorher »Pazifisten, Juden, Demokraten« als Menschen bezeichnet, die Deutschland vernichten wollten (Fritsch war ein erbitterter Gegner der Weimarer Republik).[11] Die Vorurteile von Fritsch waren wahrscheinlich typisch für die durchaus nicht nur theoretischen Vorurteile eines großen Teils der Bevölkerung im kaiserlichen Deutschland. Sogar für Deutsche, die zu intelligent waren, die nationalsozialistischen Rassentheorien anders als mit Verachtung zur Kenntnis zu nehmen, und die über zu gute historische Kenntnisse verfügten, um einen Mythos mit der Realität zu verwechseln, gab es ein »Judenproblem«. Und obwohl sich der normale Deutsche durch die schlimme Parteipropaganda abgestoßen fühlte, mit der ganz Deutschland in den dreißiger Jahren überflutet wurde, von den Plakaten an den Schaufenstern mit der Aufschrift »Juden unerwünscht«, von den uniformierten Parteifunktionären, die Juden verhöhnten und in jeder Weise belästigten, und von den abstoßenden öffentlichen Demütigungen der Wehrlosen, unternahmen sie kaum etwas dagegen, denn es konnte gefährlich sein, hier offen seine Meinung zu äußern. Ohne Frage bedeutete ein hilfloses Schulterzucken oft auch ein unausgesprochenes: »Sie haben es schließlich nicht anders gewollt!«

Und dann kam der 10. November 1938, der Tag, an dem Rommel die Führung der Kriegsschule in Wiener Neustadt im Gebäude der großen Theresianischen Militärakademie übernahm.

Am 7. November 1938 war der deutsche Diplomat vom Rath in Paris von einem jungen Juden ermordet worden. Noch am selben Tag verkündete der »Völkische Beobachter« lautstark, »das deutsche Volk werde in der Lage sein, seine eigenen Schlußfolgerungen aus dieser neuen Greueltat zu ziehen«. Der Mord müsse als Teil der »jüdischen Verschwörung« angesehen werden. Zwei Tage später hielt Goebbels auf einer Parteiversammlung in München eine wilde Hetzrede, in der von Vergeltungsaktionen die Rede war. Zwar warnte er seine Zuhörer ausdrücklich davor, als Anstifter von Demonstrationen aufzutreten, ließ sie aber kaum im Zweifel darüber, mit welchen »spontanen« Reaktionen er rechnete. Am selben Abend wurden in den verschiedensten Teilen Deutschlands 7 000 jüdische Geschäfte zerstört, und in einem Land, das seit dem 18. Jahrhundert mit Recht stolz auf seine religiöse Toleranz war, gingen vielerorts die Synagogen in Flammen auf. Jüdische Gemeinden mußten hohe Bußgelder zahlen, die von den Brandversicherungen gezahlten Summen wurden eingezogen, und mehr als 90 Juden wurden von der an diesen Ausschreitungen beteiligten SA ermordet. 20 000 bis 30 000 Juden wurden vorläufig in Konzentrationslager eingewiesen, um damit zur Ausreise gezwungen zu werden. Das zerbrochene Glas der zertrümmerten jüdischen Schaufensterscheiben veranlaßte die Berliner, dieses Ereignis als »Reichskristallnacht« zu bezeichnen.

Die unmittelbare und zweifellos beabsichtigte Folge war, daß sich immer mehr deutsche Juden entschlossen, das Land zu verlassen.

Das Ausland reagierte, wie nicht anders zu erwarten, mit Empörung. Hitler hatte augenscheinlich ein neues Beispiel für jene brutale Gewaltbereitschaft oder Duldung von Gewalt gegeben, die das Regime von Anfang an gezeigt hatte. Die jüdische Auswanderungswelle führte viele Juden, die unversöhnliche Gegner des Naziregimes in Deutschland waren, nun vor allem nach Frankreich, Großbritannien und Amerika. Das diente Goebbels dann zu seiner Propagandathese, die Feindschaft des Westens gegenüber Deutschland sei in erster Linie auf den jüdischen Einfluß zurückzuführen und diene allein den Interessen der Juden — eine bizarre Argumentation.

Die Mehrheit der Deutschen lehnte diese Exzesse gleichwohl entschieden ab — die Gewalt, die Sachbeschädigungen, die zeitweilige Anarchie auf den Straßen und den Schaden, der dem Ansehen Deutschlands zugefügt wurde. Die Pogrome wurden von der erschrockenen Bevölkerung mit Abscheu zur Kenntnis genommen, wenngleich Kritik an den kriminellen und abstoßend pöbelhaften Aktionen wohl eher hinter vorgehaltener Hand geäußert wurde.

Es ist schwer festzustellen, mit welchen Gefühlen Rommel auf die Nachricht von den Ausschreitungen reagierte. Er selbst war zweifellos kein überzeugter Antisemit. In der Goslarer Zeit hatte Manfred, als er seinen Vater bei einem Spaziergang begleitete, ganz arglos auf die große gebogene Nase des Bataillonsarztes hingewiesen und gefragt, ob er ein Jude sei, und hatte rasch einen Verweis erhalten.[12] Rommel hatte jüdische Bekannte, war in seinem Wesen tolerant, und wenn er überhaupt über die Rolle der Juden in Deutschland nachdachte, dann war er der Auffassung, sie sollten sich zum Christentum bekehren lassen.[13] Er war zu intelligent, um an die von der Partei ausgegebenen Verschwörungstheorien zu glauben, und teilte die weitverbreitete Ansicht, der »Führer« selbst habe mit solchen Exzessen nichts zu tun, stünde weit über dem gewalttätigen und rohen Verhalten einiger seiner Anhänger und wisse wahrscheinlich nur sehr wenig davon. Rommel sah Hitlers eigentliches Anliegen darin, seine Pläne für die Wiederherstellung der Ehre Deutschlands, für die Verbesserung der Lebensbedingungen und eine gerechtere Behandlung des Volkes zu verwirklichen, und das fand seine ungeteilte Zustimmung — weshalb Hitlers Leistung trotz mancher besorgniserregender Entwicklung zweifellos den Respekt der Bevölkerung verdiene.

Natürlich wurde Rommel auch persönlich mit dem »Judenproblem« konfrontiert. Er hatte an nationalsozialistischen Schulungskursen teilgenommen und pflichtete Hitler bei, als dieser im Dezember 1938 in einer Rede im Kriegsministerium forderte, der moderne Soldat müsse als »politischer« Soldat »bereit sein, für die neue Politik zu kämpfen« und seine Rolle als Vorkämpfer für die neue deutsche Weltanschauung begreifen. Rommel, der die Mentalität der Soldaten kannte, respektierte diese Auffassung, und als er im gleichen Monat in die Schweiz fuhr, um vor Schweizer Offizieren einen Vortrag über seine Kriegserlebnisse zu halten, berichtete er anschließend, daß »die jüngeren Schweizer Offiziere ... ihre Sympathie für das neue Deutschland zum Ausdruck« gebracht hätten. »Auch über die Judenfrage wurde von einzelnen Herren recht verständig gesprochen.«[14] Bei diesem »Judenproblem« ging es Rommel im Grunde aber nur um den Loyalitätskonflikt, in den die Juden aufgrund der Forderung gerieten, ihr ganzes Herz müsse der deutschen Heimat gehören.

Wie naiv diese Auffassung auch war — immerhin blieb Rommel erstaunlich immun gegen die Theorie von der Verschwörung des Weltjudentums, begriff aber auch nicht, wie sehr diese Theorie ausgerechnet den von ihm so bewunderten »Führer« beherrschte. Sehr viel später, während des Zweiten Weltkriegs im Jahr 1943, als Rommel häufig im engsten Kreis mit Hitler zusammentraf, ließ er während eines Tischgesprächs die Bemerkung fallen, Deutschlands offizielle Haltung gegenüber den Juden habe zu einer schlechten Presse im Ausland geführt und werde mißverstanden. »Wir würden auch in der Welt besser stehen«, schlug der ahnungslose Rommel vor, »wenn bei uns ein Jude Gauleiter werden könnte.« Alle Anwesenden verstummten entsetzt, Hitler aber fuhr Rommel mit den Worten an: »Sie haben nichts von dem verstanden, was ich will!« Nachdem Rommel gegangen war, fragte Hitler ungläubig in die Runde: »Hat er denn nicht begriffen, daß die Juden die Ursache für diesen Krieg sind?«[15]

Am 10. März 1939 stellte Hitler der Regierung der Tschechoslowakei ein Ultimatum, das praktisch die Auflösung des tschechoslowakischen Staates verlangte. Die Slowakei, die sich schon im November mit deutscher Zustimmung für autonom erklärt hatte, sollte jetzt ein selbständiger Staat und Böhmen und Mähren deutsches Protektorat werden. Im Fall der Ablehnung des Ultimatums würde die Tschechoslowakei einem gnadenlosen militärischen Angriff ausgesetzt, der mit Bombenangriffen der Luftwaffe beginnen sollte. Der tschechische Präsident Hacha (sein Vorgänger Benesch war nach dem Münchner Abkommen zurückgetreten) gab schließlich nach. Er hatte kaum eine Alternative. Mit dem Münchner Abkommen hatten die Tschechen ihre Grenzbefestigung verloren und mußten auf eine bedeutende Kapazität ihrer Rüstungsindustrie verzichten. Zudem hatte das Abkommen deutlich erkennen lassen, daß die Tschechoslowakei sich, zumindest am Anfang, allein gegen einen deutschen Angriff würde verteidigen müssen. Und nicht zuletzt wurde die Tschechoslowakei nicht nur durch Deutschland bedroht. Auch Polen hatte nach Abschluß des Münchner Abkommens das von ihm beanspruchte Gebiet um Teschen besetzt und stellte weitergehende Forderungen. An der Südgrenze der Tschechoslowakei gab es überdies eine ungarische Minderheit, was zu territorialen Korrekturen geführt hatte, und im Osten des Landes lebte dort, wo das Land an die Sowjetunion grenzte, eine größere ukrainische Bevölkerungsgruppe. So mochte es in Prag manch einem als das geringere Übel erscheinen, sich unter den Schutz Deutschlands zu stellen, auch wenn die Deutschen ihren Willen mit brutaler Härte durchsetzten. Am 15. März fuhr Hitler in Prag ein.

In Westeuropa aber war die Besetzung von Böhmen und Mähren durch die Deutschen der letzte Beweis dafür, daß Hitler in seinen Ansprüchen unersättlich und in seinem Verhalten unberechenbar war und daß seine Pläne hinsichtlich einer territorialen Umgestaltung Europas längst nicht mehr dem entsprachen, was als Berichtigung der in Versailles diktierten Gebietsabtretungen hingenommen werden konnte. Aus den einst als Revision ausgegebenen Grenzkorrekturen war eine brutale, durch nichts mehr zu rechtfertigende Expansionsgier geworden. Wenige Monate zuvor hatte Hitler erklärt, er habe in Europa keine territorialen Ansprüche mehr, und die Regierungen in Großbritannien und Frankreich hatten Vereinbarungen zugestimmt, die sich auf jenen Grundsatz der Selbstbestimmung der Völker stützten, den die Alliierten 1919 verkündet und gegen den sie selbst oft genug verstoßen hatten. Nun hatte Hitler, indem er zum ersten Mal ein fremdes Volk unterwarf, ganz Europa herausgefordert. Dementsprechend waren die Reaktionen vor allem aus London. Am 17. März rief Chamberlain den britischen Botschafter aus Berlin zurück und erklärte in einer Rede, daß mit dem Einmarsch in Prag der Weltöffentlichkeit »ein schwererer Schlag als je zuvor« versetzt worden sei. Hitler aber, berauscht von seinem Triumph, vernahm nicht den drohenden Unterton, der noch deutlicher in den Worten zum Ausdruck kam, die Lord Halifax gegenüber dem deutschen Botschafter aussprach: Das nächste Mal werde Hitler gezwungen werden, Blut zu vergießen. Der sichere Instinkt für den Spielraum, den die Schwäche des Gegners ihm ließ, schien Hitler allmählich abhanden zu kommen.

Da der »Führer« beschlossen hatte, selbst in die Tschechoslowakei und nach Prag zu fahren, wurde Rommel von seinen Pflichten in Wiener Neustadt entbunden und übernahm erneut den Befehl über Hitlers militärisches Begleitkommando. Bei der Frage, ob es klug sei, Hitler in die tschechoslowakische Hauptstadt fahren zu lassen, ohne auf die Ankunft seines verspäteten SS-Begleitkommandos zu warten, kam es zu Meinungsverschiedenheiten. Auf die Frage Hitlers, wie er sich verhalten sollte, riet ihm Rommel, unter seinem persönlichen Schutz im offenen Wagen und ohne den Begleitschutz der SS auf den Hradschin zu fahren. »Sie haben keine andere Wahl. Es gibt für Sie, mein Führer, nur den Weg in das Herz des Landes, in die Hauptstadt, auf die Burg von Prag.«[16] Rommel glaubte, diese zweifellos mutige Geste werde die, wenn auch widerwillig eingestandene, Bewunderung der Tschechen hervorrufen. Hitler folgte dem Rat, und erwarb sich damit bei Rommel, dem der persönliche Mut des »Führers« von Anfang an imponiert hatte, nur um so größere Bewunderung. Das Verbundenheitsgefühl zwischen den beiden Männern verstärkte sich nun noch.

Polen, das sich der deutschen Einschüchterungstaktik gegenüber den Tschechen angeschlossen hatte und während dieser Zeit eine eher antifranzösische Politik verfolgte,[17] zeigte einen vorsichtigen Optimismus im Hinblick auf den Ausgang der tschechoslowakischen Krise, obwohl deren Ende die unausweichliche Folge hatte, daß sich künftig entlang der polnischen Südgrenze eine deutsche Armee zum Angriff bereitstellen konnte. In Warschau herrschte damals noch immer die unrealistische Vorstellung, man könne in Osteuropa eine Staatenkoalition unter polnischer Führung zuwege bringen, die durch Ausdehnung und Stärke einer weiteren Expansion Deutschlands oder der Sowjetunion Einhalt gebieten würde.

Für eine solche Konstellation benötigte man einen Verbündeten, und den fanden die Polen in Großbritannien. Die Briten — und besonders Premierminister Chamberlain, der beim Zustandekommen des Münchner Abkommens eine führende Rolle gespielt hatte und sich jetzt von Hitler betrogen fühlte — waren bereit, eine bilaterale polnisch-britische Sicherheitsvereinbarung zu unterzeichnen. Großbritannien garantierte nun die territoriale Integrität Polens und gab Hitler damit ein deutliches Signal: Bis hierher und nicht weiter. Frankreich folgte dem britischen Beispiel und gab ebenfalls eine Sicherheitsgarantie für Polen ab.

Nun hatte die »polnische Frage« schon in der Weimarer Republik vor allem die »Revisionisten« im Auswärtigen Amt und in der Reichswehr beschäftigt und den erzkonservativen Seeckt veranlaßt, die Verständigung zwischen Deutschland und dem bolschewistischen Rußland anzustreben. Durch die territorialen Zugeständnisse, die den Polen im Versailler Vertrag gemacht worden waren, lebten im westlichen Polen deutsche Minderheiten, und Ostpreußen, die Wiege der »borussischen Legende«, war vom Rest des Reiches durch den sich bis an die Ostsee bei Danzig erstreckenden künstlich geschaffenen »Polnischen Korridor« abgetrennt worden. In Versailles war auch Danzig zu einer »Freien Stadt« erklärt worden, deren Bevölkerung zum größten Teil aus Deutschen bestand, die jetzt jedoch weder zu Polen noch zu Deutschland gehörte und damit für beide Länder ein beunruhigendes Symbol darstellte. Die »polnische Frage« war also für die meisten Deutschen, und keineswegs nur für die Anhänger Hitlers, ein nach wie vor offenes Problem, das nach einer Lösung verlangte.

Hitler hatte 1934 mit Polen einen Vertrag ausgehandelt — angesichts seines Verhaltens in der Folgezeit war das der Beginn eines großangelegten Täuschungsmanövers —, und während der ersten Jahre nach der Machtergreifung durch die Nationalsozialisten in Deutschland verbesserten sich die Beziehungen zwischen Berlin und Warschau geringfügig.

Bis zum Frühjahr 1939 hatte Deutschland gegenüber Polen militärisch eine rein defensive Haltung eingenommen,[18] und in Hitlers Überlegungen spielte das Land, das seit 1919 als deutschfeindliches Werkzeug der Franzosen gegolten hatte, sogar gelegentlich die Rolle eines Juniorpartners im Fall eines antibolschewistischen Feldzuges gegen Osten — wenngleich sich Warschau bis zuletzt beharrlich weigerte, diesen Part zu spielen und die damit verbundenen Forderungen Hitlers zu erfüllen. Die polnischen Rüstungsausgaben hatten sich während der dreißiger Jahre wesentlich erhöht, und nicht nur in Berlin, sondern auch in anderen europäischen Hauptstädten erweckte das den Eindruck, daß Polen unter allen Umständen eine führende Rolle in Osteuropa spielen wolle. Tatsächlich schienen nicht wenige Polen von Gebietserweiterungen zu träumen und sich der Hoffnung hinzugeben, eines Tages wieder innerhalb der gleichen Grenzen leben zu können wie zu der Zeit, als sich die polnisch-litauischen Gebiete von der Ostsee bis zum Schwarzen Meer erstreckt und auch einen großen Teil Weißrußlands umfaßt hatten. Vielleicht als Folge dieser Großmachtträume hatte sich Frankreich 1938 immer mehr von Polen distanziert. Der polnische Außenminister Beck war ein intelligenter Mann, man hielt ihn jedoch nicht für vertrauenswürdig, und Frankreich wollte sich seine Beziehungen zu Deutschland auf keinen Fall von Warschau diktieren lassen. So hatte Polen Anfang 1939 bis zur britischen Garantieerklärung praktisch keine Verbündeten.

Hitler hatte inzwischen befohlen, die deutsch-polnische Grenze zu befestigen, und die Arbeit an den Anlagen ging im Sommer rasch voran. Gerade diese Maßnahme schien zunächst eher auf eine defensive Haltung zu deuten. Tatsächlich aber haben das britisch-polnische Abkommen und die Garantieerklärung Frankreichs und Großbritanniens Hitlers Entschluß, loszuschlagen, eher herausgefordert, und so schien er denn auch schon im März 1939 zum Krieg gegen Polen entschlossen und hatte den Oberbefehlshaber des Heeres, v. Brauchitsch, davon in Kenntnis gesetzt, der seinerseits kaum Einwände hatte.[19]

Doch als Hitler am 22. August 1939 auf dem Obersalzberg vor

den Oberbefehlshabern der Heeresgruppen und Armeen und den Inhabern entsprechender Dienststellen sprach, war mancher seiner Zuhörer überrascht. Hitlers Äußerungen war zu entnehmen, daß er entschlossen war, den psychologischen Druck auf Polen zu verstärken. Alle Vorbereitungen für den Einmarsch waren getroffen. Aber wenn es wirklich zum Krieg kommen sollte — mußte Deutschland angesichts der drohenden Haltung Großbritanniens und Frankreichs dann nicht wieder mit einem Zweifrontenkrieg rechnen?

Hitler versuchte, diese Befürchtungen zu zerstreuen. Er sagte den Generalen, jetzt sei die Stunde gekommen: Großbritannien und Frankreich lägen, wie er genau wisse, mit der Entwicklung ihrer Luftstreitkräfte und der Fliegerabwehr weit hinter Deutschland zurück. Sie könnten daher Polen nur mit einer Offensive im Westen zu Hilfe kommen, was sie jedoch angesichts der ungeheuren Verluste im letzten Krieg nicht wagen würden. Tatsächlich hätten die Regierungen in Frankreich oder Großbritannien in Wirklichkeit auch gar nicht die Absicht, wegen Polen einen Krieg zu beginnen.[20]

Seine Zuhörer waren jedoch keineswegs davon überzeugt, daß ein Überfall auf Polen ein so geringes Risiko bedeutete. Aber sie hörten schweigend zu und äußerten erst ihr Erstaunen, als Hitler erklärte, er werde zur Abwendung eines Zweifrontenkrieges einen Pakt mit der Sowjetunion unterzeichnen. Das war eine entscheidende Wende in seiner Politik, die die ganze Welt betroffen machte und überall als ein deutliches Anzeichen dafür angesehen wurde, daß Hitler nun entschlossen war, aufs Ganze zu gehen.

Doch viele Deutsche rechneten noch immer damit, daß es ebenso wie in München im letzten Augenblick zu einem Vergleich kommen würde. Wohl gab es zwischen Deutschland und Polen erhebliche Meinungsverschiedenheiten, aber es war durchaus möglich, noch Lösungen zu finden. Die Konferenz auf dem Obersalzberg, deren Inhalt wahrscheinlich nicht geheim bleiben würde, konnte vielleicht eine Trumpfkarte in diesem Pokerspiel sein, dessen aus Drohen und Nachgeben bestehende Taktik Hitler, wie sich bisher gezeigt hatte, ja glänzend beherrschte.

Aber diesmal lagen die Dinge ganz anders. Am 25. August wurde in London ein militärischer Beistandspakt zwischen Großbritannien und Polen für den Fall eines Krieges gegen Deutschland unterzeichnet, der mit dem Optimismus Hitlers offenbar nicht zu vereinbaren war. Ohne Rücksicht auf diese neue Entwicklung, aber nach einigen charakteristischen Versuchen Hitlers, die Welt durch überraschende diplomatische Schritte und durch einen in letzter Minute angeordneten Aufschub zu täuschen, erhielten alle für das Unternehmen vorgesehenen Verbände der Wehrmacht am Nachmittag des 31. August eine telegrafische Anweisung. Sie lautete: »Nachdem alle politischen

Möglichkeiten erschöpft sind, um auf friedlichem Wege eine für Deutschland unerträgliche Lage an seiner Ostgrenze zu beseitigen, habe ich mich zur gewaltsamen Lösung entschlossen. Der Angriff auf Polen ist nach den für den Fall Weiß getroffenen Vorbereitungen zu führen ... Angriffstag: 1. 9. 1939, Angriffszeit: 4. 45 Uhr. Im Westen kommt es darauf an, die Verantwortung für die Eröffnung von Feindseligkeiten eindeutig England und Frankreich zu überlassen.«[21] Wenn jemand versucht hatte, die andere Seite zu bluffen, dann Hitler.

Am 25. August, drei Tage nach der Konferenz auf dem Obersalzberg, hatte Rommel in Berlin eine neue Aufgabe erhalten. Er war jetzt siebenundvierzig Jahre alt und wurde mit Wirkung vom 1. August zum Generalmajor befördert. Bei der Mobilmachung würde er zum Kommandanten des Führerhauptquartiers ernannt werden, des Hauptquartiers des Obersten Befehlshabers der Wehrmacht. In dieser Eigenschaft überquerte Rommel am 4. September die Grenze zu Polen. Um 8 Uhr morgens hatte er sich persönlich bei Hitler gemeldet. Im Kriegstagebuch des Führerhauptquartiers findet sich die folgende kurze Notiz: »Meldung des Oberbefehlshabers der Heeresgruppe Nord, Generaloberst v. Bock, und des Kommandanten des Führerhauptquartiers, Generalmajor Rommel, beim Führer.« Rommel gehörte jetzt der deutschen Generalität an.[22] Der Zweite Weltkrieg hatte begonnen.

III. Teil

1939-1940

8.
Führung von vorne

Der erste Verband, der Rommel als Generalmajor unterstand, war zahlenmäßig schwächer als viele Truppenteile, die er als Leutnant oder Oberleutnant nach 1914 an der Westfront, im rumänischen Feldzug oder während der Kämpfe in den italienischen Alpen befehligt hatte. Zu dem Personal des Eisenbahnzuges, in dem das Führerhauptquartier untergebracht war, gehörten die üblichen Funker, Schreiber, Ordonnanzen sowie ein 380 Mann starkes Begleitbataillon mit vier Panzerabwehr- und zwölf Fliegerabwehrgeschützen zum unmittelbaren Schutz des Zuges. Die Offiziere und Mannschaften kamen ebenso wie Rommel aus den Stäben von Kriegsschulen und Ausbildungseinrichtungen, und das gesamte Rommel unterstellte »Sicherungsbataillon« zählte 25 Offiziere und 600 Soldaten.

Der Zug selbst, der von zwei Lokomotiven gezogen wurde, bestand aus mindestens zwölf Personenwagen und hatte am Anfang und Ende je einen gepanzerten Waggon mit Flakgeschützen. Zu den Personenwagen gehörten der geräumige Salonwagen Hitlers und ebenso bequem ausgestattete Wagen für Gäste und den persönlichen Stab des »Führers« sowie ein Speisewagen. Der Zug diente Hitler als mobile Basis — seine persönlichen Adjutanten und hochrangigen Gäste schliefen in den dafür bereitgestellten Schlafwagen, Rommel jedoch nicht. Zugleich war der Zug ein Gefechtsstand, dessen direkte Nachrichtenverbindungen es Hitler erlaubten, jederzeit mit den Oberkommandos in Berlin, den Ministerien und den unterstellten Kommandobehörden an der Front zu sprechen. In einem der Wagen befand sich ein großer Konferenzraum mit einem Kartentisch, an dem sich Hitler täglich Vortrag über die Lage an der Front halten ließ. Rommel war bei solchen Gelegenheiten meist zugegen.

Der Tag begann um neun Uhr morgens mit einem persönlichen Bericht über die allgemeine Kriegslage. Von seinem Zug aus konnte Hitler die Regierungsgeschäfte des im Kriege befindlichen Reiches führen. Überdies stand ihm eine spezielle motorisierte Kolonne zur Verfügung, die auf Befehl an den jeweiligen Standort des Zuges dirigiert werden konnte und Hitlers Sicherheit gewährleistete, denn oft war die Lage unklar, und man mußte noch damit rechnen, auf polnische Soldaten zu stoßen.

Tagsüber verließ Hitler meist den Zug und besuchte mit der aus schweren, sechsräderigen und gepanzerten Mercedeswagen bestehenden Kolonne, die von Panzerspähwagen begleitet wurde, die Führungsstäbe der Heeresverbände. Nur selten griff er in die Führung der Operationen in Polen ein, interessierte sich aber lebhaft für die Einzelheiten der Kampfhandlungen in diesem Feldzug, bei dem die beweglichen Verbände erstmals in der Geschichte zum größten Teil aus Panzern und aus von Panzern geführten Kraftfahrzeugkolonnen bestanden. Hitler verfolgte, wie die ungepanzerten polnischen Streitkräfte im offenen Gelände vernichtend geschlagen wurden, und war zunächst erstaunt, daß diese Erfolge nicht der Luftwaffe, sondern dem kühnen Einsatz der deutschen Panzertruppen zu verdanken waren, die tief und schnell in das feindliche Gebiet hineinstießen, ohne die Bedrohung ihrer Flanken und die Unübersichtlichkeit des Gefechtsfeldes zu beachten — sie schlugen den Feind einfach mit ihrer Stoßkraft, Geschwindigkeit und ihrer beweglichen Feuerkraft. Und auch Rommel, der Hitler auf diesen Fahrten begleitete, nahm das alles mit offenen Ohren und Augen in sich auf und erkannte sehr bald, daß es sich hier um eine ganz neue Art der Kriegführung handelte. Die durch die Motorisierung erhöhte Beweglichkeit verschaffte der kämpfenden Truppe neue Möglichkeiten, ihre Kampfkraft wirkungsvoll einzusetzen, über die die zu Fuß die steilen Berghänge hinaufkletternden Infanteristen seines Gebirgsbataillons nicht verfügt hatten, und die gepanzerten Fahrzeuge boten den Soldaten Schutz gegen das feindliche Feuer, auf den die Kavallerie hatte verzichten müssen.

Im Grunde aber war das, was er in Polen sah, für Rommel nichts Neues, obwohl es eine Welt in Staunen versetzte, die noch gewohnt war, sich den Krieg als eine Konfrontation von Streitkräften vorzustellen, die sich vor zwanzig Jahren in starren Grabensystemen gegenübergelegen hatten. Dieses »Neue« war in seiner spezifischen Eigenart ein Krieg, wie ihn Rommel stets geführt hatte. Er war schon immer davon überzeugt, daß Stoßkraft, Überraschung und Konzentration den Erfolg brachten, und hatte schon immer an die Wirksamkeit des raschen Vorstoßens in Flanke und Rücken des Feindes geglaubt, wobei auf andere Risiken kaum Rücksicht genommen werden dürfe. Schon als unerfahrener junger Leutnant war er instinktiv davon überzeugt gewesen, daß es im Krieg auf Kühnheit und Beweglichkeit ankomme. In Polen sah er mit Genugtuung die moderne Anwendung seiner eigenen militärischen Grundsätze und — in einem über das rein Taktische weit hinausgehenden Umfang — die Bestätigung dessen, was er unablässig gepredigt hatte.

In Polen wurde ihm aber auch etwas anderes bewußt, das ihn beeindruckte. Er erlebte, wie präzise Hitler die Einzelheiten des

Kampfgeschehens erfaßte, und zeigte sich ein weiteres Mal von Hitlers persönlichem Mut fasziniert. Hitler unternahm mit seiner Wagenkolonne weite Fahrten durch das Land und besuchte die meisten Frontabschnitte. Er fuhr durch Gegenden, in denen man noch mit polnischen Heckenschützen rechnen mußte, zu Gefechtsständen und Truppenteilen, die noch von polnischer Artillerie beschossen wurden. Dabei schien es ihm nichts auszumachen, daß er sich in Gefahr begab, und Rommel hatte, wie er seiner Frau schrieb, den Eindruck, daß Hitler es geradezu genoß, im feindlichen Feuer zu stehen. Im Ersten Weltkrieg war Hitler für seine Tapferkeit mit dem Eisernen Kreuz 2. und 1. Klasse ausgezeichnet worden und hatte sich auch wirklich als tapferer Soldat bewährt. Mit berechtigtem Stolz und sogar einer gewissen Wehmut erinnerte er sich später an jenen Krieg, den er als junger Mann mitgemacht hatte. Das Fronterlebnis war für ihn eine prägende Erfahrung. Er war davon überzeugt – und das konnte ihn gelegentlich dazu verleiten, sich gefährliche Illusionen zu machen –, daß er die Gefühle, die Belastungen und die Moral des einfachen Frontsoldaten besser verstand als jeder General. Am 1. September 1939 erklärte er, er sei nichts anderes als der erste Soldat des Reiches. Das war eine bombastische Formulierung, aber später sollte nicht nur Rommel Hitlers eklatante Gleichgültigkeit gegenüber dem Schicksal seiner Soldaten kennenlernen.

Da Rommel jetzt täglich mit Hitler zusammen war, ihn fast überallhin begleitete, an den morgendlichen Lagebesprechungen teilnahm (und dabei gelegentlich auch aufgefordert wurde, seine Meinung zu sagen), verstärkte sich seine durch persönliche Wahrnehmungen genährte Bewunderung für den »Führer« unablässig. Er hatte den Eindruck, daß Hitler die Kriegslage vollständig beherrschte.

Die ständige Sorge des Generalstabes während des Polenfeldzuges war es, daß Großbritannien und Frankreich die Gelegenheit nutzen würden, den Westwall anzugreifen, der während dieser Zeit von Truppen entblößt war. Diese Befürchtungen waren durchaus begründet. Die französische Armee hatte eine Stärke von mehr als 90 Divisionen und verfügte über eine große Zahl von Panzern, während die Deutschen, die Polen mit 43 Divisionen angegriffen hatten, zu denen sechs Panzer- und vier motorisierte Divisionen gehörten, im Westen nur noch 12 aktive Divisionen und keine Panzerkräfte besaßen.

Zwar verfügten die Deutschen über etwa 35 neu aufgestellte Divisionen der zweiten Linie, doch der nominellen Gesamtzahl von 47 Divisionen im Westen, von denen nur ein Teil wirklich einsatzbereit war, standen weit überlegene französische Kräfte gegenüber, die vermutlich in absehbarer Zeit durch einige britische Kontingente verstärkt werden würden.

Im September 1936 war Rommel auf Goebbels Veranlassung zu Hitlers Eskorte
für den Reichsparteitag in Nürnberg abkommandiert worden. Bei einer Ausfahrt
des »Führers« schreckte Rommel nicht davor zurück, führenden Würdenträgern
der Partei, die einen Platz in Hitlers Wagenkolonne ergattern wollten, den Weg zu
versperren. Hitler bedankte sich bei Rommel persönlich für die korrekte Ausführung seines Befehls und behielt ihn fortan im Gedächtnis. Beim Einmarsch in
das Sudetenland im Oktober 1938 und dem Einzug in die »Resttschechei« befehligte Rommel dann die persönliche Schutz- und Geleittruppe Hitlers, das »Führerbegleitbataillon«. Im August 1939 wurde er in den »Unterstab« im Führerhauptquartier berufen und zugleich zum Generalmajor befördert. Von nun an war er
stets in Hitlers Nähe und begleitete diesen auch auf Frontfahrten während des Polenfeldzuges.
Oben: Hitler bei der Besichtigung eines zerstörten polnischen Panzerzuges.
V.l.n.r.: Reichspressechef Otto Dietrich, Rommel, Reichsminister Lammers, Generaloberst Keitel, General Bodenschatz, Hitler, sein Leibarzt Morell und General Küchler.
Rechts: Hitler und Rommel auf einem Feldflugplatz an der Front in Polen.

Großbritannien und Frankreich hatten Deutschland zwar den Krieg erklärt, und General Gamelin, der französische Oberbefehlshaber der Westalliierten, hatte den Polen eine Offensive der Westmächte mit dem Gros der französischen Streitkräfte versprochen, die fünfzehn Tage nach Kriegsbeginn erfolgen werde, doch Hitler war überzeugt, daß Gamelin sein Versprechen nicht würde einhalten können, und er behielt recht. Nach Hitlers Überzeugung würde der Polenfeldzug ein örtlich begrenztes Unternehmen bleiben, Polens westliche Verbündeten würden drohende Reden halten, aber darüber hinaus kaum etwas unternehmen. Dennoch blieb der Generalstab nervös; man konnte nur hoffen, daß Hitler recht behielt, wenn er mit seinen Reden den Eindruck erweckte, daß sich die Westalliierten bereit erklären würden, Frieden zu schließen, sobald die polnische Frage endgültig erledigt war. Auch Rommel schien dieser Überzeugung zu sein. Schon vier Tage nach Beginn des Polenfeldzuges schrieb er seiner Frau, er glaube, der Krieg werde bald zu Ende sein.

Der Polenfeldzug ging in der Tat sehr rasch voran, und die Entscheidung rückte immer näher. In der ersten Nacht in Polen hielt Hitlers Sonderzug »Amerika«[1] an dem Eisenbahnknotenpunkt, wo die von Stettin und Berlin nach Polen führenden Linien zusammentrafen. Der Zug legte weite Strecken zurück und wurde manchmal mehrere Tage auf einem Nebengleis in der Nähe irgendeiner Kleinstadt oder eines Dorfes abgestellt, während Hitler mit seiner kleinen Wagenkolonne einen Frontabschnitt besuchte. Alle diese Fahrten wurden gewissenhaft in das Kriegstagebuch des Führerhauptquartiers eingetragen. Manchmal flog Hitler auch in einem leichten Flugzeug an die Front, wobei er sich oft von Rommel begleiten ließ. Am 6. September war er in Graudenz im polnischen Korridor, etwa 100 Kilometer südlich von Danzig. Nach weiteren vier Tagen, am 10. September, hielt der Zug in Kielce, südlich von Warschau. Am 17. September überschritten sowjetische Streitkräfte gemäß einer geheimen Vereinbarung mit Deutschland die Grenze nach Ostpolen. Am 19. traf Hitler in Begleitung Rommels in Danzig ein und hielt von dort aus eine Rundfunkrede an die Deutschen im Reich. Am 26. September flog Rommel nach Berlin und richtete dort in der Reichskanzlei das neue Führerhauptquartier ein. Am gleichen Tag um 17 Uhr holte er Hitler auf dem Stettiner Bahnhof ab, und am 29. wurde dem Begleitbataillon im Rahmen einer feierlichen Parade von Hitler eine neue Fahne verliehen.[2] Der Feldzug war damit praktisch beendet.

Warschau kapitulierte am 27. September, und Rommel nahm dort am 5. Oktober an der zweieinhalbstündigen Siegesparade in der in Trümmern liegenden polnischen Hauptstadt teil. Zusammen mit den hochrangigen Führern der siegreichen deutschen Wehrmacht v. Brauchitsch, Milch, v. Rundstedt, Blaskowitz und v. Cochenhausen empfing er Hitler um elf Uhr vormittags auf dem Warschauer Flughafen.[3] Die Parade begann um zwölf Uhr. Der polnische Feldzug hatte drei Wochen gedauert.

Rommel hatte am Krieg gegen Polen im wesentlichen als Zuschauer teilgenommen. Zum ersten Mal erlebte er den Krieg aus der Perspektive der obersten Führung und konnte den Einsatz der deutschen Armeen und den Verlauf des grausamen Schachspiels, das um Polen gespielt wurde, aus unmittelbarer Nähe verfolgen und seine Schlüsse daraus ziehen.

Die Polen hatten ihre Armee — eine Armee, die bei den meisten Waffengattungen im Vergleich mit der ihres deutschen Feindes nur über eine veraltete Ausrüstung verfügte — weit vorn aufmarschieren lassen, um ihre langen Grenzen zu verteidigen und auf breiter Front hinhaltenden Widerstand zu leisten. Dabei mußten sie die Grenze zu Deutschland im Westen und die Grenze zur Slowakei im Süden decken und konnten zudem natürlich auch unmittelbar von einem deutschen Vorstoß aus dem im Norden gelegenen Ostpreußen bedroht werden. Angesichts der geographischen Lage mußten sie sogar damit rechnen, daß ihre Streitkräfte von einem überlegenen Gegner, der den Schwerpunkt seines Angriffs frei wählen konnte, eingekesselt wurden. In einer solchen Lage — und Rommel erkannte hier sehr deutlich einen Grundsatz, der ihm sehr vertraut war und den er persönlich in kleinerem Rahmen oft befolgt hatte — verteidigt derjenige, der alles verteidigen will, in Wirklichkeit nichts. Die einzige strategische Hoffnung für Polen war eine Offensive der Westmächte gegen Deutschland, aber das war eine sehr schwache Hoffnung. Die einzige operative Hoffnung lag deshalb im Zeitgewinn, in dem Versuch, die Einschließung der polnischen Hauptkräfte im Westen des Landes, also westlich der Weichsel, zu verhindern.

Doch der polnische Plan sah statt dessen eine hinhaltende, aber im wesentlichen lineare Verteidigung für die acht Wochen vor, die man (wie die Polen in ihrem Optimismus glaubten) allein würde kämpfen müssen. Dazu aber reichten die polnischen Streitkräfte nicht aus. Die weiträumigen Umfassungsoperationen der Deutschen im Norden und Süden hätten zum Stehen gebracht werden können, wenn man dieser Aufgabe Priorität eingeräumt — es gab genügend natürliche Hindernisse —, und das Gros der polnischen Armee im Osten zurückgehalten hätte, wo sie nicht eingekreist werden konnte. Aber eine Vorwärtsverteidigung auf breiter Front war zum Scheitern verurteilt, und schon Ende September war das militärische Potential Polens — zumindest für die nächste Zeit — vernichtet.

Zum ersten Mal hatte sich die relative Leistungsfähigkeit und die hohe Moral der neuen deutschen Wehrmacht erwiesen. Denn dieser Triumph (einer Armee, die innerhalb von fünf Jahren aus der Reichswehr zur Wehrmacht mit fast unglaublicher Stärke vergrößert worden war) hatte nur unter einer ausnehmend intelligenten Führung erkämpft werden können. Der Erfolg hätte sich auch nicht ohne eine kühne und weitblickende taktische und operative Doktrin erreichen lassen, und es wäre unmöglich gewesen, diesen ersten »Blitzkrieg« ohne die hochqualifizierten Offiziere und Unteroffiziere zu gewinnen, die noch in der Reichswehr ausgebildet worden waren. In Polen hatten sich die von Seeckt vertretenen Grundsätze hervorragend bewährt.

Inwieweit hat Rommel damals, wenn überhaupt, geahnt, welches Schicksal einem großen Teil der polnischen Bevölkerung bevorstand? Polen war praktisch zerschlagen — diese Tatsache war bekannt und wurde allgemein als gerecht akzeptiert. Die ehemals deutschen Gebiete wurden wieder in das Deutsche Reich eingegliedert. Die östlichen Gebiete wurden von den Sowjets annektiert, die einen großen Teil der Bevölkerung brutal ins Innere der Sowjetunion verschleppten. Außerdem kam es zu Massenexekutionen »unbelehrbarer Elemente« oder von Personen, die als unbelehrbar galten. Aus Zentralpolen wurde das »Generalgouvernement«, praktisch eine von Deutschen verwaltete Kolonie (obwohl die Deutschen im November offiziell erklärten, es würde ein »unabhängiges Polen« geschaffen werden), und hier übertrug man die Verantwortung der SS und gab ihr freie Hand.

Mit dieser Regelung hatte man schon vor Beginn des Polenfeldzuges gerechnet und alles dafür vorbereitet. Jeder der fünf deutschen Armeen, die in Polen einmarschierten, wurde eine Einsatzgruppe der SS beigegeben,[4] die stark genug war, um zu jedem Armeekorps ein Einsatzkommando abzustellen. Diese SS-Verbände waren verantwortlich für die Gegenspionage und die politische Überwachung der besetzten Gebiete und unterstanden dem Reichsführer-SS, Heinrich Himmler. Da diese Sicherheitskräfte jedoch die Armee begleiteten, mußten sie die Armeeoberbefehlshaber über ihre Tätigkeit unterrichten und sie mit ihnen abstimmen. Eine vom Chef des Reichssicherheitshauptamtes, Reinhard Heydrich, im Juli 1940 verfaßte Denkschrift zu Polen macht vieles über die damaligen Zustände deutlich. Heydrich erklärte, im allgemeinen sei die Zusammenarbeit mit der Truppe und den verschiedenen Armeeoberkommandos gut gewesen. Aber die höheren Offiziere hätten im Hinblick auf die gegen die »Staatsfeinde« zu ergreifenden Maßnahmen grundsätzlich andere Auffassungen vertreten, und das habe zu Mißhelligkeiten und

Gegenbefehlen geführt, die denen Himmlers und in der Tat auch des OKW nicht entsprachen. Es sei nicht möglich gewesen, so hieß es weiter, die Schwierigkeiten durch persönliche Erklärungen und Kontakte auszuräumen, weil die Direktiven zur Tätigkeit der Politischen Polizei besonders weitreichend gewesen seien und unter anderem die Liquidierung »zahlreicher führender polnischer Kreise, die Tausende von Personen umfassen« beträfen. Befehle dieser Art hätten gewöhnlichen Befehlsstellen und Stäben des Heeres nicht bekanntgegeben werden können, und deshalb sei der Eindruck entstanden, daß die Aktionen der Polizei und SS brutal und ohne die Genehmigung von höherer Stelle erfolgt seien, während sie in Wirklichkeit von diesen höheren Dienststellen angeordnet worden waren.

Die Wehrmachtbefehlshaber waren in der Tat angewiesen worden, sich nicht in die Aktionen der SS einzumischen, zu denen diese ermächtigt war, und es lag auf der Hand, zumindest später, daß aufgrund solcher »Vollmachten« vielfach Massenmorde verübt wurden und die SS weit über das hinausging, was man als eine energische Bekämpfung der Partisanen bezeichnen könnte. Die Operationen der polnischen Partisanen begannen schon sehr bald und dienten als Vorwand für Greueltaten, die unter dem Deckmantel der Terrorismusbekämpfung verübt wurden. Die Massenerschießungen von Juden als angeblicher Staatsfeinde erfolgten in vielen Fällen auf mündlichen Befehl an bestimmte Einsatzkommandos. Das von den Deutschen besetzte Polen wurde zum freien Betätigungsfeld der SS, und sie begann ihr grausiges Werk, sobald der deutsche Sieg sichergestellt war, wenn nicht schon vorher.

Es ist höchst unwahrscheinlich, daß Rommel, der Polen unmittelbar nach der Siegesparade in Warschau für immer verlassen hat, davon Kenntnis hatte, was geplant war. Die verabscheuungswürdigen Praktiken der SS wurden mit einer gewissen Diskretion in Szene gesetzt, und bei den militärischen Stäben wurde darüber mit Sicherheit nicht im einzelnen gesprochen; man bezeichnete sie euphemistisch als »Partisanenbekämpfung« oder »antiterroristische Operationen«. Daß die Polen recht grob behandelt werden würden, war allgemein bekannt und wurde akzeptiert. Rommel hatte selbst miterlebt, wie alle arbeitsfähigen Männer noch während des Feldzuges zusammengetrieben worden waren und unter deutscher Aufsicht hatten arbeiten müssen, hatte daran aber keinen Anstoß genommen. In seinen Augen hatten die Polen den Deutschen immer wieder Schwierigkeiten gemacht, und nun hatte die Wehrmacht die ungelöste »polnische Frage« beantwortet. Die Wehrmacht war auch nicht geneigt, die Untergrundtätigkeit der Partisanen zu dulden. Oberst i. G. Wagner, der sich mit Beck an der Vorbereitung eines Staatsstreichs gegen die Nationalsozialisten beteiligt hatte, schrieb am zweiten Tag des Krieges über den Partisanenkrieg in Polen, der bereits begonnen hatte: »Wir bringen nun drakonische Maßnahmen heraus, die ich heute selbst entworfen habe. Nichts wie Todesstrafen, kommen eben ohne das im besetzten Gebiet nicht aus.«[5] Solche drakonischen Urteile sind im Krieg nichts Ungewöhnliches und mögen sogar für eine erfolgreiche Kriegführung unvermeidlich sein, so unerträglich das auch in ruhigeren Zeiten erscheinen mag.

Aber die Härte, wie sie auch Rommel demonstriert hat und mit der in den meisten Armeen gegenüber einem geschlagenen Feind vorgegangen wird, der eben erst das Blut von Kameraden vergossen hat, ja sogar die Unbarmherzigkeit, wie sie in den Worten Wagners zum Ausdruck kommt, waren durchaus mit einer militärischen, wenn auch strengen Korrektheit vereinbar. Sie waren jedenfalls nicht unvereinbar mit der von Rommel oft gezeigten Ritterlichkeit und stellten etwas ganz anderes dar als die Massenverfolgungen und die Massenmorde, die von der SS begangen wurden. Erst später — sehr viel später — hat Rommel erfahren, was der deutsche Sieg an der Ostfront von Anfang an bedeutete. Sein alter Bekannter, Generaloberst Blaskowitz, der Oberbefehlshaber der 8. Armee im Polenfeldzug, hat ihn später einmal gefragt, weshalb er nach Rommels Ansicht nicht zum Feldmarschall befördert worden sei. Blaskowitz hat diese Frage dann selbst beantwortet:[6] Er habe sich geweigert, die Ausschreitungen der SS in Polen zu dulden. Blaskowitz hatte tatsächlich einen Bericht verfaßt, in dem er die Exzesse der SS und ihre Auswirkungen auf die Disziplin der Soldaten, die zu Zeugen der Greueltaten wurden, auf das schärfste verurteilte. Dieser Bericht wurde Hitler vorgelegt, der ihn mit einer verächtlichen Bemerkung über die Haltung in den höheren Rängen des Heeres abtat: »Mit Heilsarmeemethoden führt man keinen Krieg.«[7]

Rommel hatte nach dem Ende des Polenfeldzugs ein paar Tage Urlaub in Wiener Neustadt bekommen, kehrte aber nach Warschau zurück, um am 5. Oktober neben Hitler auf der Tribüne zu stehen, während die Soldaten zu den Klängen von »Preußens Gloria« vorbeimarschierten. Solange Rommel zur Begleitung Hitlers gehörte, nahm er mittags und abends seine Mahlzeiten am Tisch des »Führers« ein und saß manchmal auch neben ihm. Im Führerhauptquartier im Felde und in der Heimat herrschte die Atmosphäre eines Fürstenhofes, und wie es an Fürstenhöfen üblich ist, gab es unter den Höflingen viel Eifersucht. So konnte Rommel sehr bald feststellen, daß die guten persönlichen Beziehungen, die sich zwischen ihm und Hitler entwickelt hatten, in der Umgebung des Führers ein gewisses Mißtrauen ihm gegenüber auslösten.

Rommel bewunderte Hitler rückhaltlos. Er war stets dankbar für alles gewesen, was Hitler nach seiner Ansicht bisher für Deutschland getan hatte und dafür, daß ihm die Wiederherstellung der nationalen Moral so weitgehend gelungen war. Er hatte mit Staunen die scheinbare diplomatische Geschicklichkeit gesehen, mit der Hitler so viele patriotische Ziele gegen (bisher) nur geringen internationalen Widerstand erreicht hatte. Dabei hatte Rommel die Augen von den Exzessen und Verfehlungen abgewendet, die typisch seien für gewisse unerfreuliche Elemente, die sich schon immer Hitler angeschlossen hätten, aber ganz untypisch für den »Führer« selbst. Rommels Beziehungen zu Hitler waren jetzt entspannt, freundlich und angenehm. Er hatte, wie er während des Feldzugs berichtete, oft auch persönliche Gespräche mit Hitler geführt, und eines über militärische Probleme hatte sogar etwa zwei Stunden gedauert. Nach dem Polenfeldzug glaubte Rommel, bei Hitlers Wehrmachtsadjutanten, Oberst Schmundt, der diesem treu ergeben war, eine gewisse Animosität gegen sich zu entdecken. (Das ist überraschend, und dieser Verdacht bestand ohne Zweifel auch nur für kurze Zeit, denn später wurde Schmundt zu seinem vertrauten Freund, der es in weniger günstigen Zeiten übernahm, gewisse Informationen an Hitler weiterzuleiten). Doch die Beziehungen zu Hitler selbst schienen auch weiterhin ungetrübt.

Was seine eigene Zukunft betraf, war Rommel zuversichtlich. Im November wurde er 48 Jahre alt. Er hatte offenbar einen günstigen Eindruck auf den Obersten Befehlshaber gemacht. Wieder hatte er, wenn auch nur als Zuschauer und nicht als verantwortlich Beteiligter, das Geschehen auf dem Schlachtfeld miterlebt. Er hatte sehr bald erkannt, daß all seine Erfahrungen und Überlegungen, seine ganze Ausbildung und seine persönlichen Qualitäten für den Krieg von 1939 ebenso nützlich waren wie für den Krieg von 1914. Formal gehörte er noch der Kriegsschule an, sagte aber seiner Frau, er rechne nicht damit, daß er noch lange dort bleiben werde. Im Führerhauptquartier gab es jetzt nach Beendigung des Polenkriegs kaum noch etwas zu tun, aber Rommel mußte sich noch in Berlin bereithalten, um Hitler bei Beginn eines neuen Feldzugs in seinem Sonderzug »Amerika« zu begleiten.

Auf die Anfrage des Heerespersonalamtes, wie er sich seine weitere Verwendung denke, erwiderte Rommel, er hoffe, Kommandeur einer Panzerdivision zu werden. Da er Infanterieoffizier war, äußerte das Personalamt zunächst Zweifel an seiner Eignung für die Führung eines Panzerverbandes und fragte ihn, was er von der Panzerwaffe und ihrem taktischen Einsatz wisse. Aber Rommel selbst zerstreute diese Zweifel. Als Soldat wußte er, daß die Führung gepanzerter Truppen keine technischen Spezialkenntnisse erforderte (obwohl er sich solche Kenntnisse, wenn notwendig, ohne weiteres hätte aneignen können). Wichtig war einzig, daß man etwas von der Krieg-

führung verstand, von den im einzelnen vielleicht geringfügig modi-
fizierten, aber im wesentlichen unveränderlichen militärischen
Führungsgrundsätzen. Und Rommel war überzeugt, mit diesen
Grundsätzen durchaus vertraut zu sein.

Tatsächlich wurde er im Februar 1940 zum Kommandeur der
7. Panzerdivision ernannt, deren Stab zu dieser Zeit in Bad Godesberg lag und bald in das nahe gelegene Ahrtal verlegt werden sollte.
Angeblich hatte sich Hitler für ihn eingesetzt, und das ist nicht unwahrscheinlich. Rommel selbst hat es jedenfalls geglaubt.[8] Er meldete sich bei Hitler ab, der ihm ein Exemplar seines Buches »Mein
Kampf« mit einer persönlichen Widmung schenkte.

Als klargeworden war, daß die Westalliierten die Eroberung Polens
nicht hinnehmen und keinen Frieden schließen würden, bereitete
Hitler den nächsten Zug auf dem europäischen Schachbrett vor. Er
hatte sich mindestens in einer Hinsicht verrechnet. Polen war in diesem ersten »Blitzkrieg« zwar von der Wehrmacht vernichtend geschlagen worden, aber der militärische Sieg hatte nicht dazu geführt,
daß die Westmächte klein beigaben, wie Hitler es erwartet hatte. Und
gemeinsam waren die westlichen Verbündeten stärker als Deutschland. Sie verfügten über mehr Divisionen und mehr Panzer, ihren
Seestreitkräften konnte Deutschland nur eine verhältnismäßig
schwache Kriegsflotte entgegenstellen, und ihr Kolonialreich um-
spannte die ganze Welt.

Nur widerwillig sah Hitler ein, daß es notwendig sein würde, im
Westen eine Offensive zu beginnen, um die Front am Atlantik zu sichern. Das aber hielt der deutsche Generalstab für ein überaus gefährliches Abenteuer. Wie im September 1938 glaubte auch jetzt eine Gruppe von Offizieren im Oberkommando des Heeres noch,
Deutschland könne vielleicht durch einen Staatsstreich vor der Katastrophe bewahrt werden, der jedoch nur dann erfolgversprechend
wäre, wenn man Hitler an weiteren Eroberungen hinderte. Man hoffte, die offizielle Weigerung hoher Generale, eine Offensive im Westen zu beginnen, würde das ermöglichen. Zu diesen Männern, die
sich später an den Vorbereitungen des Attentats gegen Hitler und an
der Verschwörung zum Sturz der Naziregierung beteiligten, gehörten
General Hans Oster von der Abwehr, Fabian v. Schlabrendorff und
Hans v. Dohnanyi sowie all jene führenden Militärs und Zivilisten,
die sich nicht durch den vorübergehenden Siegesrausch hatten blen-
den lassen, sondern nach wie vor ein sicheres Gespür für das ver-
brecherische Wesen des Nationalsozialismus besaßen und sich nur
ihrem Gewissen verpflichtet fühlten. Doch im großen und ganzen
handelten die Berufssoldaten so, wie es Fachleute in allen Armeen
und in allen Gesellschaften tun, und als Rommel im Februar 1940

Kommandeur der 7. Panzerdivision wurde, waren die Vorbereitungen für die Offensive im Westen schon in vollem Gange.

Hitler hatte sie schon im Herbst beginnen wollen und war nur ungern dem Rat der militärischen Führung gefolgt, die dringend empfohlen hatte, das Unternehmen wegen des ungünstigen Herbstwetters zu verschieben. Für eine erfolgreiche Offensive brauchte man für die Kettenfahrzeuge außerhalb der befestigten Straßen ein gut befahrbares Gelände und keinen vom Regen durchweichten, sumpfigen Boden. Auch der Einsatz der Luftwaffe gebot günstige Witterungsbedingungen und sollte nach Möglichkeit zu einer Zeit erfolgen, in der die Tage länger waren als die Nächte. Bei dem Angriff auf Polen hatte sich bereits gezeigt, daß die Geschwindigkeit und Stoßkraft gepanzerter Verbände, die nach einem genau ausgearbeiteten Plan von Kampfflugzeugen unterstützt wurden, eine rasche Entscheidung erzwingen konnten. Mit Schrecken dachte man an die Möglichkeit einer neuen Erstarrung der Fronten, an einen Stellungskrieg wie jenen von 1914–1918, der für Deutschland unweigerlich ein zweites Mal zur Katastrophe führen mußte. Deutschland brauchte also, um erfolgreich zu sein, einen schnellen Krieg. Ein in die Länge gezogener, verlustreicher Zermürbungskrieg durfte von vornherein nicht in Erwägung gezogen werden.

Doch Hitler hegte Bedenken gegen die ihm für den »Fall Gelb« vom Generalstab vorgelegten Operationspläne. Überdies war er nach den Siegen in Polen zu der Überzeugung gelangt, daß er über hinreichendes militärisches Können verfügte, dem OKH auch in militärischen Angelegenheiten zu widersprechen. Sein »Entschluß«, im Westen eine Herbstoffensive zu beginnen — und dabei die Neutralität Hollands, Belgiens und Luxemburgs zu verletzen —, war am 9. Oktober in einer Weisung des OKW bekanntgegeben worden, das inzwischen zu einem bloßen Werkzeug in den Händen des »Führers« geworden war, der die Absicht hatte, auch in rein militärischen Angelegenheiten bis ins Detail nach seinen eigenen Vorstellungen zu handeln. Hitler war entschlossen, seinen Willen als Diktator durchzusetzen, und das sollte bald immer verhängnisvollere Auswirkungen auf das Schicksal Deutschlands, der deutschen Armee und schließlich auch auf das Schicksal Rommels haben.

Immerhin hatte Hitler — den der scharfsinnige Erich von Manstein als einen »Mann des unbezähmbaren Machtwillens« beschreibt, »der zugleich von vollendeter Bedenkenlosigkeit war und zudem über eine hohe Intelligenz verfügte«[9] — vertretbare Gründe für seine Ungeduld angesichts der ihm vorgelegten Pläne. Nicht nur, daß er der politischen Loyalität und der Kampfbereitschaft des Generalstabs mißtraute — und dieses Mißtrauen hat mit Sicherheit eine Rolle gespielt —, er war inzwischen auch überzeugt, die Heeresführung hinge veralteten Vorstellungen an, es mangele ihr an Phantasie und Originalität. Gegenüber seinem persönlichen Stab äußerte er, »das beste wäre, man räuchere den ganzen Generalstab in der Bendlerstraße aus und setze junge Leute hin«.[10] Es entsprach dieser Stimmung Hitlers, daß er im Februar 1940, also zu der Zeit, als Rommel seine Stelle als Divisionskommandeur antrat, mit lebhaftem Interesse den Bericht seines Wehrmachtadjutanten Schmundt über dessen Besuch im Hauptquartier der Heeresgruppe A in Koblenz zur Kenntnis nahm, wo Schmundt mit dem Chef des Generalstabes der Heeresgruppe, v. Manstein, über die bevorstehenden Operationen gesprochen hatte. Zwei Wochen später beorderte Hitler unter Umgehung des Dienstweges Manstein zu sich. Das Ergebnis der Besprechung mit Manstein war eine radikale Umstellung des Operationsplanes und die Ausarbeitung eines neuen Konzepts.

Der bisherige Plan war im übrigen nicht allein vom Generalstab (der für eine defensive Strategie im Westen plädiert hatte), sondern vielmehr zum großen Teil von Hitler selbst entworfen worden und stellte eine Wiederholung des Schlieffenplans dar, mit dem die deutsche Armee 1914 zur Offensive angetreten war und der eine große Umfassungsbewegung um die linke Flanke der Westalliierten durch Belgien und Holland vorsah. Aber der Generalstab hatte in der Hoffnung, das Wetter und vielleicht auch politische Faktoren könnten das ganze Vorhaben verzögern oder sogar gänzlich vereiteln, keinen verbesserten Operationsplan vorgelegt. Einige Generalstabsoffiziere glaubten sogar — oder gaben vor zu glauben —, die beste deutsche Strategie würde es sein, eine Initiative der Alliierten abzuwarten und erst dann mit einer Gegenoffensive zu reagieren, wenn sich die Westmächte einer Verletzung der belgischen Neutralität schuldig gemacht und damit auch die hohen Verluste zu verantworten hätten, die eine nach konventionellen Vorstellungen begonnene Offensive verursachen mußte. Doch diese Idee war wenig überzeugend, schon deshalb, weil man genau wußte, daß Gamelin keineswegs die Absicht hatte, den Westwall noch vor 1941 anzugreifen.

Nur widerwillig hatte sich der Generalstab daraufhin mit der weiteren Ausarbeitung des Falles »Gelb« beschäftigt. Hitler hatte den Winter mit den zornigen Gefühlen eines Mannes zugebracht, der damit rechnen mußte, daß sich sein Vorhaben unter Umständen nicht verwirklichen lassen würde, weil es seinen Generalen an der notwendigen Bereitschaft zur Mitarbeit fehlte, und der nicht der Begeisterung Gleichgesinnter sicher war, die bereit gewesen wären, alles zu tun, um seine Pläne in die Tat umzusetzen.

Doch jetzt gab es ein neues Konzept. Das Entscheidende an diesem neuen Konzept war das strategische Ziel, das sich radikal von dem des bisherigen unterschied. Das Ziel des ersten Falles »Gelb«

war es gewesen, einen möglichst großen Teil der französischen und alliierten Streitkräfte zu schlagen und gleichzeitig weite Gebiete in Holland, Belgien und Nordfrankreich als Basis für erfolgreiche Operationen der deutschen Luft- und Seestreitkräfte gegen Großbritannien und als Schutzzone für das Ruhrgebiet in die Hand zu bekommen. Das Ziel des neuen Konzepts hingegen war, die Entscheidung allein mit dem Einsatz von Bodentruppen zu erzwingen. Manstein, der dabei die volle Unterstützung seines Oberbefehlshabers v. Rundstedt hatte, kämpfte schon seit Oktober für diese fundamentale Verlagerung des strategischen Schwerpunkts. Er war der beste Stratege unter den im Zweiten Weltkrieg auf beiden Seiten führenden Generalen und betrachtete den bisherigen Plan als eine halbe Maßnahme, die den größten deutschen Aktivposten nicht nutzte: die jetzt erprobte Offensivkraft des Heeres und seine Fähigkeit, eine Entscheidung mit strategischen Konsequenzen in einem kurzen, raschen Feldzug zu erzwingen. So entschied man sich für einen neuen Plan — den »Sichelschnitt«.

Weil ein so ehrgeiziges Ziel damit erreicht werden sollte, unterschied er sich in seinen Details grundsätzlich von dem vorherigen. Denn er zielte auf nichts weniger als den totalen Sieg, und dieser ließ sich nicht durch eine Wiederholung der von Schlieffen vorgesehenen Umfassungsbewegung erreichen, sondern durch eine Verlagerung des Schwerpunkts nach Süden, so daß der stärkste Offensivstoß, geführt von Rundstedts Heeresgruppe A, auf das Zentrum des alliierten linken Flügels im Raum der Ardennen treffen würde. Man vermutete zu Recht, daß der alliierte linke Flügel unmittelbar nach Beginn einer deutschen Offensive nach Belgien vorgerückt sein würde, und der Plan sah vor, daß diese vorrückenden französischen und britischen Verbände auf die starken, aber nicht in erster Linie gepanzerten Streitkräfte der Heeresgruppe B des Generalobersten v. Bock am deutschen rechten Flügel treffen würden. Indessen würde v. Rundstedt mit der Masse der Panzerdivisionen im Drehpunkt des alliierten Vorstoßes durchgebrochen sein und nördlich der Maginotlinie sofort die innere Flanke und den Rücken des alliierten linken Flügels bedrohen und ihn in der Nähe des Ausgangspunktes des alliierten Vormarsches abschneiden. In unaufhaltsamem Vordringen nach Westen sollte ein Keil zwischen den alliierten linken Flügel, zu dem praktisch auch alle britischen Expeditionstruppen gehörten, und dem Gros der französischen Armee einschließlich der in der Maginotlinie eingesetzten Verbände getrieben und somit die alliierte Front in zwei Teile zerschlagen werden. Anschließend konnten die Hauptkräfte des französischen Heeres südlich der Somme mit überlegenen deutschen Kräften angegriffen werden.

Hitler stimmte diesem neuen Konzept zu, das in einen am 20. Februar ergangenen Operationsbefehl aufgenommen wurde. Der Erfolg dieser Operation hing zum großen Teil von den Leistungen der sieben Panzerdivisionen der Heeresgruppe A ab — Deutschland verfügte damals über insgesamt zehn Panzerdivisionen —, die den Schwerpunkt des »Sichelschnitts« bildeten. Da die Franzosen über eine größere Zahl gepanzerter Fahrzeuge als die Deutschen verfügten und die französischen Panzer technisch nicht schlechter als die deutschen waren, würde die Schlacht durch die Geschicklichkeit und Energie der Führung der Panzerdivisionen entschieden werden — und durch den Mut und das Durchhaltevermögen ihrer Soldaten. Der Vorstoß der gepanzerten Spitzen der Heeresgruppe A sollte durch ein Gelände erfolgen, das als für Panzer ungeeignet galt. Es war leicht zu verteidigen, bewaldet, und seinen äußeren Rand bildete ein breiter Fluß, die Maas. Jenseits der Maas lagen die letzten westlichen Anhöhen der Ardennen. Doch jenseits der Ardennen erstreckte sich die von den Flüssen Sambre, Aisne und Somme durchzogene Tiefebene. Und hinter ihr lag der Ärmelkanal.

Es war eine Schlacht, die, aus historischer und persönlicher Sicht betrachtet, genau den Vorstellungen Rommels entsprach.

Die 7. Panzerdivision, die Rommel am 15. Februar 1940 übernahm, bestand aus dem Panzerregiment 25 mit drei Panzerabteilungen und insgesamt 218 Panzern sowie einer Aufklärungsabteilung, die mit Panzerspähwagen ausgerüstet war; des weiteren aus zwei Schützenregimentern mit jeweils drei Bataillonen, einer Aufklärungsabteilung auf Motorrädern, einem Pionierbataillon und einem Artillerieregiment mit neun Batterien und insgesamt 36 Feldgeschützen sowie einer Panzerabwehrabteilung mit 75 Panzerabwehrgeschützen. Die Division war eine umgerüstete leichte, das heißt motorisierte Division, aus der im Winter eine Panzerdivision gebildet worden war. Rommel verfügte über verschiedene Panzertypen. Mehr als die Hälfte waren verhältnismäßig leichte tschechische Panzer. Die andere Hälfte bestand aus den hochentwickelten deutschen Panzern III und IV. Die Aufklärungsabteilung (mot.) 37 besaß die neuen dreiachsigen Panzerspähwagen mit einer 3,8cm-Kanone und war ein hervorragender Kampf- und Aufklärungsverband.

Die deutsche Panzertruppe war vor allem nach den Vorstellungen des Generals Heinz Guderian aufgestellt worden, der jetzt ein Panzerkorps in der Heeresgruppe A führte. Guderian galt als Schöpfer der Panzerwaffe. Er hatte unermüdlich ihre Vorzüge und ihre Kampfkraft gepriesen, war aber immer wieder auf den Widerstand derjenigen gestoßen, die daran zweifelten, daß gepanzerte Truppen im allgemeinen und Kampfpanzer im besonderen technisch das leisten konnten, was man von ihnen behauptete. Guderian versuchte, den Generalstab davon zu überzeugen, daß es möglich war, schnelle Verbände während einer laufenden Schlacht sicher zu führen, und daß sich Nachrichtenverbindungen entwickeln ließen, die dieser Aufgabe gerecht wurden. Da er Erfahrung im Einsatz von Nachrichtenmitteln besaß — dazu gehörten auch die ersten, noch leistungsschwachen Funkgeräte, die es bereits zu Beginn des Ersten Weltkriegs gegeben hatte —, bemühte er sich ständig darum, seine Kritiker von der Bedeutung, des Funkgeräts für die Übermittlung von Befehlen zu überzeugen, und vertrat überdies entschieden die Ansicht, daß der militärische Führer beweglicher Truppen weit nach vorn gehöre und seine Befehle »aus dem Sattel« geben müsse. Darin und in dem diesen Grundsätzen entsprechenden Glauben an die Beweglichkeit der Kriegführung war Guderian gleichen Geistes wie Rommel.

Guderian hatte 1934, als die ersten Panzerverbände neu aufgestellt wurden, als Chef des Stabes des Kommandos der Panzertruppe einen harten und oft einsamen, aber im allgemeinen erfolgreichen Kampf geführt, und nun hatte sich die Richtigkeit seiner Auffassungen in Polen bestätigt. In seinem 1937 erschienenen Buch »Achtung Panzer!« schrieb Guderian, es komme vor allem darauf an, schneller zu sein, als man es bisher für möglich gehalten hatte, in der Bewegung zu bleiben und es dem Feind durch den bloßen Angriffsschwung zu erschweren oder gar unmöglich zu machen, im hinhaltenden Widerstand Verteidigungsstellungen einzurichten. Soweit ein solches Denken in der deutschen Armee im Westen vorherrschte, hatte Erwin Rommel das Gefühl, in seine militärische Heimat zurückgekehrt zu sein.

Diese Erkenntnisse hatten sich jedoch noch keineswegs überall durchgesetzt. Der Kampf Guderians — und Rommels — um die Anerkennung ihrer Ideen war nicht leicht zu gewinnen. Noch 1944 schrieb Rommel im Rückblick: »Eine bestimmte Kaste kämpfte erbittert gegen jede durchgreifende Modernisierung der Methoden. Nach wie vor hielt man in diesen Kreisen daran fest, daß man die Infanterie für den wichtigsten Bestandteil eines Heeres halten müsse. Dies mag in Rußland für die bestehende Gliederung des deutschen Heeres zutreffen, wird aber in Zukunft, auf die man sich einzustellen hat, nicht so sein. Die Zukunft gehört dem Panzer als Mittelpunkt eines jeden taktischen Denkens.«[11]

Im Zentrum dieses Denkens stand die Idee, daß ein ausreichend starker, beweglicher und gepanzerter Verband *aller Waffen*, wenn seine logistische Unterstützung gesichert war, einen Feldzug beherrschen und entscheidende operative und schließlich auch strategische Ergebnisse erzielen konnte — vorausgesetzt, er wurde geschickt und kühn geführt. Dabei mußte oft auf den Flankenschutz der Angriffstruppen verzichtet werden, denn es machte keinen Sinn, zum Schutz der offenen Flanken unterwegs anzuhalten und umzugruppieren. Statt dessen galt es, energisch vorzustoßen und die Reaktionsfähigkeit des Feindes durch die Bedrohung seines rückwärtigen Gebiets und seiner Nachrichtenverbindungen zu lähmen. Dabei würde keine durchlaufende Frontlinie entstehen, sondern ein unübersichtliches Durcheinander aus eigenen und feindlichen Truppen — das Geheimnis lag ja gerade darin, daß man keinen Versuch unternehmen durfte, das Schlachtfeld übersichtlicher zu gestalten. Nur durch den Schwung des erfolgreichen eigenen Vorstoßes, der in enger Zusammenarbeit mit der Luftwaffe erfolgte, würde die Frontlinie am Ende den gewünschten Verlauf annehmen.

Das alles entsprach genau dem, was Rommel auf taktischer Ebene (und zu Fuß) stets praktiziert und gelehrt hatte. Nun konnte er, wenn alles gutging, seine militärischen Theorien als Kommandeur einer Panzerdivision rascher und im größeren Maßstab in die Tat umsetzen.

Man hat behauptet,[12] daß die »reinen« Ideen Guderians sich auf den Einsatz mobiler Streitkräfte konzentrierten, die den Feind durch die Bedrohung seiner rückwärts gelegenen Führungsstäbe und seiner Nachrichtenverbindungen lähmen sollten, während die (mehr der bisherigen Tradition folgenden) Bewegungen zur Einkesselung und Vernichtung der feindlichen Streitkräfte eine Verwässerung der für den Einsatz von Panzerkräften geltenden Grundsätze sei. Mit Sicherheit ist es ein wichtiges Ziel beweglicher Operationen, die Kampfkraft des Feindes zu lähmen, aber es ist falsch anzunehmen, daß sich dies nur oder am besten durch Angriffe gegen seine Befehlsstellen und Nachrichtenverbindungen erreichen läßt oder daß die Fähigkeit, solche Angriffe zu führen, das wichtigste Ergebnis der Entwicklung der Panzertruppe sei. Im Gegenteil, die feindlichen Nachrichtenverbindungen konnten bei dem großen deutschen Durchbruch im März 1918 durch das Trommelfeuer der Artillerie ausgeschaltet werden, und zur Zeit Rommels ließ sich das bereits durch den Einsatz der Luftstreitkräfte bewerkstelligen.

Das Ziel aller Operationen — und Rommel hat das auf jeder Ebene ganz klar erkannt — war die Lähmung des feindlichen *Willens*, seiner Fähigkeit, klar zu denken und angemessen zu reagieren, und zwar nicht nur oder in erster Linie durch die Zerstörung seiner Nachrichtenverbindungen und die Bedrohung seiner Befehlsstellen (obwohl auch das eine Rolle spielen kann), sondern vor allem durch die Bedrohung, die von wirksamen und raschen Bewegungen ausging und die schließlich zur Einkreisung und Vernichtung der feindlichen Streitkräfte führte. Es war diese von den Panzerkräften mit ihrer Geschwindigkeit und Stoßkraft ausgehende Bedrohung, die in

Wirklichkeit den Willen des Feindes lähmte und zum Sieg führte. Und dies stimmte mit den traditionellen Grundsätzen des Generalstabes durchaus überein. Es gab gewisse Gegensätze in den Methoden, dem Tempo und in manchen Details, nicht aber hinsichtlich der Grundvorstellungen.

Doch das waren alles nur akademische Fragen, die für Rommel zu jenem »überflüssigen theoretischen Kram« gehörten, gegen den er zeitlebens eine gewisse Abneigung hegte.[13] Sein Instinkt dagegen sagte ihm ganz klar: Wenn ein aus allen Waffen bestehender Verband, wie er ihn jetzt führte, ein Gefecht gewinnen und die feindlichen Stellungen durchbrechen konnte, ließe sich dieser Erfolg durch einen weiteren Vorstoß so ausnutzen, wie das früher nicht vorstellbar gewesen war. Dadurch würde die Operation eine Stoßkraft gewinnen, die, sofern sie von hinten genährt würde, große taktische und sogar strategische Auswirkungen haben könnte. Mit anderen Worten: Es hatten sich völlig neue Möglichkeiten für eine bewegliche Kriegführung ergeben.

Der Plan für Rundstedts Heeresgruppe A mit ihren 45 Divisionen war im Grunde ganz einfach. Die Aufgabe, den ersten Einbruch zu erzielen und diesen Anfangserfolg auszunutzen, erhielt die 12. Armee unter Generaloberst List mit zwei Panzerkorps, die unter General v. Kleist als Panzergruppe Kleist zusammengefaßt waren und den Stoßkeil der 12. Armee bildeten. Das am weitesten im Süden eingesetzte Korps der Gruppe Kleist befehligte Guderian. Nördlich der 12. Armee sollte die 4. Armee des Generalobersten v. Kluge vorgehen, angeführt von den Panzerkorps des Generals Hoth. Dieses Panzerkorps sollte mit zwei Divisionen in verschiedene Richtungen vorstoßen, rechts der 5. Panzerdivision unter General v. Hartlieb und links der 7. Panzerdivision unter Rommel. Rommel würde daher eine der beiden Panzerdivisionen befehligen, welche die rechte oder nördliche Flanke der Panzergruppe Kleist deckten, die selbst den Schwerpunkt bilden sollte. Die sieben Panzerdivisionen Rundstedts, die in einem 65 Kilometer breiten Angriffsstreifen durch die Ardennen vorgehen sollten, bildeten ohne Rücksicht auf ihre Einordnung in das Gesamtbild und das jeweilige Unterstellungsverhältnis die Speerspitze der Heeresgruppe.

Jedem Divisionskommandeur wurden die Grenzen, Angriffsziele und die Mittellinie seines Angriffsstreifens zugewiesen, wobei er die vorhandenen Straßen benutzen oder außerhalb dieser Straßen vorgehen konnte. Zudem wurde ihm mitgeteilt, in welchem Abschnitt seine Division die Maas, das erste Angriffsziel, erreichen und überschreiten sollte. Jeder wußte, daß es hier zu erheblichen Verkehrsbehinderungen kommen konnte. Das Gelände war bewaldet, und wenn es auch für Panzer nicht unpassierbar war, würden die Kolonnen gelegentlich doch die Straßen benutzen müssen, um Engstellen zu überwinden. Das konnte, wenn man dabei auf feindlichen Widerstand stieß, gefährliche Situationen heraufbeschwören. Jeder Divisionskommandeur wußte zudem, daß sich, sobald die Truppe die Ardennen hinter sich gelassen und die Maas überschritten hatte, eine völlig veränderte Lage ergeben konnte, in der sich neue Möglichkeiten boten und unvorhersehbare Gefahren drohten. Schon der ältere Moltke hatte gesagt: »Kein Plan überlebt die erste Feindberührung.« Aber der deutsche Angriffsplan war alles andere als starr. Für die erste geplante Phase hatte jeder Divisionskommandeur seine Marschrichtung, seinen Angriffsstreifen und seine Angriffsziele. Die 7. Panzerdivision sollte aus ihrem Bereitstellungsraum in der Eifel vorrücken, um die belgische Grenze an der Stelle zu überschreiten, wo Deutschland, Belgien und das Großherzogtum Luxemburg zusammenstießen, um dann die Maas unmittelbar nördlich von Dinant zu überschreiten. In der Luftlinie betrug die Entfernung von der deutschen Grenze bis zur Maas etwa 115 Kilometer. Anschließend sollten das Panzerkorps Hoth und die 4. Armee in westlicher Richtung tief in Feindesland vorstoßen. Das war alles, was Rommel in dieser Phase wissen mußte.

In den Monaten März und April vor Beginn dieses bemerkenswerten Abenteuers hatte sich Rommel damit beschäftigt, seine Division näher kennenzulernen, über ihre Verwendungsmöglichkeiten nachzudenken und ihr seinen persönlichen Stempel aufzudrücken. Rommel erwies sich dabei als ein einfallsreicher, kritischer, sachlicher und überaus energischer Offizier, der unduldsam gegenüber jeder Nachlässigkeit und mangelnder Zielstrebigkeit war. Er legte größten Wert auf körperliche Leistungsfähigkeit, stand selbst morgens in aller Frühe auf, um den Tag mit einem Dauerlauf zu beginnen, und duldete auch bei seinen Untergebenen keine Schwäche oder Trägheit. Nie hat er es ertragen können, wenn andere den Anforderungen nicht entsprachen, die er an sich selbst stellte, ganz gleich, welchen Dienstgrad sie hatten. Als Divisionskommandeur wurde er in dieser Beziehung noch unnachgiebiger. So löste er schon drei Wochen nach Übernahme der Division einen seiner Bataillonskommandeure ab und stellte befriedigt fest, daß diese Ablösung seinen Offizieren einen heilsamen Schock versetzt hatte.

Was seine politische Einstellung betraf, so nahmen seine Bewunderung und seine Sympathien für Hitler mit jedem neuen militärischen Erfolg zu. Zu Beginn des Norwegenfeldzuges, als es den deutschen Streitkräften gelungen war, Teile des Landes zu besetzen (und nach Dänemark einzumarschieren, ohne auf Widerstand zu stoßen) und die britischen Interventionstruppen wieder zur norwegischen Küste zurückzudrängen, schrieb Rommel enthusiastisch über die geniale militärische und politische Führung Hitlers. Er wußte sehr genau, daß viele Offiziere nicht gerade begeisterte Anhänger Hitlers waren, teilte deren Skepsis jedoch nicht.

Alle Zweifel an der fachlichen Eignung eines aus der Infanterie stammenden Kommandeurs, die in der 7. Panzerdivision bestanden haben mochten, erwiesen sich schon sehr bald als völlig unbegründet. Vor ihrer Verwendung an der Front durchlief die Division, soweit es die äußeren Umstände und die geltenden Sicherheitsvorschriften zuließen, noch ein letztes intensives Ausbildungsprogramm. Dazu gehörten das tägliche Übungsschießen, der Einsatz der Fahrzeuge im Straßenverkehr, das Zusammenwirken aller Waffen im Gefecht und die gründliche Ausbildung in der Herstellung und im Gebrauch der Nachrichtenverbindungen. Rommel legte großen Wert darauf, daß dabei die Erfordernisse seines persönlichen Führungsstils im bevorstehenden Feldzug berücksichtigt wurden. Wie für alle damaligen deutschen Befehlshaber beweglicher Verbände galt auch für Rommel der Grundsatz, daß sie von vorne geführt werden mußten (und das war seit jeher seine Überzeugung gewesen). Möglichkeiten für ein erfolgreiches Eingreifen in das Kampfgeschehen bieten sich im Bewegungskrieg oft nur für kurze Zeit, und um sie zu nutzen, muß man sie erkennen und richtig beurteilen, wozu nur derjenige imstande ist, der sich im Brennpunkt des Geschehens befindet.

Das aber erfordert eine bestimmte Führungstechnik. Rommels Technik — die er zwar stets den jeweiligen Gegebenheiten anpaßte, da er nicht nur eine Division, sondern schließlich auch eine Panzerarmee führte — blieb grundsätzlich die gleiche. Er brachte einen großen Teil seiner Zeit in einem eigens dafür ausgerüsteten Panzer oder gepanzerten Fahrzeug zu, mit dem er jeden Punkt auf dem Schlachtfeld erreichen und sich mit seinen Truppenkommandeuren und seinem Stabsquartier in Verbindung setzen konnte. Von hier aus sprach er regelmäßig mit dem Ia der Division oder später dem Chef des Generalstabes des Armeekorps oder der Armee im Stabs- (oder später Haupt-)quartier. Oft benutzte er auch ein leichtes Aufklärungsflugzeug, um sich aus der Luft einen besseren Überblick zu verschaffen oder Zeit zu sparen. Er war überzeugt davon, daß sein Stab die jeweilige Lage richtig beurteilen konnte, um gegebenenfalls auch ohne ihn die notwendigen Entscheidungen zu treffen, wenn er selbst irgendwo weit vorn an der Front gerade nicht erreichbar war. Wenn sein Stab — und das ist mehr als einmal geschehen — einen Gegenbefehl gab oder eine Operation anordnete, weil sich die Lage von dort aus besser überblicken ließ, dann erklärte Rommel sich, nachdem er über die Gesamtlage unterrichtet worden war, mit dieser Entscheidung einverstanden. Er brauchte und verfügte im allgemeinen auch über einen Stab, der intelligent genug war, die erforderliche

Urteilsfähigkeit besaß und den moralischen Mut hatte, eigenständig zu handeln und anschließend die Verantwortung dafür zu übernehmen. Das entsprach ganz der Tradition des deutschen Generalstabes, und Rommel, der selbst kein Generalstabsoffizier war, bewunderte diese Tradition und folgte ihr. Gleichwohl fand er nicht selten geringschätzige und kritische Worte für den »Großen Generalstab«, den Generalstab des Heeres in Berlin, den er für oft praxisfern, ängstlich und übertrieben akademisch hielt und in dem die Artilleristen zu viel zu sagen hätten, die keine Vorstellung davon besäßen, wie es »an der Speerspitze« aussah. Aber den »Truppengeneralstab«, die Generalstabsoffiziere in den Stäben der Feldtruppenteile wie seiner eigenen Division, wußte er durchaus zu schätzen, vorausgesetzt, er konnte sich auf ihren Gehorsam und ihre Sachkenntnis verlassen.

Kaum ein Problem entging seiner Aufmerksamkeit. Er hielt Besprechungen für alle Offiziere ab, an denen sich auch die Dienstjüngsten beteiligen mußten. Wenn es die Umstände erforderten, führte er neue Methoden des Vorgehens im Gelände ein, zum Beispiel den »Flächenmarsch«, bei dem die ganze Division in einem großen Viereck weit auseinandergezogen querfeldein vorrückte. Er gab sehr deutlich zu verstehen, daß er von seinen Untergebenen verlangte, wenn notwendig selbst die Initiative zu ergreifen und nicht auf detaillierte Befehle zu warten, sondern selbständig im Sinne des Gesamtplans zu handeln. Das war der deutsche Führungsstil, und das mußte er auch bleiben. Wenn Rommel mit seinem außergewöhnlichen Kampfinstinkt glaubte, in die taktische Führung eines ihm unterstellten Truppenteiles eingreifen zu müssen, dann tat er es. Aber wenn ein Untergebener selbst einen Entschluß gefaßt hatte, sollte er nicht auf Rommels Zustimmung warten müssen.

Vor allem bemühte sich Rommel darum, das zu lehren, was er selbst vor fünfundzwanzig Jahren gelernt hatte: Eröffne in einem Begegnungsgefecht sofort das Feuer mit allen verfügbaren Waffen, gleichgültig, ob der Einsatz dieser Waffen theoretisch gerechtfertigt ist. Eröffne das Feuer, decke den Gegner damit zu und handle schnell und schlagartig, um ihn zu verwirren. Beim Vorgehen gegen den Feind beachte nicht eine mögliche Bedrohung der Flanken oder des Rückens. Marschiere schnell und stoße bis tief in das vom Feind besetzte Gelände vor, um den Gegner aus dem Gleichgewicht zu bringen. Lasse dich nicht durch konventionelle Vorstellungen daran hindern, die Aufmerksamkeit eines Gegners abzulenken. Schieße seine Gebäude in Brand, um Rauch zu erzeugen, wenn du diesen Rauch brauchst. Wenn es dir gelingt, täusche den Gegner, überrasche ihn und zwinge ihn damit, den Widerstand aufzugeben. Fürchte nie das Originelle oder Unorthodoxe. Entwickle deinen eigenen Stil und führe von vorne.

9.

»Bis zum letzten Atemzug
von Mensch und Tier«

Für General Erwin Rommel, den Meister des Bewegungskrieges, begann der Zweite Weltkrieg am 10. Mai 1940. Bei der Wehrmacht galten so strenge Geheimhaltungsbestimmungen, daß die meisten Offiziere ihre Marschbefehle erst um die Mittagszeit des 9. Mai erhielten. Doch vorher waren schon so viele Kriegsspiele und Sandkastenübungen abgehalten worden, daß während des Feldzuges wenigstens ein Führungsstab die dabei erlassenen Einsatzbefehle bei den Kampfhandlungen der ersten Phasen mit veränderten Daten benutzen konnte. Der Führungsstil Rommels in den folgenden fünf Tagen blieb während seiner ganzen militärischen Laufbahn charakteristisch für ihn. Wer ihn kannte, hatte auch kaum etwas anderes erwartet.

Die Mittellinie des Angriffsstreifens der von Rommel geführten 7. Panzerdivision verlief von deren Bereitstellungsraum in der Eifel über die belgische Grenze durch St. Vith und Vielsalm, überquerte die Ourthe bei Hotton und führte von dort aus über Marche und Ciney zur Maas bei Dinant. Bei ihrem Vormarsch mußte die Division ein bewaldetes gebirgiges Gelände mit zahlreichen engen Schluchten durchqueren. Man hatte damit gerechnet, daß die Belgier Sprengungen vorbereitet haben würden, um die Kolonnen an diesen Engstellen aufzuhalten, und befürchtete Verkehrsstockungen, wodurch die deutschen Divisionen, die mit mehreren tausend Fahrzeugen zum großen Teil an die Straßen gebunden waren, vielerorts feindlichen Luftangriffen ausgesetzt sein würden.

Doch die Feldgendarmerie, die den Verkehr regelte, zeigte sich ihrer Aufgabe glänzend gewachsen. Sie erkundete und kennzeichnete rasch und einfallsreich die notwendigen Umleitungen. Viele Straßensperren konnten im Gelände oder über Nebenstraßen umgangen werden, wobei es der Truppe immer schnell gelang, Hindernisse zu beseitigen. Nur wenige Sperren lagen unter feindlichem Feuer, und Rommel berichtete, die Division sei nur selten längere Zeit aufgehalten worden. Aber eine ganze Panzerdivision um ein aufgerissenes Straßenareal oder eine gesprengte Brücke herumzudirigieren, geeignete Umleitungen zu finden, auf denen die schweren Fahrzeuge nicht versanken, und diese Umleitungen deutlich zu markieren, das war — und ist noch immer — eine schwierige Aufgabe, und die dafür eingesetzten Kräfte im Panzerkorps Hoth haben sie hervorragend bewältigt. Hier und da kam es natürlich zu den unvermeidlichen Stockungen und Aufenthalten, aber insgesamt verlief der Vormarsch erstaunlich reibungslos.

Und auch die Luftwaffe bewährte sich glänzend. Die Heeresgruppe A wurde von zwei Fliegerkorps mit etwa 1 500 Flugzeugen unterstützt, deren Piloten in den meisten Fällen erst in den frühen Morgenstunden des 10. Mai alarmiert worden waren, um innerhalb von fünfzehn Minuten eingewiesen zu werden. Ihre Unterstützung der Bodentruppen, wenn diese bei ihrem Vormarsch auf feindlichen Widerstand stießen, wurde zur Legende. In den ersten beiden Tagen war es die wichtigste Aufgabe, einen so dichten Schutzschirm über den vorrückenden Divisionen zu bilden, daß die alliierten Flieger sie auf dem Wege zur Maas nicht angreifen konnten. Das gelang nahezu vollständig: Die französischen und britischen Luftstreitkräfte unternahmen keinen ernsthaften Versuch, den deutschen Vormarsch zu behindern. Das alliierte Oberkommando konzentrierte seine Aufmerksamkeit auf den Norden, auf Holland und die Mitte der belgisch-deutschen Grenze, wo es damit rechnete, daß ein starker rechter Flügel der Deutschen wie 1914 schon bald gegen die französischen und britischen Armeen vorstoßen werde. Diese Armeen waren, wie Manstein vorhergesagt hatte, ungehindert bis zu einer Linie östlich von Brüssel vorgerückt, wo ihnen die Heeresgruppe B des Generalobersten v. Bock den Weg verlegen sollte. Die alliierten Luftstreitkräfte, die ohnedies nicht sehr viel ausrichten konnten, wurden daher in erster Linie am Nordflügel und nicht über den Ardennen eingesetzt.

Dennoch blieb Rommels Division während der ersten Stunden geringfügig hinter dem Zeitplan zurück. Zwar war es einem hinter der alliierten Front unbemerkt abgesetzten Sonderverband gelungen, in St. Vith drei von vier Brücken zu besetzen, aber die belgischen Chasseurs Ardennais, die nur den feindlichen Vormarsch verzögern sollten, kämpften tapfer und konnten die Deutschen zunächst auch wirklich eine Zeitlang aufhalten. Doch gegen Mittag des zweiten Tages hatte die 7. Panzerdivision die Ourthe bei Hotton überschritten, nachdem sie 65 Kilometer zurückgelegt hatte. Nach weiteren vierundzwanzig Stunden und weiteren 93 Kilometern hatte Rommel Ciney und Leignon hinter sich gelassen. Nun war er seinen rechten Nachbarn, der 5. Panzerdivision, schon weit voraus. Der Kommandierende General des Panzerkorps, General Hoth, erkannte, daß er mit Rommel über einen Divisionskommandeur verfügte, der mit seinem Angriffselan das ganze Korps mitreißen konnte und deshalb Verstärkung brauchte. So unterstellte er ihm zusätzlich das Panzerregiment 31 von der Nachbardivision.

Rommel verfügte mit den 218 Panzern seines Panzerregiments 25 bereits über so viele Fahrzeuge, wie sie die Straßen und Wege in seinem Angriffsstreifen aufnehmen konnten. Doch mit dieser Verstärkung erweiterte sich auch sein Verantwortungsbereich, denn das Panzerregiment 31 unter Oberst Werner war dem Rest der nördlich von Rommel vorgehenden 5. Panzerdivision bereits weit voraus. Damit hatte er einen weiteren Angriffsstreifen übernommen, in dem ein Panzerregiment neben ihm nach Westen vorstieß. Seine Aufgabe war es jetzt, das Tal der Maas zu erreichen, den Fluß zu überschreiten, einen Brückenkopf zu bilden, eine Brücke zu bauen (es mußte damit gerechnet werden, daß der Feind die vorhandenen Brücken gesprengt hatte) und dann mit den gepanzerten Fahrzeugen und dem schweren Gerät überzusetzen. Wie jeder Truppenführer in einer solchen Lage hatte Rommel gehofft, eine intakte Brücke zu erreichen, aber als die deutsche Spitze, Werners Spähwagen und das Kradschützenbataillon der 7. Panzerdivision, das Maastal am Sonntagnachmittag, dem 12. Mai, erreichten, stellten sie fest, daß die Brücken gesprengt waren. Sie hatten an diesem Tag weitere 104 Kilometer zurückgelegt. In der Abenddämmerung waren das Ostufer und ein großer Teil von Dinant in Rommels Hand.

Nun unternahm Rommels Kradschützenbataillon einen kühnen Vorstoß. Nördlich von Dinant, auf halbem Weg nach Yvoir, wo Werners Panzerspähwagen das Tal erreicht hatten, liegt in der Mitte des Flusses gegenüber dem am Ostufer gelegenen Dorf Houx eine kleine Insel. Von diesem Ufer zur Insel führte ein altes Wehr, über das man die Insel zu Fuß erreichen konnte. Ohne zu wissen, ob die Insel vom Feind besetzt war, überquerten nun einige Männer, die von ihren Motorrädern gestiegen waren, vorsichtig das Wehr. Die Insel war feindfrei, und an ihrem anderen Ufer fanden die Deutschen ein Schleusentor, über das sie das Westufer des Flusses erreichen konnten. So hatten die ersten Männer der 7. Panzerdivision die Maas überschritten, und schon bald wurden sie von einigen Kompanien des Panzergrenadierregiments 7 der Division Rommels verstärkt.

Diese Kompanien wurden nun jedoch aus belgischen Stellungen am Flußufer mit Maschinengewehren und Artillerie beschossen. Die meisten Franzosen — rein zufällig hatte Rommel den Fluß an der Trennungslinie zwischen den Belgiern und einem französischen Korps überschritten — hatten Stellungen bezogen, die auf höherem Gelände hinter dem Flußufer lagen. Die Deutschen hatten erhebliche Verluste, und bald war es nicht mehr möglich, Verstärkungen heranzuführen oder die Verwundeten über den Fluß zurückzubringen. Am frühen Montagmorgen des 13. Mai war die Lage gespannt. Daraufhin nahm Rommel die Sache persönlich in die Hand und bestimmte den weiteren Verlauf des Gefechts.

Seine Divisionsartillerie hatte schon Stellungen bezogen, aus denen sie das ganze Maastal und auch die Höhen jenseits des Flusses beschießen konnte, und die Artilleriebeobachter befanden sich bei der Angriffsspitze an der Stelle, wo sie den Fluß überquert hatte. Dinant und das Flußtal lagen unter französischem Artilleriefeuer. Französische Panzerabwehrgeschütze hatten vom Westufer aus einige deutsche Panzer, die sich dem Fluß näherten, abgeschossen. Versuche, den Fluß in Schlauchbooten zu überqueren, waren fehlgeschlagen, und die Belgier und Franzosen bestrichen den ganzen Verlauf der Maas mit Flankenfeuer aus gut getarnten Stellungen am Westufer. Die Deutschen, die dieses Ufer erreicht hatten, mußten weitere Verluste hinnehmen, und im ersten fahlen Licht dieses Maimorgens richtete sich das gezielte feindliche Artilleriefeuer auf jede erkennbare Bewegung der Deutschen am Ostufer und auf den zum Fluß führenden Straßen.

Nun ließ Rommel einige Häuser im Maastal in Brand schießen, um dem Feind durch die dabei entstehenden Rauchschwaden die Sicht zu nehmen. Dann fuhr er weiter nach Süden. Aber der Südteil von Dinant lag unter so schwerem feindlichem Feuer, daß es aussichtslos schien, den Fluß hier zu überqueren.

Wieder beim Divisionsgefechtsstand, traf Rommel den Armeeoberbefehlshaber v. Kluge und den Kommandierenden General Hoth. Nachdem er ihnen die Lage geschildert hatte, fuhr er zurück an das Maasufer nördlich von Dinant. Ein paar hundert Meter vor dem Ostufer ließ er sein Fahrzeug stehen und lief zu Fuß nach vorn, um ein zweites, bei Leffe gelegenes Wehr zu erreichen. Das ganze Flußtal lag unter feindlichem Feuer.

Rommel hatte einigen Panzern seines Panzerregiments und zwei Geschützen befohlen, an diesem Wehr auf ihn zu warten. Einer der beiden Panzerkommandanten berichtete später: »Ich sehe nach links und bemerke General Rommel und seinen Adjutanten, Major Schraepler. Ich lasse meinen Panzer sofort halten, der General steigt in den Turm und klemmt sich links von mir hinein, Major Schraepler hinter mir, und nun geht die Fahrt durch das Artillerie- und Maschinengewehrfeuer weiter in Richtung Dinant.

Nach etwa fünfhundert Metern Fahrt bemerke ich drei Franzosen im rechten Straßengraben. Mein Panzer hält, und die Franzosen erheben auf dem Rücken liegend ihre Hände. Da die Franzosen so lange gezögert hatten, sich zu ergeben, ziehe ich meine Pistole, um sie zu erschießen, denn wir müssen unsere Haut retten, da wir halb aus dem Turm herausschauen und ein schönes Ziel boten. Wir beschlossen aber, es nicht zu tun, und mein Panzer rollte weiter.«[1]

In Dinant befahl Rommel den Panzern, die bis hierher gekommen waren, in einer Reihe auf der neben der Maas verlaufenden Straße mit nach links geschwenkten Türmen nach Norden zu fahren und dabei die feindlichen Stellungen auf dem Westufer zu beschießen. Am nördlichen Übergangspunkt angekommen, »übernahm ich«, wie er selbst schreibt, »das Kommando über das II. Bataillon des Schützenregiments 7«. Gedeckt von den Panzern, die nun das ganze westliche Ufer unter Beschuß nahmen, begann auch hier der Übergang über die Maas. Rommel selbst ließ sich in einem der ersten Schlauchboote übersetzen.

Am Westufer angekommen, stellte Rommel fest, daß die Stellungen hier günstiger waren, als er es vom Ostufer aus hatte erkennen können. Die Schützenkompanien hatten sich eingegraben und erweiterten, wo dies möglich war, den noch engen Brückenkopf. Sie hatten aber noch keine Panzerabwehrwaffen mitbringen können, und als jetzt feindliche Panzer die Stellung angriffen, leitete Rommel selbst die Gegenwehr, indem er den Gegner mit Gewehren und Maschinengewehren beschießen ließ. Obwohl die Infanteriegeschosse gegen die Panzerung unwirksam bleiben mußten, hoffte er doch, den Gegner auf diese Weise zu verwirren und zum Halten zu bringen. Diese für Rommel so typische Reaktion war erfolgreich. Sein persönliches Eingreifen beruhigte die Männer im Brückenkopf, und seine energischen Abwehrmaßnahmen gegen den — allerdings nur zögernd vorgetragenen — französischen Gegenangriff flößten ihnen Vertrauen ein. Indessen stieß das Kradschützenbataillon von der Übergangsstelle am Wehr bei Houx vom Flußtal in Richtung auf Grange weiter vor. Die feindlichen Verteidigungsstellungen dort lagen zwar schon unter deutschem Feuer, waren aber noch intakt und wahrscheinlich gut ausgebaut.

Rommel ließ sich nun wieder zum Ostufer übersetzen und fuhr weiter nach Norden zum Angriffsstreifen des dort eingesetzten Schützenregiments 6. Hier waren nicht nur die Schützenkompanien, sondern auch die Panzerabwehrgeschütze auf das Westufer übergesetzt, und man hatte bereits angefangen, eine Brücke zu bauen. Rommel — er sprang selbst ins Wasser, um mit Hand anzulegen — befahl dem Führer der Pionierkompanie, eine stärkere Brücke zu bauen als vorgesehen. Sie müsse eine Tragkraft von sechzehn Tonnen haben. Das war notwendig, um die Panzer über den Fluß zu bringen, die dort dringend gebraucht wurden. In seinem späteren Bericht erwähnt Rommel mit keinem Wort, daß man von vornherein den Bau einer stärkeren Brücke hätte vorsehen müssen. Er räumt zwar hin und wieder persönliche Unzulänglichkeiten ein, aber selten im Übermaß.

Rommel hatte nun auch seinen Funkwagen auf das Westufer bringen lassen, den Feldwebel Hansel (er wurde später zum Offizier befördert) steuerte.[2] Inzwischen lagen die Flußübergänge und die Zufahrtswege unter schwerem französischem Artilleriefeuer, und das Kradschützenbataillon bei Grange mußte einen mit starken Kräften vorgetragenen französischen Gegenangriff abwehren. Wieder überquerte Rommel den Fluß, um das Übersetzen der Panzer während der Nacht vorzubereiten. Es wurde schon dunkel, und Rommel schien überall gleichzeitig gewesen zu sein — »wie ein Wirbelwind«, erinnerte sich einer seiner Untergebenen, und die Männer fragten sich: »Ist Rommel immun?«[3]

Etwa fünf Kilometer westlich von Dinant an der Mittellinie von Rommels Angriffsstreifen lag das Dorf Onhaye, und unmittelbar nördlich davon zog sich von Osten nach Westen ein langes Waldgebiet hin. Wenige Wochen zuvor hatte Rommel in Bad Godesberg mit seinen Kommandeuren ein Kriegsspiel auf der Karte durchgeführt, bei dem Onhaye eine Rolle gespielt hatte. Dabei hatte man sich darauf geeinigt, daß dieser Ort unmittelbar nach dem Überschreiten der Maas genommen werden müsse, um das Tor für den nächsten entscheidenden Vorstoß zu öffnen, und daß er am besten eingenommen werden könnte, wenn man ihn an der Nordseite entlang des Waldrandes umging und anschließend dem Gegner den Rückzug an der Straße westlich des Ortes abschnitt.

Am Dienstag, dem 14. Mai um 9 Uhr morgens, erfuhr Rommel, daß das Schützenregiment 7 (Oberst v. Bismarck) trotz hoher Verluste im Maastal und der immer noch unsicheren Verbindung über den Fluß jetzt schon dicht vor Onhaye stand und den Ort, wie vorgesehen, mit einer Kompanie im Norden umgehen wollte. Rommel, der sich jetzt wieder auf dem Westufer befand, hatte inzwischen etwa dreißig Panzer über den Fluß übersetzen lassen. Er beschloß, das Panzerregiment 25 (Oberst Rothenburg), sobald es eingetroffen war, zum Wald nördlich von Onhaye zu führen, von wo aus es in jede Richtung eingesetzt werden konnte — entweder zur Abwehr eines französischen Gegenangriffs gegen das Flußtal, zur Säuberung der Ortschaft von feindlichen Kräften, oder um westlich von Onhaye entlang der Mittellinie des Angriffsstreifens von Rommel weiter vorzustoßen. Außerdem befahl er Rothenburg, fünf Panzer an Bismarck abzustellen, die die Kompanie des Schützenregiments unterstützen sollten, die Onhaye im Norden umging. Rommel rückte mit den übrigen Panzern weiter vor, beobachtete die Schützen und die ihnen zugeteilten fünf Panzer an seiner linken Front und fuhr weiter zum Südwestteil des Waldes hinter Onhaye, wo sich alle Panzer sammeln sollten, die inzwischen das Westufer der Maas erreicht hatten.

Dort angekommen, wurde Rommels Panzer zweimal getroffen. Französische Artillerie und Panzerabwehrgeschütze hatten aus einem anderen Waldstück westlich von Onhaye das Feuer eröffnet, und Rommels Panzer glitt einen steilen Hang hinunter und neigte sich so weit zur Seite, daß sich der Turm nicht mehr drehen ließ. Rommel war im Gesicht von einem Granatsplitter getroffen worden, sprang blutend aus dem Panzer, rief die Besatzung zu sich und kletterte mit ihr in den Wald hinauf. Dort war jetzt auch sein Funkwagen angekommen und, von einer Granate getroffen, liegengeblieben. Rommel befahl den Panzern, nach Osten durch den Wald in Deckung zu fahren.

Das war jedoch nur ein vorübergehender Rückschlag, und noch am Abend des 14. Mai gelang es den Panzern Rothenburgs, die Franzosen aus der Umgebung von Onhaye zu vertreiben. Die Brücke war fertiggestellt, und die 7. Panzerdivision hatte ihren Brückenkopf westlich der Maas gesichert. Sie war auch nicht mehr allein (obwohl die Spitze der Division es sich zur Ehre anrechnen durfte, als erste den Fluß überschritten zu haben), denn jetzt, am Abend, befanden sich bis weit nach Süden alle drei Divisionen von Guderians Korps (Panzergruppe Kleist) westlich des Flusses im Raum von Sedan. Rundstedts Schwerpunktbildung war im Gange.

Am Abend gab Rommel seine Befehle für den folgenden Tag. Die Division sollte mit Rothenburgs Panzerregiment 25 an der Spitze weiter nach Westen fahren und dabei nach Möglichkeit alle Ortschaften umgehen, dann die Eisenbahnlinie östlich von Philippeville überqueren (die, was das OKW nicht wußte, vom französischen Armeeoberbefehlshaber als Rückfallinie für seine Truppen nach dem Zurückweichen aus dem Maastal festgelegt worden war) und das Gelände um das Dorf Cerfontaine 40 Kilometer westlich der Maas besetzen. Ohne sich aufhalten zu lassen, sollten die deutschen Panzer unterwegs alle feindlichen Stellungen, Panzer und Kolonnen unter Feuer nehmen, aber unter allen Umständen in Bewegung bleiben. Die Flanken sollten, falls notwendig, durch das Feuer der Artillerie oder der Panzerkanonen auf vermutete feindliche Stellungen gedeckt werden, ohne den Vormarsch zu verzögern oder diese Stellungen im einzelnen zu erkunden. Rommel wollte mit dem Panzerregiment vorgehen, und zwischen dem Versammlungsraum bei Onhaye und dem ersten Angriffsziel bei Cerfontaine durfte es keine Zwischenaufenthalte oder Pausen geben.

Rommel selbst schrieb, das Geheimnis des Erfolgs beim Übergang über die Maas seien »die straffe Gefechtsführung« und die Tatsache gewesen, daß der Divisionskommandeur den vorn eingesetzten Regimentskommandeuren seine Befehle persönlich habe geben können, denn die Verwendung von Funkgeräten und die Verschlüsselung der Funksprüche hätte unter Umständen verhängnisvolle Verzögerungen zur Folge gehabt. So führte Rommel die Speerspitze persönlich und mit mündlichen Befehlen. Durch seinen Einsatz hatte er schließlich den Übergang über die Maas erzwungen, obwohl seine Truppen zweifellos durch die Verluste und das schwere feindliche Feuer geschwächt waren. Auch den Brückenbau hatte er durch sein Eingreifen vorangetrieben, wenngleich es hier auf mangelnde Sorgfalt der Vorbereitungen zurückzuführen war, daß Rommel überhaupt gezwungen wurde, wiederholt persönlich einzugreifen. Am Westufer hatte er noch einmal die Rolle des Kompanieführers übernommen und seinen Männern gezeigt, wie man einen französischen Panzerangriff abwehren kann, ohne über Panzerabwehrwaffen zu verfügen. Nachdem er verwundet worden war, hatte er die am weitesten vorn eingesetzten Teile des Panzerregiments 25 in den befohlenen Versammlungsraum geführt, aus dem der nächste Vorstoß erfolgen sollte, als erst etwa ein Sechstel der Panzer die Maas überschritten hatte. Und er hatte sie wieder zurück in die Deckung gebracht, als die Lage angesichts eines — wenn auch nur kurzen — französischen Angriffs bedrohlich wurde.

Vielleicht war es richtig, daß Rommel für diese beachtliche Leistung an der vordersten Front am 13. Mai mit der Spange zum Eisernen Kreuz II. Klasse und für seine Leistungen am 15. Mai mit der Spange zum Eisernen Kreuz I. Klasse ausgezeichnet wurde. Allerdings hatte er in der Hauptsache Aufgaben von Untergebenen übernommen, denn die Pflicht des Divisionskommandeurs war es eigentlich, mit Karte und Funkgerät, nicht aber mitten im Gewehr- und Geschützfeuer die Schlacht zu leiten. Man könnte sagen, daß sein Auftreten nichts anderes war als wiederholte Einmischung und ein ständiges Hineinregieren. Und man könnte fragen, ob nicht auch der jeweils verantwortliche Leutnant, Hauptmann oder Oberst das gleiche hätte tun können, wenn er energisch und einfallsreich genug gewesen wäre. Denn es gab in der Wehrmacht keinen Mangel an Offizieren mit diesen Eigenschaften.

Das hätte man sagen, und solche Fragen hätte man stellen können. Rommel hätte geantwortet, wie er es auf den verschiedensten Kommandoebenen und aus den Erfahrungen vieler Feldzüge und zweier Kriege heraus oft getan hat: Der Verlauf der Offensivschlacht wird durch die Entscheidungen des Befehlshabers bestimmt, und es gibt nur einen Ort, an dem diese Entscheidungen getroffen werden können — dort, wo man auf den Gegner trifft. Niemand ist sich so deutlich wie er der Tatsache bewußt gewesen, daß es auf dem Schlachtfeld in erster Linie darauf ankommt, eine günstige Gelegenheit wahrzunehmen, und niemand hat deutlicher erkannt, welche Rolle dabei der richtige Zeitpunkt spielt, an dem eine solche Gelegenheit ergriffen wird. Rommel hatte das Gespür dafür, wann und wo sich diese Gelegenheit ergeben würde und wo sein persönliches Eingreifen die Entscheidung bringen mußte. Hier handelte es sich oft nur um Minuten, in denen die Chance genutzt oder vertan wurde.

Im Gefecht kann unter Umständen eine Handvoll sehr junger Truppenführer oder Soldaten durch ihr Eingreifen die Entscheidung herbeiführen. Ihre Initiativen oder ihre Schwächen werden später häufig nur mit Pfeilen und Linien auf den Generalstabskarten dokumentiert, aber oft sind gerade diese spontanen persönlichen Entschlüsse entscheidend für den Verlauf einer Schlacht. In seinen Verbänden stand Rommel selbst — militärisch knapp, dynamisch und brüllend wie ein Feldwebel (er hatte sich am Ende regelrecht heiser geschrien) — sehr oft an der Seite seiner Untergebenen. Daß er dabei gelegentlich Fehler gemacht hat, ist gewiß, aber daß der taktische Sieg manchmal der Stimme und den Gesten dieses Mannes zu verdanken war, läßt sich nicht bestreiten.

Am 15. Mai beschleunigte sich das Tempo des Vormarsches von Rommels Division. An diesem Tag hatte die Panzergruppe Kleist, nachdem die französischen Truppen weiter südlich einen allgemeinen Rückzugsbefehl erhalten hatten, die letzten Verteidigungsstellungen in den Ardennen und an der Maas durchbrochen und war weiter nach Westen vorgestoßen. Die Frontbreite des Angriffsstreifens der Heeresgruppe A betrug jetzt 96 Kilometer. Am gleichen Tag erzielte ein deutscher Angriff weiter nördlich einen Einbruch in die Front der 1. Französischen Armee am rechten Flügel der britischen Expeditionsstreitkräfte unter General Viscount Gort, die wie vorgesehen nach Belgien einmarschiert waren und nun an der Dyle westlich von Brüssel standen. Ebenfalls am gleichen Tag erging der erste britische Rückzugsbefehl in Übereinstimmung mit dem französischen Rückzug im Süden, nachdem die völlig überraschten Alliierten sich hatten eingestehen müssen, daß ihre Front aufgerissen worden war. Den Deutschen oder zumindest den meisten von ihnen war das Ausmaß ihres Erfolges noch nicht ganz klar. Vor der Front Rommels lag immer noch die angeblich uneinnehmbare Maginotlinie. Rommels Division befand sich in Belgien, und jenseits der belgisch-französischen Grenze lag eine dünne Verlängerung der eigentlichen Maginotlinie, ein flacher Gürtel aus Betonbunkern und Panzerhindernissen. Die Deutschen hielten diese Verteidigungsstellungen zunächst für sehr viel stärker, als sie tatsächlich waren.
Rommel hatte auf seiner eigenen und auf den Karten seiner Unterführer eine gerade Stoßlinie eingezeichnet. Sie verlief von Rosée, einem Dorf einige Kilometer westlich von Onhaye, zur Kirche in Froid Chapelle, das noch in Belgien kurz vor der Maginotlinie, etwa 7 Kilometer westlich von Cerfontaine, lag. Wenn er Artilleriefeuer zur Unterstützung seines Angriffs anforderte oder seinen Truppen ihre Angriffsziele anwies, bezog er sich auf diese Stoßlinie. Ihm imponierte dieses von ihm selbst erdachte System. Nach einem kurzen

Gefecht mit einigen französischen Panzern bei Flavion — schweren Panzern, die mit ihrer Feuerkraft jedem deutschen Panzer überlegen waren, da sie größere Kanonen und eine doppelt so starke Panzerung wie diese besaßen — dirigierte Rommel die Division weiter nach Westen und fuhr wie üblich in einem der vordersten Panzer mit.

Anders als in den Ardennen konnte man jetzt auch abseits der Straßen gut vorankommen. Die Vormarschwege verliefen durch Wälder oder Dörfer, aber auch im freien Gelände gab es kaum irgendwelche Hindernisse. Das Wetter war gut, und zur Unterstützung aus der Luft waren der 7. Panzerdivision einige Stukas zugeteilt worden. Schon bald hatte die Division die sogenannte französische »Sperrlinie« durchbrochen — ein unter diesen Umständen etwas übertriebener Ausdruck. Rommels Technik war überall und während der ganzen Zeit dieselbe: ständige Bewegung, Streufeuer aus seitlich gedrehten Panzertürmen auf mögliche Feindstellungen, Beibehalten des Schwungs, Einschüchterung, Erschütterung, Lähmung des Gegners. Nördlich von Philippeville eröffneten die an der Spitze fahrenden Panzer schon aus großer Entfernung das Feuer auf einen französischen Panzerverband südlich dieser Ortschaft, aber im großen und ganzen wurde der Vormarsch nirgends aufgehalten.

Dabei wurden auch zahlreiche Gefangene gemacht. Ein Panzerkommandant berichtet: »General Rommel gibt mir den Befehl, die Spitze zu übernehmen. Ich komme auf einen großen Dorfplatz und habe das Gefühl, daß hier Franzosen sein müssen. Ich schieße mit meiner Pistole in die Häuser und rufe: ›Soldats français! Venez!‹ Auf dieses Kommando gehen alle Haustüren auf, und eine große Menge Franzosen, vielleicht einige Kompanien, strömen mit erhobenen Händen auf den Platz.«[4]

Viele französische Fahrzeuge, darunter auch Panzer, wurden überrannt, ohne daß die Division auf Widerstand stieß. Die Panzer erhielten den Befehl, der deutschen Kolonne zu folgen, während die nicht gepanzerten Fahrzeuge und die abgesessenen französischen Soldaten entlang der Mittellinie Rommels nach Osten in Marsch gesetzt wurden. Überall schien der Widerstandswille des Gegners gebrochen zu sein. Die Franzosen waren wie betäubt und schienen nur nach einer Möglichkeit zu suchen, der wie aus heiterem Himmel hereingebrochenen Katastrophe zu entrinnen. Auch in den folgenden Tagen nahmen das Chaos und die Auflösungserscheinungen kein Ende. Man traf auf französische Verkehrspolizisten und sogar auf Soldaten, die den deutschen Marschkolonnen den Weg wiesen und ihnen halfen. Es schien, als würden die Franzosen bereitwillig mit den Deutschen bei der Besetzung ihres Landes zusammenarbeiten. Berichte über solche Vorfälle verbreiteten sich wie ein Lauffeuer auch in den alliierten Armeen und trugen dazu bei, daß angesichts eines offenbar unbezwingbaren Gegners Hoffnungslosigkeit um sich griff und die empörten alliierten Soldaten das Gefühl hatten, sie seien verraten und in einen sinnlosen Krieg getrieben worden.

Es wäre ungerecht, aus den Ereignissen dieser Tage allzu weitgehende Schlußfolgerungen ziehen zu wollen, und auch Rommel hat das nie getan. Richtig aber ist, daß die Moral in vielen Teilen der französischen Armee zu wünschen übrigließ. Sogar wohlwollende Beobachter[5] hatten schon im Winter zuvor bemerkt, daß die Kriegsbereitschaft auffallend gering war. Zudem hatte der Aufmarschplan der Alliierten mit seiner an den Ardennen beginnenden linearen Verteidigung und dem Mangel an ausreichenden Reserven seine Schwächen. Auch die Grundsätze für den Einsatz der französischen Panzerwaffe waren veraltet. Die Panzerverbände (die französischen Panzer waren den deutschen im Kampf Panzer gegen Panzer in vielen Fällen überlegen, weshalb Rommel diese Gefechtsform vermied) waren zum großen Teil auf Infanterietruppenteile verteilt worden, ohne daß man genügend Wert auf schnelle Divisionen aus allen Waffen gelegt hätte.

Aber abgesehen von alledem — und hier handelte es sich gewiß um ganz grundsätzliche Fragen — werden Truppen, die plötzlich und völlig unerwartet in eine katastrophale Lage geraten, deren militärische Kommandostruktur und Organisation sich auflöst und deren gewohnte Disziplin und Ordnung verlorengeht, selbstverständlich ebenso reagieren wie jedes einzelne menschliche Wesen. Sie werden ihre Sicherheit dort suchen, wo sie sie finden und dem Willen sowie den Befehlen dessen folgen, der das notwendige Selbstvertrauen zeigt. Die innere Unsicherheit wird aufgehoben durch Autorität, und zwar durch jede Autorität. Die Furcht wird zunächst durch die Erkenntnis vertrieben, daß nicht jeder feindliche Soldat einen töten will — und daß dieser feindliche Soldat einem vielleicht, wenn auch im barschen Ton, den Weg dorthin zeigen könnte, wo man Unterkunft, Ruhe und sogar etwas zu essen findet. Die daraus folgende Erleichterung kann zumindest zu der Bereitschaft führen, mit dem bisherigen Gegner zusammenzuarbeiten, und das wird um so eher geschehen, wenn viele Kameraden das gleiche tun. Rommel hat viel darüber nachgedacht, wie man mit Soldaten umgehen muß, die die Nerven verloren haben und fortlaufen. Er glaubte, es habe keinen Sinn zu versuchen, solche Männer mit drakonischen Maßnahmen bei der Stange zu halten. Sie hätten ihre Willenskraft, ihre Selbstachtung, ihre Disziplin und damit auch ihren Mut und ihren Zusammenhalt verloren, und das alles müsse auf geordnete Weise wiederhergestellt werden.[6] Es sei, wie er schreibt, vielmehr das beste, sie in geeignetes Gelände zurückzuführen (allein dieses Zurückführen wirkt bereits beruhigend auf sie) und sich dann bei der Wiederherstellung von Ordnung und Moral ein wenig Zeit zu nehmen. Aber für solche Maßnahmen hatte das französische Oberkommando 1940 keine Möglichkeiten, und außerdem setzten sie voraus, daß die Front noch irgendwie und irgendwo gehalten werden würde.

Am 16. Mai sollte Rommel mit seiner Division die belgisch-französische Grenze überschreiten und den Durchbruch durch die verlängerte Maginotlinie erzwingen. Er sollte bei Sivry die Grenze überschreiten und von dort über Clairfayts weiter nach Avesnes vorstoßen.

Rommel ließ die gesamte Divisionsartillerie in Gefechtsformation vorgehen und befahl dem Panzerregiment 25, auf breiter Front gestaffelt den anderen Verbänden der Division vorauszufahren. Sobald die französischen Hauptstellungen erreicht waren, sollten die beiden Schützenregimenter, deren Bewegungen von einem Brigadestab koordiniert wurden, durch das Panzerregiment unter dessen Feuerschutz vorstoßen und die »Befestigungen« durchbrechen. Anschließend sollte das Panzerregiment bis Avesnes wieder die Führung übernehmen.

Rommel fuhr im selben Panzer wie der Kommandeur des Panzerregiments, Oberst Rothenburg. Der erste Teil des Unternehmens verlief planmäßig. Die Panzer rollten an Clairfayts vorbei, nachdem die Sturmpioniere die ersten französischen »Befestigungen« überwunden hatten, einen einhundert Meter jenseits der Grenze gelegenen Betonbunker und ein stählernes Panzerhindernis auf der von Clairfayts nach Avesnes führenden Straße. Nun eröffneten die französischen Geschütze und Maschinengewehre das Feuer, an dem sich auch einige Panzerabwehrgeschütze beteiligten. Aber Rommels Instinkt sagte ihm, wenn das jetzt vorn eingesetzte Panzerregiment in Bewegung blieb, würde es wahrscheinlich die ganze feindliche Verteidigungsstellung ungehindert überwinden können. Er befahl deshalb, ohne Pause weiterzufahren und nicht, wie zunächst vorgesehen, so lange anzuhalten, bis die Soldaten der Schützenregimenter aus ihren Fahrzeugen gestiegen und zu Fuß zum Angriff angetreten waren. Rommel war, wenn auch verspätet, zu der Überzeugung gelangt, daß die »Maginotlinie« nur ein unbedeutendes Hindernis sei und die Division, wenn die Panzer mit Höchstgeschwindigkeit weiterfuhren und dabei rechts und links jeden Punkt beschossen, an dem der Gegner in Stellung gegangen sein könnte, sehr bald das dahinterliegende freie Gelände erreichen werde.

So war es denn auch. Rothenburgs Panzer, deren Geschütze der besseren Wirkung wegen hauptsächlich Leuchtspurmunition verwendeten, deckten den ganzen Geländestreifen, in dem sich angeb-

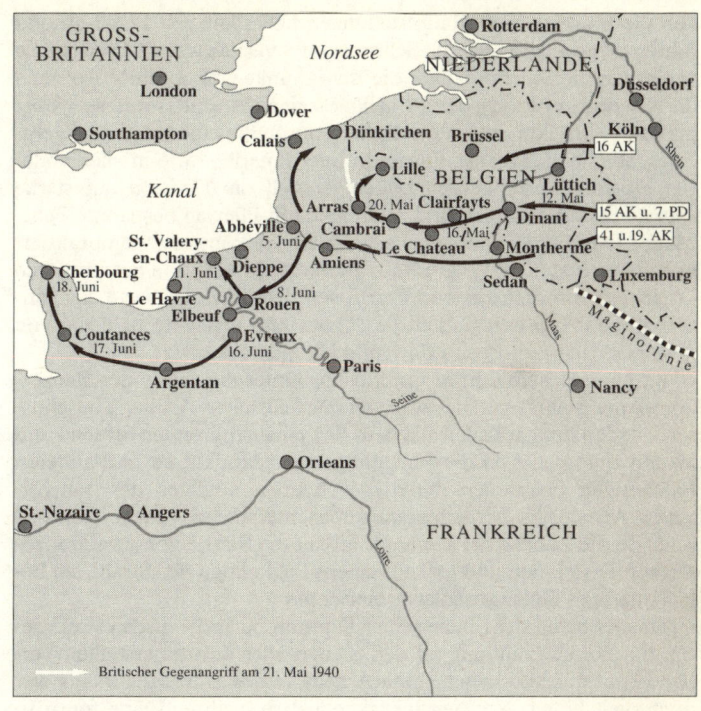

GROSS-
BRITANNIEN

London

Southampton

Kanal

Nordsee

Rotterdam

NIEDERLANDE

Düsseldorf

Dover

Calais

Dünkirchen

Brüssel

Köln

16 AK

Rhein

Lille

BELGIEN

Lüttich
12. Mai

Abbéville

Arras

20. Mai

Clairfayts

Dinant

15 AK u. 7. PD

Cambrai

41 u.19. AK

5. Juni

Le Chateau

16. Mai

Monthermie

St. Valery-
en-Chaux
11. Juni

Dieppe

Amiens

Sedan

Luxemburg

Cherbourg
18. Juni

Le Havre

Rouen

8. Juni

Elbeuf

Coutances
17. Juni

Evreux
16. Juni

Argentan

Paris

Maas

Maginotlinie

Nancy

Seine

Orleans

St.-Nazaire

Angers

FRANKREICH

Loire

Britischer Gegenangriff am 21. Mai 1940

Rommels Vorstoß zur Küste im Frankreichfeldzug 1940

lich die französischen Hauptstellungen befanden, mit Feuer zu und fuhren ohne anzuhalten in Richtung auf Avesnes weiter. Gleichzeitig sprengten die Sturmpioniere die Betonbunker. Nun führte Rommel die Division nördlich der Mittellinie seines Angriffsstreifens weiter bis nach Sars-Poterie, eine Ortschaft, durch die eine breite und gerade Straße nach Avesnes führte. In Sars-Poterie — wie in allen anderen Dörfern und Bauerngehöften — stieß die Division auf starke Truppenansammlungen und zahlreiche mit Pferden bespannte Fahrzeuge. Der Feind war augenscheinlich vollkommen demoralisiert und leistete keinen Widerstand. In Avesnes selbst, einer größeren Ortschaft, wimmelte es von Franzosen. Rommel dirigierte das Panzerregiment um den Südteil des Ortes und erreichte bald die von Avesnes nach Landrecies führende Hauptstraße.

Im Mondschein fuhr er unmittelbar hinter der führenden Panzerkompanie weiter. Avesnes war von der deutschen Artillerie beschossen worden, und auf allen aus dem Ort hinausführenden Straßen und Wegen drängten sich die Flüchtlinge mit Handkarren und anderen Fahrzeugen zusammen mit den fliehenden Soldaten der französischen Armee. Es herrschte ein unbeschreibliches Chaos. Rommel schätzte die Zahl seiner Gefangenen auf die Stärke von zwei französischen Divisionen und ließ auf einem Feld neben der Straße ein behelfsmäßiges Gefangenenlager einrichten.

Da er sich an der Spitze seiner Division befand, wurde es schwierig, die Funkverbindung zu den Stäben aller ihm unterstellten Verbände aufrechtzuerhalten. Eine Abteilung des Panzerregiments war noch weit hinter Avesnes zurückgeblieben, während eine französische Panzerabteilung gerade in die Stadt hineinfuhr und zeitweilig die Vormarschstraße der 7. Panzerdivision blockierte. Als Rommel einen Funkspruch für seinen weit zurückgebliebenen Divisionsstab absetzen wollte, kam die Verbindung nicht zustande, und damit war auch der Kontakt zu seinem Panzerkorps abgebrochen, das nur über den Divisionsstab erreichbar war. Rommel befand sich jetzt an seinem Angriffsziel hinter Avesnes, während die Division hinter ihm über viele Kilometer zwischen Avesnes und Philippeville auseinandergezogen war. So kam es jetzt darauf an, mit allen zur Verfügung stehenden Kräften (das waren im Augenblick die am weitesten vorn eingesetzte Panzerabteilung und das Kradschützenbataillon) so schnell wie möglich voranzukommen, wenn notwendig noch in der Dunkelheit bis Landrecies vorzustoßen und sich im weiteren Vorgehen in den Besitz des Übergangs über die Sambre zu setzen. Das ging weit über den Befehl des Panzerkorps hinaus, in dem Avesnes als Angriffsziel der 7. Panzerdivision genannt worden war. Obwohl es ihm nicht gelungen war, sich den Vorstoß über dieses Angriffsziel hinaus genehmigen zu lassen, befahl Rommel in den frühen Morgenstunden des 17. Mai: »Weiter nach Landrecies!« Er selbst setzte sich mit der führenden Panzerabteilung um 4 Uhr in Marsch. Später schrieb er, er sei fest davon überzeugt gewesen, daß der Rest der Division der Panzerspitze folgte, sie im Laufe der Zeit einholen und an den eventuell noch zu erwartenden Gefechten würde teilnehmen können.

In Wirklichkeit war die 7. Panzerdivision über eine so weite Strecke auseinandergezogen, daß niemand mehr in der Lage gewesen wäre, ihren gefechtsmäßigen Einsatz zu lenken. Zu schnell war der Vormarsch erfolgt, und zu unübersichtlich war das Durcheinander der Flüchtlinge und der Militärkolonnen auf den Straßen. Die Panzer hatten zudem in den wenigen Stunden der Dunkelheit nicht auftanken können, und da sie auf Befehl Rommels beim Durchbruch durch die französischen Linien ständig ihre Waffen eingesetzt hatten, war nun der größte Teil ihrer Munition verschossen. Als Rommel gerade nach Landrecies weiterfahren wollte, wurde ihm gemeldet, daß die französischen Panzer in Avesnes vernichtet worden seien. Er hatte seinen Ordonnanzoffizier Hanke in einem Panzer IV zurückgeschickt, um die Situation zu klären, und dieser hatte den Feind auf eigene Faust zurückgeschlagen, was eine beachtliche Leistung war. Die beiden Panzerabteilungen waren jetzt wieder vereint, und das Panzerregiment 25 fuhr in der Morgendämmerung — praktisch ohne Unterstützung durch irgendwelche anderen Verbände — weiter nach Westen. Die Brücke über die Sambre bei Landrecies war nicht gesprengt.

In Landrecies, wo es 1914 zu einer denkwürdigen Begegnung zwischen deutschen und britischen Truppen gekommen war, hatten sich starke französische Verbände versammelt, die nun darauf warteten, sich den Deutschen zu ergeben. Die durch den Ort fahrenden französischen Militärfahrzeuge und der Flüchtlingsstrom verursachten auch hier ein entsetzliches Chaos, das die Menschen in Angst und Schrecken versetzte. Hanke, immer bereit, im Auftrag des Divisionskommandeurs die verschiedensten Aufgaben zu übernehmen, erhielt den Befehl, einen starken französischen Truppenteil, der noch in der Kaserne untergebracht war, antreten zu lassen, zu entwaffnen und dann nach Osten in Marsch zu setzen.[7] Rommel selbst fuhr weiter. Er hatte das Gefühl, daß ihn nun nichts mehr aufhalten könne, daß die 7. Panzerdivision unbesiegbar und der Krieg fast schon gewonnen sei.

Aber sein Übereifer hatte zweifellos auch mit einem gewissen Konkurrenzdenken zu tun. Rommel konnte in diesem Augenblick nicht genau, ja nicht einmal annähernd wissen, welchen Punkt seine südlichen Nachbarn von der Panzergruppe Kleist, die Panzerkorps Reinhardt und Guderian, erreicht hatten, aber man darf mit einiger

Sicherheit annehmen, daß er hoffte, ihnen voraus zu sein — wie er ja auch seinen rechten Nachbarn, die 5. Panzerdivision im Panzerkorps Hoth, schon überholt hatte. Tatsächlich aber war die Panzergruppe Kleist am 17. Mai etwa ebensoweit vorangekommen, und zwar 32 Kilometer weiter südlich. In dieser Frontbreite waren die deutschen Armeen bis jetzt vorgestoßen, und am gleichen Tag gab Rommel seiner Division ihre endgültigen Angriffsziele bekannt. Ein Augenzeuge berichtet: »General Rommel versammelte die Panzerkommandanten und machte eine Befehlsausgabe seiner klassischen Art: ›Weiterer Marschweg Le Cateau, Arras, Amiens, Rouen, Le Havre‹.«[8] In diesem Augenblick klang das noch wie eine phantastische Übertreibung, die jedoch vier Wochen später Wirklichkeit werden sollte.[9]

Während der folgenden zwei Stunden fuhr Rommel weiter durch Pommereuil (wo zahlreiche Franzosen kapitulierten) bis zu einem höher gelegenen Gelände unmittelbar östlich der Stadt Le Cateau. Bis hierher war ihm nur noch die am weitesten vorn fahrende Abteilung des Panzerregiments gefolgt, und er beschloß, nach Möglichkeit den Rest der Division heranzuholen. So befahl er seinen Panzerkommandanten, sich bei Le Cateau zur Rundumverteidigung einzuigeln, und fuhr selbst auf der Vormarschstraße der Division zurück. Es war gemeldet worden, daß in Landrecies feindliche Panzer aufgetaucht seien.

Überall begegnete Rommel biwakierenden französischen Truppen. Er hatte einen Panzer III zum persönlichen Schutz mitgenommen und fuhr zunächst nach Landrecies und weiter auf der nach Osten führenden Straße durch Maroilles zurück nach Avesnes. Die einzige Einheit der 7. Panzerdivision, die ihm begegnete, war eine Schützenkompanie; vom Rest war nichts zu sehen. In Maroilles stieß man auf eine von Norden kommende französische Fahrzeugkolonne, und Rommel befahl dem immer dienstbereiten Hanke, auf den vordersten französischen Wagen zu springen und dem Fahrer zu befehlen, er solle die Richtung wechseln. Rommel leitete die Kolonne wie ein Verkehrspolizist in östlicher Richtung nach Avesnes um, beschloß dann, sie dorthin zu begleiten und führte sie in den Ort hinein, wo er die französischen Soldaten antreten ließ und ihnen befahl, ihre Waffen niederzulegen.

Inzwischen war es Nachmittag geworden, und gegen 16 Uhr trafen allmählich der Divisionsstab der 7. Panzerdivision und der Rest der Division ein. Die einzelnen Truppenteile wurden nach der Karte zu ihren neuen vorläufigen Versammlungsräumen zwischen der Landesgrenze und Le Cateau östlich und westlich der Sambre dirigiert.

Gegen Mitternacht gingen neue Befehle ein. Das Marschziel der 7. Panzerdivision war jetzt Cambrai, das 24 Kilometer entfernt von

Le Cateau lag. Nordöstlich von Landrecies war eine weitere Brücke über die Sambre genommen worden, und die 5. Panzerdivision befand sich auf dem Marsch dorthin und holte auf.

Rommel ist für sein Verhalten in einigen Situationen während des Feldzugs von 1940 kritisiert worden, und tatsächlich hat es Momente gegeben, in denen er, wie er selbst zugibt, nicht genau wußte, wo sich sein eigener Stab befand, so daß er nicht angemessen auf neue Situationen reagieren konnte. Zum ersten Mal war das am 16. und 17. Mai nach Überschreitung der Maas der Fall, und es ist sicher richtig, daß die Geschwindigkeit, mit der er an der Spitze seiner Division vorstieß, und sein Ehrgeiz, die ganze Zeit vorn zu bleiben, zur Folge hatten, daß eine Koordinierung und Versorgung der einzelnen Verbände mit Nachschub angesichts der in diesen Tagen herrschenden chaotischen Verkehrsverhältnisse nahezu unmöglich war. In jenen Maitagen waren Truppenbewegungen bei allen Armeen außerordentlich schwierig und stießen auf erhebliche Hindernisse. Für die alliierten Truppen waren sie — anders als für die deutschen — zudem außerordentlich gefährlich, da die deutsche Luftwaffe den Luftraum über dem Kampfgebiet vollständig beherrschte. Es wäre daher für Rommel nicht einfach gewesen, einen koordinierten Angriff gegen seine Flanken abzuwehren, wenn er dazu seine Kräfte rasch hätte umgruppieren und seiner Artillerie neue Aufgaben hätte zuteilen müssen. Aber wie stets verließ er sich auf seinen Instinkt, der ihm sagte, daß es jetzt nur darauf ankomme, in Bewegung zu bleiben, und es spricht für das deutsche Oberkommando, daß Rommel für die Erfolge der 7. Panzerdivision vom 16. und 17. Mai, »die für den Verlauf der Gesamtoperation von entscheidender Bedeutung waren, und für sein persönliches Verhalten ohne Rücksicht auf die Gefahr mit dem Ritterkreuz des Eisernen Kreuzes ausgezeichnet wurde«.[10]

Rommel selbst beunruhigte ein ganz anderer Aspekt dieses Vormarsches. Niemandem konnte der Anblick der französischen Flüchtlinge gefallen, die in Angst und Schrecken versuchten, den blutigen Kämpfen und den Angriffen der deutschen Tiefflieger zu entkommen, aber Krieg war Krieg, und je eher er mit einem deutschen Sieg endete, desto eher würde jeder nach Hause zurückkehren können. Rommel war stets überzeugt, daß der einzig vernünftige Ausgang des Kriegs die Versöhnung und dauernde Freundschaft zwischen Frankreich und Deutschland sein müsse. Aber er berichtete mit deutlichem Unbehagen von der Erschießung eines französischen Offiziers, das in der kurzen Schilderung dieses Vorfalls zum Ausdruck kommt, in der er von dem offenbar fanatischen Haß spricht, mit dem der Franzose sich dreimal weigerte, der Aufforderung zu folgen, in den Panzer von Oberst Rothenburg zu steigen. Schließlich sei nichts anderes übriggeblieben, als ihn zu erschießen.[11]

Man hat damals und später immer wieder mit Recht Rommels ritterliche Haltung anerkannt, denn er hat nicht nur seine gefangenen Gegner anständig behandelt, sondern ihnen auch menschliches Verständnis gezeigt. Es ist im Zweiten Weltkrieg gelegentlich vorgekommen, daß Kriegsgefangene von denen erschossen wurden, denen sie sich ergeben hatten, und zwar auf allen Seiten (an der Ostfront ist das später sogar in großem Umfang und in unglaublich grausamer Weise geschehen). Rommel hat so etwas niemals zugelassen, geschweige denn befohlen, denn er empfand es als im höchsten Maße abstoßend. Daß sich ein tapferer französischer Oberst offensichtlich entschlossen hatte, lieber dem Tod ins Auge zu sehen und zu sterben als einen legitimen Befehl zu befolgen, war eine Angelegenheit, die ihn zutiefst bekümmerte und die er nie vergessen hat.

Am frühen Morgen des 18. Mai kehrte Rommel um und fuhr wieder nach Westen zurück, nachdem er der II. Abteilung des Panzerregiments befohlen hatte, sich der östlich von Le Cateau liegenden I. Abteilung anzuschließen. Bei Pommereuil — er war am vergangenen Tag schon einmal durch diesen Ort gefahren — holte er sie ein. Inzwischen war der Ort jedoch wieder von den Franzosen besetzt worden, und die am weitesten vorn eingesetzte Panzerabteilung war unmittelbar, nachdem Rommel sie verlassen hatte, von schweren französischen Panzern angegriffen und von französischer Artillerie unter Feuer genommen worden. In dieser unübersichtlichen Lage führte Rommel die II. Abteilung auf einem südlichen Umweg über Ors an die Stelle, wo Rothenburg mit der I. Abteilung angekommen war. Gegen 15 Uhr war das Panzerregiment 25 endlich wieder vereinigt und konnte mit Kraftstoff und Munition versorgt werden. Auch der rückwärtige Teil der durch Landrecies führenden Vormarschstraße war wieder frei. Nun setzte Rommel die führende Panzerabteilung nach Cambrai in Marsch.

Zwischen Le Cateau und Cambrai war im August 1914 das britische Korps des Generals Smith-Dorrien schon einmal auf weit überlegene deutsche Truppen gestoßen, die von Norden anrückten. Das Gelände war offen und bot keine Hindernisse. Nur einige kleine Dörfer und die kleine Stadt Caudry konnten den Vormarsch aufhalten. Rommel befahl dem Panzerregiment, in breiter Front querfeldein bis in den Raum nördlich von Cambrai vorzustoßen, den Nordrand des Ortes unter Feuer zu nehmen und alle nach Cambrai hineinführenden Straßen und Wege zu sperren. Das gelang über Erwarten gut. Nachdem Cambrai von den Deutschen besetzt worden war, erhielt Rommel den Befehl, mit seiner Division eine Ruhepause von zwei Tagen einzulegen.

Die Truppe hatte hervorragende Leistungen gezeigt: Seit Überschreiten der deutschen Grenze vor acht Tagen, am 10. Mai, hatte Rommels Division etwa 280 Kilometer zurückgelegt und den schwierigen Übergang über die Maas bewerkstelligt. Allein in den letzten beiden Tagen hatte man etwa 10 000 französische Kriegsgefangene nach Osten in Marsch gesetzt und mehr als 100 Panzer, 30 Panzerspähwagen und 27 Geschütze zerstört. Auf deutscher Seite waren 35 Gefallene sowie 59 Verwundete zu beklagen.

Obwohl seine Vorgesetzten ihm und seiner Division eine längere Ruhepause gönnen wollten, konnte Rommel sie davon überzeugen, daß es falsch wäre, dem Feind die geringste Möglichkeit zu geben, wieder zu Atem zu kommen. Die alte preußische Devise lautete: »Verfolgung bis zum letzten Atemzug von Mensch und Tier.« Für Rommel war dieser Feldzug jetzt zur Verfolgung geworden und hatte damit eine Phase erreicht, die in jedem Krieg gewaltige Anstrengungen erfordert, und in der man notfalls die größten Strapazen auf sich nehmen muß, um spätere Rückschläge zu vermeiden und die Ernte einzubringen. Der »Sichelschnitt« mähte bereits das reife Getreide. In der Nacht vom 19. zum 20. Mai, eine Stunde nach Mitternacht, machte sich Rommel — wieder im Mondschein und wieder an der Panzerspitze seiner Division — auf den Weg nach Arras.

10.

Die Gespensterdivision

Das alliierte Oberkommando hatte inzwischen erkennen müssen, daß der deutsche »Durchbruch« in Wirklichkeit eine massive Offensive war, die zwar an verhältnismäßig schmaler Front, aber mit großem Gewicht und starken Kräften vorgetragen wurde, und den Briten nördlich der in der Front der Alliierten entstandenen Lücke war klar, daß ein Rückzug in diesem Sektor nur in westlicher oder nordwestlicher Richtung erfolgen konnte. Am Abend des 19. Mai, neun Tage nach Beginn des deutschen Angriffs, sprach Gort mit den ihm unterstellten Truppenkommandeuren zum ersten Mal über die eventuelle Notwendigkeit, die britischen Truppen zu evakuieren.

Die britischen Expeditionsstreitkräfte waren jetzt entlang der Schelde mit dem rechten Flügel bei Maulde aufmarschiert, einem kleinen Ort 32 Kilometer südöstlich von Lille, und nur 48 Kilometer hinter diesem rechten Flügel näherte sich Rommel der Stadt Arras. In Arras standen britische Truppen, und zwei britische Divisionen, die 5. und die 50., lagen als Reserve des britischen Oberkommandos nördlich der Stadt. Gorts in den Städten stationierte und zur Sicherung der Brücken eingesetzte Kräfte kamen zum größten Teil aus drei »Arbeitsdivisionen«, die während der vergangenen Monate aus England nach Frankreich gekommen waren, um hier weiter ausgebildet und ausgerüstet und zu neuen Truppenteilen zusammengestellt zu werden. Es handelte sich zumeist um Divisionen ohne Hilfswaffen, Artillerie oder Nachrichtentruppen, deren Männer häufig nur mit Gewehren gegen einen gut ausgerüsteten und überwiegend motorisierten Gegner kämpfen mußten.

Im Anschluß an die nach Osten gerichtete Verteidigungslinie Gorts lagen mit Front nach Süden zum Schutz seiner rechten Flanke Truppen der französischen 1. Armee. Gorts Streitkräfte und alle französischen Truppen nördlich der in der alliierten Front entstandenen Lücke sowie die ganze belgische Armee (an Gorts linker Flanke) waren jetzt gleichzeitig von Nordosten, Osten und Süden bedroht. Und Rundstedts im Süden vorrückende Heeresgruppe A hatte inzwischen die Mündung der Somme erreicht, die alliierten Kräfte gespalten und die Verbindungslinie Gorts zu seiner Basis in und um Le Mans durchschnitten.

Rundstedt seinerseits war überzeugt, mit seiner Heeresgruppe den entscheidenden Teil der ersten Phase dieser großen Operation hinter sich gebracht zu haben. Die Panzergruppe v. Kleist hatte eine Leistung vollbracht, die alle Erwartungen übertraf. Guderians Korps sollte den Ärmelkanal am 21. Mai erreichen, und Rundstedt richtete den Blick bereits nach Süden auf die Hauptkräfte der französischen Armee, die nun, wie man vermutete, südlich und westlich der Somme und der Seine aufmarschierten. Im Norden bereitete sich die Heeresgruppe A darauf vor, energischer gegen die in Bedrängnis geratenen Briten und die französische 1. Armee vorzugehen, um die Lücke zwischen den alliierten Flügeln zu erweitern und den bereits geschlagenen Gegner in die Enge zu treiben. Aber Rundstedt gab sich damit zufrieden, an diesem Teil der Front die Rolle des Ambosses für den Hammer der Heeresgruppe B unter Generaloberst v. Bock zu übernehmen, die durch Belgien nach Westen vorging, um dem alliierten linken Flügel den Todesstoß zu versetzen. Der deutsche Vormarsch war in schwindelerregendem Tempo erfolgt; die Auffassung, daß eine Bedrohung der Flanken das Vormarschtempo nicht verlangsamen dürfe, hatte sich in triumphaler Weise als richtig erwiesen.

Das Panzerkorps Hoth erhielt den Befehl, Arras zu umgehen und dann in nordwestlicher Richtung gegen Bethune vorzustoßen. In und um Lille standen starke französische Kräfte, und die Briten lagen noch davor an der Schelde. Hoths Umgehungsbewegung würde sie mit der unmittelbaren Einkesselung bedrohen und ihnen den Rückzug nach Westen vor der Heeresgruppe Bock abschneiden. Die 7. Panzerdivision sollte am linken Flügel vorgehen, nachdem sie Arras im Süden umgangen hatte, während die 5. Panzerdivision nördlich an ihrem rechten Flügel östlich von Arras vorstieß. Links von Rommel sollte die SS-Totenkopfdivision eingesetzt werden. Auf diese Weise würden die britischen Truppen in Arras isoliert und die für den hinhaltenden Widerstand eingerichteten Verteidigungsstellungen überrannt werden.

Doch dann trafen am Nachmittag des 21. Mai bei der Heeresgruppe A beunruhigende Meldungen ein. Die 7. Panzerdivision wurde aus nördlicher Richtung von fünf britischen Divisionen und starken Panzerverbänden angegriffen. Nun reagierte der Gegner also doch noch so, wie es die Deutschen schon längst befürchtet hatten.

Rommel befand sich wie üblich bei dem vorn eingesetzten Panzerregiment 25, das zunächst nach Westen fuhr, Arras im Süden umging und dann den Vormarsch in nördlicher Richtung fortsetzte. Wie so oft war er ungehalten über das seiner Ansicht nach zu langsame Vorgehen der neben ihm marschierenden Verbände, in diesem Fall des

Schützenregiments 6, und um es zu größerer Eile anzutreiben, fuhr er um 15 Uhr auf seiner Vormarschstraße zurück über das acht Kilometer südlich von Arras gelegene Dorf Ficheux. Nachdem Rommel seine Schützenbataillone gefunden hatte, führte er sie nach Norden an die Spitze der Divisionskolonne, die inzwischen das Dorf Wailly erreicht hatte. Als er mit der Vorhut etwa 800 Meter östlich des Dorfes angekommen war, wurde diese von Norden her unter Feuer genommen. Eine deutsche Haubitzenbatterie war bereits in Stellung gegangen und beschoß mit Schnellfeuer feindliche Panzer, die von Arras her in südlicher Richtung angriffen.[1] Rommel sprang von seinem Fahrzeug und lief zu Fuß weiter. Die Schützen waren inzwischen überall in Stellung gegangen, und Rommel erreichte hinter seinen Panzerabwehrgeschützen, die nun den Gegner beschossen, Wailly. Das Feuer der feindlichen Panzer hatte bei den Soldaten im Dorf völlige Verwirrung angerichtet, und nun versuchte er, die Ordnung wiederherzustellen.[2]

Anschließend bestieg Rommel seinen Panzerspähwagen und fuhr von Wailly nach Westen auf eine höher gelegene Stelle, von der aus sich das Geschehen besser verfolgen ließ. Er stellte fest, daß feindliche Panzer von Westen heranrückten, nachdem sie die Eisenbahnlinie überquert hatten, die von Arras in südwestlicher Richtung durch Beaumetz führt, und daß weitere feindliche Panzer aus der Richtung Berneville, Bac du Nord nach Südosten fuhren. Rommel lief von einem Panzerabwehrgeschütz zum nächsten, um dafür zu sorgen, daß sie mit ihrem Feuer die feindlichen Panzer zum Halten zwangen, und setzte sich damit über die Bedenken des Führers der Panzerabwehrkompanie hinweg, der glaubte, die Entfernung sei noch zu groß. Es handelte sich um britische Matilda-Panzer mit einer besonders starken Panzerung, gegen die nur die 8,8cm-Flak etwas ausrichten konnte. Die Deutschen feuerten aus allen Rohren, und tatsächlich hielten die Matildas nach kurzer Zeit an, wendeten oder wurden in Brand geschossen. Der Batterieführer war begeistert von der Wirkung seiner Geschütze und schrieb später: »Es war an diesem Tag der bisher schönste Erfolg im Kriege im Westen.«[3]

Nun wurde auch Rommels Schützenregiment 6, das östlich seines gegenwärtigen Standpunkts im Raum Tilloy, Beaurains, Agny in Stellung gegangen war, angegriffen. Rommel schrieb, starke Panzerkräfte hätten das Regiment von Arras aus in südlicher Richtung vorgehend angegriffen und ihm schwere Verluste beigebracht. Auch dieser Angriff wurde durch eine Reihe Panzerabwehrgeschütze sowie die gewaltige 8,8cm-Flak-Kanone zum Stehen gebracht, die jetzt erstmals systematisch als Panzerabwehrwaffe eingesetzt wurde. Sie sollte für die Gegner der Wehrmacht bald zu einer gefürchteten Waffe werden. Das Panzerregiment 25, das inzwischen weiter nach Norden vorgegangen war, während die Schützen im Kampf gegen die feindlichen Panzer südwestlich von Arras lagen, wurde um 19 Uhr von Rommel angehalten und angewiesen, nach Südosten zurückzufahren und die Briten in der rechten Flanke anzugreifen. Das führte zu einem Kampf Panzer gegen Panzer, bei dem das Panzerregiment neun Panzer III und IV sowie einige leichtere Panzer verlor und sieben Matildas abschoß — nach Punkten ein britischer Sieg.

Folgendes war geschehen: Dem britischen Oberbefehlshaber Lord Gort hatte seine Regierung am 20. Mai dringend geraten, »südlich von Amiens vorzugehen, alle feindlichen Kräfte, auf die er stieß, anzugreifen und links von der französischen Armee Stellung zu beziehen«. Ein Blick auf die Karte zeigt, daß die britische Armee, wenn sie dieser Anweisung folgte, die Gefechtsberührung mit der Heeresgruppe B (v. Bock) aufgeben mußte, die sie von Osten her angriff. Dabei würde sie sich von der belgischen Armee an ihrem linken und der französischen 1. Armee an ihrem rechten Flügel trennen müssen, um etwa 100 Kilometer quer zu den nach Westen vorgehenden Divisionen von Rundstedts Heeresgruppe A in südliche Richtung verlegt zu werden. Es war ein Glück für Großbritannien, daß Gort einer so lächerlichen Anweisung nicht Folge leistete. Er war sich jedoch sehr wohl der Tatsache bewußt, daß die einzige Chance, den deutschen Vormarsch zu verzögern oder zu erschweren, in einem Flankenangriff gegen den durchgebrochenen Feind lag, und am 21. Mai beschloß er eine Operation mit drei von Norden her angreifenden Divisionen, die er aus der nach Osten gerichteten britischen Front herausnehmen und durch belgische und französische Truppen ersetzen wollte. Diese Operation sollte gleichzeitig mit einer größeren französischen Offensive von Süden her erfolgen und konnte nicht vor dem 26. Mai beginnen. Dazu ist es aber nicht mehr gekommen.

Gort war jedoch überzeugt, daß er, um überhaupt etwas Entscheidendes zu bewirken, sofort handeln mußte und nicht auf eine günstigere Gelegenheit warten durfte. Deshalb hatte er — noch vor einer alliierten Konferenz in Ypern, auf welcher der oben erwähnte größere Gegenangriff gebilligt wurde — eine Offensive mit begrenztem Ziel in südlicher Richtung befohlen, die sobald wie möglich beginnen sollte, das heißt am 21. Mai.

Für diese Operation standen Gort die beiden Divisionen der Heeresreserve, die 5. und die 50., zur Verfügung. Außer den leichten gepanzerten Fahrzeugen der Aufklärungsregimenter verfügte er aber auch noch über die einzigen Panzer bei den britischen Expeditionsstreitkräften, die Matildas der 1. Heerespanzerbrigade. Es waren 72, von denen 16 mit den Zweipfünder-Panzerabwehrgeschützen, die anderen ebenso stark gepanzerten aber nur mit Maschinengewehren bestückt waren.

Zwar waren für diese Operation zwei britische Infanteriedivisionen vorgesehen, die jedoch nur aus je zwei Brigaden bestanden, von denen wiederum zwei zur Verteidigung von Arras eingesetzt worden waren. So blieben nur zwei übrig, und eine von ihnen wurde als Reserve zurückgehalten. Für den Gegenangriff bei Arras mit »zwei Divisionen« stand daher in Wirklichkeit nur eine Brigade mit drei Bataillonen zur Verfügung, und in dieser Brigade wiederum wurde ein Bataillon als Reserve zurückgehalten, und nur zwei traten wirklich zum Angriff an. Damit standen für diesen von zwei Divisionen geführten Angriff an Infanterie nur die Kompanien zweier Bataillone zur Verfügung.

Natürlich ließ sich mit Infanterie allein nichts ausrichten. Die stärkste Wirkung des Gegenangriffs bei Arras erzielten die beweglich eingesetzten Panzer, die ersten britischen Panzer, denen die Heeresgruppe A bisher begegnet war. Und obwohl nur 16 der angreifenden Panzer Geschütze besaßen, genügte das Erscheinen einer beeindruckenden Zahl von Matildas (denen es gelang, viele deutsche Panzer III und IV abzuschießen), die angegriffenen deutschen Truppenteile zu Meldungen an das Oberkommando der Heeresgruppe A zu veranlassen, eine bedrohliche und massive Panzeroffensive gegen die deutsche Nordflanke habe begonnen.

Taktisch hatte die Offensive nur geringe Auswirkungen. Rommel hatte mit der für ihn charakteristischen Energie reagiert und persönlich das Abwehrfeuer geleitet. Durch sein Beispiel und mit seinen lauten, weithin hörbaren Befehlen hatte er seine Männer, die durch diese plötzliche und überraschende Entwicklung schwer erschüttert worden waren, beruhigen können und das Gefecht zu einem triumphalen Erfolg für die Deutschen werden lassen. Die deutsche Armee war sich ihres Sieges bereits sicher, doch es ist diese Siegesgewißheit, die allzu leicht zu beunruhigenden Entwicklungen führen kann: Die 7. Panzerdivision hatte an diesem Tag fast 400 Mann verloren, darunter mindestens 90 Gefallene. Das war das Vierfache der Verluste, welche die Division während des ganzen Durchbruchs und des Wettrennens durch Nordfrankreich hatte hinnehmen müssen. Rommel hatte seinen Ordonnanzoffizier, Leutnant Most, verloren, der an seiner Seite tödlich getroffen wurde. Sein Ia, Major Schraepler, war verwundet worden, meldete sich aber jetzt wieder zum Dienst.

Aber Rommel ließ sich, obwohl er die Stärke des Gegners überschätzt hatte (was in jeder Schlacht und bei jeder Armee vorkommt), nicht irritieren, nachdem der Gegenangriff abgewehrt war. Mit Sicherheit war er zunächst von der neuen Situation überrascht worden, und jeder vernünftige Befehlshaber wäre bereit gewesen, seine Schützenregimenter jederzeit gegen einen Flankenangriff feindlicher Panzer zu verteidigen. Aber wahrscheinlich hätte nicht jeder vorher

solche Entfernungen zurückgelegt wie Rommel mit seiner 7. Panzerdivision, und das Auftauchen der energisch geführten alliierten Panzer war ungewöhnlich genug, um gewisse Risiken zu rechtfertigen.
Nun wurde das Panzerkorps Hoth angewiesen, den Vormarsch in
nördlicher Richtung fortzusetzen, und Rommel schrieb am 23. Mai
nach Hause, der Krieg in Frankreich werde vielleicht schon in zwei
Wochen vorüber sein. Das war keine schlechte Vorhersage.

Obwohl die taktischen und örtlichen Folgen des britischen Gegenangriffs bei Arras nicht länger als bis zum Abend des 21. Mai
spürbar waren, hatte er doch nicht unerhebliche psychologische
Auswirkungen. Jetzt wurden sehr wichtige Entscheidungen getroffen.

Am 24. Mai wurde der Vormarsch der Heeresgruppe A nach
Norden auf Befehl des Führerhauptquartiers angehalten. Offenbar
hatten die Operationen bei Arras die oberste Wehrmachtführung sowie den Armeeoberbefehlshaber v. Kluge und den Heeresgruppenoberbefehlshaber v. Rundstedt stark verunsichert, und ihre Besorgnis mochte sich auch auf Hitler übertragen haben. Dieser hatte den
erfolgreichen Vormarsch der Wehrmacht nach Westen mit Bewunderung und großem Erstaunen verfolgt. So war er jetzt bereit, Rundstedts Vorschlag zu folgen, daß die Panzerdivisionen für spätere Operationen in südlicher Richtung geschont werden sollten, und stimmte dessen Auffassung zu, daß es eine unnötige Vergeudung der eigenen Kräfte wäre und ein Abstumpfen der Speerspitze bedeuten würde, wenn man sie bedenkenlos gegen die jetzt im Norden eingekes-
selten Briten einsetzen wollte, die ja soeben bewiesen hatten, daß sie
noch gefährlich werden konnten. Man müsse in aller Ruhe die weitere Entwicklung abwarten und den Kampf gegen die Briten weitgehend der Heeresgruppe B und der Luftwaffe überlassen. Hitler billigte den »Haltebefehl« mit einiger Erleichterung, während der Generalstab des Heeres die Auffassung vertrat, daß damit eine günstige
Gelegenheit versäumt würde. Für die Befehlshaber der weit nach
Westen vorgestoßenen Panzertruppen, besonders für Guderian, war
dieser Befehl eine Katastrophe. Rommel zeigte — überraschender-
weise — keine besondere Enttäuschung. Er war sicher, der Krieg sei
schon so gut wie gewonnen, und erwartete nun die nächste Phase, einen Angriff in nördlicher Richtung über den Kanal von La Bassée
und die Schließung des Kessels von Lille. Er war froh, daß seine Division jetzt zwei Ruhetage einlegen konnte.

Am 24. Mai wurden die englischen und französischen Gegenan-
griffe von Norden und Süden gegen die Heeresgruppe A eingestellt.
Das heißt, zunächst kam der Angriff der Franzosen vom Süden zum
Stehen, und am 25. gaben auch die Briten ihre Versuche auf, von
Norden her weiter vorzustoßen. Daß dieses Unternehmen gelingen

würde, war, wie Gort jetzt erkannte, schon lange ein Trugschluß gewesen, obwohl er sein III. Korps pflichtbewußt angewiesen hatte, die Operation vorzubereiten. Ebenso unsinnig waren die Anweisungen des britischen Kriegskabinetts an Gort gewesen (nach Gesprächen Churchills in Paris), etwa »mit acht Divisionen und der belgischen Kavallerie am rechten Flügel der Briten... in südwestlicher Richtung gegen Bapaume und Cambrai anzugreifen«. Gort hatte diesen Unsinn einfach ignoriert. Er erkannte mit der Zeit immer deutlicher, was zu tun war.

Die britischen Expeditionsstreitkräfte standen nun der Heeresgruppe A auf der Linie vom La Bassée-Kanal nach Süden gegenüber. Im Osten hatten sie in der Nacht vom 23. zum 24. Mai Arras geräumt, das sich an der Spitze eines langen vorspringenden Winkels befand, seit das Panzerkorps Hoth die Stadt am 21. umgangen hatte, während deutsche Truppen sich bereits der Straße von Dover näherten. Im Osten standen die Briten der Heeresgruppe B entlang den alten »Grenzstellungen« vor Lille gegenüber, die sie erst vor zwei Wochen aufgegeben hatten, um in Belgien einzumarschieren. Als Gort sich aus Arras zurückzog, wußte er, daß den Briten nichts anderes übrigblieb als die Niederlage hinzunehmen, sich zurückzuziehen und, um zu überleben, nach England überzusetzen in der Erwartung, sich später noch einmal an diesem Krieg beteiligen zu können.

Am 25. Mai mußte die belgische Armee einem stärkeren Angriff der deutschen Heeresgruppe B weichen, wobei links von der britischen Front eine Lücke entstand. Erbeutete deutsche Pläne zeigten Gort, daß Generaloberst v. Bock zwei deutsche Armeekorps zu einem Angriff gegen Ypern einsetzen wollte, um die zwischen den Belgiern und Briten entstandene Lücke zu erweitern. Das sowie seine zutreffende Beurteilung der allgemeinen Lage veranlaßte Gort, jeden Gedanken an einen Gegenangriff im Süden aufzugeben, eine Operation, auf die die Franzosen bereits endgültig verzichtet hatten.

Am 26. Mai drängten weitere deutsche Angriffe im Norden die Belgier noch weiter von der britischen Linken ab. Am gleichen Tag befahl Hitler den weiteren Vormarsch. Die Divisionen an der Spitze der Heeresgruppe A sollten nun weiter nach Norden vorgehen, um in die tiefe Flanke der britischen Armee zu stoßen, den Kanal von La Bassée zu überschreiten und die britischen Streitkräfte von der See abzuschneiden. Ebenfalls am Abend des 26. Mai ordnete die britische Regierung die Evakuierung ihrer Expeditionsstreitkräfte von Dünkirchen aus an. Am Nachmittag hatte Rommels Leutnant Hanke auf persönlichen Befehl des »Führers« Rommel das Ritterkreuz des Eisernen Kreuzes überbracht.

Am Abend des 26. Mai gelang es Rommels Schützenregiment 7, mit Teilkräften den Kanal von La Bassée im Raum Cuinchy zu überschreiten und den Brückenkopf zu erweitern, bis zwei Schützenbataillone am Nordufer in Stellung gebracht wurden.

Wie gewohnt übernahm er persönlich den Befehl. Am frühen Morgen des 27. Mai stellte er fest, daß sich am Übergangspunkt britische Scharfschützen befanden und die eigenen Schützenbataillone den Brückenkopf nicht genügend erweitert und zur Verteidigung ausgebaut hatten. Auch war es nicht gelungen, Panzerabwehrgeschütze über den Kanal zu bringen. So glich die Situation der bei Dinant. Wie damals befahl Rommel nun den Bau einer ausreichend tragfähigen Brücke und lenkte persönlich das Feuer – in diesem Fall eines Panzers und einiger leichter Flak – dorthin, wo er die feindlichen Scharfschützen vermutete, um sie zur Aufgabe ihrer Stellung zu zwingen. Aufrecht stehend, im Blickfeld des auf einem Bahndamm in Stellung gegangenen Feindes und jede Gefahr mißachtend, gab er den Geschützbedienungen ihre Ziele an. Und ähnlich wie bei Dinant lenkte er das Feuer auf jedes Haus und jedes Gebüsch im Umkreis von hundert Metern vor dem Brückenkopf. Dabei wurden zahlreiche Häuser zerstört und das davor liegende Gelände mit Maschinengewehrgarben und Granaten eingedeckt.

Dann befahl er einem Panzer IV (wiederum ähnlich wie bei Dinant und beim Übergang über die Maas), am Südufer des Kanals entlangzufahren und britische Gelegenheitsziele zu bekämpfen, darunter Matilda-Panzer nördlich des Kanals. Schon bald gelang es ihm, Feldgeschütze, Panzerabwehrgeschütze, 8,8cm-Kanonen und Panzer an das Nordufer zu bringen. Die 5. Panzerbrigade mit ihren zwei Regimentern und vier Panzerabteilungen (die eigentlich Teil der benachbarten 5. Panzerdivision war) wurde nun um die Mittagszeit Rommel unterstellt.

Beim weiteren Vorgehen nach Norden traf Rommel auf massiven Widerstand und kam daher langsamer voran, als er gehofft hatte. Es wurde früh dunkel, und aufgrund der Orientierungsschwierigkeiten in dem unbekannten Gelände war es Rommel unmöglich, den ihm jetzt unterstehenden starken Panzerverbänden persönlich Befehle zu erteilen. Sein eigenes Panzerregiment 25 befand sich bei Fournes, nördlich von La Bassée und nur acht Kilometer vor dem westlichen Ortsrand von Lille. Rommel beabsichtigte, in nördlicher Richtung weiter anzugreifen und das am Nordwestrand von Lille gelegene Lomme zu erreichen. Eine Straßensperre bei Lomme würde die letzte Hauptstraße, die von Lille aus in westlicher Richtung nach Armentières führte, blockieren. Westlich von ihm gingen jetzt die Divisionen der Panzergruppe Kleist nach Norden vor, um die Kanalhäfen einzunehmen, soweit es möglich war.

Oberst Rothenburg fragte Rommel, ob er den Angriff begleiten wolle, und erhielt eine abschlägige Antwort. Rommel hatte nicht vergessen, daß die 25. Panzerdivision östlich von Le Cateau, ohne mit Verpflegung, Munition und Kraftstoff versorgt werden zu können, abgeschnitten und eingekreist worden war. Diesmal wollte er unter allen Umständen dafür sorgen, daß das Panzerregiment alles bekam, was es brauchte, und so bald wie möglich durch den Rest der Division verstärkt wurde. Die 5. Panzerbrigade befand sich noch mehrere Kilometer weiter südöstlich, es erwies sich als unmöglich, eine Funkverbindung herzustellen, und als es Nacht wurde, verteilten sich die sieben Panzerabteilungen Rommels an verschiedenen Stellen westlich, südwestlich und südlich der großen Stadt Lille. Damit hatte er, wie beabsichtigt, die (zumeist französischen) alliierten Truppen in Lille nahezu eingeschlossen.

Am 28. Mai, kurz vor 2 Uhr morgens, meldete Rothenburg, daß sich das Panzerregiment 25 bei Lomme zur Verteidigung eingeigelt hatte. Er hatte mit seinem Regiment den Kanal von La Bassée gegen feindlichen Widerstand überschritten und war beim weiteren Vorgehen in schwere und verlustreiche Kämpfe geraten. Das bedeutete, daß die erschöpften Franzosen und die mit Front nach Süden kämpfenden Verbände Gorts, die jetzt insgesamt aus einer regulären Division und zwei Territorialdivisionen bestanden, eine achtzig Kilometer breite Front von Lille nach St. Omer und entlang des Aa-Kanals bis zur Küste hielten.

Am gleichen Tag kapitulierte die belgische Armee links oder nördlich der britischen Expeditionsstreitkräfte. Die Belgier waren unter starken Druck geraten, und man hatte ihnen die am Tag zuvor getroffene Entscheidung zur Evakuierung der Briten nicht mitgeteilt. So hatte ein weiterer und vergeblicher Kampf um Zeitgewinn für die Evakuierung fremder Truppen keinen besonderen Reiz mehr für sie.

Doch für die Deutschen war die Schwäche des Gegners nicht so deutlich erkennbar. Rommel brach in der Dunkelheit auf, um Rothenburgs Versorgungskolonne und die Aufklärungsabteilung seiner Division durch Lomme zur »Igelstellung« des Panzerregiments 25 zu führen, die er kurz vor Morgengrauen erreichte. Rothenburg meldete, er sei mit »feindlichen Panzern und einem starken motorisierten Verband« zusammengestoßen und habe sich diese feindlichen Kräfte mit starkem Feuer vom Leibe gehalten. Im Morgengrauen unternahmen die Reste der französischen Division in Lille einige Ausbruchsversuche nach Westen und setzten dabei von Artillerie unterstützte Panzer ein. Bei Tagesanbruch am 28. Mai ging Rommel zuerst daran, eine starke nach Osten ausgerichtete Verteidigungslinie aufzubauen, um den Ausbruch der in Lille eingeschlossenen feindlichen Kräfte zu verhindern. (Die tapferen französischen Verteidiger von Lille kapitulierten schließlich und marschierten am 1. Juni unter Wahrung ihrer militärischen Ehre und mit ihren Waffen an dem

Im Frankreichfeldzug 1940 erhielt Rommel erstmals die Gelegenheit, sich als Kommandeur einer Panzerdivision zu bewähren. Der einstige Infanterieoffizier begriff die Prinzipien des gepanzerten Bewegungskrieges schnell und setzte seine Panzer so ein, wie er im ersten Weltkrieg Pferde, Fahrräder und Infanterieverbände eingesetzt hatte. Seine Strategie bestand darin, ohne Rücksicht auf hinreichende Deckung von Flanke und Rücken mit größter Geschwindigkeit in die Tiefe des Landes vorzustoßen, um den Feind zu verwirren und an wirksamer Gegenwehr zu hindern. Tatsächlich legte Rommels Panzerregiment ein solches Tempo vor, daß die eigenen Schützenregimenter weit hinter den Panzern zurückblieben; sogar die Nachschubfahrzeuge konnten nicht immer rechtzeitig folgen. Am 11. Juni erreichten Rommels Truppen das an der Küste gelegene St. Valéry und nur wenige Tage später Cherbourg. Bei geringen eigenen Verlusten hatte die Division 97 648 Gefangene gemacht und gewaltige Mengen an alliiertem Kriegsmaterial erbeutet oder zerstört. Gleichsam über Nacht war Rommel zum gefeierten Helden geworden.

Die Aufnahme zeigt den im Frühjahr 1940 noch fast unbekannten Divisionskommandeur Rommel zusammen mit Hitler, Generalfeldmarschall Keitel, Reichsleiter Bormann und zwei Stabsoffizieren bei einer Besprechung an der Westfront.

deutschen Kommandeur vorbei.) In der Nacht wurden die britischen Divisionen, die Rommel am Kanal von La Bassée gegenübergelegen und sich dann nach Norden zurückgezogen hatten, wieder in ihre Stellungen an der Yser zurückbeordert. Nun besetzten die Briten eine halbkreisförmige Stellung, um den letzten ihnen noch verbliebenen Hafen, Dünkirchen, zu decken, und die 7. Panzerdivision durfte eine sechstägige Ruhepause einlegen, die sie auch dringend benötigte.

Die Evakuierung der alliierten Truppen aus Dünkirchen war am 3. Juni beendet. Insgesamt waren dabei 337 000 Soldaten (zwei Drittel Briten und ein Drittel Franzosen) auf die Schiffe verladen worden.

Im ganzen bisherigen Feldzug hatte Rommels Division knapp 7 000 Gefangene gemacht, eine beträchtliche Zahl von Panzern erbeutet und angeblich mehr als 300 Panzer, darunter auch 18 schwere französische, zerstört. Eine Kopie des Tagesbefehls der 7. Panzerdivision wurde Hitler geschickt, und von dieser Zeit an stand Rommel bei einigen höheren Offizieren der Wehrmacht in dem Ruf, ein Egoist zu sein, der es verstand, sich in den Vordergrund zu schieben. Außerdem hieß es, er erfreue sich der besonderen Gunst Hitlers, und bisher traf das auch zu. In begeisterten Worten schilderte Rommel den Besuch Hitlers bei seinen siegreichen Truppen am 3. Juni und berichtete, er habe Hitler anschließend den ganzen Tag begleiten dürfen — als einziger Divisionskommandeur, dem diese Ehre zuteil wurde.

Rommel hat sich durch das, was er als Neid der anderen hätte ansehen müssen, nicht im geringsten stören lassen, und er wußte auch sehr genau, daß nicht alle die aufrichtige Verehrung teilten, die er für den »Führer« empfand. Er war Hitler persönlich dankbar dafür, daß er ihm die Chance gegeben hatte, sich als General, als Kommandeur in einem Bewegungskrieg bewähren zu können, dessen Operationen beweglicher und abenteuerlicher gewesen waren, als Hitler selbst es erwartet hatte. »Rommel, wir haben uns alle viele Sorgen um Sie gemacht!«[4] hatte Hitler bei seinem Besuch gesagt, als er von dem mutigen Einsatz der »Gespensterdivision« sprach. So war die 7. Panzerdivision von Kommentatoren auf deutscher und auf alliierter Seite bezeichnet worden, weil man sie in ihrer Beweglichkeit kaum fassen und weder der Feind noch die eigene Führung auf den Generalstabskarten ihren jeweiligen Standort genau einzeichnen konnte.

»Wir haben uns alle viele Sorgen um Sie gemacht« — diese Worte waren Ausdruck der Zuneigung und Bewunderung. Rommel sah in Hitler einen im wesentlichen von der Intuition und weniger vom Intellekt geleiteten Mann, dessen Urteile ihm fast wie prophetische Offenbarungen erschienen. Und während diese Eigenschaft bei vielen höheren Offizieren der Wehrmacht Mißtrauen und Besorgnis erweckte, mußte Hitlers prophetische und intuitive Begabung nach Rommels Auffassung, der zu diesem Zeitpunkt zweifellos der persönlichen Ausstrahlung seines »Führers« erlegen war, an seinen Erfolgen gemessen und beurteilt werden. Und diese Erfolge sprachen jetzt mehr denn je zu Hitlers Gunsten. Ein Biograph hat geschrieben, Hitlers Ideen zielten darauf, »die Fesseln der Tradition zu sprengen und zu einer Art biologischen Zukunftstraumes zu führen«.[5] Von solchen Visionen wußte Rommel nichts, und sie entsprachen auch nicht seinem Geschmack. Für ihn war Hitler der Führer und Oberste Befehlshaber, der die Ehre und Moral des deutschen Volkes und seiner Armee wiederhergestellt hatte und nun die Geschicke beider in einem glänzenden Feldzug lenkte, der im Rahmen eines gerechten Krieges geführt worden war — mit der berechtigten Hoffnung, daß alle diese Bestrebungen in einem dauerhaften Frieden gipfeln würden. So einfach war das.

Der Feldzug war bisher in der Tat erstaunlich erfolgreich verlaufen. In einem Zeitraum von nur drei Wochen war nahezu ein Wunder geschehen. Die Soldaten der großen französischen Armee, der Siegerin von 1918, waren entweder in Belgien eingekesselt oder zogen sich in regelloser Flucht über Somme und Seine zurück, nachdem sie schwere Verluste erlitten hatten und ihre Kampfmoral gebrochen war. Die britische Armee war an die Kanalküste zurückgedrängt worden und hatte den Kontinent nach einer schmählichen Niederlage räumen müssen. Die deutsche Wehrmacht hatte Rache für Versailles und die Demütigungen von Compiègne genommen. Bevor der Vorhang fiel, mußte noch ein letzter Akt über die Bühne gehen, und niemand zweifelte daran, daß auch er von Erfolg gekrönt sein würde. Und die Deutschen, ob Anhänger oder Gegner Hitlers, mußten zugeben, daß dies alles ohne dessen Entschlossenheit und Kühnheit nicht hätte geschehen können.

Hitlers triumphale Erfolge blendeten nicht nur die meisten Deutschen, sondern jetzt, im Juni 1940, fast die ganze Welt. Die neutralen Nationen gingen auf eine gewisse kühle Distanz zu Großbritannien, das aber keineswegs bereit zu sein schien, die deutschen Erfolge als endgültig zu akzeptieren. In Deutschland sahen sich die konservativen Kreise, die sich von den Reden und Praktiken der Nationalsozialisten abgestoßen fühlten, als unbelehrbare Reaktionäre geschmäht, die aufgrund ihrer Vorurteile nicht in der Lage waren, die Genialität Hitlers und die Größe seiner Erfolge anzuerkennen. Zu diesen Unbelehrbaren gehörten Männer und Frauen, deren Urteil sich auf die klare Erkenntnis des Unterschieds zwischen Recht und Unrecht stützte und die sich durch die Siegesmeldungen nicht beeinflussen ließen — Dietrich Bonhoeffer bezeichnete Hitler 1940 im

Augenblick seines größten Triumphs als den Antichrist,[6] und Helmuth Graf von Moltke schrieb am 17. Juni an Peter Graf Yorck von Wartenburg: »Wir müssen heute damit rechnen, mit einem Triumph des Bösen leben zu müssen.«[7] Alle drei starben später eines grausamen, aber ehrenhaften Todes durch die Hand des Henkers. Doch für die meisten Deutschen stand die Sonne im Zenit, und die Nacht lag weit hinter ihnen. Zu diesen Deutschen gehörte mit Sicherheit auch Erwin Rommel.

Das noch verbleibende militärische Ziel war nun die endgültige Zerschlagung der französischen Kräfte. Ungefähr 40 französische Divisionen lagen an einer etwa dem Verlauf der Somme und der Aisne folgenden Linie. Am 27. und 28. Mai hatten französische Verbände die deutschen Kräfte zwischen den Ardennen und dem Kanal zweimal in einem Korridor von Süden her angegriffen, in dem jetzt deutsche Infanteriedivisionen ihren Vormarsch fortsetzten. Der erste dieser Versuche war am 27. von zwei Divisionen französischer Kolonialtruppen in Richtung auf Amiens unternommen worden. Den zweiten Angriff am 28. führte eine französische Panzergruppe (deren Kern die französische 4. Panzerdivision unter der Führung von Charles de Gaulle bildete). Keiner dieser Vorstöße hatte auf die deutschen Truppen mehr als eine vorübergehende Wirkung.

Bei dem ersten Angriff waren die beiden französischen Divisionen von den leichten und mittleren Panzern der britischen 1. Panzerdivision unterstützt worden. Am 7. Juni war man sich bei der 51. Division, die entlang der Bresle etwa zwanzig Kilometer südlich der Somme lag, darüber klargeworden, daß deutsche motorisierte Kräfte tief an ihrer rechten Flanke vorbeizustoßen drohten. Zwanzig Kilometer südöstlich von Abbéville setzte General Hoth sein Panzerkorps bereits zu einem großen Umfassungsmarsch an.

Die Deutschen hatten ihre Kräfte umgruppiert. Hoths Panzerkorps, immer noch mit Rommels 7. und Hartliebs 5. Panzerdivision, war nun eines der drei zu Bocks Heeresgruppe B gehörenden Panzerkorps. Die Kämpfe im Norden waren mit Dünkirchen zu Ende gegangen, die Heeresgruppe B war entlang der Somme aufmarschiert, und zwar am rechten Flügel der nach Süden gerichteten deutschen Front, während links davon Rundstedts Heeresgruppe A hinter der Aisne stand. Am 5. Juni um 4.30 Uhr überschritt die am weitesten rechts eingesetzte Division Hoths, die 7. Panzerdivision, den Sommekanal zwischen Abbéville und Amiens und setzte sich in den Besitz von zwei Eisenbahnbrücken, die von den deutschen Pionieren in aller Eile so umgebaut wurden, daß sie auch von Kraftfahrzeugen benutzt werden konnten. Als erstes Fahrzeug überquerte der gepanzerte Befehlswagen des Divisionskommandeurs

Rommel eine dieser Brücken. Rommel befand sich nun jenseits der Somme.

Die Kämpfe am ersten Tag, der Sturmangriff auf eine potentiell starke französische Stellung, zeigten Rommel als einen eher überlegten und abwägenden militärischen Führer. Zweifellos war er sich der Tatsache bewußt, daß es ungeachtet der Erfolge seiner Division in den vergangenen Wochen Zeiten gegeben hatte, in denen das Zusammenwirken innerhalb der Division, die Ausgewogenheit und sein persönlicher Führungsstil — ganz zu schweigen von den Versorgungsproblemen — unter dem fieberhaften Tempo gelitten hatten, mit dem die Division von ihm vorangetrieben worden war. Deshalb führte Rommel die Division zwar mit dem gleichen Schwung wie bisher, behielt aber die ganze Operation, in den Flanken und im Rücken ebenso wie an der Front, fest in der Hand. Er hatte seinen Angriff mit starkem, konzentriertem Artillerie- und Maschinengewehrfeuer auf die Brücken vorbereitet, was zur Folge hatte, daß er sie unversehrt in Besitz nehmen konnte. Dann hatte er den Kanal mit zwei Bataillonen des Schützenregiments 6 überschritten, und als die erste Brücke hinreichend umgebaut war, führte er das Panzerregiment 25 hinüber mit dem Auftrag, sich auf einer Anhöhe nördlich von Quesnoy zum Angriff auf diese Ortschaft bereitzustellen, während eine Panzerabteilung das Dorf Hangest zerstören sollte, das von ebenso starken französischen Kräften verteidigt wurde wie Quesnoy. Den ganzen Tag lang lagen die deutschen Angreifer unter schwerem französischem Artilleriefeuer, und die Stellungen der französischen Infanterie- und Panzerabwehrgeschütze wurden hartnäckig verteidigt. Das französische Oberkommando hatte in aller Eile ein neues Verteidigungssystem einrichten lassen, das sich als durchaus wirksam erwies, obwohl die Franzosen nicht über ausreichend starke Kräfte verfügten und für die Umstellung nur wenig Zeit gehabt hatten. Die französischen Stellungen sollten jetzt nicht in einer Linie, sondern in die Tiefe gegliedert werden und aus zur Rundumverteidigung gegen Panzerangriffe eingerichteten Stützpunkten in Wäldern und Dörfern bestehen (die 7,5-cm-Geschütze sollten dabei zur Panzerabwehr eingesetzt werden), wobei Lücken zwischen den Stützpunkten offengelassen werden durften. Der Befehlswagen Rommels wurde von einem dieser Stützpunkte in Hangest unter Feuer genommen, und dabei zeigte sich deutlich, daß man es bislang noch keineswegs mit einem geschlagenen Gegner zu tun hatte. Das starke französische Artilleriefeuer wirkte sich spürbar negativ auf den Elan und die Moral der deutschen Angreifer aus.

Am Nachmittag gab Rommel den mündlichen Befehl für einen in allen Einzelheiten gut vorbereiteten Angriff, mit dem er hoffte, den

Durchbruch erzielen zu können. Um 16 Uhr sollte das Panzerregiment 25 Quesnoy angreifen und zu diesem Zweck den Ort im Norden umgehen und unter intensives Feuer nehmen. Unmittelbar dahinter und zum rückwärtigen Schutz des Panzerregiments sollten die Panzerspähwagen der Aufklärungsabteilung folgen. Schließlich sollte das Schützenregiment 7 in das Dorf eindringen und es vom Gegner säubern. Sobald die Division Quesnoy hinter sich gelassen hatte, sollte der Vormarsch auf der Linie Montagne/Camps-en-Amienois/Hornoy fortgesetzt werden. Rommel selbst würde das ganze Unternehmen unmittelbar hinter dem Panzerregiment begleiten.

Verlauf und Ausgang der Operation entsprachen ganz und gar Rommels Erwartungen, der sich dazu beglückwünschte, daß alles geklappt hatte wie »bei einer Feldübung«. Auch bei den Nachrichtenverbindungen hatte es diesmal keine Störungen gegeben. Rommels eigene positive Beurteilung mag die Andeutung eines fast unbewußten Eingeständnisses gewesen sein, daß frühere, vielleicht vermeidbare Mängel nun überwunden waren.

Das Panzerregiment 7 mußte auf Befehl des Korps bei Montagne anhalten, denn zur Unterstützung des Angriffs wurden Sturzkampfbomber eingesetzt, und bei einem Weitermarsch über Montagne hinaus nach Süden hätte das Regiment unter Umständen von der eigenen Luftwaffe angegriffen werden können. Rommels Vorstoß nach dem erzwungenen Übergang über den Sommekanal gegen einen tapferen, in günstigen Stellungen von reichlich Artillerie unterstützten Feind war weniger spektakulär gewesen als einige seiner früheren Erfolge, aber er hatte damit die französische Front an der Somme aufgebrochen und den Weg für den weiteren Vormarsch frei gemacht.

Die Franzosen hatten sich nach Kräften gewehrt und dabei einen Gegenangriff mit Panzern unternommen, der jedoch im Feuer der 8,8cm-Kanonen zum Erliegen kam. Diese Geschütze befanden sich jetzt immer häufiger an der Spitze von Rommels Marschordnung. Da sie von Zugmaschinen gezogen wurden und keine Panzerung besaßen, waren sie natürlich verwundbar, und am Morgen nach dem Gefecht mußte Rommel feststellen, daß einige von ihnen von der französischen Artillerie vernichtet worden waren.

An diesem Morgen — es war der 6. Juni — versammelte Rommel seine Kommandeure um 9 Uhr auf dem Gefechtsstand des Panzerregiments 25 zur Befehlsausgabe. An den folgenden zwei Tagen ließ er die Division im »Flächenmarsch« weiter vorgehen, eine Marschtechnik, die er schon vor dem Frankreichfeldzug geübt hatte. Die Division wurde auf einer etwa zwei Kilometer breiten Linie aufgestellt und bedeckte eine Tiefe von 20 Kilometern. Diese riesige rechteckige Formation bewegte sich dann durch das Land, wich Ortschaften und Hauptstraßen aus und feuerte aus der Bewegung heraus nach vorn oder nach den Seiten auf etwaige feindliche Stützpunkte, bereit, sofort auf eine neue Situation zu reagieren oder ein unerwartetes Gefecht zu beginnen.[8] Ein Flächenmarsch war natürlich nur in offenem Gelände möglich, und diese Voraussetzung war zwischen der Somme und der Seine fast überall gegeben. Allerdings waren die Räderfahrzeuge nicht uneingeschränkt geländegängig; sie folgten deshalb den Spuren der Panzer und nutzten die von dem schweren Gerät in die Hecken und Waldstücke gebrochenen Schneisen.

Der Vormarsch begann um 10 Uhr. Die Division rückte am ersten Tag im Flächenmarsch etwa 21 und am folgenden Tag etwa 26 Kilometer vor. Das war nicht mit den sensationellen Marschleistungen zu vergleichen, die Rommel im Mai erzielt hatte und später wieder erreichen sollte. Aber jetzt war die ganze Division und nicht nur die Spitze in Bewegung, und man ging durch ein Gelände vor, in dem die französischen Stellungen in die Tiefe gestaffelt und für die Rundumverteidigung eingerichtet waren. Am Nachmittag des 7. Juni war Rommel mit seiner Division im Raum Ménerval angekommen, etwa 65 Kilometer westlich der Somme. Die Aufklärungsabteilung war indessen bis zur schmalen und seichten Andelle vorgestoßen und hatte die von Paris nach Dieppe führende Straße im Forêt de Bray überschritten.

Inzwischen näherte sich das Panzerkorps Hoth bereits der Seine. Am 8. Juni entdeckte Rommel bei Sigy eine Furt durch die Andelle und begann an dieser Stelle mit seiner Division den Fluß zu überqueren. Bald darauf fand seine Aufklärungsabteilung eine noch nicht gesprengte Brücke bei Normanville, einem kleinen Dorf südlich von Sigy. Daraufhin verlegte Rommel die Mitte seines Vormarschstreifens in diesen Ort und ging nach Südwesten in Richtung auf Rouen weiter vor.

Er plante, einen Teil der Division zu einem Straßenkreuz wenige Kilometer westlich von Rouen zu schicken, von dem aus die Stadt unter starkes Artilleriefeuer genommen werden konnte. Im Schutz dieses Feuers und nachdem er (wie er hoffte) die Verteidiger glauben gemacht hatte, daß er die Stadt frontal von Osten aus angreifen werde (Rouen liegt beiderseits einer großen Seineschleife), wollte Rommel weiter nach Süden und Südosten in das Flußtal vorgehen und sich in den Besitz einer oder mehrerer Brücken im Raum von Elbeuf setzen, das unmittelbar südlich von Rouen an der nächsten Flußschleife liegt. Damit hätte sich die 7. Panzerdivision südlich des Flusses befunden.

Aber soweit sollte es nicht kommen. Wo die Andelle in die Seine mündet, war das Gelände bewaldet und mit vielen kleinen Dörfern besiedelt, eignete sich also nicht für einen Flächenmarsch. Rommel setzte eine Kompanie des Panzerregiments und eine starke Abteilung Feldgeschütze und 8,8cm-Flak in Richtung auf Rouen in Marsch über enge Straßen, die an Waldrändern entlangführten. Auf dem Weg dorthin stieß die Kolonne auf britische Abteilungen, die quer zur deutschen Front nach Süden fuhren. Es waren Teile der britischen 1. Panzerdivision, die nach ihrer fehlgeschlagenen Gegenoffensive bei Abbéville von dem neuen französischen Oberbefehlshaber, General Weygand, persönlich den Befehl bekommen hatte, Front nach Osten zu machen und eine entlang der Andelle verlaufende Linie zu verteidigen, ein ebenfalls hoffnungsloses Unterfangen. Nun hatten die Briten in aller Eile aus ihren Reserven ein paar Bataillone zusammengestellt, mit denen sie ihr möglichstes zu tun versuchten, hatten jedoch am 8. Juni den Befehl bekommen, südlich der Seine vorzugehen, und dort stießen sie nun auf Rommels Division.

Im Lauf des Tages kam es zu weiteren Aufenthalten und Scharmützeln, und Rommels Kampfgruppe, die am Straßenkreuz östlich von Rouen in Stellung gehen sollte, kam entsprechend langsam voran. Überall tauchten verwirrte französische Soldaten auf, die sich ergaben und nun zurückgeführt werden mußten, was zu weiteren Verzögerungen führte. So erreichte die Kampfgruppe das Straßenkreuz erst bei Einbruch der Nacht, und auch dann dauerte es noch geraume Zeit, bis die Artillerie ihre Feuerstellungen bezogen hatte und mit dem von Rommel befohlenen Beschuß von Rouen beginnen konnte. Indessen setzte er den Rest des Panzerregiments 25 über Boos und Les Authieux zur Seine bei Sotteville in Marsch und fuhr dabei selbst unmittelbar hinter den Panzern mit. Die französische Bevölkerung war verstört und verängstigt. Niemand winkte den deutschen Soldaten zu, wie dies an anderen Orten geschehen war. Eine Frau faßte Rommel am Arm und fragte ihn, ob er Brite sei. Seine Antwort erschütterte sie sichtlich.

Am 9. Juni um 2 Uhr morgens war Rommel mit der Spitze der Division am Nordufer der Seine angekommen. Er hatte sein Kradschützenbataillon in der Dunkelheit das Flußtal hinunter nach Westen geschickt mit dem Befehl, die Brücken bei Elbeuf in Besitz zu nehmen. Die Funkverbindung zu den übrigen Teilen der Division war in dem hügeligen Gelände und wegen atmosphärischer Störungen abgerissen. Nach etwa zwei Stunden würde es hell werden, und Rommel wollte vermeiden, daß die 7. Panzerdivision noch vom Tageslicht überrascht wurde, während sie weit auseinandergezogen im tief eingeschnittenen Seinetal festsaß. Er brauchte eine Brücke, um die Division am Südufer den Hang hinauf auf höher gelegenes, freies Gelände führen zu können. Wenn das nicht gelang, würde er die Division ein gutes Stück nördlich des Flußtals in Sicherheit bringen müssen, wo sie nicht im Tal selbst dem Beschuß durch die französische Artillerie ausgesetzt war. Ungeduldig machte sich Rommel schließlich selbst auf den Weg nach Elbeuf, um die Lage dort zu erkunden. Besonders prekär war, daß er nicht genau wußte, wo sich der größte Teil seiner Division jetzt befand.

In Elbeuf herrschte ein absolutes Chaos, ein unübersichtliches Durcheinander von Männern und Fahrzeugen. Klar war nur, daß die Männer des Kradschützenbataillons, denen er befohlen hatte, die Brücken in Besitz zu nehmen, dies bis jetzt nicht einmal versucht hatten. In der Stadt waren militärische und Zivilfahrzeuge zusammengestoßen, und Rommel bemerkte sofort, daß der verantwortliche Offizier nicht energisch genug für Ordnung sorgte. Kurz vor 3 Uhr ließ Rommel persönlich seine Männer zum Angriff auf die Brücken antreten, doch schon nach wenigen Minuten wurden beide Brücken von den Franzosen gesprengt, und die Detonationen, die man flußauf- und -abwärts hörte, zeigten an, daß sie auch im Osten und Westen die Brücken zerstörten. Damit hatten sie den deutschen Vormarsch zumindest im Angriffsstreifen des Panzerkorps Hoth an der Seine zum Stehen gebracht.

Nun galt es zunächst, die weit auseinandergezogene Division zu ordnen. An eine Überschreitung der Seine war jetzt nicht zu denken. Am folgenden Tag, dem 10. Juni, nahm die 5. Panzerdivision Rouen, und Rommel erhielt neue Befehle.

Die britische 51. Division unter General Fortune war nach ihrem Versuch, unter französischem Kommando bei Abbéville einen Gegenangriff zu führen, und ihrem darauffolgenden Rückzug an die Bresle vom französischen IX. Korps bis zum 8. Juni dort festgehalten worden. Am gleichen Tag näherte sich Rommel bereits viele Kilometer hinter dem rechten Flügel der 51. Division Rouen. Und ebenfalls am gleichen Tag erhielt Fortune den Befehl, sich mit seiner Division in den Raum südlich der Seine zurückzuziehen. Das hätte einen voraussichtlich vier Tage dauernden Marsch über eine Entfernung von 80 Kilometern bedeutet.

Das rasche Vorrücken der Heeresgruppe B vereitelte diese Verlegung. Statt dessen zogen sich die 51. Division und die restlichen französischen Divisionen des IX. Korps unter General Ihler parallel zur Küste in westlicher Richtung mit dem Befehl zurück, Le Havre zu erreichen. Fortune schickte zwei Brigaden — eine von seiner eigenen Division, die andere von der behelfsmäßigen sogenannten »Beauman-Division« — nach Le Havre und befahl dem Rest, sich ihnen anzuschließen, zwischendurch aber Stellungen an den kleinen Flüssen Bethune und Durdent zu beziehen. Die Hauptbedrohung kam jedoch nicht von vorn, sondern von den Flanken und vom Rücken

her. Die Bethune mündet bei Dieppe in den Ärmelkanal, und die
51. Division erreichte diese Stelle. Die Durdent jedoch mündet
40 Kilometer davon entfernt bei Veulettes ins Meer, einer kleinen
Ortschaft etwa zehn Kilometer westlich von St. Valéry-en-Caux und
noch 65 Kilometer vor Le Havre gelegen. Am späten Abend des
10. Juni, vor Einbruch der Dunkelheit, erfuhr Fortune, daß Veulettes
bereits in deutscher Hand war. Teile der erschöpften Divisionen des
IX. Korps, französische Truppen und die 51. »Highland«-Division
suchten nun St. Valéry zu erreichen, dessen kleiner Hafen auf die
Möglichkeit hoffen ließ, dort eingeschifft und gerettet zu werden.

Da man mit dem französisch-britischen Rückzug in Richtung auf
Le Havre gerechnet hatte, war Hoth angewiesen worden, sein Korps
von der Seine abzuziehen und nach Norden vorzustoßen, um den
Franzosen und Briten den Rückzug abzuschneiden. Die 7. Panzerdivision sollte direkt auf Le Havre vorgehen, und am Morgen des
10. Juni gegen 7.30 Uhr hatte Rommel das 16 Kilometer nordwestlich von Rouen gelegene Barentin erreicht, während seine weit auseinandergezogene Division ihm folgte. Er hatte bereits das Panzerregiment 25 wenige Kilometer südlich dieses Raumes versammelt und
der Aufklärungsabteilung befohlen, das etwa 20 Kilometer weiter
nördlich gelegene Yvetot zu erreichen und sobald wie möglich Aufklärungsvorstöße bis an die Küste zu unternehmen. »Gehen Sie hier
in Stellung«, hatte Rommel dem Abteilungskommandeur gesagt und
ihm auf der Karte ein weiteres Marschziel gezeigt, »bis ich mit den
Panzern nachkomme. Sehen Sie nicht nach rechts oder links, nur
immer vorwärts. Wenn Sie in Schwierigkeiten geraten, lassen Sie es
mich wissen!« Zwei Stunden später erreichte er mit der 25. Panzerdivision Yvetot und erfuhr dort, daß »starke feindliche Kräfte« im
Verlauf der von St. Saëns heranführenden Straße nach Westen marschierten.

Das waren Teile der alliierten Hauptkräfte, die sich auf dem Rückzug von der Somme nach Westen befanden, deren am weitesten
nördlich zurückgehender Verband die 51. Division war. Rommel hatte indessen leichte und 8,8cm-Flak herangeführt und sie mit Front
nach Osten so in Stellung gebracht, daß sie mit ihrem Feuer auch
Yvetot decken konnten. Dann hatte er das Panzerregiment und die
Aufklärungsabteilung beauftragt, so schnell wie möglich weiter nach
Norden vorzustoßen, und zwar in zwei nebeneinander fahrenden
Kolonnen, entweder auf der Straße oder, wo es notwendig war, unter Ausnutzung einer parallel zur Straße verlaufenden Fahrspur. Alle nach Osten führenden Straßen waren jetzt von feindlichen Fahrzeugen besetzt, mit denen französische und einige britische Soldaten
versuchten, das 16 Kilometer weiter westlich gelegene Fécamp zu erreichen, um dort evakuiert zu werden. Viele dieser Fahrzeuge wur-

den durch Luftangriffe zerstört, und von überall her strömten französische Soldaten zusammen, die sich den Deutschen ergaben. Währenddessen drängte Rommel unaufhaltsam weiter und trieb seine an der Spitze marschierenden Verbände zur Eile an. Er selbst erreichte mit den Fahrzeugen seines Stabes die Küste bei der kleinen Ortschaft Dalles auf halbem Wege zwischen Fécamp und Veulettes, etwa 16 Kilometer westlich von St. Valéry-en-Caux. Fortune hatte recht gehabt. Die Falle war zugeschnappt. Die alliierten Truppen würden weder Le Havre noch Fécamp erreichen können.[9]

In dieser völlig unübersichtlichen Lage fuhr Rommel in bester Stimmung, die jeder Soldat in seiner Division teilte, in westlicher Richtung nach Fécamp weiter. Der Anblick der Küste, das Gefühl, endlich am Rande Europas zu stehen und das vorerst letzte Angriffsziel dieses Feldzugs in einem Abschnitt erreicht zu haben – das war ein überwältigendes Erlebnis. Rommel war seit dem Übergang über den Sommekanal Tag und Nacht fast pausenlos unterwegs gewesen, und die Männer seiner Division waren nach den Strapazen der vergangenen vier Wochen erschöpft und warteten auf die verdiente Ruhepause.

Doch darauf wollte Rommel sich nicht einlassen. Er selbst war ebenso abgekämpft wie seine Soldaten, aber seine Energie hatte nicht nachgelassen, und das geringste Anzeichen von Schwäche oder Unentschlossenheit erregte wie stets seinen Unmut. Nachdem er sich kurz den Stadtrand von Fécamp angesehen hatte, fuhr er wieder nach Osten, setzte sich mit seinem Fahrzeug hinter die drei vordersten Panzer einer Panzerabteilung und ließ die Kolonne wenden und entlang der Küste nach St. Valéry zurückfahren.

Am 11. Juni war die Stadt gedrängt voll von französischen und britischen Fahrzeugen und Soldaten, und auf dem höher gelegenen Gelände westlich des Ortes war eine französisch-britische Verteidigungsstellung eingerichtet worden. Rommel ließ nun das Panzerregiment 25 dort, wo es möglich war, langsam vorrücken, und schließlich gelang es ihm, einige Panzer auf einer Bodenerhebung in Stellung zu bringen, von der aus man den Hafen unter Feuer nehmen und damit alle Versuche, die britischen und französischen Truppen einzuschiffen, vereiteln konnte. Am Nachmittag schickte Rommel einen Parlamentär mit einer weißen Fahne in die Stadt, der den Gegner zur Kapitulation auffordern sollte. Doch das wurde abgelehnt. Nun eröffneten die Panzer und die Artillerie der 7. Division das Feuer, und die Infanterie des Schützenregiments Rommels ging auf den Anhöhen oberhalb der Stadt in Stellung. Doch auch das veranlaßte den Gegner nicht zur Kapitulation.

Die ganze Nacht über wurde jedes erkennbare Ziel beschossen, während die Panzer in Deckung fuhren, um aufgetankt und mit neuer Munition versorgt zu werden. Am frühen Morgen des 12. Juni gingen die Panzer wieder vor, rückten näher an die Stadt heran und drangen bereits in die äußeren Bezirke ein. Rommel fuhr mit seinem Befehlswagen zum nordwestlichen Stadtrand und folgte dann zu Fuß einigen seiner Panzer in das Zentrum der Stadt, die sich in ein Flammenmeer verwandelt hatte.

Schließlich erreichten Rommel und die ersten Panzer den Hafen. Schon am frühen Morgen hatte man dort ein Transportschiff ausgemacht, das versuchte, Soldaten an Bord zu nehmen, und Rommel hatte persönlich das Feuer darauf gelenkt, zunächst mit einem 8,8cm-Geschütz und dann mit anderer Artillerie. Das Transportschiff hatte inzwischen den Hafen verlassen, und die französischen und britischen Truppen hatten jede Hoffnung aufgegeben, von hier aus in Sicherheit gebracht zu werden. Von allen Seiten strömten nun die Gefangenen zusammen, und General Ihler, der Kommandierende General des französischen IX. Korps, übergab Rommel die Stadt. Auch Fortune blieb nichts anderes übrig, als die Feuereinstellung zu befehlen und sich zu ergeben. Nördlich und östlich der Seine war der Krieg vorüber, zumindest für die nächsten vier Jahre. Am Abend des 12. Juni spielte das Musikkorps von Rommels Division in Fécamp ein Ständchen, und in den folgenden vier Tagen erhielten die Soldaten endlich Gelegenheit, sich in der Sonne und am Meer zu auszuruhen.

Am 13. Juni, einen Tag nach der Einnahme von St. Valéry, war indessen der britische General Brooke in Cherbourg eingetroffen. Als Kommandierender General des britischen II. Korps war er mit seinen Truppen aus Dünkirchen evakuiert worden, hatte dann aber vom britischen Kriegskabinett den Befehl erhalten, nach Frankreich zurückzukehren und neue britische Expeditionsstreitkräfte aufzustellen. Südlich der Seine befanden sich noch immer zahlreiche britische Truppen, die bisher von der Wehrmacht nicht überrannt worden waren. Eine weitere Division, die 52., hatte sich in England zur Überfahrt nach Frankreich eingeschifft, und die erste Brigade war bereits in Cherbourg eingetroffen und dem französischen Oberkommando unterstellt worden. Zudem wollte man eine kanadische Division nach Frankreich verlegen, und weitere Truppen sollten folgen.

Am 14. Juni sprach Brooke mit dem französischen Oberbefehlshaber Weygand und mit General Georges, dem Oberbefehlshaber der Heeresgruppe, die sich jetzt noch den Deutschen entgegenstellte. Man erörterte eine angeblich (zwischen den Alliierten) vereinbarte Strategie, nach der in der Bretagne eine »befestigte Stellung« gehalten werden sollte — eine Verteidigungslinie quer über die engste Stelle der bretonischen Halbinsel. Brooke erklärte, dafür brauche man mindestens 15 Divisionen, und fragte, wo sie seien. Er selbst verfügte in diesem Augenblick nur über eine einzige. Die Antwort der Franzosen sagte alles: Weygand hielt den bretonischen Plan für absurd und plädierte nachdrücklich dafür, bei den Deutschen um einen Waffenstillstand nachzusuchen. Das hatte er seiner Regierung auch schon dringend empfohlen.

Brooke war entschlossen zu tun, was er für notwendig hielt. Noch am gleichen Abend sprach er telefonisch mit dem Chef des Imperial General Staff in London sowie mit Churchill. Er erklärte, die britischen Truppen in Frankreich dürften nicht verstärkt und die dort noch immer dem französischen Oberkommando unterstellten Verbände müßten aus diesem Unterstellungsverhältnis entlassen werden. Diese Entscheidung müsse unverzüglich getroffen werden. Darüber hinaus sollte so rasch wie möglich eine weitere Evakuierung erfolgen, und zwar vor allem über die Häfen von St. Nazaire und Cherbourg. Obwohl es nicht leicht war, konnte er seine Gesprächspartner in London überzeugen. Daraufhin schiffte er sich am 18. Juni um 16 Uhr in St. Nazaire ein und verließ Frankreich.

Am gleichen Tag lief das letzte britische Schiff aus dem Hafen von Cherbourg aus. Die deutsche Artillerie war bereits auf den Höhenzügen in der Umgebung der Stadt in Stellung gegangen. Tags zuvor hatte der französische Staatschef, Marschall Pétain — er war in der Stunde der Not zurückgerufen worden, um Frankreich zu retten —, eine Rundfunkansprache an die französische Nation gehalten, die deutlich zum Ausdruck brachte, daß es sinnlos sei, den Kampf gegen den weit überlegenen Gegner weiterzuführen. Die Ansprache wurde in ganz Frankreich als Aufruf zum Waffenstillstand verstanden.

Inzwischen hatten die Deutschen die Seine überschritten, ohne auf Widerstand zu stoßen. Deutsche Infanteriedivisionen marschierten jetzt nach Süden in Richtung auf die Loire, und am 17. Juni erhielt die 7. Panzerdivision nach ihren Erfolgen bei St. Valéry den Befehl, nach dem Übergang über die Seine so schnell wie möglich nach Westen vorzustoßen, um dann nach Norden zu schwenken und die bedeutende Hafenstadt Cherbourg einzunehmen. Ein vorrangiges strategisches Ziel werde es sein, allen britischen und französischen Truppen den Weg abzuschneiden und damit die Möglichkeit zu nehmen, nach England überzusetzen.

Rommel unterstand jetzt außer seiner eigenen Division noch eine Schützenbrigade unter General v. Senger und Etterlin. Am 17. Juni legte die Division, ohne in Gefechte verwickelt zu werden, 240 Kilometer zurück, eine beachtliche Leistung. Dabei war man immer wieder auf kapitulierende französische Truppen gestoßen. Erst gegen Ende dieses Marsches, als die Spitze der Division Coutances erreicht hatte und nach Norden in Richtung auf Cherbourg schwenkte, geriet sie nördlich von La-Haye-du-Puits in schweres Artillerie- und Maschinengewehrfeuer. Rommels Vorhut war auf eine Deckungstruppe gestoßen, die den Auftrag hatte, die Evakuierung aus Cherbourg abzuschirmen. Inzwischen war es Mitternacht geworden.

Wenn der Waffenstillstand zu diesem Zeitpunkt tatsächlich schon vereinbart war — und Rommel hatte bisher noch keine offizielle Mitteilung darüber erhalten —, dann wußten die zur Verteidigung von Cherbourg eingesetzten alliierten Truppen offenbar nichts davon. Rommel ließ ihnen durch einen Parlamentär mitteilen, er werde sie angreifen, wenn sie nicht bis zum 18. Juni um 8 Uhr morgens kapitulierten. Und tatsächlich waren um 8 Uhr die Stellungen geräumt, und die Division setzte den Marsch in Richtung auf Cherbourg fort. Obwohl sie dort erneut von heftigem Sperrfeuer empfangen wurde und die Stadt überdies über einen hervorragenden Befestigungsring verfügte, nahm Rommel Cherbourg fast im Handumdrehen ein. Am 19. Juni um 17 Uhr wurde die Kapitulationserklärung unterschrieben, und Rommel konnte befriedigt feststellen, daß es keine großen Verluste unter der Zivilbevölkerung gegeben hatte.

Aus deutscher Sicht war jetzt nach Beendigung des Feldzuges die Zeit für einen Waffenstillstand mit Frankreich gekommen; er wurde am 22. Juni geschlossen. Rommels 7. Panzerdivision hatte 882 Gefallene, 1446 Verwundete und 296 Vermißte verloren. Die Zahl der von ihr gemachten Kriegsgefangenen war gewaltig, ebenso die Menge des erbeuteten Kriegsmaterials.

Rommels Name war jetzt in aller Munde. Was er und seine »Gespensterdivision«, deren Name zum Begriff geworden war, geleistet hatten, wurde in Presse und Rundfunk umfassend gewürdigt, und Rommel, der nicht frei von Eitelkeit war, sah das durchaus mit Wohlgefallen.

Seine Methoden blieben allerdings auch weiterhin umstritten. Zum einen hatte er während der vergangenen Wochen häufig die Vorschriften ignoriert und damit das Mißfallen seiner Vorgesetzten erregt. So etwa hatte der Chef des deutschen Generalstabes, General Halder, Rommel schlichtweg als einen »verrückt gewordenen General« bezeichnet, als dieser sich wieder einmal über eine von höherer Stelle gegebene Anordnung hinweggesetzt hatte.

Aber Rommel war und blieb eben unerschütterlich davon überzeugt, daß ein militärischer Führer im Bewegungskrieg die Entscheidungen am Brennpunkt des Geschehens treffen muß, und das war beim Vormarsch die Speerspitze. Deshalb finden wir Rommel immer und immer wieder beim ersten Panzer, beim vordersten Schützenzug und mit Sicherheit an der Seite des Führers der am weitesten vorn eingesetzten Kompanie. Sein Instinkt sagte ihm, daß dort sein Platz war.

Nicht ganz zu Unrecht also ist Rommel dafür kritisiert worden, daß er den komplizierten Mechanismus der militärischen Kommandostruktur ignoriert habe, ob nun im Rahmen einer Armee oder einer Division, und daß er es versäumt habe, ihre Zwänge zu beachten, insbesondere was die Vorbereitungen für die Versorgung der Truppe und die Weitergabe von Informationen betraf. Er habe seinen Stab nicht richtig genutzt, sich zu häufig auf mündliche Befehle an einzelne Unterführer verlassen und die Unzulänglichkeiten des Funkverkehrs zu wenig berücksichtigt — und die großen Entfernungen, die im Frankreichfeldzug zurückgelegt wurden, führten oft zu solchen Störungen, obwohl die Deutschen über erstklassige Funkgeräte verfügten. Kurz gesagt, es habe ihm an der Fähigkeit zur Koordinierung gemangelt, und er habe es nicht verstanden, den ihm zur Verfügung stehenden Mechanismus richtig zu nutzen. Deshalb habe er häufig selbst nicht gewußt, wo und in welcher Lage sich seine Truppen befanden. Tatsächlich hatte ja der Divisionsstab während des Vormarsches nach Cambrai nie genau gewußt, wo Rommel sich gerade aufhielt und in welche Schwierigkeiten er geraten sein mochte, und hatte diese Besorgnisse dem Gefechtsstand Hoths mitgeteilt. Der Ia der Division, Major Heidkämper, verfaßte eine Denkschrift über die Schwierigkeiten, die der Stab mit den Methoden Rommels hatte, und legte sie Rommel unmittelbar nach der Einnahme von St. Valéry vor.

Der aber reagierte ungehalten und warf seinerseits dem Divisionsstab vor, nachlässig und zu zaghaft gewesen zu sein und nicht erkannt zu haben, welche Anforderungen in einer solchen Lage an einen Divisionskommandeur und besonders an den Kommandeur einer Panzerdivision gestellt würden. Daß das Panzerregiment 25 in seiner Igelstellung bei Le Cateau nicht mit Munition und Kraftstoff versorgt worden sei, habe daran gelegen, daß der Stab es an Voraussicht und Initiative habe fehlen lassen, und nicht am allzu forschen Führungsstils des Divisionskommandeurs. Aber Rommel wußte auch, daß sein Kommandierender General Hoth gewisse Vorbehalte gegenüber seinen Methoden hatte, so sehr er auch die Leistungen der 7. Panzerdivision anerkannte. Nachdem er sich mit Hoth ausgesprochen hatte, schloß er auch Frieden mit seinem Ia, und Hoth hat in seiner schriftlichen Beurteilung am 7. Juli sehr anerkennende Worte für Rommel gefunden. Darin sprach er von dessen Fronterfahrung und dem Gespür für den entscheidenden Punkt in der Schlacht und erklärte, General Rommel »hat neue Wege in der Führung von Panzerdivisionen beschritten«.[10]

Natürlich war Rommel auch kein bequemer Vorgesetzter, und die Verärgerung und gelegentlichen Mißverständnisse, zu denen seine Eile und Energie führen konnten, waren die Kehrseite der Triumphe, mit denen sein Einfallsreichtum ebensooft belohnt wurde. Aber er konnte und wollte eine Truppe eben so führen, wie er es aus seinen Erfahrungen gegen die Franzosen in den Argonnen, gegen die Rumänen am Cosna und gegen die Italiener am Monte Matajur gelernt hatte. Und immerhin hatte sich die Richtigkeit seiner Methode an der Maas, bei Le Cateau und bei Arras bestätigt. Als Befehlshaber konnte er nur die Rolle des Helden spielen. Und wie seine Methoden auf seine Vorgesetzten, seine Kameraden und auf seinen Stab auch immer gewirkt haben mögen – die Männer seiner Division haben nie an ihm gezweifelt. Auf ihre Glückwünsche zur Verleihung des Ritterkreuzes an ihren Kommandeur reagierte Rommel mit einem Tagesbefehl, in dem er ihnen dankte und sie an ihre Leistungen erinnerte: »Dinant – Avesnes – Le Cateau – Cambrai – Arras – Lille – Somme – Rouen – Fécamp – St. Valéry werden für alle Soldaten der Division zeitlebens stolze Erinnerungen bleiben.«[11] Er wußte genau, wie stolz die Soldaten auf diesen Feldzug waren, mit dem auch sein Name immer verbunden bleiben würde.

IV. Teil

1941-1943

11.

Sonnenblumen in Afrika

Rommels Stern leuchtete jetzt hell. Mit dem Führerhauptquartier war verabredet worden, daß er Hitler eine Karte schicken sollte, die den Vormarsch der 7. Panzerdivision in Frankreich zeigte. Das wurde sofort durch einen Kurier erledigt. Ob Rommel dem Obersten Befehlshaber wirklich nur eine Vorstellung vom Einsatz einer typischen Panzerdivision verschaffen wollte oder ob er, wie seine Kritiker argwöhnten, die günstige Gelegenheit wahrnahm, etwas für sein eigenes berufliches Fortkommen zu tun, sei dahingestellt. Auf jeden Fall war er jetzt ein bekannter Mann. Propagandaminister Goebbels bewunderte ihn und berichtete über die spektakulären Erfolge der Gespensterdivision. In Goebbels' Tagebüchern wird Rommel fast bis zuletzt immer wieder als vorbildlicher Charakter, hervorragender Soldat und Truppenführer erwähnt, der andere in den Schatten stellte. Goebbels' Urteil ist, was Rommels militärische Qualitäten betrifft, sicher nicht maßgebend, aber es zeigt doch, welche persönliche Anziehungskraft er besaß. Dies wird im übrigen von fast all seinen Bekannten, mochten es auch noch so unterschiedliche Personen sein, in mündlichen und schriftlichen Äußerungen bestätigt.

Für Rommel wie für viele Menschen in Deutschland und in der Wehrmacht schien der Frieden jetzt unmittelbar vor der Tür zu stehen. Er wußte nicht — und damals haben es nur wenige gewußt —, daß Hitler bereits beschlossen hatte, sobald wie möglich den Krieg gegen die Sowjetunion zu beginnen, und zudem davon sprach, daß Deutschland sich darauf würde vorbereiten müssen, die Verantwortung für das Britische Kolonialreich zu übernehmen.

Hitlers Gedanken beschäftigten sich im Herbst und Winter 1940 mit zum Teil schon lange gehegten und mehr oder weniger realisierbaren Wunschträumen. Seine Träume von der Eroberung und Besetzung Englands verblaßten und waren vermutlich stets von gewissen Bedenken begleitet gewesen. Nicht verblaßt waren dagegen seine Träume von einem raschen Sieg über die Sowjetunion, den er noch vor Ende des kommenden Jahres zu erringen hoffte — und zwar mit einer Armee, die nach den Triumphen im Westen und Osten aus etwa 60 Divisionen bestand und die das im Osten gelegene Reich bis zum September 1941 erobert haben sollte. An-

Im August 1940 besetzten die Italiener das von ihren Besitzungen Eritrea, Abessinien und Somaliland umschlossene Britisch-Somaliland. Seinen »Parallelkrieg« zur Schaffung eines »Imperio Romano« wollte Mussolini völlig getrennt von Deutschland führen, »nicht mit Deutschland, nicht für Deutschland, sondern für Italien an der Seite Deutschlands«, wie er sagte. Aber die am 13. September begonnene Offensive gegen Ägypten kam schon nach wenigen Tagen nach der Einnahme von Sollum und Sidi Barrani zum Stehen, und bald ging der britische General Wavell zum Gegenangriff über. Binnen kurzer Zeit verloren die Italiener fast acht Divisionen, 130 000 Gefangene, 470 Panzer und 1 300 Geschütze, und Mussolini mußte die deutschen Verbündeten um materielle Unterstützung bitten. Hitler entsandte ein Panzerkorps nach Tripolis, das die Bezeichnung »Deutsches Afrikakorps« erhielt, dessen Kommandeur Generalleutnant Rommel war. Von nun an war Italien vollkommen von Deutschland abhängig, und seine Kriegführung wurde in die deutsche Grundstrategie eingefügt.
Oben: Italienische Panzer beim Angriff in der Marmarica.
Rechts: Rommels Panzerbefehlswagen »Moritz« in der nordafrikanischen Wüste.

schließend sollte der Krieg vor allem mit den deutschen See- und Luftstreitkräften weitergeführt werden. Was die Armee betraf, so hatte Hitler einen weiteren und noch ehrgeizigeren Plan: Eine in Rußland befindliche deutsche Armee könnte vom Kaukasus aus eine Offensive beginnen, die sie in den Iran und Irak führte, während deutsche Truppen (mit Zustimmung Italiens) von Libyen aus nach Ägypten und (mit Zustimmung der Türkei) von Bulgarien aus nach Syrien vorstoßen würden. Das alles war für die ersten Monate des Jahres 1941 oder einen noch früheren Zeitpunkt geplant,[1] und diese Überlegungen fanden zum Teil ein Echo in Rommels strategischem Denken und nahmen in dem Entwurf eines »Orientplanes« im Juni 1941 konkretere Formen an. Für Hitler war dieser Plan Teil seiner immer großartigeren Visionen eines unter Deutschlands Herrschaft vereinten Europa, das schließlich, wenn es dank seiner Gebietseroberungen über gewaltige Mengen an Rohstoffen und Energiequellen verfügte, Amerika auf wirtschaftlichem Gebiet herausfordern sollte. Rommel wußte nichts von alledem, obwohl er von solchen Visionen wahrscheinlich fasziniert gewesen wäre. Er war politisch naiv, und Hitler verstand es ausgezeichnet, seine Zuhörer zu faszinieren.

Was Rommel und die Welt jedoch wußten, war die Tatsache, daß Italien am 10. Juni 1940, eine Woche nachdem das Gros der britischen Expeditionsstreitkräfte England erreicht hatte und die Wehrmacht nach Überschreitung der Seine bereit war, der französischen Armee den Todesstoß zu versetzen, den Westalliierten, Großbritannien und Frankreich, den Krieg erklärt hatte. Keine politische Entscheidung hat das weitere Schicksal von Erwin Rommel so entscheidend beeinflußt wie diese.

Mussolini hatte sich Hitler kurz vor Beginn der Waffenstillstandsverhandlungen mit den Franzosen gerade rechtzeitig genug angeschlossen, um noch mit am Tisch der Sieger sitzen zu können. Seine ehrgeizigen Pläne gingen jedoch weiter und zielten darauf, sein neues »Imperio Romano« durch Gebietseroberungen in Afrika zu vergrößern. 1936 hatte er Abessinien annektiert, und nun stand eine aus einer Viertelmillion Soldaten bestehende italienische Armee dort, in Eritrea und Italienisch-Somaliland und bedrohte die britischen Kolonialtruppen in Kenia, Britisch-Somaliland und im Sudan. In Libyen hatten die Italiener 14 Divisionen unter dem Oberbefehl von Marschall Graziani stationiert, und Mussolini beabsichtigte nun, mit diesen Kräften in Ägypten einzumarschieren, das mit Großbritannien verbündet war und wo die Briten eine relativ schwache Armee unterhielten. Ägypten hatte wegen des Suezkanals eine besondere strategische Bedeutung.

Am 13. September 1940 setzten die Italiener ihre Streitkräfte in Richtung auf die libysch-ägyptische Grenze in Marsch. Nachdem sie 80 Kilometer weit nach Ägypten vorgedrungen waren und Sidi Barani erreicht hatten, richteten sie sich zur Verteidigung ein, begannen auf einer Frontbreite von 32 Kilometern Befestigungen zu bauen und besetzten sie mit starken Kräften. Diese Stellungen griff am 9. Dezember die aus britischen und Commonwealth-Truppen bestehende Western Desert Force unter General O'Connor an. Obwohl die Italiener fünfmal so stark wie die Angreifer waren, hatten die Briten schon nach drei Tagen 40 000 italienische Gefangene gemacht und 73 Panzer, 237 Geschütze sowie 1 000 Fahrzeuge erbeutet.

Die Italiener wurden nun im Januar 1941 entlang der nordafrikanischen Küste verfolgt, und die aufeinanderfolgenden italienischen Festungen Bardia, Tobruk und Derna wurden genommen. Tobruk mit seinem Hafen hatte eine besondere Bedeutung und konnte als Basis für weitere Operationen dienen.

Anschließend führte O'Connor seine motorisierten Truppen quer durch die östlich von Bengasi gelegene Cyrenaika-Halbinsel. Bei Beda Fomm in der Nähe der Großen Syrte schnitten O'Connors Truppen den Italienern den Fluchtweg nach Süden ab, und am 7. Februar kapitulierte die ganze italienische 10. Armee. Damit waren etwa zehn italienische Divisionen vernichtet, und die Italiener hatten 130 000 Gefangene und den Verlust von 500 technisch geringwertigen Panzern und mehr als 800 Geschützen zu beklagen. O'Connors Verluste betrugen weniger als 1 000 Mann. Am 8. Februar besetzten die Briten das nahe der Grenze zwischen der Cyrenaika und Tripolitanien gelegene El Agheila.

Hier stellten sie ihre Verfolgung ein. O'Connor hatte den Befehl erhalten, nicht mehr weiter vorzugehen, da London beschlossen hatte, Griechenland zu helfen, und diese Hilfe konnte nur aus Nordafrika kommen. Griechenland war im Oktober 1940 von Albanien aus, das die Italiener am Ostersonntag 1939 überfallen hatten, von italienischen Truppen angegriffen worden, und die tapferen Griechen hatten diesen Angriff zunächst abgewehrt.

In Eritrea wurde die italienische Armee im Januar von britischen und indischen Streitkräften unter General Platt vom Sudan aus angegriffen, während britische Kolonialtruppen und südafrikanische Streitkräfte unter General Cunningham im südlichen Abessinien in nördlicher Richtung vorrückten, nachdem sie die italienischen Garnisonen in Somaliland ausgeschaltet hatten. Die Truppen dieser beiden Expeditionen vereinigten sich schließlich, und am 7. April wurde die abessinische Hauptstadt Addis Abeba von Cunningham besetzt. Ende Juni 1941 hörte das ostafrikanische Imperium Mussolinis auf zu existieren.

Aber bereits im Februar 1941 befanden sich die Italiener im ganzen östlichen Mittelmeerraum und am Indischen Ozean in einer ungünstigen militärischen Lage. Ihre gegen Griechenland gerichtete Offensive war abgewehrt worden, und nun standen sie vor der Niederlage in Eritrea, Italienisch-Somaliland und Abessinien. In Libyen drohte ihnen zudem der Verlust einer ganzen Armee, und sie hatten sich nach Tripolitanien zurückziehen müssen. Das war die allgemeine Lage, als Rommel am 6. Februar nach Berlin befohlen wurde.

Am Vormittag meldete er sich beim Oberbefehlshaber des Heeres, Feldmarschall v. Brauchitsch, am Nachmittag desselben Tages bei Hitler persönlich. Er war ausgewählt worden, um den Befehl über eine kleine deutsche Streitmacht von zwei Divisionen — eine Panzergruppe und eine leichte Division — zu übernehmen, die den Italienern in Nordafrika zu Hilfe geschickt werden sollte. Das war das Unternehmen »Sonnenblume«, das von den Italienern nicht sonderlich freudig begrüßt wurde. Sie erkannten zwar, wie notwendig eine solche Unterstützung war, wenn die Briten daran gehindert werden sollten, die italienischen Kolonien in Nordafrika in Besitz zu nehmen, fürchteten jedoch den Verlust ihres Einflusses und ihres Prestiges auf einem Kriegsschauplatz, der geographisch in ihren Zuständigkeitsbereich gehörte. Hitler hatte Verständnis für diese Bedenken und ausdrücklich befohlen, daß die Deutschen ihre italienischen Verbündeten als Gleichberechtigte behandeln sollten. Aber als die Deutschen im November des Vorjahres angeboten hatten, die 3. Panzerdivision nach Nordafrika zu schicken, hatten die Italiener dieses Angebot zunächst zwar angenommen, dann aber abgelehnt. Mussolini wollte den zu erwartenden Triumph nur ungern mit den Deutschen teilen.

Nachdem Rommel sich in wenigen Tagen über die Lage orientiert und seine Sachen gepackt hatte, flog er am 11. Februar nach Rom und stellte sich dort General Guzzoni, dem Chef des Generalstabes im Oberkommando (Comando Supremo), vor, das erst im November eingerichtet worden war. Dann flog er weiter nach Sizilien, um sich mit dem Befehlshaber der deutschen Luftwaffe im mittleren Mittelmeer, General Geißler, zu treffen.

Mit ihm besprach er die jetzt notwendigen Luftoperationen in Nordafrika. Es war bezeichnend für Rommel — und sein Verhalten läßt sich mit dem seines britischen Gegenspielers unter ähnlichen Umständen vergleichen —, daß er schon vor der Ankunft auf dem nordafrikanischen Kriegsschauplatz und noch bevor er selbst das Kommando über die dort eingesetzten deutschen Truppen übernommen hatte, sofort begann, Anordnungen zu treffen und General Geißler dringende Empfehlungen für den Einsatz der deutschen Luftwaffe zu geben. Die Nachrichten aus der Cyrenaika waren schlecht; O'Connor hatte glänzende Erfolge erzielt, und soweit die Deutschen es in diesem Augenblick (am 11. Februar) wußten, war er entschlossen, sofort weiter auf Tripolis vorzustoßen. O'Connor hatte tatsächlich nachdrücklich um die Erlaubnis gebeten, das zu tun, und blieb zeitlebens überzeugt davon, er hätte damit den ganzen nordafrikanischen Feldzug verhindern können. Doch wie dem auch sei — bei solchen Voraussagen muß auch mit gewissen Unwägbarkeiten gerechnet werden —, Rommels Einsatz in Nordafrika wäre damit sicherlich verhindert worden. Aber das griechische Abenteuer, das sehr bald zum Fiasko werden sollte, stellte die Weichen in eine andere Richtung.

In Sizilien stellte Rommel beim Studium der Karte von Nordafrika fest, daß zwischen den Briten, die Bengasi genommen hatten und sich jetzt in Höhe der Großen Syrte befanden, und Tripolis augenscheinlich kein Hindernis mehr existierte. Er bat Geißler deshalb, noch in der gleichen Nacht den Hafen von Bengasi von deutschen Flugzeugen bombardieren zu lassen und am nächsten Morgen britische Kolonnen auf dem Marsch nach Süden zwischen Bengasi und der tripolitanischen Grenze anzugreifen. Geißler jedoch erwiderte, die Italiener hätten ihn ausdrücklich darum gebeten, Bengasi nicht zu bombardieren, denn viele italienische Offiziere und Beamte besäßen dort eigene Häuser.

In Rommels Begleitung befand sich Hitlers Wehrmachtsadjutant, Oberst Schmundt, zu dem er jetzt und auch später gute Beziehungen unterhielt. Nachdem er sich die wenig befriedigenden Begründungen Geißlers angehört hatte, tat Rommel, was er auch künftig immer wieder tun sollte — er bediente sich Schmundts als Verbindungsmann zu Hitler. Schmundt erklärte dem »Führer« telefonisch die Besorgnisse und Vorschläge Rommels, und Hitler stimmte ihnen zu. Geißler erhielt den Befehl, den Anregungen Rommels zu folgen.

Rommel hatte hier wie so oft eine für ihn charakteristische Haltung gezeigt: die Bereitschaft, so früh und so entschieden wie möglich in einer ihn persönlich betreffenden Lage die Verantwortung zu übernehmen, und zwar ungeachtet der formalen Korrektheit, und sich notfalls an Hitler selbst zu wenden. Beides waren Instrumente, die er oft und mit erstaunlichem Erfolg eingesetzt hat und die ihm eines Tages zum Verhängnis werden sollten.

Am Morgen des 12. Februar landete Rommel auf dem Flughafen von Tripolis, Castel Benito.

Die deutsche Entscheidung, in Nordafrika zu intervenieren, ergab sich aus einer Reihe von Gründen, und obwohl die strategischen Entscheidungen der Briten im Mittelmeerraum von ganz anderen Faktoren bestimmt wurden, gab es eine gewisse Wechselbeziehung, eine spiegelbildliche Auswirkung der Politik der einen Seite auf die der anderen.

Die Briten hatten eine Basis in Ägypten, außerdem ein Mandat in Palästina und einen Vertrag mit dem Irak. Ägypten und die Suezkanalzone waren ein wichtiger Verkehrsknotenpunkt für die See- und Luftwege innerhalb des Britischen Weltreichs, besonders wichtig für die Verbindung nach Indien. Ägypten war zudem schon lange Zentrum des politischen Einflusses in der Levante und der ganzen Region. Der Mittlere Osten war der wichtigste Öllieferant für Großbritannien, und eine feindliche Macht, die dort Fuß faßte, bedrohte nicht nur die Ölversorgung, sondern konnte auch die wichtigsten Verkehrswege innerhalb des Britischen Weltreichs blockieren. Und wenn Großbritannien den Suezkanal und die Seewege durch das Mittelmeer nicht mehr benutzen konnte, weil dieses Gebiet von feindlichen Luft- und Seestreitkräften beherrscht wurde, die sich in den Besitz der nordafrikanischen Küste und des Balkans gesetzt hatten, dann war die britische Schiffahrt damit an ihrer verwundbarsten Stelle getroffen. Jede Schiffsreise nach Indien oder Südostasien, ja sogar nach Ägypten würde den Umweg um das Kap der Guten Hoffnung nehmen müssen, und Großbritannien hätte sehr viel geringere Aussichten gehabt, den auf dem Atlantik geführten Krieg gegen die alliierte Schiffahrt zu bestehen. Schließlich konnten sich die britischen Hoffnungen auf eine Wiederaufnahme der Offensive gegen Deutschland nur erfüllen, wenn Großbritannien die Versorgungswege zur See offenstanden. Das gleiche galt für einen Krieg gegen Japan. Die italienische Offensive nach Ägypten hatte sich daher gegen ein vitales strategisches Interesse Großbritanniens gerichtet, und der Sieg O'Connors in der Wüste war bedeutender, als man angesichts der relativ schwachen daran beteiligten Kräfte zunächst annahm. Und schließlich war dabei eine italienische Armee vernichtend geschlagen worden, was für Großbritannien, dessen Expeditionsstreitkräfte in Frankreich vor sieben Monaten eine Niederlage erlitten hatten, sehr viel bedeutete.

Für die Deutschen und besonders für Hitler sprach vieles dafür, ihrem italienischen Verbündeten die Bereitschaft zu demonstrieren, ihn auf dem Balkan und in Nordafrika zu unterstützen. Im Frankreichfeldzug hatten die Italiener keine entscheidende Rolle gespielt, aber wenn es gelang, ihre militärische Kapazität zu stärken, dann konnten sie einen wesentlichen Teil der britischen Streitkräfte binden, und zwar besonders in Nordafrika, wo die Briten aus guten Gründen ihre Stellung zu festigen suchten. Als die Deutschen im Herbst 1940 die Möglichkeit in Erwägung zogen, die Italiener in Libyen militärisch zu unterstützen, war der Panzergeneral Ritter v. Thoma beauftragt worden, sich über die Lage an Ort und Stelle ein Bild zu machen und darüber zu berichten. Thoma hatte die Schwierigkeiten zutreffend geschildert, auf die ein solches Unternehmen stoßen werde, und nachdem ein entsprechendes Angebot zunächst angenommen und dann abgelehnt worden war, hatte die deutsche Regierung diese Frage offengelassen. Als jedoch die Italiener bei der britischen Offensive im Januar und Februar 1941 vernichtend geschlagen worden waren, nahm man diese Idee sehr schnell wieder auf.

Aber die Überlegungen in Berlin gingen weit über den Wunsch hinaus, Italien eine begrenzte Unterstützung zu gewähren und den Briten im fernen Afrika Schwierigkeiten zu bereiten. Es handelte sich außerdem um eine sehr viel weiter reichende strategische Frage. Denn auch die deutsche Kriegsmarine betrachtete die britischen Versorgungswege zur See als den wichtigsten Faktor bei der Kriegführung im Westen, und ihr Oberbefehlshaber, Großadmiral Raeder, zweifelte nicht daran, daß die wirksamste Maßnahme, diese Schifffahrtswege zu bedrohen, ein erfolgreicher Feldzug gegen Großbritannien im Mittelmeerraum wäre. Sein Argument fand zunächst nicht die Zustimmung Hitlers, kam aber im Lauf der Zeit immer wieder zu Sprache. Es war das Spiegelbild des britischen Bestrebens, diese Seewege offenzuhalten.

Im Verlauf der Feldzüge von 1941 und 1942 wurden auch andere Parallelen sichtbar. So wie die Deutschen ein vitales Interesse daran hatten, daß Italien sich weiterhin am Krieg beteiligte — allein schon, um die Inanspruchnahme deutscher Kräfte zu verringern, die die italienischen Streitkräfte in Griechenland und auf dem Balkan hatten ablösen müssen —, war es für Großbritannien unbedingt notwendig, dafür zu sorgen, Italien als Gegner in diesem Krieg auszuschalten. So wie die Deutschen die europäische Südflanke sichern wollten, um den für sie wichtigsten Feldzug gegen die Sowjetunion ungehindert führen zu können, sahen die Briten — und später mit einigen Einschränkungen auch die Amerikaner — in der Errichtung einer Mittelmeerfront ein geeignetes Mittel, die Wehrmacht zu zwingen, nach den verschiedensten Richtungen hin zu operieren und ihre Kräfte aufzusplittern. Umstritten, besonders für Rommel, blieb schließlich die von einigen Militärs gehegte Vorstellung (der Rommel dennoch lange Zeit, Hitler nur sporadisch, das OKW und das OKH nur kurze Zeit angehangen haben), daß Deutschland nach dem großen »Orientplan« einen ehrgeizigen und triumphalen Feldzug beginnen könnte, der die Wehrmacht durch Ägypten und die syrische Wüste nach Persien führen würde, um Großbritannien den Zugang zu den Ölquellen im Mittleren Osten zu verwehren. Die Briten ihrerseits hatten gelegentlich die alptraumhafte Vorstellung, daß eine deutsche Armee, die gegen die Russen im Kaukasus erfolgreich wäre, nach

Persien vorstoßen könnte, um dabei den Briten im Mittleren Osten in den Rücken zu fallen und ihre Erdölversorgung in Frage zu stellen.

Diese einander wechselseitig widerspiegelnden Träume und Alpträume wurden je nach Entwicklung der Gesamtlage deutlicher sichtbar oder verblaßten dann wieder. Die hier erwähnten Ereignisse lagen zumeist noch in der Zukunft, als Rommel am 12. Februar 1941 zum ersten Mal afrikanischen Boden betrat. Auch der Rußlandfeldzug hatte zu diesem Zeitpunkt noch nicht begonnen. Am Anfang betrachteten die Deutschen ihre Intervention als eine reine Defensivmaßnahme gegen eine augenscheinlich kurz bevorstehende und mit starken Kräften geführte britische Offensive. Für sie war das Unternehmen »Sonnenblume« eine Rettungsoperation.

Was Rommel über die Feindlage erfahren konnte, war auf unbefriedigende Weise unvollständig. Er wußte, daß Tobruk, Bengasi und die ganze Cyrenaika in britischen Händen waren, die Briten praktisch eine italienische Feldarmee vernichtet hatten und nun vermutlich bereitstanden, jederzeit gegen die Grenze von Tripolitanien vorzugehen. Man hatte ihm eine »Schlachtordnung« des Feindes vorgelegt, die den falschen Eindruck vermittelte, daß die Briten an ihrer Front über zwei Armeekorps verfügten, ein Panzerkorps und ein australisch-neuseeländisches Korps. Er wußte jedoch nicht — und auch die Italiener wußten es nicht —, daß O'Connor zuerst von General Wilson und dann von General Neame abgelöst worden war, nun aber wieder den Befehl über die britischen Truppen in Ägypten übernommen hatte. Er wußte auch nicht, daß die britische 7. Panzerdivision — jener Panzerverband, der entscheidend zu den Siegen O'Connors beigetragen hatte — ebenfalls nach Ägypten zurückgekehrt war, um hier neu ausgerüstet zu werden. Er wußte nicht, daß diese Division in der Cyrenaika von der eben aus England in die Wüste verlegten britischen 2. Panzerdivision abgelöst und eine der beiden Panzerbrigaden dieser Division nach Griechenland verlegt worden war, während die in der Cyrenaika verbliebene Brigade (der einzige dort stationierte Panzerverband) aus zwei Regimentern mit leichten Panzern und einem Regiment mit schweren Panzern bestand, von denen nur 23 einsatzbereit waren. Er wußte nicht, daß bei der einzigen anderen feindlichen Division in der Cyrenaika, der 9. Australischen, zwei der drei Brigaden kürzlich von neuen und zumeist noch nicht vollständig ausgebildeten Truppenteilen abgelöst worden waren und die Division keine Transportfahrzeuge hatte, so daß sie größtenteils aus nichtmotorisierter Infanterie bestand. Und mit Sicherheit war Rommel auch nicht bekannt, daß die Briten den Befehl erhalten hatten, nicht weiter vorzugehen, sondern ihre Stellungen in der Cyrenaika als Besatzungstruppe unter der Bezeichnung »Cyrenaika Command« zu halten. Ebensowenig wußte er, daß die in vorderster Linie eingesetzten britischen Truppen den Befehl hatten, sich für den Fall eines Angriffs auf einen Rückzug vorzubereiten, obwohl man nicht mit einem solchen Angriff rechnete. Vor allem aber wußte er nichts von der britischen Entscheidung, einen Teil der alliierten Streitkräfte aus Nordafrika abzuziehen, um sie nach Griechenland zu verlegen.

Statt dessen rechnete Rommel mit einer baldigen Offensive weit überlegener britischer Kräfte gegen die demoralisierten Italiener und glaubte, daß Tripolitanien gegenwärtig nur durch die Luftwaffe gerettet werden könne. Am Boden sollten ihm die motorisierten italienischen Infanterieverbände unterstellt werden, die er — ebenso wie die noch nicht eingetroffenen deutschen Verbände — unmittelbar vor der Grenze zur Cyrenaika einsetzen wollte, um den Briten möglichst weit im Osten die Kampfbereitschaft seiner Truppen zu demonstrieren. Rommel waren nur zwei deutsche Divisionen zugeteilt worden, die 5. leichte und die 15. Panzerdivision. Die letztere (die bis zum vergangenenen November eine motorisierte Infanteriedivision gewesen war) würde nicht vor Mai in Nordafrika eintreffen. Zunächst verfügte er daher nur über eine deutsche Division, deren Aufklärungsabteilung am 14. Februar in Tripolis ausgeladen wurde. Hinzu kamen die italienischen Verbände, die bereit waren, sich seinem Kommando zu unterstellen, vor allem die Infanteriedivisionen Brescia und Pavia, die derzeit in der Umgebung von Tripolis lagen, sowie die Panzerdivision Ariete mit 60 veralteten leichten Panzern und die jeweils zur Unterstützung der Bodentruppen eingesetzten Verbände der Luftwaffe. Rommel selbst wurde dem italienischen Oberbefehlshaber, General Gariboldi, unterstellt, obwohl er das Recht hatte, sich dessen Entscheidungen im Zweifelsfall von Berlin bestätigen zu lassen.

Was die praktische Ausführung seines Auftrags betraf, so hatte sich Rommel sofort entschieden, so früh und so weit östlich wie möglich dem Gegner entgegenzutreten. Dazu brauchte er Truppen, die nicht bei Tripolis, sondern in der Syrtenwüste standen. Am Tage seines Eintreffens meldete er sich deshalb bei Gariboldi, der seine Meinung nicht teilte, sondern der Ansicht war, die beste Strategie sei die Defensive bei Tripolis. Daraufhin bestieg Rommel ein Aufklärungsflugzeug, um die Situation weiter östlich zu erkunden. Was er sah, überzeugte ihn von der Richtigkeit dessen, was ihm sein Instinkt gesagt hatte: daß starke Verteidigungsstellungen an der Großen Syrte angelegt werden mußten. Als er sich am gleichen Abend bei Gariboldi zurückmeldete, war er entschlossen, sich gegenüber diesem durchzusetzen. Er wollte den Befehl an der Front persönlich übernehmen, sobald es dort Truppen gab, die er befehligen konnte.

Angesichts der Tatsache, daß Rommel dem ganzen Afrikafeldzug seinen eigenen Stempel aufgedrückt hat, vergißt man allzuleicht, daß er bis in die letzten Wochen in Tunesien zuerst als Kommandeur des Deutschen Afrikakorps, dann als Befehlshaber einer Panzergruppe, als Oberbefehlshaber einer Panzerarmee und schließlich sogar einer Heeresgruppe dem italienischen Oberkommando unterstellt war. Während der ganzen Zeit gab es auf diesem Kriegsschauplatz einen ihm vorgesetzten Offizier, und bis zum Februar 1943 war das ein Italiener. Libyen war eine italienische Kolonie, für die ein italienischer General verantwortlich war. Das war Gariboldi, der seinerseits im Auftrag der italienischen Regierung, also Mussolinis, handelte, und zwar über das italienische Oberkommando in Rom, das Comando Supremo. Rommel war ihm unterstellt und damit auch dem Comando Supremo.

Dieses Unterstellungsverhältnis hatte zwei praktische Gründe. Erstens waren die Rommel unterstellten italienischen Truppen während der ganzen Zeit zahlenmäßig stärker als die deutschen. Zu verschiedenen Zeiten wurden ihm entweder nur einige oder alle italienischen Divisionen in Nordafrika unterstellt, und dabei hatte er je nach Lage entweder völlige oder nur beschränkte Handlungsfreiheit. Rommel verfügte über mehr als fünf deutsche Großverbände (einer davon war zu der Zeit, als das deutsche Kontingent am stärksten war, eine starke Fallschirmjägerbrigade). Der größte Teil seiner Truppen waren italienische Verbände, und ihre italienischen Kommandeure, zu denen Rommel mehr oder weniger gute Beziehungen unterhielt, waren als Italiener ihrem italienischen Oberbefehlshaber verantwortlich.

Der zweite praktische Punkt betraf die Logistik. Der gesamte Nachschub kam, da in Afrika weder Kriegsmaterial noch die für die Verpflegung der Truppe erforderlichen Lebensmittel hergestellt wurden, aus Italien, Deutschland oder aus den von den Deutschen besetzten europäischen Ländern und wurde auf italienischen Schiffen von italienischen Häfen aus nach Nordafrika gebracht. Der Mannschaftsersatz erreichte anfangs den afrikanischen Kriegsschauplatz auf dem gleichen Weg. Rommel leitete seine Anforderungen auf dem Dienstweg über seine direkten Vorgesetzten weiter, und die italienischen Behörden taten (angeblich) alles, um sie zu befriedigen.

Was diesen zweiten Punkt betraf, hatten weder Rommel noch die deutsche Regierung ein unmittelbares Verfügungsrecht. Die Deutschen konnten sich allenfalls an die italienische Regierung wenden und sich dort beschweren, wenn es bei der Versorgung Engpässe gab, was ständig der Fall war. Gleichwohl beklagte sich Rommel darüber, daß die deutschen Behörden zu nachsichtig und zu diplomatisch waren, wenn sie die von ihm festgestellten Mängel zu beseitigen suchten. Direkte Hilfe konnten ihm die Deutschen jedoch auf eine andere Weise bringen. Da die Nachschubwege aus Italien durch die zumeist auf der Insel Malta stationierten britischen Luft- und Seestreitkräfte gefährdet waren, mußten gegen diese Bedrohung eigene Luft- und Seestreitkräfte eingesetzt werden. Hier leisteten die Deutschen einen massiven Beitrag, indem sie fliegende Verbände von anderen Fronten abzogen und in den Mittelmeerraum verlegten und 1942 auch U-Boote dort einsetzten. Solche Operationen mußten mit den Italienern zwar abgesprochen werden, aber es war Sache der Deutschen, sie durchzuführen. Sie taten es, und zwar oft so erfolgreich, daß sie fast die Überlegenheit zur See und in der Luft erreichten. Das alles lag außerhalb Rommels Zuständigkeitsbereich, obwohl die Wirksamkeit dieser Maßnahmen wesentlich dazu beitrug, daß er seine Aufgabe erfüllen konnte.

Die Aufgabe selbst aber — noch einmal sei darauf hingewiesen — wurde ihm von anderer Stelle erteilt, denn entsprechend den geltenden Vereinbarungen mußten alle Operationen vom Comando Supremo genehmigt werden. Allerdings hatte Rommel (da ja auch deutsche Truppen eingesetzt waren) das Recht, bei Hitler als Oberstem Befehlshaber der Wehrmacht Einspruch gegen italienische Entscheidungen einzulegen. Das war theoretisch nur im Hinblick auf seine deutschen Truppen möglich, doch angesichts der entscheidenden Rolle, die Rommel sehr bald in diesem Feldzug spielte, und angesichts des Prestiges des deutschen Generalstabes und der dominierenden Stellung Deutschlands im Verbund der Achsenmächte bedeutete es, daß Rommel bei wichtigen Entscheidungen über den weiteren Verlauf der Operationen in Nordafrika bisweilen nicht die Entscheidungen des Comando Supremo berücksichtigte, sondern denen des »Führers« folgte.

Die Kriegführung im Rahmen einer Koalition ist niemals einfach. Die Situation eines militärischen Befehlshabers, der zwar dem alliierten Vorgesetzten einer anderen Nation unterstellt ist, aber das Recht hat, sich an seine eigene Regierung zu wenden, erzeugt oft Streitigkeiten, Beschuldigungen, Gegenbeschuldigungen und Loyalitätskonflikte. Auch innerhalb des anglo-amerikanischen Bündnisses ist es während des Krieges zu Reibungen gekommen. Um ihnen vorzubeugen, wurde die Einrichtung der »Combined Chiefs of Staff« geschaffen. Diese Stabschefs waren bevollmächtigt, die alliierte Strategie auf höchster militärpolitischer Ebene zu koordinieren und den ihnen unterstellten alliierten Kommandobehörden oder Stäben vorher vereinbarte Anweisungen darüber zu geben, wem welche nationalen Hilfsmittel zur Verfügung gestellt werden sollten. Unstimmigkeiten waren zwar nicht zu vermeiden, es gab jedoch zumindest einen Mechanismus, sie nach Möglichkeit zu bereinigen.

Die Achsenmächte verfügten nicht über ein solches Instrumentarium. Im Mittelmeerraum wurden die Fragen der höheren Führung, das heißt die großen strategischen Entscheidungen, zum größten Teil durch Vereinbarungen zwischen Hitler und Mussolini getroffen, die beide (was fast unvermeidlich war) von übermäßig dienstfertigen Beratern umgeben waren. Es gab keine festgelegten Richtlinien für Absprachen zwischen dem OKW und dem Comando Supremo und keinen regelmäßigen Gedankenaustausch zwischen diesen beiden Gremien. Gelegentlich wurden Konferenzen abgehalten, auf denen zum Beispiel Marschall Cavallero, der spätere Chef des Comando Supremo, sich die weitschweifigen geopolitischen Erklärungen des »Führers« anhören mußte, die aber kaum wirkliche strategische Konsultationen waren. Allerdings gab es eine umfangreiche Korrespondenz. Der deutsche Militärattaché in Rom, General v. Rintelen, war als Berater beim Comando Supremo akkreditiert und trat hier als Vermittler auf. An ihn richtete Rommel seine Forderungen. Dennoch fehlten die Voraussetzungen für Vereinbarungen über die Festlegung von Prioritäten und die Durchsetzung praktisch wirksamer, für alle geltenden Regeln.

Zudem waren die Italiener entschlossen, keinen einheitlichen, sondern einen »Parallelkrieg« zu führen, ein schwer zu verwirklichendes Konzept. Ihre Kriegserklärung von 1940 hatte Hitler in Erstaunen versetzt, und sie hatten ihre Offensive gegen Griechenland begonnen, ohne Deutschland davon in Kenntnis zu setzen.[2]

So wurden die Anweisungen an Rommel und an seinen italienischen Vorgesetzten innerhalb eines unbefriedigenden interalliierten Rahmens gegeben. Rommel sah sich gezwungen, mit einem mangelhaften System zu arbeiten. Solange alles gutging — und das ist ein bekanntes Phänomen und beschränkt sich nicht nur auf die Panzerarmee Afrika —, war es für ihn zeitweilig ganz bequem, die Erfordernisse oder Anweisungen der einen Autorität gegen die ihm unberechtigt erscheinenden Forderungen der anderen auszuspielen. In kritischer Lage konnten diese Anomalien allerdings sehr störend wirken.

Die ersten deutschen Truppen, die Aufklärungsabteilung 3 der 5. leichten Division[3], marschierten unmittelbar nach ihrem Eintreffen durch Tripolis und machten mit ihrem disziplinierten militärischen Auftreten sofort einen gewaltigen Eindruck auf die Bevölkerung. Schon wenige Stunden später war die Abteilung auf dem Weg zur Front, und nach weiteren 48 Stunden hatte sie 450 Kilometer östlich von Tripolis die erste Feindberührung. Beim Gegner entstand sehr bald der Eindruck, daß sich die Deutschen, was ihre Ausrüstung und Bekleidung betraf, dem nordafrikanischen Klima bereits hervorragend angepaßt hatten. Doch das war alles andere als richtig. Die Soldaten waren weder an das Klima noch an die äußeren Umstände gewöhnt, die sie hier erwarteten, und ihre Uniformen waren für den Einsatz in der Wüste denkbar ungeeignet. Alles mußte von Grund auf gelernt werden. Aber man lernte sehr schnell. Die Grundausbildung des deutschen Soldaten, die Anpassungsfähigkeit der Truppenstäbe und die Energie, mit der man allen Schwierigkeiten begegnete, sorgten dafür.

Rommel selbst hatte aufreibende und anstrengende Wochen vor sich. Er flog fast täglich zwischen der Front an der Syrte und Tripolis hin und her, wo die deutschen Truppen ausgeladen wurden. Die Soldaten, die die Schiffe entluden, arbeiteten notfalls die Nacht durch, bis der Nachschub und die Fahrzeuge an Land gebracht waren und eine Kolonne nach Osten an die Front unterwegs war. In eilig eingerichteten Werkstätten ließ Rommel aus Sperrholz und Zeltleinwand Panzerattrappen bauen, um beim Gegner den Eindruck zu erwecken, er habe es mit stärkeren deutsch-italienischen Verbänden zu tun, als das in Wirklichkeit der Fall war. Inzwischen war es Rommel auch gelungen, Gariboldi dazu zu bewegen, seine italienischen Verbände nach Osten zu verlegen und sie ihm zu unterstellen. Die erste italienische Division marschierte am 14. Februar ab, um westlich von Buerat neue Stellungen zu beziehen. Am gleichen Tag wurde die deutsche Aufklärungsabteilung 3 in Tripolis ausgeladen. Tage vergingen, und die Briten an der Front griffen immer noch nicht an. Rommel konnte an Schmundt schreiben (er wußte, daß sein Brief auch Hitler vorgelegt werden würde), daß alles täglich besser voranging.[4] Am 19. Februar erhielt Rommels Armeekorps die offizielle Bezeichnung »Deutsches Afrikakorps«.

Die erste Feindberührung zwischen den Briten und dem Deutschen Afrikakorps wurde am 24. Februar von Rommels Stab ins Kriegstagebuch eingetragen, als ein Offizier und zwei Soldaten der King's Dragoon Guards mit ihrem Panzerspähwagen gefangengenommen wurden. Da Rommel bisher über die Feindlage nur sehr unvollständig unterrichtet worden war, erkannten er und seine Abteilung Ic, die für die Beschaffung und Auswertung von Feindnachrichten zuständig war, erst jetzt immer deutlicher, daß sich die Lage beim Gegner radikal von dem unterschied, was sie erwartet hatten und was ihnen darüber berichtet worden war. Etwas später sagte Rommel dem Ordonnanzoffizier des Ic, Leutnant Behrendt, er habe einen sicheren Instinkt dafür, zu merken, wo der Feind weich werde.[5] Dieser Instinkt beeinflußte schon jetzt seine Entscheidungen. Rommel schien geradezu zu wittern, daß bei den Briten etwas Wichtiges geschehen war, und er hoffte, daß sich ihm neue günstige Gelegenheiten bieten würden.

Wochen vergingen, und Rommel schrieb an Lucie, er komme glänzend mit »unseren Verbündeten« aus. Eine italienische Division, die er kürzlich besucht habe, habe einen guten Eindruck auf ihn gemacht, und als ein italienischer Offizier ihn gefragt habe, wo er mit dem »Pour le mérite« ausgezeichnet worden sei, habe er geantwortet: »Longarone!«

Die deutschen Kräfte in Nordafrika erhielten ständig Verstärkung, und die 5. leichte Division unter General Streich wurde an der Front zusammengezogen. Das zu dieser Division gehörende Panzerregiment 5 wurde mit 120 Panzern − die Hälfte davon waren leichte Panzer, die andere Hälfte Panzer III und IV − am 11. März in Tripolis ausgeladen und nach Osten in Marsch gesetzt. Zwei Tage später verlegte Rommel sein Stabsquartier an die Syrte. Von nun an blieb er fast ständig an der Front. Als gemeldet wurde, daß die Freien Franzosen vom Tschad aus gegen italienische Verbände in der Wüste vorgegangen seien, schickte Rommel eine kleine motorisierte Abteilung unter Oberstleutnant Graf v. Schwerin nach Süden, wo dieser sich ein Bild von der Lage machen sollte. Es handelte sich um keine besonders ernste Bedrohung, aber die in der Oase Kufra stationierten Italiener hatten kapituliert. Die Abteilung Schwerin wurde schließlich wieder zurückgerufen und meldete sich am 3. April bei Rommel.

Die Briten hatten bis dahin immer noch nicht angegriffen. Der deutsche Nachrichtendienst in Berlin teilte Rommel mit, die Briten in der Cyrenaika seien durch eine zweite Panzerdivision verstärkt worden, während in Wirklichkeit eine Panzerdivision in Ägypten und die Hälfte der zweiten in Griechenland war. Doch Rommel erschien die Verteilung der feindlichen Kräfte auf dem Kriegsschauplatz weniger wichtig als die Unentschlossenheit der Briten. Er schickte seine Panzerattrappen an die Front und befahl der Division Brescia unter General Zamboni, bei Mugtaa Verteidigungsstellungen zu besetzen, um die 5. leichte Division für bewegliche Operationen freizubekommen. Das Gelände bei Mugtaa eignete sich gut zur Verteidigung, denn hier befand sich eine Engstelle, die von Osten her schwer anzugreifen war und sich wegen des schwierigen Geländes kaum umgehen ließ. Solche Stellungen gab es in Nordafrika nur wenige, und diese wenigen hatten daher eine besondere taktische Bedeutung. Eine vergleichbare Stellung, die von beiden Seiten schwer anzugreifen war, befand sich knapp 50 Kilometer östlich von El Agheila bei Marsa el Brega. Das erste Ziel einer deutsch-italienischen Offensive war für Rommel deshalb ein Durchbruch bei Marsa el Brega, wo es zudem einige Brunnen zur Versorgung der Truppe mit Trinkwasser gab. Gegenwärtig war El Agheila noch von schwachen britischen Kräften besetzt.

In den vier Wochen, die Rommel sich jetzt in Nordafrika befand, begann er, sich mit den besonderen Gegebenheiten dieses Kriegsschauplatzes vertraut zu machen: den enormen Entfernungen, den ständigen Sandstürmen, der Anfälligkeit der Motoren und Ausrüstung gegenüber dem Klima und dem Sand, der lebensnotwendigen Bedeutung des knappen Wassers. Dazu kam die fast unerträgliche Hitze bei Tage und die unerwartete Kälte bei Nacht. Doch Rommel genoß den Wüstenkrieg, der mit all seinen Gefahren seinem Temperament entsprach.

Am 19. März flog er nach Berlin, wo er mit dem Eichenlaub zum Ritterkreuz ausgezeichnet wurde. Zugleich mußte er eine entmutigende Feststellung machen: Feldmarschall v. Brauchitsch und Generaloberst Halder wollten nur geringe Truppenkontigente nach Afrika schicken und das weitere Schicksal dieses Kriegsschauplatzes dem Zufall überlassen. Rommel hingegen war überzeugt, die momentane britische Schwäche im Mittleren Osten müsse mit aller Energie in Afrika ausgenützt werden. Tatsächlich aber wußten weder er noch das OKH am 19. März viel über die britische Schwäche, ob sie nun vorübergehend war oder nicht. Auch war nicht voraussehbar, wie sich die Lage in Griechenland entwickeln würde. Doch aufgrund seiner Intuition glaubte Rommel, die Briten könnten durch einen mit starken Kräften entschlossen geführten Schlag bezwungen werden. Seine Vorgesetzten teilten diese Überzeugung jedoch nicht. Man sagte ihm, bis Ende Mai werde das Afrikakorps durch die 15. Panzerdivision verstärkt werden, und er könne für die Zeit danach einen Angriff im Raum Agedabia vorbereiten, der ihn vielleicht bis nach Bengasi führen werde. Seine wichtigste Aufgabe sei zunächst jedoch, die Verteidigung Tripolitaniens sicherzustellen.

Rommel begnügte sich mit dem Hinweis, daß einem Vorstoß gegen Bengasi die Besetzung der Cyrenaika vorausgehen müsse; man könne auf der einen oder der anderen Seite der Cyrenaika-Halbinsel stehenbleiben, aber nicht auf halbem Wege, wo man von allen Seiten flankierenden Angriffen des Gegners ausgesetzt sei. Zurück in Afrika, erlebte er zu seiner Zufriedenheit, daß die Aufklärungsabteilung 3, die als erste nach Afrika gekommen war, am 24. März El Agheila mit dem Flugplatz und den in der Nähe des Orts befindlichen Wasserstellen in Besitz genommen hatte. Rommel hatte den Angriff noch vor seinem Abflug nach Berlin befohlen. Jetzt überlegte er, wie er weiter vorgehen sollte.

Die Briten hatten sich nach Marsa el Brega zurückgezogen. Je länger man sie dort unbehelligt ließ, desto stärker würden sie ihre Stellungen ausbauen. Der Zeitfaktor, so schien es Rommel, war auf seiten der Briten, denn die Anweisung aus Berlin, das Eintreffen der 15. Panzerdivision abzuwarten, bedeutete eine Verzögerung des Angriffs um weitere zwei Monate, und in dieser Zeit würden die Stellungen bei Marsa el Brega ausgebaut und vermint sein. Rommel beschloß deshalb, Marsa el Brega anzugreifen. Er begründete diesen Entschluß vor sich selbst damit, daß der vom OKH ausdrücklich genehmigte Hauptangriff im Mai gegen Agedabia und vielleicht auch gegen Bengasi gerichtet werden sollte und das Unternehmen gegen Marsa el Brega von Anfang an als ein wesentlicher erster Schritt angesehen werden konnte. Ebenso wie Mugtaa war Marsa el Brega eine Schlucht, ein Wadi: Wenn er sie einnahm und besetzte, würde er während der folgenden Phase des Feldzuges über eine sehr gut zu verteidigende, nach Osten ausgerichtete Stellung verfügen — falls sie sich tatsächlich so gut für die Defensive eignete.

Am 31. März ging die 5. leichte Division gegen Marsa el Brega vor. Zunächst ließen sich die Briten nicht beeindrucken. Aber Rommel fand bald eine Möglichkeit, die britische Stellung zu umgehen. Er fuhr nördlich der Küstenstraße durch Sanddünen und hatte bis zum Abend die feindlichen Stellungen mit einer Maschinengewehrabteilung umgangen und die Schlucht von Marsa el Brega genommen. Dabei erbeutete er zahlreiche britische Fahrzeuge, und am folgenden Tag meldeten die deutschen Aufklärungsflugzeuge einen britischen Rückzug auf ganzer Frontbreite. Das war, wie Rommel später schrieb, eine Gelegenheit, die er nicht versäumen durfte. Am 2. April begann er mit allen ihm zur Verfügung stehenden Kräften einen Vorstoß, der schon nach wenigen Tagen dazu führte, daß die Briten die Cyrenaika räumen mußten. Was als Aufklärungsvorstoß begonnen hatte, war zu einer größeren Offensive, aber auch zu einem Akt des stillschweigenden Ungehorsams geworden, der, wie Rommel überzeugt war, durch den Erfolg gerechtfertigt werden würde.

Rommels Erfolg verdankte sich zum großen Teil den britischen Befehlen und einem unklaren und der Lage nicht angemessenen taktischen Konzept der Briten. Der britische Oberbefehlshaber im Mittleren Osten, General Wavell, hatte dem Befehlshaber in der Cyrenaika, General Neame, recht detaillierte Anweisungen gegeben. Für den Fall eines deutschen Angriffs sollten sich die Briten auf einen Rückzug vorbereiten und dann bis nach Bengasi hinhaltenden Widerstand leisten. Wenn nötig, sollten sie Bengasi räumen, um nicht von ihrer Basis abgeschnitten zu werden. Dieses unklare und die Geländebedingungen in der Cyrenaika taktisch nicht berücksichtigende Konzept — nicht unähnlich den Anweisungen des OKH an Rommel, die dieser kritisiert und jetzt mißachtet hatte — hatte zum Teil die Unentschlossenheit verursacht, die Rommel bei der britischen Führung zu spüren glaubte. Zum anderen lag das Zögern der Briten aber auch an ihrer Unerfahrenheit. Zwar hatte auch Rommels 5. leichte Division mit Sicherheit keine Erfahrungen im Wüstenkrieg, aber die deutschen Soldaten waren mit ihrer hervorragenden Grundausbildung, ihrer Disziplin und der in der deutschen Armee sehr gründlichen Gefechtsausbildung ihren britischen Gegnern um einiges überlegen. Zudem hatten sie, anders als die Briten, einen hochbegabten Befehlshaber.

Nicht zuletzt herrschte bei den Briten eine gewisse Sorglosigkeit. Man hatte ihnen gesagt — und »Ultra«[6] hatte Wavell in dieser Auffassung bestärkt —, daß der deutsch-italienische Gegner in nächster Zeit nicht in der Lage sein werde, eine Offensive zu beginnen. Das war eine durchaus begründetc Ansicht — besonders für jeden, der die Anweisungen des OKH an Rommel kannte —, die jedoch nicht die Persönlichkeit des Kommandierenden Generals des Afrikakorps und seine Bereitschaft berücksichtigte, von den von höherer Stelle gegebenen Anweisungen abzuweichen, wenn sich die Notwendigkeit dazu im Verlauf der Kampfhandlungen ergab.

Rommel beabsichtigte, nach dem Aufbrechen der »Tür« bei Marsa el Brega 65 Kilometer weiter bis Agedabia vorzustoßen und dann die deutschen Kräfte zu teilen. Die links vorgehende Kolonne unter der Führung der Aufklärungsabteilung 3 des Oberstleutnants Freiherr v. Wechmar sollte entlang der Küste bis nach Bengasi vorrücken. Eine rechte Kolonne unter Schwerin, bestehend aus Teilen der 5. leichten Division und einer Aufklärungsabteilung der Division Ariete (Generals Baldassare), sollte quer durch die Cyrenaika, vorbei an Ben Gania und Bir Tengeder, die Küste bei Derna erreichen und dem Gegner an der Küstenstraße, die von Bengasi über Derna nach Tobruk führte, den Fluchtweg abschneiden. Zwischen diesen beiden Kolonnen sollten starke gepanzerte Kräfte, bestehend aus dem Rest der 5. leichten Division und dem 5. Panzerregiment unter Oberst Olbrich, über Msus, 80 Kilometer nordwestlich von Ben Gania, die Cyrenaika durchqueren und dann weiter gegen Mechili vorgehen. Die linke Kolonne unter der Führung Wechmars sollte von der italienischen Division Brescia begleitet werden, während sich die Division Ariete der Kolonne unter Olbrich anschloß. Als die Aufklärungsabteilung der linken Kolonne nach Erreichen von Bengasi auf feindlichen Widerstand stieß, bog sie nach Osten ab und schloß sich bei Mechili der mittleren und rechten Kolonne an.

Die Operation begann am 2. April, und Rommel war während der folgenden Woche ununterbrochen damit beschäftigt, seine Soldaten zu größerer Eile anzutreiben. Er verlegte sein Stabsquartier nach Agedabia und beschloß, persönlich das Gelände zu erkunden, um festzustellen, unter welchen Bedingungen die Truppen den Vormarsch fortsetzen konnten. Man hatte ihm gesagt, die für die rechte Kolonne vorgesehene Route über Ben Gania sei auf dem ersten Teil der Strecke fast unpassierbar. Nun stellte er fest, daß dies nicht zutraf. Am zweiten Tag nach Beginn des Vormarsches wurde ihm gemeldet, daß der Kraftstoffmangel und das Auftanken der Fahrzeuge der 5. leichten Division eine Unterbrechung des Vormarsches für vier Tage notwendig machen würden. Da man bisher noch keine Zeit oder Gelegenheit gehabt hatte, vor den Marschkolonnen Kraftstoffdepots anzulegen, mußten jetzt Möglichkeiten geschaffen werden, den Kraftstoff auf Fahrzeuge zu verladen und nach vorn zu bringen. Rommel befahl der Division, alles überflüssige Gerät von den Versorgungsfahrzeugen abzuladen und sie statt dessen für den Transport von Kraftstoff zu verwenden. Das bedeutete, daß die 5. Division einen Tag anhalten mußte. Doch dann würde sie bis zum Abschluß dieser Operation über genügend Kraftstoff verfügen. »Das«, erklärte Rommel seinem Stab, »spart Blut und gewinnt uns die Cyrenaika.«[7]

Sein italienischer Vorgesetzter, General Gariboldi, hatte inzwischen den Eindruck gewonnen, daß Rommel entschlossen war, seine Anweisungen zu ignorieren, und energisch dagegen protestiert. Gariboldi, der ursprünglich nur Tripolitanien mit einer Front nicht allzu weit östlich von Tripolis behaupten wollte, hielt ein Vorhaben, das eher einer Offensive mit allen verfügbaren Kräften glich, für übereilt, und war nicht bereit, es zuzulassen. Rommel hatte sich daraufhin sofort über Funk mit Berlin in Verbindung gesetzt, und das deutsche Oberkommando hatte ihm zu seiner Genugtuung freie Hand gelassen, so zu handeln, wie er es unter den gegebenen Umständen für richtig hielt.

Obwohl sich Rommel ständig bei seinem Stab über irgendwelche Verzögerungen beschwerte, ging der Vormarsch weiter. Oft flog Rommel mit seinem Fieseler Storch über das Gelände, und gelegentlich warf er über einer Kolonne eine Botschaft ab, in der es etwa hieß: »Wenn Sie nicht gleich weiterfahren, komme ich mal runter! Rommel.«[8] Die Vorhut der von Schwerin geführten Kolonne wurde von der Ariete gestellt und erreichte am Abend des 4. April um 21 Uhr Bir Tengeder; am Tage zuvor war die linke Kolonne in Bengasi einmarschiert.

Bei seiner ersten Konfrontation mit britischen Panzern in Nordafrika hatte Rommel Glück. Die britische 3. Panzerbrigade, die einzige noch in Nordafrika verbliebene Brigade der 2. Panzerdivision, hatte bei Marsa el Brega einige Panzer verloren, und viele waren mit Pannen liegengeblieben. Ebenso wie die Deutschen hatten die Briten ihre Kräfte in der Wüste nördlich und östlich von Agedabia weit auseinandergezogen, und dort, wo es zu Kämpfen kam, waren es vereinzelte Gefechte zwischen schwächeren Kampfgruppen, die aus Panzern und motorisierter Infanterie bestanden. Die Abteilung Ic in Rommels Stab sprach selbstbewußt davon, daß die Briten »unter unsicherer Führung, ohne rechten Zusammenhalt und bei stets wechselnden Befehlen und Angriffszielen« gegen einen Feind kämpfen mußten, der von Rommel energisch koordiniert und von vorne geführt wurde.[9] Am Morgen des 6. April erhielt Rommel von der Luftaufklärung die Bestätigung seiner schon zu Anfang getroffenen optimistischen Lagebeurteilung. Die Briten versuchten, so schnell wie möglich nach Tobruk zu kommen. Am Morgen des 6. April um 7.30 Uhr kam die Meldung, daß ein großer Konvoi von Fahrzeugen die Grenze der Cyrenaika nach Osten überschritten hatte.

Aber auch bei Rommels Kolonnen herrschte eine gewisse Verwirrung. Es war typisch für diese Art von Operationen in der Wüste oder im Cyrenaikagebirge, daß Freund und Feind oft unentwirrbar durcheinandergerieten und man die Übersicht über die befohlenen Bewegungen oder Kampfhandlungen verlor. So erhielten auf britischer Seite die Reste der 2. Panzerdivision am 6. April den Befehl von General O'Connor (der von Wavell nach Ägypten geschickt worden war, um Neame zu beraten und in einem geeigneten Augenblick abzulösen), sich bei Mechili zu versammeln. Die Panzerbrigade hatte sich nach den vorangegangenen Gefechten zuerst nach Msus und dann in nördlicher Richtung nach Charruba zurückgezogen. Der Brigadekommandeur glaubte, sein Kraftstoff würde nicht mehr bis Mechili reichen, weshalb es besser sei, mit dem Rest der Brigade nach Norden bis zur Küstenstraße zu fahren und dann zu versuchen, bis nach Derna zu kommen. Doch auf dieser Straße fuhr jetzt auch die 9. Australische Division von Bengasi kommend in der gleichen Richtung. So entstand ein gewaltiger Fahrzeugstau auf der Küstenstraße. Durch den Djebel el Achdar zogen nur noch der Stab der 2. Panzerdivision und die 3. Indische Brigade, die aus motorisierter, auf ungepanzerten Lastwagen fahrender Infanterie bestand und über keine Hilfswaffen oder Panzerabwehrgeschütze verfügte. Durch den Djebel gingen aber auch die Aufklärungsabteilung von Wechmar über Charruba, Olbrichs Panzerregiment 5 und die italienische Division Ariete über Msus und Schwerins aus Deutschen und Italienern zusammengesetzter Verband über Ben Gania und Tengeder gegen Mechili vor.

Die Briten überschätzten die eingegangenen Meldungen und Gerüchte ganz erheblich, und die Deutschen erfuhren durch Aussagen von Gefangenen, daß die britische Führung mit wenigstens einem deutschen Panzerkorps rechnete, das in der Cyrenaika zum Angriff vorging.[10] Tatsächlich aber wußte auch auf deutscher Seite niemand genau, wo die jeweils anderen deutschen Verbände waren. Pläne und Befehle wurden geändert, und es kam zeitweilig zu erheblichen Verzögerungen. Am Nachmittag des 5. April übernahm Rommel bei Ben Gania persönlich das Kommando der nach Mechili vor-

gehenden Truppen, nachdem er während des ganzen vorangegangenen Tages vom Flugzeug aus die durch den Djebel marschierenden
Kolonnen identifiziert und ziemlich genau festgestellt hatte, wo sich
die deutsch-italienischen Kolonnen nach Osten bewegten. Er hatte
bereits die Vereinigung der Kampfgruppen Schwerin und Olbrich
bei Mechili vorbereitet. In Ben Gania erreichten Rommel Meldungen der Luftaufklärung, die besagten, daß Mechili augenscheinlich
feindfrei sei. Deshalb schickte er der rechts vorgehenden Kolonne
Schwerins den folgenden Befehl: »Mechili feindfrei, abdrehen dorthin, schnellste Fahrt, Rommel.«[11]

Doch nachdem Rommel noch am gleichen Tag wieder bis zur
Spitze der Kolonne und zurück geflogen war, um zu sehen, wie weit
die in der Mitte marschierende Kampfgruppe Olbrich gekommen
war, wurde ihm gemeldet, daß Mechili doch nicht feindfrei sei. Es sei
vielmehr durch starke britische Verbände belegt.[12] Inzwischen war
es dunkel geworden, und Rommel machte sich von Ben Gania auf
den Weg nach Nordosten, um sich an die Spitze der rechten Kolonne zu setzen, die jetzt aus der Masse der 5. leichten Division mit Ausnahme des Panzerregiments bestand und, vom Divisionskommandeur General Streich geführt, zusammen mit der italienischen Division Ariete nach Osten marschierte. Wenn es gelingen würde, dem
feindlichen Widerstand bei Mechili auszuweichen, wollte Rommel
dem Feind bei einem Versuch, von dort aus nach Norden und Osten
zu entkommen, den Fluchtweg abschneiden und selbst nach Erreichen der Küstenstraße weiter vorgehen.

Aber das gelang nicht. Rommel hatte gehofft, am folgenden Tag,
dem 6. April, genügend Kräfte von der rechten und mittleren Kolonne um Mechili versammelt zu haben, aber der Vormarsch war
enttäuschend langsam vorangekommen. Den Truppen der rechten
Kolonne war befohlen worden, sich für den Weitermarsch nach Mechili von Südsüdost und von Osten her bereitzustellen, aber die meisten erreichten diese Bereitstellungsräume erst am Abend, während
die mittlere Kolonne (Olbrich und das Panzerregiment 5) durch
ungünstiges Wetter und eine Verzögerung bei der Kraftstoffversorgung in Schwierigkeiten geraten und erst am selben Abend von
Msus nach Mechili aufgebrochen war. Am 7. April um 2 Uhr meldete schließlich die rechte Kolonne, daß auch ihr der Kraftstoff ausgegangen war und daß die sie begleitende italienische Artillerie ihre
Feuerstellungen für den Angriff gegen die Briten in Mechili nicht einnehmen könne.

Eine Stunde später hatte Rommel jeden Kanister Kraftstoff,
dessen er habhaft werden konnte — wie er später schrieb, waren es
35 —, eingesammelt und machte sich damit auf den Weg, um die Artillerie der rechten Kolonne zu finden, sie mit Kraftstoff zu versorgen

und in ihre Stellungen zu führen. Das kostete jedoch Zeit, und erst am späteren Vormittag des 7. April hatte Rommel (nachdem er unterwegs einige britische Fahrzeuge durch sein entschlossenes Drauflosfahren vertrieben hatte) für das Auftanken der italienischen Artillerie gesorgt und die rechte Kolonne zum Angriff gegen Mechili bereitgestellt. Von den Panzern Olbrichs war noch nichts zu sehen. Wie immer in solchen Situationen verging die Zeit viel zu rasch.

Am Nachmittag des 7. April überflog Rommel noch einmal den Djebel und suchte das Panzerregiment 5. Dabei wäre er fast neben einer britischen Kolonne gelandet, was er erst im letzten Augenblick bemerkte. Schließlich setzte er neben einem gemischten deutsch-italienischen Verband auf, dessen Vormarsch sich verzögert hatte, weil er sich durch eine Luftspiegelung hatte täuschen lassen. Zu seiner Führungsstaffel zurückgekehrt, stellte Rommel fest, daß Olbrich und seine Panzer noch nirgends aufgetaucht waren.

So setzte er sich wieder in seinen Fieseler Storch. Es würde bald dunkel werden, und vom rechtzeitigen Eintreffen Olbrichs und der Masse der Panzer des Afrikakorps hing, wie Rommel später schrieb, »die Entscheidung in der Ostcyrenaika ab«. Kurz vor Einbruch der Dunkelheit fand er sie schließlich weit nördlich ihres zunächst vorgesehenen Marschweges nach Mechili. Ungehalten befahl ihnen Rommel, so schnell es in der Dunkelheit möglich war, weiterzufahren, und flog selbst ungeachtet der schlechten Sicht zu seinem Führungsstab zurück.

Am folgenden Tag, dem 8. April, traten die Truppen der rechten Kolonne zum Angriff gegen Mechili an, und schon bald beobachtete Rommel von seinem Flugzeug aus feindliche Fahrzeuge, die Mechili in westlicher Richtung verließen und bald auf die Panzer Olbrichs stoßen würden. Rommel flog weiter nach Westen, um Olbrich zu warnen, aber er konnte ihn und seine Panzer nicht finden. So flog er wieder nach Mechili zurück. Dort war das Fort inzwischen von der rechten Kolonne genommen worden. Britische Ausbruchsversuche nach Osten waren mißlungen. Endlich näherte sich auch das Panzerregiment 5 von Westen, während es einem kleinen, schwachen Verband, den Rommel nach Norden zur Küstenstraße geschickt hatte, gelungen war, diese zu blockieren. Nun brauchte er jedoch dringend Verstärkungen. Rommel schickte die gewünschten Verstärkungen aus der Kolonne Schwerins nach Osten und fuhr selbst nach Derna. Am Abend des 8. April gegen 18 Uhr erreichte er die Küste. Wechmars Aufklärungsabteilung hatte sich, als sie nördlich von Bengasi aufgehalten wurde, nach Osten gewendet und war über Charruba nach Mechili gefahren, wo sie sich dem deutschen Angriff anschloß, während die Division Brescia auf der Küstenstraße weitermarschierte.

Das Unternehmen dauerte nun schon sechs Tage. Die Briten hatten die Cyrenaika geräumt. Am 9. April wollte die 5. leichte Division bei Mechili eine zweitägige Ruhepause einlegen, um Waffen und Fahrzeuge für den Weitermarsch zu ordnen. Rommel aber befahl der Division, noch in der Nacht nach Tmimi weiterzufahren und bis zum Tagesanbruch in Gazala zu sein, um sich dort für den Angriff gegen Tobruk bereitzustellen.

Wenn man Rommels eigenen Bericht über diese ungewöhnlichen und oft völlig chaotischen Ereignisse liest, bekommt man einen bizarren Eindruck von einem Kommandierenden General, der jetzt nicht nur das aus einer deutschen Division und einigen ergänzenden Truppenteilen bestehende Afrikakorps befehligte, sondern auch drei italienische Divisionen. Tag und Nacht war Rommel unterwegs auf der Suche nach einer Kolonne, die sich verspätet oder verfahren hatte, trieb eine andere zur Eile an, stellte fest, ob irgendeinem Truppenteil der Kraftstoff ausgegangen war, und sorgte dafür, daß wenigstens einige dringend gebrauchte Fahrzeuge und Waffen ihrem Ziel nähergebracht werden konnten. Wie immer verstand er es auch hier, alle ihm unterstellten Verbände und jeden Untergebenen durch sein plötzliches Auftauchen, seine energischen Anweisungen und seine Entschlossenheit zum Handeln anzufeuern. Jeder einzelne Angehörige des Afrikakorps kannte sein Gesicht, seine schroffe, präzise soldatische Art, seine scharfe, schneidende Stimme, mit der er selbst höhere Offiziere rügte.

Oft hatte Rommel — das hat er auch selbst zugegeben — sehr unklare Vorstellungen davon, wo sich die ihm unterstellten Verbände im Djebel oder in der Wüste befanden, und obwohl die Deutschen über gute Nachrichtenverbindungen verfügten, versagten die Funkgeräte oft wegen der ungünstigen klimatischen Verhältnisse in Nordafrika, weshalb das Auffinden einzelner Truppenteile in diesem Bewegungskrieg meist sehr viel schwieriger war, als es bei den mit Telefon und Karte geübten Kriegsspielen angenommen wurde. Aber war es wirklich notwendig, immer wieder selbst einzugreifen, anstatt die Planung seiner Unternehmungen dem Stab zu überlassen? War der Kraftstoffmangel, der so oft zu kritischen Situationen geführt hatte, nicht auf Fehler im System und mangelnde Vorsorge zurückzuführen? Und war nicht Rommel selbst dafür verantwortlich?

Was die Logistik betrifft, so ist oft behauptet worden, Rommel habe sich weder dafür interessiert noch etwas davon verstanden, besonders in Afrika, wo man die Versorgungswege von der Basis zur Truppe auf beiden Seiten mit einem Gummiband verglichen hat, das, zu sehr in die Länge gezogen, entweder zerreißt oder die daran hängende Truppe in Richtung auf die Basis zurückzieht. Tatsächlich hat-

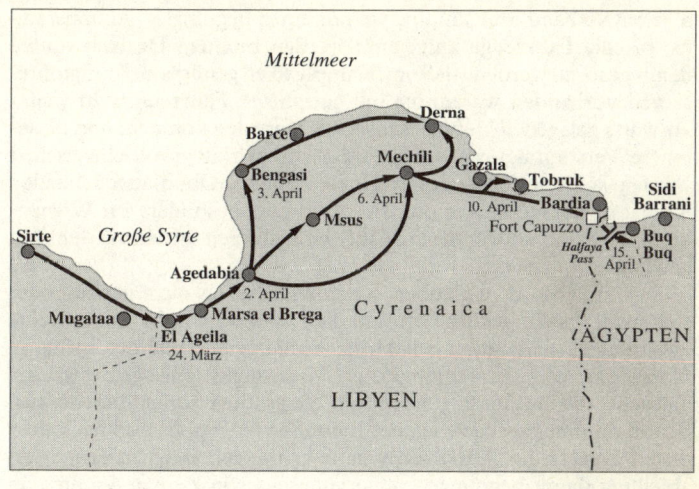

Rommels Vorstoß zum Halfayapaß im März und April 1941

te jeder Verband im Kampfgebiet nur einen begrenzten Aktionsradius, bis die Fahrzeuge aufgetankt werden mußten. Deshalb mußte dafür gesorgt werden, daß im Kampfgebiet genügend Kraftstoffreserven vorhanden waren, die mit geeigneten Fahrzeugen zu weiter vorwärts gelegenen Depots transportiert werden konnten, und dieses innere Versorgungssystem, das möglichst wirkungsvoll eingerichtet werden sollte, erforderte sorgfältige Planung. Ohne ausreichenden Kraftstoff konnte eine motorisierte Truppe, besonders im Wüstenkrieg, nicht die notwendigen Manöver ausführen und keine Schlacht gewinnen.

Es wäre absurd zu glauben, Rommel habe das nicht gewußt oder sich nicht darum gekümmert und die Logistik habe für ihn nur eine zweitrangige Bedeutung gehabt. Er wußte genau, daß der Erfolg in Nordafrika von der reibungslosen Versorgung abhängig war, eine Tatsache, die ihm im folgenden Jahr die größten Sorgen bereitet hat. Schon unmittelbar nach seinem Eintreffen in Tripolis und nach dem ersten Einsatz des Afrikakorps hatte er mit seiner Quartiermeisterabteilung damit begonnen, Versorgungsgüter in kleinen Schiffen an die Küste der Großen Syrte zu bringen, und daß er so großen Wert auf die möglichst baldige Einnahme von Tobruk legte, hatte vor allem auch logistische Gründe. Sehr oft hat er sich darüber beklagt, daß die Kraftstoffvorräte zur Neige gingen — und daß er gezwungen war, seine Taktik darauf einzustellen. Er selbst hatte kaum die Möglichkeit, Maßnahmen zur besseren Versorgung mit Kraftstoff zu ergreifen. Rommel mußte seine Pläne auf Voraussagen und Versprechungen stützen, und diese wurden aus durchaus verständlichen Gründen oft nicht eingehalten, während seine Pläne manchmal in dieser Hinsicht zu optimistisch waren. Kraftstoff und Wasser, Häfen und Nachrichtenverbindungen, Transportmittel und Nachschub — das waren Angelegenheiten, mit denen er sich immer wieder beschäftigte.

Ob Rommel also durch rechtzeitiges Eingreifen in die Planung einige der Kraftstoffkrisen hätte vermeiden können, zu denen es während der ersten Kämpfe in der Cyrenaika kam, ist fraglich. Einmal hat er direkt und energisch, aber, wie berichtet, zu spät eingegriffen. Nicht zuletzt ist die Kraftstoffversorgung mit den vorhandenen Transportmitteln wahrscheinlich immer schwierig gewesen, soweit sich das heute beurteilen läßt. Die notwendigen Vorausberechnungen waren Aufgabe des Stabes, und Rommel selbst dürfte nur dann verantwortlich gemacht werden, wenn er irgendwann ausdrücklich gewarnt worden wäre, daß Teile des Afrikakorps oder sogar alle ihm unterstellten Verbände wegen des Mangels an Kraftstoff liegenzubleiben drohten — und er diese Warnung dann unbeachtet gelassen hätte.

Das ist unwahrscheinlich, aber möglich. Nachdem seine Fahrzeuge bei Agedabia aufgetankt worden waren, mußten sie durchschnittlich 240 Kilometer zurücklegen, um den Raum Mechili zu erreichen. Die Reichweite vollgetankter gepanzerter Fahrzeuge ist zwar bei den verschiedenen Typen verschieden, hätte jedoch ein erneutes Auftanken noch vor Beendigung der Operation notwendig gemacht. Rommel hat das sicher gewußt. Es war eine Tatsache, die er nicht unbeachtet lassen durfte. Hat er das wirklich getan und geglaubt, wenn seine Quartiermeisterabteilung sich ernstlich darum bemühte, dann könne dieses Problem gelöst werden?

Wahrscheinlich. Denn es *wurde* nach einer kurzen Verzögerung wirklich gelöst. Aber es kostete Zeit, und Rommel geizte mit der Zeit, die gebraucht wurde, um das Panzerregiment 5 und die Fahrzeuge der italienischen Artillerie aufzutanken. Er hat immer die Ansicht vertreten, wenn jeder Untergebene und jeder Offizier seines Stabes sich ebenso wie er der Tatsache bewußt gewesen wäre, daß es darauf ankam, Zeit zu gewinnen, hätten sich manche Schwierigkeiten leichter überwinden lassen. Aber ebenso wie die 7. Panzerdivision eine gewisse Zeit gebraucht hatte, um sich 1940 auf die Methoden und Erwartungen ihres neuen Kommandeurs einzustellen, brauchte auch das Afrikakorps eine gewisse Eingewöhnungszeit.

Rommel glaubte, daß die für die Versorgung der Truppe verantwortlichen höheren Stäbe grundsätzlich zu vorsichtig waren und Versorgungsengpässe fürchteten, was sich in entscheidenden Situationen als nachteilig erweisen mußte. Er hat es stets für wichtig gehalten, die Schwächen oder die Niederlagen eines Gegners auszunutzen und ihn nach einem Sieg »bis zum letzten Atemzug von Mensch und Tier« zu verfolgen. Das hatte er schon als Leutnant in Rumänien und in Italien gelernt, und diesem Grundsatz war er als Divisionskommandeur in Frankreich gefolgt. Dabei hat er den Ratschlägen der Quartiermeister stets mißtraut, die sich bei jeder Schwierigkeit beklagten, anstatt ihr Improvisationstalent (das sie oft nicht hatten) zu entwickeln. Rommel schrieb, man dürfe sich nicht auf die Schätzungen der Quartiermeisterabteilung verlassen, sondern müsse sich selbst ein Bild von den Möglichkeiten der Versorgungseinrichtungen verschaffen und seine Anforderungen darauf gründen. Überhaupt dürfe man unterdurchschnittliche Leistungen nicht als Norm betrachten. Rommel glaubte, der Truppenbefehlshaber müsse sich alle Ratschläge kritisch und mit Sachkenntnis anhören, dann aber zu einem eigenen Urteil kommen. Damit erweist er sich nicht als ein Mann, der wenig von administrativen Faktoren versteht oder diese vernachlässigt.

Doch in seiner ganz persönlichen Haltung gegenüber den für die Versorgung der Truppe verantwortlichen Dienststellen und in seiner

Überzeugung, das übertriebene Sicherheitsbedürfnis sei der Feind des Unternehmungsgeistes, ist Rommel zweifellos gelegentlich weit über das hinausgegangen, was an Umsicht geboten war. Das italienische ebenso wie das deutsche Oberkommando haben oft versucht, ihn zu zügeln, und ihn auf unbestreitbare logistische Faktoren aufmerksam gemacht — auf die gesamte Versorgungslage und die Länge der Nachschubwege —, und ebensooft stellte Rommel diesen Warnungen seine eigene, optimistischere Beurteilung der Situation entgegen — und behielt nicht selten recht damit. Er nahm diese Risiken ganz bewußt auf sich, und zwar, weil er glaubte, instinktiv eine günstige Gelegenheit wahrnehmen zu können. Mit Unwissenheit oder Leichtsinnigkeit hatte das nichts zu tun. Er mag Fehler gemacht haben wie die meisten Menschen, aber die Probleme der Logistik hat er mit Sicherheit nicht vernachlässigt.

Rommel ist sicherlich nicht deshalb als bedeutender Truppenführer in die Geschichte eingegangen, weil er sich persönlich vor Beginn des Feldzugs auf dem nordafrikanischen Kriegsschauplatz im einzelnen intensiv mit der Versorgung der ihm unterstellten Streitkräfte beschäftigt hat wie Marlborough vor dem Marsch zur Donau oder Napoleon vor seinen triumphalen Erfolgen bei Ulm und Austerlitz. Zweifellos hat es ihm manchmal an Treibstoff gefehlt, und oft hat er die Situation durch seine eigene Initiative gerettet. Dennoch hat er noch häufig das Risiko auf sich genommen, nicht ausreichend mit Kraftstoff versorgt zu werden. Man darf jedoch sagen, daß derjenige, der es in so häufig wechselnden Situationen eines Bewegungskrieges, dessen Meister er gewesen ist, niemals riskiert, daß der Kraftstoff knapp werden könnte, auch dazu neigt, gar nichts zu riskieren — und wer das nicht tut, wird nur selten mit dem Lorbeerkranz des Siegers geehrt werden.

Doch wie steht es mit dem Vorwurf, daß Rommel zuviel Zeit in ständiger Bewegung zugebracht hat, daß er dabei oft die Verbindung zu einem großen Teil seiner Kräfte für viel zu lange Zeit verlor und persönlich in das Kampfgeschehen eingriff, wie es eigentlich nicht Sache eines Generalleutnants ist, der vier Divisionen auf einem viele tausend Quadratkilometer großen Kriegsschauplatz befehligt? Rommel dieses Verhalten vorzuwerfen, wäre ebenso berechtigt wie manche andere Kritik — und ebenso falsch. Rommel hätte seine Verbände auch ganz anders führen können — aber dann wäre er nicht Rommel gewesen, nicht der Rommel jedenfalls, als den ihn ein künftiges Mitglied seines Stabes — und ein ausnehmend intelligenter und gut ausgebildeter Generalstabsoffizier — bezeichnet hat: »Der Seydlitz des Panzerkorps, der vielleicht wagemutigste und vertrauenswürdigste Befehlshaber in der deutschen Militärgeschichte«.[13]

Inzwischen sprachen die Männer im ganzen Afrikakorps von

Rommels erstaunlicher Findigkeit, seiner schier übermenschlichen Energie, seiner Ausdauer, seiner persönlichen Bescheidenheit und seiner Furchtlosigkeit. Und obwohl er sie unbarmherzig vorantrieb, trotz seines gelegentlich rauhen Tons und der hohen Anforderungen, die er an seine Soldaten stellte, wußten sie, daß sie ihm auf dem Schlachtfeld vertrauen konnten. Für sie war er schon jetzt nur »Rommel«, und das ist er auch immer geblieben. Sie sagten, er würde alles für sie tun, und sie waren auch wirklich davon überzeugt.[14]

Doch vor allem wußten sie, daß er sie zum Sieg führen konnte. Er hatte einen sechsten Sinn für die Beurteilung der jeweiligen Lage, und deshalb konnte er sofort die richtige Entscheidung treffen. Und wenn er über Sprechfunk seine kurzen, prägnanten Befehle gab, dann gab es keinen Zweifel daran, was er wollte. Überall und auf jeder Ebene konnte man etwas von ihm lernen. Er war, wie es hieß, »der Lehrmeister aller«.[15] Ihm war es zu verdanken, daß sich das Unternehmen »Sonnenblume« als überwältigender Erfolg erwiesen hatte.

12.

Der »Seydlitz« des Panzerkorps

Rommel durfte mit dem bisherigen Verlauf des Feldzugs zufrieden sein. Kurze Zeit glaubte er, nichts könne ihn mehr aufhalten, und so verkündete er am 10. April: »Angriffsziel — der Suezkanal«.[1] Die Briten hatten die Cyrenaika räumen müssen, und die dortigen Flugplätze sowie der Hafen von Bengasi waren in deutscher Hand — ein Vorteil, den die Italiener, wie Rommel sich sehr bald beschwerte, nicht rasch genug wahrnahmen. Denn sie benutzten fast nur den Hafen von Tripolis und kaum den von Bengasi, so daß sich die Versorgungswege für die Armee in der Wüste unnötigerweise verlängerten. Zahlreiche britische Fahrzeuge waren erbeutet worden, und viele britische Soldaten waren in Gefangenschaft geraten, darunter auch drei Generale: Gambier-Parry (der Kommandeur der 2. Panzerdivision), Neame und der glücklose O'Connor, der noch nicht wieder die Verantwortung übernommen hatte und bei den Deutschen wegen seiner Erfolge im vergangenen Winter den Ruf genoß, der einzige britische General zu sein, dessen Motto nicht »Safety first« (»Zuerst kommt die Sicherheit«) war.[2]

Außerdem waren den Deutschen in Mechili viele britische Dokumente in die Hände gefallen, aus denen sich die für die Feindnachrichten zuständige Abteilung Ic in Rommels Stab ein sehr viel genaueres Bild von der Gliederung und Stärke der britischen Truppen und deren Führung machen konnte, als es die Italiener oder das OKH vermittelt hatten.

Vor allem aber durfte Rommel jetzt mit der baldigen Einnahme von Tobruk rechnen, und der Hafen von Tobruk würde ihm die Gelegenheit geben, für die kommenden Operationen, bei denen die Versorgung der Truppe erheblich gefährdet wäre, eine weit vorn gelegene Versorgungsbasis einzurichten. Die Einnahme dieses Hafens war angesichts der Entfernungen in Nordafrika ein wichtiges strategisches Ziel. Die beiden ersten Angriffe Rommels gegen Tobruk fanden am 14. und 30. April statt und scheiterten.

Wie berauscht von der Geschwindigkeit seines Vormarsches von der Großen Syrte nach Osten und von der Plötzlichkeit, mit der seine noch relativ schwachen Kräfte den Feind aus einem riesigen Gebiet in Nordafrika vertrieben hatten, wähnte sich Rommel in dem

Glauben, vom Schicksal begünstigt zu sein. Er war überzeugt, daß Geschwindigkeit und Entschlossenheit, die sich schon so oft bewährt hatten, genügten, auch eine gut ausgebaute und entschlossen verteidigte Festung einzunehmen, und hoffte, Tobruk im ersten Ansturm erobern zu können. Den Feind wähnte er bereits auf der Flucht. Rommel schrieb, er habe seinen Sieg der Geschwindigkeit zu verdanken.[3] Aber wo gut ausgebaute Verteidigungsstellungen angegriffen werden müssen, reicht die Geschwindigkeit nur selten aus.

Rommel hatte angenommen, daß die Verteidiger nicht genügend Zeit haben würden, sich von den Rückschlägen zu erholen, die sie hatten hinnehmen müssen, aber darin irrte er sich. Tobruk, dessen Befestigungsanlagen die Deutschen zunächst nicht im einzelnen kannten, erwies sich als eine harte Nuß, besonders deswegen, weil es von der 9. Australischen Division unter General Morshead gehalten wurde, die sich nach der Räumung der Cyrenaika dorthin zurückgezogen hatte und nun von einer aus Ägypten auf dem Seewege herangeführten vierten Brigade verstärkt werden sollte. Rommel hatte bereits einige australische Gefangene zu Gesicht bekommen und festgestellt: »Es waren außerordentlich stämmige und kräftige Soldaten. Sie stellten ohne Frage eine Elitetruppe des Empire dar, was man auch im Kampf zu spüren bekam.«[4] Die Australier setzten ihre Artillerie überall massiv und sehr präzise ein und verteidigten ihre Stellungen entschlossen und hartnäckig. Die ursprünglich von den Italienern gebauten Verteidigungsanlagen in Tobruk bestanden aus zwei etwa 2 000 Meter hintereinanderliegenden Halbkreisen. In jeden dieser Halbkreise waren eine Reihe von Stützpunkten, getarnten Unterständen und Feuerständen eingebaut, die durch zwei Meter tiefe betonierte Gräben miteinander verbunden waren, in denen sich auch Granatwerferstellungen, Maschinengewehrnester und Stellungen für Panzerabwehrgeschütze befanden. Vor dem äußeren Halbkreis lag als Panzerhindernis ein tiefer Graben. Die zur Rundumverteidigung eingerichteten Stützpunkte hatten einen Durchmesser von 85 Metern und waren mit 30 bis 40 Mann besetzt. Einen weiteren Schutz boten umfangreiche Stacheldrahthindernisse. Tobruk war eine beeindruckend starke Festung und konnte, wenn der Kampfgeist der Verteidiger nicht völlig versagte, nur in einem methodisch geführten Angriff oder nach langer Belagerung genommen werden.

Rommel war sich dessen bewußt, besonders nachdem er — verspätet — von den Italienern die Pläne der Verteidigungsanlagen bekommen hatte. Inzwischen hatte er beschlossen, Tobruk rasch einzukreisen und aus verschiedenen Richtungen anzugreifen. Die italienischen Divisionen Brescia und Trento (unter General de Stefanis) sollten von Westen her Scheinangriffe führen, während die 5. leichte Division die Festung im Süden und Südosten einschloß. Die Division Ariete erhielt den Befehl, sich in El Adem südlich von Tobruk bereitzustellen, um den Angriff von dort her zu unterstützen. Inzwischen waren die ersten Truppenteile der neuen 15. Panzerdivision unter General v. Prittwitz angekommen, und Rommel unterstellte Prittwitz sofort einen Teil der im Raum Tobruk liegenden Kräfte, darunter die Aufklärungsabteilung 3, die am 10. April El Adem einnahm. Am 11. April war die Einschließung Tobruks beendet, und die Panzer des Panzerregiments 5 stellten sich am Nachmittag südlich von Tobruk bereit.

Am Tage zuvor war Prittwitz gefallen. Er war, ohne es zu bemerken, in die britischen Verteidigungsanlagen geraten und wurde tot in einem Graben gefunden. Nun übernahm General Streich die Führung der 5. leichten Division beim Angriff, doch er hatte Einwände gegen den Angriffsplan und hielt Rommel für einen ungeduldigen und egozentrischen Opportunisten. Die beiden Männer hatten sich in Frankreich kennengelernt, als Streich ein Panzerregiment in der Nachbardivision Rommels, der zum Korps Hoth gehörenden 5. Panzerdivision, geführt hatte. Schon damals war Rommels Führungsstil bei ihm auf Skepsis gestoßen. Jetzt hatte Streich zweifellos das nicht ganz unbegründete Gefühl, daß dieser Mann zu wenig über die Befestigungen wußte, die angegriffen werden sollten, und daß die Verteidiger in ihren gut ausgebauten Stellungen das ganze Gefechtsfeld überblicken und mit gelenktem Artilleriefeuer beherrschen konnten und deshalb dem Angreifer überlegen waren.

Rommels erster Angriffsversuch, der am 14. April morgens um 4.30 Uhr begann, wurde mit der MG-Abteilung und dem Panzerregiment der 5. leichten Division von Süden her unternommen. Er schlug völlig fehl und kostete die Angreifer hohe Verluste. Ursprünglich schien es Rommel, als käme der Angriff gut voran, aber schon nach wenigen Stunden meldeten Streich und der Kommandeur seines Panzerregiments, Olbrich, dem Führungsstab des Afrikakorps, daß ihre Panzer die Verbindung zur Infanterie verloren hatten, nicht mehr vorankamen und auch ihre Stellungen nicht halten konnten, weil sie an ihrer Einbruchstelle unter schweres Artillerie- und Panzerabwehrfeuer genommen wurden. Außerdem — und das war besonders gefährlich — wurden die Angreifer von britischen Blenheim-Kampfflugzeugen mit Bomben belegt. So konnten sich die britischen Luftstreitkräfte eine Zeitlang entscheidend an den Kämpfen beteiligen.

Rommel war außer sich. Er schrieb die mangelnde Zusammenarbeit zwischen Panzern und Infanterie der schlechten Ausbildung im Zusammenwirken aller Waffen zu und zeigte sich zutiefst enttäuscht über das Verhalten der Italiener. Wie sein Adjutant, Major Schraepler, an Rommels Frau Lucie schrieb, waren die Italiener entweder gar nicht zum Angriff angetreten oder schon beim ersten Schuß davongelaufen. Ein anderer Beobachter meinte etwas zurückhaltender, die Angreifer seien im Nachteil gewesen, weil sie zu wenig über die Art der Verteidigungsanlagen wußten,[5] ein Nachteil, dessen sich auch Rommel bewußt war; er glaubte jedoch, daß die Truppe trotz aller Verzögerungen schließlich doch genau über die Art der Verteidigungsanlagen unterrichtet worden sei. Aber das war nicht der Fall gewesen.

Nach zwei Wochen unternahm Rommel einen weiteren Versuch und griff den 13 Kilometer westlich von Tobruk gelegenen beherrschenden Punkt Ras el Maduuar an. Nicht ohne Schwierigkeiten gelang es ihm schließlich, ihn zu nehmen. Damit setzte er sich in den Besitz eines Abschnitts im äußeren Verteidigungsring um Tobruk, von dem aus der Feind Rommels von Westen herangeführte Nachschubkolonnen hatte beobachten und angreifen können.

Vorher aber hatte Rommel noch einmal Besuch aus Berlin bekommen. Am 27. April kam General Paulus vom Generalstab des Heeres nach Nordafrika, um mit Rommel zu sprechen und sich ein Bild von der Lage zu machen. Rommel hatte das Oberkommando mit der Geschwindigkeit und Tiefe seines Vorstoßes überrascht. Man wußte, daß er gegenüber seinem Stab die Absicht geäußert hatte, den Suezkanal zu erreichen. Darauf hätten die Briten, wie der Generalstab nach Aussagen von Paulus vermutete, so besorgt reagiert, daß sie sich früher als beabsichtigt aus Griechenland zurückgezogen hätten und damit einem deutschen Plan zuvorgekommen seien, sie dort in eine Falle zu locken. Das entsprach jedoch keineswegs den Tatsachen. Der Abzug der britischen Streitkräfte aus Griechenland war am 19. April zwischen Wavell und der griechischen Regierung vereinbart worden. Er hatte nichts mit Rommels Vormarsch, aber sehr wohl etwas mit der immer bedrohlicher werdenden Lage in Griechenland zu tun.

Rommel antwortete irritiert, nichts von einem solchen Plan gewußt zu haben. Nach seiner Ansicht sei das griechische Abenteuer ein Fehler, weil hier Kräfte gebunden worden seien, die man an anderer Stelle dringender gebraucht hätte. Es wäre viel besser gewesen, stärkere Kräfte in Nordafrika zu konzentrieren und auf diese Weise den Briten den Zugang zum Mittelmeerraum zu verwehren, anstatt die Kräfte auf dem Balkan zu verschwenden. Später schrieb Rommel, noch günstiger wäre es gewesen, Malta anzugreifen, von wo aus die Briten den Schiffsverkehr zwischen Italien und Afrika behindern konnten, anstatt die Insel Kreta zu besetzen, auf der die Deutschen im Mai landeten. Das hätte auch O'Connor schreiben können!

Paulus war Oberquartiermeister I im Generalstab des Heeres und etwa ebenso alt wie Rommel. Er war ein höflicher, kultivierter und intelligenter Mann, ein außerordentlich begabter Generalstabsoffizier, aber eine weniger dominante Persönlichkeit als Rommel. Er war bevollmächtigt, jeden Vorschlag Rommels für ein größeres Unternehmen zu genehmigen oder abzulehnen, und er genehmigte einen weiteren Angriff gegen Tobruk, der noch während der Anwesenheit von Paulus in Nordafrika drei Tage nach dessen Eintreffen unternommen wurde. Auch dieser Eroberungsversuch schlug fehl. Rommel hatte ursprünglich beabsichtigt, Tobruk von Westen her mit allen inzwischen eingetroffenen Teilen der 15. Panzerdivision anzugreifen, ein Unternehmen, gegen das Streich bereits Bedenken geäußert hatte. Der Angriff beschränkte sich schließlich auf ein Vorgehen gegen den Ras el Maduuar und kostete Rommel erhebliche Verluste. Er behauptete zwar, damit habe er dem Feind die Möglichkeit genommen, die Versorgungswege des Afrikakorps zu beobachten, aber dieses Unternehmen verbesserte die Voraussetzungen für den Angriff auf die Festung Tobruk selbst nicht, wie Rommel gehofft hatte.

Paulus hatte auch Gelegenheit, Rommel bei seiner Tätigkeit als Truppenführer zu beobachten, und nach vierzehn Tagen in der Wüste bezeichnete er ihn in einem Bericht an Berlin als einen energischen, stürmischen Befehlshaber des Afrikakorps, der mit seiner Eigenwilligkeit das OKH gegen dessen wohlbegründete Auffassung dazu veranlassen konnte, die deutschen Kräfte in Afrika zu verstärken, und zwar auf Kosten der inzwischen angelaufenen Vorbereitungen für den Rußlandfeldzug. Paulus meldete zudem, daß sich Rommel über die Italiener beschwert habe, da diese sich geweigert hätten, die Vorteile auszunutzen, die ihnen der Hafen von Bengasi bot. Rommel habe aber dabei nicht berücksichtigt, daß der Seeweg nach Bengasi länger als der nach Tripolis und deshalb britischen Angriffen stärker ausgesetzt sei, während die Kapazität des Hafens von Tripolis größer sei. Rommel hätte natürlich erwidert, daß man die Kapazität von Bengasi vergrößern könne und das Risiko eines längeren Seeweges auf sich nehmen müsse, um die Versorgung der Feldarmee wesentlich zu erleichtern und zu verbessern. Doch Paulus gab den Italienern recht und wollte sich Rommels Argumenten nicht anschließen.

Paulus und Rommel waren zwei grundverschiedene Persönlichkeiten. Als Generalstabsoffizier hatte Paulus kaum Gelegenheit gehabt, sich als Truppenführer zu bewähren. Er galt ganz allgemein als ein Mann, für den die gewissenhafte Befolgung eines militärischen Befehls den absoluten Vorrang hatte. Rommel dagegen war stets bereit, für seine eigenen Auffassungen geradezustehen, zuerst zu handeln und seine Entschlüsse anschließend zu begründen, seine geographische Distanz zu Berlin und seine eher nominelle Unterstellung unter Rom in der Hoffnung auszunutzen, der Sieg werde seine Hal-

Während seiner ersten erfolgreichen Offensive im Frühjahr 1941 versuchte Rommels »Afrikakorps« auch die strategisch wichtige Hafenstadt Tobruk zurückzuerobern, die im Januar 1941 von den Briten eingenommen worden war. Aber die ursprünglich von den Italienern erbauten 48 Kilometer langen Verteidigungsanlagen um die »Festung Tobruk« wurden von britischen und australischen Truppen gehalten, und die deutschen Angriffe scheiterten an der Entschlossenheit der Verteidiger. Während Rommels Truppen bis an die Grenze Ägyptens vorstürmten, konnten die Briten die inzwischen nur noch von See aus versorgte Stadt so lange halten, bis sie im Dezember 1941 im Zuge der englischen Gegenoffensive entsetzt wurde.

Die Abbildung zeigt die englische Verteidigungsstellung unter schwerstem deutschen Artilleriefeuer während eines kombinierten deutschen Infanterie- und Panzerangriffs.

tung rechtfertigen und für ihn sprechen. Der gewissenhafte und tüchtige Paulus verurteilte eine solche Einstellung auf das schärfste.

Er war entsetzt, als er sah, unter welchen Bedingungen die Soldaten vor Tobruk kämpften, und kam zu der Überzeugung, daß Rommel bis Gazala zurückgehen sollte, um seine Versorgungswege zu verkürzen und die Lebensbedingungen seiner Soldaten zu verbessern. Rommel, der alle Strapazen mit der Truppe teilte, dachte anders. 21 Monate später wurde unter Paulus die gesamte deutsche 6. Armee bei Stalingrad vernichtet und in den Tod oder in die Gefangenschaft getrieben, nachdem ihr Oberbefehlshaber gewissenhaft Hitlers mörderischen Befehl befolgt hatte, die von den Russen eingekreiste Armee dürfe keinen Ausbruchsversuch unternehmen, sondern müsse in ihren Stellungen ausharren. Ein Offizier, der beide Männer kannte, hat sehr viel später gesagt,[6] Rommel wäre an der Stelle von Paulus mit allen verfügbaren Kräften ausgebrochen. Heute kann man darüber nur Vermutungen anstellen. Allerdings hat auch Rommel bei El Alamein für wenige kostspielige und unwiederbringliche Stunden ebenso stur wie Paulus einen Führerbefehl befolgt.

Indessen ließ sich Paulus nicht beeindrucken, denn 1941 hatte sich Rommel bei seinen Angriffen auf Tobruk zweifellos von seiner schwächsten Seite gezeigt. Er hatte seine Truppen übereilt und ohne die notwendige Vorbereitung und Koordination ins Gefecht geführt und dabei das methodische Vorgehen auf eine nicht zu verantwortende Art der Geschwindigkeit geopfert. Man hatte den Eindruck, Rommel habe sein Fingerspitzengefühl, den sicheren Instinkt, der ihn so oft zum Siege geführt hatte, vorübergehend verloren. Beim Vormarsch durch die Cyrenaika war es zeitweilig sogar zu chaotischen Zuständen gekommen, was damals vielleicht nur deshalb nicht so sehr ins Gewicht gefallen war, weil es im wesentlichen auf den Angriffsschwung ankam. Aber jetzt zeigten sich einige seiner Unterführer deutlich verärgert. Die hohen Verluste vor Tobruk bestärkten sie in ihrer ablehnenden Haltung. »Das waren meine Leute, die er dort aufgeopfert hat«, sagt Schwerin mit verständlicher Bitterkeit noch Jahre später.[7] Man warf Rommel vor, ein Hasardeur zu sein, und in diesem Fall war der Vorwurf berechtigt. Die blutigen Verluste waren zu hoch.

Rommel mußte einsehen, daß Tobruk zunächst nicht gestürmt, sondern nur eingeschlossen werden konnte. An der ägyptischen Grenze, hinter welche die Briten ihre Hauptkräfte zurückgezogen hatten, wollte er eine möglichst starke Vorpostenkette einrichten, da er die Grenzbefestigungen, die sich auf Sollum, Bardia, Sidi Suleiman und Fort Capuzzo stützten, im wesentlichen als eine aus »Umwallungen«

bestehende Linie betrachtete. Das waren Stellungen, die ein Belagerer errichtet hatte, um eine Entsatzarmee daran zu hindern, den Belagerungsring von außen her zu sprengen und die Besatzung einer Festung zu befreien.

Rommels Aufmerksamkeit richtete sich immer noch auf Tobruk. Das war auch durchaus verständlich. Tobruk zu nehmen und seinen Hafen zu nutzen, hätte der deutsch-italienischen Armee große Vorteile gebracht. Rommels an der ägyptischen Grenze bereitgestellte Kräfte mußten über einen langen und schwer zu bewältigenden Weg von der Cyrenaika her und unter Umgehung von Tobruk versorgt werden, und das täglich benötigte Material wog 1500 Tonnen. Tobruk blieb »ein Dorn im Fleisch des Afrikakorps«[8]. Später veranlaßte Rommel die Italiener, die von Westen nach Osten durch Tobruk führende Versorgungsstraße durch eine Umgehungsstraße an Tobruk vorbei zu ersetzen. Diese »Achsenstraße« wurde im Herbst 1941 in dem erstaunlich kurzen Zeitraum von drei Monaten gebaut.

Für Rommel ging es jetzt um Prioritäten: Welche Kräfte brauchte er an der Grenze, um den britischen Angriff zur Entlastung Tobruks abwehren zu können, den die Briten sicherlich führen würden, und welche Kräfte standen ihm für einen neuen Angriff gegen Tobruk zur Verfügung? Wann konnte dieser stattfinden? Und wann würden die Briten den Versuch einer Offensive unternehmen? Rommel hatte die Briten bis zur ägyptischen Grenze verfolgt. Am 12. April hatte die Aufklärungsabteilung 3 Bardia genommen, während Rommel noch ganz mit Tobruk beschäftigt gewesen war. Nun war er schon eine Woche nicht mehr bei Tobruk gewesen. Zur gleichen Zeit waren Sollum und Capuzzo genommen worden. Und während der ganzen Zeit hatte Rommel auch erkannt, daß er mobile Kräfte brauchte, um jedem britischen Versuch zu begegnen, seine südliche Flanke durch die Wüste zu umgehen und so entweder seine Truppen an der Grenze einzukreisen, direkt nach Tobruk vorzustoßen oder sogar dahinter und westlich davon noch weiter zu gehen, um Bir Hacheim und Gazala zu bedrohen.

Der Verlauf von Kämpfen im Grenzgebiet würde entscheidend vom Gelände beeinflußt werden, und die Küstenstraße verlief dort unterhalb einer steilen Böschung, in der es nur wenige Stellen gab, an denen man mit den Fahrzeugen auf das Wüstenplateau hinaufkam oder von dort zur Küste hinunterfahren konnte. Diese Zugänge erlangten später eine große taktische Bedeutung, und die den vorderen Stellungen Rommels am nächsten gelegene Durchgangsstelle lag bei Halfaya, acht Kilometer südlich von Sollum. Der Besitz des Halfayapasses gab der einen oder anderen Seite die Möglichkeit, sich zwischen der Wüste und der Küstenstraße hin- und herzubewegen.

Rommel hatte vor, die italienische Division Trento an die ägyptische Grenze zu verlegen und die Division Brescia an der Ostflanke von Tobruk als Teil des Belagerungsrings einzusetzen. Anders als der Gegner verfügte er über starke nichtmotorisierte italienische Infanterie, und diese konnte in der Wüste mit ihren ungeheuren Weiten, in denen die Artillerie über ein weites Schußfeld verfügte, nur dort eingesetzt werden, wo das Gelände sich für einen Stellungskrieg eignete. Die Stellungen an der Grenze und am Halfayapaß boten eine solche Gelegenheit. Eine zweite Möglichkeit bestand innerhalb des Belagerungsringes vor Tobruk (bis zum Beginn des nächsten großen Angriffs). Nichtmotorisierte Infanteriedivisionen hatten jedoch im Bewegungskrieg nicht nur deshalb geringen Wert, weil sie nur kämpfen konnten, wenn sie die Möglichkeit hatten, sich einzugraben, und auch dann nur auf sehr kurze Entfernungen wirkten, während sie selbst dem Feuer von Panzern und Artilleriefeuer ausgesetzt waren; unter Umständen waren sie sogar eine Belastung für den Befehlshaber, da man Fahrzeuge brauchte, wenn sie verlegt werden mußten. In der Wüste allein gelassen, hatten sie nur geringe Überlebenschancen. Da sie unbeweglich waren, mußten sie dort, wo sich das Gelände für ihre Verwendung eignete, in genügender Stärke eingesetzt werden, und Rommel beschloß, das Comando Supremo um zwei weitere italienische Divisionen zu bitten. Damit wollte er vermeiden, daß seine mobilen Kräfte, vor allem das Afrikakorps, irgendwo im Stellungskrieg eingesetzt oder bei vorher genau festgelegten Unternehmen verwendet wurden.

Für solche Truppenverschiebungen brauchte man Zeit, und Rommel bezweifelte, daß ihm viel Zeit zur Verfügung stand. Er nahm an, die Briten hätten erkannt, welche weiten Räume er mit seinen Kräften abdecken mußte, um Tobruk einzuschließen und zugleich einen britischen Entlastungsangriff abwehren zu können. Für besonders dringlich hielt er eine Verstärkung der deutschen Truppen, und deshalb bat er, das Heranführen der 15. Panzerdivision zu beschleunigen. Die italienische Infanterie hatte die Stellungen bei Sollum am 15. Mai noch nicht vollständig übernommen. Am 14. Mai fing Rommels Abteilung Ia beim Abhören des britischen Funkverkehrs bis hinunter zu den untersten Einheiten das Codewort »Fritz« auf. Zwar wußte man nicht genau, was es bedeutete, rechnete aber für den folgenden Tag mit einem britischen Angriff und verfolgte auch weiterhin den britischen Funkverkehr.[9]

Rommels Feindnachrichtendienst benutzte die verschiedensten Quellen. Die wichtigsten waren natürlich die direkten Beobachtungen der Aufklärungsflugzeuge und die seiner eigenen Truppen, der Aufklärungsabteilungen und der Spähtrupps. (Später allerdings ge wannen die Briten die Luftüberlegenheit und erfuhren durch ihre Aufklärungsflugzeuge mehr über Rommel als er über sie.) Die Aufklärungsvorstöße, die Rommel an der südlichen Flanke bis tief in die Wüste vorantrieb, waren notwendig, um das Afrikakorps vor Überraschungen zu schützen. Für diese Unternehmungen wurden jedoch nur selten so starke Kräfte eingesetzt wie bei den Briten und besonders von der Long Range Desert Group. Über deren Tätigkeit war der deutsche Feindnachrichtendienst gut unterrichtet, obwohl die Stärke dieser Stoßtrupps und ihre Erfolge manchmal übertrieben wurden.

Zweitens gab es eine große Zahl von Dokumenten, von denen viele nach der Einnahme von Mechili und nachdem die Deutschen das Stabsquartier der britischen 2. Panzerdivision überrannt hatten, erbeutet und analysiert worden waren. Bei jedem Stab und bei den meisten Einheiten existierten zahlreiche Geheimdokumente, aus denen sich ein zutreffendes Bild über die Stärken, Schwächen und die allgemeinen Verhältnisse im feindlichen Lager ergab. Und nicht nur offizielle Dokumente konnten nützlich sein. Viele Offiziere führten Tagebücher — was in der britischen ebenso wie in der deutschen Armee verboten war —, und viele dieser Tagebücher wurden im Lauf der Zeit erbeutet. Sie enthielten nützliche Informationen über die persönlichen Lagebeurteilungen und die Moral im feindlichen Lager, sowohl bei der Truppe als auch in der Heimat.

Die dritte Nachrichtenquelle waren die Vernehmungsprotokolle der Kriegsgefangenenstellen. Die Deutschen bewunderten die britische Anordnung, nach der ein in Gefangenschaft geratener Soldat bei seiner Vernehmung durch den Feind nur die Nummer seiner Erkennungsmarke, Alter, Dienstgrad, Namen und Heimatadresse angeben durfte. Auf beiden Seiten wurde natürlich mit wechselndem Erfolg der Versuch unternommen, mehr herauszubekommen, und die üblichen Techniken bei solchen Vernehmungen waren Schmeichelei, Einschüchterung, versteckte Andeutungen und falsche Versprechungen. Wie Montgomery es später auch getan hat, führte Rommel gern Gespräche mit feindlichen Gefangenen, besonders, aber nicht nur, mit denen in höheren Dienstgraden. Er machte ihnen Vorwürfe, wenn er glaubte, sie hätten die Spielregeln verletzt — denn der Wüstenkrieg war in gewisser Weise ein grausames Spiel und hatte bestimmte Regeln. Als er im weiteren Verlauf des Feldzugs mit dem in Gefangenschaft geratenen stellvertretenden Kommandeur der britischen 4. Panzerbrigade, Brigadier Stirling, sprach, sagte er ihm, die ersten Tage der Gefangenschaft seien notwendigerweise die schlimmsten, aber die Deutschen wüßten tapfere Soldaten zu schätzen. Um so bedauerlicher sei es, Fotos von bei Tobruk verwundeten italienischen Soldaten zu sehen (und er habe sie gesehen), die nach der Gefangennahme verstümmelt worden wären. Das sei ein tierisches, aber kein menschliches Verhalten. Stirling reagierte empört. Kein britischer Soldat würde so etwas tun — vielleicht seien es irgendwelche abessinischen Hilfstruppen gewesen! Rommel erwiderte, er bedauere, daß die Briten solche Menschen »gegen Weiße in den Kampf geschickt hätten« — damals keine ungewöhnliche Reaktion eines Europäers. Das Gespräch endete jedoch in einem durchaus freundschaftlichen Ton, und zum Schluß bat Stirling den Dolmetscher, einen deutschen Kapitän zur See, Rommel zu sagen, daß er ihn bewundere. Rommel schüttelte ihm lächelnd die Hand und sagte, er hoffe, daß die Gefangenschaft Stirlings nicht zu lange dauern werde. Er sei überzeugt, daß es in der Welt Platz genug für Briten und Deutsche gäbe, ohne daß es deshalb Krieg geben müsse — eine Meinung, der Stirling (nach dem Bericht des deutschen Kriegsberichterstatters, der dieses Interview veröffentlicht hat) ganz und gar zustimmte. Aus solchen Gesprächen ergaben sich meist keine konkreten Informationen, aber sie vermittelten einen Eindruck von der allgemeinen Stimmungslage.

Zu einem späteren Zeitpunkt und in einer recht kritischen Lage führte der neuseeländische Brigadier Clifton nach seiner Gefangennahme ein sehr interessantes Gespräch mit deutschen Offizieren. Dabei ging es um einzelne Persönlichkeiten, zum Beispiel um Churchill und dessen letzten Besuch in Ägypten (das Gespräch fand im September 1942 statt, und Clifton sprach über die Veränderungen beim britischen Oberkommando, über das Eintreffen des Generals Alexander und so weiter). Clifton sagte den Deutschen, sie hätten eine Gelegenheit versäumt, denn noch vor ein paar Wochen hätten sie Kairo und Alexandria erreichen können. Solche Gespräche, die unter der Einwirkung des ersten Schocks nach der Gefangennahme leicht zustande kamen, interessierten Rommel besonders. Er hat später geschrieben, wie sehr er Clifton als einen tapferen Mann bewunderte, der es immer wieder versucht habe zu fliehen.

Rommel hat sich wie jeder bedeutende Heerführer intensiv mit der Denkweise und der Psychologie seiner Gegner beschäftigt, und was ihm die Offiziere seines Feindnachrichtendienstes über die Ansichten von Gefangenen und anderen Einzelheiten berichteten, hat ihm geholfen, sich ein zutreffendes Bild zu machen. Er selbst hat sich gegenüber den Gefangenen stets ritterlich verhalten, und diejenigen, die ihn persönlich kennenlernten, waren fast immer stark von ihm beeindruckt. Begegnungen dieser Art waren für beide Seiten faszinierend. Nach der siegreichen britischen Durchbruchsschlacht bei El Alamein lud General Montgomery den deutschen General Ritter v. Thoma zum Essen ein. Thoma war als stellvertretender Kommandierender General des Afrikakorps unter Rommel in Gefangenschaft geraten und machte auf Montgomery einen durchaus günstigen Eindruck.[10]

Gelegentlich erwies sich auch die Aussage eines Gefangenen als so wertvoll, daß sie wichtige Entscheidungen und sogar den Verlauf einer Schlacht beeinflußte. Das war im Oktober 1942 während der Schlacht bei El Alamein der Fall, als deutsche Vernehmungsoffiziere von einem Gespräch mit einem Gefangenen berichteten, der gesagt hatte, nach seiner Meinung werde der nächste britische Vorstoß im Norden der Front und nicht im Süden erfolgen. Rommel beeindruckte diese Vermutung, obwohl konkrete Beweise für diese Absicht der Briten nicht vorlagen. Noch am gleichen Abend (am 28. Oktober 1942) wurde die 21. Panzerdivision in den Nordabschnitt der Alameinfront verlegt, obwohl die Deutschen im Südabschnitt über zu wenig Panzer verfügten. Doch Rommel war von der Richtigkeit dieser Maßnahme überzeugt, und zwar, wie sich herausstellte, mit Recht.[11]

Aber die meisten und zutreffendsten Nachrichten über die Feindlage erhielt Rommel durch das Abhören des britischen Funkverkehrs. 1941 hatte die britische Armee noch kaum etwas für die Abhörsicherheit ihrer Funkgeräte getan, und so hatte Rommels Stab relativ leichtes Spiel, sich aufgrund der abgehörten Funksprüche ein zutreffendes Bild von der Stärke und der Verteilung der britischen Kräfte an der Front zu machen. Rommel konnte sogar behaupten, er wisse wahrscheinlich besser als die gegnerische Führung, wo die einzelnen britischen Einheiten und Truppenverbände lagen. Die Technik des Abhörens und die Auswertung des abgehörten Funkverkehrs waren auf beiden Seiten noch in der Entwicklung begriffen, doch zumindest zu Beginn des Wüstenkrieges war der deutsche Abhördienst dem britischen deutlich überlegen.[12] Die britischen Codes wurden nicht häufig genug gewechselt (das wurde im weiteren Verlauf des Krieges korrigiert), und dieser Mangel an Funkdisziplin hatte häufig zur Folge, daß der deutsche Abhördienst sehr bald feststellen konnte, welche britischen Dienststellen jeweils miteinander sprachen. Überdies waren die Briten bei der Wahl ihrer Kennworte so ungeschickt, daß der Gegner oft sehr bald erkannte, was sie bedeuteten. So fand Rommels Ic heraus, daß der Feind glaubte, den deutschen Abhördienst täuschen zu können, indem man nicht von »London«, sondern von der »Hauptstadt Englands« sprach. Wenn die Briten im Klartext über Angriffe deutscher Flugzeuge berichteten, dann wurden diese Meldungen häufig abgehört, und nachdem festgestellt worden war, woher sie kamen, wurde die Zielortung korrigiert. Beide Seiten waren ununterbrochen mit diesem Spiel beschäftigt.

Da beide Seiten wußten, daß sie sich gegenseitig abhörten, kam es gelegentlich vor, daß der Funkverkehr zu humanitären Zwecken genutzt wurde. So wollte ein schwerverwundeter britischer Leutnant, der in der Cyrenaika in Gefangenschaft geraten war, seiner Frau (in Kairo) mitteilen, daß er noch am Leben war, bevor die langwierige Prozedur einer Benachrichtigung über das Rote Kreuz in Gang kam. Die Deutschen gaben seine Nachricht im Klartext weiter, und sie wurde von britischer Seite bestätigt.[13]

Auch die motorisierten Spähtrupps tief in der Wüste, die einander beobachteten und die Flanken beider Armeen im Süden überwachten, verständigten sich manchmal über Funk. Wenn ein solcher Spähtrupp in Gefangenschaft geriet, konnte es vorkommen, daß der Feind über Funk nach dem Verbleib eines Offiziers oder Unteroffiziers gefragt wurde. Die Antwort führte manchmal sogar zum Austausch von Gefangenen — oder, wenn darum gebeten wurde, zum Austausch von Soldaten gegen Zigaretten! Diese Art der Verständigung zwischen beiden Seiten war im Wüstenkrieg, wo die motorisierten Spähtrupps in der Dunkelheit ohnedies nichts ausrichten konnten und wo an einigen Frontabschnitten sogar vereinbart wurde, zu bestimmten Zeiten auf alle Kampfhandlungen zu verzichten, nichts Außergewöhnliches.[14] Als Rommel von diesen Regelwidrigkeiten erfuhr, hatte er nichts dagegen einzuwenden. Er haßte seinen Gegner nicht und lehnte es entschieden ab, ihn verächtlich zu behandeln. In gewissem Sinne war der Krieg für ihn ein Spiel, vielleicht ein törichtes und grausames, mit Sicherheit aber ein ernstes und in seinen persönlichen Konsequenzen oft tragisches Spiel, das in erster Linie eine Angelegenheit von Fachleuten war.

Am 15. Mai griffen die Briten die deutschen Stellungen an der ägyptischen Grenze an. Die ersten britischen Verbände, die zum Angriff antraten, waren die 7. Panzerbrigade und die 22. Gardebrigade, die sofort von Rommels Feindnachrichtendienst identifiziert werden konnten. Die Deutschen hatten schon vorher wegen einer ungewöhnlichen Funkstille beim Feind Verdacht geschöpft.

Rommel befand sich zu dieser Zeit nicht im Kampfgebiet, erfuhr aber schon bald, daß die Briten den Halfayapaß genommen und den Deutschen beim Vorgehen südlich der Küstenstraße gegen Capuzzo und Sollum erhebliche Verluste beigebracht hatten. Das britische Oberkommando hatte durch den Einsatz des geheimen Entschlüsselungssystems »Ultra« erfahren, daß das Afrikakorps demnächst durch die 15. Panzerdivision verstärkt werden würde (große Teile dieser Division waren bereits mit ihrem Kommandeur, General Freiherr v. Esebeck, in der Wüste angekommen) und wollten nun Rommel zuvorkommen und seine Position erschüttern, bevor weitere Verstärkungen eintrafen.

Rommel schickte noch am gleichen Tag eine durch einige 8,8cm-Geschütze verstärkte Panzerabteilung nach vorn, und die Briten zogen sich, nachdem sie festgestellt hatten, daß der deutsche Widerstand stärker als erwartet war, in dieser unübersichtlichen Situation zurück, hielten den Halfayapaß aber noch besetzt. Rommel hatte jedoch nicht die Absicht, Halfaya in britischen Händen zu lassen. Am 27. Mai griff er die britischen Stellungen dort von drei Seiten an und nahm den Paß wieder in Besitz.

Diese Gefechte am 15. und 27. Mai waren, obwohl es sich nicht um größere Schlachten handelte, in einem Punkt typisch für die Führungstechnik Rommels. Er verwendete dabei zwei »Gruppen«, eine unter Oberst v. Herff und die andere – die am 15. Mai herangeführten Verstärkungen – unter Oberstleutnant Cramer. Rommel verfügte damals über die 5. leichte Division und die gerade eintreffende 15. Panzerdivision, doch für ihn waren diese Divisionen gewissermaßen militärische Supermärkte, aus denen er die Einheiten und Waffengattungen zu Gruppen zusammenstellte, die sich besonders für die Erfüllung einer bestimmten Aufgabe eigneten, und soweit es der Gegner beobachten konnte, arbeiteten die einzelnen Waffengattungen, was die Nachrichtenverbindungen und das Zusammenwirken ihrer Waffen betraf, reibungslos zusammen. Rommel hat, besonders zu Beginn des Feldzuges, oft darüber geklagt, daß die Ausbildung der ihm unterstellten Truppen nicht gründlich genug sei, aber die Flexibilität, die das Afrikakorps in dieser Hinsicht bewies, war beeindruckend. Vor allem zeigte sich hier, daß die Deutschen über ein bewundernswertes Befehlsübermittlungs- und Nachrichtensystem verfügten. In einem Brief an Lucie schrieb Rommel am 23. Mai, nachdem er die deutschen Stellungen an der Front besucht und den Gegenangriff gegen Halfaya befohlen hatte, daß er beeindruckt von seinem Besuch bei der Truppe zurückgekommen sei. Die Führung »da oben« sei gut. Der ganze Führungsapparat hatte sich inzwischen daran gewöhnt, schnell auf Rommels Absichten und Methoden zu reagieren.

Rommel beschäftigte sich zu dieser Zeit damit, gewisse taktische Techniken zu vervollkommnen, die im Grunde ganz einfach waren, aber der Truppe genau erklärt werden mußten. Vor allem entwickelte er eine Methode, die feindlichen Panzer an die eigenen Panzerabwehrgeschütze heranzulocken und zugleich die eigenen Panzerfahrzeuge zum Einsatz gegen leichter zu zerstörende feindliche Ziele wie Nachschubkolonnen, abgesessene Infanterie und Gefechtsstände beweglich zu halten. Das bedeutete den kühnen Einsatz der Panzerabwehrgeschütze, die zum größten Teil an Zugmaschinen angehängt waren (obwohl Rommel in seinen ausgezeichneten Werkstätten, mitunter auch aus erbeuteten britischen Fahrzeugen, Selbstfahrlafetten improvisieren ließ). In der Wüste hatten weitreichende Geschütze die besten Verwendungsmöglichkeiten, denn hier konnte man feindliche Ziele schon auf sehr weite Entfernungen unter Feuer nehmen. Die jetzt auf beiden Seiten beherrschende Waffe, die besonders von den Briten gefürchtete 8,8cm-Flak, war zugleich die stärkste Panzerabwehrkanone auf diesem Kriegsschauplatz, aber auch die panzerbrechenden Waffen der Kaliber 7,5cm und 5cm hatten sich bei der Bekämpfung gepanzerter Fahrzeuge bewährt. Rommel ließ diese Geschütze in Form eines Schutzschirms in Stellung gehen und bewegte seine eigenen Kräfte so gegen die feindlichen Panzer, daß diese beim Vorgehen auf die Geschützstellungen stießen und schon auf weite Entfernungen unter Feuer genommen werden konnten. Außerdem hatte er aus Teilen der Artillerie des Afrikakorps eine Reserve gebildet — die Gruppe Böttcher.

Während all dieser Zeit hatte Rommel auch mit gesundheitlichen Problemen zu kämpfen, und das führte gelegentlich zu plötzlichen Temperamentsausbrüchen und Stimmungsschwankungen. Zudem hatte ihn der Oberbefehlshaber des Heeres, Feldmarschall v. Brauchitsch, gerügt und ihm nahegelegt, sich in seinen Berichten zu mäßigen, da diese entweder zu optimistisch oder zu pessimistisch seien (offensichtlich hatte die Kritik von Paulus ihre Wirkung getan).[15] Rommel, der sich über diese Zurechtweisung ärgerte, nahm an, das OKH habe ihm übelgenommen, daß er seine Meldungen auch an das OKW schickte, und schrieb an seine Frau, auf diese Weise seien wahrscheinlich Unklarheiten über die Zuständigkeit in gewissen Fragen entstanden. Aber zweifellos hat er mit seinen Berichten bisweilen bestimmte Absichten verfolgt und gewisse Schwierigkeiten und Mängel übertrieben, um die vorgesetzten Stellen zu veranlassen, mehr für das Afrikakorps zu tun. Dieses Verfahren hatte übrigens unvorhergesehene Folgen: Rommels Funksprüche wurden von »Ultra« entschlüsselt, und London hatte den Eindruck, seine Lage sei ungünstiger, als sie es in Wirklichkeit war. Deshalb wurden die britischen Oberbefehlshaber in Nordafrika dafür getadelt, daß sie günstige Gelegenheiten nicht wahrgenommen hätten. In Berlin ist man wahrscheinlich skeptischer gewesen.[16]

Rommel hatte das Gefühl, seine Leistungen würden in Berlin nicht genügend anerkannt, man habe nicht begriffen, was es bedeutete, daß die deutsch-italienische Armee in der afrikanischen Wüste so gewaltige Strecken zurückgelegt hatte, und welche große strategische Bedeutung ein erfolgreicher Feldzug im Mittelmeerraum haben würde. Rommel wußte, daß er nur wenig für die Verbesserung der allgemeinen Versorgungslage tun konnte, weil die Entscheidungen über die Prioritäten bei der Zuteilung von Schiffsraum und Nachschub an anderer Stelle getroffen wurden. Er konnte nur anfordern, was er brauchte, und hoffen, daß die Zusagen eingehalten wurden. Wenn die Italiener darauf hinwiesen, daß die Kapazität der Häfen von Tripolis und Bengasi nicht ausreichte, hielt er ihnen entgegen, daß sie versäumt hatten, die Nachschubstraßen zu bauen oder auszubessern, auf denen das Material an die Front gebracht werden mußte. Gelegentlich beschwerte er sich energisch darüber, daß die italienische Flotte die Schiffahrtswege im Mittelmeer nicht ausreichend militärisch schützte, und manchmal führte er das auf Verrat oder heimliche Feindschaft gegenüber Deutschland zurück. Nach seiner Ansicht war Berlin gegenüber Rom zu nachsichtig und zu diplomatisch. Anfang Juni 1941 hatte Rommel das Gefühl, alles und jeder habe sich gegen ihn verschworen oder lasse ihn im Stich. Jeder, der in den ersten Monaten dieses Jahres selbst in Nordafrika gewesen war, kannte dieses Gefühl.

Rommel war überzeugt, daß die Briten demnächst wieder angreifen würden, hielt aber seine Bodentruppen für zu schwach, um einen solchen Angriff erfolgreich abwehren zu können. Inzwischen waren fast alle Verbände der 15. Panzerdivision in Nordafrika eingetroffen, aber auch die Briten hatten ihre Kräfte verstärkt oder durch frische Truppen abgelöst. Rommel selbst ließ den Kommandeur der 5. leichten Division, Streich, durch General v. Ravenstein ablösen, den er besonders schätzte und der ebenso wie er 1918 mit dem Pour le Mérite ausgezeichnet worden war. An Brauchitsch schrieb er, daß sich die Verhältnisse »unter der klugen, festen Führung des neuen Kommandeurs der Division« wesentlich gebessert hätten und er nun mit der Qualität der Offiziere des Afrikakorps zufrieden sei.[17] Eine Reihe von Offiziersstellen war neu besetzt und der Kommandeur des Panzerregiments 5, Oberst Olbrich, abgelöst worden. Wer an Rommels Urteilsfähigkeit gezweifelt hatte wie Streich oder es an Kampfgeist und Initiative fehlen ließ wie Olbrich bei Mechili, oder wer im Gefecht versagt hatte, wurde sofort und rücksichtslos von seinem Posten entfernt.

Das wurde als ungerecht empfunden und ist es wahrscheinlich auch oft gewesen. So hielten zum Beispiel die Offiziere der 5. leichten Division Streich für einen hervorragenden Kommandeur, und seine Kritik an Rommels Führungsstil beim ersten Angriff gegen Tobruk war sicherlich berechtigt. Später behauptete er, Rommel habe ihm vorgeworfen, zu besorgt um das Wohl seiner Soldaten zu sein, worauf er erwidert habe: »Herr General, in meinen Augen ist das das Schönste, was ein Divisionskommandeur von seinem Kommandierenden General hören kann.« Streich berichtete, Rommel sei daraufhin sprachlos gewesen. Aber auch Rommel hat sich darum bemüht, das Leben seiner Soldaten nicht leichtfertig aufs Spiel zu setzen. Sein energisches Vorwärtsdrängen und seine Ausdauer im

Angriff entsprangen der Überzeugung, damit auf Dauer weniger Verluste zu machen.

Doch trotz seiner Rücksichtslosigkeit, seiner Launen, seiner groben Ausdrucksweise, seiner Intoleranz und der Unfähigkeit, eigene Fehler einzugestehen, war er für die meisten Angehörigen des Afrikakorps einzigartig, er war »Rommel«. Er war schroff, aber ehrlich, oft kurz angebunden, aber niemals arrogant. Seine Soldaten spürten sofort seinen persönlichen Charme. Er verlangte viel von ihnen, am meisten aber verlangte er von sich selbst. Er liebte seine »Afrikaner« und hätte alles für seine Soldaten getan, wie sie auch für ihn. Nach einem Sieg fand er stets die richtigen Worte, ihnen zu danken. Es waren die unendlichen Strapazen, die sie auf sich nehmen mußten und die ihm manchmal fast das Herz brachen.

Larpent, der britische Chef der Militärjustiz während des Krieges gegen Napoleon in Spanien, berichtet, wie Wellington (der erfahren hatte, daß verwundete Soldaten in einem Dorf in Nordspanien auf den Straßen lagen, während die Offiziere in den Häusern untergebracht waren) sein Pferd satteln ließ, dreißig Kilometer durch die Dunkelheit bis zu diesem Dorf ritt und es nicht verließ, bevor er den Kommandeur dieser Truppe und alle anderen Offiziere aus ihren Quartieren herausgeholt und die verwundeten Soldaten dort untergebracht hatte. Ganz ähnlich verhielt sich Rommel, als er einen Truppenverbandplatz besuchte und feststellte, daß die Soldaten auf der nackten Erde, die Offiziere aber auf Feldbetten oder Brettern lagen. Das verantwortliche Sanitätspersonal bekam sehr deutlich seine Meinung zu hören, und die unglücklichen Offiziere wurden gegen etwas schwerer verwundete Soldaten ausgetauscht. So war Wellington, und so war auch Rommel.

Am 14. Juni meldete Rommels Abhördienst, daß über das britische Funknetz an alle unterstellten Einheiten das Codewort »Peter« ausgegeben worden war. Das konnte nur eine Wiederholung von »Fritz« sein, der Deckname für den Beginn einer größeren Operation. Sofort wurden die an der ägyptischen Grenze liegenden deutschen Truppen alarmiert. Die Briten nannten das Unternehmen »Battleaxe« (Kriegsbeil), für die Deutschen war es die »Sollumschlacht«, und Rommels Feindnachrichtendienst betrachtete es als seine Bewährungsprobe im Wüstenkrieg. Er hat die Bewegungen der feindlichen Truppe richtig erkannt und daraus auch die zumeist zutreffenden Schlüsse über die Absichten des Gegners gezogen. Diese Arbeit wurde auch dadurch erleichtert, daß den Deutschen schon am ersten Tag der Schlacht, dem 15. Juni, um die Mittagszeit eine Liste mit den britischen Codenamen in die Hände fiel. Das war insofern vorteilhaft, als die britische Funksicherheit während der vergangenen Wochen wesentlich erhöht worden war und die Deutschen über den britischen Aufmarschplan nicht mehr so gut unterrichtet waren wie bisher.[18]

Das Oberkommando der britischen Streitkräfte stand unter einigem politischen Druck. Die britische Regierung hatte für die Royal Navy unter erheblichem Risiko einen Geleitzug durch das Mittelmeer nach Ägypten geschickt, obgleich angesichts der Tätigkeit der dortigen italienischen See- und Luftstreitkräfte die einzig sichere Route für die Briten um das Kap der Guten Hoffnung geführt hätte. Mit diesem Geleitzug wurden neben anderen Verstärkungen an Personal und Gerät auch 240 Panzer nach Ägypten gebracht. Er war am 12. Mai in Alexandria angekommen, und die britische 7. Panzerdivision war aus der Wüste zurückgezogen worden, wo sie bisher ohne die dringend benötigte Ausrüstung gelegen hatte, um neu ausgerüstet und bewaffnet zu werden. Damit hatte der britische Oberbefehlshaber in Ägypten, Wavell, jetzt eine ganz neu ausgestattete Division zur Verfügung. Zudem war die 4. Indische Division mit einer indischen Brigade und der 22. Gardebrigade nach einem siegreichen Feldzug aus Abessinien nach Ägypten verlegt worden. Diese beiden Divisionen bildeten nun zusammen das VIII. Korps, wie die ursprüngliche Wüstenarmee zunächst bezeichnet wurde. Neuer Kommandierender General wurde General Beresford-Peirse.

Nun wurde Wavell von London erheblich unter Druck gesetzt. Die Briten hatten es noch nicht verschmerzt, daß sie zwei Monate zuvor unrühmlich aus der Cyrenaika vertrieben worden waren, und die Regierung war sich der Tatsache bewußt, daß sie ein erhebliches Risiko eingegangen war, um die Streitkräfte in Nordafrika zu verstärken. Deshalb befahl Wavell jetzt eine Offensive. Das VIII. Korps sollte die Deutschen an der ägyptischen Grenze angreifen, sich in den Besitz des Halfayapasses setzen und anschließend weiter vorgehen, um Tobruk zu entsetzen. Wenn Beresford-Peirse diese Operationen gelungen waren, sollte er nach Tobruk bis zur Linie Derna-Mechili an die Grenze der Cyrenaika vorrücken. Die Briten hatten durch »Ultra« von dem Besuch des Generals Paulus bei Rommel erfahren, und wußten, daß Rommel die Flügel beschnitten worden waren und man ihn angewiesen hatte, in der Defensive zu bleiben.

Indes hatte Rommel die Feuerkraft seiner Artillerie durch zahlreiche Geschütze verstärken können, die von den Italienern im vergangenen Dezember im Grenzgebiet stehengelassen worden waren. Er ließ sie reparieren und in seinen Werkstätten zum Teil auf Selbstfahrlafetten setzen. An der ägyptischen Grenze verfügten die Deutschen über insgesamt 46 Panzerabwehrgeschütze, darunter 13 vom Kaliber 8,8cm. Viele von ihnen hatten ihre Feuerstellungen auf der Hafidhöhe, etwa 11 Kilometer westlich von Capuzzo, andere verstärkten die Verteidigungsstellungen von Halfaya.

Der britische Angriff begann um 4 Uhr morgens. In den Befestigungsanlagen von Sollum, Capuzzo und am Halfayapaß hatte Rommel Infanterie eingesetzt. Die 15. Panzerdivision, die noch keine Erfahrungen im Wüstenkrieg hatte sammeln können, und deren Schützen, die mit Junkers-Transportflugzeugen nach Derna gekommen waren, hielt er noch innerhalb des Belagerungsringes um Tobruk in Reserve. Unmittelbar nachdem die Briten zum Angriff angetreten waren, setzte Rommel die 5. leichte Division von Tobruk aus in Richtung auf die ägyptische Grenze in Marsch, die bis dahin als Reserve südlich von Tobruk in Ruhestellung gelegen hatte. Die 15. Panzerdivision hingegen sollte so lange zurückgehalten werden, bis sich gezeigt hatte, in welche Richtung die britischen Angriffe gingen. Rommels Truppen litten zu dieser Zeit wie so oft an einem akuten Kraftstoffmangel, und die taktischen Bewegungen seiner mobilen Truppen konnten nur ausgeführt werden, wenn dabei die noch vorhandenen Kraftstoffreserven berücksichtigt wurden.

Am späten Vormittag griff der Feind — mit Panzern und motorisierter Infanterie der 4. Indischen Division, unterstützt von der 4. Brigade der 7. Panzerdivision mit zwei Regimentern mit Infanteriepanzern — die deutschen Stellungen bei Capuzzo und Halfaya an, und eine Kolonne schwenkte bei Capuzzo in östlicher Richtung nach Sollum ein. Am Abend hatten die Briten Capuzzo genommen. Das war die rechte Zangenhälfte eines von zwei Seiten geführten britischen Angriffs. Die linke, eine Brigade der 7. Panzerdivision (die zweite war die mit schweren Kreuzerpanzern ausgerüstete Brigade der gleichen Division), ging mit der motorisierten Infanterie der Unterstützungsgruppe an der linken Flanke vor, und zwar in Richtung auf Bardia.

Beide Seiten hatten den Eindruck, es mit sehr starken feindlichen Kräften zu tun zu haben. Rommel sprach von der »gewaltigen Stärke« der Briten, die mit etwa 300 Panzern nach Norden vorstießen — eine zweifellos übertriebene Schätzung der Panzerkräfte, über welche die Brigade der 7. Panzerdivision verfügte. Andererseits hörte er, daß der Feind hohe Verluste meldete und angesichts der starken deutschen Truppen von einer ernsten Lage sprach. Also wurde auf beiden Seiten übertrieben. Die an dieser Schlacht beteiligten Kräfte waren, verglichen mit anderen Kampfhandlungen zu anderen Zeiten und an anderen Orten, nicht besonders stark. Gleichwohl war es die erste größere Schlacht zwischen den Briten und dem Afrikakorps, in der Panzer gegen Panzer kämpften, und es war das erste Mal, daß die Briten eine Offensive gegen Rommel unternahmen. Er selbst war in den Raum von Sidi Azeiz, etwa 16 Kilometer nordwestlich von Capuzzo, gefahren, wo er persönlich die Gefechtsführung übernahm und am ersten Abend eine vorläufige Lagebeurteilung anstellte.

Obwohl er Capuzzo hatte aufgeben müssen, verlief die Verteidigungsschlacht für Rommel recht günstig. Am Halfayapaß, den die Briten von zwei Seiten — vom Hochplateau oberhalb des Steilhangs, die zur Küstenstraße hin abfiel, und unterhalb des Steilhanges — angriffen, hatte der Einsatz einiger 8,8cm-Kanonen beträchtliche Wirkung gezeigt: Von den britischen Panzern, die bei Halfaya angegriffen hatten, wurden bis auf einen alle abgeschossen. Auf der Hafidhöhe, gegen die die britische 7. Panzerbrigade — die linke Kolonne des Zangenangriffs, wo die Deutschen den Schwerpunkt vermuteten — am ersten Morgen vorgegangen war, hatten Rommels Panzerabwehrgeschütze ebenfalls beachtliche Erfolge erzielt, und es hatte sich gezeigt, daß sie in der offenen Wüste, wo man den Feind schon auf große Entfernungen unter Feuer nahm, eine Schlacht entscheiden konnten. Durch das Abhören von Funksprüchen erfuhr Rommel von den hohen Verlusten, die seine Panzerabwehrgeschütze dem Gegner beigebracht hatten, war aber auch recht genau über die Fortschritte des britischen Zangenangriffs unterrichtet. Zudem beobachteten die deutschen Luftaufklärer das Schlachtfeld regelmäßig. Rommels eigene beweglichen Kräfte waren zum Teil noch nicht eingesetzt, wohl aber das Panzerregiment der 15. Panzerdivision, das bei Capuzzo im Kampf Panzer gegen Panzer erhebliche Verluste hatte hinnehmen müssen. Am ersten Abend hatte es die Hälfte seiner Panzer verloren. Rommel wußte allerdings nicht, daß sein Gegner Beresford-Peirse am Vormittag des 16. Juni, dem zweiten Tag der Schlacht, nur noch über 39 Panzer verfügen würde, und zwar 22 schwere Panzer und 17 Infanteriepanzer, nachdem er das Unternehmen »Battleaxe« mit 200 begonnen hatte.

Dennoch hielt Rommel jetzt den Augenblick zu einem Gegenangriff für gekommen. Im Morgengrauen des 16. Juni sollte die 15. Panzerdivision zum Angriff nach Süden antreten und die beiderseits von Capuzzo gelegenen britischen Kräfte zum Stehen bringen. Die 15. Panzerdivision würde wahrscheinlich auf einen überlegenen Gegner stoßen, aber ihre Aufgabe war es zunächst, die Briten frontal anzugreifen und damit aufzuhalten. Die 5. leichte Division sollte bei der Westflanke zunächst in südlicher Richtung angreifen, an Sidi Omar vorbeimarschieren und sich dann nach Osten gegen Sidi Suleiman wenden. Damit würde sie, wie Rommel hoffte, dem britischen Vormarsch den Weg abschneiden. Nachdem sich die 5. leichte Division nach Osten gewendet hatte, dirigierte Rommel sie gegen ihr neues Angriffsziel, den Halfayapaß.

Die nun folgenden harten Kämpfe sollten den ganzen 16. Juni andauern. Bei dem Frontalangriff der 15. Panzerdivision und ebenso auch bei dem Umfassungsangriff der 5. leichten Division kam es zu heftigen Gefechten Panzer gegen Panzer, bei denen beide Seiten Verluste hinnehmen mußten. Aber nach einem harten Kampf zwischen der 5. leichten Division und den schweren Panzern der 7. Panzerbrigade westlich von Sidi Omar hatte Rommel den Eindruck, daß die Bewegungsschlacht zu seinen Gunsten verlief. Unerwartete Vorstöße schienen die Briten zu verunsichern. Nun erhielt die 15. Panzerdivision den Befehl, sich vom Feind zu lösen, nach Westen abzurücken und sich zu einem konzentrierten, mit gepanzerten Kräften geführten Angriff gegen Sidi Suleiman und von dort gegen Halfaya mit der 5. leichten Division zu vereinigen. Die Bewegung begann am 17. Juni um 4.30 Uhr. Um 6 Uhr morgens erreichte das Afrikakorps Sidi Suleiman und war um 16 Uhr am Halfayapaß.

Die Briten waren indessen dem von rechts geführten Umfassungsangriff Rommels ausgewichen und hatten sich nach dem Verlust von insgesamt 91 Panzern zurückgezogen. Dagegen waren nur 12 deutsche Panzer abgeschossen worden. Die Deutschen nahmen nach diesem Erfolg mit Recht an, daß der feindliche Oberbefehlshaber selbst an der Front gewesen war, und sehr bald zeigte es sich, daß dieser Besuch zum Abbruch der britischen Offensive geführt hatte. Das Unternehmen »Battleaxe« war beendet.

Am 18. Juni schrieb Rommel an Lucie, die drei Tage dauernde Schlacht habe mit einem vollständigen Sieg geendet. Seine Begeisterung wurde vom ganzen Afrikakorps geteilt. Trotz der örtlichen Überlegenheit der Royal Air Force gegenüber der Luftwaffe hatte er, ebenso wie seine Männer, das Gefühl, daß sie sich im Kampf gegen zahlenmäßig stärkere Kräfte als die Herren des Schlachtfelds erwiesen hatten und ihre Ausrüstung und Bewaffnung besser war als die des Gegners. Rommel fand anerkennende Worte für seine italienische Infanterie, die zum Teil hervorragend gekämpft hatte, besonders am Halfayapaß, wo die deutsch-italienische Besatzung unter Major Bach den Briten heldenhaften Widerstand geleistet hatte. Das Afrikakorps hatte sich besonders bei der Zusammenarbeit von Panzern und Panzerabwehrgeschützen taktisch bewährt, und die Ausbildung, bei der sie immer wieder geübt hatten, beim Angriff im überschlagenden Einsatz vorzugehen, hatte Früchte getragen.

Rommel hatte bei der Führung seiner kleinen Armee sichtlich an Selbstbewußtsein gewonnen. Bisher hatte er eine Division in Frankreich bei der Verfolgung des Feindes geführt — und zwar vor allem geführt, nicht organisiert und instrumentiert. Das gleiche hatte er in der Cyrenaika getan oder zu tun versucht und war dabei bis nach Tobruk gekommen. Dort aber war er gescheitert, weil er gehofft hatte, mit den gleichen Methoden kämpfen zu können wie bisher. Doch gerade aus diesem Scheitern hatte er seine Lehren gezogen und im Verlauf des Unternehmens »Battleaxe«, der »Sollumschlacht«, selbstsicherer gehandelt und jede Phase des Gefechts sorgfältiger als bisher vorbereitet.

Er hoffte, daß sein Erfolg seine Vorgesetzten und besonders das Comando Supremo von den Möglichkeiten des nordafrikanischen Kriegsschauplatzes überzeugen und sie veranlassen werde, die hier eingesetzten Streitkräfte besser zu unterstützen. Er ahnte nicht, daß fünf Tage nach Ende des Unternehmens »Battleaxe« ein ganz neues Kapitel in diesem Krieg beginnen würde, ein Kapitel, das von nun an die strategische Lage Deutschlands beherrschen und das deutsche Volk in die endgültige Katastrophe führen sollte.

Am 22. Juni 1941 überschritt die deutsche Armee die Grenze zur Sowjetunion und begann den langen Marsch durch Rußland, der sie in weniger als vier Monaten vor die Tore Moskaus, zur Einschließung von Leningrad und bis an das Asowsche Meer führen sollte. Das war schon lange Hitlers Absicht gewesen. Er hatte mindestens zwei seiner engsten Vertrauten wissen lassen, der Polenfeldzug sei nur ein Schritt auf dem Wege zur Eroberung weiteren Lebensraums für ein größer gewordenes deutsches Volk. Dieser Lebensraum lag in den weiten fruchtbaren Gebieten Rußlands. Ebenso wie Stalin hatte Hitler den deutsch-sowjetischen Pakt von 1939 nur als zeitlich begrenztes Mittel zum Zweck angesehen, und er war der erste, der gegen diesen Vertrag verstieß. Anders als viele seiner Vorgänger, die für die deutsche Außenpolitik verantwortlich gewesen waren, glaubte Hitler nicht, daß Deutschlands Schicksal von der Freundschaft mit dem Osten bestimmt würde. Im Osten lagen die Gebiete, die erobert, ausgebeutet und besiedelt werden sollten. Diese Gebiete seien von Menschen minderwertiger Rasse bewohnt, die dazu bestimmt seien, den Deutschen als Arbeitskräfte zu dienen.

Das alles hatte allerdings auch eine ideologische Dimension. Die Sowjetunion, die Heimat und Geburtsstätte des Bolschewismus, war für Hitler ein Übel, das mit Stumpf und Stiel ausgerottet werden mußte, und zwar nicht aus Gründen, denen andere zugestimmt hätten: nicht wegen der dort herrschenden Barbarei und Irreligiosität, wegen der gewaltsamen Zerstörung aller bisher geltenden Werte oder weil sie sich dem Klassenkampf verpflichtet fühlte, sondern weil die Sowjetunion nach Auffassung Hitlers den Internationalismus und damit das internationale Judentum repräsentierte. Hitler hatte von jeher den internationalen Kommunismus mit dem internationalen Judentum gleichgesetzt. Der Beweis dafür war für ihn die Tatsache, daß Karl Marx und andere führende Persönlichkeiten der bolschewistischen Frühgeschichte Juden gewesen waren. So vermischte sich in seiner Vorstellung alles, was er haßte und ablehnte, zu einem identifizierbaren Angriffsziel, gleichgültig, ob es den Tatsachen entsprach oder nicht.

Die Tatsache, daß der Antikommunismus ein entscheidender Beweggrund für den deutschen Überfall auf die Sowjetunion war, verlieh diesem Krieg von vornherein einen ganz besonderen Charakter. Zunächst war der Krieg gegen Deutschland für die kommunistischen Parteien in der ganzen Welt ein Krieg des Proletariats, dessen Vorhut, die kommunistische Partei der Sowjetunion, in ihrem physischen Bestand bedroht wurde. In den westlichen Ländern, die von Deutschland noch nicht besiegt worden waren, wie Großbritannien oder die neutralen Länder wie etwa die Vereinigten Staaten, hatten sich die Kommunisten bisher diesem Krieg als einem kapitalistisch-imperialistischen Abenteuer, das keine Beziehung zum Klassenkampf hatte, widersetzt. Doch jetzt war aus dem Krieg ein Kreuzzug geworden, dessen Verlauf und dessen Ziele (unter der Führung von Moskau) sorgfältig beobachtet werden mußten.

Zweitens entstand in einem Europa, das zum großen Teil von der Wehrmacht besetzt war und in dem, wenn auch manchmal widerwillig, nicht gerade unfreundliche Beziehungen zu Deutschland bestanden, in Teilen der Bevölkerung eine gewissermaßen idealistische Reaktion. Hier meinte man, der Krieg gegen die Sowjetunion könne in der Tat ein Kreuzzug sein, und zwar ein antibolschewistischer Kreuzzug. In einigen Nachbarländern Deutschlands meldeten sich Freiwillige zur Wehrmacht, und trotz der dort herrschenden harten Disziplin und der damit einhergehenden Entbehrungen entwickelte sich bei diesen Menschen eine gewisse positive Einstellung gegenüber Deutschland und seinen politischen Zielen. Personen, die sich zu einer klaren Haltung noch nicht durchringen konnten, fühlten sich zwar durch einiges, was sie von den Nazis hörten, abgestoßen, waren aber beeindruckt von den deutschen Leistungen und hatten das Gefühl, daß die deutsche Sache in diesem Ringen, wenn auch in keiner anderen Hinsicht, irgendwie ihre eigene war. Wohlhabende Menschen, die den Kommunismus vielleicht mehr fürchteten als alles andere, hatten in einigen Fällen das gleiche Gefühl. Und in Mittel- und Osteuropa wurde die Ablehnung Deutschlands — die sich mancherorts und in manchen Fällen, besonders in Polen und Böhmen, zum unversöhnlichen Haß steigerte — in einem gewissen Maß durch den Terror ausgeglichen, mit dem der Kommunismus in den von der Roten Armee besetzten Gebieten den Menschen aufgezwungen wurde (besonders, als im Lauf der Jahre die Folgen des deutschen Einmarsches weniger deutlich zu spüren waren). Selbst in den gefestigten Demokratien des Britischen Empire und in den Vereinigten Staaten verlieh der deutsche Überfall auf die Sowjetunion (und der heldenhafte sowjetische Widerstand) dem ganzen Krieg eine besondere Färbung im Hinblick auf die politische Haltung der Beteiligten. Sie wurden in mancher Hinsicht verunsichert, denn die meisten Probleme erwiesen sich als nicht so einfach, wie sie bis dahin gewesen waren.

Vor allem veränderte sich durch den deutschen Überfall auf die Sowjetunion – das Unternehmen »Barbarossa« – die gesamtstrategische Lage. Das ganze Schachbrett und die Figuren darauf sahen jetzt völlig anders aus. Für die Deutschen wurde der Feldzug im Osten nun im eigentlichen Sinne des Wortes zum »Krieg«. Dazu kamen die von den Westmächten durchgeführten Bombenangriffe auf das Reichsgebiet, deren Intensität sich so weit verstärkte, daß die meisten Großstädte und Industriezentren Deutschlands in Schutt und Asche gelegt wurden.

Die Wehrmacht war mit 145 Divisionen in Rußland einmarschiert, 30 von ihnen waren entweder Panzer- oder motorisierte Divisionen mit insgesamt mehr als drei Millionen Mann. Die deutschen Armeen bestanden zum größten Teil aus marschierender Infanterie, die von bespannter Artillerie und Versorgungsfahrzeugen unterstützt wurden (mehr als 600 000 Pferde waren beim Einmarsch nach Rußland eingesetzt worden, und der gewöhnliche deutsche Soldat legte die weiten Strecken zu Fuß zurück und mußte, wenn er überlebte, auch den Rückmarsch zu Fuß bewältigen), aber die schnellen Truppen hatten sehr bald erstaunliche Erfolge zu verzeichnen. Verglichen damit erschienen Stärke und Leistungen des Afrikakorps unbedeutend.

Obwohl die beiden Diktatoren einander längst mißtraut hatten, erzielten die Deutschen zunächst einen beachtlichen Überraschungserfolg. Stalin hatte sich eingeredet, Deutschland werde nicht in die Sowjetunion einmarschieren, bevor Großbritannien geschlagen war oder zumindest eine Art Frieden geschlossen hätte. Und in gewisser Weise spielten auch die Erfolge Rommels eine Rolle bei der Fehleinschätzung der Lage, denn sie vermittelten Stalin den Eindruck, daß Deutschland sich sehr viel stärker im Mittleren Osten engagiert hatte, als dies in Wirklichkeit der Fall war.

Die russischen Streitkräfte waren den deutschen zahlenmäßig weit überlegen, und die Rote Armee verfügte über sehr viel mehr, zum Teil hochwertige, Panzer. Aber die Dynamik ihres Angriffs brachte den Deutschen ungewöhnliche militärische Erfolge, eine unübersehbare Anzahl von sowjetischen Kriegsgefangenen und die Eroberung weiter Gebiete in der westlichen Sowjetunion. Zu ihnen gehörte auch die fruchtbare Ukraine. Erst im Winter wendete sich das Blatt. Hitler war davon überzeugt gewesen (und diese Hoffnung war nicht ganz abwegig), daß Stalins Regime so verhaßt und marode sei, daß, wie Hitler sich ausdrückte, »ein Tritt gegen die Tür genügt, und das ganze verfaulte Gebäude wird zusammenbrechen«.

Aber das geschah nicht. Es war ein Krieg gewaltigen Ausmaßes, und nach Beginn des Unternehmens »Barbarossa« bestand kein Zweifel mehr daran, wo die militärischen Prioritäten der Deutschen lagen. Zunächst war man sogar im OKH optimistisch gewesen. Selbst der nüchterne Halder — der für die Ausarbeitung des Operationsplans verantwortlich gewesen war, demzufolge die deutschen Armeen in drei begrenzten Angriffsstreifen vorgehen sollten, um den Widerstand der feindlichen Kräfte zu brechen, sie einzukreisen und zu vernichten — war nach vierzehn Tagen überzeugt, der Feldzug werde schon bald siegreich beendet werden. Und auch Rommel im fernen Nordafrika glaubte, nach siegreichem Abschluß des Feldzugs im Osten werde Deutschland die Gelegenheit haben und vielleicht auch bereit sein, einen strategisch besser durchdachten Krieg gegen Großbritannien zu führen.

Im August war Rommel an Gelbsucht erkrankt. Er hoffte, sich nach seiner Genesung in Rom zu einem kurzen Urlaub mit seiner Frau treffen zu können. In seinen Briefen an Lucie deutete er gelegentlich an, er hätte nichts dagegen, auf einen anderen Kriegsschauplatz versetzt zu werden, und wahrscheinlich hatte er dabei die Ostfront im Sinn. Allabendlich ließ er sich von seinem Stab in Nordafrika über den Verlauf des Feldzugs in Rußland unterrichten, und sein Ic hörte jeden Abend die Nachrichten im britischen Rundfunk, übersetzte die Meldungen ins Deutsche und legte sie Rommel vor. Rommel beurteilte die Lage äußerst optimistisch und schrieb an seine Frau am Tage nach Beginn des Unternehmens »Barbarossa«, angesichts der Überlegenheit der deutschen Streitkräfte werde »die russische Angelegenheit« bald mit einem Sieg enden.

Aber Rommel hatte Glück, nicht an der Ostfront dienen zu müssen, wenngleich er sich im weiteren Verlauf des Feldzuges wahrscheinlich ein weiteres Mal als Meister des Bewegungskrieges bei der Verteidigung breiter Fronten mit relativ schwachen Kräften durch kluge Voraussicht, Beweglichkeit und Konzentration der Kräfte bewährt hätte. Doch wie seine militärischen Fähigkeiten in Rußland auch beurteilt worden wären, er hätte am Ausgang dieses Feldzuges nichts ändern können und wäre für das Scheitern des Unternehmens mitverantwortlich gemacht worden, während die Niederlage in Afrika, die schließlich auch nicht mehr verhindert werden konnte, von der deutschen Bevölkerung als nicht so schmerzlich empfunden wurde. Rommel blieb daher in den Augen der Deutschen eine Art romantischer Held, unbelastet durch Enttäuschungen, Befürchtungen und die nur im Flüsterton verbreiteten Gerüchte über unvorstellbare Greueltaten im Osten. Anders als viele andere Offiziere war er ein Symbol für die Integrität des tapferen Soldaten.

Vor allem aber hatte Rommel im Hinblick auf eine andere Frage

Glück. Er hatte Polen unmittelbar nach Beendigung des Polenfeldzuges 1939 verlassen, und obwohl es Berichte über »Exzesse« von Organen der NSDAP und besonders der SS gab, die in dem von den Deutschen verwalteten Teil Polens uneingeschränkte Machtbefugnisse hatte, war Rommel selbst nicht unmittelbar mit solchen Übergriffen konfrontiert worden, und ein so glühender Bewunderer Hitlers wie er konnte sich leicht einreden, daß es sich hier um Verirrungen, Verstöße gegen die Disziplin und Fehler handelte, die korrigiert werden konnten. Die brutale Verfolgung der jüdischen Bevölkerung in Polen — nicht allein, aber doch besonders der jüdischen Bevölkerung — hatte sofort eingesetzt und während des ganzen Jahres 1940 und in der ersten Hälfte des Jahres 1941 noch zugenommen. Polnische Juden wurden aus ihren Heimatorten in die Ghettos der Großstädte und in Zwangsarbeitslager verschleppt und mußten Sklavenarbeit leisten. Viele von ihnen wurden für die geringsten »Vergehen« ermordet, sie wurden mißhandelt und gedemütigt, und zwar geschah das sowohl unter Aufsicht als auch mit Duldung der deutschen Behörden. Das gleiche ereignete sich in unterschiedlichem Ausmaß in allen von der deutschen Armee besetzten Gebieten, zum Beispiel auf dem Balkan.

Doch mit dem Unternehmen »Barbarossa« begann ein noch grauenhafteres Kapitel. Im Bereich der Ostfront gab es große jüdische Gemeinden — in der Sowjetunion lebten etwa zwei Millionen Juden —, und nun hatte die nationalsozialistische Judenpolitik einen erheblich größeren Wirkungskreis, so daß der Umfang der von der SS verübten Verbrechen jetzt gewaltig zunahm. Obwohl die Ostfront weit entfernt war, drangen Gerüchte davon auch nach Deutschland. Beim Einmarsch der Deutschen hatte die russische Bevölkerung den Soldaten oft einen sehr freundlichen Empfang bereitet. Besonders in den traditionell katholischen Gebieten der westlichen Ukraine, die ebenso wie die ganze übrige Ukraine furchtbar unter der Herrschaft Stalins gelitten hatte, wurden die Deutschen als Befreier begrüßt, und fast überall waren die deutschen Soldaten überrascht von der russischen Gastfreundschaft. Sie empfanden es als eine Bestätigung dessen, was man ihnen von der Unbeliebtheit und Brutalität des Stalinschen Regimes gesagt hatte.

Aber angesichts des ideologischen Charakters dieses Feldzuges schlug die Stimmung bald um. Für Hitler waren die Russen »Untermenschen« und mußten als solche behandelt werden. Die Angehörigen der Besatzungsarmee sollten die Rolle des unerbittlich harten Herrenvolks übernehmen. Hitler hatte vor, die gesellschaftlichen Traditionen in Rußland zu zerschlagen und eine Kolonialherrschaft zu errichten.

Und die Juden sollten ausgerottet werden. Das ist nie in der Form eines schriftlichen Befehls angeordnet worden, war jedoch die Absicht. Bis zum Juni 1941 dachte man noch an eine massive Umsiedlung zur »Endlösung der Judenfrage«, aber darauf beschränkte man sich nicht mehr lange.

Wie in Polen wurden von der SS besondere »Einsatzgruppen« und »-kommandos« gebildet, die für die Durchsetzung einer grauenerregenden Politik verantwortlich waren. In Rußland waren die Juden ebenso wie in den meisten anderen osteuropäischen Ländern oft unbeliebt gewesen und zu Opfern der von einer periodisch wiederkehrenden Massenhysterie ausgelösten Pogrome geworden. So lehnte die übrige Bevölkerung die nationalsozialistische Judenpolitik nicht in jedem Fall ab. Es kam mit erschreckender Häufigkeit vor, daß Juden schon vor dem Eintreffen der Deutschen von der einheimischen Bevölkerung ermordet wurden, die sich dabei von einem traditionellen Rassenhaß und der Überzeugung leiten ließ, ein solches Vorgehen entspräche den Vorstellungen und Wünschen der neuen Eroberer.[19] Dann folgten die organisierten Massaker im rückwärtigen Heeresgebiet, oft weit hinter den an der Front kämpfenden Truppen unter Aufsicht der SS, die für dieses blutige Geschäft verantwortlich war. Allzuoft trieben SS-Leute die Juden mit Hilfe der örtlichen Polizei oder Hilfspolizei an den Rand von Gräben oder Schluchten und erschossen sie oder trieben sie in die Synagogen, die dann in Brand gesteckt wurden.

Doch die Juden waren nicht die einzigen Opfer. In Gegenden, wo die deutsche Besatzung durch die Tätigkeit von Partisanen gefährdet wurde oder der Verdacht auf solche Tätigkeiten bestand, ging man rücksichtslos gegen die russische Zivilbevölkerung vor. Auch die russischen Kriegsgefangenen wurden häufig mit erschreckender Grausamkeit behandelt, eine Behandlung, die sich als Folge der menschenverachtenden nationalsozialistischen Ideologie noch verschärfte.

Dieser schreckliche Krieg, in dem Bestialitäten an der Tagesordnung waren, wie sie Europa seit Jahrhunderten nicht erlebt hatte, hatte auch seine Auswirkungen auf die deutsche Armee. Nur wenige Angehörige des deutschen Heeres haben sich zwar persönlich an solchen Greueltaten beteiligt, aber viele wußten etwas davon und waren sogar in vielen Fällen Augenzeugen. Gleichwohl haben sich nur wenige deutsche Generale die Hände durch die Weitergabe oder Ausführung von Befehlen schmutzig gemacht, die gegen alle Grundsätze des menschlichen Anstands und der soldatischen Ehre verstießen. Viele haben es empört abgelehnt, den berüchtigten »Kommissarbefehl« vom 6. Juni 1941 zu befolgen, der verfügte, daß kommunistische Kommissare in der Roten Armee nicht als Kriegsgefangene behandelt werden dürften, sondern auf der Stelle zu erschießen seien. Auch Rommel hat sich, als er davon hörte, von diesem Befehl distanziert und hat später die Weisung, daß jüdische Kriegsgefangene nicht als Gefangene, sondern als Juden zu behandeln seien, unbeachtet gelassen. Aber wenn auch einige deutsche Offiziere sich mutig weigerten, diese empörenden Übergriffe hinzunehmen, und offizielle Meldungen und Beschwerden verfaßten — die meisten verschlossen entweder Augen und Ohren oder zuckten nur mit den Schultern und wendeten sich, vielleicht mit Abscheu, von diesen Exzessen ab, die sie doch zur Kenntnis nehmen mußten. In einem Ende 1941 von einer Heeresgruppe an der Ostfront verfaßten Bericht wurde die Ablehnung dieser Greueltaten gegen Juden, Kriegsgefangene und Kommissare im Offizierkorps erwähnt, und dann hieß es in grimmigem Ton: »Jeder weiß jetzt, was hier vorgeht!« Einige dieser Befehle wurden nur zum Schein und oft gar nicht befolgt, aber jeder kannte sie. Rommel hatte wirklich Glück gehabt, nicht an die Ostfront versetzt worden zu sein.

Das alles beschränkte sich aber nicht auf die schrecklichen Verhältnisse in Rußland. In Deutschland wurde die Judenfrage nach offizieller Version durch die Deportation der Betroffenen in die östlichen Gebiete gelöst. Man bezeichnete dieses Verfahren euphemistisch als »Umsiedlung«. Hitler war entschlossen, die Heimat, das deutsche Herz des Reiches, »judenfrei« zu machen, und im Oktober 1941 verließen die ersten mit Juden beladenen Eisenbahnzüge deutsches Gebiet. Weitere Züge verließen Österreich, Böhmen und sogar Luxemburg. Zunächst brachte man die Juden in die Ghettos größerer polnischer Städte oder in andere von den Deutschen besetzte Ostgebiete. Später deportierte man sie in besondere Lager. Erst im Januar 1942 wurde auf der »Wannsee-Konferenz« das endgültige Programm zur »Endlösung der Judenfrage« beschlossen: Die Juden sollten durch Zwangsarbeit bei unzureichender Ernährung und durch die »entsprechende Behandlung« des »Restbestandes« vernichtet werden.

Die meisten deutschen Soldaten und Zivilisten wußten nichts von diesen unglaublichen Vorgängen und Methoden, und auch Erwin Rommel wußte nichts davon. Höchstwahrscheinlich hat er geahnt, daß man an der Ostfront mit unnachsichtiger Härte gegen alle terroristischen Umtriebe und angeblichen Greueltaten auf russischer Seite vorging, denn Offiziere, die in Rußland gewesen waren, haben, wenn sie mit ihm zusammentrafen, sicher auch über diese Vorgänge gesprochen. Aber in Afrika gab es keine SS-Einheiten. Dort begegnete man auch nur selten einem Juden. Es gab keine Kommissare, keine Kommunisten und keine Russen. Es gab nicht einmal sehr viele Nazis, obwohl der SS-Sturmführer Berndt von Goebbels' Propagandaministerium zum Stab von Rommel abkommandiert worden war, um die Öffentlichkeitsarbeit zu leiten (eine Aufgabe, die er mit beachtlichem Geschick erledigte, während er sich gleichzeitig zu Rommels Zufriedenheit als tüchtiger Soldat bewährte). Auch gab es in Nordafrika keine rebellischen oder unbotmäßigen Zivilisten mit Ausnahme der Beduinen, die mit den Deutschen (nicht aber mit den Italienern) im allgemeinen durchaus freundschaftliche Beziehungen unterhielten.

Wohl nur diejenigen, die das Naziregime bereits ablehnten und allen offiziellen Verlautbarungen mißtrauten, wußten sehr wohl, was geschah, wenn auch noch nicht alles. Und einige dieser Leute unterhielten persönliche Beziehungen zu einflußreichen Männern im Staat und in der Armee. Mit dem Wissen kam auch ein quälendes Schuldgefühl, das angesichts der Ungeduld, die es begleitete, um so schlimmer wurde. Am 21. Oktober 1941 schrieb Helmuth Graf v. Moltke aus Berlin in einem Brief an seine Frau: »Wie soll man die Mitschuld tragen? In Serbien sind an einem Ort zwei Dörfer eingeäschert worden, 1700 Männer und 240 Frauen von den Einwohnern sind hingerichtet. Das ist die ›Strafe‹ für den Überfall auf drei deutsche Soldaten. In Griechenland sind 220 Männer eines Dorfes erschossen worden. Das Dorf wurde niedergebrannt, Frauen und Kinder wurden an der Stätte zurückgelassen, um ihre Männer und Väter und ihre Heimstatt zu beweinen. In Frankreich finden umfangreiche Erschießungen statt, während ich hier schreibe. So werden täglich sicher mehr als tausend Menschen ermordet, und wieder Tausende deutscher Männer werden an den Mord gewöhnt. Und das alles ist noch ein Kinderspiel gegen das, was in Polen und Rußland geschieht. Darf ich denn das erfahren und trotzdem in meiner geheizten Wohnung am Tisch sitzen und Tee trinken? Mach' ich mich dadurch nicht mitschuldig? Was sage ich, wenn man mich fragt: Und was hast du während dieser Zeit getan?«

Und Moltke fuhr am gleichen Tage fort: »Wenn ich nur das entsetzliche Gefühl loswerden könnte, daß ich mich selbst habe korrumpieren lassen, daß ich nicht mehr scharf genug auf solche Sachen reagiere, daß sie mich quälen, ohne daß spontane Reaktionen entstehen.«[20]

Zwei Wochen zuvor waren bei Rowno in Ostpolen 17 000 Juden an den Rand von Schluchten außerhalb der Stadt geführt worden, wo sie sich zuerst ausziehen mußten und dann mit Maschinengewehren erschossen wurden – eines von vielen Massakern. Moltke wendete sich mit aller Leidenschaft gegen die Anordnungen zur Verfolgung der Juden und hatte hier und dort sogar einigen Erfolg damit. Bei denen, die noch für Argumente zugänglich waren (er selbst war ein ausgezeichneter Anwalt), konnte er, wie er sagte, manchmal »die Ausbreitung der Bestialität in militärischen Hirnen verhindern«, und denen, die noch für moralische Argumente zugänglich waren, trat er mit einer kompromißlosen Moralität entgegen.

Es macht die Tragik Rommels aus, daß er, der vielleicht niemals erfuhr, was wirklich geschah, die soldatischen Tugenden in ihrer ausgeprägtesten und ehrlichsten Form repräsentierte — und dabei doch im Dienst des Bösen in seiner niederträchtigsten Form stand.

13.

»Panzergruppe Afrika«

Rommel hatte sich sehr ausführlich mit der Eigenart seines Gegners beschäftigt. Inzwischen glaubte er, die britische Art der Kriegführung verstanden zu haben, und als er zu dieser Zeit eine offizielle Beurteilung der britischen Führung durch das OKH bekam, enthielt diese nichts, was ihn zum Widerspruch veranlaßt hätte. Seine Berichte hatten wie die aus Griechenland, Kreta und Frankreich sogar wesentlich zu dieser Beurteilung beigetragen.

In der zusammenfassenden Darstellung des OKH[1] hieß es, insbesondere die jüngeren britischen Offiziere bewiesen einen beachtlichen Mut und die Bereitschaft, ihr Leben aufs Spiel zu setzen, obwohl sie gelegentlich einen Mangel an selbständiger Initiative und zuweilen stereotype taktische Methoden erkennen ließen. Im allgemeinen zeige die britische Führung jedoch eine »operative Ungeschicklichkeit«, und es fehle ihr die Flexibilität, die zur Führung motorisierter Truppen unerläßlich sei. Auf taktischer Ebene wurde die britische Führung als »schwerfällig« beurteilt. Bei den britischen Unternehmungen könne man eine gewisse geistige Unbeweglichkeit und ein Widerstreben feststellen, die eigene Stellung so rasch zu verändern, wie es die jeweilige Lage erfordere. Außerdem habe man festgestellt, daß die Einsatzbefehle oft zu langatmig seien, zu sehr auf Einzelheiten eingingen und den unterstellten Truppenführern kaum die Möglichkeit boten, eigene Entscheidungen zu treffen und selbständig zu handeln.

Rommel mußte jedoch nicht nur allgemeine britische Eigenarten und Taktiken berücksichtigen, sondern er hatte es bei seinen Gegnern auch mit ganz bestimmten Persönlichkeiten zu tun, besonders jetzt, nachdem eine neue Gruppe von höheren Offizieren die Führung übernommen hatte. Nach Ende des Unternehmens »Battleaxe« hatten die Briten die ranghöchsten Truppenkommandeure in Nordafrika abgelöst und durch neue ersetzt. Im Rückblick glaubte Rommel, der Feind habe das zu oft getan, und zwar zu seinem eigenen Nachteil: Man brauche eine gewisse Zeit, um sich mit den Verhältnissen im Wüstenkrieg vertraut zu machen, jeder müsse aus seinen eigenen Erfahrungen lernen und für die Folgen seiner anfänglichen Fehler einstehen. Auch Beförderungen brachten fast unvermeidliche Nachteile, da Erfahrungen auf einer Befehlsebene auf der nächsten von neuem gemacht werden mußten. Ein größerer Verantwortungsbereich verlangte eben andere Techniken und neue Regeln. Rommel selbst sollte das sehr bald selbst erleben, denn er stand kurz davor, einige der folgenschwersten Fehler seiner militärischen Laufbahn zu machen — und mußte dann versuchen, durch reine Beweglichkeit die Folgen seiner Selbstüberschätzung und falschen Lagebeurteilung wettzumachen, um die Katastrophe zu verhüten und das Blatt zu wenden.

Rommel war jetzt zum Befehlshaber auf höherer militärischer Ebene avanciert. In der Cyrenaika und während des Unternehmens »Battleaxe« war er Kommandierender General des Afrikakorps gewesen. Dabei waren ihm auch einige italienische Divisionen unterstellt worden. Seit August 1941 befehligte er die Panzergruppe Afrika. Das Afrikakorps unter General Crüwell bestand jetzt aus zwei Panzerdivisionen. Die 15. Panzerdivision unter General Neumann-Silkow war inzwischen vollständig, und aus der 5. leichten Division war die 21. Panzerdivision geworden. Außerdem unterstand Rommel eine weitere deutsche leichte Division, die 90. unter General Sümmermann, die zunächst als »Afrikadivision« bezeichnet wurde. Sie war größtenteils aus verschiedenen, bereits in Afrika kämpfenden Verbänden zusammengestellt worden, die jedoch bisher nicht zu einer der Panzerdivisionen gehört hatten.[2] Unter Rommel kämpften jetzt auch zwei italienische Armeekorps, die ihm jedoch nicht offiziell durch den italienischen Oberbefehlshaber in Libyen, General Bastico, unterstellt worden waren: das XX. motorisierte Korps unter General Gambara, bestehend aus der Panzerdivision Ariete (unter General Balotta) und der motorisierten Division Trieste (unter General Piazzoni), und das XXI. Armeekorps (unter General Navarrini), bestehend aus vier nichtmotorisierten Infanteriedivisionen, die Rommel jedoch nicht uneingeschränkt zur Verfügung standen. Eine weitere italienische Division, die Savona (unter General de Giorgis), wurde vom Armeekorps des Generals Navarrini abgezweigt und gehörte nun ebenfalls zur Panzergruppe Afrika.

Rommel verfügte damit jetzt über praktisch zehn Divisionen, die drei Kommandierenden Generalen unterstanden, und war am 1. Juli zum General der Panzertruppe befördert worden. Hocherfreut schrieb er nach Hause, daß der Befehlshaber einer Panzergruppe normalerweise Generaloberst sei und daß auch er, wenn alles gutginge, nach dem Kriege diesen Rang bekleiden würde. Viel wichtiger war jedoch die Tatsache, daß er jetzt über einen Stab verfügte, der seinem erweiterten Verantwortungsbereich entsprach, in Deutschland zusammengestellt und dann als geschlossene Einheit unter der Führung des erfahrenen Generals Gause nach Nordafrika versetzt worden war. Gause war ein intelligenter, ruhiger und überlegt handelnder Ostpreuße mit trockenem Humor. Als er sich im Juli in Berlin bei Halder meldete, hatte sich dieser sehr offen über den Eindruck geäußert, den er von Rommel hatte. Rommel habe, so meinte Halder, einen »krankhaften Ehrgeiz«. Das war jedenfalls Halders Meinung. Aber Gause sollte Rommel treu dienen, obwohl bei Halder von Rommels »brutalen Methoden« die Rede war.[3]

Nach deutscher Tradition sollten die Stäbe als in sich geschlossene Zellen gebildet werden, in denen jedes einzelne Mitglied die Methoden und Forderungen der anderen kannte und präzise auf die Weisungen des Befehlshabers in der Schlacht reagieren konnte. Dieses Gewicht, das auf einen gut ausgebildeten, als geschlossene Einheit arbeitenden Stab gelegt wurde, befähigte die deutsche Armee, mit relativ wenigen Generalstabsoffizieren auszukommen — also mit sparsamen und unkomplizierten Stäben. Das zweite Prinzip, das die Arbeit mit kleinen Stäben ermöglichte, ergab sich aus der Beurteilung des britischen Gegners durch das OKH. Die Deutschen lehnten es ab, allzu detaillierte Befehle zu geben. Da die dem Befehlshaber unterstellten Kommandeure über aktuellere und oft zutreffendere Informationen zur Gefechtslage verfügten als ihre Vorgesetzten, war man der Ansicht, daß es falsch sei, im einzelnen in ein Unternehmen einzugreifen — es sei denn, dieser Vorgesetzte befinde sich persönlich auf dem Gefechtsfeld (wie Rommel es oft getan hat) oder wisse bestimmte Einzelheiten, von denen seine Untergebenen keine Kenntnis haben konnten. Doch abgesehen davon sollte jeder Unterführer möglichst einfache und klare Aufträge bekommen, um sie so ausführen zu können, wie er es für richtig hielt (»Auftragstaktik«). Dieser Grundsatz gehört ebenso zur Geschichte der deutschen Armee wie der ältere Moltke.

Wie es heißt, seien große Stäbe ein untrügliches Zeichen dafür, daß die ganze Armee nichts tauge. Der Stab, den General Gause dem neuen Befehlshaber der Panzergruppe Afrika im August 1941 vorstellte, bestand aus hervorragenden Fachleuten, war aber sehr klein. So gab es in der Operationsabteilung nur zwei Offiziere, den Ia, Oberstleutnant i. G. Westphal (der als arrogant, aber hochintelligent galt),[4] und einen Oberleutnant als Ordonnanzoffizier. In der für die Auswertung der Feindnachrichten verantwortlichen Abteilung Ic gab es drei Offiziere, den Major i. G. v. Mellenthin und zwei Leutnante der Reserve. Die Quartiermeisterabteilung, die für die gesamte Versorgung verantwortlich war, leitete Major i. G. Schleusener, der im Dezember 1941 von Major i. G. Otto abgelöst wurde. Ihm standen zwei weitere Majore zur Seite, von denen einer Generalstabsoffizier war. Die Adjutantur war mit zwei Majoren besetzt. Ein Major war Kommandant des Stabsquartiers. Hinzu kamen die Komman-

deure des Pionierbataillons, der Aufklärungsabteilung, der Panzer-
gruppenarzt und das Personal für die Wartung der Fahrzeuge und
Waffen. So bestand Rommels militärische Familie aus nur 21 Offizieren und einem zivilen Vertreter des deutschen Außenministeriums
(Freiherr v. Neurath). Nur in wenigen Armeen würde eine Gruppe
aus drei Armeekorps mit insgesamt zehn Divisionen, die am äußersten Ende einer viele hundert Kilometer langen Versorgungslinie
operierte, von einem so kleinen Team geführt werden.

Gauses Stab war vom Generalstab des Heeres als Verbindungs-
stab gedacht, der die Beziehungen zwischen dem italienischen Oberkommando in Nordafrika und dem OKH erleichtern sollte. Er sollte sich mit den deutschen Problemen auf diesem Kriegsschauplatz
beschäftigen, soweit sie das italienische Oberkommando betrafen,
die Arbeit in den Versorgungsräumen im rückwärtigen Gebiet regeln
und die Verbindung zum deutschen Militärattaché in Rom, v. Rintelen, halten, der für die Versorgung der deutschen Afrikatruppen über
das Mittelmeer hinweg verantwortlich war. Halder hatte das alles in
einem Schreiben an Cavallero erläutert und den Kommandeur des
rückwärtigen Heeresgebiets sowie Rommels Oberquartiermeister
diesem Stab unterstellt. Rommel erfuhr davon erst durch einen
Funkspruch aus Rom.[5]

Doch Rommel war, wie nicht anders zu erwarten, zunächst überhaupt nicht damit einverstanden. Der Tenor von Halders Brief an
Cavallero und seine Anweisungen an Gause beeinträchtigten Rommels Autorität und, was noch schlimmer war, sie führten zu Unklarheiten bei den Unterstellungsverhältnissen. Es gab ohnedies genügend Schwierigkeiten in den Beziehungen zwischen den Beteiligten,
und das Mißtrauen Halders gegenüber Rommel verschärfte nur
noch die Gegensätze. Rommel hat es zweifellos auch mißfallen, dem
Generalstab selbst nicht anzugehören, denn er fürchtete, daß die
selbstbewußten Generalstabsoffiziere, die über eine gründliche theoretische Ausbildung verfügten, mehr Verantwortung in der Truppenführung beanspruchen würden, als er, der als Befehlshaber einen
ganz persönlichen und individualistischen Stil entwickelt hatte, ihnen
jemals zugestehen wollte.

Zumindest im Fall der Panzergruppe Afrika waren solche Befürchtungen nicht gerechtfertigt. Rommel gab unmißverständlich zu
verstehen, daß der Stab ihn bei der Führung zu unterstützen, nicht
aber eine nebulöse Vermittlerrolle zu spielen habe − und die
Neuankömmlinge akzeptierten das völlig. General Gause und seine
Offiziere erwiesen sich als verläßliche Führungsgehilfen Rommels,
zeigten hervorragende persönliche Qualitäten und völlige Loyalität
gegenüber ihrem Befehlshaber. Es waren ohne Ausnahme kluge und
erfahrene Generalstabsoffiziere, die die Begabung des Mannes, dem

sie dienten, ebenso anerkannten und würdigten wie die Herausforderung, vor der er sich befand. Schon bald schrieb Rommel nach Hause, er sei zufrieden mit Gause und freue sich, zum ersten Mal von einem gut ausgebildeten Stab unterstützt zu werden, der, wie er sagte, »sehr gut funktioniert«.

Doch obwohl Rommel seinen Stab bald schätzenlernte, fiel es ihm noch schwer, seine persönlichen Methoden den neuen Gegebenheiten anzupassen und ihn bestmöglich einzusetzen. So nahm er Gause auf seine häufigen, ja ständigen Fahrten an die kämpfende Front mit, was den in jeder Armee geltenden Regeln im Grunde widersprach. Denn praktisch , wenn auch nicht nominell, war der Chef des Generalstabes der Stellvertreter des Befehlshabers und damit bevollmächtigt, in seinem Namen zu handeln und in seiner Abwesenheit Entscheidungen zu treffen, ja sogar die Befehle des Befehlshabers zu widerrufen, wenn er in einer bestimmten Zeit besser über die Lage informiert war als der Befehlshaber selbst. Wenn nun der Chef des Generalstabes Rommel auf seinen Fahrten begleitete, bedeutete das eine erhebliche Belastung der jüngeren Offiziere in Rommels Stab, die unter Umständen Entscheidungen verantworten mußten, für die sie eigentlich nicht zuständig waren. Zwar zeigten sie sich dieser Aufgabe durchaus gewachsen, aber es war ein Fehler, sie ihnen aufzubürden, und dieser Fehler lag bei Rommel. Sein erstaunlich sicheres Gefühl für die richtige Beurteilung der taktischen Lage an der Front führte zumindest gelegentlich dazu, daß er die methodische Lösung von Problemen vernachlässigte, die auf höherer Kommandoebene unerläßlich ist, und damit versäumte er es auch, die systematische Arbeitsweise der höheren Stäbe zu berücksichtigen, wie sie seit Generationen auf der Kriegsakademie gelehrt wurde. Ein Truppenführer kann manchmal gegen die geltenden Regeln verstoßen, ohne daß es nachteilige Folgen hat, aber Rommels Verstöße gegen die geltenden Regeln hatten eben bisweilen nachteilige Folgen, und das war um so problematischer, als diese Regeln jetzt innerhalb eines größeren Verantwortungsbereichs galten.

Die Panzergruppe Afrika mußte jetzt wieder mit einer Offensive unter einer neuen britischen Führung rechnen. Wavell war nach dem Fehlschlag des Unternehmens »Battleaxe« nach Indien versetzt worden, und sein Nachfolger war General Auchinleck. Oberbefehlshaber der britischen 8. Armee war General Cunningham. Rommel hatte Wavell als tapferen Gegner geschätzt und eine deutsche Übersetzung der Aufsätze Wavells über Truppenführung nach Afrika mitgenommen. Von Auchinleck oder Cunningham aber wußte er nur wenig.

Die Abteilung Ic in Rommels Stab hatte klar erkannt, daß eine britische Offensive bevorstand. Sie nahm an, daß der Vorstoß das Ziel haben werde, die alliierten Streitkräfte an der ägyptischen Grenze mit denen in Tobruk zu verbinden und den Belagerungsring um Tobruk zu sprengen. Das OKW vermutete, die britische Offensive werde etwa Anfang Oktober beginnen, denn je länger die Briten warteten, desto geringer seien ihre Chancen, das Angriffsziel noch rechtzeitig zu erreichen. Rommel beschloß deshalb, noch im September einen Aufklärungsvorstoß mit starken Kräften über die Grenze zu führen. Mit dem Unternehmen »Sommernachtstraum« setzte sich Rommel mit der 21. Panzerdivision im Raum südlich von Sidi Omar nach Osten in Marsch und hoffte, dabei auf britische Munitions- und Kraftstoffdepots zu stoßen (und sie zu überrennen) oder zumindest festzustellen, ob sich die Briten tatsächlich zum Angriff bereitstellten. Der Vorstoß — bei dem die Division einige Verluste durch Luftangriffe und weitreichende Artillerie hinnehmen mußte — brachte Rommel gewisse Erkenntnisse (aus abgehörten Funksprüchen) über die Gliederung der für die Offensive bereitgestellten britischen Truppen, wenngleich es nicht gelang, sich in den Besitz britischer Depots zu setzen. Am 16. September brach Rommel das Unternehmen ab und befahl der Division, sich auf ihre alten Stellungen zurückzuziehen. Sein Feindnachrichtendienst war beeindruckt davon, wie rasch und zutreffend die britischen Aufklärungskräfte über den Fortgang dieses Unternehmens berichtet hatten und wie flexibel die britische Artillerie reagiert hatte.

Rommel hatte hingegen den Eindruck gewonnen, daß die Briten sich noch nicht für eine Offensive bereitgestellt hatten. So wandte er nun seine ganze Aufmerksamkeit Tobruk zu. Wenn er diese Stadt nahm — und er war überzeugt, daß es ihm gelingen werde, sofern man die für diese Aufgabe erforderlichen Kräfte am entscheidenden Punkt konzentrierte —, verkürzte er damit nicht nur seine Versorgungswege und erweiterte den Operationsradius der Panzergruppe Afrika, sondern veränderte darüber hinaus auch die ganze operative Lage zu seinen Gunsten. Die britischen, neuseeländischen, südafrikanischen und indischen Divisionen würden dann nicht mehr versuchen, die belagerte Festung zu entsetzen, sondern an der ganzen Front den zehn Divisionen Rommels gegenüberstehen, die nun durch nichts anderes mehr abgelenkt würden. Deshalb war Rommel von der Idee, Tobruk einzunehmen, geradezu besessen.

Der Angriff auf Tobruk verzögerte sich jedoch aufgrund der besonders gespannten Versorgungslage. In den vergangenen Monaten war nur ein geringer Prozentsatz der benötigten Truppen- und Materialverstärkungen über das Mittelmeer herangeführt worden. Von Juni bis Oktober hatte der Feind zwischen Italien und Libyen Geleitzüge mit 220 000 Tonnen Nachschub versenkt, die Hälfte davon durch Luftangriffe, die von Malta aus erfolgten.[6] Der Funkverkehr der italienischen Flotte, aus dem Einzelheiten über die Versorgungsgeleitzüge zu ersehen waren, wurde vom britischen Nachrichtendienst abgehört.

Trotzdem hatte Rommel das Gefühl, möglichst bald angreifen zu müssen, und setzte sich über den Rat des OKH (dem sich auch das italienische Oberkommando angeschlossen hatte) hinweg, daß ein Angriffsversuch gegen Tobruk bis 1942 verschoben werden sollte. Er glaubte, es sei ein geringes Risiko, gegen Ende November anzugreifen, und plante den Angriffsbeginn für den 21. Sonst, so war zu befürchten, würde sich das Kräfteverhältnis zwischen der Panzergruppe Afrika und den feindlichen Divisionen auf Dauer zu seinen Ungunsten verschieben. Deshalb überredete Rommel seine Vorgesetzten in Berlin, seinem Plan zuzustimmen, und tatsächlich erhielt er schließlich den Befehl, Tobruk zu nehmen.

Am 14. November flog Rommel nach Rom und erläuterte dort seine Pläne für den 21. November. Er versuchte Cavalleros Befürchtungen im Hinblick auf eine britische Offensive zu zerstreuen. Doch zumindest in dieser Hinsicht sollte Cavallero recht behalten.

Mitte November war Rommel also bereit, Tobruk anzugreifen. Zwar schloß er auch jetzt einen britischen Angriff an der ägyptischen Grenze nicht aus, erwartete aber allenfalls einen Angriff mit begrenztem Ziel, den man mit etwas Glück lokalisieren konnte. Die Männer eines bei Derna in Gefangenschaft geratenen britischen Stoßtrupps hatten zwar erst kürzlich von einer möglichen Offensive im Raum Sollum und einer gleichzeitigen Landung von See her gesprochen, aber wenn es gelingen würde, Tobruk vorher zu nehmen, so kalkulierte Rommel, würde es unter Umständen gar nicht erst zu einer solchen Offensive kommen. Trotzdem hatte er zur Verteidigung gegen einen eventuellen Angriff seine befestigten Stützpunkte an der Grenze wesentlich verstärken lassen. Auch Bardia, Capuzzo, Sollum, Sidi Omar und Halfaya waren befestigte Stützpunkte, und Rommel war überzeugt, sie seien stark genug ausgebaut, um von der nichtmotorisierten italienischen Infanterie der Division Savona und in Halfaya von einem deutsch-italienischen Verband verteidigt zu werden. Das Stabsquartier des Afrikakorps lag in Bardia, und die beiden Panzerdivisionen waren nicht weit davon entfernt – die 15. nördlich davon an der Küstenstraße in der Nähe von Rommels Stabsquartier in Gambut und die 21. bei Sidi Azeiz, etwa 32 Kilometer westlich von Bardia. Mit dieser Verteilung seiner Kräfte glaubte Rommel, jeder britischen Initiative begegnen zu können. In vorderster Front hielten seine Truppen eine gut ausgebaute Verteidigungsstellung, und die beiden Panzerdivisionen standen ihm jeder-

Seit Beginn des Rußlandfeldzuges hatte Rommel für seine Ägyptenfront nur wenig Verstärkung erhalten, während die Armee des neuen britischen Oberbefehlshabers in Kairo, Generals Auchinleck, erhebliche Unterstützung erhielt und am 18. November 1941 in der Operation »Crusader« mit deutlicher Luftüberlegenheit und einer nahezu doppelten Anzahl von Panzern zur Offensive gegen das »Afrikakorps« antrat. Nach harten und verlustreichen Kämpfen gelang es Auchinleck, Tobruk zu entsetzen, und um einer Einschließung zu entgehen, mußte Rommel die Cyrenaika räumen.

Die Abbildung zeigt General Auchinleck im Gespräch mit Generalleutnant Ritchie in Libyen.

zeit zur Verfügung. Die 21. Panzerdivision würde sich jedem britischen Flankenangriff entgegenstellen können, wenn es dazu käme
und die Briten am Anfang erfolgreich sein sollten.

Hätten die Briten ihren Angriff erst am 25. November oder später
begonnen, hätte Rommel vielleicht recht behalten. So viel Zeit ließen
sie ihm jedoch nicht. Am 17. November meldete die deutsche
Funküberwachung eine vollständige Funkstille im gesamten britischen Nachrichtennetz, und im Morgengrauen des 18. November
begann die britische 8. Armee ihren Vorstoß über die ägyptische
Grenze. Das Unternehmen »Crusader«, wie die Briten es nannten,
hatte begonnen.

Der erste Fehler Rommels beim Unternehmen »Crusader« war
zweifellos, daß er sich zu lange weigerte, ernsthaft an den Beginn einer umfassenden Offensive zu glauben. Die Briten hatten es geschickt verstanden, ihre Absichten zu verschleiern, und erst als das
Unternehmen »Crusader« schon einige Stunden lief, wurden sich die
Deutschen über das ganze Ausmaß der feindlichen Offensive klar.
Selbst der Stab Rommels mußte die geschickte Vorbereitung des
Unternehmens anerkennen, die gute Tarnung, die nachts vorgenom-
menen Truppenverschiebungen und die Disziplin der Briten.[7] Auf
deutscher Seite wußte man allerdings nicht, daß der Feind durch
»Ultra« von den Absichten und Zeitplänen Rommels unterrichtet
war und die Briten den Beginn von »Crusader« unmittelbar vor dem
geplanten Angriff gegen Tobruk angesetzt hatten. Außerdem hatte
die Royal Air Force fast während der ganzen Zeit die Luftüberlegenheit, und Cunningham erfuhr durch seine Luftaufklärung mehr als
Rommel von den deutschen.

Der britische Angriffsplan war in seiner Anlage durchaus erfolgversprechend, zeigte aber in seiner Ausführung gewisse Mängel. Die
Briten glaubten, in erster Linie käme es darauf an, die deutschen
Panzer auszuschalten. Sie verfügten über eine größere Zahl von Panzern als ihre Gegner, und zwar über etwa 600 Panzer aller Typen einschließlich spezieller Infanterieunterstützungspanzer. Rommel ging
dagegen mit nur 380 Panzern in die Schlacht, und zu ihnen gehörten
auch die 140 Panzer der Division Ariete. Die Briten glaubten mit
Recht, in der Qualität seien die deutschen Panzer den britischen
überlegen. Außerdem waren sie überzeugt, es sei am besten, die
deutschen Panzer zum Frontalangriff zu veranlassen, um sie dann
aus den für den Verteidiger günstigsten Stellungen bekämpfen zu
können (doch es wollte ihnen nicht recht gelingen, diese Erkenntnis
in die Praxis umzusetzen). Daß die Briten jedoch diese hier verein-
facht dargestellte Taktik wählten, zeigt, daß sie den für die Führung
der deutschen Panzerdivisionen entscheidend wichtigen Grundsatz

der Zusammenarbeit aller Waffen begriffen hatten. Die Deutschen ließen, wenn es irgend möglich war, ihre Panzer mit und oft hinter dem Schirm ihrer weitreichenden Panzerabwehrgeschütze vorgehen, und um diese zu bekämpfen, brauchte man vor allem Artillerie. Nur sehr selten kam es vor, daß die deutschen Panzer veranlaßt werden konnten, gegen eine Linie britischer Panzer (oder Geschütze) in Feuerstellung vorzugehen und sich dabei zu exponieren. Nun hofften die Briten, daß dies oder etwas Ähnliches geschehen werde.

Um das zu erreichen, wäre es notwendig gewesen, überlegene panzerbrechende Waffen (und bei den Briten waren das die Panzer) in einem gut zu verteidigenden Gelände in Stellung gehen zu lassen, das die Deutschen aus taktischen Gründen besetzen mußten. Es war jedoch nicht einfach, in dem ebenen Wüstengelände eine solche Stellung zu finden. Sie konnte sich nur aus der taktischen Lage und weniger aus den Geländeformationen ergeben. Die Briten wußten genau, daß und wann Rommel Tobruk angreifen wollte. Eine britische Offensive, mit der die Deutschen zu einem Gegenangriff mit starken Kräften provoziert werden sollten, mußte deshalb gegen ein Angriffsziel geführt werden, dessen Besitz für die Deutschen für einen Angriff gegen Tobruk von entscheidender Bedeutung war. Nichts anderes konnte Rommel zu der erwarteten Reaktion veranlassen.

Nach dem britischen Plan sollte die Offensive mit zwei in verschiedener Richtung vorgehenden Angriffsverbänden geführt werden. Rechts sollte das XIII. Korps unter General Godwin-Austin mit der Neuseeländischen Division unter General Freyberg und der 4. Indischen Division unter General Messervy, unterstützt von der 1. Heerespanzerbrigade (mit Panzern der Typen Matilda und Valentine, die im allgemeinen zur Unterstützung der Infanterie verwendet wurden), die Grenze überschreiten und die deutschen Besatzungen von Sidi Omar, Capuzzo und anschließend von Sollum und Bardia angreifen. Das links davon vorgehende XXX. Korps unter General Norrie bestand aus der Masse der Panzertruppen der 8. Armee. Zum XXX. Korps gehörten die 7. Panzerdivision unter General Gott, eine Division aus drei Panzerbrigaden und einer diese Brigaden unterstützenden Gruppe Infanterie mit Panzerabwehrgeschützen. Doch eine Panzerbrigade dieser Division, die 4., blieb dem Kommando des XXX. Korps direkt unterstellt. Zu diesem XXX. Korps gehörten außerdem die 1. Südafrikanische Division unter General Brink und die 22. Gardebrigade.

Das XXX. Korps sollte entlang dem Trigh el Abd vorgehen. Das war eine Piste, die von der Grenze bei Bir Sheferzen nach Nordwesten verlief und etwa 80 Kilometer südlich an Tobruk vorbeiführte. Die Briten rechneten damit, daß Rommel in dieser Stoßrichtung eine Bedrohung des Belagerungsrings von Tobruk sehen und mit dem

Einsatz seiner Panzer darauf reagieren würde. Das XXX. Korps hatte den Auftrag, »die feindlichen Panzerkräfte zu finden und zu vernichten«, und man hoffte, daß diese sich stellen und vernichtet werden würden. Das erste Angriffsziel war ein auf der Karte als Gabr Saleh bezeichneter, 56 Kilometer von der Grenze entfernter Punkt. Die dem Korps direkt unterstellte 4. Panzerbrigade sollte an der inneren Flanke zum Angriff gegen die Grenzbefestigungen in nördlicher Richtung vorgehen, dabei die linke Flanke des XIII. Korps decken und gleichzeitig diesem Korps als gepanzerte Reserve dienen.

Die Schwäche dieses Plans lag darin, daß er völlig von den Reaktionen der Deutschen abhing, und wenn diese sich so verhielten wie erwartet, sollte nach den Vorstellungen von Norrie ein anderes, für den deutschen Plan bedrohlicheres Ziel gewählt werden als Gabr Saleh, doch Cunningham ging auf diesen Vorschlag nicht ein. Auf jeden Fall reagierten die Deutschen kaum auf den Vormarsch des XXX. Korps nach Gabr Saleh. Sie hatten die Dimension des britischen Unternehmens einfach nicht erkannt, und obwohl sie festgestellt hatten, daß die Briten zu einer Art Offensive angetreten waren und ihre eigenen Kräfte mobilisierten, wurde der Panzergruppe Afrika erst am Morgen des 19. November, mehr als 24 Stunden nach Beginn des Unternehmens »Crusader« und 12 Stunden, nachdem Norries Hauptkräfte Gabr Saleh erreicht hatten, gemeldet, daß »600 Kampffahrzeuge in nordwestlicher Richtung vorrückten«. Schon vorher hatte die 21. Panzerdivision (etwa 50 Kilometer nordöstlich von Gabr Saleh) in ihren Meldungen »starke Feindkräfte, die nach Westen und Norden vorrücken«, erwähnt. Damit waren wahrscheinlich das XXX. und XIII. Korps gemeint. Doch das Ausmaß des britischen Unternehmens hatte man noch nicht erkannt.

Es läßt sich darüber streiten, ob vom deutschen Standpunkt aus eine entschiedene Reaktion verfrüht gewesen wäre. Bisher waren die Briten mit starken Kräften bis in einen besonderen Raum in der Wüste vorgestoßen, und noch ließ sich nicht erkennen, was sie jetzt tun würden. Man hätte starke deutsche Panzerkräfte zusammenziehen und zum Einsatz gegen die Briten bereitstellen können. Doch die deutschen Panzertruppen hatten sich noch nicht vereinigt und waren noch verhältnismäßig weit von dem Versammlungsraum der Briten entfernt. Am Nachmittag des 18. November, etwa acht Stunden, nachdem die Kolonnen Cunninghams die Grenze überschritten hatten, war Crüwell bei Rommel gewesen und hatte vorgeschlagen, die beiden Panzerdivisionen weit südlich ihrer gegenwärtigen Versammlungsräume zusammenzuführen. Er hatte mitgeteilt, General von Ravenstein wolle die 21. Panzerdivision (ausgerechnet) nach Gabr Saleh verlegen. Er, Crüwell, sei damit einverstanden und wolle veranlassen, daß sich die 15. Panzerdivision der 21. anschließe, um sie zu unterstützen. Rommel lehnte das ab, denn er glaubte, solche Truppenverschiebungen seien eine unnötige Überreaktion auf das britische Vorgehen, solange man noch nicht wußte, was die Briten beabsichtigten und welche Bedeutung ihr Unternehmen habe.

Doch am Morgen des 19. November kam Crüwell noch einmal zu Rommel. Aus allen Meldungen des Afrikakorps und der Panzergruppe Afrika war deutlich zu erkennen, daß es sich bei dem britischen Unternehmen um eine größere Offensive handelte. Rommel ließ sich nun, wenn auch nur ungern, von der Richtigkeit dieser Auffassung überzeugen und erklärte, der Angriff gegen Tobruk müsse auf einen späteren Zeitpunkt verschoben werden. Jetzt müßten die deutschen Panzerdivisionen freie Hand haben, die beweglichen britischen Truppen anzugreifen.

Doch diese beweglichen Kräfte hatten sich inzwischen über ein weites Gebiet verteilt. Die 7. Panzerdivision war zunächst bei Gabr Saleh zusammengezogen worden. Da aber die Deutschen nicht darauf reagiert hatten, hatte Cunningham Norrie befohlen, weiter in Richtung auf Tobruk vorzurücken, um die Deutschen zu dem Verhalten zu provozieren, das in seinem Plan vorgesehen war. Die 22. Panzerbrigade, die über die neuen Crusader-Panzer verfügte, war am Morgen des 19. in Richtung auf Bir el Gubi in Marsch gesetzt worden, und die zweite, die 7. Panzerbrigade, nach Sidi Rezegh. Sidi Rezegh lag 32 Kilometer östlich von Tobruk auf einem Festlandssockel zwischen zwei Höhenstufen, die zur Küstenstraße abfielen, und am Trigh Capuzzo, den man von hier aus überblicken konnte. Diese Piste verlief etwa parallel zur Mittellinie des Angriffsstreifens des XXX. Korps von Fort Capuzzo nach El Adem, 16 Kilometer südlich von Tobruk. Sidi Rezegh war ein beherrschender Geländepunkt, und seine Besetzung durch die britische 7. Panzerbrigade und die ihr zur Unterstützung beigegebenen Kräfte beeinträchtigte den Handlungsspielraum der Panzergruppe Afrika. Doch inzwischen hatte die 22. Panzerbrigade die italienische Division Ariete bei Bir el Gubi angegriffen und dabei schwere Verluste erlitten, während die 4. Panzerbrigade, die jetzt bei Gabr Saleh stand, mit starken Kräften von Norden her angegriffen worden war.

Der Kommandeur der 21. Panzerdivision bei Sidi Azeiz, General v. Ravenstein, war angesichts dieser Lage immer ungeduldiger geworden. Er hatte schon vorher mit seiner Division nach Südwesten vorgehen wollen, was ihm jedoch untersagt worden war. Nun, am 19. November, rechnete er mit einem entsprechenden Befehl von Crüwell und setzte eine starke Kampfgruppe mit 120 Panzern des Panzerregiments 5 nach Gabr Saleh in Marsch. Zu dieser Gruppe unter der Führung des Kommandeurs des Panzerregiments, Oberst

Stephan, gehörten außerdem Feldgeschütze, Flugabwehrgeschütze, eine Maschinengewehrabteilung und ein Infanterieregiment. Ravenstein befahl Stephan, nach Süden in Richtung auf den Trigh el Abd anzugreifen und sich dann nach Osten gegen Sidi Omar zu wenden mit dem Ziel, einer feindlichen Kolonne mit schätzungsweise 200 Panzern den Weg abzuschneiden und sie zu vernichten.[8]

Am Nachmittag des 19. stieß die Gruppe Stephan auf die britische 4. Panzerbrigade, und es kam zu einem harten Kampf Panzer gegen Panzer, der von 16 Uhr bis in die Dunkelheit andauerte. Als das britische Oberkommando davon hörte, nahm es an, daß es sich dabei um die langerhoffte Reaktion auf den Vorstoß des XXX. Korps handelte (in gewissem Sinne war es das auch, obwohl Ravenstein und nicht Rommel oder Crüwell so reagiert hatte). Doch die Deutschen erwiesen sich bei diesem Gefecht als die stärkeren und setzten ihre Panzer und Panzerabwehrgeschütze so ein, daß sie sich gegenseitig unterstützten — die letzteren mit verheerender Wirkung, obwohl es nur wenige waren. Am folgenden Tag, dem 20. November, erhielt die britische 22. Panzerbrigade, der die Italiener bei Bir el Gubi schwere Verluste beigebracht hatten, den Befehl, sich auf Gabr Saleh zurückzuziehen. Ravenstein, den diese Entwicklung ebenso überraschte wie alle anderen Beteiligten und der nicht recht wußte, was er jetzt tun sollte, hatte vorgeschlagen, die Panzerkräfte an einem zentralen Punkt zu versammeln und die weitere Entwicklung der Lage abzuwarten.

Aber Crüwell, der von Rommel den Befehl bekommen hatte, »die feindlichen Kampfgruppen im Raum Bardia, Tobruk, Sidi Omar zu vernichten« (das war praktisch das ganze Kampfgebiet), und dem Rommel dafür »freie Hand« gegeben hatte, entschloß sich nun zu einem dieser Lage nicht ganz angemessenen Vorgehen. Am 20. November setzte er die 15. und die 21. Panzerdivision in Richtung auf Sidi Azeiz in Marsch und befahl ihnen, den Raum zwischen diesem Ort und Gabr Saleh vom Feind zu säubern. Bei Gabr Saleh stieß die 15. Panzerdivision auf die (inzwischen verstärkte) 4. Panzerbrigade und brachte ihr weitere Verluste bei. Das war jedoch eher ein glücklicher Zufall als der Erfolg eines geschlossenen Vorgehens der deutschen Panzer. Am Abend des 20. November hatte die britische 7. Panzerdivision einen Teil ihrer Kräfte, nämlich zwei ihrer drei Panzerbrigaden mit fast 200 Panzern, bei Gabr Saleh vereinigt, auch wenn das nicht den ursprünglichen Plänen entsprach. Auch das Afrikakorps hatte zu dieser Zeit eine gewisse Konzentration der Kräfte bewerkstelligt, denn die 15. und die 21. Panzerdivision befanden sich jetzt beide im Wüstengebiet zwischen Gabr Saleh und Sidi Omar. Doch der 21. Panzerdivision war der Kraftstoff ausgegangen. Rommel, der damalige Chef des Generalstabes des Afrikakorps, Oberst

Bayerlein sowie andere deutsche (und britische) Teilnehmer an diesen Kämpfen haben das britische Oberkommando dafür kritisiert, daß es in den ersten Phasen des Unternehmens »Crusader« versäumt habe, seine Kräfte zu konzentrieren, die Schlacht als Ganzes zu sehen und die britischen Panzerkräfte in einzelnen Gefechten der örtlichen Überlegenheit der Deutschen ausgesetzt und geopfert zu haben. Der Verlauf der Kampfhandlungen vom 20. November rechtfertigt diese Kritik jedoch nicht. Wo sich die Deutschen als die stärkeren erwiesen wie bei Gabr Saleh, verdankten sie es im allgemeinen der technischen Überlegenheit ihrer Panzer und Panzerabwehrgeschütze oder ihrem taktischen Geschick. Die Grundsätze der Kriegführung spielten dabei kaum eine Rolle.

Am Abend des 20. November traf sich Rommel wieder mit Crüwell. An diesem Tag hatte er nicht selbst in die Kampfhandlungen eingegriffen, sondern mit einer für ihn untypischen Zurückhaltung Crüwell seine Befehle gegeben und ihm den Auftrag überlassen, »die britischen Kampfgruppen (überall in der Wüste) zu vernichten«. Doch jetzt hatte Rommel wieder einen klaren Überblick über die Lage und erkannte, daß es sich um eine größere britische Offensive handelte. Die Briten waren entschlossen, Tobruk zu entsetzen, was er schon immer gefürchtet und unbedingt zu verhindern gesucht hatte. Es war also kein Ablenkungsmanöver, und für die Deutschen ging es nicht darum, britische Stoßtrupps in raschen Einzelunternehmungen aus der Wüste zu vertreiben, was Crüwell vergeblich versucht hatte. Es ging auch nicht nur darum, die deutschen Verteidigungsstellungen an der ägytischen Grenze zu halten, wenngleich das britische XIII. Korps offenbar entschlossen war, sie zu zerschlagen und am folgenden Tag Capuzzo, Sidi Omar und Bardia anzugreifen. Es ging jetzt vielmehr um die Existenz der ganzen Armee Rommels und um ihre Fähigkeit, die Belagerung der Festung Tobruk auch weiter aufrechtzuerhalten. Man mußte jeden Augenblick mit einem Ausbruchsversuch der in Tobruk eingeschlossenen Kräfte rechnen, die versuchen würden, sich der Offensive der 8. Armee anzuschließen. Nun setzte Rommel beide Divisionen des Afrikakorps nach Tobruk in Marsch mit dem Befehl, möglichst schnell Sidi Rezegh zu erreichen.

Die Hilfstruppen der 7. Panzerdivision und die 7. Panzerbrigade hatten in Sidi Rezegh Stellung bezogen, und nach dem britischen Plan sollten sie im Morgengrauen des 21. November von dort aus in nördlicher Richtung angreifen, um sich später mit der aus Tobruk ausgebrochenen 70. Division zu vereinigen.

Rommel hatte die 90. leichte Division, die nicht zum Afrikakorps gehörte, zwischen Sidi Rezegh und Tobruk in Stellung gehen lassen, und als die Panzer mit der motorisierten Infanterie der britischen 7. Panzerdivision vorrückten, brachte ihnen die 90. Division schwere Verluste bei, besonders mit ihren Panzerabwehrgeschützen, die die feindlichen Panzer aus gut ausgebauten Feuerstellungen beschossen. Rommel selbst war in diesen Abschnitt gefahren und leitete nun ein Gefecht, bei dem seine Kräfte von zwei Seiten angegriffen wurden – von Sidi Rezegh und von Tobruk aus. Der Protokollführer in Rommels Stab verzeichnete wie immer gewissenhaft alles, was unter der Führung seines Befehlshabers geschah: »Bei einem Vorstoß schneller Panzer setzt Befehlshaber persönlich ... zum Gegenstoß an, wobei sich die feindlichen Panzer zurückziehen ... Gegen einen erneuten Ausbruch feindlicher Panzer aus Gegend ... in Richtung Westen-Osten setzt Befehlshaber persönlich eine diesem unterstellte 8,8cm-Flakbatterie ein. Ausgezeichnete Wirkung der 8,8 kommt hierbei wieder ganz klar zur Geltung.«[9] Doch eine Entlastung der 90. leichten Division konnte nur das Eingreifen des Afrikakorps bringen, und Rommel schickte Crüwell einen Funkspruch mit dem Befehl, mit seinen Divisionen die Verbindungsaufnahme der Besatzung von Tobruk mit dem XXX. Korps zu verhindern. Dazu würde es notwendig sein, Sidi Rezegh zu nehmen. Am Abend traten die Divisionen Crüwells zum Angriff gegen Sidi Rezegh von Osten her an und setzten sich in den Besitz des Ostendes der Befestigungsanlagen.

Doch Crüwell gab seinen beiden Panzerdivisionen noch am Abend des 21. November neue Befehle. Eine Division sollte nach Gambut, die andere nach Belhamed gehen. Die beiden Orte lagen 29 Kilometer auseinander, und Gambut war weit von Sidi Rezegh entfernt. Vermutlich reagierte Crüwell damit auf den von ihm als Hauptbedrohung der Belagerer von Tobruk angesehenen Vormarsch des britischen XIII. Korps von der ägyptischen Grenze nach Westen. Anschließend beabsichtigte er, seine beiden Divisionen weiter nach Osten zurückzunehmen, »um sich Bewegungsfreiheit zu verschaffen«, und ließ die 21. Panzerdivision nur auf Befehl Rommels bei Belhamed zurück. Auf diese Weise wurde das Afrikakorps am 22. November auseinandergerissen, die Situation bei Sidi Rezegh blieb ungeklärt, und man mußte damit rechnen, daß die britische 7. Panzerdivision ihre Kräfte demnächst zusammenführen werde. Die 7. Panzerbrigade hatte bei Sidi Rezegh schwere Verluste hinnehmen müssen, aber inzwischen näherten sich die restlichen Panzerverbände des britischen XXX. Korps, die 4. und die 22. Brigade.

Im Grenzgebiet setzte das XIII. Korps seine Angriffe fort, und es war zu erwarten, daß es ebenfalls bald nach Westen in Richtung auf Tobruk in Marsch gesetzt werden würde. Dieser Marsch begann am frühen Morgen des folgenden Tages, und die Neuseeländische Division übernahm dabei die Spitze. Rommel mußte jetzt unbedingt die

Lage bei Sidi Rezegh bereinigen. Er suchte General v. Ravenstein auf und informierte ihn, daß es zu der entscheidenden Panzerschlacht im Raum von Sidi Rezegh kommen werde, und mit einem glänzend geführten Angriff der 21. Panzerdivision von Westen und Norden am Nachmittag des 22. November zwang er die Reste der britischen 7. Panzerbrigade und ihrer Hilfskräfte, sich unter schweren Verlusten bei Einbruch der Dunkelheit zurückzuziehen. Die britische 4. und 22. Panzerbrigade, durch die die britischen Kräfte verstärkt worden waren, zogen in südlicher Richtung ab, und der Kommandeur der britischen 7. Panzerdivision, General Gott, hoffte, seine restlichen Panzer — er verfügte noch über etwa 150 verschiedener Typen — irgendwo südlich von Sidi Rezegh zusammenziehen zu können. Zahlenmäßig war er mit seinen Panzern Rommel überlegen, obwohl das kaum ins Gewicht fiel, wenn man die Qualität der Panzer und die Feuerkraft der Panzerabwehrgeschütze in Rechnung zog. Doch die Pläne Gotts wurden erheblich durcheinandergebracht, als die 15. Panzerdivision die südlich von Sidi Rezegh von Osten her zurückgehenden britischen Panzerbrigaden angriff, in der Dunkelheit ziemlichen Schaden anrichtete und den Führungsstab der britischen 4. Panzerbrigade überrollte.

Der folgende Tag, der 23. November, war ein Sonntag — nach dem lutherischen Kalender der Totensonntag. Rommel hatte jetzt Sidi Rezegh genommen und den Briten bei Gabr Saleh, Bir el Gubi und nun bei Sidi Rezegh erhebliche Verluste an Menschen und Material beigebracht. Er glaubte sogar, mit einem kühnen Vorstoß vielleicht das ganze XXX. Korps ausschalten zu können. Am Abend des 22. November befahl er Crüwell über Funk, die durch die Panzer des Panzerregiments 5 verstärkte 15. Panzerdivision am nächsten Morgen von einem Punkt östlich von Sidi Rezegh nach Westen vorstoßen zu lassen, sich mit den Panzern der Division Ariete zu vereinigen (die seit ihrem Gefecht mit der 22. Panzerbrigade bei Bir el Gubi am 19. November nicht mehr im Einsatz gewesen war) und mit diesem Manöver die britischen Panzerkräfte südlich von Sidi Rezegh einzukreisen und anschließend zu vernichten.

Nun handelte Crüwell mehr im Sinne Rommels als nach den Einzelheiten seines Befehls (der Funkspruch Rommels war sehr ausführlich gewesen, und seine Entschlüsselung hätte eine längere Verzögerung bedeutet) und brach kurz vor Morgengrauen von seinem Stabsquartier auf, um die Führung des Afrikakorps in dieser etwas verwickelten Operation zu übernehmen. Am 23. November um 6 Uhr morgens wurde der Stab des Afrikakorps von der an der Spitze der britischen Truppen auf dem Trigh Capuzzo nach Westen vorgehenden Neuseeländischen Division überrascht und mit fast allen Offizieren und Mannschaften gefangengenommen.

Crüwell selbst war diesem Schicksal entgangen und marschierte nun mit den gesamten deutschen Panzerkräften nach Süden, um sich mit der Division Ariete zu vereinigen. Er führte diese Bewegung mit der für ihn charakteristischen Selbstsicherheit aus und traf bald auf eine aus zahlreichen Fahrzeugen bestehende Versorgungskolonne der britischen 7. Panzerdivision und der 5. Südafrikanischen Brigade. Die 1. Südafrikanische Division war an der linken Flanke des XXX. Korps in nordwestlicher Richtung vorgegangen mit dem Auftrag, Bir el Gubi zu »decken«. Nun war Crüwell versucht, seinen Vormarsch nach Südwesten zu unterbrechen und das hier entstandene Chaos auszunutzen. Dennoch setzte er seinen Marsch fort, da er glaubte, für eine entscheidende Operation die Verstärkung durch die Division Ariete zu benötigen. Dann wollte er mit der Ariete und dem Gros des Afrikakorps geschlossen nach Norden vorstoßen und die restlichen Kräfte des XXX. Korps vernichten, indem er sie auf dem Amboß zerschlug. Das war die später von beiden Seiten so bezeichnete »Schlacht am Totensonntag«.

Das Manöver war nicht leicht. Es erforderte den Marsch einer großen Menge von Fahrzeugen quer durch die Wüste, die Vereinigung mit der zu einem anderen Korps gehörenden Panzerdivision Ariete und anschließend eine scharfe Schwenkung nach Norden in einer zwischen der Ariete und dem Afrikakorps vereinbarten Formation.

Rommel selbst nahm an diesem Unternehmen nicht teil. Seine Aufmerksamkeit galt dem zu erwartenden Vormarsch des britischen XIII. Korps auf dem Trigh Capuzzo nach Westen zum voraussichtlichen Brennpunkt der Schlacht, Tobruk und Sidi Rezegh, und deshalb begab er sich jetzt selbst nach Trigh Capuzzo. Auch der Führungsstab der Panzergruppe Afrika wurde in der Nacht vom 21. zum 22. November von Gambut (das vom Vormarsch des britischen XIII. Korps nach Westen bedroht wurde) nach El Adem, 32 Kilometer südlich des Belagerungsrings von Tobruk, verlegt, und Rommel war wie üblich mit seiner Gefechtsstaffel unterwegs (sein gepanzertes Befehlsfahrzeug vom Typ »Mammut«, das die Deutschen bei Mechili von den Briten erbeutet hatten, wurde jetzt von Crüwell benutzt), um persönlich bei der nächsten kritischen Phase der Schlacht zugegen zu sein. Die Führung der an der Operation »Totensonntag« beteiligten Truppen überließ er Crüwell.

Dieser ging zusammen mit der italienischen Division Ariete vor und wich dabei von der bisher üblichen Taktik des Afrikakorps ab, nach der Panzer, Panzerabwehrgeschütze und (wo notwendig) die motorisierte Infanterie methodisch zusammenwirkten. Er ließ seine Panzer, gefolgt von der motorisierten Infanterie und den nichtgepanzerten Fahrzeugen, in vorderster Reihe nach Norden vorgehen, wobei die Ariete diesen Vormarsch links von den Divisionen des Afrikakorps begleitete. Das Gros der britischen 22. Panzerbrigade, das auf dem Marsch von Westen nach Osten den Weg des rückwärtigen Teils seiner Formation kreuzte, brachte den von Crüwell geführten Truppen erhebliche Verluste bei, aber auch Crüwell richtete bei der Südafrikanischen Brigade, die mit Front nach Süden in Stellung gegangen war und ihm den Weg nach Sidi Rezegh versperrte, ein ziemliches Blutbad an. Am Abend des 23. November lagen die Afrikakorps und das Gros der Panzer des britischen XXX. Korps nur wenige Kilometer voneinander entfernt in der Wüste, und beide Seiten mußten feststellen, daß sie hohe Verluste erlitten hatten. Nördlich von Sidi Rezegh hielt die 21. Panzerdivision (ohne Panzer) ihre Stellungen. Jeder britische Versuch, aus Tobruk auszubrechen, wurde von der 90. leichten Division verhindert.

Teile des britischen XIII. Korps befanden sich noch auf dem Marsch in Richtung Tobruk. Dennoch frohlockte Rommel am Abend des 23. November.[10] Dafür gab es indes kaum einen Grund. Die deutschen Kräfte im Belagerungsring um Tobruk lagen immer noch einer keineswegs geschwächten Besatzung gegenüber — der britischen 70. Division — und wurden im Osten von der anrückenden Neuseeländischen Division des XIII. Korps bedroht, während die desorganisierten Kräfte des britischen XXX. Korps und die deutschen Verbände unter Crüwell über die ganze Wüste im Süden verteilt waren. Weniger als 100 deutsche Panzer waren noch einsatzbereit. Nach einer Schätzung des Feindnachrichtendienstes vom vergangenen Tage verfügten die Briten noch über insgesamt 660 Panzer aller Typen, und die Deutschen waren recht genau über die Versorgungslage und die Kapazität der Briten für die Instandsetzung ihrer Waffen und Fahrzeuge unterrichtet.

Rommel war jedoch überzeugt, der Feind sei bei der »Schlacht am Totensonntag« fast vernichtet worden, und die Schätzungen seines Nachrichtendienstes seien übertrieben und deshalb nicht ernst zu nehmen (die Stärke des Gegners war in der Tat überschätzt worden, und vielleicht hatte er dafür auch das richtige Gefühl). Er glaubte, die Briten stünden kurz vor der Niederlage und seien in der Auflösung begriffen. Das müsse durch ein von ihm persönlich geführtes rasches und energisches Eingreifen ausgenutzt werden. Nur darin sah er eine Chance, die mörderische, verlustreiche, aber unübersichtliche und chaotische Schlacht in eine Entscheidungsschlacht zu verwandeln. In der Nacht gab er in seinem Stabsquartier in El Adem neue Befehle aus.

Rommel glaubte, wenn er persönlich die Führung der noch verfügbaren mobilen Kräfte der Panzergruppe Afrika bei einem Vorstoß nach Osten übernähme, könne er die Südflanke der vorrückenden britischen Kräfte umgehen, um dann mit starken Kräften zwischen den Briten und Ägypten zu stehen und die Besatzungen der Grenzbefestigungen in Bardia und Halfaya als Drehpunkt seines Manövers zu benutzen, um die 8. Armee einzukreisen und zu vernichten.

Am 24. November morgens um 10.30 Uhr fuhr Rommel mit Gause nach Osten bis an die Spitze der 21. Panzerdivision, der die 15. Panzerdivision folgte. Seine Stoßrichtung verlief in östlicher Richtung entlang des Trigh el Abd über Gabr Saleh zur Grenze bei Sheferzen. Sechs Tage zuvor war das britische XXX. Korps unter Norrie auf der gleichen Linie in umgekehrter Richtung nach Westen vorgestoßen. Dies war das Unternehmen, das von beiden Seiten später als »Stoß zum Draht« bezeichnet wurde. Nun hatte Rommel seinen Kommandeuren befohlen, »den Stoß durchzuführen, ohne sich darum zu kümmern, was rechts und links geschah«[11]. In einem mündlichen Befehl an die 21. Panzerdivision sagte Ravenstein: »Der Feind ist geschlagen und zieht sich nach Südosten zurück.« Die Gruppe Stephan sollte die Spitze übernehmen und südlich von Sollum die ägyptische Grenze überschreiten.[12] Im Kriegstagebuch der 15. Panzerdivision ist auch von einem geschlagenen Feind die Rede.[13]

Der Stab Rommels hielt den »Stoß zum Draht« von Anfang an für ein zweifelhaftes Unterfangen.[14] Man betrachtete die Situation als überaus gefährlich. Eine starke feindliche Division — die Neuseeländische — befand sich auf dem Marsch nach Westen, um Tobruk zu entsetzen. Schon bald konnte es hier zu einer Schlacht kommen, deren Ausgang durchaus unsicher war. Zwar mochte es Rommel gelingen, die in der Wüste verteilten motorisierten Feindkräfte gleichsam mit einer Sense niederzumähen, aber diese Sense war längst nicht mehr so scharf wie am Anfang, und angesichts der zahlenmäßigen Überlegenheit der britischen Panzertruppen, die jederzeit verstärkt werden konnten, mußte man am glücklichen Ausgang einer solchen Operation zweifeln. Im übrigen wußte niemand genau, wo sich der Feind befand, und es würde viel Zeit — und, was noch entscheidender war, viel Kraftstoff — kosten, den Gegner in der Wüste zu finden.

General Bastico, der italienische Oberbefehlshaber und Rommels Vorgesetzter, verbrachte fast den ganzen 25. November im Stabsquartier der Panzergruppe Afrika und war mit Sicherheit der Verzweiflung nahe. Das von Rommel geplante Unternehmen erschien ihm wie ein Vorstoß ins Ungewisse, während sich vielleicht eine Gelegenheit ergeben hätte, dem britischen XIII. Korps einen entscheidenden Schlag zu versetzen, wenn das Afrikakorps nicht allzu weit von Tobruk und Sidi Rezegh geschlossen für eine solche Operation zur Verfügung gestanden hätte.

Doch Rommel wollte davon nichts wissen. Er war entschlossen, der ganzen britischen Armee den Weg zu ihrer Basis in Ägypten abzuschneiden und sie in einer Entscheidungsschlacht zu vernichten. Er glaubte, wenn er sich in den Besitz der Grenze gesetzt hätte, würden die Briten in regelloser Flucht nach Westen versuchen, der Einkreisung zu entgehen.

Die Geschichte des »Stoßes zum Draht«, der Vorstoß zum Stacheldraht, der die Grenze zwischen Libyen und Ägypten markierte, endete enttäuschend. Rommel ließ sich drei Tage nicht in seinem Stabsquartier sehen, sondern versuchte während dieser Zeit, die deutschen Kräfte in den Grenzbefestigungen zu entlasten, die bisher die Angriffe des britischen XIII. Korps erfolgreich abgewehrt hatten. Das gelang ihm jedoch nicht, denn die Deutschen waren dort noch vor seinem Eintreffen angegriffen worden, und der Gegner setzte die Angriffe fort, sobald Rommel den Schauplatz verlassen hatte. Die Divisionen des Afrikakorps hatten, obwohl sie über ein ausgezeichnetes Versorgungssystem verfügten, größere Versorgungsschwierigkeiten denn je.[15a]

Ebenso erfolglos blieben Rommels Versuche, einen größeren Teil des britischen XXX. Korps im Gefecht zu stellen oder die Briten zum Rückzug aus Libyen zu veranlassen. Allerdings konnte er den britischen Oberbefehlshaber Cunningham so stark beeindrucken, daß dieser glaubte, Rommels Erfolge könnten katastrophale Folgen für die 8. Armee haben. Seine Reaktionen darauf entsprachen ganz den Mutmaßungen und Absichten Rommels. Bei dem unvermutet raschen Vorstoß Rommels wäre er fast selbst überrollt worden. Nun hatte er seinen Oberbefehlshaber Auchinleck um einen Besuch gebeten, um ihn davon zu überzeugen, daß ein Rückzug unvermeidlich sei. Doch Auchinleck ließ sich nicht umstimmen und befahl die Fortsetzung des Unternehmens »Crusader«.

Am 26. November erhielt Rommel einen düsteren Funkspruch von seinem Ia, Oberstleutnant i. G. Westphal. Westphal hatte in eigener Verantwortung die Verbindung zur 21. Panzerdivision aufgenommen und ihr befohlen, nach Tobruk zurückzumarschieren. Das war in dieser Lage ein mutiger Entschluß. Jetzt gelang es ihm, Rommel von der Gefährlichkeit der Lage zu überzeugen. Die Truppe hatte bisher nur ungenügend mit Kraftstoff versorgt werden können. Die Verluste durch Luftangriffe waren auf beiden Seiten etwa die gleichen, aber die Briten verfügten jetzt über 16 Jagdstaffeln und 8 Bomberstaffeln und waren damit den Deutschen in der Luft überlegen. Für die Panzergruppe bestand die akute Gefahr, wegen Kraftstoffmangels nicht mehr weiterzukommen und erhebliche Verluste hinnehmen zu müssen.

Zumindest wurde Rommel nicht mit besorgten Anfragen aus Berlin belästigt. Dort notierte sich Halder ausgerechnet an diesem Tag in sein Tagebuch, daß Rommel anscheinend Herr der Lage sei.

Der aber hatte inzwischen erkennen müssen, daß sein Abenteuer gescheitert war. Er blieb noch einen weiteren Tag an der Grenze, wo die 15. Panzerdivision bei Sidi Azeiz noch einen neuseeländischen Brigadestab gefangennahm, aber das Spiel war verloren. Bei Tobruk hatten die Neuseeländer in einem geschickt geführten nächtlichen Unternehmen den Stützpunkt Sidi Rezegh angegriffen und genommen, während es einem Stoßtrupp der Besatzung von Tobruk in Abwesenheit von Rommel gelungen war, auszubrechen und eine schmale Lücke im Belagerungsring aufzureißen, durch die Tobruk jetzt die Verbindung zu den zum Entsatz der Festung heranrückenden Truppen der 8. Armee aufnehmen konnte. Es war eine Ironie des Schicksals, daß Rommel, für den Tobruk stets im Mittelpunkt aller Erwägungen gestanden hatte, ausgerechnet in diesem dramatischen Augenblick nicht an Ort und Stelle war. Der »Stoß zum Draht« war vorüber, und Rommel befand sich in einer äußerst gefährlichen Lage. Solange das Unternehmen andauerte, war Rommel natürlich immer Rommel gewesen. General Bayerlein vermittelt uns ein Bild davon: »Um die immer wieder auftauchenden schwierigen Situationen zu meistern, fuhr Rommel auch in den folgenden Tagen von einem Truppenteil zum anderen, meistens durch die britischen Linien. Einmal besuchte er hierbei ein neuseeländisches Lazarett, das noch vom Feinde belegt war. Man wußte tatsächlich nicht mehr, wer wessen Gefangener war. Nur für Rommel schien in dieser Beziehung kein Zweifel zu herrschen. Er erkundigte sich, ob etwas gebraucht würde, versprach den Briten Medikamente und fuhr unbehelligt weiter.«[15b]

Nun mußte sich Rommel wieder auf Tobruk konzentrieren, dessen Besatzung es gelungen war, den Belagerungsring zumindest vorübergehend zu sprengen. Diese Lücke zu schließen und Tobruk wieder zu isolieren, war das nächste Operationsziel Rommels — und das letzte Manöver in der später so bezeichneten »Zweiten Schlacht von Sidi Rezegh«.

Für diesen letzten Versuch in der ersten Phase des Unternehmens »Crusader« hatte Rommel die beiden Panzerdivisionen östlich von Sidi Rezegh am Trigh Capuzzo zusammengezogen. Dann flog er nach längerer Abwesenheit endlich wieder zu seinem Stabsquartier nach El Adem, wo seine Rückkehr mit großer Erleichterung begrüßt wurde. Nach Rommels Auffassung mußte das Afrikakorps jetzt die Neuseeländer in ihrer Stellung bei Sidi Rezegh einkreisen und vernichten, während die Neuseeländer selbst hofften, durch die Panzerbrigaden des XXX. Korps verstärkt zu werden, die von Süden und

Südosten heranrückten und ihrerseits durch bisher in Reserve gehaltene Panzer- und Ersatzmannschaften verstärkt worden waren.

Crüwell übernahm derweil die Aufgabe, die Neuseeländer von Sidi Rezegh zu vertreiben. Dazu hatte er vor, sie von Osten her mit der 21. Panzerdivision anzugreifen, die entlang der Nordflanke des Angriffsziels gegen Belhamed vorgehen sollte, während die 15. Panzerdivision im Süden entlang des Trigh Capuzzo in Richtung auf El Duda marschierte. Er gab die entsprechenden Befehle und setzte den Angriffsbeginn auf den 29. November fest.

Rommel war mit diesem Plan nicht einverstanden. Er hielt es für falsch, die Besatzung von Tobruk dadurch zu verstärken, daß man die Neuseeländer in die Festung hineintrieb. Bei Sidi Rezegh standen zwei Brigaden der neuseeländischen Division, und das Stabsquartier des britischen VIII. Korps war bereits nach Tobruk verlegt worden, um die Zusammenarbeit der 70. Division mit den zu ihrem Entsatz herbeigeführten Truppen zu koordinieren. Im Gegensatz zum Angriffsplan Crüwells beschloß Rommel, die Verteidiger von Sidi Rezegh zu isolieren und zu vernichten. Deshalb widerrief er den Befehl Crüwells. Statt dessen wurde die 15. Panzerdivision südlich von Sidi Rezegh nach Westen in Marsch gesetzt mit dem Auftrag, dann nach Norden umzuschwenken und in Richtung auf El Duda anzugreifen. Das führte zum Erfolg (El Duda wurde zunächst genommen, aber anschließend vom Feind zurückerobert). Am Nachmittag des 29. fuhr Rommel zu Crüwell und teilte ihm mit, das Ziel dieser Operation müsse es sein, die Teile des XIII. Korps, die Sidi Rezegh besetzt hielten, vernichtend zu schlagen und der Besatzung von Tobruk den Zugang zu Sidi Rezegh zu verwehren.

Damit war die Verbindung zwischen den einzelnen Teilen der neuseeländischen Division abgerissen, und die bei Sidi Rezegh eingesetzten neuseeländischen Kräfte waren fast vollständig eingekesselt. Ein Angriff von Süden gegen diese Stellungen brachte am folgenden Tag, dem 30. November, die Entscheidung. Um 19.45 Uhr schickte Freyberg dem britischen XIII. Korps über Funk die Meldung: »Der Feind hat Sidi Rezegh.« Den Briten war es zwar gelungen, den Korridor nach Tobruk offenzuhalten, doch Rommel stand kurz davor, das letzte Ziel dieses verzweifelten Unternehmens zu erreichen. Freyberg zog sich mit dem Rest seiner Division nach Osten und dann nach Süden zurück. Am 1. Dezember hörte das Afrikakorps in einer Nachrichtensendung des britischen Rundfunks aus London die Meldung: »General Rommel hat seine letzten Kräfte in die Schlacht geworfen, um den britischen Kordon nach Westen zu durchbrechen.« Das war nicht ganz richtig. Rommel war nicht von einem britischen Kordon eingeschlossen; im Gegenteil versuchte er, den britischen Korridor nach Tobruk abzuriegeln.

Richtig war jedoch, daß Rommel die letzten ihm zur Verfügung stehenden Kräfte in die Schlacht geworfen hatte, bald aber einsehen mußte, daß dies nicht genügen würde. Der Stab hatte ihm am 1. Dezember ein zutreffendes Bild von den Kräften vermitteln können, über die die Briten noch verfügten. Tobruk war — wenigstens im Augenblick noch — eingeschlossen, doch worauf es jetzt ankam, war das gesamte Kräfteverhältnis auf beiden Seiten. Wenn sich daraus ergab, daß sich die Lage weiterhin unaufhaltsam zugunsten des Feindes entwickelte, dann mußte auch Rommel erkennen, daß er eine Offensive nicht erfolgreich fortsetzen konnte, deren strategisches Ziel die Einnahme von Tobruk war. Tatsächlich war nach einem weiteren erfolglosen Versuch, El Duda mit der 21. Panzerdivision zu nehmen, offenkundig geworden, daß die Panzergruppe Afrika den Belagerungsring um Tobruk nicht länger halten konnte. Man mußte die Belagerung aufheben und sich nach Westen zurückziehen, um auf diese Weise wieder Handlungsfreiheit zu gewinnen.

Es gelang Rommel, die deutschen und italienischen Divisionen in der Zeit vom 4. bis zum 8. Dezember von Tobruk abzuziehen und mit ihnen eine neue Stellung zu beziehen, die südlich von Gazala und 98 Kilometer westlich von Tobruk verlief. Er war jetzt zu dem Schluß gekommen, daß der Zustand seiner eigenen Truppen und die Versorgungslage ihn zwangen, die Cyrenaika zeitweilig aufzugeben und das Gebiet östlich der Cyrenaika-Halbinsel zu räumen. Die Einnahme von Tobruk mußte für die nächste Zeit aufgegeben werden. Das war eine bittere Entscheidung, und wie nicht anders zu erwarten war, stieß sie auf heftige Kritik im italienischen Oberkommando. Schließlich handelte es sich ja um italienischen Kolonialbesitz, wo zahlreiche Italiener lebten. Außerdem war es ein schwerer Schlag gegen das italienische Prestige.

Auf einer Konferenz am 15. Dezember, an der nicht nur der italienische Oberbefehlshaber Bastico und der Kommandierende General des XX. Armeekorps, General Gambara, teilnahmen, sondern auch General Cavallero, der Chef des Comando Supremo, kam es zu einem heftigen Wortwechsel. An dieser Konferenz beteiligte sich auch Feldmarschall Kesselring, der vor dem Krieg vom Heer zur Luftwaffe versetzt worden war und den Hitler mit den schwierigen Aufgaben eines »Oberbefehlshabers Süd« betraut hatte (dem die deutsche Luftwaffe unterstand, der jedoch nicht unmittelbar in die Operationen der Panzergruppe Afrika eingreifen durfte). Kesselring, von Natur aus ein Optimist und glänzender Diplomat, neigte dazu, sich auf die Seite der Italiener zu stellen.

Aber Rommel blieb hart. Die Panzergruppe Afrika und alle deutsch-italienischen Kräfte mußten in einen gut zu verteidigenden Raum hinter Marsa el Brega zurückgenommen werden und in die

Ausgangsstellungen zurückgehen, aus denen Rommel sie im März und April zu ihrem zunächst triumphal erscheinenden Vormarsch nach Osten geführt hatte. Rommel erklärte, sie seien nicht in der Lage, eine zweite britische Offensive abzuwehren, die, wie alle Offensiven beider Seiten in der Cyrenaika, über die Bogensaite führen und die vorn eingesetzten Truppen in diesem Fall durch einen Vorstoß zur Großen Syrte isolieren würde.

Die Briten hatten ihre Streitkräfte inzwischen personell auffüllen können. Sie hatten bisher 15 Prozent ihres Mannschaftsbestandes verloren, während es bei den Deutschen mehr als 20 Prozent und bei den Italienern mehr als 40 Prozent waren. Was die Ausrüstung mit Waffen und Gerät betraf, so war Rommel den Briten deutlich unterlegen, da diese über weitaus bessere Möglichkeiten verfügten, die materiellen Verluste zu ersetzen oder schadhaft gewordene Waffen und Fahrzeuge zu reparieren.[16] Sie hatten bereits Gazala angegriffen und damit gezeigt, daß sie gedachten, ihre Offensive fortzusetzen, und obwohl der Angriff von der 15. Panzerdivision erfolgreich abgewehrt worden war, würde der Feind dem Afrikakorps nur eine kurze Ruhepause gönnen. Es verfügte jetzt nur noch über 40 Panzer.

Rommel konnte sich mit seinen Vorstellungen durchsetzen. Am 20. Dezember schrieb er Lucie, alle seine Kommandeure seien gefallen, verwundet oder krank, und es gebe keine andere Möglichkeit, als sich vom Feind zu lösen und zurückzugehen. Nachdem die Entscheidung gefallen war, bewerkstelligte Rommel den Rückzug wie gewohnt rasch und geschickt. Die Briten machten einige schlecht koordinierte Versuche, die Deutschen zu verfolgen, aber am Heiligen Abend räumte Rommel Bengasi, und nachdem das Afrikakorps nach einem mißlungenen Versuch der Briten, es einzukreisen, bei Agedabia einen Gegenangriff geführt hatte, lag es nun am Ende des Jahres in einer besser zu verteidigenden Stellung. In dem Gefecht bei Agedabia hatte Rommel 60 britische Panzer zerstört und selbst nur 14 verloren. Seine Versorgungslage hatte sich wesentlich entspannt, da die Nachschubwege jetzt kürzer geworden waren. So hatte er seinen Bestand an Panzern wieder auffüllen können (kurz vor der Räumung von Bengasi war dort ein Geleitzug angekommen, und außerdem konnten die Deutschen ihre Panzer sehr viel schneller zum Einsatz bringen als die Briten, deren Panzer nach Eintreffen in Afrika zunächst technisch überholt werden mußten, um sie in der Wüste verwenden zu können). Zudem hatte Rommel den Eindruck, daß der Feind ebenso erschöpft war wie seine eigenen Soldaten.

Gleichwohl befanden sich die Besatzungen der noch nicht vom britischen XIII. Korps genommenen Grenzbefestigungen in einer prekären Lage, waren vom Gegner eingeschlossen, litten Hunger und durften kaum darauf hoffen, abgelöst zu werden. Mit Zustimmung ihrer Vorgesetzten ergab sich die Besatzung von Bardia am 2. Januar 1942 den Briten, und die Verteidiger des Halfayapasses, deren italienischer Kommandeur sich als hervorragender Truppenführer bewährt hatte, kapitulierte am 17. Januar. Rommel hatte auch die Cyrenaika mit ihren Flugplätzen aufgeben müssen. Sein Ic hatte ihn am 29. Dezember von den Umgruppierungen innerhalb der britischen 8. Armee unterrichtet, und nun überlegte er, was zu tun sei.[17]

Das Jahr 1941 hatte Erwin Rommel beachtliche Erfolge, aber auch schwere Rückschläge gebracht. Nicht anders als nach dem Ende des Unternehmens »Battleaxe« hatte sich die gesamtstrategische Lage während Rommels Rückzugs aus der Cyrenaika durch Ereignisse am anderen Ende der Welt vollkommen verändert. Am 7. Dezember hatte die japanische Trägerluftwaffe die Pazifische Flotte der Vereinigten Staaten in ihrer Basis Pearl Harbor angegriffen, und die Japaner waren auf den Philippinen gelandet. Am gleichen Tag hatten japanische Streitkräfte mit der Besetzung der britischen Kolonie Hongkong und des britischen Protektorats Malaya begonnen. Schon wenige Tage später hatte Deutschland den USA den Krieg erklärt und befand sich nun mit seinen Verbündeten Italien und Japan im Krieg gegen die Vereinigten Staaten, das Britische Empire und die Sowjetunion. Auf die Dauer — wenn der Krieg überhaupt noch einige Zeit dauern würde — konnte Deutschland den Krieg nicht gewinnen.

Während des Unternehmens »Crusader« strahlte der Stern Rommels nicht mehr so hell. Rommel hatte den Ernst der Angelegenheit zu lange verkannt. In den ersten Tagen überließ er erstaunlich viele Entscheidungen seinen Untergebenen. Das muß nicht unter allen Umständen getadelt werden, man darf jedoch kritisieren, daß sein Eingreifen zumindest kaum begeisternd wirkte, und ein Befehlshaber, der bei jeder Gelegenheit persönlich eingriff, verführte dazu, daß man ständig auf ihn sah und auf ihn hörte. Diesmal aber hatte man nicht den Eindruck, daß er immer wußte, welchen Entscheidungen er den Vorzug geben sollte.

Das war um so eigenartiger, da Tobruk sein ganzes Denken beherrschte. Der Belagerungsring mußte unbedingt intakt bleiben, und es mußte verhindert werden, daß die 8. Armee die Verbindung zur Besatzung der Festung aufnahm, um diese schließlich zu entsetzen. Mit diesen Vorstellungen hatte Rommel durchaus recht. Das erklärte operative Ziel Cunninghams war es gewesen, die deutsch-italienischen Panzerkräfte zu vernichten, und Rommels Befehle und Initiativen richteten sich zumindest bei drei verschiedenen Gelegenheiten darauf, die britischen Panzerkräfte auszuschalten. Aber das strategische Ziel war Tobruk, und deshalb wurden die an diesen Kämpfen beteiligten Kräfte auf beiden Seiten von Tobruk angezogen wie von einem Magneten. Manchmal hatte man allerdings den Eindruck, Rommel habe diese Tatsache außer acht gelassen, besonders als er glaubte, die Schlacht um Tobruk sei praktisch schon gewonnen, und er könne mit einem »Stoß zum Draht« eine große bewegliche Kesselschlacht gegen die restlichen britischen Kräfte gewinnen. Das war ein Irrtum, und Rommel hätte es erkennen müssen, denn sein Feindnachrichtendienst kannte die Lage sehr genau, und diese Erkenntnisse rechtfertigten den Versuch Rommels in keiner Weise. Der erste Satz, mit dem jeder Befehl der Kommandeure seiner Panzerdivisionen begann — daß der Feind schon geschlagen sei —, entsprach ganz einfach nicht den Tatsachen.

Es hat daher den Anschein, daß Rommel, der gewöhnlich sehr genau wußte, wo die Prioritäten lagen, in diesem Fall sein Ziel aus dem Auge verloren hatte. Vielleicht mußte er — aus psychologischen Gründen — angesichts seiner Enttäuschung über den bisherigen Verlauf der Schlacht und des Mißlingens seiner Offensive gegen Tobruk glauben, daß seine Lage günstiger war, als sie sich darstellte, und daß sich schließlich doch eine Gelegenheit ergeben habe, eine Schlacht zu schlagen, wie sie seinem Temperament entsprach — eine kühne, von ihm persönlich geführte Operation, die einen angeschlagenen Feind durch Geschwindigkeit und Einfallsreichtum überraschen konnte, wie ihm dies am Monte Matajur und beim Übergang über die Maas gelungen war. Sein Stab berichtete, daß er am Abend des 23. November (nach dem »Totensonntag«) freudig erregt gewesen sei, als es im Grunde keinen Anlaß für eine solche Freude gegeben hatte. Bei diesem Unternehmen hatten die britischen und südafrikanischen Verbände zwar schwere Verluste erlitten, Sidi Rezegh hatte sich noch in deutscher Hand befunden, und der Ausbruch aus Tobruk hatte abgewehrt werden können. Aber im Grunde sahen die Tatsachen nicht gerade ermutigend für Rommel aus. Das britische XIII. Korps befand sich unter der Führung der Neuseeländer entlang des Trigh Capuzzo auf dem Vormarsch nach Tobruk. Die britischen Panzerkräfte hatten zwar Verluste gehabt, die jedoch jetzt durch Neuzugänge ausgeglichen worden waren. Tobruk wurde noch vom Feind gehalten, und die dort eingeschlossenen britischen Truppen waren durchaus in der Lage, zur Offensive überzugehen.

Rommel glaubte trotzdem, als Sieger in einer chaotischen Schlacht die Ordnung wiederherstellen zu können, wie er es schon so oft getan hatte, indem er alle beweglichen Kräfte sammelte und sie in einem triumphalen Marsch zum Siege führte. Doch das gelang ihm nicht. Man durfte auch kaum auf ein Gelingen hoffen, es sei denn, der Feind verlor die Nerven (was zugegebenermaßen auch fast geschah). Zudem hatte das deutsche Oberkommando für einige Tage keinerlei Möglichkeit, die Führung fest in die Hand zu nehmen. Während des Unternehmens »Crusader« gab es Augenblicke, in denen Rommel nur deshalb mit heiler Haut davonkam, weil sein Stab und besonders Westphal nüchtern und mutig in das Geschehen eingriffen oder weil Crüwell mit seinem klaren taktischen Verstand die Lage rettete.

Doch das ist noch nicht alles. Man kann sich kaum des Eindrucks erwehren, daß die Kommandostruktur Rommels ihre Schwächen hatte (oder zumindest die Art, wie er sie nutzte). Rommel war Rommel, und was die Lehrbücher auch mit Recht vorschreiben mögen, er hat sich nie daran hindern lassen, im geeigneten Augenblick selbst die taktische Führung zu übernehmen. Das war ein Aspekt seiner Genialität, seiner Wendigkeit, seines scharfen Blicks und Gefühls für Gefechtssituationen, seiner Fähigkeit, rasch und kühn zu handeln, und der Schärfe seines Verstandes. Aber die Kritik an Rommels Verhalten während des Unternehmens »Crusader« muß sich nicht auf seine ständige Bereitschaft konzentrieren, sich selbst über das für einen Befehlshaber gegebene Maß hinaus ins Gefecht zu stürzen, diese Kritik sollte sich auch gegen die Organisation selbst wenden. Niemand kann gleichzeitig mit mehr als einer begrenzten Zahl von unterstellten Truppenführern umgehen, und ihr Verantwortungsbereich sollte ebenso wie der des Befehlshabers klar umrissen sein. Während des Unternehmens »Crusader« ist Rommel diesem Grundsatz nicht gefolgt. Auch sind seine Anordnungen, seine Methoden und sein Urteil nicht die besten gewesen, und wenn er es schließlich gelernt hatte, einen tüchtigen und zuverlässigen Stab richtig einzusetzen, dann hat er es vor Beginn dieses Unternehmens mit Sicherheit noch nicht getan.

Rommel mußte sich vor allem um drei Probleme kümmern, für deren Lösung er jeweils auf einen verantwortungsbewußten, ihm unterstellten Truppenführer angewiesen war. Er besaß die Verteidigungsstellungen an der ägyptischen Grenze, und nachdem diese zum größten Teil vom Gegner überrannt worden waren, mußte er sich um die Kämpfe bei Bardia, Sollum, Capuzzo und Sidi Omar kümmern. Er mußte für die Geschlossenheit des Belagerungsringes um Tobruk sorgen und die britischen Kräfte abwehren, die vorrückten, um die Belagerer von Tobruk zu bedrohen und eine Verbindung mit der Besatzung der Festung herzustellen. Und er sah sich gleichzeitig vor die Aufgabe – und die Möglichkeit – gestellt, mit den beweglichen britischen Kräften in der offenen Wüste fertig zu werden. Für die Lösung jedes dieser Probleme bedurfte es eines eigenen verantwortlichen Truppenführers.

Die erste dieser Aufgabe – die Verteidigung der Grenze und deren Befestigungen – hätte er dem Kommandeur der italienischen Division Savona übertragen können, vielleicht nachdem er diese Division durch weitere Kräfte verstärkt hätte. Die zweite Aufgabe, die Einschließung von Tobruk und die Verhinderung der Verbindungsaufnahme zwischen den britischen Kräften innerhalb und außerhalb der Festung, hätte General Navarrini mit dem italienischen XXI. Korps übernehmen können. Schließlich waren es Navarrinis Divisionen, die den Belagerungsring bildeten. Rommel hatte bei anderen Gelegenheiten abfällig über die Italiener geurteilt, und Anfang des Jahres war dieses Urteil durchaus berechtigt gewesen, aber während des Unternehmens »Crusader« berichtete der Feind mehrfach, daß die italienische Infanterie ausnehmend hart gekämpft hatte, gelegentlich noch härter als ihre deutschen Kameraden.[18] Entscheidend für das Gelingen der zweiten Aufgabe – die Einschließung von Tobruk – war die Verantwortung für den Raum von Sidi Rezegh. Nur 32 Kilometer vom äußeren Verteidigungsring Tobruks entfernt, war Sidi Rezegh ein Angelpunkt für jeden Versuch der Briten, der Besatzung zu Hilfe zu kommen und ihren Ausbruch zu ermöglichen, und obwohl es schwer ist, die Dinge jetzt gerecht zu beurteilen, hat man doch den Eindruck, daß die Deutschen seine Bedeutung zu lange übersehen haben. Es war Navarrinis Schlüsselstellung im äußeren Belagerungsring oder hätte es sein sollen, wenn Navarrini (oder ein anderer) für die Belagerung Tobruks verantwortlich gewesen wäre.

Drittens mußte dafür gesorgt werden, daß jeder britische Versuch, eine Lücke in den Belagerungsring zu schlagen, mit allen beweglichen Kräften der Panzergruppe Afrika verhindert wurde, und hier brauchte Rommel einen dafür verantwortlichen Kommandeur, und der Mann, der sich am besten dafür eignete, war der Kommandierende General des Afrikakorps, Crüwell. Es gab zwei bewegliche Korps, das XX. unter Gambara und das Afrikakorps unter Crüwell, und wie Rommel das Korps Gambaras auch hätte einsetzen können (was er augenscheinlich kaum getan hat), war es doch klar, daß der schlagkräftigste bewegliche Verband in der Wüste das Afrikakorps war.

So hat Rommel es auch eingesetzt, aber nicht geschlossen. Er hat den einzelnen Divisionen Crüwells abwechselnd selbst seine Befehle gegeben und wich dabei in einzelnen Fällen von den Anordnungen Crüwells ab, wozu er durchaus berechtigt war (diese Abweichungen waren oft gerechtfertigt, aber nicht immer). Doch offenbar war sich Crüwell von Stunde zu Stunde nicht sicher, ob er aus eigener Verantwortung handelte oder in erster Linie den Vorstellungen eines anderen folgte. So entstand innerhalb der Panzergruppe Afrika eine gewisse Unsicherheit und der Eindruck, daß es der Führung an einer klaren Richtung fehlte, und darin unterscheiden sich die Kampfhandlungen während des Unternehmens »Crusader« von den meisten anderen Schlachten, an denen Rommel beteiligt war.

Ob das System der Befehlsgebung nun hätte verbessert werden können oder nicht, die einzelnen Kommandeure haben oft in bewundernswerter Weise auf die Anordnungen ihres Befehlshabers reagiert. Der Angriff Ravensteins am 22. November gegen Sidi Rezegh und der Flankenangriff, den Neumann-Sylkow am gleichen Abend gegen die sich zurückziehenden Briten führte, waren glänzende Leistungen, aber auch hier mangelte es an der Zusammenarbeit der daran beteiligten Verbände. Es waren keine besonders großartigen Leistungen Rommels oder Crüwells, obwohl sich die deutschen Truppenbefehlshaber auf allen Ebenen ihrer Aufgabe gewachsen zeigten.

Aber natürlich reagierte die Panzergruppe Afrika positiv auf Rommels Dynamik. Die Taktik, die er im Afrikakorps gelehrt und gepflegt hatte, war immer noch hervorragend. Es waren diese Taktik und die Reichweite und Feuerkraft der deutschen Panzerabwehrgeschütze und weniger die überlegene operative Klugheit, die seinen Truppen ihre, wenn auch nur kurzzeitigen, Erfolge im Verlauf von »Crusader« ermöglichten. Wenn Rommel irgendwo auftauchte und persönlich die Führung in die Hand nahm, dann war das etwas ganz anderes als das Eingreifen der meisten deutschen, italienischen oder britischen Generale. Um ihn hatte sich ein Mythos gebildet, den auch die Fehler, die er bei »Crusader« begangen haben mochte, nicht zerstören konnten. Als er mit seinen Truppen zum »Stoß zum Draht« antrat, wurde die ganze britische Führung von einem Schauder erfaßt, denn Rommels Name war »der Schrecken seiner Feinde«. Und als Rommel am 24. November zu seinem unüberlegten Abenteuer ausrückte, glaubte sein Gegner Cunningham, die Briten müßten Libyen räumen, das Unternehmen »Crusader« aufgeben und seien moralisch geschlagen. Doch Auchinleck verwarf den Vorschlag von Cunningham und ließ ihn sehr bald von General Ritchie ablösen. Wie Rommel selber hatte auch Cunningham zu früh geglaubt, Rommel habe die Schlacht gewonnen.

14.

»Rommel an der Spitze«

Anfang Januar 1942 studierte Rommel eine Einschätzung seines Feindnachrichtendienstes über den Zustand der britischen Armee, die ihm gegenüberlag, und ihre vermutlichen Absichten. Was ihre Stärke und Zusammensetzung betraf, war der Bericht sehr genau und zutreffend.

Die neu eingetroffene britische 1. Panzerdivision, die bisher noch nicht in der Wüste eingesetzt worden war, hatte die erfahrene 7. Panzerdivision abgelöst. Bei den einzelnen Einheiten und Truppenkommandeuren hatte es zahlreiche Veränderungen gegeben. Nach der deutschen strategischen Beurteilung der Feindlage beabsichtigten die Briten eine Offensive nach Tripolitanien, um sich mit den Franzosen (die sich vermutlich auf die Seite der Gegner Deutschlands stellen würden, wenn die Voraussetzungen dafür günstig waren) zu vereinigen und, nachdem die nordafrikanische Küste freigekämpft worden wäre, diese als Basis für Landungsoperationen in Südeuropa zu nutzen.[1]

Rommels Feindnachrichten stammten seit kurzem aus einer neuen Quelle, die die Deutschen als »die gute Quelle« bezeichneten. Das war der Militärattaché der Vereinigten Staaten in Kairo, Major Fellers, der, ohne es zu wissen, einen großen Teil der Informationen über die Bereitstellung der britischen Truppen, die britischen Pläne und die britischen Lagebeurteilungen lieferte. Die Italiener hatten im Spätsommer 1941 den diplomatischen Code der Amerikaner, den »Black Code«, entschlüsselt, mit dem Fellers seine Funksprüche absetzte, und sie teilten ihre daraus gewonnenen Erkenntnisse auch Berlin mit, während die Deutschen ihn ebenfalls entschlüsselt hatten und daraus sehr bald zu Rommels Nutzen wichtige Erkenntnisse gewannen.[2]

Fellers, von dem die Deutschen sagten, er betreibe seine Nachforschungen »geradezu mit Besessenheit«, hatte hervorragende Beziehungen zur britischen Armee in Ägypten und zum britischen Oberkommando. Man unterrichtete ihn zunächst als Vertreter eines mit den Briten freundschaftlich verbundenen neutralen Landes und nach Dezember 1941 als den eines Verbündeten und versorgte ihn auf diskretem Wege mit umfassenden Informationen.

Fellers neigte dazu, die britischen Erfolgsaussichten pessimistisch zu beurteilen. Er unterrichtete das Pentagon ausführlich über die Stärke der britischen Truppen, die britischen Aufmarschpläne und darüber, wie die Briten die Lage beurteilten und was sie über die Stärke der Deutschen in Nordafrika und über deren Absichten wußten. Diese Informationen wurden sehr rasch und vollständig weitergegeben, so daß Rommel in den ersten Monaten des Jahres 1942 besonders genau über seinen Feind unterrichtet war. Allerdings dauerte das nicht sehr lange, denn Ende Juli versiegte »die gute Quelle«. Da aber hatte Rommel den Feind schon aus Libyen vertrieben.

Rommel rechnete nun damit, daß ihm das Glück für kurze Zeit wieder gewogen sei. Er hatte nicht nur neue Panzer über Bengasi bekommen, sondern darüber hinaus waren am 5. Januar in Tripolis 54 Panzer und 20 Panzerspähwagen ausgeladen worden. Laut Auskunft seines Feindnachrichtendienstes verfügte er damit bis Ende des Monats voraussichtlich über mehr gepanzerte Fahrzeuge als die an der Grenze der Cyrenaika liegenden Briten, deren 1. Panzerdivision nach Schätzung der Abteilung Ic nur etwa 150 Panzer hatte und überdies keinerlei Erfahrungen im Wüstenkrieg besaß. Rommel dagegen hatte jetzt insgesamt 117 deutsche und 79 italienische Panzer. Die deutschen Panzer wurden sofort nach ihrem Eintreffen in der Wüste in Dienst gestellt, und ihre Besatzungen machten sich sehr bald mit der Technik der neuen Fahrzeuge vertraut. So konnte Rommel, allerdings nur für sehr kurze Zeit, damit rechnen, seinem Gegner in der Kampfkraft und auch zahlenmäßig überlegen zu sein. Was die Haltung seiner Soldaten betraf, so wußte er, daß sich das Afrikakorps trotz der Verluste und Strapazen ungeschlagen fühlte.

Der deutsche Nachrichtendienst vermutete, daß sich die Briten so bald wie möglich für eine Offensive bereitstellen würden und die Überlegenheit Rommels nur kurze Zeit gewährleistet sei. In der Tat hatten die Briten die Absicht, demnächst nach Tripolitanien vorzustoßen, nachdem sie im Verlauf des Unternehmens »Crusader« und danach weit vorwärts gelegene Feldflugplätze bei Gazala, Mechili und Msus erobert hatten. Die Briten hielten es für unwahrscheinlich, daß Rommel in nächster Zeit angreifen könne: Er sei im Verlauf des Unternehmens »Crusader« geschlagen worden, habe die Cyrenaika räumen müssen und sich mit der Panzergruppe Afrika nach Marsa el Brega zurückgezogen. Deshalb brauche er jetzt Zeit.

Diese Vermutung war falsch. Denn Rommel hatte seinen Kampfgeist wiedergefunden. Zweifellos hatte es ihn geschmerzt, auf die Früchte seiner sensationellen Siege im vergangenen März und April und auf die Chance verzichten zu müssen, Tobruk einzunehmen und den Krieg nach Ägypten hineinzutragen, ihn also so zu führen, wie das nach seinen Vorstellungen mit einer vorgeschobenen Versorgungsbasis und einem unmittelbar dahinterliegenden Hafen möglich gewesen wäre. Als er daher jetzt von seinem Feindnachrichtendienst erfuhr, daß er für kurze Zeit den Briten zahlenmäßig überlegen sein würde, jubelte er. Sein Dolmetscher berichtet, er sei am 17. Januar »schlechter Laune« gewesen, aber unmittelbar darauf habe die Sonne wieder geschienen.[3] Zwar blieben einige Bedenken wegen der Versorgungslage, die Rommel jedoch beiseite schob. Er war entschlossen anzugreifen.

Die Voraussetzung eines Erfolges war absolute Geheimhaltung. Rommel verbot, das OKH von seinen Absichten zu unterrichten. Er untersagte es auch, sie seinem unmittelbaren italienischen Vorgesetzten, General Bastico, zu melden. Seinem Tagebuch vertraute er an, die Deutschen wüßten aus Erfahrung, daß das italienische Oberkommando nichts für sich behalten könne und alles, was über Funk nach Rom gemeldet wurde, den Briten zu Ohren käme. Er verbot auch jede Aufklärungstätigkeit. Die Bereitstellung zum Angriff durfte nur in Nachtmärschen erfolgen. Rommel beschloß, den Kommandierenden General des Afrikakorps erst fünf Tage vor dem festgesetzten Angriffsbeginn von seinem Plan zu unterrichten. Die Divisionskommandeure sollten sogar erst zwei Tage vorher davon in Kenntnis gesetzt werden, und alle Befehle mußten mündlich gegeben werden. Kaum etwas wurde schriftlich festgehalten, und das einzige Exemplar des Angriffsbefehls, der aus 21 Punkten mit durchschnittlich 7 Zeilen bestand, unterzeichnete Rommel persönlich.[4]

Rommel glaubte, die beste Voraussetzung, den Feind schon an der Westgrenze der Cyrenaika zu schlagen und zum Rückzug zu zwingen, liege in der völligen Überraschung. Anschließend sollten Geschwindigkeit und Stoßkraft, das alte Rezept Rommels, auch hier den Sieg bringen. Das erste Angriffsziel war Bengasi. Rommels geheimes strategisches Ziel war es, die Briten wieder aus der Cyrenaika zu vertreiben; aber zunächst beschränkte er sich auf einen Störangriff, um den Briten die Initiative wieder zu nehmen, die sie bei dem Unternehmen »Crusader« an sich gerissen hatten.

Rommel wußte, daß die britische Panzerbrigade, auf die er stoßen würde, noch keine Erfahrungen im Wüstenkrieg hatte. Von dem schlechten Zustand ihrer Panzer erfuhr er durch einen nichtoffenen Funkspruch. Er frohlockte, als er den Kommandeur der 1. Panzerdivision, General Messervy, von der Ablösung der Support Group der 7. Panzerdivision sprechen hörte, die jetzt wieder an die ägyptische Grenze zurückgenommen worden war. Messervy bezeichnete den Rückmarsch in seinem Gespräch mit dem XIII. Korps als »einen Ausflug, der nach meiner Meinung nichts dazu beitragen wird, den Krieg zu gewinnen«[5]. Diese Bedenken waren nach Rommels Ansicht durchaus begründet. Er war dem Feind an der Grenze zwischen der Cyrenaika und Tripolitanien für eine kurze Zeit überlegen, und das wollte er ausnutzen. Ihm gegenüber lagen eine eben erst aufgestellte Panzerbrigade, die im Januar über ein größeres Gebiet verteilt worden war, um die bisher versäumte Ausbildung nachzuholen, und zwei schwache Brigaden unmittelbar an der Front mit insgesamt nur vier Bataillonen sowie die 4. Indische Division an der Küstenstraße. Diese Division war »zeitweilig geschwächt«, denn Rommels Feindnachrichtendienst hatte gemeldet, daß eine ihrer Brigaden nach Barce, östlich von Bengasi, zurückgezogen worden war, um an einem intensiven Ausbildungsprogramm teilzunehmen. Das Schauspiel konnte beginnen.

Rommel wollte mit zwei Kolonnen vorgehen, und zwar links mit der »Gruppe Marcks«, bestehend aus der 90. leichten Division unter General Veith und einigen Panzern der 21. Panzerdivision, auf der Via Balbia, der Küstenstraße, während das Afrikakorps rechts entlang des Wadi El Faregh in nordöstlicher Richtung vorrücken sollte. Rommel selbst wollte das Unternehmen an der Spitze der Gruppe Marcks begleiten. Die Offensive sollte am 21. Januar um 18.30 Uhr bei Einbruch der Dämmerung beginnen. Am Nachmittag dieses Tages schrieb er Lucie von seinem tiefen Glauben an Gottes schützende Hand, der ihm den Sieg verleihen werde. Am Tag zuvor war er mit den Schwertern zum Ritterkreuz ausgezeichnet worden, und drei Tage später erhielt er die Beförderung zum Generaloberst.

Rommels Gegenangriff brachte weit größere Erfolge als erwartet, und seine Stimmung war, wie sein Stab berichtete, ausgezeichnet. Er führte die Gruppe Marcks nach Agedabia und drang am folgenden Morgen, dem 22. Januar, um 11 Uhr in die Stadt ein, während das Afrikakorps am rechten Flügel die Support Group der 1. britischen Panzerdivision an der Flanke in der Wüste durchstieß und anschließend von Südosten auf Agedabia eindrehte. Rommels Absicht war es gewesen, den linken Flügel in nördlicher Richtung auf Bengasi vorgehen zu lassen. Jetzt dirigierte er ihn nach Osten, um zu versuchen, die Briten im Djebel östlich von Agedabia einzukreisen, während das Afrikakorps das Ausweichen der Briten in der allgemeinen Linie Agedabia-Antelat-Saunu blockierte.

Die Einschließung gelang nur zum Teil, aber Rommel hatte das Gefühl, daß sich bei seinem Gegner bereits die ersten Auflösungserscheinungen zeigten, und rechnete damit, die Schlacht zu gewinnen. Am Abend des 24. Januar machte er seine Pläne für den nächsten Tag. Er wollte das Afrikakorps wieder in nordöstlicher Richtung nach Msus führen. Aus Kraftstoffmangel hatte Rommel den Versuch, einen tiefen Stoß quer durch die Cyrenaikahalbinsel zu unternehmen, aufgeben müssen. Aber was er gesehen hatte, überzeugte ihn ebenso wie sein Fingerspitzengefühl: Mit einem kurzen, energischen Vorstoß gegen Msus könnte er die Briten erkennen lassen, daß sie eine entscheidende Schlacht verloren hatten.

Er hatte sich nicht geirrt. Als die beiden deutschen Divisionen Rommels gegen Msus vorgingen, überholten sie einen großen Teil der britischen 1. Panzerdivision, bestehend aus Panzern und ungepanzerten Gefechtsfahrzeugen, und brachten den Briten schwere Verluste bei. Zu seiner Befriedigung konnte Rommel selbst beobachten, wie britische Fahrzeuge in alle Himmelsrichtungen durch die Wüste davonrasten, um sich in Sicherheit zu bringen. Es war ein taktischer Sieg und kein sehr durchdachtes Manöver; ein hektischer Wettlauf durch den Djebel, bei dem Freund und Feind oft durcheinandergerieten, ohne zu wissen, wer der Jäger und wer der Gejagte war. Ein Offizier der Führungsgruppe Rommels wußte nicht recht, was er tun sollte, als er rings um sich lauter britische Fahrzeuge sah. Rommel selbst hatte keine Zweifel. »Dort ist der Gegner!« rief er. »Nehmt ihn gefangen!« Das Wettrennen ging weiter, und die Zahl der Gefangenen nahm zu.[6] Rommel hatte die Lage richtig beurteilt, seinen Plan umgestellt, die taktische Überlegenheit des Afrikakorps ausgenutzt, und nun lag die Cyrenaika offen vor ihm. Am 25. Januar um 11 Uhr morgens erstürmte er Msus und erbeutete 96 britische Panzer. Cavallero war von Rom zu einem Besuch nach Nordafrika gekommen und verbot ihm, weiter vorzugehen, aber Rommel wußte, daß er mindestens noch Bengasi nehmen konnte, und er war entschlossen, die Chance zu nutzen, sich seinen Entschluß in Deutschland bestätigen zu lassen und so lange zu warten, bis der Erfolg sein Verhalten rechtfertigte.

Cavallero war ebenso wie Bastico über Rommels Verhalten erbost, seit dieser, ohne Bastico über seine Absichten zu unterrichten, seinen Angriffsbefehl am Tage des Angriffsbeginns in jedem deutschen Versorgungsdepot in Tripolitanien hatte aushängen lassen, um Bastico zu zeigen, was sich der ihm nominell unterstellte deutsche Befehlshaber herausnahm. Später schrieb Rommel: »General Cavallero beschwor mich, dies nicht zu tun. Ich eröffnete ihm aber, daß nur der Führer in der Lage wäre, mich von diesem Entschluß abzuhalten.« Bisher hatte Rommel noch nie so deutlich gegen die Anweisungen der Italiener verstoßen. Nun hatte er Erfolg, und man verzieh ihm. Einen Anruf Mussolinis am 26. Januar nannte sein Dolmetscher »Scheibenhonig«.[7]

Rommel führte zunächst einen Scheinangriff gegen Mechili — der Mangel an Kraftstoff erlaubte ihm nicht, mehr zu tun — und ging dann von Osten her gegen Bengasi vor. Das Täuschungsmanöver löste besorgte Funksprüche der britischen 8. Armee aus, die sich beim XIII. Korps nach den Kolonnen Rommels erkundigte, die in Richtung auf Mechili vorgingen. Dieses Täuschungsmanöver und die Gefechte bei Agedabia und Msus genügten, die Briten zur Räumung der Cyrenaika zu veranlassen. Am 6. Februar hatten sie sich wieder auf die Gazala-Stellung zurückgezogen.

Das hatte weniger katastrophale Folgen für sie, als die Briten zunächst befürchteten. Auchinleck hatte am 19. Januar in einem Brief an Ritchie von der Möglichkeit gesprochen, daß sich die Briten bis zur ägyptischen Grenze zurückziehen könnten, wenn die Lage für sie gefährlich würde. Jetzt war sie sogar sehr gefährlich geworden. Rommel hatte das ganze Gebiet zurückerobert, das er im vergangenen März besessen hatte, und das war ihm innerhalb von nur acht Tagen gelungen — und zwar trotz der deutlichen Luftüberlegenheit des Feindes. Er hatte wie im März die feindlichen Kräfte, die sich ihm entgegenstellten, zum großen Teil vernichtet und damit zunächst die Wiederaufnahme jeder britischen Offensive zumindest für eine gewisse Zeit vereitelt. Er selbst hatte die Initiative wiedergewonnen, obwohl es ihm schwerfallen sollte, sie auch weiter in der Hand zu behalten. Noch trennten ihn viele Kilometer von Tobruk. Aber er hatte einen großen Teil des verlorengegangenen Raumes zurückgewonnen. Am 16. Februar flog er zunächst nach Rom und dann nach Deutschland, wo Hitler ihm im Führerhauptquartier persönlich die Schwerter zum Ritterkreuz überreichte. Anschließend nahm er einen längst fälligen Urlaub und kehrte erst am 19. März nach Afrika zurück.

Ein paar Tage lang war Rommel wieder in seinem Element gewesen. Fritz Bayerlein, der immer noch Chef des Generalstabes des Afrikakorps war, schrieb: »Die Güte und der Wert des Wüstensoldaten sind zu ermessen an der körperlichen Leistungsfähigkeit, der Intelligenz, seiner Beweglichkeit, den guten Nerven, der Einsatzfreudigkeit, Kühnheit und Unempfindlichkeit. Der Truppenführer muß diese Eigenschaften in verstärktem Maße besitzen und sich dazu durch Härte, Hingabe für seine Truppe, instinktmäßige Gelände- und Feindbeurteilung, Reaktionsgeschwindigkeit und Temperament auszeichnen. Alle diese Eigenschaften verkörperte in seltener Weise General Rommel.«[8] Für einen Mann, der Rommel aus nächster Nähe kannte und selbst ein hervorragender Truppenführer und Generalstabsoffizier war, ist dies eine beachtliche Lobeshymne.

Gelegentlich hat es Rommel an der notwendigen Ruhe und Gelassenheit fehlen lassen, die Truppe hat das aber kaum wahrgenommen. Manchmal ging sein aggressiver Optimismus über das hinaus, was bei ruhiger Beurteilung der Lage angemessen gewesen wäre. Häufiger kam es jedoch vor, daß Rommel der Versuchung nicht widerstehen konnte, selbst die Führung an vorderster Front zu übernehmen, auch wenn das nicht seine Aufgabe als Armeeoberbefehlshaber war und oft zu Fehlern, Irrtümern und technischem Versagen führte. Aber man darf, was Rommel betrifft, nicht zimperlich sein. Er war nun einmal Rommel, und der Mut und die Energie, die ihn mitunter dazu führten, unerreichbare Ziele anzustreben und dabei in unnötige Schwierigkeiten zu geraten, waren dieselben Eigenschaften, denen er seine Siege verdankte. Nach der Rückeroberung der Cyrenaika wurde er mit Glückwünschen überhäuft. »Als Sie unser Kommandeur waren«, schrieb ein ehemaliger Goslarer Jäger, der Forstmeister Schlüter, der eine Zeitlang in diesem Beruf in Äquatorialafrika gearbeitet hatte, »sagten Sie: ›Kommen Sie mit Ihren Wünschen jederzeit zu mir.‹« Und jetzt hatte der Leutnant der Reserve Schlüter nur einen Wunsch: Er wollte zur Panzerarmee Afrika versetzt werden, um unter Rommel dienen zu können.[9]

Rommel wußte sehr wohl, daß die Briten immer stärker wurden und ihre Überlegenheit gegenüber den Deutschen im gesamten Mittelmeerraum immer spürbarer werden mußte, es sei denn, die Versorgungslage zur See veränderte sich radikal zugunsten Rommels. Es gab eine drastische Möglichkeit, diese Veränderung herbeizuführen: Malta mußte als Basis für den Einsatz britischer See- und Luftstreitkräfte gegen die Geleitzüge der Achse, die zwischen Italien und Nordafrika verkehrten, ausgeschaltet werden. Malta hatte eine hervorragende strategische Bedeutung, und das wurde allgemein anerkannt. Von den 60 000 t Versorgungsgütern, die die Panzerarmee monatlich brauchte, erhielt Rommel nur 18 000, und er glaubte, die Deutschen hätten es versäumt, die Italiener genügend unter Druck zu setzen und ihre Flotte im Mittelmeer wirkungsvoller einzusetzen.

Zudem hatte er persönlich den Verdacht, von den Italienern verraten zu werden, und glaubte, sie seien nicht ernsthaft daran interessiert, den Krieg in Nordafrika zu gewinnen. Zwar war es zweifellos richtig, daß viele italienische Offiziere das faschistische Regime und den Krieg (sowie ihre deutschen Verbündeten) ablehnten, aber Rommel wußte nicht, welchen Nutzen »Ultra« den britischen Seestreitkräften bei ihrem Einsatz im Mittelmeer brachte. Die Marinecodes der Deutschen und Italiener waren entschlüsselt – das System der Verschlüsselungsmaschine »Hagelin« war den Briten schon seit einiger Zeit bekannt, und die Briten wußten, daß ihre Angriffe auf die nach Afrika fahrenden Geleitzüge einen entscheidenden Beitrag zum Krieg gegen Rommel leisteten. Im britischen Hauptquartier im Nahen Osten hatte man eine besondere nachrichtendienstliche Abteilung eingerichtet, die sich intensiv mit der Versorgungslage Rommels beschäftigte, und die dabei gewonnenen Erkenntnisse wurden mit großem Erfolg beim Einsatz der britischen See- und Luftstreitkräfte genutzt. Weder Rommel noch Hitler ahnten, daß der deutsche Funkverkehr mit Hilfe von »Ultra« entschlüsselt wurde. Dieses System war der Joker in diesem Spiel.

Bei seinem Besuch im März besprach Rommel mit Hitler die Lage in Nordafrika und stellte fest, daß der »Führer« seinen Darstellungen zustimmte. Die geopolitischen Träume Hitlers entsprachen den strategischen Möglichkeiten, die es nach Rommels Ansicht für eine deutsche Armee in Nordafrika gab — und er glaubte bis an sein Lebensende daran, daß sich diese Ideen verwirklichen ließen, wenn der Versuch entsprechend unterstützt würde. Rommel war überzeugt, daß er nach einer kleinen Verstärkung der deutschen Panzerkräfte und der strategischen Entscheidung, Malta zu nehmen, Ägypten und den Suezkanal erobern könnte. Vom 11. Juni 1941 datiert der (nicht unterschriebene) Entwurf einer Hitler-Weisung, der Weisung Nr. 32, die unter anderem für die Zeit nach dem Zusammenbruch der Sowjetunion einen Durchbruch durch den Kaukasus in den Irak vorsah.[10]

Hitlers Pläne unterschieden sich also nur wenig von den Visionen Rommels. Es gab in der Tat einen »Großen Plan«, einen »Orientplan«, der vorsah, die Briten im Nahen Osten auszuschalten und ihre wichtigsten Ölquellen durch eine weite Umfassungsbewegung in Besitz zu nehmen, bei der die Panzerarmee Afrika den Südflügel bilden sollte. Die gleichen Visionen beunruhigten als Alpträume auch den britischen Generalstab — besonders als die deutsche Wehrmacht auf ihrem triumphalen Siegeszug bis zum Kaukasus vorstieß. Rommel redete sich ein, daß er, würde er nur stärker unterstützt, die Briten aus Ägypten vertreiben könne — was möglich gewesen wäre. Aber er glaubte auch an den »Großen Plan« und daran, daß nach dem Zusammenbruch der britischen Position im östlichen Mittelmeerraum (wie er ihn sah) eine Basis für einen späteren deutschen Vorstoß nach Persien und in den Irak geschaffen werden könne, von der aus man die russischen Ölfelder auch von Süden her hätte bedrohen können.[11]

Man muß, gelinde gesagt, daran zweifeln, daß sich eine solche strategische Offensive je hätte durchführen lassen. So verführerisch die Idee auch sein mochte, den Briten den Nahen Osten zu verschließen und ganz Südeuropa gegen amphibische Operationen abzusichern — ganz zu schweigen von den Auswirkungen auf die britischen Verkehrswege nach Asien —, waren doch zu viele Voraussetzungen notwendig, die alle hätten erfüllt werden müssen. Die Deutschen und Italiener hätten dazu nicht nur die absolute militärische Überlegenheit im Mittelmeerraum benötigt — und zwar nicht nur durch die Einnahme von Malta —, sondern sie hätten auch so starker Seestreitkräfte bedurft, daß sie jeden anglo-amerikanischen Versuch, ihnen diese Überlegenheit streitig zu machen, vereiteln konnten. Die weitere Entwicklung der Lage im Jahr 1942 erlaubte es kaum, an die Verwirklichung solcher Ideen zu glauben. Nicht zuletzt hätte es wahrscheinlich auch eines Kriegseintritts der Spanier bedurft. Man hätte nicht nur die Briten ausschalten und sich in den Besitz eines Hafens im östlichen Mittelmeer setzen müssen – ob dies nun Alexandria oder ein Hafen in Palästina war –, sondern es wäre auch notwendig gewesen, von diesem Hafen aus einen Nachschubweg über mehr als 1 600 Kilometer durch Wüsten und Gebirge zu sichern. Solche logistischen Voraussetzungen und die Anforderungen an die Seestreitkräfte aber hätten wahrscheinlich niemals erfüllt werden können. Zudem setzte das alles einen deutschen Sieg in Südrußland voraus, doch hier stand die Wehrmacht 1942 nach anfänglichen Erfolgen bereits vor ihrer schwersten Niederlage.

Immerhin erfolgte der Besuch Rommels bei Hitler im März 1942 zu einer für den General günstigen Zeit, und Hitler erkannte dessen, wenn auch begrenzten Erfolge an. Hitler war guter Stimmung, und bei einem Essen im kleinen Kreis, an dem auch Keitel, Jodl, Schmundt und Westphal, der seinen Oberbefehlshaber begleitet hatte, teilnahmen, saß Rommel neben ihm. Auch Himmler gehörte zu den Gästen und sprach über die Möglichkeit, eine Hindulegion als Teil der SS aufzustellen. Sie könnte aus Indern gebildet werden, die sich gegen ihre britischen Kolonialherren auflehnten. Man sprach auch über Churchill, den Hitler als einen Trunkenbold bezeichnete. Das ganze Gespräch kam Rommel deprimierend unrealistisch vor. Der Heeresadjutant Hitlers, Engel, meinte, man solle sich nichts dabei denken, denn es sei bei jeder Mahlzeit das gleiche.[12]

Doch wie nicht anders zu erwarten, war die Haltung des Generalstabes des Heeres und Halders nicht gerade ermutigend, was wohl auch darauf zurückzuführen war, daß sie in erster Linie mit den enormen Anforderungen beschäftigt waren, die an die in Rußland kämpfenden Verbände gestellt wurden. Halder sagte: »Rommel, Sie kämpfen auf verlorenem Posten.«

Immerhin verließ Rommel Rastenburg mit der Zusage, daß für Juni ein Angriff mit Luftlandetruppen gegen Malta – das Unternehmen »Herkules« – vorgesehen sei, wenn nichts Unerwartetes dazwischenkam. Bis dahin sollte die Insel massiv bombardiert werden, um die Angriffe alliierter Luft- und Seestreitkräfte gegen die Geleitzüge auf dem Mittelmeer zu unterbinden.

So geschah es auch. Die Luftflotte 2 war von Rußland nach Sizilien verlegt worden, und die Folge war eine wesentliche Verbesserung der Luftlage, so daß Rommel für die bevorstehenden Kämpfe in Nordafrika mit einer gewissen Ausgewogenheit im Luftraum über dem Kampfgebiet und einer regelmäßigeren Versorgung der Afrikaarmee rechnen konnte. Während der folgenden drei Monate verbesserte sich die Versorgungslage Rommels in der Tat ganz wesentlich.

Nicht ganz unzufrieden mit dem, was er erreicht hatte, kehrte Rommel in die Wüste zurück, obwohl es ihn enttäuschte, daß der Generalstab des Heeres sich immer noch weigerte, seine (und in gewisser Weise auch Hitlers) Ansichten über die Bedeutung Afrikas zu teilen. Das OKH glaubte, an die Verwirklichung des »Großen Planes« erst dann gehen zu können, wenn die Wehrmacht in Rußland weitere große Erfolge erzielt hatte, was bisher noch nicht geschehen war. Wie immer stellte sich auch hier die Frage der Prioritäten und des Gleichgewichts zwischen dem strategisch Erwünschten und dem operativ und logistisch Erreichbaren. Am 29. März, bald nach seiner Rückkehr aus dem Urlaub, teilte Rommel seinen Offizieren seine Lagebeurteilung mit und sagte ihnen, womit seiner Ansicht nach in der nächsten Zeit zu rechnen sei. Die Briten hätten die Absicht, demnächst anzugreifen, aber statt dessen werde die Panzerarmee in etwa zwei Monaten eine Offensive beginnen. Das Ziel dieser Offensive sei die Einnahme von Tobruk, um zu verhindern, daß die Briten die Besatzung der Festung weiter verstärkten.

Ein paar Tage später wurde ein Offizier, der Rommel gut kannte und bisher in Rußland gekämpft hatte, zum Afrikakorps versetzt. Er berichtete, Rommel habe einen frischen und durchaus zuversichtlichen Eindruck auf ihn gemacht. Rommel meinte, er sei genau im richtigen Augenblick nach Afrika gekommen, denn er bereite eine neue Offensive vor, um den Briten zuvorzukommen.[13] Hitler empfing Ende April Mussolini, Cavallero und Kesselring auf dem Obersalzberg und erklärte sich offiziell damit einverstanden, daß Rommel im Mai die Offensive in der Cyrenaika beginne, selbst wenn Malta noch nicht angegriffen worden sei. Nach der Einnahme von Tobruk solle er jedoch zur Defensive übergehen.

Nun stand Rommel vor seiner bis dahin schwierigsten Aufgabe. Die Briten hatten in einer über 64 Kilometer von Gazala nach Süden bis Bir Hacheim durch die Wüste verlaufenden Linie starke Verteidigungsstellungen ausgebaut. Das räumliche Ausmaß der Befestigungsanlagen war der Panzerarmee bekannt, aber über gewisse Einzelheiten wußte man trotz der hilfreichen Informationen, die der deutsche Feindnachrichtendienst über »die gute Quelle« erhielt, nichts Genaueres. So glaubten die Deutschen zum Beispiel, daß der südlichere Teil der britischen Stellungen besser ausgebaut sei, als er es in Wirklichkeit war, und man unterschätzte die Stärke des am weitesten südlich gelegenen Stützpunktes Bir Hacheim.

Die Deutschen schätzten die Stärke der britischen Panzerkräfte nach Anzahl und Typen — in Rommels Augen immer ein entscheidender Faktor — im Vergleich mit den eigenen etwas zu optimistisch ein. Doch Rommel wußte, daß er einer gut ausgebauten und stark verminten feindlichen Verteidigungsstellung gegenüberstand. Sein Stab glaubte, der Feind habe hier 500 000 Minen eingebaut, und obwohl sich über die wirkliche Stärke der britischen Panzerkräfte keine ganz genauen Angaben machen ließen, wußte Rommel, daß ihm die Briten hier bei den bevorstehenden Kämpfen überlegen sein würden. Er wußte auch, daß die britische 8. Armee von höherer Stelle gedrängt wurde, möglichst bald anzugreifen und die Cyrenaika zurückzuerobern, und die Berichte häuften sich, nach denen ein solcher Angriff unmittelbar bevorstand. Einer dieser Berichte besagte zum Beispiel, daß die Briten mit Sicherheit im April, und zwar am Ostermontag, angreifen würden. Rommel hielt diese Meldung für falsch und fuhr mit Panzerbegleitung persönlich in die Wüste auf die weit vor ihm liegenden britischen Stellungen zu. Zunächst konnte er weder Anzeichen für britische Angriffsvorbereitungen erkennen, noch stieß er auf irgendwelche feindlichen Gefechtsvorposten. Doch plötzlich vernahm er in der Ferne Artilleriefeuer, und schon nach wenigen Sekunden schlugen rings um sein Fahrzeug die Granaten ein. Die Windschutzscheibe seines Fahrzeugs wurde zerschlagen, und ein Granatsplitter durchschlug seine Uniform und brachte ihm eine schwere Prellung bei.

Er wendete und legte innerhalb kürzester Zeit eine Strecke von 32 Kilometern zurück. Er hatte genug gesehen und war überzeugt, daß mit keinem stärkeren britischen Angriff zu rechnen sei. Dem Offizier, der ihn begleitete und der erst kürzlich von einem Urlaub in Deutschland zurückgekehrt war, sagte er: »Ich wollte Ihnen nur beweisen, daß der Engländer vorläufig nicht daran denkt, uns anzugreifen. Zwei vorgeschobene Batterien, das war alles. Alles war wieder einmal ein Bluff!«[14]

Rommel setzte seine persönlichen Erkundungsfahrten fort, und am 5. Mai erwähnte Goebbels in einem Tagebucheintrag einen englischen Bericht, nach dem Rommel fast in Gefangenschaft geraten war. Das sei leider richtig, schrieb Goebbels, und bedauerte, daß Rommel sein Leben und seine Sicherheit so leichtsinnig aufs Spiel setzte. Sicher konnte Rommel sein Temperament manchmal nicht zügeln, aber er hatte auch eine wichtige Aufgabe zu erfüllen.

Nur sehr wenige bedeutende Soldaten sind persönlich bescheiden gewesen. Turenne soll sich über Generale lustig gemacht haben, die nicht zugeben wollten, daß sie eine Niederlage ihren eigenen Fehlern zuzuschreiben hätten. In der stoischen Ruhe, die Marlborough an den Tag legte, wenn das Glück ihn verlassen zu haben schien, zeigt sich vielleicht eine gewisse persönliche Bescheidenheit. Von Eisenhower hatte man den Eindruck, daß er ein selbstloser und schlichter

Mann war. Die trockene Art, mit der Slim über seine eigenen Leistungen schreibt und sie in den Schatten stellt, ist Ausdruck seiner persönlichen Bescheidenheit, zeigt aber auch sein schriftstellerisches Können und ist ebenso selten wie beeindruckend. Aber im großen und ganzen haben es erfolgreiche Truppenführer stets genossen, im Rampenlicht zu stehen, und sich nicht gescheut, ihr eigenes Loblied zu singen. Selbst Wellington soll Lobhudeleien nicht abhold gewesen sein. Bei manchem hat die Eitelkeit sogar die Grenze des Absurden überschritten.

Bei Rommel war das mit Sicherheit nicht der Fall, aber auch er genoß es sichtlich, wenn seine Leistungen anerkannt wurden. Zwar war er nicht anmaßend, aber doch eitel. Schon sehr früh hatte Goebbels seine Freundschaft gesucht, und Rommel erwiderte dessen Sympathien, was nicht überrascht, denn Goebbels konnte, obwohl er von der Feindpropaganda als »Vater der Lügen« bezeichnet wurde, sehr charmant sein, war hochintelligent und ein brillanter Redner. Goebbels hatte zweifellos erkannt, daß Rommel alle Eigenschaften besaß, die ihn in den Augen der Öffentlichkeit zum Helden machten. Er war alles andere als jener typische, kühl distanzierte höhere Offizier der alten Schule, der dem Regime zwar diente, dem Nationalsozialismus aber innerlich reserviert gegenüberstand. Rommel war ein hochbegabter Soldat, der seinen »Führer« Adolf Hitler aufrichtig verehrte und den neuen Machthabern ergeben war, wenngleich er wenig Interesse für Politik oder politische Ideologien hatte. Er war daher der geeignete Mann, im neuen Deutschland als Held gefeiert zu werden. So hat auch Goebbels seine Leistungen anerkannt und dafür gesorgt, daß die Presse sie gebührend würdigte. Obwohl sein Einsatz im fernen Afrika nichts mit den unmittelbaren Problemen der Deutschen in der Heimat zu tun hatte und er nur relativ wenige deutsche Divisionen und Soldaten befehligte, wurde Rommel zu einem von Presse, Rundfunk und Film verwöhnten Soldaten.

So war es nicht verwunderlich, daß Rommel jetzt auch verstärkt Zuschriften von seinen Bewunderern bekam, was ihn amüsierte und seiner Eitelkeit schmeichelte. Rommel war fotogen und wußte, was es bedeutete, eine in der Öffentlichkeit bekannte Persönlichkeit und bei der eigenen Truppe beliebt zu sein. Wie die Soldaten in den meisten Armeen waren auch die deutschen skeptisch gegenüber persönlichen Eitelkeiten ihrer Vorgesetzten, aber die Angehörigen der Panzerarmee Afrika waren stolz darauf, von einem bald in der ganzen Welt berühmten Oberbefehlshaber geführt zu werden. Auch seiner Frau und seinem Sohn ging das nicht anders. Seine Frau schrieb ihm: »Es ist alles wie ein Traum, mein liebster Erwin; in all meinen Gebeten flehe ich den Allmächtigen an, Dir beizustehen und Dir zu helfen, Deine Pflicht für Führer, Volk und Vaterland zu erfüllen.«

Aber nicht nur bei den Achsenmächten war Rommel ein hochangesehener Mann. Sein Gegner Auchinleck hielt es für notwendig, in einem Schreiben an alle Befehlshaber und Stabschefs im Befehlsbereich Middle East von der »echten Gefahr« zu sprechen, »daß unser Freund Rommel für unsere Soldaten zu einer Art Zauberer oder Hexenmeister wird, von dem sie viel zuviel sprechen. Ich wünsche, daß Sie alles tun, um nicht die Vorstellung aufkommen zu lassen, Rommel sei mehr als ein ganz gewöhnlicher deutscher General.« Aber auch Auchinleck konnte die britischen Soldaten nicht davon überzeugen, daß Rommel nur ein »gewöhnlicher deutscher General« war. Unbeeinflußt von der deutschen Propaganda, aber beeindruckt von Rommels Erfolgen, seiner Wendigkeit, Energie und offensichtlich überlegenen Reaktionsfähigkeit und Flexibilität, hatte sich der Feind ein eigenes Bild seines Gegners gemacht. Es gab aber auch noch einen anderen Faktor, der zu Rommels Ansehen beitrug: Das war seine Ritterlichkeit, seine Menschlichkeit, die von den Briten als Fairneß angesehen wurde und später mit Recht zu einem Teil der Rommel-Legende geworden ist.

Vielleicht ist der Feindeshaß in Deutschland mit seiner alten kriegerischen Tradition seltener gewesen als bei seinen demokratischen Gegnern, die den Krieg selbst so entschieden ablehnten, daß der Feind schon aus diesem Grund dämonisiert werden mußte. Rommel kannte keinen Feindeshaß, sondern billigte seinem Gegner zu, daß er ebenso seine Pflicht tat wie er selbst. Das war auch der Eindruck, den er der anderen Seite vermittelte.

Als ihm sein Stab im Sommer 1942 einen erbeuteten Brigadebefehl über die Behandlung von Kriegsgefangenen vorlegte, der die Anordnung enthielt, Gefangenen bis zu ihrer ersten Vernehmung nichts zu essen oder zu trinken zu geben und sie nicht schlafen zu lassen, reagierte er sofort und berichtete dem OKW davon, das nun befahl, britische Kriegsgefangene genauso zu behandeln, und zwar mit Angabe der Gründe. Darauf erklärte der britische Rundfunk, die Briten hätten niemals einen solchen Befehl gegeben. Das OKW ließ sich eine Fotokopie des britischen Befehls schicken und veröffentlichte ihn, woraufhin der Befehl von britischer Seite ausdrücklich widerrufen wurde. Doch schon vorher hatte Rommel selbst gehandelt und seinen Stab angewiesen, über das deutsche Funknetz im Klartext Einzelheiten des erbeuteten Befehls mit seinem offiziellen Aktenzeichen und der deutschen Anweisung bekanntzugeben, was die britischen Gefangenen zu erwarten hätten, wenn dieser Befehl nicht widerrufen würde. Kurz darauf hörte er zu seiner Genugtuung beim Abhören des britischen Funkverkehrs ebenfalls im Klartext den Befehl zur Zurücknahme dieser Anordnung.[15] Rommel war zwar bereit, notfalls Vergeltungsmaßnahmen anzudrohen, bemühte sich aber darum, die Grausamkeiten des Krieges nach Möglichkeit zu verringern und den Gegner korrekt und menschlich zu behandeln. Hier erwies es sich, daß er mit Recht den Ruf eines fairen Gegners genoß. Wenn in England britische Soldaten in den Zeitungen Berichte darüber lasen, wie es ihren Kameraden in der Wüste ging, dann sagten sie: »Dieser Rommel scheint trotz allem ein anständiger Kerl zu sein«.[16] Rommel war ein harter Kämpfer und wollte natürlich gewinnen, aber er war ein fairer Gegner.

Doch er wußte genau, wie man sich gegenüber der Öffentlichkeit ins rechte Licht setzt, und genoß es. Er gab den in seinem Stab für Öffentlichkeitsarbeit Verantwortlichen jede Gelegenheit, etwas für die Popularität ihres Oberbefehlshabers zu tun. Wenn er fotografiert wurde, setzte er sich in Positur und gab bereitwillig Auskunft zu Fragen, die seine Bewunderer interessieren könnten. Der vom Propagandaministerium zu seinem Stab abgeordnete Leutnant Berndt leistete hier gute Arbeit. Berndt korrespondierte regelmäßig mit Goebbels, und gelegentlich nutzte Rommel die guten Beziehungen Berndts zu Goebbels und setzte ihn als seinen persönlichen Verbindungsoffizier ein. Berndt war ein überzeugter Nationalsozialist und sorgte dafür, daß die Leistungen der Panzerarmee Afrika und ihres Oberbefehlshabers sehr anschaulich geschildert wurden. Rommel gegenüber war er stets loyal.

Es gab aber auch Leute, bei denen das, was sich in ihren Augen als Theater um Rommel ausnahm, auf Kritik stieß und die sich über seine Eitelkeit und seine öffentliche Selbstdarstellung lustig machten. Diese Kritik hatte schon nach dem Frankreichfeldzug eingesetzt, als die zweifellos übertrieben starke Beachtung Rommels und seiner »Gespensterdivision« einige seiner Zeitgenossen irritiert hatte. Jetzt in Afrika wurde die schmeichelhafte Berichterstattung in ähnlicher Weise kritisiert. Man behauptete, Rommel sei ein nützliches Werkzeug für den Propagandaapparat von Goebbels und nicht viel mehr, und wies wiederholt darauf hin, daß er nur der Befehlshaber relativ schwacher Kräfte auf einem Nebenkriegsschauplatz sei, die wirkliche Bewährungsprobe an der russischen Front aber noch nicht bestanden habe. Man behauptete auch — besonders im Rückblick und nicht ohne eine gewisse Berechtigung —, daß Rommels Heldentaten von seinen britischen Feinden übertrieben dargestellt würden, weil zur Zeit seiner Siege in der Wüste die britische Armee nirgendwo anders kämpfte und ihre eigene Bedeutung dadurch hervorheben mußte, daß sie die ihres Gegners in Afrika besonders unterstrich.[17]

Gleichwohl war Rommels militärisches Ansehen wohlbegründet. Seine Leistungen sprachen für sich selbst. Die Männer, die unter ihm dienten — viele von ihnen hatten den Krieg in Rußland schon erlebt oder sollten ihn in der Zukunft kennenlernen —, haben fast alle die

Meinung vertreten, daß Rommel als Meister des Bewegungskrieges und hervorragender Truppenführer von kaum einem anderen übertroffen wurde. Sein Ansehen war keine Propagandaerfindung, und sein größter militärischer Erfolg stand noch bevor.

Rommel war jetzt in Hochstimmung. Er hatte die Erlaubnis seiner Vorgesetzten für einen großen Angriff erhalten und glaubte ebenso wie seine Soldaten an den Erfolg. Die Briefe an seine Frau klangen zärtlich und gelassen: »Nun wird ja Deine Frühjahrsputzerei endlich beendet sein«, schrieb er am 2. Mai, »und Du wirst wieder zum Aufatmen kommen.« Oft erkundigte er sich nach Manfreds Leistungen in der Schule, war wie die meisten Väter nicht immer damit zufrieden, freute sich an seinen Erfolgen und regte sich auf, wenn die Lehrer ihn kritisierten, zeigte aber immer Verständnis für seinen Sohn. Die Verbindung mit der Familie bedeutete ihm alles. Er schrieb von täglichen Trivialitäten, Besuchen, neuen Gesichtern, Neuankömmlingen im Stab und Abgängen. Er schrieb oft über das Wetter, das das Leben in der Wüste so sehr beherrschte (»Kaum ein Tag ohne Sandsturm«, schrieb er Lucie am 5. Mai). Er beruhigte Lucie über seine Gesundheit und übertrieb dabei. Er plauderte über entferntere Kriegsschauplätze: »Was hältst Du von den japanischen Erfolgen in Burma?« fragte er am 4. Mai. »Indien wird bald frei von England und Amerika [sic] sein.« Er bezog sich oft auf die russische Front, erwähnte befriedigt die Vorgänge auf der Halbinsel Kertsch auf der Krim im Schwarzen Meer (»Die Neuigkeiten aus Rußland sind wunderbar.«). Oft schrieb er einfach: »Hier nichts Neues.«[18]

Rommels Plan für die Operation, die im April zwischen Deutschen und Italienern auf höchster Ebene vereinbart wurde, war einfach. Er war kühn und erstaunlich optimistisch. Dieser Optimismus führte jedoch fast zur Katastrophe. Rommel hatte sich zu viel vorgenommen. Schließlich retteten ihn, wie schon so oft, seine Kühnheit und Schnelligkeit, sein taktisches Urteil und seine Energie in Krisensituationen vor der Katastrophe und führten ihn zum Sieg.

In der mehr als eine Stunde dauernden Besprechung am 15. April erläuterte Rommel seinen Kommandeuren seine Ideen. Er beabsichtigte, den Briten zunächst einen Frontalangriff mit starken Kräften gegen ihre Stellungen knapp südlich von Gazala vorzutäuschen, womit er vorgeben wollte, mit dem Hauptstoß die Minenfelder frontal zu durchbrechen und anschließend auf dem kürzesten Wege gegen Tobruk, das offensichtliche strategische Ziel eines jeden Angriffs, vorzugehen. Nachdem er so, wie er hoffte, die Aufmerksamkeit der Briten auf das Zentrum und den nördlichen Teil des Stellungssystems gelenkt hatte, wollte er mit der Masse seiner motorisierten Kräfte in weitem Bogen am Südende der britischen Stellungen Bir

Hacheim umgehen und dann nach Nordosten gegen Acroma und El Adem vorstoßen. Anschließend wollte er in einer Kehrtwendung die britischen Kräfte, die die Gazalastellungen hielten, von Osten angreifen, nachdem er die britischen Panzerkräfte in der offenen Wüste aufgerieben hatte, wo ihm seine überlegene Geschicklichkeit bei beweglichen Operationen, wie er glaubte, zum Siege verhelfen würde. Wenn er auf diese Weise die britische Feldarmee geschlagen und den britischen Verbänden, die versuchen sollten, sich in die Festung zurückzuziehen, den Weg dorthin oder daran vorbei nach Ägypten abgeschnitten hätte, wollte er Tobruk angreifen. »Die englische Feldarmee«, sagte Rommel, »muß vernichtet werden, und Tobruk muß fallen!« Am 12. Mai sprach er bei einer Ausbildungs- und Übungsbesprechung wieder mit den meisten höheren Offizieren, darunter allen Divisionskommandeuren und dem Fliegerführer Afrika, General v. Waldau. Die erste wichtige Aufgabe war es, die britischen Truppen westlich von Tobruk zu schlagen. Die zweite Hauptaufgabe, die Einnahme von Tobruk, hing von der Erfüllung der ersten ab. Rommel sagte, der Feind sei zwar nicht sehr beweglich, verfüge aber über eine gewaltige materielle Stärke.[19]

Für diese Operation teilte Rommel die Panzerarmee in zwei Angriffsgruppen auf. Für den ersten frontalen Scheinangriff gegen die britischen Stellungen im Norden unterstellte er Crüwell vor allem infanteristische Kräfte, nämlich zwei italienische Armeekorps, das X. unter General Gioda und das XX. unter Navarrini mit vier Infanteriedivisionen (Brescia, Pavia, Sabratha und Trento, befehligt von den Generalen Lombardi, Torriano, Soldarelli und Scotti) und zwei deutsche Schützenregimenter der 90. leichten Division, die die 15. Schützenbrigade bildeten. Der südliche Flügel wurde von Rommel selbst befehligt und sollte aus dem Afrikakorps unter General Nehring, der 15. Panzerdivision unter General v. Vaerst, der 21. Panzerdivision unter General v. Bismarck[20] und der 90. leichten Division ohne die beiden Crüwell zugeteilten Schützenregimenter bestehen. Dazu kamen zwei italienische Divisionen, und zwar die Panzerdivision Ariete unter General de Stefanis und die motorisierte Division Trieste unter General La Ferla.

Das Gelingen dieses Plans setzte voraus, daß die deutschen beweglichen Kräfte in offener Feldschlacht hinter den britischen Befestigungsanlagen siegten. Wie für seine Gegner war für Rommel das Kräfteverhältnis bei den Panzertruppen der entscheidende Faktor im Wüstenkrieg. Das war sicher auch hier der Fall, obwohl es natürlich auch auf die anderen Waffen ankam, besonders auf die Artillerie und in erster Linie auf die Panzerabwehrgeschütze. Wenn man deren Stärke berücksichtigte, kam man nicht immer zu den gleichen Schlüssen. Was jedoch die Zahl der Panzer betraf, so befand sich

Rommel hier im Nachteil. Das war auch schon früher so gewesen.[21] Er glaubte, die britische 8. Armee unter General Ritchie verfüge über etwa 700 Panzer, während ihm nur insgesamt 560 zur Verfügung standen. In Wirklichkeit waren es bei Ritchie fast 850 Panzer aller Typen, und damit war seine Überlegenheit größer, als Rommel annahm. Doch Rommel hatte eine Waffe, die nach Auffassung beider Seiten eine Panzerschlacht entscheiden konnte: seine 48 8,8cm-Flakkanonen, die zur Panzerabwehr eingesetzt wurden. Außerdem hatte Rommel eine große Zahl britischer Waffen und Fahrzeuge erbeutet und jetzt in Dienst gestellt. In den Kriegstagebüchern seiner Divisionen finden sich Hinweise auf Sicherheitszonen in der Wüste, wo diese Waffen getestet und die deutschen Soldaten daran ausgebildet wurden. Auch russische Geschütze der Kaliber 7,65 und 5cm, die an der Ostfront erbeutet worden waren, wurden in Nordafrika eingesetzt und erwiesen sich als durchaus brauchbar.

Bei den einzelnen Panzertypen auf beiden Seiten gab es erhebliche Qualitätsunterschiede. Die Briten hatten zwei Heerespanzerbrigaden, die für die Zusammenarbeit mit Infanteriedivisionen aufgestellt und mit Panzern der Typen Valentine und Matilda ausgerüstet waren. Außerdem verfügten sie in ihren beiden Panzerdivisionen, der 1. und der 7. mit insgesamt drei Panzerbrigaden, über 573 Panzer, darunter 167 amerikanische Grants, die hier zum ersten Mal in der Wüste eingesetzt wurden. Der Feindnachrichtendienst der Panzerarmee Afrika hatte vom Eintreffen der Grants erst zwei Tage vor Beginn der Offensive Rommels erfahren. Der Grant hatte vorn eine sehr starke Panzerung und war damals mit einer 7,5cm-Kanone ausgerüstet, dem stärksten zu dieser Zeit in der Wüste verwendeten Panzergeschütz. Doch die Kanone des Grant stand auf einer besonderen Plattform und war nicht im Drehturm eingebaut, ein Nachteil für die Geschützbedienungen, den der mit diesen Geschützen bekämpfte Feind jedoch kaum bemerkte.

Rommel verfügte außerdem über 228 italienische leichte Panzer, die mit weniger weit tragenden Geschützen ausgerüstet waren als die britischen. Das Afrikakorps war mit 242 Panzern III ausgestattet, von denen nur 19 die moderne 5cm-Langrohrkanone besaßen. Dazu kamen 40 alte Panzer IV und 50 leichte Panzer. Nur 80 Panzer standen ihm als Reserve zur Verfügung, und er wußte, daß die Briten über eine sehr viel größere Zahl von Reservepanzern verfügten, mit denen sie ihre Ausfälle ersetzen konnten. Er wußte auch, daß die Briten einen Schienenstrang von Marsa Matruh in Ägypten bis Belhamed, unmittelbar östlich von Tobruk, verlegt hatten. Es war also klar, daß er es mit überlegenen feindlichen Panzerkräften zu tun haben würde. Dennoch vertraute Rommel auf seine panzerbrechenden Waffen und auf die gute taktische Ausbildung seiner Panzerarmee und ihre Schlagkraft. In der Luft waren die Deutschen sowohl mit der Zahl der einsatzfähigen Flugzeuge als auch in der Qualität ihrer Messerschmidt 109 F überlegen.

Zunächst beabsichtigte Rommel, den rechten motorisierten Angriffsflügel persönlich gegen das Zentrum der britischen Front östlich eines Versammlungsraums bei Rotonda Segnali zu führen, und zwar *nach* dem von Crüwell geführten Scheinangriff im Norden. Erst nach Einbruch der Dunkelheit sollten die Panzerkräfte die Richtung wechseln und nach Süden marschieren. Die Entfernung war so groß, daß alle Fahrzeuge nach diesem Richtungswechsel irgendwo südöstlich von Bir Hacheim anhalten und aufgetankt werden mußten.

Nach dem Auftanken sollte dieser rechte Angriffsflügel aus einigen tausend Fahrzeugen nach Nordosten schwenken. Das Gros sollte in Richtung auf Acroma, 32 Kilometer westlich von Tobruk, vorgehen, während die 90. leichte Division im Bogen nach El Adem vorstoßen sollte, das etwa ebensoweit von Tobruk entfernt und 32 Kilometer südöstlich von Acroma lag. Die von Rommel geführten Kräfte sollten sich also nach der Umgehung von Bir Hacheim in zwei Kolonnen aufspalten. Bir Hacheim selbst sollte von der Division Ariete genommen werden, die an der inneren Flanke des Afrikakorps vorging. Rommel hatte die Stärke der Verteidiger von Bir Hacheim unterschätzt und damit gerechnet, daß man es in einer Stunde einnehmen könne. Es dauerte aber zwei Wochen.

Das taktische Ziel der am rechten Flügel eingesetzten Truppen war es, vor dem Angriff gegen die Gazalastellung von Osten her die britischen Panzerkräfte so weit zu schwächen, daß sie keinen Gegenangriff mehr führen konnten. Wo das geschehen konnte, hing von der Verteilung und den Reaktionen der britischen Truppen ab. Bei allen bisherigen Kampfhandlungen hatte Rommel den Eindruck gewonnen, daß die britische Führung taktisch nicht sehr geschickt operierte, daß sie vor allem nicht begriffen hatte, wie wichtig die Konzentration der Kräfte und die schnelle Reaktion auf neu entstandene Situationen waren. Die britische Taktik im Bewegungskrieg ließ offenbar zu wünschen übrig. Die Briten hatten sich noch nicht daran gewöhnt, ihre Panzer, Panzerabwehrgeschütze und Artillerie so einzusetzen, daß sie einander unterstützten. Rommel achtete durchaus den Kampfgeist des einzelnen britischen Soldaten und der kleineren Gefechtseinheiten und hat nur selten ihre Entschlossenheit oder ihren Mut unterschätzt, besonders im Kampf um befestigte Stellungen; aber er war überzeugt, daß er dem britischen Gegner in der offenen Feldschlacht stets überlegen sein würde.

In seiner im Operationsbefehl der Panzerarmee enthaltenen Feindbeurteilung sprach er die Vermutung aus, daß die britischen Panzerkräfte mit einer elastischen Defensivtaktik versuchen würden, sich irgendwo nordöstlich von Bir Hacheim geschlossen zum Gegenangriff bereitzustellen. Dabei dachte er an die Möglichkeit eines britischen Ausweichens nach Osten bis in den Raum von Bir el Gubi, um von dort aus einen konzentrierten Angriff gegen die deutsche rechte Flanke zu führen, hielt ein solches Verhalten der Briten dann aber doch für unwahrscheinlich, weil es größere Flexibilität erforderte, als die Briten sie bisher gezeigt hatten. Er schrieb, er hielte es für wahrscheinlicher, daß sie die Entscheidung »hinter der Linie Bir Hacheim — Bir el Harmat« suchen würden.[22]

Die Erwartungen Rommels erfüllten sich zum großen Teil, aber er hatte sich in dem Punkt geirrt, die feindliche Führung habe den Wert der Konzentration der Kräfte nicht erkannt. Die britischen Pläne für den Fall eines deutschen Angriffs, der, wie die britische Führung wußte, unmittelbar bevorstand (und ihrem eigenen für Juni vorgesehenen Angriff zuvorkommen sollte), wurden von Überlegungen hinsichtlich der Frage bestimmt, wo die drei Panzerbrigaden der beiden Panzerdivisionen in der Wüste zusammengezogen werden sollten, damit sie einen konzentrierten Angriff gegen den deutschen Schwerpunkt führen könnten, sobald deutlich zu erkennen war, wo dieser Schwerpunkt lag.

Die Schwäche der Briten bestand nicht darin, daß sie die Grundsätze der Militärtheorie mißachteten, sondern in dem Mangel an Handlungsfreiheit des britischen Oberkommandos, der zu Verzögerungen bei der Ausführung von Befehlen führte. Wie Rommel richtig erkannt hatte, kam noch das Fehlen der taktischen Koordination auf unterer Ebene hinzu.

Doch Rommel kam noch ein merkwürdiger Umstand zu Hilfe. Sein eigener Stab zweifelte daran, daß der Feind sich durch einen Scheinangriff gegen die britischen Stellungen im Norden und in der Mitte würde täuschen lassen, wie er zu Beginn für die von Crüwell geführten Kräfte vorgesehen war — wobei dieses Täuschungsmanöver später durch den Vorstoß Rommels nach Osten vor seinem Umschwenken nach Süden ergänzt werden sollte. In verschiedenen Lagebesprechungen hatte Rommel ausdrücklich auf die Bedeutung dieses Täuschungsmanövers hingewiesen, aber sein Stab oder einige seiner Angehörigen glaubten, daß ein Frontalangriff durch die britischen Minenfelder dem Gegner so langwierig, kräftezehrend und verlustreich erscheinen mußte, daß er nicht glauben werde, ein Befehlshaber wie Rommel — und besonders ein solcher Meister des Bewegungskrieges — könne sich für diesen Angriff entscheiden. Die Generalstabsoffiziere nahmen daher an, die Briten würden damit rechnen, daß Rommel Tobruk im großen Bogen südlich umgehe, wie er das ja auch beabsichtigte. So werde es vermutlich nicht gelingen, die Briten zu täuschen.[23]

Doch hier hatten sich die Generalstäbler zum Teil geirrt. Am 20. Mai hatte Auchinleck an Ritchie geschrieben und im Blick auf das Zentrum der britischen Verteidigungsstellung auf die Möglichkeit hingewiesen, daß Rommel einen Vorstoß durch die Minenfelder unternehmen und anschließend entlang des Trigh Capuzzo weiter vorgehen könnte. Ein solches Verhalten Rommels hätte Ritchie reichlich Zeit gelassen, seine Panzer an einem zentralen Punkt zusammenzuziehen, denn ein Durchbrechen der Minenfelder in diesem Abschnitt erforderte einen Angriff gegen die britische 50. Division, und beim weiteren Vorstoß würde Rommel auf eine von der 201. Gardebrigade bei »Knightsbridge« – dort, wo sich der Trigh Capuzzo und der Trigh Bir Hacheim kreuzen – gehaltene Box stoßen (von diesem »Minenkasten« wußte Rommel im übrigen nichts). Rommel hätte dabei einen stark verminten Abschnitt angegriffen, der weit in die Tiefe gegliedert war. Obwohl unterhalb des Ranges von Auchinleck niemand in das »Ultra«-Geheimnis eingeweiht werden durfte, glaubte man allgemein, daß der Oberbefehlshaber Zugang zu besonderen Nachrichtenquellen hatte, und entsprechend wurden auch seine Anweisungen respektiert. Daher rechnete auch Ritchie mit der von Auchinleck erwähnten Möglichkeit und verlegte den Schwerpunkt seiner Kräfte weiter nach Norden, als es seinem eigenen Gefühl nach richtig gewesen wäre.[24]

Obwohl Ritchie über »Ultra« erfahren hatte, daß ein Angriff Rommels unmittelbar bevorstand, wurde nicht gesagt, wo das sein würde. Aus den von »Ultra« abgefangenen deutschen Funksprüchen ergaben sich bis Ende April keine relevanten Hinweise in dieser Sache, und erst am 18. Mai interpretierte die britische Führung die Aufklärungsergebnisse so, daß man mit einer Konzentration deutscher Kräfte in der Mitte rechnen müsse. Das widersprach anderen Hinweisen aus den vom britischen Truppennachrichtendienst abgefangenen deutschen Funksprüchen und den Aussagen Gefangener, nach denen man auch mit einer Südbewegung rechnen mußte (zumindest der 15. und 21. Panzerdivision) und mit einer anschließenden Umfassung von Bir Hacheim. Diese letztere Möglichkeit wurde jedoch praktisch unbeachtet gelassen (obwohl man keine der erwähnten Möglichkeiten völlig ausschloß). Am 26. Mai nahm der britische Nachrichtendienst immer noch an, die Masse der deutschen Panzerkräfte würde sich vor dem nördlichen Abschnitt zum Angriff bereitstellen.[25]

Die britische Lagebeurteilung war daher nicht ganz zutreffend, und für einige Stunden hat man auf britischer Seite in Rommels Täuschungsmanöver eine Bestätigung der Hinweise Auchinlecks gesehen. Diesen Hinweisen folgte (nachdem Ritchie seine endgültige Entscheidung vernünftigerweise noch hinausgezögert hatte) am

26. Mai, dem Tag, den Rommel für den Beginn seiner Offensive bestimmt hatte, ein weiterer Brief Auchinlecks im gleichen Sinn.

Doch keine dieser Möglichkeiten hätte an der Gesamtlage viel ändern können. Für den Fall, daß sich Rommel dazu entschlossen hätte, Tobruk im weiten Bogen südlich zu umfassen, hätten Ritchies Panzer — rechnet man Panzer für Panzer und berücksichtigt ihre Qualität — der etwa 24 Kilometer östlich von Bir Hacheim im Süden bereitstehenden britischen 4. Panzerbrigade es mit dem ganzen Afrikakorps aufnehmen können, wenn eine der anderen beiden Panzerbrigaden sie unterstützt hätte; und die nächste, die 22., befand sich nur etwa 16 Kilometer entfernt im Norden. Bei einem deutschen Frontalangriff wäre es angesichts der Dauer eines solchen Vorstoßes durch die Minenfelder durchaus möglich gewesen, die beiden Panzerbrigaden im Süden mit der nördlichen 2. zu vereinigen, die beiderseits des Trigh Capuzzo bereitstand, um rechtzeitig mit weit überlegenen Kräften einen vernichtenden Schlag gegen Rommel zu führen, nachdem dieser den Verteidigungsgürtel durchbrochen hatte.

Für den Fall, daß Rommel Bir Hacheim im großen Bogen umfaßte, sah der Plan Ritchies den Einsatz der 7. Panzerdivision (4. Panzerbrigade) weit südlich in der allgemeinen Linie der von Bir Hacheim nach Bir el Gubi führenden Piste vor. Dabei sollte die Brigade möglichst bald durch die 1. Panzerdivision (die 2. und die 22. Panzerbrigade) verstärkt werden, deren Bereitstellungsräume 15 bzw. 12 Kilometer davon entfernt lagen. Es war allerdings ein Nachteil für Ritchie, daß er, um zwei oder mehr Brigaden im Süden zusammenzuziehen, den Befehl über eine der zur Verstärkung herangezogenen Brigaden von der 1. auf die 7. Panzerdivision übertragen mußte. In der britischen Armee wird ein solcher Wechsel der Unterstellungsverhältnisse nach Möglichkeit vermieden, besonders wenn es sich um selbstbewußte Divisionskommandeure handelt, die ihre Befehlsbefugnisse nur ungern abgeben und nicht bereit sind, den Einfluß auf das Kampfgeschehen anderen zu überlassen, die sie für weniger geeignet halten.[26] Doch die Auswahl der Bereitstellungsräume für die britischen Panzerbrigaden und deren Entfernung voneinander sowie die für sie vorgesehenen Einsatzpläne widerlegen die Behauptung, daß die britische Führung die Bedeutung einer Konzentration der Kräfte nicht erkannt habe. Das Mißlingen der Operation hatte andere Gründe.

Auf jeden Fall hatten die Briten in ihren Plänen die Möglichkeit berücksichtigt, daß Rommel ihre südliche Flanke umfassen könnte. Sie vermuteten jedoch, daß dies ein Ablenkungsmanöver sei und der Schwerpunkt beim Einsatz der Panzerarmee Afrika woanders liege. Außerdem war die britische Führung überzeugt, daß sie in jedem Fall rechtzeitig würde reagieren können, da Rommel eine gewisse

Zeit brauchte, um die weiten Entfernungen zurückzulegen und seine Fahrzeuge aufzutanken. Daß Rommel seine Kräfte bei Rotonda Segnali zusammenzog, wurde von der britischen Aufklärung erkannt und gemeldet, und bei Einbruch der Dunkelheit am 16. Mai meldeten britische Panzerspähwagen[27], daß zahlreiche deutsche Fahrzeuge aus dem Raum Segnali gegen die Gazalastellung vorrückten.

Weder dies noch Crüwells Ablenkungsangriff im Norden konnten den Feind, wie beabsichtigt, davon überzeugen, daß sich der wirkliche Schwerpunkt des deutschen Angriffs in der Mitte des Nordabschnitts befand. Beides wurde von der britischen Führung nicht als Bestätigung der These Auchinlecks angesehen. Nach Einbruch der Dunkelheit meldeten dieselben Panzerspähwagen eine offenbar größere Truppenverschiebung in südöstlicher Richtung (Rommel hatte den rechten Flügel um 21 Uhr in Richtung auf Bir Hacheim in Marsch gesetzt). Allerdings erkannten die Briten in den ersten Stunden nicht, wie umfangreich oder wie bedrohlich diese Truppenbewegungen waren. Erst am Morgen des 27. Mai, gegen 5 Uhr, hörte Rommels Funkaufklärung die ersten Meldungen der britischen Panzerspähwagen: »Feindliche Panzerkolonnen kommen auf uns zu. Es sieht so aus, als sei es das ganze verdammte Afrikakorps!«[28] Kurz darauf fing der britische Abwehrdienst einen deutschen Funkspruch ab, in dem nach dem Verbleib einer Panzerdivision gefragt wurde. Die verschlüsselte Antwort endete mit den alarmierenden Worten: »Rommel an der Spitze!«[29] Das geschah am frühen Morgen des 27. Mai, und es handelte sich um den Fall »Venezia«[30]. Die gepanzerten und motorisierten Kräfte der Panzerarmee Afrika legten nach einem sehr genau ausgearbeiteten Zeitplan eine Strecke von 65 Kilometern durch die Wüste zurück, wobei sie an vorher festgelegten Punkten aufgetankt wurden. Im Mondlicht waren sie zunächst in Richtung auf Bir Hacheim vorgegangen und hatten es dann umfahren, und Rommel hatte sich dabei an ihre Spitze gesetzt.

15.
»Heia Safari!«

»Es wird schwer werden«, schrieb Rommel am 26. Mai an seine Frau, »aber ich habe festes Vertrauen, daß meine Armee, vor allem meine deutschen Soldaten, den Kampf gewinnen werden. Sie sind sich doch alle bewußt, was diese Schlacht bedeutet.« Die später so bezeichnete Gazala-Schlacht war die bedeutendste militärische Leistung Rommels, ein Abenteuer, bei dem er sowohl seine Stärken als auch seine Schwächen zeigte und das mit der Niederlage eines in materieller Hinsicht weit überlegenen Feindes endete, der mit dem Angriff gerechnet und genügend Zeit und Hilfsmittel gehabt hatte, sich darauf vorzubereiten. Der Höhepunkt dieser Schlacht war die Einnahme Tobruks — ein strategischen Ziel, das Rommel schon seit langer Zeit ins Auge gefaßt hatte und von dem man annahm, daß sein Erreichen die deutschen Chancen im nordafrikanischen Feldzug entscheidend verbessern würde. Rommel selbst brachte dieser Sieg die Beförderung zum Generalfeldmarschall.

Wie bei fast allen Kampfhandlungen in der nordafrikanischen Wüste (und anderswo) wird die in solchen Schlachten häufig herrschende Verwirrung in gewisser Weise verschleiert, wenn man gezwungen ist, methodisch und in chronologischer Reihenfolge darüber zu berichten. Liest man die Funksprüche aus jener Zeit und untersucht die Reaktionen der an diesen Kämpfen Beteiligten beider Seiten, dann hat man das Gefühl, daß es sich jeweils um ganz verschiedene Ereignisse handelt, so wenig stimmt oft die Wahrnehmung auf der einen Seite mit der tatsächlichen Lage und den Absichten des Gegners überein. Doch die Gazala-Schlacht läßt sich, wenn man will, in einzelne Phasen aufteilen, und die erste Phase dauerte fünf Tage: vom Beginn des großen Vormarschs Rommels bei Einbruch der Dunkelheit am 26. Mai bis zum Ende des Monats.

Während dieser fünf Tage führte Rommel seine Panzerkräfte um Bir Hacheim herum, erlebte dabei sein erstes Gefecht mit britischen Panzern, bei dem beide Seiten schwere Verluste hinnehmen mußten, ging dann mit seinen geschwächten Panzerdivisionen weiter nach Norden in der gleichen Richtung gegen Acroma vor, stellte schließlich fest, daß die Versorgung mit Kraftstoff und Munition Schwierigkeiten bereitete, und mußte eine Kolonne mit Versorgungsfahrzeugen an eine Stelle nördlich der Spitze des Panzerverbandes dirigieren. Dabei zeigte sich, daß seine Panzerdivisionen fast völlig eingeschlossen worden waren. Westlich von ihnen war das Gelände vermint, und im Osten und Südosten versperrten ihm die noch ungeschlagenen (wenn auch über ein weites Gebiet verstreuten und geschwächten) britischen Panzerbrigaden den Weg. Nun rief er die 90. leichte Division, die er zunächst in einer anderen Richtung gegen El Adem in Marsch gesetzt hatte, zurück, um die beweglichen Kräfte der Panzerarmee zu konzentrieren, und beschloß, für kurze Zeit mit Front nach Osten zur taktischen Defensive überzugehen, während er eine britische Infanteriebrigade an der britischen Hauptstellung vernichtete und seinen Versorgungsfahrzeugen einen kürzeren Weg durch die Minenfelder öffnete. Während dieser ganzen ersten Phase und danach hielt sich der südliche Eckpfeiler der britischen Stellung, der Stützpunkt Bir Hacheim, gegen alle Angriffe Rommels, was seine Bewegungsfreiheit einschränkte und seine Versorgung von Westen her erschwerte. Die Briten wehrten auch alle Angriffe Crüwells gegen den Nordabschnitt der Gazalastellung ab — aus dem zunächst als Scheinangriff begonnenen Unternehmen war inzwischen ein regelrechter Angriff geworden, der Crüwell jedoch keinen Geländegewinn brachte.

Rommel kam in den frühen Morgenstunden des 27. Mai zunächst gut voran, obwohl die Briten das Anrücken der deutschen Panzerverbände bemerkten und jeden Anlaß gehabt hätten, sich auf die Abwehr dieses Angriffs vorzubereiten. Die Erfolge an diesem ersten Tag hatte Rommel jedenfalls nicht der Überraschung zu verdanken. Feindliche Panzerspähwagen hatten den Vorstoß gemeldet und schon vor Morgengrauen festgestellt, daß es sich um starke feindliche Verbände handelte. Die Briten rechneten mit zwei Stunden Zeit, um zumindest die Masse ihrer Panzerkräfte gefechtsbereit zu machen, nachdem sich herausgestellt hatte, in welche Richtung Rommel den Hauptstoß führte. Diese Zeit stand ihnen dann auch zur Verfügung.

Aber obwohl die Briten rechtzeitig gewarnt worden waren, reagierten sie nicht energisch genug auf diese Warnung. Sie hatten in unmittelbarer Nähe des Angriffsstreifens der deutschen Panzer zwei motorisierte Brigaden in zur Rundumverteidigung geeigneten Stellungen bereitgestellt, aus denen sie in die Panzerschlacht eingreifen und den feindlichen Vorstoß kanalisieren konnten. Die erste dieser Brigaden, die 3. (Indische) motorisierte Brigade, die wenige Kilometer südöstlich von Bir Hacheim bereitstand, wurde durch einen konzentrierten Angriff des Afrikakorps, dem sie sich in den Weg gestellt hatte, zerschlagen. Die zweite — die 7. motorisierte Brigade — hatte eine Stellung bei Retima, 32 Kilometer östlich von Bir Hacheim neben dem Angriffsstreifen der 90. leichten Division, bezogen, die gegen El Adem vorging. Die 7. motorisierte Brigade zog sich in aller Eile nach Osten auf Bir El Gubi zurück, und die 90. leichte Division beschleunigte ihr Tempo, erreichte den Raum von El Adem gegen 11 Uhr und überrannte auf dem Weg dorthin den Gefechtsstand der am weitesten südlich eingesetzten britischen 7. Panzerdivision. Dieser Vorstoß, so spektakulär er war, hatte sich um mindestens drei Stunden verspätet.

Inzwischen befand sich Rommel mit dem Afrikakorps und mehr als 500 Panzern auf dem Vormarsch in nördlicher Richtung gegen Acroma. Die ersten britischen Panzer, die sich ihm entgegenstellten, waren die der zur 7. Panzerdivision gehörenden 4. Panzerbrigade, deren Divisionsgefechtsstand weiter östlich zur gleichen Zeit von deutschen Truppen überrannt wurde. Einige Kilometer weiter nördlich hatten die 2. und die 22. Brigade der britischen 1. Panzerdivision um 7 Uhr den Befehl bekommen — oder vielmehr hatte das Stabsquartier der 1. Panzerdivision den Befehl bekommen —, sie in Marsch zu setzen, und zwar zu einer Zeit, als kein Zweifel mehr daran bestand, daß Rommel seinen Hauptstoß im Süden führte. Man hatte beabsichtigt, diese beiden Brigaden mit der 4. Panzerbrigade zusammenzuführen. Zwei Stunden später waren sie noch immer nicht aufgebrochen, und zu dieser Zeit hatte das Afrikakorps die 4. Panzerbrigade bereits schwer angeschlagen nach Osten gegen El Adem zurückgedrängt und ging nun gegen die 1. Panzerdivision selbst vor.

Im Gefecht seiner 15. Panzerdivision gegen die britische 4. Panzerbrigade war Rommel zum ersten Mal auf die amerikanischen Panzer des Typs Grant gestoßen und hatte schwere Verluste gehabt. Das so geschwächte Afrikakorps ging jetzt gegen Acroma vor, wo es zum zweiten Mal auf britische Panzer stieß. Diesmal war es die 22. Panzerbrigade. Und auch hier zwang Rommel die 22. Brigade zum Rückzug nach Norden in den Raum um den Stützpunkt »Knightsbridge« am Trigh Capuzzo, verlor dabei aber erneut zahlreiche Panzer. Durch diese Verzögerungen hatte er gegenüber dem ursprünglichen Zeitplan einige Stunden verloren.

Die 2. Panzerbrigade schloß sich nun als dritter britischer Verband der 22. an der linken, südlichen Flanke mit Front nach Westen an und griff das Afrikakorps aus dem Raum östlich von Knightsbridge an, während dieses den Trigh Capuzzo überquerte. Am Abend hatte Rommel die Panzerdivisionen des Afrikakorps nördlich und westlich der britischen Stellungen bei Knightsbridge zusammengeführt, die von der britischen 201. Gardebrigade gehalten wurden. Unmittelbar westlich von ihm lag die britische Hauptstellung mit Front nach Westen, vor allem die am weitesten südlich bei Sidi Muftah eingesetzte

150. Brigade der britischen 50. Division hinter Minenfeldern mit Front nach Westen und Südwesten. Nördlich und südlich von Knightsbridge lagen zwei britische Panzerbrigaden, die zwar schon erhebliche Verluste erlitten hatten, aber dem Afrikakorps zahlenmäßig immer noch überlegen waren. Und im Südosten hatte die 90. leichte Division vier Kilometer südlich von El Adem eine Igelstellung eingenommen und sollte nun von der britischen 4. Panzerbrigade angegriffen werden, nachdem diese sich nach ihrem ersten Zusammentreffen mit Rommel, bei dem sie die meisten ihrer Grant-Panzer verloren hatte, nach Süden zurückgezogen hatte. Die Division Ariete lag südlich von Knightsbridge bei Bir el Harmat und wurde hier nicht nur von Osten her von der britischen 2. Panzerbrigade, sondern auch von Westen von der 1. Heerespanzerbrigade angegriffen, die zur Unterstützung der in der Verteidigungsstellung liegenden 50. Division herangeführt worden war.

Rommel hatte viele Panzer verloren — fast jeder dritte Panzer des Afrikakorps war abgeschossen worden —, Bir Hacheim wurde immer noch von der 1. Freifranzösischen Brigade gehalten, und von hier aus führten Stoßtrupps immer wieder Störangriffe gegen die Versorgungskolonnen der deutschen Panzerarmee. Die Bewegungsfreiheit der Kräfte Rommels wurde im Osten und Westen von den britischen Stellungen bei Knightsbridge und Sidi Muftah eingeschränkt. Auch die Verteidigungsstellungen bei Gazala wurden noch von den Briten gehalten, und die britischen beweglichen Kräfte hatten zwar schwere Verluste, waren aber noch aktiv und führten Störangriffe gegen Rommels Versorgungsfahrzeuge. Die 21. Panzerdivision hatte ihre Fahrzeuge aufgetankt, aber die 15. Panzerdivision hatte noch keinen Kraftstoff bekommen können, und alle Versuche, die Nachschubkolonnen nach Norden zur Versorgung des Afrikakorps durchzubringen, waren fehlgeschlagen. Es war ihnen bisher nicht gelungen, über den Trigh Capuzzo nach Norden zu kommen.

Rommel befand sich in einer unsicheren und gefährlichen Lage. Augenscheinlich bestand für ihn noch die Möglichkeit, wie ursprünglich geplant weiter nach Norden vorzustoßen, aber die feindlichen befestigten Stellungen bei Sidi Muftah (150. Brigade), Knightsbridge (201. Gardebrigade) und Bir Hacheim (1. Freifranzösische Brigade) wurden noch vom Feind gehalten, sein langer Nachschubweg vom Süden wurde durch feindliche Störangriffe gefährdet, und bisher war es ihm noch nicht gelungen, seine mobilen Divisionen zu konzentrieren, weil die 90. leichte Division in einer anderen Stoßrichtung vorgegangen war und die Hälfte des Afrikakorps die gegenwärtigen Stellungen aus Kraftstoffmangel nicht verlassen konnte. So mußte Rommel befürchten, daß die geschlossenen britischen Panzerkräfte die beweglichen Teile der Panzerarmee Afrika am

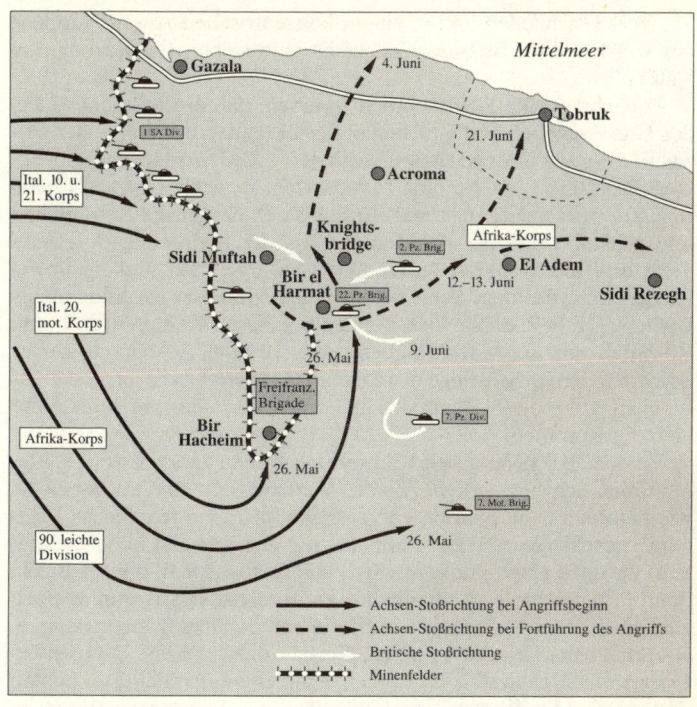

Die Schlacht an der Gazalalinie im Mai und Juni 1942

28. Mai einschließen und in einem konzentrischen Angriff vernichten würden. Sein Stab zog jedenfalls eine solche Entwicklung ins Kalkül.

Zunächst wollte Rommel nicht glauben, daß er die Initiative aus der Hand gegeben hatte. Er befahl der 21. Panzerdivision — der einzigen, die noch über Kraftstoff verfügte —, den Vormarsch in nördlicher Richtung nach Acroma fortzusetzen. Es schien jetzt, als habe sich Rommel zuviel zugetraut. Er hatte sich ehrgeizige Ziele gesetzt und geglaubt, daß der Feind angesichts der Bedrohung durch die Tiefe und die Stoßkraft seiner Offensive irgendwo und irgendwie reagieren werde, auch wenn sich über die Art dieser Reaktion nichts vorhersagen ließ. Schließlich würden bei diesen Kämpfen, so hoffte Rommel, sein schnelles Handeln und die gute Ausbildung seiner Soldaten den Sieg bringen. »Kein Plan überlebt die erste Feindberührung« — dieses Wort des großen Moltke[1] entsprach ganz der Haltung Rommels.

Vorerst aber befand sich Rommel am frühen Morgen des 29. Mai in großen Schwierigkeiten. Die 21. Panzerdivision war am Tag zuvor wie befohlen nach Norden vorgegangen, hatte ein feindliches Regiment zerschlagen und 16 Kilometer vor der Küste in höher gelegenem Gelände einen Punkt erreicht, von dem aus man die Via Balbia überblicken konnte. Aber die 15. Panzerdivision saß immer noch fest, weil es nicht gelungen war, sie mit Kraftstoff zu versorgen. Rommel hatte Crüwell befohlen, die 1. Südafrikanische Division bei Gazala mit starken Kräften frontal anzugreifen, den Feind zu binden und nach Möglichkeit einen Weg für die Versorgungsfahrzeuge durch die Minenfelder zu öffnen. Die italienische Division Sabratha war im Morgengrauen zu diesem Angriff angetreten, hatte das Angriffsziel jedoch nicht erreicht. Und nun ging die britische 2. Panzerbrigade von Knightsbridge aus in Richtung auf das Gebiet südlich der Stellung der 15. Panzerdivision auf dem Rigel-Rücken nach Westen vor.

Die Versorgung mit Kraftstoff und Munition war also der entscheidende Punkt. Am 28. Mai hatte Rommel ununterbrochen nach einer Möglichkeit gesucht, das Afrikakorps von Süden her zu erreichen — und zwar auf einem Wege, der nicht dem britischen Feuer von Westen oder Osten ausgesetzt war. Er glaubte, eine solche Möglichkeit gefunden zu haben, und am Morgen des 29. Mai, um 4 Uhr, führte er persönlich[2] eine Versorgungskolonne zur 15. Panzerdivision, deren Fahrzeuge nun aufgetankt werden konnten. Auch die Kraftstofftanks der 21. Panzerdivision wurden aufgefüllt. Damit war die unmittelbare Versorgungskrise überwunden.

Man hat Rommel dafür kritisiert, daß er mit diesem Unternehmen ein weiteres Mal von den Pflichten eines Armeeoberbefehlshabers abgewichen sei, aber dieses Verhalten entsprach ganz seiner persönlichen Art. Er hat es immer wieder für richtig gehalten, persönlich einzugreifen und in kritischen Augenblicken seinem Instinkt zu folgen. Der kritische Punkt muß nicht immer dort sein, wo geschossen wird. Am 29. Mai jedenfalls war der kritische Punkt für das Afrikakorps dort, wo eine Versorgungskolonne versuchte, die 15. Panzerdivision zu erreichen, und Rommel begab sich dorthin und sorgte für die Lösung des Problems.

Nach kurzer Zeit waren die Fahrzeuge der 15. Panzerdivision aufgetankt und wendeten sich nach Osten, um die britische 2. Panzerbrigade anzugreifen. Im Verlauf des nun folgenden Gefechts ließ der Feind die 22. bis in Höhe der 2. Panzerbrigade aufrücken, und Rommel befahl die 21. Panzerdivision aus dem Norden sowie die 90. leichte Division vom Osten und die Ariete vom Süden zurück in den Versammlungsraum der 15. Panzerdivision. So hatte er seine mobilen Kräfte – oder was von ihnen übrig war – fast vollständig im Raum westlich von Knightsbridge zusammengezogen. Am gleichen Tag hörte er, daß Crüwell in einem leichten Flugzeug abgeschossen worden und in Gefangenschaft geraten war.

Für den Augenblick war es aussichtslos, weiter nach Norden vorzustoßen oder schon jetzt zu versuchen, die vom Feind gehaltene Gazalastellung von Osten her anzugreifen. Rommels erster Operationsplan hatte sich nicht verwirklichen lassen, und so stand er jetzt vor einer ganz neuen Lage. Da er stets bereit war, sich neuen Situationen anzupassen, konzentrierte er sich nun darauf, seine Kräfte in einer gut zu verteidigenden Stellung einzusetzen und einen neuen direkten Nachschubweg zu öffnen, um seine Truppen nicht mehr auf dem Umweg um Bir Hacheim versorgen zu müssen.

Bei diesem Unternehmen hatte er Glück: Der Minengürtel zwischen Sidi Muftah und Bir Hacheim wurde zum großen Teil nicht von feindlichen Kräften verteidigt, und es gelang der italienischen Division Trieste, eine Gasse durch die Minenfelder zu öffnen. Nun rückte Rommel mit dem ganzen Afrikakorps und der Division Ariete in den Raum zwischen den Minenfeldern und Knightsbridge ein.

Hier waren seine Verbände jedoch aufs äußerste gefährdet. Der Versorgungsweg wurde von den britischen Kräften bei Sidi Muftah ebenso bedroht wie der Weg um Bir Hacheim herum von der dort eingerichteten britischen Verteidigungsstellung. Bevor sich die Lage der stark geschwächten Panzerarmee stabilisiert hatte und Rommel an weitere Operationen denken konnte, mußte er die britischen Kräfte bei Sidi Muftah ausschalten. Am 30. und 31. Mai griff er sie mit der 90. leichten Division, der Division Trieste und den Schützen der 21. Panzerdivision an.

Am ersten Tag des Angriffs gegen Sidi Muftah war Rommel durch das Minenfeld nach Westen zum Gefechtsstand des jetzt in Gefangenschaft geratenen Crüwell gefahren, wo inzwischen Feldmarschall Kesselring eingetroffen war, der deutsche »Oberbefehlshaber Süd«, von dessen geschicktem Umgang mit den Italienern Rommels Erfolge auch abhingen. Kesselring mußte es immer wieder übernehmen, die Befehle, die Rommel vom italienischen Oberbefehlshaber in Nordafrika, seinem Vorgesetzten, erhielt, mit den Anweisungen aus Berlin in Einklang zu bringen, und dabei zeigte sich Kesselring im allgemeinen als kluger, entschlossener, mutiger und taktvoller Vermittler. Jetzt war er gekommen, um der Front einen Besuch abzustatten, und wurde zu seiner Überraschung von Rommel gebeten, als einziger höherer Offizier, der noch für eine solche Aufgabe zur Verfügung stand, den Befehl über den linken Flügel der Panzerarmee zu übernehmen. Die Bitte amüsierte Kesselring, und der intelligente und umgängliche Mann (mit dem Spitznamen »Der lächelnde Albert«) erklärte sich bereit, sich eine Zeitlang dem Befehl des Generalobersten Rommel zu unterstellen. In einem längeren Gespräch einigte er sich mit Rommel über die für die nächste Phase der Schlacht zu treffenden Maßnahmen.

Der Angriff gegen die feindlichen Stellungen bei Sidi Muftah war der kritische Punkt. Wenn Rommel den Feind dort vernichten konnte, hatte er sich in den Besitz eines breiten Frontvorsprungs in die britischen Linien gesetzt und konnte seine Truppen über den Trigh Capuzzo nach Belieben versorgen und verstärken. Zu seinem Glück hatte er für diese Operation genügend Zeit, was bei einem energischeren britischen Vorgehen von Osten her nicht der Fall gewesen wäre. Er führte persönlich den vorne eingesetzten Zug des Schützenregiments und erstürmte am 1. Juni die feindlichen Stellungen bei Sidi Muftah. Dabei machte er 3 000 Gefangene und erbeutete 124 Geschütze. Dieser Sieg, dem ein außerordentlich hartes Gefecht vorausging, war das Ende der ersten Phase der Gazala-Schlacht, und Rommel schrieb an Lucie, daß die große Krise der Schlacht überwunden sei.

Während dieser Phase der Schlacht hatte das Problem der Versorgung von Rommels beweglichen Kräften im Vordergrund gestanden. Zunächst hatte er seine Offensivkräfte fest in der Hand gehabt und war gut vorangekommen, doch dann war das Unternehmen kurz vor Erreichen der Angriffsziele ins Stocken geraten. Nicht ohne eine gewisse Berechtigung hatte sich Rommel auf die taktische Überlegenheit seiner Kräfte in jedem beweglich geführten Gefecht verlassen und von Anfang an gewußt, daß die Versorgung ein entscheidender Faktor sein würde. Aber er hatte sich verrechnet, ganz besonders im Hinblick auf die Bedeutung von Bir Hacheim und die

Entschlossenheit, mit der es verteidigt wurde. Er hatte nicht mit möglichen Zeitverlusten gerechnet, die zu Schwierigkeiten führen mußten.

Doch vielleicht hat Rommel die Unfähigkeit des britischen Oberkommandos, den Einsatz seiner Panzer zu koordinieren, richtig eingeschätzt. Jedenfalls war er auch später überzeugt davon, daß die Briten die Gelegenheit versäumt hatten, ihm am 29. Mai durch den wohlabgewogenen Einsatz ihrer Panzerkräfte eine vernichtende Niederlage beizubringen. Diese versäumte Gelegenheit bot ihm genau die Chance, auf die er gehofft hatte. Doch andererseits hatte er die Kampfkraft der feindlichen Panzer unterschätzt, eine Fehleinschätzung, die ihn am zweiten Tag der Schlacht in eine äußerst gefährliche Lage brachte, als eine Panzerdivision gegen ihr Angriffsziel vorging, während die andere aus Kraftstoffmangel einige Kilometer weiter südlich liegenblieb und die Ariete sowie die 90. leichte Division in anderen Teilen der Wüste zurückblieben. Das hätte auf den weiteren Verlauf der Schlacht keine Auswirkungen gehabt, wenn die britischen Panzerkräfte entscheidend geschwächt und ebenso über einen weiten Raum verteilt gewesen wären. Doch in Wirklichkeit hatten die Briten ihre Panzerbrigaden trotz schwerer Verluste fest in der Hand und waren zumindest in der Lage gewesen, sie geschlossen und wirksam einzusetzen.

Rommel ist des weiteren auch dafür kritisiert worden, daß er die 90. leichte Division in einer anderen Richtung hatte vorgehen lassen. Doch obwohl sich Rommel dessen nicht bewußt war, hatte das Vorgehen der Division in dieser Richtung für Ritchie besonders unangenehme Folgen. Die Versorgungsdepots der 8. Armee für die bevorstehende britische Offensive lagen im Raum von Belhamed, und Ritchie konnte bei seinem Aufmarsch und den darauf folgenden Truppenbewegungen nicht riskieren, den Feind zu veranlassen, von Bir Hacheim direkt nach Belhamed vorzustoßen. Aus den bisherigen Bewegungen der 90. leichten Division glaubte Ritchie schließen zu können, daß sie es tun würde, und das rechtfertigt die von ihm getroffenen Gegenmaßnahmen mit der 4. Panzerbrigade.

Rommel hatte auch nicht damit gerechnet, bei Sidi Muftah und später bei Knightsbridge auf einen so entschlossenen und tapferen Widerstand zu treffen. Worin er sich jedoch nicht getäuscht hatte, war die Flexibilität und Reaktionsfähigkeit des Afrikakorps. Es hatte stets die taktische Überlegenheit gegenüber dem Feind in der offenen Wüste bewiesen und auch jetzt wieder seine hervorragende Kampfkraft gezeigt — ob nun bei der ersten Begegnung mit der 4. und dann der 22. Panzerbrigade, dem triumphalen Vorstoß nach Norden und dem anschließenden Ausweichen der 21. Panzerdivision oder bei der Geschicklichkeit, mit der es sich zwischen den Höhenzügen von Az-

Nach Ansicht der Engländer war Rommel zu Beginn des Jahres 1942 ein ge-
schlagener General. Zwar hatte er seine Armee durch einen überstürzten Rückzug retten können, verfügte aber nur noch über geringe Kampfmittel. Doch dank
der gegen Ende Dezember 1941 einsetzenden Bombardierung des englischen
Stützpunktes Malta, von wo aus englische Kreuzer einen erheblichen Teil des für
Nordafrika bestimmten deutschen Nachschubs versenkt hatten, verbesserte sich
die Nachschublage der Achsenmächte derart, daß Rommel am 21. Januar zu einer Offensive überging und die Cyrenaika bis Gazala innerhalb von zwei Wochen
zurückeroberte. Am 26. Mai 1942 griff er die Gazala-Stellung an, und in den
kommenden Wochen gelang es ihm, die britische Armee unter General Ritchie
aufzuspalten und Tobruk am 21. Juni zu erobern. 32 000 Engländer wurden gefangengenommen und große Mengen Lebensmittel- und Treibstoffvorräte erbeutet. Doch es sollte die letzte Offensive des »Afrikakorps« sein.
Die Abbildungen zeigen die Ruinen der schwer umkämpften Stadt, in die nun
deutsche Panzer einmarschierten.

lagh und Sidra westlich von Knightsbridge umgruppiert hatte, während die Infanterie in die feindlichen Stellungen bei Sidi Muftah einbrach und die 150. Brigade vernichtend geschlagen hatte. Auch war Rommel von der Luftwaffe glänzend unterstützt worden. Der Kesselring unterstellte Fliegerführer Afrika, General Hoffman v. Waldau, und seine Luftaufklärung hatten mit bemerkenswerter Klarheit die Entwicklung der außerordentlich komplizierten Lage erkannt. Doch Waldau beschwerte sich immer wieder verärgert über die ständig wechselnden Pläne und Situationen bei den Bodentruppen, denen sich seine Piloten anpassen mußten,[3] und er wußte, daß der Feind seine erheblichen Verluste ausgleichen würde.

Rommel hatte auch seine eigenen Fähigkeiten nicht unterschätzt. Es war ihm zwar nicht gelungen, eine in allen Einzelheiten vorausgeplante Operation wie vorgesehen durchzuführen, und er hatte das auch nicht versucht. Dennoch hatte er weit in die Zukunft vorausgeplant, seine Kräfte im Rücken des Feindes versammelt und damit eine Lage geschaffen, in der es ihm möglich wurde, Verstärkungen und Nachschub sicher nach Osten zu bringen und damit seinen nächsten Angriffsversuch zu ermöglichen. Die Schlacht hatte zwar nicht den von ihm gewünschten Verlauf genommen, aber Rommel hatte die unmittelbare Gefahr gebannt. Solange er sich in dieser gefährlichen Situation befand, war es den Briten nicht gelungen, einen koordinierten oder erfolgreichen Angriff gegen ihn zu führen, und er durfte diese Tatsache zum Teil und ohne Selbstüberschätzung der demoralisierenden Wirkung seiner persönlichen Gegenwart und Energie zuschreiben. »Kein Plan überlebt die erste Feindberührung« — das traf tatsächlich auch für den Plan Rommels zu. Deshalb mußte er die einmal geschaffenen Tatsachen anerkennen und sein weiteres Handeln danach einrichten. Das bedeutete, daß Rommels bewegliche Kräfte im sogenannten »Wurstkessel« zusammengezogen waren und sich darauf vorbereiten mußten, einen britischen Gegenangriff abzuwehren, bevor sie weiter vorrücken konnten.

Vor allem hatte Rommel selbst die Initiative ergriffen und den Verlauf der Ereignisse bestimmt. Nur selten war er unschlüssig gewesen, was zu tun sei. Obwohl er oft ebensowenig wie seine Gegner gewußt hatte, wo und in welcher Lage sich die einzelnen Truppenteile befanden, vermittelte er stets und mit Recht den Eindruck, daß er die Lage beherrschte, rasch seine Entscheidungen traf, den Ablauf des Geschehens bestimmte, sich schnell von Rückschlägen erholte und mit großer Flexibilität seinen Willen durchzusetzen verstand. Liest man seine Tagebucheintragungen oder die seiner Generalstabsoffiziere aus den Tagen der Gazala-Schlacht, dann begleitet man einen Mann, der ständig in Bewegung zu sein scheint, das Geschehen aufmerksam beobachtet und mit einer selbst für Rommel bemerkenswerten Energie unermüdlich tätig ist.[4] Ein britischer Offizier, der nicht wußte, daß die 150. Brigade überrannt worden war, war versehentlich nach Sidi Muftah gefahren und wurde dort gefangengenommen. Nun stand er von einem Posten bewacht neben dem Wagen, in dem Rommel saß und die Schlacht im »Wurstkessel« leitete. Neben seinem Befehlswagen standen zwei gepanzerte Funkwagen, und Rommel reichte die von ihm handschriftlich auf Zetteln notierten Einsatzbefehle zu ihnen hinaus. Offensichtlich leitete er in aller Ruhe und siegesgewiß persönlich das Gefecht. Dieses Verhalten Rommels stand in scharfem Gegensatz zu dem, was der Gefangene bei den britischen Befehlsstellen erlebt hatte.[5]

Für Ritchie und noch mehr für Auchinleck in Kairo sah die Lage gegen Ende der ersten Phase der Gazala-Schlacht ganz anders aus. Für sie waren Rommels Angriffe gegen Sidi Muftah nur wie die verzweifelten Anstrengungen eines Gefangenen, der die Kerkertür hinter sich zuschlagen sieht und sich mit aller Kraft dagegenstemmt, um sie offenzuhalten. Das Öffnen der Minengasse durch Rommel hielt man für den verzweifelten Versuch eines Mannes, der sich eingeschlossen fühlt und nun nach Westen zu entweichen sucht. Am Abend des 29. Mai schickte Auchinleck einen Funkspruch an Ritchie: »Gute Arbeit! Wenn er versucht auszubrechen, riskieren Sie alles, um ihn daran zu hindern. Er darf nicht hinauskommen!« Und am 31. Mai um 13 Uhr meldete die britische 1. Panzerdivision ihrem Korpsstab über Funk, daß die Deutschen »durch eine Minengasse nach Westen hinausströmen«.

Am Morgen des 29. Mai, bevor der Nachschubweg geöffnet und gesichert worden war, hatte Rommel zweifellos schwere Bedenken gehabt. Seine Offensive schien gescheitert zu sein, und es gab Stimmen, die ihm rieten, sich zurückzuziehen, was er zornig ablehnte. Doch am 31. Mai hatte niemand versucht auszubrechen: daß die Deutschen nach Westen durch die Minengasse hinausströmten, war eine Falschmeldung gewesen. Zweifellos hatte Ritchie noch die Initiative in der Hand, aber die Vorstellung, daß Rommel geschlagen sei, war falsch. Er zeigte die für ihn typische Hartnäckigkeit. Die britische Verteidigungsstellung bei Gazala sollte demnächst nach der Niederlage der 150. Brigade durchbrochen werden. Zwischen dem südlichsten Teil der noch von den Briten gehaltenen Stellung und dem Stützpunkt Bir Hacheim klaffte eine Lücke von 24 Kilometern, und im Raum westlich von Knightsbridge zwischen den Höhen von Sidra und Azlagh, dem sogenannten »Wurstkessel«, hatte Rommel die Masse seiner motorisierten Kräfte versammelt, während die italienischen Divisionen und die deutsche Schützenbrigade am linken Flügel der Panzerarmee Afrika zum weiteren Angriff bereitstanden.

Nun entschloß sich Rommel zu einem ungewöhnlichen Vorgehen: Er übernahm selbst die Führung beim Angriff gegen Bir Hacheim. Mit Kesselring hatte er vereinbart, während der nächsten Phase der Schlacht die südliche Hälfte des Kampfgebiets vom Feind zu säubern, so daß nur noch die unmittelbar südlich von Gazala gelegenen Minengürtel, der Stützpunkt Knightsbridge sowie die Festung Tobruk in britischer Hand bleiben würden. Diese Vereinbarung schloß auch die Ausschaltung des Feindes bei Bir Hacheim ein, und zu diesem Angriff stellte Rommel jetzt die 90. leichte Division und die italienische Division Trieste bereit.

Der Kampf um Bir Hacheim war, wie er später schrieb, einer der härtesten in seiner ganzen militärischen Laufbahn. Die Franzosen kämpften mit großem Elan. Die Besatzung dieses Stützpunkts bestand aus vier Bataillonen mit 24 Feldgeschützen und 18 Fliegerabwehrgeschützen. Er verfügte über reichliche Vorräte jeder Art, war vermint, von Stacheldrahthindernissen umgeben und gut ausgebaut. Erst am späten Abend des 10. Juni brach die Besatzung aus und zog sich nach Osten zurück. Bis dahin hatte Rommel die Angriffstruppen der 15. Panzerdivision verstärkt und persönlich die Führung übernommen. Dabei teilte er die Angreifer in drei Gruppen und setzte sich selbst an die Spitze einer aus drei Bataillonen bestehenden Kampfgruppe.

Am 1. Juni verfügte Rommel über einen gesicherten Nachschubweg vom Westen her, der über den Trigh Capuzzo führte. Natürlich war Bir Hacheim, solange es vom Feind gehalten wurde, ein gewisses Hindernis für weitere Manöver, ein »Dorn im Fleische«, wie Rommels Stab es nannte.[6] Man war deshalb entschlossen, den Stützpunkt nicht in Feindeshand zu lassen, und zweifellos hat der Umstand, daß es dort reichliche Vorräte und Wasser gab, zu dieser Entscheidung beigetragen, denn bei der Panzerarmee war beides sehr knapp. Am 2. Juni glaubte Rommel, ein britischer Offizier mit weißer Flagge könnte dem Befehlshaber in Bir Hacheim, General Koenig, eine Aufforderung zur Kapitulation überbringen mit der Zusage, daß ihr ein ehrenhafter Abzug gewährt werden würde.[7] Doch die Kapitulation erfolgte nicht. Zwei weitere Aufforderungen Rommels erreichten Koenig am 3. und am 5. Juni. Die letztere wurde von einem deutschen Offizier überbracht. Auch diese Aufforderungen wurden zurückgewiesen. Bir Hacheim hielt sich weiter.

Rommel hatte die Stärke seines Gegners in Bir Hacheim weit unterschätzt und mußte am 7. Juni die Unterstützung der Luftwaffe anfordern, wobei Deutsche und Briten schwere Verluste erlitten. 58 deutsche und 76 Flugzeuge der Royal Air Force wurden abgeschossen, wie der deutsche Fliegerführer Waldau zornig meldete, dem zu Ohren gekommen war, Rommel habe den Einsatz der Luftwaffe kritisiert. Waldau zählte detailliert auf, wie viele Einsätze geflogen worden waren und wieviel Verluste man gehabt hatte, und ließ deutlich erkennen, wie unbefriedigend (nach seiner Meinung) die Aktionen der Bodentruppen gewesen waren — Aktionen, die unmöglich zum Erfolg hätten führen können und es nicht wert gewesen seien, von der Luftwaffe unterstützt zu werden, die daher zu nutzlosen und verlustreichen Operationen eingesetzt worden sei. Am 9. Juni schickte er Rommel einen knappen Funkspruch, in dem er meldete, daß seine Piloten 1 030 Einsätze über Bir Hacheim geflogen seien (460 Angriffe mit Bombenflugzeugen und 570 Angriffe mit Jagdbombern). Unter Hinweis auf »unrichtige Erklärungen« schlug er schließlich vor, sein Verhalten durch ein Militärgericht überprüfen zu lassen. Vermutlich hat Kesselring die Angelegenheit mit dem ihm eigenen Geschick beigelegt und die Wogen geglättet. Waldau konnte im Umgang ebenso eigenwillig und schwierig sein wie Rommel.[8]

Der Feind hatte Bir Hacheim während der letzten Tage auf ausdrücklichen Befehl Auchinlecks gehalten. Ritchie hatte dem Rückzug der Besatzung schon einige Tage früher zugestimmt. Als Rommel den Stützpunkt am 10. Juni erstürmte, machte er 1 000 Gefangene; aber 2 700 französischen Soldaten gelang es zu entkommen.

Während Rommel starke Kräfte für den Angriff gegen Bir Hacheim einsetzte (man kann darüber streiten, ob es klug war oder nicht), hatten die Briten ihre Truppen für die bevorstehenden Angriffe gegen seine Stellungen im »Wurstkessel« bereitgestellt.

Diese Angriffe begannen am 5. Juni und richteten nur wenig aus, wenngleich auf beiden Seiten in einigen Abschnitten erbittert gekämpft wurde. Der Panzerarmee Afrika erschienen die Operationen des Feindes schlecht koordiniert und taktisch ungeschickt, und so wurden die Angriffe ohne große Schwierigkeiten abgewehrt. Ein britischer Vorstoß kam von Osten und ein zweiter — unter dem Befehl eines anderen Korpsstabs — von Norden, aber in beiden Fällen bewährte sich die Taktik Rommels, den angreifenden Panzern eine Reihe von Panzerabwehrgeschützen entgegenzustellen und seine eigenen Panzerkräfte für einen Gegenstoß in Reserve zu behalten.

Wieder zeigte sich, daß die Briten in der taktischen Zusammenarbeit aller Waffen unterlegen waren. Die wirksamste Waffe bei der Bekämpfung der deutschen Panzerabwehrgeschütze war die britische Artillerie oder — in der Dunkelheit — ihre Infanterie. Die deutschen Panzer waren am stärksten durch die britischen Panzerabwehrgeschütze und die Geschütze der britischen Panzer gefährdet, denn die britische Panzerwaffe war im allgemeinen derjenigen der Panzerarmee qualitativ ebenbürtig. Die Infanterie ließ sich in der Wüste nur dort erfolgreich einsetzen, wo das Gelände oder die Feldbefestigungen (wie die Minenfelder) ihre Bewegungen in bestimmte Bahnen lenkten. Das war nur selten der Fall, sobald das Gefecht in Fluß gekommen war, und die Infanterie, die sich zu Fuß oder in nicht gepanzerten Fahrzeugen durch das Gelände bewegte, war stets dem feindlichen Feuer ausgesetzt und verdankte es nur glücklichen Zufällen, wenn sie ein solches Gefecht ohne große Verluste durchstand. Denn es bereitete Schwierigkeiten, sie im Schutz des eigenen Feuers vorgehen zu lassen oder umzugruppieren. Diese Umstände führten dazu, daß die Infanterie wie in der Gazala-Schlacht in gut ausgebauten Stützpunkten eingesetzt wurde, wobei sie — ebenso wie die Artillerie — nach allen Seiten wirken konnte. Dabei entstanden »Angelpunkte« für den beweglichen Einsatz der Panzerverbände, die auf den Generalstabskarten bei den höheren Stäben beeindruckend aussahen, deren Einfluß auf den Verlauf des Feldzuges jedoch durch die Anzahl, das Schußfeld und die Reichweite der Waffen begrenzt wurde. Alle diese Faktoren, die für beide Seiten galten, bedeuteten, daß der taktische Erfolg im Gefecht und besonders im Angriff ein erstklassig vorbereitetes und intelligent durchgeführtes Zusammenwirken aller Waffen voraussetzte.

Diese Voraussetzung aber war bei den britischen Angriffen gegen den »Wurstkessel«, der bei den Briten den Decknamen »Aberdeen« hatte, nicht erfüllt. Zahlreiche britische Panzer wurden vernichtet, und auf diese Weise wurde das Kräfteverhältnis auf beiden Seiten etwa ausgeglichen. Am 5. Juni, um die Mittagszeit, hatte Rommel den Eindruck, daß es ihm weitgehend gelungen war, den britischen Angriff abzuwehren, und nun die Zeit gekommen sei, den Gegenangriff einzuleiten. So verließ er Bir Hacheim und führte die 15. Panzerdivision zuerst nach Südosten und dann nach Süden aus dem Kessel in den Raum südlich von Bir Harmat. Von dort aus schwenkte er wieder nach Nordosten, um gegen die linke Flanke und den Rücken der britischen Kräfte vorzugehen, die die italienische Division Ariete auf dem Azlagh-Rücken angriffen. Gleichzeitig griff die 21. Panzerdivision von Norden vom Höhenzug Sidra aus die britische rechte Flanke an. Als der Tag zu Ende ging, hatte Rommel mehr als 3 000 Gefangene gemacht, einige britische Gefechtsstände überrollt und konnte mit Befriedigung feststellen, daß der britische Gegenangriff gegen die Panzerarmee endgültig abgeschlagen war.

Aber auch Rommel hatte während dieser Kämpfe schwere Verluste hinnehmen müssen und einige Offiziere in Schlüsselstellungen verloren. Gause und Westphal warem am 1. Juni verwundet worden, zwei andere Generalstabsoffiziere aus dem Generalstab der Panzerarmee waren gefallen. An die Stelle von Gause trat Bayerlein vom Afrikakorps, und Rommels Ia Westphal wurde von dem Ic Mellenthin abgelöst. Aber die Verluste machten sich deutlich bemerkbar, besonders bei der deutschen Infanterie. Rommel hatte noch 160 deutsche und 70 italienische Panzer, glaubte jedoch, der Feind sei ihm immer noch zahlenmäßig überlegen. Das war zwar richtig, aber die Zahl der britischen Panzer war nur noch geringfügig höher als die der Deutschen. Immerhin hatte Rommel am 11. Juni Bir Hacheim genommen und stand für die nächste, die dritte Phase der Gazala-Schlacht bereit.

In der zweiten Phase, bei den Kämpfen im »Wurstkessel« und bei Bir Hacheim, hatte sich Rommel gegenüber einem zahlenmäßig überlegenen Gegner behauptet. Seine Erfolge im »Wurstkessel« hatte er der taktischen Wendigkeit seiner Soldaten und dem Umstand zu verdanken, daß er den Ablauf der Gefechte fest in der Hand hielt und am Nachmittag des 5. Juni persönlich die Führung bei einem erfolgreichen Gegenstoß übernahm. Bei Bir Hacheim hatte er gesiegt, obwohl er die Stärke des Gegners zunächst unterschätzt hatte. Er war gezwungen gewesen, unverhältnismäßig starke Kräfte einzusetzen, um einen Stützpunkt einzunehmen, dessen Bedeutung als Folge der sich ständig verändernden Lage immer geringer wurde. Doch wieder hatte sich gezeigt, daß Rommels Stärke in der richtigen Beurteilung der taktischen Lage und in der Energie und Geschicklichkeit lag, mit der er das Gefecht zu führen wußte.

Später hat er sich schriftlich zu diesen Ereignissen geäußert und die Briten kritisiert, weil sie zu langsam reagiert und Ende Mai den Augenblick seiner größten Schwäche nicht ausgenutzt hätten. Außerdem hätten sie ihre Kräfte verzettelt und offenbar nicht begriffen, wie wichtig es gewesen wäre, die Panzerkräfte geschlossen einzusetzen.

Diese Kritik war zum Teil berechtigt. Entscheidender aber war etwas, was Rommel wahrscheinlich gar nicht gewußt hat: Seinen Feinden fehlte die notwendige Entschlossenheit und die Durchsetzungsfähigkeit der höheren Führung. Oft ließ sich nicht klar erkennen, welche operativen Ziele sie verfolgten. Auf britischer Seite wurden Befehle auf der Ebene der Armee, der Korps oder der Divisionen allzuoft als Diskussionsgrundlagen angesehen, als Anlässe für Frontbesuche, Streitgespräche und sogar Proteste. Die Folge war, daß man zu viel und zu umständlich plante und palaverte, anstatt entschlossen und sofort zu handeln.

Diese Disziplinlosigkeit an der Spitze der Hierarchie der britischen 8. Armee verschaffte Rommel einen besonderen Vorteil, der sich noch dadurch verstärkte, daß auf britischer Seite der allgemeine Verdacht bestand, Ritchie sei im Grunde nicht Herr seiner Entschlüsse, sondern stehe unter dem Einfluß von Auchinleck. Und wirklich griff Auchinleck oft in die von Ritchie geführten Operationen ein, und zwar nicht selten zum Nachteil der Briten.

Wie auch immer: Rommels Soldaten hatten erneut ihre taktische Überlegenheit gegenüber dem Feind unter Beweis gestellt. Sie waren ungeheuer diszipliniert, und der Gegner spürte diese Überlegenheit, was sich natürlich auch psychologisch auf die britische Führung auswirkte. Die Panzerarmee Afrika wurde von ihren Feinden als achtunggebietender Gegner angesehen, der schwer herauszufordern und kaum zu schlagen war. Örtliche britische Erfolge schienen dagegen nur zeitweilige, aber keine entscheidende Bedeutung zu haben. So hielt man die Erfolge der Deutschen gleichsam für schicksalhaft und beunruhigender, als sie in Wirklichkeit waren. Und hinter alledem stand die allgegenwärtige, drohende und unbesiegbar erscheinende Gestalt Rommels.

Die dritte Phase der Gazala-Schlacht begann am 11. Juni. Am Morgen des 9. Juni hatte Rommel die 15. Panzerdivision besucht und ihr die Befehle für die Zeit nach der Einnahme von Bir Hacheim gegeben. Da Rommel jetzt unter einem akuten Personalmangel litt, sollte jeder Mann aus den Reserveeinheiten nach vorn gebracht werden. Seine Absicht war es, aus dem Südwesten direkt gegen El Adem vorzustoßen, und dazu standen ihm zunächst die 15. Panzerdivision, die italienische Division Trieste und die 90. leichte Division zur Verfügung. Diese Kräfte wollte er im Süden für eine Umfassungsbewegung einsetzen, die von der 21. Panzerdivision unterstützt werden sollte, welche von Westen her aus dem »Wurstkessel« gegen den Feind vorging.

Um die Mittagszeit des 12. Juni bedrohte die Panzerarmee einen Teil der feindlichen Panzerkräfte (die 4. Panzerbrigade südöstlich von Knightsbridge) mit der Einkreisung. Die 21. Panzerdivision war südlich von Knightsbridge nach Osten vorgegangen, ohne auf Widerstand zu stoßen, und griff die 4. Panzerbrigade im Rücken ihres rechten Flügels an, während die 15. Panzerdivision ihre linke Flanke bedrohte. Bei Einbruch der Dunkelheit hatten sich die 4. und die 2. Panzerbrigade in nördlicher Richtung zurückgezogen und dabei so schnell wie möglich den Raum nördlich der Geländestufe von Raml erreicht, um den Stoßkeilen des Afrikakorps auszuweichen. Bei diesem Bewegungsgefecht verloren die Briten, die auf dem Weg nach Norden von der 21. Panzerdivision verfolgt wurden, 120 Panzer. Die verbliebenen britischen Panzerkräfte östlich von Knightsbridge konnten jetzt kaum mehr an eine Offensive denken und wären dazu auch nicht mehr fähig gewesen.

Es war ein Tag, an dem Rommel wieder einmal von der Führungsschwäche der Briten profitierte. Er hatte seine beweglichen Truppenteile nicht geschlossen eingesetzt, der Feind hingegen hatte seine Verbände zufällig oder absichtlich nicht weit voneinander entfernt in der Wüste verteilt und hätte sie ohne weiteres zusammenführen können, um eine Kolonne Rommels mit überlegenen Kräften anzugreifen. Ritchie und Norrie, der Kommandierende General des britischen XXX. Korps, erkannten diese Möglichkeit. Daß sie die Gelegenheit nicht ausnutzten, lag daran, daß die Befehle zu spät gegeben wurden, weil man zu lange darüber diskutiert hatte. So wurde zum Beispiel der Kommandeur der 1. Panzerdivision, Lumsden, um die Mittagszeit von Norrie gefragt, wann er das Kommando über die restlichen Panzerkräfte übernehmen könne, zu denen auch die Brigaden der 7. Panzerdivision gehörten, deren Kommandeur als vermißt gemeldet worden war. Vierzig Minuten später wurde dem Stab des XXX. Korps gemeldet, daß Lumsden darüber nachdächte. Nach weiteren zwanzig Minuten erklärte sich Lumsdens Stab, nachdem er sich mit dem Stab der 7. Panzerdivision in Verbindung gesetzt hatte, bereit, den Befehl über die beiden Brigaden der 7. Panzerdivision um 14 Uhr zu übernehmen. Aber erst kurz vor 15.30 Uhr war das geschehen, und keine dieser Brigaden war bis dahin in Marsch gesetzt worden. Kurz darauf erklärte Lumsden, er könne, da zu viele Panzer abgeschossen worden seien, das Afrikakorps (die rechte Kolonne Rommels) nicht wie befohlen angreifen. In vollkommenem Gegensatz zu diesen Reaktionen oder der Weigerung der britischen Führung, auf eine günstige Gelegenheit zu reagieren, stand das Verhalten Rommels, der sofort energisch seine Entschlüsse faßte und handelte. Mit der gleichen Energie befolgten die motorisierten Divisionen seinen Befehl.

Zweifellos hatte Rommel die Initiative zurückgewonnen. Am folgenden Tag, dem 13. Juni, führte er die 15. und die 21. Panzerdivision vor dem Rigel-Rücken nördlich von Knightsbridge zusammen, der von Teilen der britischen 201. Gardebrigade verteidigt wurde. Am Abend war der Höhenzug genommen, Knightsbridge eingeschlossen, und die dort in Stellung liegenden britischen Verbände erhielten den Befehl auszubrechen.

Rommel hatte nun praktisch völlige Bewegungsfreiheit im Wüstengebiet zwischen der Gazalastellung und Tobruk. Sein Feindnachrichtendienst meldete die geschätzten Verluste der feindlichen Panzerverbände, die nun nach Auffassung des Ic keinen entscheidenden Faktor mehr darstellten. Rommel befahl um 12.30 Uhr der 90. leichten Division über Funk um 12.30 Uhr, sofort nach Westen vorzustoßen, da die Lage im Augenblick sehr günstig sei. Im Kriegstagebuch der Division heißt es dazu, daß die Division nicht in der Lage gewesen sei, den Befehl auszuführen, weil es ihr an Munition, Wasser und Verpflegung fehlte, und obwohl die allgemeine Lage günstig sein mochte, schien sich die Division in einer außerordentlich schwierigen Lage zu befinden.[9]

Gleichwohl war Rommel überzeugt, die Schlacht gewonnen zu haben, und er hatte recht. Am folgenden Tag, dem 14. Juni, versuchte er noch einmal, das Afrikakorps nach Norden in Marsch zu setzen, um den britischen Divisionen in der Gazalastellung den Rückzugsweg abzuschneiden. Am gleichen Tag sah Ritchie ein, daß die Schlacht verloren war und seine motorisierten Truppen keine Möglichkeit mehr hatten, die Initiative zu ergreifen. Deshalb befahl er, die Gazalastellungen zu räumen. In Rommels persönlichem Tagebuch heißt es: »Panzer AOK meldet dem OB 15.59 Uhr rückläufige Bewegung aus Gazalastellung.«[10] Am folgenden Tag schrieb er seiner Frau kurz und bündig: »Die Schlacht ist gewonnen, der Feind in Auflösung.« Rommels Männer waren völlig erschöpft. Sie hatten während der vergangenen 18 Tage unaufhörlich gekämpft und dabei hohe Verluste erlitten.

Rommel hatte das Afrikakorps inzwischen westlich des Trigh Bir Hacheim zu einem letzten entscheidenden Vorstoß gegen Acroma und die Küstenstraße (Via Balbia) zusammengezogen. Nun folgte das Unternehmen wieder der vor achtzehn Tagen geplanten Stoßrichtung, und Rommel führte den Angriff persönlich neben den am weitesten vorn eingesetzten Panzern. In seinem Tagebucheintrag vom 16. Juni kritisierte er die Schwäche der im Küstengebiet eingesetzten Truppen, denen er befohlen hatte, alles zu tun, um dem Feind den Weg abzuschneiden.[11] Aber selbst Rommel konnte die deutschen Divisionen an diesem Tag nicht mehr mitreißen und ihnen die Geschwindigkeit abverlangen, die notwendig gewesen wäre, um dem XIII. Korps den Rückzugsweg aus Gazala abzuschneiden. Daher gelang es der Masse der britischen Truppen zu entkommen. Die britische 50. Division zog sich, nachdem sie die Minenfelder hinter sich gelassen hatte, zunächst in westliche Richtung zurück und wendete dann nach Süden und Südosten, um sich vorbei an Bir Hacheim jenseits der ägyptischen Grenze in Sicherheit zu bringen. Am 15. Juni befand sich die ganze britische 8. Armee auf dem Rückzug. An den beiden folgenden Tagen trieb Rommel seine beiden erschöpften Divisionen unermüdlich an und setzte sich zu einem letzten Versuch selbst an die Spitze der 21. Panzerdivision. Aber der Versuch mißlang, und die Briten konnten sich aus der Falle befreien.[12]

In dieser dritten Phase der Gazala-Schlacht war Rommel wieder in seinem Element gewesen. Er hatte die ihm verbliebenen Panzer in einer Reihe von Begegnungsgefechten, die mit der Verfolgung des Gegners endeten, fest in der Hand gehabt und geführt. Während der ganzen Schlacht zeigte Rommel wie gewohnt das sichere Gespür dafür, in welche Richtung er in der Wüste fahren mußte, wie der Feind reagieren und welchen Verlauf die Schlacht nehmen würde. Die Lage mochte noch so verworren sein, stets wußte Rommel, worauf es ankam, handelte entschlossen und bestimmte den Ablauf des Geschehens. Dennoch war es ihm nicht gelungen, die Briten in der Gazalastellung vernichtend zu schlagen. Das lag, wie einige Mitglieder seines Stabes glaubten, vielleicht daran, daß er zeitweilig zu viele verschiedene Ziele verfolgt hatte und seine Kräfte nicht geschlossen hatte einsetzen können — ein Fehler, den er selbst bei seinem Gegner immer wieder kritisierte. Vielleicht hatte er zu ehrgeizige Pläne gehabt und war bei der Festlegung seines Zeitplans zu optimistisch gewesen, so daß seine Berechnungen allzuoft durcheinandergebracht wurden, weil sich die Lage anders entwickelte als erwartet. Nun strömte der Feind, wie er schrieb, in Auflösung nach Osten. Vor ihm lag Tobruk. Die beim Unternehmen »Crusader« eingetretenen Rückschläge waren ausgeglichen.

Was Rommel nicht wußte, war, daß im feindlichen Lager einige Verwirrung im Hinblick darauf herrschte, was mit Tobruk geschehen sollte. Zu Beginn der Gazala-Schlacht hatte es ausgesehen, als wolle Rommel einer britischen Offensive zuvorkommen, und erst nach einiger Zeit bemerkten die Briten, daß sie nicht nur zur operativen, sondern zur strategischen Defensive gezwungen wurden. Das war für Auchinleck in Kairo ebenso wie für Churchill in London eine bittere Erkenntnis, und dieser Umstand zeigte deutlich, eine wie wichtige Rolle Tobruk künftig spielen würde.

Die Belagerung Tobruks durch die Deutschen, die sie als Folge der britischen »Crusader«-Offensive aufgeben mußten, war für beide Seiten eine erhebliche Belastung gewesen, und angesichts der neuen und bedrohlichen Lage befahl Auchinleck, daß Tobruk nicht wieder »belagert« werden dürfe. Um das zu erreichen, mußte Ritchie eine Verteidigungsstellung halten, die die Zugänge zu der Festung deckte, ein Vorhaben, dessen Gelingen nach den Kämpfen der letzten Tage höchst unwahrscheinlich geworden war. Ritchies Panzerverbände wollten es aus gutem Grund nach Möglichkeit vermeiden, von den jetzt überlegenen Kräften des Afrikakorps in der offenen Wüste gestellt zu werden, während seine Infanterie die Gazalastellung geräumt hatte und sich so rasch wie möglich nach Osten zurückzog.

Über die jetzt zu treffenden Maßnahmen gab es einen langen Briefwechsel zwischen Auchinleck und Ritchie, bei dem der erstere immer wieder in die Befugnisse des letzteren eingriff. Auchinleck hatte zunächst beabsichtigt, die Armee für den Fall, daß die Gazalastellung nicht gehalten werden konnte, unmittelbar an der ägyptischen Grenze Stellung beziehen zu lassen. Aber er wurde von London erheblich unter Druck gesetzt, wo die Stellung Churchills im Parlament schwächer geworden war — was zum Teil auf die britische

Niederlage in Nordafrika zurückzuführen war. Aus diesem Grund konnte man sich nur schwer auf eine klare Entscheidung für Tobruk einigen.

Aus dem Befehl, eine »Belagerung« Tobruks zu verhindern, wurde eine Denkschrift über die Möglichkeit einer »zeitweiligen Isolierung« Tobruks, und entsprechend diesen Vorstellungen hoffte Ritchie, im Raum von El Adem so starke bewegliche Kräfte zusammenziehen zu können, daß er damit Rommels Nachschubwege bedrohen konnte, falls dieser Anstalten machte, Tobruk anzugreifen. Ritchies frühere Anweisungen, die allgemeine Linie von Acroma nach El Adem zu halten, ließen sich schon in dem Augenblick, als sie gegeben wurden, nicht mehr befolgen. Churchill hatte indessen, wie nicht anders zu erwarten, sehr ungehalten auf die Mitteilung reagiert, daß Tobruk unter Umständen geopfert werden müsse. Daraufhin hatte man ihm versichert, daß es nicht wieder belagert werden würde und daß Rommel westlich der Linie Acroma-Bir el Gubi aufgehalten oder bekämpft werden würde – eine sehr optimistische Erwartung.

In Wirklichkeit gab es jetzt keine Möglichkeit mehr, Rommel an einer Belagerung Tobruks zu hindern, ohne daß man ihm in der offenen Wüste eine Niederlage bereitete, und beides hielten er und Ritchie für höchst unwahrscheinlich. Rommel wußte, daß sich der Feind zurückzog, und zwar schnell. Er wußte auch, daß er kaum in der Lage sein werde, eine Verteidigungsstellung westlich der ägyptischen Grenze zu besetzen und zu halten. Und er glaubte, die günstigsten Möglichkeiten für eine Einnahme Tobruks bestünden jetzt, solange sich der desolate Zustand der 8. Armee ausnutzen ließ. Allerdings wußte er nicht, daß der Kommandant der Festung Tobruk, General Klopper, der Kommandeur der 2. Südafrikanischen Division, seinen Unterführern am 15. Juni gesagt hatte, sie müßten mit einer drei Monate dauernden Belagerung rechnen. Klar aber war, daß seine Aufgabe, Tobruk zu nehmen, wahrscheinlich mit jedem Tag schwieriger werden würde. Am Abend des 18. Juni hatten seine Truppenverbände Tobruk vollkommen eingeschlossen.

Rommels Plan war einfach. Er wollte alle zur Verfügung stehenden Kräfte der Luftwaffe zu einem kurzen, aber schweren Bombenangriff gegen Tobruk einsetzen. Dann sollte der infanteristische Angriff im Südostabschnitt des Verteidigungsringes beginnen, nachdem die Pioniere eine Überquerung des Panzergrabens ermöglicht hatten, der einen entscheidend wichtigen Teil der Befestigungsanlagen darstellte. Anschließend sollten die verbleibenden Panzer des Afrikakorps auf das oberhalb von Tobruk gelegene und den Hafen beherrschende Gelände vorrücken und sobald wie möglich in die Festung vorstoßen.

Alles verlief plangemäß. Die ersten Stuka-Angriffe erfolgten am 20. Juni um 5.50 Uhr vor den Augen Rommels. Zu seiner eigenen Überraschung ließen sich die Befestigungsanlagen von Tobruk leichter erstürmen als bei den früheren Angriffsversuchen. Die Minen waren zum großen Teil geräumt worden, um die Gazalastellung zu verstärken. Die Verteidiger hatten keinen stärkeren Gegenangriff vorbereitet, obwohl sich einige Stützpunkte energisch und ausdauernd zur Wehr setzten. Der Stab Kloppers, der fast überrannt wurde, erhielt den Befehl, sich aufzulösen, und damit gab es keine Möglichkeit mehr, den Abwehrkampf von zentraler Stelle aus zu leiten. Die ersten deutschen Infanterieeinheiten hatten am 20. Juni um 7 Uhr begonnen, sich vorzuarbeiten. Rommel folgte ihnen in seinem Fahrzeug und schickte Berndt um 14 Uhr mit dem Befehl zurück, die motorisierten und gepanzerten Teile der Divisionen Ariete und Trieste so schnell wie möglich durch die Minenfelder zu bringen und sie auf den Spuren der 15. Panzerdivision zur Straße nach El Adem zu führen und dort in Stellung gehen zu lassen.[13] Um 18 Uhr war die 21. Panzerdivision bis in die Stadt Tobruk vorgedrungen. Ein Augenzeuge beschreibt die folgende Szene und zitiert Rommels anerkennende Worte über die Panzerarmee: »In seinem Kübelwagen sitzt er beim Schein zweier Kerzen mit dem stellvertretenden Chef des Stabes, Oberst Bayerlein, bei einem schnell zubereiteten Imbiß. Die Speisenfolge ist heute durch Ritchies Verpflegungslager in Tobruk bestimmt ... Nur die Augen leuchten unveränderlich in einer tiefen Freude. ›Es ist nicht die Führung allein‹, bekennt Rommel in der Stunde seines größten Erfolgs, ›die solche Siege ermöglicht. Man kann sie nur mit einer Truppe erringen, der man alles aufbürden kann an Last, an Entbehrung, an Kampf und Not und auch an Sterben. Meinen Soldaten verdanke ich alles!‹«[14]

Am folgenden Morgen um 6 Uhr schickte Klopper seine Parlamentäre, um die Übergabebedingungen auszuhandeln. Die Festung Tobruk mit ihrem Hafen, ihren Vorräten und den von Rommel so dringend benötigten Fahrzeugen war innerhalb von 24 Stunden gefallen, und man hatte 32 000 Gefangene gemacht. Am Morgen des 21. Juni um 9.45 Uhr schickte Rommel einen Funkspruch an alle Truppenteile der Panzerarmee Afrika: »Die Festung Tobruk hat kapituliert. Alle Einheiten versammeln sich und bereiten sich auf den weiteren Vormarsch vor.« Und seiner Frau schrieb er: »Der Kampf war wundervoll.« Doch obwohl seine Truppen nach der Gazala-Schlacht völlig erschöpft waren, wollte er weder der Panzerarmee noch dem Feind eine Ruhepause gönnen. Noch am Abend des 21. Juni rollte die 21. Panzerdivision nach Osten, und Rommels an die Truppe gerichteter Funkspruch endete mit den Worten: »In den nächsten Tagen fordere ich nochmals große Leistungen von Euch, damit wir unser Ziel erreichen.«[15]

An diesem Abend erfuhr Rommel, daß er befördert worden war. Einer seiner Frontberichterstatter war auf Wunsch von Goebbels in einer Heinkelmaschine nach Berlin geflogen, um die Presse aus erster Hand über die Ereignisse in Nordafrika zu unterrichten. Hitler empfing den Offizier persönlich und teilte ihm mit, er habe Rommel soeben zum Generalfeldmarschall befördert. Der Frontberichterstatter war beeindruckt von dem militärischen Fachwissen Hitlers, der sich genauestens im Bilde darüber zeigte, wie die britischen Panzerabwehrgeschütze verbessert worden waren, und sich über alle Einzelheiten der Kämpfe in Afrika informiert hatte. Hitler war fasziniert von dem Bericht über den heldenhaften Kampf der französischen Verteidiger von Bir Hacheim und rief aus, er habe schon immer gesagt, die Franzosen seien nach den Deutschen die besten Soldaten in Europa.[16] Der Name Tobruk beherrschte überall die Schlagzeilen, und am 22. Juni um 9.50 Uhr hörte Rommel im deutschen Rundfunk von seiner Beförderung.

In den folgenden Tagen erhielt Rommel zahlreiche Gratulationen. Der Glückwunsch Hitlers wurde wie üblich mit dem folgenden Funkspruch beantwortet: »Vorwärts zum Sieg für Führer, Volk und Reich!« Göring brachte die Überzeugung zum Ausdruck, die Einnahme Tobruks werde für immer mit dem Namen Rommel »in dem für die Freiheit geführten Krieg« verbunden bleiben. Besonders erfreut sei er darüber, daß die Luftwaffe eine entscheidende Rolle gespielt habe. Diese Freude war durchaus gerechtfertigt, sollte jedoch nicht mehr lange dauern, denn sehr bald gewann die Royal Air Force die Luftüberlegenheit.

In den früheren deutschen Kolonien wurden die Nachrichten von Rommels Siegen mit Stolz aufgenommen, und für die Männer der Panzerarmee gewann das afrikanische Abenteuer noch an Bedeutung, weil es in gewissem Sinne die Fortführung einer Tradition war, der Tradition von Deutsch-Ostafrika, Deutsch-Südwestafrika und Kamerun und des legendären Generals v. Lettow-Vorbeck.[17] »Heia Safari!« — »Waidmannsheil!« — riefen sich die Soldaten des Afrikakorps zu, während sie dieses Abenteuer zunächst nach Osten, dann nach Westen und nun wieder nach Osten führte. Ungeahnte Möglichkeiten schienen sich zu eröffnen. Rommel selbst, so berichtet sein Dolmetscher, habe sich gefreut »wie ein kleines Kind« und gesagt: »Vielleicht kommen wir bis Kairo.«[18]

16

Das Ende vom Lied

Bei allen seinen Operationen hatte Rommel immer wieder mit den schwierigen Befehlsverhältnissen fertig werden müssen, die sich aus dem Bündnis mit Italien ergaben, und er hatte sich dabei wiederholt den Vorwurf eingehandelt, durch unnötige Taktlosigkeiten die ohnedies bestehenden Schwierigkeiten noch vergrößert zu haben.

Tatsächlich hatte Rommel die Italiener zu Anfang des Afrikafeldzuges für unzuverlässig gehalten und mehr als einmal erklärt, für wichtige Aufgaben könne er nur deutsche Truppen einsetzen. Das war nicht nur unklug, sondern zum Teil auch ungerecht gewesen. Aber Rommel zweifelte an der Verschwiegenheit seiner Verbündeten auf dem nordafrikanischen Kriegsschauplatz und vermied es daher aus Gründen der Sicherheit, ihnen zuviel mitzuteilen. Oft schrieb er: »Ich traue den Brüdern nicht über den Weg«.

Immer wieder beklagte er sich über die mangelnde Einsatzbereitschaft der Italiener im Mittelmeerraum, die sich vor allem auf dem Gebiet der Logistik bemerkbar mache, und äußerte bisweilen sogar den Verdacht, daß dieses Versagen auf Verrat zurückzuführen sei. Jedenfalls glaubte er – und damit stand er nicht allein –, daß der Krieg in Rom nicht so ernst genommen würde, wie dies notwendig sei, und klagte auch über die gelegentlichen Ausschreitungen von Italienern gegenüber arabischen Frauen, die die Araber provozieren und gegen die Achsenmächte aufbringen konnten.

Im Umgang mit den höheren italienischen Offizieren war er bisweilen recht schroff, aber die einfachen Soldaten behandelte er freundlich und mit Humor, und sie erwiderten diese freundliche Haltung. Kurz nach dem Eintreffen Rommels in Afrika hatte Hitler an Mussolini geschrieben, General Rommel werde sicherlich die Loyalität und Zuneigung der italienischen Soldaten gewinnen, womit Hitler nicht einmal ganz unrecht hatte. Aber Rommel bemängelte die Gleichgültigkeit und Selbstsucht der Offiziere, die er als demütigend für den einfachen Soldaten empfand, und registrierte empört, daß die Offiziere besser verpflegt wurden als die Mannschaften und ein viel bequemeres Leben führten als diese. Tatsächlich hatten die Italiener ein besonderes Geschick, auch in der Wüste für ihre Bequemlichkeit zu sorgen, und Rommel, der spartanisch lebte, aus der Feldküche seiner Mannschaften verpflegt wurde und sich allenfalls am Abend, wenn er die Nacht in seinem Stabsquartier zubrachte, ein Glas Wein gönnte, fühlte sich von der Genußsucht und Halbherzigkeit abgestoßen, die er beim italienischen Militär antraf.

Und doch hatten die Italiener in der Gazala-Schlacht eine aktive Rolle gespielt und sich bei der Überwindung des Minengürtels im nördlichen Teil der Gazalastellung und bei den beweglichen Operationen als tapfere Soldaten ausgezeichnet. Es war die Division Trento gewesen, die als erste eine Gasse durch die Minenfelder geöffnet und damit nördlich von Bir Hacheim einen Nachschubweg geschaffen hatte. Die Panzerdivision Ariete hatte im »Wurstkessel« und bei Bir Hacheim tapfer gekämpft.

Freilich bestand die Schwäche der italienischen Verbände vor allem darin, daß die meisten ihrer Divisionen nicht motorisiert waren. Sie mußten mit den schwer zu beschaffenden Transportfahrzeugen von einem Einsatzort zum nächsten gebracht werden und waren wie alle Infanterietruppen zu Fuß in der Wüste oft allein auf ihr Glück angewiesen. Am ehesten hätten sie sich für den Einsatz im Stellungskrieg geeignet, zu dem es jedoch nur dann kam, wenn die Flanken einer Verteidigungsstellung durch unpassierbares Gelände geschützt wurden oder die Stellungen selbst in einem für die Verteidigung gut geeigneten Gelände eingerichtet werden konnten, was jedoch in der Wüste nur selten anzutreffen war. Als die Italiener jetzt dem Afrikakorps auf dem Vormarsch nach Osten an die ägyptische Grenze folgten, erwartete sie aber ein so harter und langer Stellungskrieg, wie es ihn bisher im nordafrikanischen Feldzug noch nicht gegeben hatte.

Zu Anfang sah es nicht danach aus. Am 26. Juni erklärte Rommel in einem Gespräch mit Kesselring, Cavallero und den höheren italienischen Truppenführern zuversichtlich, nach einem Durchbruch an der Grenze könnte die Panzerarmee gegen Ende des Monats in Kairo und Alexandria sein.

Das große strategische Ziel Rommels war schon immer Ägypten gewesen. Immer noch glaubte er an die Möglichkeit, den »Großen Plan«, den »Orientplan«, verwirklichen zu können: Die deutsche Armee werde den ganzen Nahen Osten mit seinen Ölfeldern beherrschen und, von Süden vorstoßend, an einer Operation teilnehmen, in deren Verlauf die Wehrmacht den Kaukasus und das südlich davon gelegene Gebiet in Besitz nähme.

Im Juni und Juli 1942 konnte man noch an solche Träume glauben. Hitler selbst hatte diese Idee nach der Einnahme Tobruks in einem Brief an Mussolini erwähnt, und zu diesem Zeitpunkt hatten derlei Visionen vielleicht noch einen realen Hintergrund. Hitler wie auch Mussolini hielten es für notwendig, den Feind am äußeren Rand eines weiten Gebiets zu fesseln — in Rußland, am Atlantik und in Afrika —, wo die Achsenmächte einen wirtschaftlich lebensfähigen und gut zu verteidigenden Raum schaffen könnten, bevor der europäische Kontinent durch eine Intervention der Vereinigten Staaten bedroht wurde. Das jedoch verlangte ein weiteres Vorgehen im Nahen Osten und im Kaukasus, um die Ölquellen zu sichern und ein entfernt gelegenes Verteidigungsvorfeld für die Sicherheit Europas zu schaffen.

Hitler hatte bereits die entsprechenden Anweisungen gegeben, und am 28. Juni begann die erste Phase der deutschen Offensive in Südrußland mit Richtung auf Woronesch mit dem Ziel, alle sowjetischen Kräfte westlich des Don einzukesseln und zu vernichten. Die Führung dieser Offensive hatte der Oberbefehlshaber der 4. Panzerarmee, Generaloberst Hoth, Rommels alter Kommandierender General in Frankreich. Nach nicht ganz zwei Monaten hatten die Deutschen im äußersten Süden einige Gebirgspässe im Kaukasus bezwungen und standen nun an der Ostküste des Schwarzen Meeres, während Rommel und die Panzerarmee Afrika einen Raum 100 Kilometer vor Alexandria erreicht hatten.

Rommel stand nun also wieder an der Grenze zu Ägypten, und als sich herausstellte, daß der Feind nicht die Absicht hatte, sie zu verteidigen, mußte er sich entscheiden, ob er dort stehenbleiben oder weiter vorrücken sollte. Für ein weiteres Vorgehen brauchte er die Zustimmung der Italiener, denn ein deutscher Vormarsch bis tief in ein anderes, nominell neutrales Land und vielleicht sogar bis zu dessen Hauptstadt vom Gebiet einer italienischen Kolonie aus war zweifellos eine hochpolitische Angelegenheit. Rommel ließ sich die Genehmigung dafür von Mussolini selbst geben und setzte die Panzerarmee in Marsch, die nur noch über 44 einsatzfähige Panzer verfügte.

Allerdings war man in den Entscheidungsgremien der Achsenmächte über die Durchführbarkeit eines strategischen Vorgehens ohne einen gleichzeitigen Angriff auf Malta geteilter Meinung. Letzteren beurteilte man wie immer — und das war ganz natürlich — als eine kostspielige Operation mit ungewissem Ausgang. Andererseits hatte sich Rommels Versorgungslage durch die in Tobruk erbeuteten reichlichen Vorräte an Material und Verpflegung wesentlich gebessert. So wies er auf die möglichen Vorteile hin, die es bringen könnte, wenn man diesen Sieg durch ein sofortiges Handeln ausnutze, anstatt noch länger zu warten, und seine Argumente entsprachen den Vorstellungen Hitlers und Mussolinis. Wie immer vertrat Rommel die Ansicht, daß es darauf ankam, dem Feind keine Ruhe zu gönnen. Ginge man jetzt an der Grenze auch nur zeitweilig zur Defensive über, gebe man die Initiative aus der Hand. Im übrigen könnten die Stellungen an der Grenze jederzeit von feindlichen motorisierten Kräften umgangen werden. Denn obwohl Rommel von der taktischen Überlegenheit der Panzerarmee überzeugt war, wußte er, daß der Gegner doch über mehr Kraftstoff und Ersatzfahrzeuge verfügen und deshalb beweglicher sein würde, weshalb eine offene Flanke dem Feind mehr als ihm selbst nützen würde. Deshalb beschloß Rommel, die deutsch-italienischen Truppen vor dem nächsten und, wie er hoffte, letzten Akt im nordafrikanischen Drama in einer Stellung bereitzustellen, deren Flanken durch das Gelände gesichert waren und die damit die beste Ausgangsposition für die Eroberung Ägyptens bot. Das aber bedeutete, daß er weiter vorgehen mußte.

Nachdem er den noch von den Briten verteidigten Ort Marsa Matruh am 28. Juni eingeschlossen hatte (ohne einen großen Teil der Besatzung am Entkommen nach Osten hindern zu können), verfügte Rommel jetzt über jeden nordafrikanischen Hafen westlich des Nildeltas, hatte große Mengen britischer Vorräte erbeutet und war mehr als je zuvor davon überzeugt, daß ihn sein Instinkt auf den richtigen Weg gewiesen habe. Die bei Marsa Matruh eingesetzten Truppen suchten so schnell wie möglich nach Osten zu entkommen — manchmal nur kurz vor den Kolonnen Rommels, zum Teil sogar hinter ihnen. Bei den Briten in Marsa Matruh herrschte völlige Verwirrung, und zunächst wußte niemand, was geschehen sollte — Zustände, von denen Rommel schon häufiger profitiert hatte. Am 1. Juli führte er den ersten Angriff gegen die britischen Stellungen südlich von El Alamein, einer nur 100 Kilometer westlich von Alexandria gelegenen Bahnstation an der von dort nach Marsa Matruh führenden Bahnstrecke.

Rommel wußte, daß Auchinleck inzwischen Ritchie als Oberbefehlshaber der 8. Armee abgelöst und selbst den Oberbefehl übernommen hatte. Obwohl er überzeugt war, mit seinem Vorgehen die richtige Entscheidung getroffen zu haben, wußte er doch, daß die Zeit gegen ihn arbeitete. Denn der Feind, der nun über das gewaltige Potential der Vereinigten Staaten und des britischen Empire verfügte, würde seine Kräfte rascher verstärken können als er. Vielleicht war jetzt der letzte Zeitpunkt, die Schlacht noch zu gewinnen. In einem ihrer letzten Berichte meldete »die gute Quelle«, daß bei den Briten in Kairo eine ziemliche Panikstimmung herrsche.

Bei El Alamein bot sich eine der wenigen Möglichkeiten, in der Wüste eine Verteidigungsstellung einzurichten, deren topographische Gegebenheiten eine Umgehung in den Flanken ausschlossen. Im Norden lag das Mittelmeer und im Süden die ausgedehnte Salzwüste der Kattarasenke. Diese ebene Fläche lag 310 Meter tiefer als die

Wüste ringsumher, und die gesamte Front von der Küste bis zur Kattarasenke war 56 Kilometer breit. Einige zumeist von Osten nach Westen verlaufende niedrige Höhenzüge boten den Verteidigern relativ günstige Beobachtungspunkte, von denen aus sich das Schlachtfeld übersehen ließ, und hatten daher eine ganz besondere Bedeutung. Doch nördlich der Kattarasenke gab es für Truppenbewegungen kaum irgendwelche Hindernisse, obwohl es wie überall in der Wüste für Fahrzeuge besser oder schlechter geeignete Strecken gab. In der Mitte und im südlichen Teil dieses Geländes befanden sich einige Sanddünen und Steilhänge. In dieser trostlosen Landschaft richteten sich die Briten im Juli 1942 zur Verteidigung ein und wehrten sich gegen die Angriffe der heranrückenden deutschen Truppen.

Zunächst kam es nur zu einzelnen, erbittert geführten Gefechten. Die Truppen auf beiden Seiten waren durch die Anstrengungen der vergangenen Wochen geschwächt. Bei der relativ geringen Frontbreite und angesichts des für die Verteidigung gut geeigneten Geländes spielte die Infanterie eine größere Rolle als bisher, doch Rommel verfügte über zu schwache infanteristische Kräfte. Sein erster Angriff am 1. Juli scheiterte vollkommen. Er stieß auf einen Feind, der ihn bereits erwartete und von starken Luftstreitkräften unterstützt wurde. So verlor er eine beträchtliche Zahl der ihm noch verbliebenen Panzer, und die 90. leichte Division erlitt im feindlichen Artilleriefeuer so schwere Verluste, daß die Soldaten fast in Panik gerieten und ihre Kommandeure sie nur mit Mühe unter Kontrolle behielten. Auch ein zweiter Angriffsversuch am folgenden Tag brachte kaum Geländegewinn und brach schließlich unter dem britischen Artilleriefeuer zusammen. Obwohl er es zunächst nicht zugeben wollte, verlor Rommel jetzt die Initiative, die er, von Unterbrechungen abgesehen, seit dem 26. Mai in der Hand gehabt hatte.

Den nächsten Angriff plante Rommel für den 10. Juli. Die Befehle dafür gab er bei einem persönlichen Besuch des Gefechtsstandes des Afrikakorps in der für ihn charakteristischen knappen und energischen Art: Man müsse sofort eine aus Panzern, Feldgeschützen und Panzerabwehrgeschützen bestehende, dem Armeeoberkommando direkt unterstellte Kampfgruppe bilden, die gegen eine noch näher zu bezeichnende Anhöhe vorgehen sollte. Dem Führer dieser von der 15. Panzerdivision aufgestellten Kampfgruppe werde Rommel selbst genaue Anweisungen geben.[1] Doch angesichts eines mit starken Kräften geführten britischen Angriffs im Küstenabschnitt gegen die beiden italienischen Divisionen Trieste und Sabratha mußte der Angriff abgeblasen werden. »Kein Tag vergeht hier ohne schwerste Krisen«, schrieb Rommel am 11. Juli an seine Frau. »Es ist zum Heulen.«[2] Am 13. Juli versuchte er wieder, mit der 21. Panzerdivision vorzugehen, aber dieses Mal gelang es nicht einmal, Panzer und

Infanterie in der gewohnten Weise zusammenarbeiten zu lassen. Die isolierte Infanterie blieb im schweren feindlichen Artilleriefeuer liegen und konnte nichts bewirken. Das wiederholte sich auch am folgenden Tag. Am 16. und 17. Juli gelang es Rommel gerade noch rechtzeitig, den Angriff der Australischen Division gegen den Miteriya-Rücken im Nordabschnitt abzuwehren, nachdem er deutsche Truppen aus dem Mittelabschnitt nach Norden verlegt hatte. Am 15. Juli hatte er einen Angriff der Neuseeländischen Division am Ruweisat-Rücken mit Mühe zum Stehen bringen und mit einem Gegenstoß einen Teil des zunächst verlorengegangenen Geländes zurückgewinnen können. Das alles waren oft verlustreiche, in begrenztem Raum geführte Gefechte, Vorstöße und Scharmützel, die von deutscher oder britischer Seite begonnen wurden und bei denen sich kaum die Gelegenheit bot, die daran beteiligten Truppen in größerem Rahmen beweglich einzusetzen. Am 17. Juli, bei einer Besprechung mit Kesselring, Cavallero und Bastico, »schilderte Rommel die Lage ziemlich schwarz«[3]. Seine Briefe nach Hause zeigen sein tiefes Unbehagen, aber er fand Trost darin, daß er sich um häusliche Angelegenheiten kümmerte, so schwarz die Gegenwart auch aussah. Am 21. Juli fragte er: »Was treibt Manfred in den Ferien?« und teilte Lucie die neueste Abrechnung seines Verlegers Voggenreiter mit.[4]

Vor einem weiteren Angriff der Neuseeländischen Division am 21. und 22. Juli wurden die deutschen Stellungen mit schwerem Artilleriefeuer belegt. Gleichzeitig gingen auch die Australier im Nordabschnitt zum Angriff vor, wurden aber nicht von britischen Panzern unterstützt, wie dies das Afrikakorps immer wieder erfolgreich vorexerziert hatte. So wurden die Australier durch einen Gegenangriff der 21. Panzerdivision zurückgeschlagen, bei dem sie schwere Verluste erlitten. Für Rommel war das ein entscheidender Augenblick in diesen Julikämpfen, die dann als »Erste Schlacht von El Alamein« bekannt wurden. Am 25. Juli schrieb er: »Die Schwierigkeit der Situation in den vergangenen Tagen läßt sich kaum beschreiben.«[5] Am 26. Juli konnte er jedoch berichten, daß die größten Schwierigkeiten überwunden seien. Die Verluste waren auf beiden Seiten etwa gleich hoch gewesen, doch für Rommel war es erheblich schwerer, sie auszugleichen, als für Auchinleck. Am 2. August schrieb er, die Kämpfe der vergangenen Wochen seien die schwersten gewesen, die er bisher in Afrika erlebt habe, er selbst fühle sich »sehr müde und schlapp«.

Das lag nicht nur an seiner körperlichen Verfassung. Rommels Versuch, die Früchte seines Sieges bei Gazala zu ernten, war fehlgeschlagen. Das Blatt hatte sich gewendet, und er mußte es sich eingestehen.

Nun trat eine Kampfpause ein, die beide Seiten dringend brauchten. Deutsche und Briten hatten bei diesen Gefechten bis zur völligen Erschöpfung gekämpft. Zwar wurden die Verluste zum Teil durch neu eingetroffenen Mannschaftsersatz ausgeglichen, aber es waren auch hervorragende Spezialisten ausgefallen, für die sich so schnell kein Ersatz finden ließ. So hatte Rommel am 10. Juli alle Angehörigen seines Abhördienstes unter Hauptmann Seebohm verloren. Seebohm hatte gelegentlich mit seinem Fahrzeug unmittelbar neben Rommels Befehlsfahrzeug gestanden und ihm dabei die ins Deutsche übersetzten britischen Funksprüche übergeben können, bevor sie von den britischen Empfangsstationen bestätigt worden waren. Sein Verlust war für den Feindnachrichtendienst der Panzerarmee besonders schmerzlich. Außerdem hatte Rommel seit dem 29. Juni auch nichts mehr aus »der guten Quelle« von Oberst Feller in Kairo erfahren können, denn die Funkverbindung dorthin war abgerissen.

Auf dem Luftweg waren inzwischen Verstärkungen eingetroffen: die 164. leichte Afrikadivision (General Lungershausen) aus Kreta, die in die Kämpfe des 11. Juli geworfen wurde und schnell ausblutete; und die Fallschirmjägerbrigade Ramcke, die ursprünglich für das Unternehmen »Herkules«, die Einnahme von Malta, aufgestellt worden war und aus ausgesucht tüchtigen Soldaten bestand, von denen viele 1941 an der verlustreichen Luftlandeoperation gegen Kreta teilgenommen hatten. Als weitere Verstärkung für Rommel war am 28. Juni die italienische Panzerdivision Littorio unter General Bitossi eingetroffen. Auch Rommels eigene Panzerdivisionen waren durch neue Panzer verstärkt worden, darunter einige stark gepanzerte und mit der hervorragenden 7,5cm-Kanone bestückte Panzer IV.

Immerhin waren 17 000 deutsche Soldaten der Panzerarmee nun schon seit sechzehn Monaten in Nordafrika. Die Zahl der Krankmeldungen hatte sich in besorgniserregender Weise erhöht, und es wäre dringend notwendig gewesen, die Männer ablösen zu lassen. Die ersten Ersatzmannschaften trafen zwar ein, aber die Hitze, die schlechte Verpflegung und die entsetzliche Fliegenplage forderten ihre Opfer auch unter den höheren Offizieren der Panzerarmee. Rommel selbst litt unter erhöhtem Blutdruck; die Strapazen des Afrikafeldzuges hatten ihn stark mitgenommen, und er brauchte dringend einen Erholungsurlaub in Europa. »Du kannst Dir vorstellen«, schrieb er Lucie am 28. Juli, »wie außerordentlich traurig ich bin, keine Urlaubspläne machen zu können.« Am 7. Juli schrieb er: »Wie überglücklich wäre ich, nach Deutschland hinüberzuspringen! Aber zu viel hängt von diesen nächsten Wochen ab.«[6]

Dennoch wollte er so bald wie möglich die Offensive in der Wüste wieder aufnehmen, denn allein darin lag, wie er glaubte, noch eine gewisse Hoffnung auf Erfolg. Indessen hatten beide Seiten ihre Stellungen mit ausgedehnten Minenfeldern verstärkt, und je länger sich die Offensive verzögerte, desto schwieriger würde es werden, in die Minensperren einzubrechen. Zudem führten auch die Briten laufend Verstärkungen heran, wie Rommel schon die ganze Zeit befürchtet hatte. Sein Stab schätzte, daß der Feind bis zum 20. August etwa 900 Panzer, 850 Panzerabwehrgeschütze und 550 Feldgeschütze haben würde. Dagegen würde Rommel bis zum gleichen Zeitpunkt nur über 300 italienische und nur 200 deutsche Panzer verfügen. Zudem mußte damit gerechnet werden, daß demnächst amerikanische Einheiten in Ägypten eintreffen würden. (Das war in der Tat in alliierten Konferenzen diskutiert worden, aber am Ende trafen nur amerikanische Panzer — allerdings in beträchtlicher Anzahl — statt amerikanischer Truppen ein.)

Auch in der Luft war die Royal Air Force der deutschen Luftwaffe seit Ende der Gazala-Schlacht deutlich überlegen. Anfang Juli wurden die Truppen an der Front und sogar Rommels Hauptquartier von starken britischen Bomberverbänden angegriffen. Die Royal Air Force war aktiv und aggressiv. Am 8. August wurde der Hafen von Tobruk bombardiert. Trotz seiner begrenzten Kapazität hatte er für Rommel wegen seiner Nähe zum Kampfgebiet große Bedeutung, aber jetzt war diese Kapazität um weitere 20 Prozent verringert worden. Rommels Versorgungslage war damit außerordentlich angespannt; aus Deutschland und Italien erhielt er nur wenig Materialnachschub, und obwohl er in Tobruk zahlreiche feindliche Fahrzeuge erbeutet hatte (ohne die er den Kampf nicht hätte fortsetzen können, denn damals machten sie mehr als 80 Prozent der Fahrzeuge der Panzerarmee aus), litten seine Truppen unter einem chronischen Mangel an Ersatzteilen.

Rommel sah sich also wieder mit einer außerordentlich besorgniserregenden logistischen Situation konfrontiert. Sogar an Verpflegung mangelte es, und die Brotrationen der Panzerarmee mußten halbiert werden. Mitte August verfügte die Truppe nur noch über Munitionsvorräte für acht bis zehn Kampftage, und die Kraftstoffvorräte reichten gerade noch für eine Strecke von 100 Kilometern. Das waren düstere Aussichten.

Die Versorgung der Truppe war von Anfang an außerordentlich schwierig gewesen, und Rommel hatte dieses Problem nie aus den Augen verloren. Immer wieder hatte er sich über das Versagen der deutschen und italienischen Behörden beschwert, die seine Armee nicht ausreichend versorgt hätten. Es gab jedoch verschiedene Faktoren, die die Versorgung einer in Nordafrika kämpfenden Armee beeinflußten, wo praktisch alles auf dem Seeweg herangeschafft werden mußte. Aber diese Faktoren konnten von den Handlungen beider Seiten beeinflußt werden und in der Gleichung eine unterschiedliche Bedeutung erhalten.

Der erste Faktor war die Länge des Seeweges und (beinahe umgekehrt proportional) seine Verwundbarkeit. Der kürzeste Versorgungsweg von Italien nach Libyen führte nach Tripolis. Da die Briten mit der Insel Malta über eine Basis für See- und Luftoperationen gegen die Geleitzüge verfügten, wurde dieser Seeweg durch U-Boote und Flugzeuge gefährdet. Wenn die Geleitzüge der Achse jedoch einen weiter östlich gelegenen Seeweg benutzten, waren sie in noch größerem Ausmaß gefährdet, denn hier gerieten sie in die Reichweite feindlicher Flugzeuge, die in Ägypten stationiert waren. Außerdem dauerte die Überfahrt länger. Man brauchte also Geleitschutz, und im August 1941 hatte das OKW zur Unterstützung der italienischen Marine deutsche U-Boote und Zerstörer ins Mittelmeer geschickt. Man hielt ein solches Verfahren jedoch insofern für unökonomisch, als zum Schutz einer verhältnismäßig geringen Zahl von Versorgungsschiffen starke Seestreitkräfte eingesetzt werden mußten, und ob man das tat, hing davon ab, welche strategische Bedeutung man dem nordafrikanischen Kriegsschauplatz zubilligte.

Ein weiterer Faktor war die Kapazität der Häfen. Die gefährdeten Häfen von Bengasi und Tobruk hatten im Vergleich zu Tripolis nur geringe Kapazität. In Tripolis konnten fünf Transportschiffe gleichzeitig ausgeladen werden, wohingegen Bengasi eine Kapazität von 2700 Tonnen und Tobruk von nur 1500 Tonnen hatte, also bedeutend weniger als Tripolis.

Der am besten geschützte Hafen mit der größten Kapazität und den besten Chancen, von Italien aus sicher erreicht zu werden, war daher Tripolis. Doch die deutsch-italienische Panzerarmee hat stets versucht, möglichst weit im Osten gelegene Verteidigungsstellungen einzunehmen und von dort aus weiter nach Osten vorzugehen. Das bringt uns zu dem dritten und wahrscheinlich wichtigsten Faktor bei der Beurteilung der Versorgungslage: der Länge der Versorgungswege vom Hafen zur kämpfenden Front und der sich daraus ergebende Bedarf an Transportfahrzeugen.

Mit jedem Kilometer und je weiter die Front vom Versorgungshafen entfernt war, erhöhte sich dieser Bedarf, und zwar nicht nur der Bedarf an Transportfahrzeugen, sondern auch an Kraftstoff und Ersatzteilen für diese Fahrzeuge, die weite Entfernungen auf zum Teil sehr schlechten Straßen zurücklegen mußten.

Das Problem bestand deshalb darin, eine Armee zu versorgen, die stark genug war, das strategische Ziel des Feldzugs zu erreichen, und zwar über einen Versorgungsweg von Europa nach Afrika, der zur See den Angriffen feindlicher See- und Luftstreitkräfte um so stärker ausgesetzt war, je weiter östlich der Hafen an der afrikanischen Küste lag, an dem die Versorgungsgüter ausgeladen wurden. Der Versorgungsweg zu Lande war wiederum Luftangriffen ausgesetzt, aber hier nahmen die Schwierigkeiten, die durch die Überbeanspruchung der Fahrzeuge und den Mangel an Kraftstoff entstanden, zu, je weiter westlich der Hafen an der nordafrikanischen Küste lag. Nach Ansicht des deutschen Militärattachés in Rom, v. Rintelen, der zugleich Verbindungsoffizier des OKW beim Comando Supremo war, handelte es sich um ein unlösbares Problem.[7] Vielleicht war es nicht ganz unlösbar, doch um es zu lösen, mußten die günstigsten Voraussetzungen geschaffen werden. Das heißt, man brauchte für die Versorgung über den Landweg eine größere Zahl von Fahrzeugen (die aber nicht zur Verfügung standen), oder einen Hafen, der nicht so weit von der kämpfenden Front entfernt war (wobei ein längerer Seeweg und unter Umständen auch eine geringere Kapazität des Hafens in Kauf genommen werden mußten).

Die dritte Möglichkeit war, weiter vorwärts Depots für die Lagerung größerer Mengen von Kraftstoff und anderem Material anzulegen oder die Front näher an solche Versorgungsbasen zurückzunehmen.

Eben das empfahl man Rommel zu tun oder aber durch ein weiteres Vorrücken die Verschärfung der Versorgungsschwierigkeiten zu vermeiden. Das hatte das italienische Oberkommando im Februar und März 1941 geraten, bevor er seine erste Offensive begann, mit der er den Abzug der Briten aus der Cyrenaika erreichte. Auch nach seinem Rückzug nach Marsa el Brega, der dem Unternehmen »Crusader« folgte, und vor seiner zweiten großen Offensive, die ihn nach Gazala und Tobruk führte, forderte man ihn dringend auf, diese Tatsache zu berücksichtigen. Das gleiche geschah, als er schließlich kurz vor dem Nildelta stand.

Bei all diesen Gelegenheiten hatten diejenigen, die ihn dazu bewegen wollten, nicht weiter vorzugehen und für eine Verkürzung der Nachschubwege zu sorgen, überzeugende Argumente auf ihrer Seite. Rommel konnte daraufhin aber die berechtigte Frage stellen, welchen Sinn seine Gegenwart in Afrika dann überhaupt habe. Wenn er ein großes Risiko einging und eine taktische Niederlage des Feindes ausnutzte — konnte dann nicht mit etwas mehr Anstrengung und Phantasie ein Abzug der Briten und damit das wichtigste strategische Ziel erreicht werden?

Rommel konnte die Zweifler und Kritiker auf seine bisherigen bedeutenden Erfolge verweisen. Sie hätten ihn im Februar 1941 am liebsten bei Tripolis festgehalten: Statt dessen hatte er zwei Monate später an der ägyptischen Grenze gestanden. Im Januar 1942 hätten sie ihn auch dort festgehalten: Doch Mitte Juni hatte er Tobruk genommen und stand 100 Kilometer vor Alexandria. Er hatte sich über ihre Warnungen hinweggesetzt und recht behalten.

Gleichwohl waren die logistischen Faktoren nicht aus der Welt zu schaffen. Die 100 000 Tonnen an Versorgungsgütern, die die Panzerarmee monatlich brauchte, die überall in Afrika angespannte Kraftstofflage, die hohe Beanspruchung der Versorgungsfahrzeuge (von Bengasi bis zur Front waren es 1 280 Kilometer und von Tripolis 2 240 Kilometer) und die enttäuschende Erfahrung, daß Tobruk keineswegs der am besten geeignete Versorgungshafen war (der Schiffahrtsweg dorthin war so gefährlich, daß man ihn als den Friedhof der italienischen Flotte bezeichnete) — alle diese Dinge mußten ebenso in Rechnung gestellt werden wie die allgemein bekannte Tatsache, daß Auchinleck beträchtliche Verstärkungen an Mannschaften und Material erhalten hatte, seine Armee unweit ihrer Versorgungsbasis stand und deshalb ohne Schwierigkeiten mit allem Notwendigen versorgt werden konnte. Wenn man alle diese Faktoren gegeneinander abwog, erschien es sehr zweifelhaft, ob Rommel einen längeren Feldzug oder eine neue Schlacht überstehen würde, wenn sich seine Versorgungslage nicht wesentlich besserte.

Nur einer der genannten Faktoren konnte von Rommel beeinflußt werden, und das war die Lage seiner vordersten Front und damit die Länge seines Versorgungswegs über Land. Er hätte die Möglichkeit gehabt, weit zurückzugehen und alle weiteren größeren Unternehmungen auf eine spätere Zeit zu verschieben, bis der sooft von ihm angemahnte Angriff gegen Malta erfolgt war und sich die Versorgungslage auf die Dauer gebessert hatte. Er hätte warten können, bis in Afrika eine größere Menge von Versorgungsgütern eingetroffen war, und dazu gehörten auch neue Fahrzeuge. Oder er hätte weiter vorgehen können, um die Offensive so schnell wie möglich wiederaufzunehmen und dann die Panzerarmee über den Hafen von Alexandria und die ägyptischen Flugplätze zu versorgen.

Während der Juli verging, mußte Rommel erkennen, daß er für die zweite Alternative zu schwach war und kaum Aussicht auf Erfolg einer solchen Offensive bestand. In Tobruk hatte er 2 000 Fahrzeuge und 1 400 Tonnen Kraftstoff erbeutet. Damit hatte sich seine Lage zwar verbessert, aber das Problem war deshalb noch nicht gelöst. Mitte August erzwangen die Briten unter erheblichen Verlusten die Durchfahrt eines Geleitzugs durch das westliche Mittelmeer, um Malta mit Nachschub zu versorgen und die Inselfestung erneut in die Lage zu versetzen, die Geleitzüge der Achsenmächte nach Afrika zu bedrohen, die wegen des Treibstoffmangels nun wieder Kurs auf Tripolis nahmen. Wenn also Rommel gegen das Nildelta vorstieß, mußte er seine Truppen an der Front über eine Strecke versorgen, die halb so lang war wie die ganze nordafrikanische Küste.

Noch länger zu warten oder die Front zurückzunehmen hieß aber, die Initiative einem Feind zu überlassen, der bald so stark sein würde, daß keine Aussicht mehr bestand, ihn zu besiegen. Nur ein sofortiger Angriff konnte zumindest ein erster Schritt auf dem Wege zum strategischen Sieg sein. Kesselring, ein kluger Beurteiler militärischer Faktoren, obwohl vom Temperament her ein Optimist, stimmte Rommel jetzt zu. So wurde Rommels Spätsommer-Offensive in Ägypten von den Hoffnungen und Weisungen seiner Vorgesetzten getragen.

Man beschloß, Ende August einen Großangriff zu beginnen. Ebenso wie bei Gazala würde es ein Angriff gegen eine stark verminte und gut befestigte Stellung sein. Und ebenso wie dort wollte Rommel im Nordabschnitt einen Scheinangriff führen und den Schwerpunkt in den Süden verlegen, die feindliche linke Flanke umfassen und anschließend in nördlicher Richtung bis zur Küste vorstoßen. Die Kampfmoral der Panzerarmee war immer noch gut. Für den Angriffsbeginn wurde der 30. August festgelegt, und am Morgen dieses Tages schrieb Rommel seiner Frau — wahrscheinlich eher um sie zu beruhigen, als daß es den Tatsachen entsprochen hätte —: »Gesundheitlich fühle ich mich ganz auf dem Damm. Es geht um Großes. Gelingt unser Schlag, könnte er zur Kriegsentscheidung beitragen.«

In Rußland standen die Deutschen jetzt an der Wolga und am Stadtrand von Stalingrad. Wenn es Rommel gelang, die 8. Armee in Afrika ebenso zu schlagen wie bei Gazala, konnte er den Suezkanal erreichen und damit ganz Ägypten in die Hand bekommen. Er hatte jedoch gewisse Bedenken, und seine Untergebenen spürten das. Er hatte das Gefühl, dies sei seine letzte Chance.[8]

Bevor der Angriff am 30. August um 20 Uhr begann, suchte Rommel den Gefechtsstand des Afrikakorps auf, dessen Kommandierender General noch General Nehring war. Er wußte, daß die britische 8. Armee seit dem 15. August einen neuen Oberbefehlshaber hatte: General Montgomery.

Die militärischen Fähigkeiten Bernard Montgomerys unterschieden sich in fast jeder Hinsicht von denen Erwin Rommels. Beide hatten in den Jahren, in denen sich diese Fähigkeiten entwickelten, am Ersten Weltkrieg teilgenommen, waren dabei jedoch zu ganz verschiedenen militärischen Grundauffassungen gelangt. Montgomery hatte zunächst in der ersten Ypernschlacht einen Zug geführt und sich anschließend an der Westfront als begabter Generalstabsoffizier bewährt. Dabei hatte er sein Organisationstalent entwickelt und gelernt, sorgsam mit den vorhandenen Mannschafts- und Materialreserven umzugehen und sich in der Kriegführung an bestimmte einfache und logische Grundsätze zu halten. Der nicht weniger intelligente Rommel hatte dagegen den ganzen Krieg als Frontoffizier mitgemacht und aus seinen Erfahrungen wichtige taktische Erkenntnisse gewonnen. Die entscheidenden Faktoren waren für ihn das Überraschungsmoment, der Vorrang des Angriffs gegenüber der Verteidigung, die persönliche Führung am entscheidenden Punkt im Gefecht, der volle Einsatz seiner körperlichen Energie und die Führung von vorne. Während Montgomery dazu neigte, in jeder Lage Vor- und Nachteile sorgfältig gegeneinander abzuwägen und dabei eher zu vorsichtig war, wußte der Optimist Rommel sehr wohl, daß sich im Kriege nichts mit Sicherheit voraussagen läßt und sich der Unsicherheitsfaktor ebenso positiv wie negativ für ihn auswirken konnte — besonders wenn man die Gelegenheit beim Schopf packte und selbst das Gesetz des Handelns in die Hand nahm. So weigerte sich Montgomery (wenn es möglich war), die Schlacht anzunehmen, wenn er sich des Erfolgs nicht absolut sicher war, während Rommel, obwohl er entschieden bestritt, ein Hasardeur zu sein, manchmal atemberaubende Risiken einging, wenn er an die Möglichkeit eines entscheidenden Erfolgs glaubte und annahm, daß es für den Fall eines Mißerfolgs immer noch einen Ausweg gab. Montgomerys Stärke war die sorgfältig vorausgeplante militärische Operation. Er war ein hervorragender Organisator und ein Fachmann auf dem Gebiet der Logistik. Zudem hatte er eine glückliche Hand bei der Auswahl vertrauenswürdiger Untergebener, bei denen er sich darauf verlassen konnte, daß sie seine Befehle gewissenhaft ausführten. Rommel war in Geist und Handeln schneller, befahl »aus dem Sattel« und griff oft persönlich in das taktische Geschehen auf dem Gefechtsfeld ein, denn hier lag seine besondere Stärke.

Rommel war ein Meister des beweglichen Kampfes, der Improvisation und der raschen Entschlüsse. Montgomery hat sich dieser Herausforderung niemals gestellt und hätte dabei wahrscheinlich auch nichts Hervorragendes geleistet. Er wendete vielmehr die Kampfmethoden an, die er so glänzend beherrschte, und er hatte Erfolg damit, denn er verfügte über alle Hilfsmittel, um das zu tun, was er für richtig hielt. Anders als Rommel baute er, wenn er gesiegt hatte, seine Stellungen aus und ging nie wieder zurück. Dagegen konnte Rommel nur kurzzeitige Erfolge erringen. Aber wenn Rommel nach 1940 siegte, dann gelang es ihm trotz seiner zahlenmäßigen und materiellen Unterlegenheit, die er mit der für ihn charakteristischen Energie, Geschwindigkeit und dynamischen Geschicklichkeit auszugleichen wußte. So unterschied er sich von Montgomery mehr durch die Art als durch die Qualität seines Vorgehens.

Doch sosehr sich diese beiden Soldaten auch in ihren militärischen Fähigkeiten voneinander unterschieden, in ihren menschlichen Qualitäten und Charaktereigenschaften waren sie einander auffallend ähnlich. Für beide war es ungeheuer wichtig, das Vertrauen der von ihnen geführten Truppen zu gewinnen. Montgomery tat alles, um eine gute persönliche Beziehung zu seinen Soldaten herzustellen; er sprach mit ihnen und ermutigte sie. Rommel war noch mehr als Montgomery der Typ des Soldaten, den seine Mannschaften als einen der ihren anerkannten. Auch er pflegte die persönlichen Beziehungen zu ihnen, scherzte und konnte grob werden wie ein Feldwebel, schonte sich nicht, war bekannt für seine spartanische Lebensweise, teilte alle Strapazen mit seinen Soldaten und war mit seinem persönlichen Mut ihr leuchtendes Vorbild. Beide erreichten ihr Ziel auf verschiedenen Wegen, aber der menschliche Faktor im Kriege hatte für beide die größte Bedeutung, und ihre Armeen wußten das. Sie stellten hohe Anforderungen an die eigene körperliche Leistungsfähigkeit ebenso wie an die ihrer Untergebenen und waren in ihren persönlichen Ansprüchen äußerst bescheiden. Beide fühlten sich eng mit ihren Familien verbunden. Ebenso wie Rommel hatte auch Montgomery nur einen Sohn. Außerhalb des Militärberufs hatten sie keine besonderen Interessen, obwohl beide gute Fotografen und begeisterte Wintersportler waren.

Beide Männer kannten sehr genau den Wert der Öffentlichkeitsarbeit und wußten, wie wichtig es ist, sich selbst ins rechte Licht zu stellen und der Armee ebenso wie der Nation, der diese Armee dient, ein deutlich erkennbares Idealbild zu vermitteln. Bei Rommel übernahm Goebbels zum Teil diese Aufgabe, denn er hatte erkannt, daß er es mit einem General zu tun hatte, der alle Eigenschaften besaß, die ihn in den Augen der Öffentlichkeit zum Volkshelden machen konnten. Montgomery war seiner Veranlagung nach weniger geneigt, sich ins Licht der Öffentlichkeit zu stellen, aber nachdem er den Wert der Popularität erkannt hatte, hat er es ganz bewußt getan und stand Rommel darin in nichts nach.

Rommel war eitel, und Montgomery war es – oder wurde es – auch. Beide genossen sie die Anerkennung, die ihnen zuteil wurde, und beide Männer erkannten im Lauf der Zeit immer deutlicher den Wert ihrer Leistungen und waren schließlich überzeugt, daß diejenigen, die anderer Meinung waren oder sie kritisierten, im Unrecht waren. Kurz gesagt: Sie waren beide egozentrisch, ehrgeizig, intolerant gegenüber jedem Widerspruch und gelegentlich durchaus empfänglich für Schmeichelei. Und deshalb wurden sie in den Reihen ihrer eigenen Armeen häufig wegen ihrer Selbstdarstellung und Überheblichkeit kritisiert.Überdies waren beide bereit, sich unter Umgehung des normalen Dienstweges die eigenen Entschlüsse bestätigen zu lassen und dabei bis an die Grenzen der Loyalität zu gehen – Rommel häufiger als Montgomery. Und beide waren im Umgang mit ihren Verbündeten gelegentlich unhöflich und ungeduldig — Rommel gegenüber den Italienern, Montgomery gegenüber den Amerikanern —, und das ging manchmal so weit, daß es der eigenen Sache schadete. Beide brauchten bei solchen Gelegenheiten einen verständnisvollen Vorgesetzten, der den Schaden wiedergutmachen mußte. Im Fall von Montgomery war es Brooke[9] und bei Rommel Kesselring.

Beide Männer waren außerordentlich ehrgeizig. Beide waren grundsatztreu und grundanständig. Beide waren ungeheuer willensstark. Nun sollten sie aufeinandertreffen.

In Montgomerys Stellungen waren vier Infanteriedivisionen in einer Frontbreite von etwa 32 Kilometern eingesetzt. Am weitesten nördlich lag die 9. Australische Division unter General Morshead, südlich davon folgten die 1. Südafrikanische Division unter General Pienaar, die 5. Indische Division unter General Briggs und die 2. Neuseeländische Division unter General Freyberg. Diese Stellungen wurden durch Minenfelder gesichert. Eine fünfte Division, die britische 44. unter General Hughes, lag in einer Auffangstellung auf dem Alam-Halfa-Rücken, der etwa 24 Kilometer hinter der Neuseeländischen Division von Osten nach Westen verlief. Es bestand daher eine bewußt offengelassene Lücke südlich der Neuseeländer, ein Tor, durch das Rommel vorstoßen konnte (und durch »Ultra« war bekannt, daß er dies beabsichtigte). In dieser Lücke waren eine motorisierte Brigade und eine leichte Panzerbrigade plaziert, die den Befehl hatten, die Minenfelder zu schützen, aber wenn notwendig zurückzugehen. Die Masse der britischen Panzer — drei weitere Panzerbrigaden — hatte westlich und südlich des Alam-Halfa-Rückens Stellung bezogen, um einen deutschen Angriff abzuwehren und die Panzerarmee (sobald klargeworden war, was Rommel unternehmen würde) frontal und in der Flanke unter Feuer zu nehmen, sobald sie diesen Höhenzug umging. Die Hauptaufgabe der britischen Panzer sollte es sein, einen deutschen Panzerangriff abzuwehren. Man hoffte, Rommel in eine tödliche Falle zu locken.

Rommel hatte von seinem Feindnachrichtendienst ein einigermaßen zutreffendes Bild von der Verteilung der britischen Kräfte bekommen, obwohl er den alten Gegner des Afrikakorps, die britische 50. Division, an der Stelle der 1. Südafrikanischen Division vermutet und nicht erkannt hatte, daß die 44. Division jetzt auf dem Alam-Halfa-Rücken in Stellung gegangen war. Rommel begann seinen Angriff mit insgesamt 470 Panzern (ohne die leichten italienischen Panzer), und davon waren 200 deutsche Panzer des Afrikakorps. Ihm standen knapp 700 englische Panzer gegenüber, darunter eine Anzahl amerikanischer Sherman-Panzer, robuste »Arbeitspferde«, ausgerüstet mit derselben 7,5cm-Kanone wie die Grant-Panzer bei Gazala. Dieses Geschütz war nicht so stark wie das deutsche Langrohrgeschütz des gleichen Kalibers, und der Sherman ließ sich leicht in Brand schießen, war aber technisch hervorragend. Rommel hielt die britischen Panzerkräfte für stärker, als sie in Wirklichkeit waren, kalkulierte aber auch ein, daß der Feind über eine beachtliche Zahl von Reservepanzern verfügte, mit denen eventuelle Ausfälle ausgeglichen werden konnten.

Rommel hatte es also, wie schon so oft, mit zahlenmäßig überlegenen Kräften zu tun, die er bisher jedoch immer hatte bezwingen können. Seine Taktik bestand — wieder einmal — darin, in die Tiefe des Gegners vorzustoßen und dessen Lebensnerv zu bedrohen: sein Hinterland und seine Verbindungslinie zum Nildelta. Auf diese Weise sollte der Gegner dazu gezwungen werden, seine motorisierten Truppen der überlegenen Manövrierkraft, der dynamischeren, gewandteren Führung und der taktischen Beweglichkeit der Panzerarmee auszusetzen.

Rommels Operationsplan ähnelte sehr dem von Gazala drei Monate zuvor. Es gab eine frontale Demonstration (Scheinangriff) im Norden, wo die italienischen Infanteriedivisionen hinter eigenen Minenfeldern den britischen Minenfeldern gegenüberlagen. Verstärkt durch die Brigade Ramcke und die kürzlich eingetroffene deutsche 164. Division sollten diese Divisionen die britischen Verteidiger festhalten und so verhindern, daß sie die weiter südlich kämpfenden britischen Verbände verstärkten. Gleichzeitig sollten die Panzer der Panzerarmee — die drei Divisionen des Afrikakorps und die drei gepanzerten oder motorisierten Divisionen des XX. Korps unter General de Stefanis (Trieste, Ariete und Littorio) — die britischen Minenfelder im südlichen Frontabschnitt durchbrechen, etwa 32 Kilometer nach Osten vorstoßen und dann nach Norden hinter die britischen Hauptstellungen einschwenken und die britischen Panzer mit der gleichen überraschenden und improvisierten Stoßkraft angreifen, die schon so oft den Erfolg gebracht hatte. Diesmal wollte Rommel den Briten den Rückzug abschneiden, die Küste erreichen und dann mit seinen schnellen Divisionen so rasch wie möglich ins Nildelta nach Alexandria und Kairo vorstoßen, um sich in den Besitz der schier grenzenlosen britischen Treibstoff- und Fahrzeugreserven zu setzen, die er dort vorfinden würde. Das wäre dann der Beginn des »Großen Plans« oder des »Orientplans« mit seinem südlichen Zangenarm. Hier lag der Schwerpunkt der Offensive, die unmittelbar nach Überwindung der Minenfelder in der Nacht vom 30. zum 31. August im Mondschein beginnen sollte. Sie sollte mit den Italienern am linken Flügel und der deutschen 90. leichten Division links daneben sowie mit der 15. und 21. Panzerdivision des Afrikakorps am rechten Flügel mit einer weiten Umfassungsbewegung tief in Feindesland vorgetragen werden.

Schon nach drei Tagen zeigte sich aber, daß die Operation gescheitert war. Ein größerer Unterschied zum Verlauf und Ausgang der Schlacht bei Gazala war nicht vorstellbar.

Zunächst brauchte die Panzerarmee mehr Zeit, die Minenfelder zu überwinden, als man dafür angesetzt hatte. So konnte Rommels Zeitplan von Anfang an nicht eingehalten werden. Zweitens nutzte der Feind seine Luftüberlegenheit mit verheerender Wirkung gegen die Truppenkonzentrationen und Nachschubkolonnen Rommels. Bisher hatten beide Seiten über etwa gleich starke Luftstreitkräfte verfügt; zeitweilig war die Luftwaffe und dann wieder die Royal Air Force überlegen gewesen. Im vergangenen Jahr hatte Rommel während der ersten Belagerung von Tobruk bei den Bombenangriffen der britischen Blenheims schwere Verluste erlitten. Aber die deutschen Maschinen vom Typ Messerschmidt 109 F 2, die im August 1941 zum ersten Mal in Nordafrika eingesetzt wurden, hatten sich hervorragend bewährt, und während des Unternehmens »Crusader« waren Erfolge und Verluste auf beiden Seiten etwa gleich gewesen. Doch während der Kämpfe um Gazala und der anschließenden Verfolgung sowie bei den ersten Angriffen gegen die Alameinstellung hatten die ihren Gegnern zahlenmäßig überlegenen deutschen und italienischen Geschwader zahlreiche Maschinen verloren, und der unaufhörliche Einsatz war für ihre Besatzungen eine schwere Belastung gewesen. Gegen Ende der Gazala-Schlacht hatten die Briten die Initiative zurückgewonnen. Ab Mitte Juli klangen die Berichte des Fliegerführers Afrika, des Generals v. Waldau, zunehmend pessimistischer. Zudem hatten die Briten sehr viel weniger Schwierigkeiten, ihre Flugzeuge mit Kraftstoff zu versorgen, als die Deutschen. Deshalb wurde Rommel kaum noch aus der Luft unterstützt, während die Panzerarmee Tag und Nacht von den britischen Bombenflugzeugen angegriffen wurde.

Aus diesen und anderen Gründen kam die Panzerarmee nun nicht mehr so schnell voran wie erwartet und brauchte mehr als drei Stunden, um eine Strecke von 32 Kilometern zurückzulegen. Das war nicht mehr das Afrikakorps, das mit Rommel an der Spitze an Bir Hacheim vorbeigestoßen war. Sein Kommandierender General Nehring war verwundet, und sein Chef des Stabes, Bayerlein, hatte zunächst den Befehl übernommen. Wenige Minuten vorher war der Kommandeur der 21. Panzerdivision, v. Bismarck, von einem Granatwerfergeschoß getroffen worden und gefallen. Schon am ersten Tag, dem 31. August, um 8 Uhr morgens, überlegte Rommel – zweifellos unter dem Eindruck der vernichtenden feindlichen Luftangriffe —, ob er die Operation einstellen und sich zurückziehen sollte.[10] Sein linker Flügel, das italienische XX. Korps mit der 90. leichten Division, kam nur langsam voran, was sich nicht unbedingt nachteilig hätte auswirken müssen, wenn es wirklich zu einer Umfassungsschlacht gekommen wäre. Aber diesmal zeigte sich Rommel irritiert. Zweifellos sagte ihm sein sprichwörtliches Fingerspitzengefühl, daß hier etwas nicht in Ordnung war.

Das Afrikakorps hielt in der Wüste südwestlich des Alam-Halfa-Rückens, um aufzutanken. Bayerlein versuchte, Rommel zu überzeugen, weiter vorzugehen, und der stimmte zögernd zu. Ursprünglich hatte er noch weiter östlich nach Norden abdrehen und vorbei am östlichen Ausläufer des Alam-Halfa-Rückens bis zur Küste vorgehen wollen. Doch am 31. August um 8.15 Uhr gab er dem Afrikakorps den Befehl, früher als geplant in Richtung auf das westliche Ende des Alam-Halfa-Rückens nach Norden einzudrehen.[11] Rommel wußte zu dieser Zeit noch nicht, daß sich die britische 44. Division auf dem Alam-Halfa-Rücken mit Front nach Süden zur Verteidigung eingerichtet hatte, während westlich und südlich davon die britischen Panzerbrigaden mit Front nach Süden und Westen aufmarschiert waren, um die anrückenden deutschen Panzer unter Feuer zu nehmen.

Der Vormarsch ging langsam weiter. Die britischen Panzer blieben in ihrer Stellung, machten keine Ausfälle und versuchten nicht, die Deutschen auszumanövrieren. Sie blieben einfach stehen.

Am 1. September, dem zweiten Tag des Unternehmens, besuchte Rommel am Vormittag das Afrikakorps und wurde auf dem Weg dorthin ständig von britischen Flugzeugen angegriffen. Dabei wurden einige Soldaten seiner Kampfstaffel getötet, er selbst fast von einem Bombensplitter getroffen. Am Nachmittag dachte er wieder daran, die Schlacht abzubrechen. Seine Panzer waren auf die zahlenmäßig überlegenen britischen Panzerbrigaden gestoßen, die von ihrer günstig gelegenen Verteidigungsstellung aus das ganze Schußfeld beherrschten und die Schußentfernungen für jede denkbare Gefechtssituation festgelegt hatten. Da Rommel nicht über genügend Kraftstoff verfügte, konnte er sich keine weitreichenden Manöver erlauben, auch wenn es taktisch erforderlich gewesen wäre. Schon um 7 Uhr morgens hatte ihm General v. Vaerst, der jetzt das Afrikakorps befehligte, gesagt, daß er wegen des Kraftstoffmangels mit einem Scheitern des Angriffs rechnen müsse. Rommels Verbände waren Luftangriffen ausgesetzt, wo immer in der Wüste sie sich aufhielten. Am 1. September unternahm er noch einen Angriffsversuch gegen die britische Schlüsselstellung auf dem Alam-Halfa-Rücken, und zwar nur mit der 15. Panzerdivision. Dieses Unternehmen hatte kaum Aussicht auf Erfolg, und im Rückblick scheint es, als hätte sich

Rommel schon mit einem Fehlschlag abgefunden und nur noch einen letzten Versuch in der Hoffnung unternommen, den Gegner, wie schon sooft, mit einem überraschenden Vorstoß zu beeindrucken und zum Rückzug zu veranlassen. Das gelang aber nicht. Die 15. Panzerdivision konnte kaum Gelände gewinnen, und am Morgen des 2. September um 8.25 Uhr notierte der enttäuschte Rommel in seinem Tagebuch: »Entschluß zum Abbruch der Schlacht gefaßt.«[12] So endete die Schlacht von Alam Halfa.

Der Rückzug begann. In der Nacht vom 1. auf den 2. September hatte Rommels tüchtiger Dolmetscher in das Kriegstagebuch eingetragen: »So wie heute nacht sind wir noch nie bombardiert worden!«[13] In seinen späteren Aufzeichnungen über den Verlauf dieser Kämpfe hat Rommel vielleicht den verheerenden Eindruck übertrieben, den die Luftüberlegenheit des Gegners auf seine Truppen machte. Zwar hatte die Luftwaffe am 1. September einige beachtliche Erfolge zu verzeichnen, aber sie genügten nicht, die Bodenkämpfe entscheidend zu beeinflussen.

Am 2. September traf die Nachricht ein, daß ein Tanker mit 8 000 Tonnen Kraftstoff vor Tobruk versenkt worden war. Die 360 Tonnen Kraftstoff, die täglich von der Luftwaffe eingeflogen wurden, waren zum größten Teil von den Versorgungsfahrzeugen auf den langen Nachschubwegen verbraucht worden.[14] Doch obwohl der Verlust des Tankers einer von vielen ähnlichen schweren Schlägen war, die Rommel hinnehmen mußte, hatte er den Entschluß, den Kampf abzubrechen, schon vorher gefaßt. Man hat behauptet, sein berühmtes Fingerspitzengefühl habe ihn bei Alam Halfa verlassen. Man könnte aber auch sagen, sein Instinkt habe ihn auch diesmal nicht getäuscht. Denn schon vor der Schlacht hatte er Bedenken gehabt und dann zur rechten Zeit erkannt, daß sie verloren war. Diesmal hatte er seine stärksten Waffen, die Überraschung und die konzentrierte Stoßkraft seiner Panzer, nicht einsetzen können. Der Feind, der durch »Ultra« und einen hervorragenden Abhördienst von Rommels Absichten unterrichtet war, hatte sich auf den Angriff vorbereitet. Sein Gefühl hatte Rommel gesagt, daß er einem gleichwertigen Gegner gegenüberstand, den er nicht wie früher trotz zahlenmäßiger Unterlegenheit durch rasches Handeln und taktisches Geschick besiegen konnte. Die feindliche Überlegenheit in der Luft, »Ultra«, der Kraftstoffmangel – all das war gegen ihn. Und Montgomery.

Der beschloß, seinen Sieg in der Verteidigung nicht, wie zunächst beabsichtigt, operativ auszunutzen, sondern zu warten, die Stellung auszubauen und mit den Kräften seiner Armee hauszuhalten, um die bevorstehende Offensivschlacht führen zu können. Rommel zog sich nach Westen zurück und wurde dabei kaum vom Gegner behindert. Er hatte immer noch 160 Panzer beim Afrikakorps und weitere

270 bei den italienischen Divisionen. Die Verluste an Kriegsgerät waren relativ gering gewesen. Allerdings hatte er fast 3 000 Mann verloren, darunter 570 Gefangene. Aber Rommel hatte die Schlacht von Alam Halfa verloren und damit die letzte Hoffnung, in Afrika noch einmal die Initiative ergreifen zu können. Der »Orientplan« mit seinem südlichen Zangenarm war tot.

Das Scheitern seiner Pläne führte Rommel in erster Linie auf den Kraftstoffmangel zurück. Kesselring, der Rommel an dem Tag besuchte, an dem dieser den Rückzug befahl, sah das anders. Er war der Ansicht, Rommel hätte genug Treibstoff gehabt, um nach Alexandria und zu den dort lagernden fast unerschöpflichen Kraftstoffvorräten zu kommen, wenn er die Schlacht gewonnen hätte. Aber Rommel argumentierte überzeugender, wenn er erklärte, das Scheitern seines Angriffs sei auf die Luftüberlegenheit des Gegners zurückzuführen, der seine Luftstreitkräfte offensichtlich in einer sehr viel engeren Zusammenarbeit mit den Bodentruppen eingesetzt hatte als je zuvor. Im Rückblick schrieb Rommel, daß es praktisch unmöglich gewesen sei, eine Truppe, die ständig von Bombenflugzeugen angegriffen wurde, beweglich zu führen. Die Panzerarmee habe keine andere Alternative gehabt, als die bevorstehende Defensivschlacht aus möglichst stark befestigten Stellungen heraus zu führen. Angesichts eines Gegners, dessen Überlegenheit in der Luft mit jedem Geleitzug, der das Nildelta erreichte, stärker wurde, sei eine Fortsetzung des Bewegungskrieges in Afrika ebenso unmöglich gewesen wie auch anderswo unter ähnlichen Voraussetzungen.

Zudem hatte Rommel es jetzt mit einem neuen Gegner zu tun. Montgomery hatte seine Armee während der ganzen Schlacht fest in der Hand. Er wußte, was er zu erwarten hatte, seine Pläne waren gründlich und vernünftig, er versuchte keine Bewegungen — mit Ausnahme der vorausgeplanten Verstärkung seines Südflügels am ersten Nachmittag —, und er widerstand der Versuchung, seinen Sieg noch weiter auszunutzen und Rommel bei dessen Rückzug mit stärkeren Kräften zu verfolgen. Rommel mußte feststellen — welche Gründe er dafür auch anführen mochte —, daß die feindlichen Kräfte sich nicht aus der Ruhe bringen ließen und ohne jede Überreaktion auf die Bewegungen der deutschen Truppen im Vertrauen auf die eigene Stärke ihre Stellungen hielten. Ein solches Selbstvertrauen hatten die Briten bisher noch nie gezeigt.

Gleichwohl warf Rommel, der Auchinlecks Kaltblütigkeit und Geschicklichkeit bewundert hatte, Montgomery vor, unnötig gezögert zu haben, anstatt die Gelegenheit zu ergreifen und seinen Sieg auszunutzen, als die Schlacht für Rommel verloren war. Im September äußerte er gegenüber den Angehörigen seines Stabes bitter: »Wenn ich Montgomery wäre, wären *wir* nicht mehr hier!«[15] Das war der Kommentar eines Mannes, der glaubte, er sei von der materiellen Überlegenheit des Gegners und nicht von dessen Tatkraft und Geschicklichkeit geschlagen worden. Rommel hat die Leistungen seines Gegners bei Alam Halfa nicht unmittelbar mit dem neuen Geist in Verbindung gebracht, der den Gegner seit Montgomerys Ankunft beflügelte, und er konnte das vielleicht auch nicht. Aber es war so, und nach Alam Halfa nahm die Siegeszuversicht der Briten noch wesentlich zu.

Dazu trug auch die Tatsache bei, daß die Briten über einen sehr viel leistungsfähigeren Feindnachrichtendienst verfügten als Rommel. Das war zwar nichts Neues, aber inzwischen verstand man es immer besser, diesen Vorteil zu nutzen. Das System »Ultra« arbeitete hervorragend und hatte wesentlich zur Versenkung der für Rommel lebenswichtigen Versorgungsschiffe beigetragen. Zudem verschafften sich die Briten mit Hilfe von »Ultra« einen zutreffenden Eindruck von der Moral, der Stärke und den Absichten der Panzerarmee, und nachdem »die gute Quelle« versiegt war, hatte Rommel keine vergleichbaren Möglichkeiten mehr, sich über die Feindlage zu orientieren, so daß er fast ausschließlich auf die Aussagen von Kriegsgefangenen angewiesen war. Er war gewissermaßen blind, während man Montgomery mit einem Kartenspieler vergleichen konnte, der in einem Spiegel im Rücken seines Gegners sieht, welche Karten dieser in der Hand hat. Jedenfalls waren die Briten schon im voraus über jeden Entschluß unterrichtet, den Rommel bei Alam Halfa faßte.

Doch damit nicht genug. Der Panzerarmee fehlte jetzt der Schwung, den ihr der Führungsstil Rommels verliehen hatte, und der Grund war nicht die Erschöpfung der Soldaten — und sie waren wirklich erschöpft —, sondern der Zustand ihres Oberbefehlshabers. Der sonst so energische und unbeugsame Rommel hatte schon vor Alam Halfa seine Selbstsicherheit verloren. Natürlich machte er sich Sorgen um die Nachschubprobleme, was durchaus verständlich war, aber er hatte schon oft ähnliche Situationen erlebt und erfolgreich überstanden. In seinem Bericht über die Schlacht heißt es, die britische Panzerbrigade im Süden habe Störangriffe gegen seine Versorgungswege geführt. Das war nicht der Fall, zeigt aber eine für ihn ganz untypische Nervosität und die Neigung, die negativen Aspekte der jeweiligen Lage hervorzuheben.

Seine schlechte Stimmung — und er schreibt selbst von einer zunehmenden Mutlosigkeit — hatte jedoch noch tiefere Gründe. Rommels vielgerühmter sechster Sinn zeigte sich nun in einer neuen, eher entmutigenden Weise: Zum ersten Mal begann er, an der Richtigkeit dessen zu zweifeln, was er tat. Noch vor zwei Monaten, vor Tobruk, hatte die Sonne hoch am Himmel gestanden. Jetzt hatte er das Gefühl, einer dunklen Zukunft entgegenzugehen, und das beunruhigte ihn zutiefst.

Rommel verfaßte noch einen weiteren verzweifelten Bericht über die Versorgungslage in Nordafrika und schickte ihn an das OKH. Dann beschloß er, endlich etwas für seine Gesundheit zu tun und um einen Erholungsurlaub in Deutschland zu bitten. Das bedeutete, daß er den Oberbefehl über die Panzerarmee für längere Zeit abgeben mußte. Aber er brauchte dringend eine längere Ruhepause, um seine Magenbeschwerden, den hohen Blutdruck und die damit verbundene Unpäßlichkeit behandeln zu lassen. Das würde etwa sechs Wochen dauern. Gause war am 5. September nach Afrika zurückgekommen und hatte Westphal abgelöst. Es wurde befohlen, daß Panzergeneral Stumme, der 1940 Rommels Vorgänger als Kommandeur der 7. Panzerdivision gewesen war, von der Ostfront nach Afrika fliegen und Rommel vertreten sollte. Rommel erwartete seine Ankunft sehnlichst, aber er fürchtete sich auch davor. »Einerseits«, schrieb er am 9. September an Lucie, »freue ich mich darauf, hier herauszukommen und Euch beide wiederzusehen. Andererseits fürchte ich die Schwere der Kämpfe, wenn ich nicht selbst hier sein kann.« Zwei Tage später schrieb er glücklich, er werde noch vor dem Brief in der Heimat eintreffen; und er schilderte Stummes Ankunft in täglichen Briefen wie ein ungeduldiger Schuljunge.[16] Stumme traf am 19. September ein, und Rommel nahm ihn noch am gleichen Nachmittag zu einer Lagebesprechung mit, an der auch Cavallero und die Offiziere des Quartiermeisterstabes teilnahmen. Hier wurden die Probleme der Panzerarmee und insbesondere die schwierige Versorgungslage in aller Deutlichkeit erörtert.

Inzwischen hatte Rommel die Befehle für den Ausbau einer wesentlich verstärkten Verteidigungsstellung bei El Alamein gegeben, die durch ein in großer Tiefe angelegtes Minenfeld mit fast einer halben Million Minen gesichert werden sollte. Er bestimmte persönlich den genauen Frontverlauf, und seine Untergebenen, die ihn bisher nur als Meister des Bewegungskrieges kennengelernt hatten, waren nun beeindruckt davon, wie präzise er die Technik des Stellungskrieges beherrschte und den einzelnen Waffen ihre genauen Stellungen anwies. Hier zeigte sich der erfahrene Infanterieoffizier, dessen Überzeugung es war, daß gute Stellungen Blut sparten und dem Soldaten das Gefühl der Sicherheit gaben.[17]

Rommel ahnte, daß die nächste Schlacht ein Abwehrkampf gegen einen massiven britischen Angriff sein und daß jeder Frontalangriff von britischen Truppenlandungen an der Küste begleitet werden würde. So gab er Befehle für rechtzeitige Gegenangriffe und die Bereitstellung von Truppen und schweren Waffen, die sofort an der Küste eingesetzt werden konnten. In mancher Hinsicht war das schon ein Vorspiel dessen, was er später bei den Schlachten in der Normandie erleben sollte.[18]

Inzwischen aber hatte Rommels frühere Siegeszuversicht seine Vorgesetzten erfaßt, während er selbst sie verloren hatte. Der Vormarsch der Panzerarmee an der Mittelmeerküste nach Osten hatte gleichsam berauschend gewirkt. Überall war die Wehrmacht im Vormarsch, und im OKW war man überzeugt, vor entscheidenden militärischen Erfolgen zu stehen, und glaubte fest daran, daß die Panzerarmee, nachdem sie so weit gekommen war, bei Alamein stehenbleiben müsse, da sich bald neue Möglichkeiten ergeben würden. General Warlimont, der stellvertretende Chef des Wehrmachtführungsstabes, war im vergangenen Monat von Berlin nach Afrika gekommen und hatte optimistisch vom »Orientplan« gesprochen: Generaloberst v. Kleist werde mit der Heeresgruppe A demnächst vom Kaukasus nach Süden vorstoßen, und der Feind im Nahen Osten werde dann von Westen und Norden in die Zange genommen werden. Ein Zurückgehen der Panzerarmee Afrika käme daher nicht in Frage. Aber das war im August gewesen, vor Alam Halfa.

Vor seiner Abreise unternahm Rommel noch einige Erkundungsflüge. In der Oase Siwa bereiteten ihm die Stammesältesten einen begeisterten Empfang. Dann flog er nach Tobruk und beglückwünschte die deutsche Besatzung zur erfolgreichen Abwehr des Angriffs eines an der Küste gelandeten britischen Stoßtrupps. Am 22. September übergab er das Kommando an Stumme und versicherte, im Fall einer britischen Offensive ohne Rücksicht auf seinen Gesundheitszustand nach Afrika zurückzukehren — was Stumme eher beunruhigte.

Am 23. September landete Rommel in Rom und sprach dort mit Mussolini über die Probleme und die Bedeutung des Nachschubs für den nordafrikanischen Kriegsschauplatz. Mussolini glaubte, im folgenden Jahr, 1943, würden die Amerikaner versuchen, in Nordafrika zu landen. Es sei daher wichtig, das Nildelta zu erreichen und die Gesamtlage im Mittelmeerraum zu stabilisieren, bevor die Amerikaner eingetroffen seien.[19] Wie schon so oft versicherte er Rommel, daß er für die Lieferung von Kraftstoff sorgen werde. In dem Gesprächsprotokoll heißt es: »Marschall Cavallero will tun, was er kann« (eine Zusage, der Cavallero wahrscheinlich nur resigniert zugestimmt hat).[20] Cavallero notierte in seinem Tagebuch verstimmt, es sei die Art der Deutschen, andere für ihre Schwierigkeiten verantwortlich zu machen.[21] Von Rom flog Rommel nach Berlin und meldete sich einige Tage darauf bei Hitler.

Hitler, der den Abbruch der Schlacht von Alam Halfa kritisiert hatte, empfing Rommel dennoch freundlich, beglückwünschte ihn zu seinen großartigen Leistungen und überreichte ihm den Marschallsstab. Was Rommel noch mehr erfreute, war Hitlers Zusicherung, daß er künftig mit einer besseren Versorgung der Panzerarmee Afrika rechnen könne.

Rommel war der siegreiche Held, der jetzt praktisch die ganze nordafrikanische Küste beherrschte, der Marschall, dem es mit unterlegenen Kräften fast gelungen war, das aufwendigste militärische Unternehmen des Britischen Weltreichs zum Scheitern zu bringen. So wurde er jetzt auch als Held gefeiert. Während seines Aufenthalts in Berlin wohnte er als Gast von Goebbels in dessen Haus, nahm am 30. September gemeinsam mit den hohen Würdenträgern der Partei an einer Großveranstaltung im Sportpalast teil und äußerte sich auf einer Pressekonferenz zuversichtlich über den Kriegsschauplatz in Nordafrika. Er erklärte, der deutsche Soldat habe jetzt Ägypten erreicht, und wenn er von einem Gebiet Besitz ergriffen habe, ließe er sich nicht mehr daraus vertreiben. Genau das wollte man in Berlin von ihm hören.

Dann reiste er auf den Semmering an seinen Urlaubsort in den österreichischen Alpen, nicht weit von Wiener Neustadt. Hier wollte er Ruhe, Erholung und Frieden finden.

Aber der innere Friede wollte sich nicht einstellen. Die Sorge um die Panzerarmee ließ Rommel nicht los. Hitler hatte ihm gesagt, er solle eine ganz neue Aufgabe übernehmen und habe lange genug die Strapazen des Afrikafeldzugs ertragen müssen. Man dachte daran, ihn zum Oberbefehlshaber einer Heeresgruppe in Südrußland zu ernennen. Doch Rommel hatte das ungute Gefühl, seine Afrikaner in einer gefährlichen Situation und in einem bedrohlichen Augenblick im Stich gelassen zu haben. In einem ausführlichen Brief an Stumme berichtete er über sein Gespräch mit Hitler, der ihm feste Zusagen für eine bessere Versorgung gemacht habe.

Doch trotz der ernsten Bedenken des Generalstabes des Heeres wegen des Vormarsches bei Stalingrad (wo General Paulus bereits seine Sorgen wegen der Größe der Frontausbuchtung zum Ausdruck gebracht hatte, an deren äußerstem Ende seine 6. Armee stand), glaubten die meisten Menschen im Deutschen Reich zu dieser Zeit, daß der Krieg einen günstigen Verlauf nahm. Es sollten noch Wochen vergehen, bis die Briten und Amerikaner den ganzen nordafrikanischen Küstenstreifen in Besitz genommen hatten, während die Russen Stalingrad umzingelten und die unglücklichen Truppen des Generals Paulus einschlossen. Die meisten Menschen in Deutschland glaubten noch an den Erfolg, wußten aber kaum etwas davon, was sonst noch in ihrem Namen geschah.

Das waren entsetzliche Vorgänge. Deportationen verschiedenster Volksgruppen, vor allem von Juden aus Deutschland, Österreich und dem besetzten Polen sowie aus Böhmen und der Slowakei wurden schon seit einiger Zeit durchgeführt. Für den deutschen Normalbürger waren das Umsiedlungen im Sinne einer Rassentrennung, die der nationalsozialistischen Theorie entsprach, sowie die Absonderung gewisser volksfeindlicher Elemente im Interesse der nationalen Sicherheit. Kaum jemand wagte es, zu viel danach zu fragen, und niemand durfte erwarten, eine befriedigende Antwort zu erhalten. Die Deportationen wurden geschützt durch eine Mauer der Geheimhaltung und der Furcht, und im Dritten Reich verschwanden so oft so viele Menschen, weil sie angeblich die Staatssicherheit gefährdeten, daß es nicht angezeigt erschien, sich allzu eingehend mit solchen Fragen zu geschäftigen. Deshalb wußten auch nur sehr wenige, was wirklich geschah. Am gleichen Tag, an dem Rommel nach Deutschland zurückflog, hatte das deutsche Außenministerium seine Botschafter in einigen neutralen Ländern innerhalb des deutschen Einflußbereichs angewiesen, Verhandlungen über die Evakuierung von Juden zu führen, die jedoch nur selten erfolgreich verliefen. Aber die Deportationen aus dem Gebiet des Großdeutschen Reiches liefen schon seit einigen Monaten. Im Januar hatte die entscheidende »Wannseekonferenz« stattgefunden, wo der äußere Rahmen für den Völkermord festgelegt worden war.

Wenn diese Aktionen euphemistisch als Deportationen oder Umsiedlungen bezeichnet wurden, dann war das eine der schamlosesten Lügen. An dem Tag, an dem Rommel Afrika verließ, am 23. September, wurden 2 000 Juden nach Maly Trostenez bei Minsk verschleppt. Sie wurden alle ermordet. Auf einer Transportkonferenz in Berlin wurde am 26. September beschlossen, täglich drei Züge mit jeweils 2 000 Menschen aus den verschiedensten Bezirken nach Treblinka und Belzec fahren zu lassen. Die Kapazität dieser Züge hat für die Erfüllung der vorgesehenen Quoten sicher nicht ausgereicht, aber an diesen Zahlen zeigt sich, welchen Umfang die Aktion haben sollte. Im Oktober 1942 wurden 8 000 Menschen in das Lager Treblinka gebracht, wo man bereits die für den Massenmord vorgesehenen Gaskammern eingerichtet hatte. Diese in ihrer ganzen Furchtbarkeit unvorstellbaren Vorgänge fanden statt, während Rommel in den Bergen des Semmering Frieden und Erholung suchte.

Noch wußte er nichts von diesen Scheußlichkeiten. Wie die große Mehrheit seiner Landsleute glaubte er, die deutschen Behörden, die vor allem mit Versorgungsproblemen und anderen für die Kriegführung wichtigen Fragen beschäftigt waren, brauchten weitgehende Vollmachten und handelten im großen und ganzen im Interesse der Staatssicherheit. Deutschland kämpfte an der Ostfront um das Überleben. In den von den Deutschen besetzten europäischen Ländern mußte man mit dem Widerstand der Bevölkerung rechnen, und es gab zweifellos zahlreiche Feinde Deutschlands, die den Untergang des Dritten Reichs herbeisehnten. Doch Rommel war mit seinen Gedanken und Hoffnungen in Afrika.

An der Heimatfront kannte und mochte Rommel außer Goebbels kaum irgendwelche einflußreichen Nazis. Aber er war überzeugt, der »Führer« habe diese Leute fest in der Hand. Was nun Hitler selbst anging, so hatte Rommel das Gefühl, das alte Verhältnis sei wiederhergestellt. Er hatte versucht, ihn vom Ernst der Lage zu überzeugen, die er, Rommel, am besten kannte, und Hitler, der es so gut verstand, die Menschen zu beruhigen und zu ermutigen, hatte ihm zu verstehen gegeben, daß er seine Probleme erkannt habe und man nun energischer darangehen werde, sie zu lösen. Rommel schrieb später, im OKH habe er einen gewissen nicht gerechtfertigten Optimismus festgestellt, aber Hitler selbst habe sein Vertrauen gewonnen und ihm gezeigt, daß er ihm glaube und ihn schätze.

Auf dem Semmering erhielt Rommel einen langen, am 13. Oktober im Auftrag von Stumme verfaßten Bericht aus Afrika. Man rechnete dort mit dem baldigen Beginn einer feindlichen Offensive. Der Bericht enthielt zahlreiche Einzelheiten: An dem hauptsächlich von Italienern besetzten Frontabschnitt war es zu Schwierigkeiten gekommen, weil man in dem Minengürtel davor auch zahlreiche britische Minen hatte verlegen wollen, die sich zum Teil als Attrappen erwiesen hatten. Die Versorgungslage war immer noch schlecht, aber das vorhandene Material werde für eine Abwehrschlacht ausreichen. Der Feldmarschall könne sicher sein, daß die Panzerarmee trotz aller Schwierigkeiten bereit stehe, einen britischen Angriff abzuwehren. Vor zehn Tagen hatte Stumme in einem Brief an Cavallero gemeldet, wenn der von Rommel befohlene Aufmarsch wie geplant am 20. Oktober beendet sein würde, werde die Armee den erwarteten Frontalangriff abwehren können.[22] Danach könne eine Offensive der Achse wieder möglich werden. Inzwischen, so hieß es weiter in Stummes Brief, sei eine Viertelmillion Panzerminen verlegt worden. Einschließlich der britischen und der Schützenminen lägen in der Alameinstellung jetzt 450 000 Minen.

Am Nachmittag des 24. Oktober wurde Rommel vom Chef des OKW, Feldmarschall Keitel, angerufen. Keitel fragte, ob Rommel sich so weit erholt habe, daß er sofort nach Afrika zurückkehren könne. Die Briten seien am Abend des 23. offenbar zu einer größeren Offensive angetreten. Stumme sei vermißt.

Rommel erklärte sich einverstanden. Am Abend rief ihn Hitler persönlich an und um Mitternacht erneut. Die Lage sei tatsächlich ernst. Er bat Rommel, so bald wie möglich nach Afrika zu fliegen und sein Kommando wieder zu übernehmen. Am Morgen des 25. Oktober machte sich Rommel auf den Weg.

17.

Wasserscheide

Am Abend des 23. Oktober 1942 um 20.40 Uhr (deutscher Zeit[1]) sahen die Männer der Panzerarmee ein plötzliches Aufleuchten des Himmels am östlichen Horizont, und nach wenigen Sekunden dröhnte in ihren Ohren das Feuer von 456 britischen Geschützen. Die Alameinschlacht hatte begonnen.

Man hatte schon lange mit einer Offensive der Briten gerechnet, obwohl man das genaue Datum und die Einzelheiten nicht kannte, da der Feind bemüht war, den Angriffsbeginn geheimzuhalten. Nach der jüngsten Schätzung des Nachrichtendienstes beim OKH sollte die britische Offensive etwa Anfang November beginnen. Aber am 15. Oktober war vom Ic der Panzerarmee ein britischer Funkspruch abgehört worden, aus dem man schloß, daß der Angriff am 23. beginnen würde, und der Ic machte eine entsprechende Meldung.[2] Das war zwar nur eine grobe Schätzung, aber sie erwies sich als richtig. Am 23. Oktober um 9 Uhr trat eine vollständige Funkstille beim Gegner ein, und um 20.40 Uhr eröffneten die Geschütze das Feuer.

Rommel hatte schon vor seinem Urlaubsantritt alle Einzelheiten der deutsch-italienischen Verteidigung festgelegt. Er machte sich keine Illusionen: Wenn es bei El Alamein wieder zu einer Schlacht kommen sollte (und das OKW hatte die strategische Bedeutung einer solchen Offensive klar erkannt), würde es eine Materialschlacht werden. In einem solchen Fall mußte man mit dem Schlimmsten rechnen. Erstens entsprach der Stellungskrieg nicht dem Temperament Rommels, der zwar immer ein hervorragender und umsichtiger Infanterieführer gewesen war —, sowohl bei der Einrichtung einer Verteidigungsstellung als auch im Angriff —, dessen eigentliche Stärke aber im Bewegungskrieg und in seiner Fähigkeit lag, den Gegner durch sein rasches Handeln zu überraschen. Bei El Alamein würde es dafür kaum eine Gelegenheit geben. Zweitens hatte in einer Materialschlacht derjenige die besten Aussichten auf Erfolg, der seinem Gegner materiell überlegen war und die Möglichkeit besaß, das ausgefallene Kriegsmaterial rasch zu ersetzen. Über solche Möglichkeiten verfügte Rommel nicht.

Und doch durfte man kaum damit rechnen, daß sich die Schlacht anders entwickeln würde. Die Flanken stießen im Norden an die Küste und im Süden an die Kattarasenke. Die Truppen beider Seiten befanden sich in dem dazwischen liegenden Gelände in ihren Stellungen. Ein Angriff mußte, zumindest am Anfang, ein Frontalangriff sein. Die Rommel unterstellten italienischen Infanteriedivisionen verfügten über keine Mannschaftsfahrzeuge, ihre einzigen »Transportmittel« waren die Füße ihrer Soldaten, und die Füße eines Infanteristen ermüden, besonders in der Wüste, sehr schnell. Noch schlimmer war der ständige Kraftstoffmangel, der Rommel zwang, auf alle größeren Bewegungen und Manöver zu verzichten. Doch am ärgsten — und dessen war sich Rommel stets bewußt — war die Luftüberlegenheit des Gegners, der den Luftraum über dem Schlachtfeld uneingeschränkt beherrschte. Bei allen Truppenbewegungen und beim Heranführen des Nachschubs mußte diese Tatsache berücksichtigt werden. Das bedeutete, daß die Verteidiger, wenn sie einen Sieg erringen wollten, in besonders gut ausgebauten und geschützten Stellungen eingesetzt werden oder die Möglichkeit haben mußten, in einem sorgfältig erkundeten Gelände rasche Angriffe oder Gegenangriffe zu führen.

Rommel hat sich später gefragt (vielleicht um sein Gewissen zu beruhigen), ob es nicht richtiger gewesen wäre, wenn er weiter rückwärts für seine nichtmotorisierte Infanterie eine stark verminte Stellung eingerichtet hätte, und zwar in einer Linie, die etwa hundert Kilometer westlich von Alamein von der Küste bei Fuka nach Süden verlaufen wäre. Dann hätte er die bereits verminte Alameinstellung mit motorisierten Verbänden besetzen können, etwa mit der 90. leichten Division, der italienischen Division Trieste und anderen Divisionen, denen er die notwendigen Transportmittel zur Verfügung stellte, so daß sie sich gegebenenfalls vom Feind lösen und noch einen Tag geschlossen weiterkämpfen konnten, um sich dann auf die hinter ihnen liegenden Stellungen zurückzuziehen. Zwischen beiden Stellungen hätte er die Panzerkräfte der Panzerarmee — zwei deutsche und zwei italienische Divisionen — versammeln können, um sich dem Feind in der offenen Wüste zu stellen.

Über die praktische Durchführbarkeit und den Wert einer solchen Alternative kann man nur spekulieren. Wahrscheinlich hätten die vorhandenen Minen und das für den Ausbau von zwei Stellungen erforderliche Material nicht ausgereicht, so daß der Feind sie leichter hätte überwinden können als die Stellung bei Alamein. Die vorn eingesetzten motorisierten Verbände hätten eine sehr viel dünnere Verteidigungslinie gebildet als die gesamte deutsch-italienische Panzerarmee am 23. Oktober und wären daher vom Gegner sehr viel rascher überrannt worden. Vor allem aber (und das ist die einzige Tatsache, mit der man praktisch und nicht nur theoretisch rechnen mußte) hätte Montgomery in diesem Fall seinen Angriffsplan vollkommen ändern müssen, obgleich nicht anzunehmen ist, daß er weniger erfolgreich gewesen wäre. Die von Rommel erst sehr viel später entwickelten Alternativlösungen hätten vielleicht zu einer interessanteren Schlacht geführt, aber wahrscheinlich nicht mehr erreicht als ein Hinauszögern der Niederlage, und nicht einmal das ist sicher.

In der Alameinstellung waren alle Infanteriedivisionen der Panzerarmee in vorderster Linie eingesetzt. Es waren zwei deutsche Divisionen, und zwar die 164. leichte Division unter General Lungershausen und die gefürchtete Luftwaffenjäger-Brigade unter General Ramcke, sowie — von Norden nach Süden — fünf italienische Infanteriedivisionen: die Division Trento unter General Masina, die Division Bologna unter General Gloria, die Division Brescia unter General Brunetti, die Division Folgore unter General Frattini und die Division Pavia unter General Scattaglia. Diese italienischen Divisionen oder Regimenter wurden jeweils neben deutschen Verbänden in die Front eingegliedert, so daß es drei deutsch-italienische Paarungen gab. Von Norden nach Süden lagen die deutsche 164. und die italienische Division Trento nebeneinander. Es folgte ein Teil der Brigade Ramcke neben der Division Bologna, und der zweite Teil der Brigade Ramcke lag wieder neben der italienischen Division Brescia. Die im Süden eingesetzten italienischen Divisionen Folgore und Pavia hatten keine deutschen Partner, und überdies verfügte Rommel über zu wenige deutsche Infanteriedivisionen. Die Nordhälfte der Alameinfront von der Küste bis zum südlichen Ende des Ruweisa-Rückens stand unter dem Befehl von General Navarrini, dem Kommandierenden General des XXI. Armeekorps. Die Südhälfte befehligte General Nebba vom X. Korps.

Die deutschen und italienischen Panzerverbände arbeiteten in ähnlicher Weise zusammen. Hinter dem Nordabschnitt der Alameinfront, etwa 16 Kilometer südlich der Küste, lagen die 15. Panzerdivision unter General v. Vaerst und die italienische Panzerdivision Littorio unter General Bitossi. 32 bis 40 Kilometer weiter südlich lagen die 21. Panzerdivision unter General v. Randow und die italienische Panzerdivision Ariete unter General Arena. Die letztere galt bei den Deutschen als die zuverlässigste und tapferste italienische Division, zu der ein gutes kameradschaftliches Verhältnis bestand. Hinter dem linken Flügel an der Küste lagen zwei motorisierte Divisionen in Reserve: die deutsche 90. leichte Division unter General Graf v. Sponeck und die italienische motorisierte Division Trieste unter General La Ferla. Rommel verfügte über insgesamt 500 (davon 200 deutsche) Panzer, denen nach einer zutreffenden Schätzung etwa 1 000 britische Panzer gegenüberstanden.

Das Minenfeld war mehrere Kilometer tief, und Rommel glaubte, der Feind würde längere Zeit brauchen, um es zu überwinden. Sie würde ausreichen, seine Panzer überall dort zusammenzuziehen, wo mit einem Durchbruch zu rechnen war. Gefechtsvorposten sollten die Minenfelder mit ihrem Feuer abdecken. Die Hauptkampflinie lag 1,6 bis 3,2 Kilometer westlich der Minenfelder, und das Stellungssystem war dort 3 000 bis 5 000 Meter tief. Die einzelnen Stellungen waren zur Rundumverteidigung eingerichtet, denn Rommel rechnete fest damit, daß der Feind mit starken Kräften in die deutschen Linien eindringen würde. Vorn eingesetzte Spähtrupps und Hunde sollten die Verteidiger alarmieren, wenn sich der Gegner den Minenfeldern näherte.

Der Feindnachrichtendienst der Panzerarmee hatte die Stärke des Gegners im wesentlichen richtig eingeschätzt. Auch wußte man, welche britischen Truppenteile den einzelnen Frontabschnitten gegenüberlagen. Diese Angaben waren zwar nicht immer ganz korrekt, aber das war unerheblich. Aus dem Abhören des britischen Funkverkehrs ergaben sich kaum irgendwelche wichtigen Erkenntnisse. Auch die Ergebnisse der deutschen Luftaufklärung waren spärlich. Die Aussagen einiger britischer Gefangener, die den Deutschen bei Aufklärungsunternehmungen im Oktober in die Hände gefallen waren, ergänzten das allgemeine Bild von der feindlichen Schlachtordnung. In dieser Hinsicht gab es also keine Überraschungen. Auch die Intensität des Trommelfeuers, mit dem die Schlacht begann, überraschte die Verteidiger nicht, wenngleich es sie beeindruckte.

An den Tagen vor Beginn der Beschießung hatten sich die Luftangriffe verstärkt und zum Teil die erwarteten Ergebnisse gebracht. Einzelne deutsche Artilleriestellungen und Nachrichtenverbindungen waren zerstört worden. Das darauf folgende Trommelfeuer erinnerte die Briten an den 21. März 1918, als auch eine Verteidigungsstellung an ihren Nervenzentren getroffen worden war, so daß eine wirksame Gegenwehr unmöglich wurde.

Dann rückten die Angriffsdivisionen mit den Minenräumkommandos vor. Die britische Infanterie hatte zunächst den Auftrag, die deutschen Gefechtsvorposten anzugreifen, um dann die Panzer bei ihrem Vorstoß zu unterstützen und bis zum Durchbruch in die offene Wüste zu begleiten. Während der ersten Stunden zeigte sich, daß der Schwerpunkt des feindlichen Angriffs zumindest am Anfang im Abschnitt der 164. deutschen und der italienischen Division Trento nördlich des Mitreiriya-Rückens lag. Der Angriff erfolgte augenscheinlich an einem relativ schmalen Frontstreifen, und Sand und Rauch verdunkelten den Himmel. Die Infanterie der 51. Highland-Division unter General Wimberly wurde bei ihrem Vorgehen von ihren Dudelsackpfeifern angeführt. Auch General v. Bismarck hatte zwei Monate zuvor bei Alam Halfa die 21. Panzerdivision mit seiner

Militärmusik zu den Klängen alter deutscher Militärmärsche ins Gefecht geführt. Es sind diese alten militärischen Bräuche, die den Soldaten im Kampf ermutigen und inspirieren können.

Am frühen Morgen des 24. Oktober waren die feindlichen Angriffsspitzen tief in die Verteidigungsstellungen eingedrungen. Ein Durchbruch war ihnen noch nicht gelungen. Es wurde jedoch gemeldet, daß einige italienische Einheiten in Panik geraten und zwei Infanteriebataillone der deutschen 164. Division im Norden fast vernichtet seien. Der Feind war an einer Frontbreite von etwa zehn Kilometern tief in die Verteidigungsanlagen eingebrochen. Auch im äußersten Süden hatten die Briten mit stärkeren Kräften angegriffen und die Minenfelder zum Teil überwunden. Montgomery hatte versucht, die Deutschen mit geschickten Ablenkungsmanövern über die Hauptstoßrichtung seines Angriffs zu täuschen, was ihm zumindest zum Teil gelungen war. Da sich der Führer der Panzerarmee, Stumme, kein klares Bild von der Gesamtlage machen konnte, war er nach vorn gefahren, um sich am Gefechtsstand der 90. leichten Division einen Überblick zu verschaffen. Aber Stumme war gesundheitlich schwer angeschlagen. Am folgenden Tag fand man seine Leiche. Offenbar hatte er während eines britischen Fliegerangriffs einen Herzanfall erlitten.

In und hinter den Minenfeldern in dem von den Briten angegriffenen Frontabschnitt, der immer noch unter schwerem Feuer lag, war die Lage geradezu chaotisch. Zwar hatte die Panzerarmee ihre Stellungen halten können — aber es war ungewiß, wie lange sie dazu noch in der Lage sein würde.

Am 25. Oktober, am Ende des zweiten Tages der Schlacht, traf Rommel nach Einbruch der Dunkelheit im Stabsquartier der Panzerarmee ein. Er war am Morgen nach Rom geflogen und dort von dem deutschen Militärattaché, v. Rintelen, um 11 Uhr empfangen worden, der ihm erklärt hatte, die Panzerarmee müsse wieder akuten Kraftstoffmangel befürchten, da am 20. Oktober ein Tanker mit 1 650 Tonnen Nachschub versenkt worden sei. Offenbar reichten die Kraftstoffvorräte bei der Truppe nur noch für drei Tage, wenn man den durchschnittlichen Verbrauch an normalen Kampftagen zugrunde legte. Die Lage war wesentlich ernster, als Rommel bei seiner Abreise vorausgesehen hatte, aber bis auf die üblichen dringenden, an Rintelen gerichteten Bitten konnte Rommel kaum etwas erreichen. (Rintelen war aus gesundheitlichen Gründen längere Zeit nicht in Rom gewesen). Anschließend war Rommel nach Kreta weitergeflogen und hatte sich um 15 Uhr mit dem Fliegerführer Afrika, General v. Waldau, getroffen, der ihm einen kurzen Lagebericht gab. Inzwischen hatte man Stummes Leiche gefunden, und der neu eingetroffene Führer des Afrikakorps, General v. Thoma, hatte den Befehl über die ganze Panzerarmee übernommen.

Rommel war auf dem Quasada-Flugfeld in Nordafrika gelandet und in der Abenddämmerung in seinem Fieseler Storch nach Osten geflogen. Dann war er in seinen Befehlswagen gestiegen und zum Hauptquartier der Panzerarmee gefahren. Um 23.30 Uhr hatte er sich mit einem Funkspruch bei der Truppe zurückgemeldet: »Ich habe wieder den Befehl über die Armee übernommen. Rommel.« Mit dieser Mitteilung hoffte er, die Moral seiner Truppe zu stärken, was ihm wahrscheinlich auch gelungen ist.

Um 20 Uhr hatte Westphal ihm einen genauen Lagebericht gegeben. Aus den Eintragungen auf der Lagekarte der Panzerarmee entnahm Rommel, daß der Feind unmittelbar vor dem Durchbruch stand. Der am stärksten gefährdete Abschnitt lag beiderseits der Höhe 28, etwa drei Kilometer östlich von Tel el Aqqaqir. Ebensoweit westlich von Tel el Aqqaqir standen die beiden im Norden bereitgestellten Panzerdivisionen, die italienische Division Littorio und die deutsche 15. Panzerdivision. Wenige Kilometer südöstlich der Höhe 28 lag der Nordausläufer des Mitreiriya-Rückens, der sich über etwa 32 Kilometer von Nordwesten nach Südosten erstreckte und augenscheinlich im Besitz des Feindes war. Am 25. Oktober hatte die 15. Panzerdivision wiederholt die feindlichen Stellungen auf der Höhe 28 und britische Panzer angegriffen, die westlich des Mitreiriya-Rückens voranzukommen suchten. Beide Positionen lagen innerhalb des zur Verteidigung eingerichteten Geländestreifens, allerdings nicht weit von seinem westlichen Rand. Bei diesen Angriffen hatte die 15. Panzerdivision schwere Verluste erlitten. Wie Rommel erfuhr, waren von den 119 Panzern der Division jetzt nur noch 31 einsatzfähig. Das war in der Tat die befürchtete Materialschlacht. Gegen Mitternacht traf die Meldung ein, daß die Briten die Höhe 28 genommen hatten.

Jetzt kam es Rommel darauf an, so schnell wie möglich alle noch vorhandenen Panzerkräfte zum Angriff gegen die Briten im nördlichen und mittleren Abschnitt auf der Höhe 28 und dem Mitreiriya-Rücken einzusetzen. In den Befehlen für die Abwehrschlacht waren zum Teil auch Gegenangriffe vorgesehen, besonders im Küstenabschnitt, beiderseits von Ruweisat und bei Deir el Munassib im Süden.[3] Der jetzt am stärksten gefährdete Abschnitt lag mindestens 16 Kilometer nördlich von Ruweisat. Montgomerys Täuschungsmanöver und die für den Funkverkehr getroffenen Sicherheitsmaßnahmen hatten in dieser Hinsicht den gewünschten Erfolg gehabt. Rommel wußte sehr genau, daß das Zusammenführen der Panzer und der Angriff schwierig und verlustreich sein würden. Die feindlichen Flugzeuge bombardierten die deutschen Stellungen rund um die Uhr; in der Dunkelheit wurden sie von Pfadfinderflugzeugen unterstützt, die Leuchtfallschirme abwarfen. Der Feind hatte im nördlichen Teil des Mittelabschnitts der Front eine tiefe Einbuchtung erkämpft, und hier brauchte Rommel für einen Gegenangriff alle verfügbaren Kräfte. Am ersten Tag nach seiner Rückkehr, dem 26. Oktober, führte Rommel persönlich jedes Waffensystem der 15. Panzerdivision und der italienischen Division Littorio, dessen er habhaft werden konnte, an den bedrohten Abschnitt und befahl der 90. leichten Division, in südöstlicher Richtung gegen den gleichen Abschnitt vorzurücken.

Für Rommel war es ein Tag permanenter Kämpfe mit Feuergefechten um die Höhe 28 und westlich des Mitreiriya-Rückens, während die feindliche Luftwaffe seinen Truppen schwere Verluste beibrachte und das Trommelfeuer der Artillerie andauerte. Montgomery hingegen konnte sich Zeit nehmen, über den Fortgang der Schlacht nachzudenken. Allerdings war sein Hauptstoß vom Gegner aufgefangen worden, und die britischen Panzer konnten nur unter großen Verlusten vom Mitreiriya-Rücken weiter nach Westen vorstoßen. Deshalb beschloß Montgomery, hier zur Defensive überzugehen, seine Stellungen auf der Höhe 28 nach Westen und Nordwesten zu verstärken und sich für die Nacht zum 28. Oktober im gleichen Gebiet auf einen neuen Angriff in nördlicher Richtung bereitzustellen.

Rommel hatte noch nicht bemerkt, daß der Gegner seine Stoßrichtung verändert hatte. Sein Augenmerk richtete sich noch immer auf den am härtesten umkämpften nördlichen Frontabschnitt. Zwar nahm er an, daß die feindlichen Angriffe in westlicher Richtung zum Stehen gebracht worden waren, aber bald wiederaufgenommen werden würden, und seine Reserven, die er für einen Gegenangriff benötigte, waren sehr schwach. Der südliche Teil der Front war zwar von beweglichen Truppen entblößt, aber für den Fall, daß der feindliche Schwerpunkt jetzt in den Süden verlegt wurde, würde Rommel wahrscheinlich nicht genug Kraftstoff haben, um seine Panzer von Norden wieder dorthin zurückzuverlegen. Dennoch befahl er der 21. Panzerdivision am 26. Oktober, nach Norden abzumarschieren.

Am frühen Morgen des 27. Oktober begannen die feindlichen Panzer von der Höhe 28 aus in südwestlicher Richtung anzugreifen. Das war der nach Rommels Ansicht am stärksten gefährdete Abschnitt, und er reagierte mit kurzen Gegenangriffen einzelner Verbände seiner Panzerdivisionen und nahm deren Führung selbst in die Hand. Diese feindlichen Angriffe gehörten zu Montgomerys Versuch, seine Stellungen um die Höhe 28 auszuweiten, Operationen, die von den Panzern seines X. Korps (General Lumsden) ausgeführt

Noch während Rommels Abwesenheit vom nordafrikanischen Kriegsschauplatz ging Montgomery am 23. Oktober 1942 mit mehr als 1 100 Panzern, denen die Achsenmächte nur etwa die Hälfte entgegenstellen konnten, zum Angriff auf die El Alamein-Stellung über. Als Rommel zwei Tage später wieder den Oberbefehl übernahm, blieb ihm nichts anderes übrig, als den Rückzug einzuleiten. Doch jetzt befahl Hitler, keinen Schritt zu weichen; Rommel dürfe seinen Truppen »keinen anderen Weg zeigen als den zum Sieg oder zum Tod«. Damit war das Schicksal der deutsch-italienischen Afrikaarmee besiegelt: Da sich der Durchbruch der Briten trotz verzweifelten Widerstands nicht verhindern ließ, mußte das »Afrikakorps« schließlich in einem fluchtartigen Rückzug ganz Lybien räumen. Rommel hatte die gesamte Infanterie sowie zahllose Fahrzeuge und Geschütze verloren.
Oben: Das Besatzungsmitglied eines deutschen Panzers ergibt sich den heranstürmenden britischen Truppen.
Rechts oben: Das Schlachtfeld bei El Alamein ist von fliegenumschwirrten Leichen deutscher Soldaten übersät.
Rechts unten: Völlig erschöpfte Soldaten des »Afrikakorps«, die hier auf dem Rückmarsch eine kurze Schlafpause in ihren Wagen eingelegt haben.

wurden. Lumsden stieß nach Westen und Nordwesten gegen den nächsten Höhenzug jenseits der Höhe 28 vor, um dort in der Dunkelheit einen Panzerabwehrschirm aufzubauen, der den Vorstoß weiterer britischer Panzer unmittelbar vor Sonnenaufgang decken sollte. Das war jedoch nicht die wichtigste Bewegung; Montgomery ging es vor allem um den Angriff von der Höhe 28 in nördlicher Richtung gegen die Küste, der am Abend des 28. Oktober beginnen sollte. Die Angriffe, auf die Rommel mit so verzweifelter Energie und mit einigem Erfolg reagierte — obwohl seine Panzer angesichts der starken Panzerabwehr auf der Höhe 28 am Nachmittag nicht weit vorankamen —, waren in gewisser Weise Versuchsunternehmungen. Vielleicht konnte hier ein Durchbruch gelingen, aber Montgomery bezweifelte es. Dazu hätte es stärkerer Angriffe gegen die Hauptstellungen der Panzerarmee bedurft, um den Feind, wie Montgomery sich ausdrückte, wirklich mürbe zu machen. Bei Einbruch der Dunkelheit am 27. gab er seine Absicht auf, von der Höhe 28 aus weiter nach Westen vorzustoßen. Rommel hatte ihn, wenn auch nur für kurze Zeit, zum Halten gezwungen.

Doch nun mußte Rommel Teile seiner Panzerdivisionen für die Verteidigung einsetzen, und zwar dort, wo es in den deutschen Stellungen Lücken gab, durch die der Feind, ohne auf Widerstand zu treffen, weiter nach Westen vorankommen konnte. An diesem Tag schrieb er seiner Frau, niemand könne ermessen, eine wie schwere Last auf ihm läge, und am folgenden Tag hieß es in seinem Brief: »Sollte ich auf dem Platz bleiben, so möchte ich Dir und dem Jungen für alle Liebe und Freude im Leben herzlichst danken...«[4] Er war überzeugt, daß das OKW und das Comando Supremo das Ausmaß der Krise noch nicht erkannt hatten, und überlegte, ob er einen Offizier seines Stabes, den Parteimann Berndt, der bei der obersten Führung über gute Beziehungen verfügte, zu Hitler schicken sollte, um diesem persönlich Bericht zu erstatten.[5]

Kurz zuvor war wieder ein Tanker, die »Proserpina«, mit 3 000 Tonnen Kraftstoff versenkt worden. In Rom hatte Mussolini gegenüber dem italienischen Generalstabschef Cavallero geäußert, das Problem der Kraftstoffversorgung der Panzerarmee »nage Tag und Nacht an seiner Leber«, und es gab keinen Grund, daran zu zweifeln.[6] Doch dort beurteilte man die Schwierigkeiten Rommels mit einiger Skepsis. Kesselring und Göring befanden sich zu dieser Zeit in der italienischen Hauptstadt, und letzterer behauptete, Rommel ließe sich zu stark von vorübergehenden Ereignissen beeinflussen.[7]

Am 28. Oktober um 21 Uhr wütete die Schlacht schon ganze fünf Tage, und nun begann westlich und nördlich der Höhe 28 das Trommelfeuer von neuem. Es war die Vorbereitung für den nächsten Angriff Montgomerys mit der 9. Australischen Division unter General Morshead in nördlicher Richtung gegen den Nordabschnitt der deutschen Stellungen. Anschließend — vermutlich am übernächsten Abend — sollte der Angriff in westlicher Richtung entlang der Küste weitergeführt werden. Diese beiden aufeinanderfolgenden Operationen würden, wie man glaubte, einen Durchbruch am äußersten Nordflügel der deutschen Front ermöglichen.

Rommel hatte den Eindruck, daß der Schwerpunkt des Angriffs, der jetzt offensichtlich im Norden lag, wahrscheinlich auch dort bleiben würde. Er hatte jetzt alle verfügbaren Offensivkräfte mit Ausnahme der italienischen Division Ariete im Norden versammelt. Die Bombenangriffe der überlegenen britischen Luftwaffe hatten die von Rommel erwartete verheerende Wirkung, und die deutsche Luftwaffe konnte kaum in das Kampfgeschehen eingreifen. Während des ganzen ersten Tages der Schlacht waren die Jagdflugzeuge der Royal Air Force praktisch unbehindert über jedem vorgeschobenen deutschen Feldflugplatz gekreist. Und nun erlebte Rommel nach dem Vorbereitungsfeuer der Artillerie einen neuen feindlichen Nachtangriff mit starken Kräften. Er hatte schon immer den geschickten Einsatz der feindlichen Infanterie in der Nacht bewundert, und diesmal waren es die Australier, die er für besonders tapfere Soldaten hielt. Schon bald wurde ihm gemeldet, daß der feindliche Angriff rasch vorankomme. Augenscheinlich waren ein Bataillon der deutschen 164. Division und ein italienisches Bersaglieribataillon überrannt worden.

Am Tag zuvor hatte man Rommel den sogenannten »Kommandobefehl« des OKW vorgelegt, nach dem die Soldaten feindlicher Stoßtrupps, die hinter der eigenen Front gefangengenommen wurden, nicht als Kriegsgefangene behandelt werden sollten. Sie seien als Verbrecher anzusehen und sofort zu erschießen. Rommel verbrannte den Befehl in Gegenwart seines Ia. Eines Tages würde er die richtigen Schlüsse aus solchen Befehlen ziehen,[8] doch jetzt ignorierte er sie einfach oder vernichtete sie.

Wenige Stunden später, im Morgengrauen des 29. Oktober, ging Rommel verzweifelt im Unterstand seines Hauptquartiers auf und ab. Er wußte, daß er die ganze Alameinstellung nicht mehr lange würde halten können. In einem Funkspruch an Cavallero meldete er, daß er die Stellung nur dann halten könne, sofern ihm sofort alles dringend benötigte Material sowie 6 000 gut ausgebildete und ausgerüstete Soldaten zur Verfügung gestellt würden. Aber er wußte, daß diese Anforderungen, so bescheiden sie waren, niemals erfüllt werden konnten.[9]

Denn obwohl Montgomery noch nirgends durchgebrochen war und seine Panzer die offene Wüste noch nicht erreicht hatten, wo ihnen ihre zahlenmäßige Stärke und die reichlichen Vorräte an Kraftstoff die Überlegenheit auch gegen einen taktisch noch so geschickt operierenden Rommel sichern mußten, wurden die deutschen Stellungen unerbittlich zerschlagen, und der letzte australische Angriff war nur das jüngste Beispiel dafür. Jetzt war es nur noch eine Frage der Zeit, bis es zur Entscheidung kam. Der Durchbruch konnte in dem am weitesten nördlich gelegenen Frontabschnitt erfolgen, gegen den jetzt die Australier vorgingen, oder westlich der Höhe 28 und des Mitreiriya-Rückens, wo am Anfang der Schwerpunkt des britischen Angriffs gelegen hatte. Die Abwehrkräfte waren zu schwach, um ihn noch zu verhindern. Auch wenn die Kraftstoffvorräte, die Zahl der Panzer und das Gelände noch einen Gegenschlag hinter den Minenfeldern zugelassen hätten — angesichts der britischen Luftüberlegenheit mußte ein solcher Versuch scheitern. Es war eine Zermürbungsschlacht, in der die Abwehrkraft des Gegners unerbittlich zerschlagen und geschwächt wurde, durchaus vergleichbar den Schlachten an der Westfront im Ersten Weltkrieg. Wie Haig an der Somme oder in der dritten Ypernschlacht hatte Montgomery zahlenmäßig weit überlegene Kräfte eingesetzt und nahm die feindlichen Stellungen so lange unter das Trommelfeuer seiner Artillerie, bis ein Teil der Front zusammenbrach. Wie Haig setzte er den Kampf unerbittlich weiter fort, auch wenn er selbst schwere Verluste hatte. Doch anders als bei Haig sah es nun so aus, als werde er mit seiner Ausdauer den Durchbruch erzwingen. Und anders als Haig verfügte er über die Mittel, jeden Vorteil sofort auszunutzen und den geschlagenen Gegner zu verfolgen, um sich den endgültigen Sieg zu sichern — sofern er die Energie und Kühnheit hatte, diese Gelegenheit zu ergreifen.

Rommel wußte, daß es nun galt, den Rückzug vorzubereiten, der unmittelbar vor dem drohenden Durchbruch beginnen mußte. Gleichwohl würde es schwierig, in einigen Fällen sogar unmöglich sein, diesen Rückzug zu bewerkstelligen. Rommel verfügte nicht über die Transportmittel, die er brauchte, um die italienischen Infanteriedivisionen rasch in das rückwärtige Gebiet zu verlegen, und es schmerzte ihn, sie im Stich lassen zu müssen. Er fühlte sich seinen italienischen Soldaten verpflichtet, die oft unter den schwierigsten Bedingungen und für eine Sache gekämpft hatten, die keineswegs ungeteilte Zustimmung fand. Jetzt würden viele von ihnen in Gefangenschaft geraten, und er trug die Verantwortung dafür.

Zudem würde der Rückzug auch nicht den Übergang zum Bewegungskrieg bedeuten, der Rommels Stärke war. Dazu war die britische Luftüberlegenheit zu groß. Vielmehr mußte er so rasch wie möglich in eine neue und vorher genau eruierte Auffangstellung führen, und das sollte die schon erkundete, etwa hundert Kilometer hinter der Alameinfront gelegene Fukastellung sein. Am 29. Oktober, um 11 Uhr, bekam Rommel die Meldung, daß der Tanker »Louisiana«, der anstelle der versenkten »Proserpina« ausgelaufen war, ebenfalls versenkt worden war. Damit war die Zufuhr des lebensnotwendigen Kraftstoffs abgeschnitten.

Der Nachtangriff der Australier am 28. Oktober war nur langsam vorangekommen. Zum Teil hatte er Erfolg gehabt, aber an einigen Stellen hatten die Angreifer die Richtung verloren und schwere Verluste erlitten. Für Montgomery war das eine Enttäuschung, da das Gelingen des Angriffs die notwendige Voraussetzung für den anschließend geplanten Angriff der Neuseeländischen Division unter General Freyberg in westlicher Richtung parallel zur Küste war. Dennoch beschloß Montgomery, die Australier am 29. Oktober weiter angreifen zu lassen. Dieser Angriff gehörte zu den »Zermürbungsoperationen«, die er für notwendig hielt, um eine endgültige Lücke in die deutsche Front zu schlagen. In einer Materialschlacht muß der Befehlshaber den Willen zum Durchhalten haben, und zwar auch gegen etwaige Bedenken seiner Untergebenen und sehr oft trotz der dabei entstehenden hohen Verluste − und Montgomery wußte das. Und er hatte einen starken Willen.

Rommel hatte bereits für die genaue Erkundung der Fukastellung gesorgt. Nun befahl er der italienischen motorisierten Division Trieste, die 21. Panzerdivision, die hier und da Lücken in der Alameinstellung abgedeckt hatte, in der Nacht vom 30. Oktober abzulösen, um die 21. Panzerdivision für weitere Einsätze zur Verfügung zu haben. Seine Aufmerksamkeit richtete sich immer noch vor allem auf den Nordabschnitt, wo er mit einem Angriff rechnete, der anschließend entlang der Küste in westlicher Richtung weiterführen würde. Ursprünglich war das auch Montgomerys Absicht gewesen, doch inzwischen hatte er, ohne daß Rommel es wußte, einen neuen Plan gefaßt und noch einmal sehr geschickt und der Lage entsprechend den Schwerpunkt seines Angriffs verlegt.

Als Rommel am Morgen des 21. Oktober hörte, daß britische Panzer die Küstenstraße erreicht hatten, fuhr er selbst dorthin und leitete, wie es seine Gewohnheit war, gegen Mittag persönlich einen Gegenangriff von Teilen der 21. Panzerdivision und der 90. leichten Division. Der Gegenangriff stieß auf massiven Widerstand, aber schließlich gelang es, den Feind über die parallel zur Küste und zur Küstenstraße verlaufende Eisenbahnlinie nach Süden abzudrängen. Rommel verfügte jetzt noch über 230 Panzer − 90 deutsche und 140 italienische. Ihnen standen nach seiner einigermaßen zutreffenden Schätzung 800 britische Panzer gegenüber, und die materielle Überlegenheit des Gegners nahm stetig zu. Rommel befand sich in einer äußerst gefährdeten Lage, denn die Alameinstellung war jetzt nur noch eine dünne, kaum zu haltende Linie. Es bestand kein Zweifel mehr daran, daß die Materialschlacht verloren war.

Die Briten nannten die Phase, die den Höhepunkt der Alameinschlacht darstellen sollte, »Operation Supercharge«. Dieser Angriff sollte nach dem neuen Plan von Montgomery in der Nacht des 31. Oktober beginnnen, war nun aber um 24 Stunden verschoben worden und erfolgte erst am Morgen des 2. November um 1 Uhr. Wieder war es ein Nachtangriff, dem ein stundenlanges Trommelfeuer vorausging. Die Neuseeländische Division, verstärkt von zwei Brigaden der 51. Highland-Division und einer Panzerbrigade, griff an einer 6 400 Meter breiten Front an. Die ersten Angriffsziele waren Infanteriestellungen in der deutschen Hauptkampflinie, die in knapp drei Stunden überrannt werden sollten. Anschließend sollten die britischen Panzer, die bis dahin den Infanteriebataillonen gefolgt waren, durchbrechen und in Richtung auf das Rahman-Wadi und Tel el Aqqaqir in die offene Wüste vorstoßen. Die nach Westen führende Stoßrichtung des Unternehmens »Supercharge« führte unmittelbar nördlich der Höhe 28 vorbei, wo es zu den ersten Kämpfen dieser Schlacht gekommen war. Die britischen Kräfte sollten dabei auf die verbleibenden Teile der deutschen 164. und Teile der italienischen Division Trieste stoßen. Montgomery hatte seinen neuen Plan nach sehr genauen Aufklärungsergebnissen gefaßt und seinen Schwerpunkt weiter nach Süden verlegt, als dies zunächst beabsichtigt war.

Rommel war am Tag zuvor, am 1. November, im Nordabschnitt gewesen, um den Widerstand zu verstärken und Gegenangriffe gegen die in nördlicher Richtung an der Küste durchgebrochenen Australier zu führen. In der Nacht erhielt er nur verworrene und unzuverlässige Meldungen, aber im Morgengrauen konnte er sich ein einigermaßen klares Bild davon machen, woher der Hauptstoß kommen würde: wieder aus dem Raum um die Höhe 28. Er beschloß, so früh wie möglich einen Gegenangriff gegen die nach Westen vordringenden Infanterieverbände Freybergs zu führen. Es sollte ein konzentrischer Angriff des Afrikakorps sein, und zwar mit der 21. Panzerdivision von Norden und der 15. Panzerdivision, unterstützt durch die noch verfügbaren Panzer der Divisionen Littorio und Trieste, von Westen und Südwesten. Außerdem befahl Rommel die Verlegung der Panzerdivision Ariete nach Norden. Damit war der Südabschnitt seiner Front völlig von Panzern entblößt.

Rommels Panzerabwehrgeschütze westlich der bei dem britischen Angriff entstandenen Frontausbuchtung hatten zahlreiche Panzer abgeschossen, die versucht hatten, weiter nach Westen vorzudringen, um die bei dem Infanterieangriff »Supercharge« niedergekämpften

Stellungen zu überrollen. Rommels Gegenangriff begann am Vormittag des 2. November um 11 Uhr. Montgomery war durch »Ultra« von dem bevorstehenden Angriff unterrichtet worden, glaubte aber, daß er um 9.30 Uhr beginnen werde. Das hatte er Freyberg mitgeteilt. Rommel hatte inzwischen durch einen Funkspruch des Comando Supremo erfahren, daß ein stärkerer feindlicher Verband von See her »irgendwo hinter der Front« landen werde. Diese Meldung hatte seine Aufmerksamkeit zeitweilig in Anspruch genommen, jetzt aber beschäftigte er sich vor allem mit dem Angriff auf die an der Küste vorgedrungenen britischen Panzer.

Die Zahl der Panzer, die Rommel noch zur Verfügung standen, schmolz immer weiter zusammen, und am Abend hatte das Afrikakorps nur noch 35. Obwohl er den Briten erhebliche Verluste beigebracht hatte, wußte er jetzt, daß es ihm nicht mehr gelingen konnte, die nach Westen vorgedrungenen britischen Kräfte entscheidend zu schlagen oder Montgomerys Angriffswillen zu schwächen. Selbst der Versuch, örtliche Erfolge zu erzwingen, war gescheitert. Die Briten würden mit Sicherheit in der Lage sein, die ausgefallenen Panzer durch neue zu ersetzen. Die Verteidigungsstellungen der Panzerarmee, die seit dem 23. Oktober noch hatten gehalten werden können, waren jetzt nordwestlich der Höhe 28 aufgebrochen und von Freyberg besetzt worden. Das Afrikakorps meldete, daß bei der Division Littorio eine Panik ausgebrochen sei und die Offiziere die Männer nicht mehr unter Kontrolle hätten. Ähnliches wurde von der Division Trieste gemeldet.[10] Die dünne Linie, die Rommel mit Panzerabwehrwaffen am Rahman-Wadi aufgebaut hatte, konnte jederzeit zerschlagen werden, sobald Montgomery seinen Angriff in westlicher Richtung fortsetzte. Rommel wußte genau: Das war das Ende.

Er hatte im Verlauf der vergangenen 48 Stunden weiter rückwärts eingesetzte Teile der Panzerarmee aus der Front herausgezogen. Nun wußte er, daß der von ihm schon seit Tagen befürchtete Augenblick gekommen war. An eine Verteidigung der Alameinstellung über mehr als ein paar Stunden war nicht mehr zu denken. Jetzt hieß es zu retten, was zu retten war. Das würde, wie er fürchtete, nicht mehr viel sein. Am Abend des 2. November meldete er dem Comando Supremo über Funk, daß nur ein Teil der motorisierten Verbände der Panzerarmee in der Lage sein werde, sich vom Feind zu lösen, und man wahrscheinlich einen großen Teil der italienischen Infanterie aus Mangel an Transportmitteln zurücklassen müsse. Er befürchtete, daß die Situation in Rom wahrscheinlich viel zu optimistisch beurteilt würde — und vielleicht auch in Rastenburg im Führerhauptquartier. Aber sein Entschluß stand fest. In der Nacht vom 2. auf den 3. November traten die deutsche und die italienische Infanterie den Rückmarsch nach Westen an.

Am Morgen des 3. November machte Rommel seine Bestandsaufnahme. Im Afrikakorps hatte er noch etwa 30 Panzer. Er hoffte, Zeit zu gewinnen, wenn er sie möglichst langsam zurückgehen ließe und das Vorrücken des Feindes mit hinhaltendem Widerstand aufhielt, während er jedem Versuch der Briten auswich, seine eigenen Panzer einzukreisen. So wollte er wenigstens einigen seiner Infanteriedivisionen den Rückzug aus der Alameinstellung ermöglichen.

Um 11.30 Uhr schickte Rommel dem OKW einen Funkspruch, in dem es hieß, daß der Feind während der vergangenen 24 Stunden mit 400 oder 500 Panzern angegriffen habe und 15 Kilometer tief an einer 10 Kilometer breiten Front in die Stellungen der Panzerarmee eingebrochen sei. Er meldete, seine Verluste seien so hoch, daß es nicht mehr möglich sei, eine zusammenhängende Verteidigungslinie zu halten. Die italienischen Truppen seien nicht mehr kampffähig, und die italienische Infanterie räume ihre Stellungen, ohne den Befehl dafür abzuwarten.

Weiter hieß es, Rommel sei sich der strategischen Bedeutung einer Verteidigung der Alameinstellung bewußt, aber die einzige Hoffnung, den Feind aufzuhalten und ihm hohe Verluste beizubringen, liege in der beweglichen Kampfführung. Damit meinte er natürlich den raschen Rückzug bis zur Auffangstellung in einer von Fuka nach Süden führenden Linie. Er bat um die Genehmigung dafür, da er gerade noch über genügend Kraftstoff verfüge, um die Armee bis nach Fuka ausweichen zu lassen.

Der Funkspruch, den Rommel am Nachmittag des 3. November um 13.30 Uhr von Hitler erhielt, war nicht die Antwort auf seine Bitte um die Genehmigung des Rückzuges. Es war vielmehr eine Reaktion auf seinen früheren und mindestens ebenso pessimistischen Funkspruch an das Comando Supremo, der nicht nur in Rastenburg, sondern auch in London mitgehört worden war. Aber dieser Funkspruch Hitlers vom 3. November bezeichnete einen Wendepunkt in Rommels Leben.

Bisher hatte er das volle Vertrauen Hitlers genossen. Solange er sich für ein kühnes Vorgehen und riskante Unternehmungen eingesetzt hatte, hatte Hitler ihn unterstützt, und auch als er im vergangenen Winter erklärt hatte, die Cyrenaika müsse trotz der Proteste der Italiener zeitweilig aufgegeben werden, hatte Hitler ihm zugestimmt. Er hatte in der Vergangenheit mit Hitler lange und ausführliche Gespräche über militärische Fragen geführt, und er wußte, daß Hitler seine militärische Sachkenntnis schätzte und seine Auffassungen auf militärischem Gebiet teilte. Jetzt hatte er Hitler gemeldet, daß die Panzerarmee vernichtet werden würde und Afrika verloren wäre, wenn sie sich nicht aus dieser mörderischen Materialschlacht zurückzöge. Hitlers Antwort lautete: »Keinen Schritt zurück!« Für

Rommel war das die schlichte Ablehnung seiner operativen Empfehlung und das Todesurteil für seine Armee. Der Funkspruch Hitlers endete mit dem Satz: »Ihrer Truppe können Sie keinen anderen Weg zeigen als den zum Siege oder zum Tode.«[11] Auch Montgomery hatte den Inhalt dieses Funkspruchs mit Interesse zur Kenntnis genommen.

Rommel brauchte 24 Stunden, bis er sich zu einem Entschluß durchringen konnte, ein Zögern, dessentwegen er sich später bittere Vorwürfe gemacht hat und wofür er auch von Kesselring getadelt wurde, der ihn am Morgen des nächsten Tages aufsuchte. Am Abend des 3. November ging Rommel allein und verzweifelt in der Wüste auf und ab, bis Westphal einem Offizier des Stabes sagte, er solle hinausgehen und dem Oberbefehlshaber Gesellschaft leisten. Rommel äußerte diesem gegenüber unverhohlen und rücksichtslos seine Meinung. Er erklärte, wenn die Panzerarmee dort bliebe, wo sie war, würde sie in drei Tagen vernichtet sein, und bemerkte ganz offen, der Führer sei wahnsinnig und habe sich aus reinem Starrsinn zu einem Weg entschlossen, der zu dem Verlust des letzten deutschen Soldaten und eines Tages zur völligen Zerstörung Deutschlands führen werde.[12]

Am folgenden Morgen meinte Kesselring, Hitlers Befehl dürfe im einzelnen nicht als bindend angesehen werden. Kesselring wußte, daß Rommel bei Hitler hohes Ansehen genoß und »einen fast hypnotischen Einfluß« auf den »Führer« hatte.[13] So ermutigte er Rommel in diesem entscheidenden Augenblick zum Ungehorsam. Zum Glück schien der Feind sein weiteres Vorgehen sorgfältig vorzubereiten und die Gunst des Augenblicks nicht zu nutzen. Entlang der Rahman-Piste konnte die Panzerarmee ihre Stellungen noch halten. Hier hatten, wie Rommel gemeldet wurde, 20 Panzer des Afrikakorps um 8 Uhr morgens den Angriff von 200 feindlichen Panzern zum Stehen gebracht.

Endlich faßte Rommel seinen Entschluß. Nach Empfang des Führerbefehls war er wie gelähmt gewesen und hatte einen Offizier seines Stabes, Oberleutnant Berndt, in der Hoffnung nach Ostpreußen geschickt, daß Berndt, der ihm vom Propagandaministerium zugeteilt worden war, mit seinen guten Beziehungen die Lage überzeugender darstellen werde, als er es selbst mit seinen Funksprüchen vermocht hatte. Im nachhinein redete sich Rommel ein, der Führerbefehl sei aus propagandistischen Gründen erlassen worden, weil man es für notwendig gehalten habe, das Vertrauen der Öffentlichkeit zu stärken. Aber wie auch immer – Rommel hatte die Angelegenheit mit ganz uncharakteristischer Zweideutigkeit behandelt. Er hatte Hitler zwar noch einen zweiten Funkspruch geschickt, betrachtete dessen Weisung jedoch als bindenden Befehl und teilte

General Thoma mit, der Befehl müsse befolgt werden, man müsse Halten bis zum äußersten, es gäbe kein Zurück. Thoma wandte ein, das gelte im Großen, aber kleine Ausweichmanöver seien doch wohl möglich, und Rommel widersprach ihm nicht.[14] Dann aber erklärte er wieder, die Panzerarmee müsse ihre Stellungen halten. Gleichwohl hörten die Angehörigen seines Oberkommandos ihn sagen, der Führer müsse vollkommen wahnsinnig sein.[15]

Schließlich aber entschloß sich Rommel zu einem eigenmächtigen Handeln. Am Nachmittag des 4. November um 15.30 Uhr befahl er den Rückzug der Panzerarmee und meldete das dem OKW. In Rom hatte man keine Vorstellung von der wirklichen Lage an der Front, denn am 2. November schickte Mussolini den folgenden Funkspruch an Rommel: »Duce hält es für unbedingt erforderlich, die gegenwärtigen Stellungen um jeden Preis zu halten«, und Cavallero sagte Mussolini am 4. November, nachdem er den letzten Funkspruch von Rommel gelesen hatte: »Wenn Rommel zurückgeht, ist die Armee verloren«.[16]

Zwei Stunden zuvor hatte das Afrikakorps gemeldet, daß feindliche Panzer im mittleren Frontabschnitt durchgebrochen seien. Am gleichen Tag hatte Rommel durch einen britischen Funkspruch erfahren, daß Thoma in Gefangenschaft geraten war. Vom Afrikakorps war kaum noch etwas übrig, und die italienische Panzerdivision Ariete war vernichtet worden. Schon bald sollte die Meldung eintreffen, daß die Briten durch die Lücke in der Front nach Westen vorstießen. Die letzte Schlacht von El Alamein war vorüber.

Am späten Abend traf ein Funkspruch Hitlers ein, in dem dieser die Entscheidung Rommels billigte. Kesselring hatte — mutig, wie er war — telefonisch mit dem Führerhauptquartier gesprochen. Nun befand sich die Panzerarmee auf dem Rückzug.

Wenige Tage nach der Niederlage bei El Alamein wurden Rommels Verbände auf dem erweiterten nordafrikanischen Kriegsschauplatz von einer neuen folgenschweren Entwicklung bedroht. In Rom (wo Mussolini verständlicherweise, aber vergeblich darauf bestand, daß alles geschehen müsse, um die italienische Infanterie aus dem Kampfgebiet herauszuführen und zu retten) war das beherrschende Gesprächsthema am folgenden Tag die Meldung, bei Gibraltar sei ein starker alliierter Geleitzug gesichtet worden. Nachdem die Italiener Gespräche zwischen Kesselring in Rom und Göring in Berlin abgehört hatten, rechneten sie mit mehreren Möglichkeiten. Der Geleitzug sei entweder für Französisch-Nordafrika bestimmt (was Göring für unwahrscheinlich hielt) oder für Italien, Korsika oder Tripolitanien. Er wurde von der Luftaufklärung überwacht, und aus spanischen Quellen verlautete, er werde sich vielleicht teilen, und der Feind werde zunächst eine Landung in Nordafrika, dann eine Invasi-

Nach der siegreichen britischen Durchbruchsschlacht bei El Alamein geriet der
stellvertretende Kommandierende General des Afrikakorps, General Ritter von
Thoma, in englische Gefangenschaft. Staubbedeckt salutierte er vor Feldmarschall Montgomery, der ihn höflich, wenn auch vor allem aus militärischen Interesse, zum Dinner einlud. Zu dieser Zeit war Nordafrika der einzige Kriegsschauplatz, wo sich noch Reste von Ritterlichkeit in der gegenseitigen Behandlung zwischen Engländern und Deutschen zeigten.

on Italiens unternehmen. Allerdings war auch eine Landung in Tunesien nicht ausgeschlossen, und Italiener und Deutsche waren sich darin einig, daß in diesem Fall sofort etwas unternommen werden müsse; letzten Endes hinge jedoch alles von der Haltung der Franzosen ab.[17]

Am 8. November landeten starke britische und amerikanische Truppenverbände beiderseits von Algier an der Küste von Französisch-Nordafrika. Rommel war sofort klar, daß dies das Ende seiner Armee in Afrika bedeutete.

Rommels Rückzug aus der Alameinfront und sein anschließender Marsch nach Tunesien waren zweifellos außergewöhnliche Leistungen. Allerdings hatte sich nicht vermeiden lassen, daß zahlreiche italienische Infanteristen, für die keine Transportmittel zur Verfügung standen, in Gefangenschaft gerieten, und verständlicherweise hat sich Cavallero bei Rintelen in Rom darüber beklagt.[18] Das Afrikakorps, das jetzt vorübergehend von Bayerlein geführt wurde, verfügte immer noch über seine Stammtruppen und seine Kommandostruktur, und es war Rommels energischer Führung zu verdanken, daß er die Auffangstellung bei Fuka noch mit schwachen Kräften besetzen konnte. Er hatte nicht die Absicht, sich hier auf längere Kämpfe einzulassen. Als Nachhut auf dem Marsch nach Tunesien stand ihm in erster Linie die 90. leichte Division zur Verfügung, die zudem die Aufgabe übernehmen mußte, den Feind daran zu hindern, die auf dem Rückmarsch befindlichen Reste der Panzerarmee zu überholen. Gegen den Versuch des Feindes, an der Wüstenflanke an ihm vorbeizustoßen und seine Verbände einzukesseln, konnte er kaum etwas unternehmen, denn dazu fehlten ihm die notwendigen Panzer und Panzerabwehrwaffen. Als der große Rückzug am 4. November begann, verfügte er noch über etwa 30 deutsche und etwas mehr als 10 italienische Panzer. An auch nur begrenzte und defensive bewegliche Operationen war nicht mehr zu denken, und der Kraftstoffmangel zwang Rommel dazu, sich auf möglichst direktem Weg vom Gegner abzusetzen. Und nur allzu häufig gab es Unterbrechungen, weil man auf neue Kraftstofflieferungen warten mußte.

Aber Rommel konnte seinen Verfolgern entkommen und dabei einen beachtlichen Teil der Deutsch-italienischen Panzerarmee, wie sie nun hieß, vor der Vernichtung bewahren. Was als unübersichtliches Durcheinander von Fahrzeugkolonnen begann, die sich aus Teilen der verschiedensten Einheiten zusammensetzten und führerlos zurückfluteten (wobei die Männer, die sich auf den Fahrzeugen drängten, nicht mehr die Möglichkeit gehabt hätten, sich gegen einen unerwarteten Angriff zu wehren, während zahlreiche Soldaten aus dem Südabschnitt der Alameinfront den Fußmarsch nach Westen angetreten hatten), ordnete sich wieder beim Erreichen der libyschen Grenze am Nachmittag des 6. November. Es gab sogar einige erfreuliche Überraschungen. Die Luftwaffen-Jägerbrigade Ramcke, die keine eigenen Transportmittel besaß, hatte eine britische Kolonne angegriffen und sich nun mit deren Fahrzeugen abgesetzt.

In der Höhe von Sollum machte Rommel eine vorläufige Bestandsaufnahme. Er hatte jetzt noch etwa 7 500 Männer, 500 davon waren Deutsche, nur noch 21 Panzer, 35 Panzerabwehrgeschütze, 65 Feldgeschütze und 24 Flakgeschütze. Diesen schwachen Kräften stand die geschlossene britische 8. Armee gegenüber. Nach Rommels Schätzung hatten die Briten mit etwa 200 Panzern die Verfolgung aufgenommen. Darüber hinaus verfügten sie über etwa die gleiche Zahl von gepanzerten Mannschaftstransportwagen, und britische Panzerspähwagen begleiteten die zurückflutenden deutschen Truppen an der Wüstenflanke.

Rommel führte den Rückzug mit der gleichen Energie wie seine Angriffsoperationen. Wo es zu Verkehrsstauungen an Engstellen wie am Halfaya-Paß kam, ließ er den Verkehr durch Offiziere regeln, die es verstanden, sich rücksichtslos durchzusetzen. Die nach Westen fahrenden Versorgungsfahrzeuge versammelte er in vorher bestimmten Räumen und stellte auch hier die Ordnung wieder her. Er beabsichtigte, bei Tobruk eine Zeitlang anzuhalten, um die Truppe mit den dort noch lagernden Vorräten an Verpflegung und Kraftstoff zu versorgen. Dazu mußte der Verfolger möglichst lange aufgehalten werden. Anschließend sollte es auf dem ihm so gut bekannten Weg über Gazala, Bengasi, Agedabia und Marsa el Brega weiter zurückgehen. An den Engstellen bei Marsa el Brega konnte man den Gegner vielleicht eine Zeitlang aufhalten und von Tripolis Verstärkungen heranführen. Es würde aber kaum möglich sein, genügend Kräfte zusammenzubringen, um längere Zeit Widerstand zu leisten oder gar einen Gegenangriff zu führen. Die Niederlage bei El Alamein hatte die Panzerarmee zu sehr geschwächt.

Und doch war es Rommel gelungen, die ihm verbliebenen Truppen vom Feind zu lösen. Trotz der unaufhörlichen Luftangriffe, des chronischen Kraftstoffmangels, der ihn zwang, viele Fahrzeuge ins Schlepptau zu nehmen, und trotz der gewaltigen Überlegenheit seiner Verfolger hatte er seine Armee vor der Vernichtung bewahrt. Das lag vor allem an der Vorsicht seines Gegners. Rommel schrieb, Montgomery habe nichts riskiert; kühne Lösungen seien diesem völlig fremd gewesen.[19]

Man hat dieser oft wiederholten Kritik an Montgomery auch widersprochen[20] und die Halbherzigkeit der Verfolgung der Ängstlichkeit seiner Untergebenen sowie dem schlechten Wetter zugeschrieben — und mit Sicherheit hat der schwere Regen in der Nacht vom

6. auf den 7. November Deutschen und Briten das Vorankommen wesentlich erschwert. Wie auch immer: Rommel hat den Mangel an Dynamik bei seinen Verfolgern deutlich erkannt und diesen Umstand bei seinen Planungen in Rechnung gezogen. Andererseits schätzte er Montgomerys Intelligenz, die Sorgfalt, mit der dieser jeden Einsatz vorbereitete, und die Zielstrebigkeit, die ihn jedes Risiko vermeiden ließ. Er nannte ihn den »Fuchs«. Mit einiger Verbitterung gestand er ein, daß sich Montgomery niemals zuviel zutraute, sich keinen Gegenangriffen aussetzte und wahrscheinlich genau die Schwächen und Grenzen seines Gegners kannte. Andererseits aber gelang es Montgomery nicht, den Feind in eine Falle zu locken, und die Reste der 90. leichten Division konnten die Frontalangriffe der britischen 8. Armee immer wieder im hinhaltenden Widerstand abwehren. Am 12. November räumte Rommel Tobruk, und am folgenden Tag trafen die ersten Verbände der Panzerarmee bei Marsa el Brega ein.

Am 10. November begann mit der Zuführung deutscher Truppen durch die Luft und ihre baldige Verstärkung die Bildung eines deutschen Brückenkopfes in Tunesien. Am 11. November bat Rommel Cavallero und Kesselring, ihn zu besuchen. Nach der Niederlage eine Woche zuvor und besonders nach der Landung britischer und amerikanischer Truppen in Nordafrika am 8. November war er nach gründlicher Überlegung zu der Überzeugung gekommen, daß nun klare strategische Entscheidungen von höchster Stelle dringend erforderlich seien. Welche Aufgaben konnte die Panzerarmee, soweit sie noch bestand, jetzt übernehmen? Was war das strategische Ziel des Feldzugs in Nordafrika, jetzt, da das ganze Potential der amerikanischen Industrie auf dem Seeweg über den Atlantik gebracht und hier eingesetzt werden konnte? Und wie sollten die ungeheuren Anstrengungen ermöglicht werden, die für die Verteidigung von Nordafrika unternommen werden mußten — und die mit Sicherheit in keinem Verhältnis zur strategischen Bedeutung einer solchen Verteidigung standen? Worin lag diese strategische Bedeutung überhaupt noch? Cavallero und Kesselring lehnten es ab, mit ihm zu sprechen, und wieder schickte Rommel den treuen Berndt nach Deutschland, wo er versuchen sollte, persönlich mit Hitler zu sprechen.

Berndts Reise nach Berlin war ein völliger Fehlschlag, und Rommel erfuhr zu seiner Bestürzung, daß Hitler seine Befürchtungen nicht nur nicht geteilt, sondern im Gegenteil mit Verärgerung darauf reagiert habe. Berndt berichtete, Hitler sei entschieden optimistisch, habe den Rückzug der Panzerarmee aufmerksam verfolgt und erklärt, Marsa el Brega sei »das Sprungbrett für eine neue Offensive«. Es war klar, daß Hitler, der bisher so großen Wert auf Rommels Urteil gelegt und sich stets entgegenkommend gezeigt hatte, nun zu der Überzeugung gelangt war, die militärischen Rückschläge hätten aus seinem Lieblingsgeneral einen Pessimisten gemacht, der sich um Probleme kümmerte, für die andere zuständig waren. Hitler hatte Berndt gesagt, Rommel solle einfach daran glauben, daß der Brückenkopf in Tunis gehalten werde, und in scharfem Ton geäußert, er solle Rommel ausrichten, »der Führer bittet den Feldmarschall, Tunis außer Betracht seiner Berechnungen zu lassen«[21a].

Doch Rommel blieb bei seiner zornigen Skepsis. Er wußte, daß Montgomery die Panzerarmee früher oder später wieder schlagen werde, wenn er seinen Nachschub heranführte und schrittweise weiter vorging. Die Verstärkungen an Mannschaften und Material, mit denen Rommel rechnen konnte, würden dagegen niemals ausreichen, um eine längere Abwehrschlacht gegen die 8. Armee durchzustehen. Eine noch geringere Aussicht bestand darauf, die für die bewegliche Kampfführung benötigten Truppenverbände zusammenzubringen. So war abzusehen, daß eines Tages auch Tripolitanien geräumt werden müßte. Auf die Dauer würde sich die Stellung bei Marsa el Brega nicht halten lassen, und die Vorstellung, im Januar einen Gegenstoß zu führen und eine neue Offensive zu beginnen, gehörte ins Reich der Phantasie. Jetzt waren neue Kräfte ins Spiel gekommen, und die Spielregeln hatten sich geändert.

Nach Rommels Auffassung sollte sich die Panzerarmee deshalb nach Gabes, westlich der tunesischen Grenze, zurückziehen, wo das Gelände eine bewegliche Kampfführung unmöglich machte und eine Verteidigung gegen einen zahlenmäßig überlegenen Feind Aussicht auf Erfolg hatte. Rommel glaubte, die Stellungen bei Gabes eine Zeitlang halten zu können. Außerdem würde Montgomery eine gewisse Zeit brauchen, die für einen Angriff benötigten Streitkräfte heranzuführen, so daß Rommel, wenn er die Panzerarmee nach Gabes zurücknähme, nicht nur Zeit gewinnen, sondern sich auch mit den deutschen Truppen vereinigen könnte, die jetzt in Tunesien versammelt wurden und, wie Rommel feststellte, den Löwenanteil des nach Nordafrika gebrachten Nachschubs bekamen. Sobald die Deutsch-italienische Panzerarmee wieder geschlossen eingesetzt werden konnte, würde sie vielleicht einen entscheidenden Schlag gegen die Briten und Amerikaner im Westteil von Tunesien führen können, um sich dann, nachdem die Gefahr an der Westflanke gebannt war, der 8. Armee entgegenzustellen. Dazu mußten alle vorhandenen Kräfte sobald wie möglich zusammengeführt werden.

Aber das alles konnte nach Rommels Überzeugung nicht mehr sein als eine Zwischenlösung. Es kam darauf an, Zeit zu gewinnen und zu verhindern, daß jetzt nicht eine, sondern zwei Armeen der Achsenmächte vernichtet wurden. Und diese Zeit sollte dazu genutzt

werden, sich mit der Panzerarmee im hinhaltenden Widerstand nach
Tunesien zurückzuziehen, um dann den nordafrikanischen Kriegsschauplatz zu räumen und mit den Verbänden nach Europa überzusetzen. Denn welchen Sinn sollte ein nordafrikanischer Feldzug jetzt
noch haben? Der »Orientplan«, der große Traum von der Eroberung
des Nahen Ostens vom Kaukasus und von Ägypten her, war ausgeträumt; er war bei Alam Halfa begraben worden, als alliierte Truppen in Französisch-Nordafrika landeten und die Amerikaner aktiv in
das Kriegsgeschehen eingriffen. Die italienischen Besitzungen ließen
sich nicht mehr schützen. Und das deutsche Reichsgebiet wurde,
wenn überhaupt, vom Osten bedroht und eines Tages vielleicht auch
vom Westen. Es war eine Zersplitterung der Kräfte, wenn man versuchte, darüber hinaus an der Südfront noch ein Stück Afrika zu halten.

Natürlich wußte Rommel, daß hier zweifellos auch noch andere
Überlegungen eine Rolle spielten, die die Stabilität Italiens als Ach-
senpartner betrafen: Mussolini betrachtete eine Front in Nordafrika
natürlich auch als Vorfeld für die Verteidigung Südeuropas und hoffte auf die Möglichkeit einer Annexion der französischen Kolonien in
Nordafrika durch Italien, wenn Tunesien mit Hilfe eines verstärkten
Einsatzes italienischer Truppen gehalten werden konnte. Eine eher
taktische Überlegung hingegen war es, daß es sich günstig auf den
Luftkrieg und damit auf den Feldzug in Tunesien und die Versorgung
der dort eingesetzten Truppen auswirken würde, wenn die britische
8. Armee möglichst lange östlich von Tripolis festgehalten würde.

Doch für Rommel waren das alles nur akademische Fragen, wenn
es ihm nicht gelang, seine Panzerarmee zu retten. Wenn er wie bei El
Alamein den Befehl erhielte, seine Stellungen in Tripolitanien zu halten, und keine Handlungsfreiheit bekäme, dann wäre die Folge, daß
er seine nichtmotorisierten Truppen, zu denen auch einige italienische Divisionen gehörten, und wahrscheinlich sogar auch andere
Teile der Panzerarmee opfern müßte. Und auch hier befehligte Rommel wieder einige nichtmotorisierte italienische Divisionen. Inzwischen waren Teile der Divisionen Pistoia, Spezia und »Jungfaschi-
sten« unter den Generalen Falugi, Scattini und Sozzani bei Marsa el
Brega angekommen und ihm unterstellt worden. Die Panzerarmee
war aber auch durch die italienische Panzerdivision Centauro verstärkt worden, deren Kommandeur, General Pizzolato, wie sich herausstellte, bei Longarone gegen ihn gekämpft hatte.

Bei dem nun folgenden Rückzug durch die Cyrenaika beobachtete Rommel die Djebelflanke bei Msus, die er so gut kannte, und stellte in Bengasi, das nun zum fünften Mal den Besitzer wechselte, eine
gewisse Verwirrung fest. Er sah sich auch noch einmal die versteckten Sprengladungen an, die »hübschen kleinen Überraschungen«,

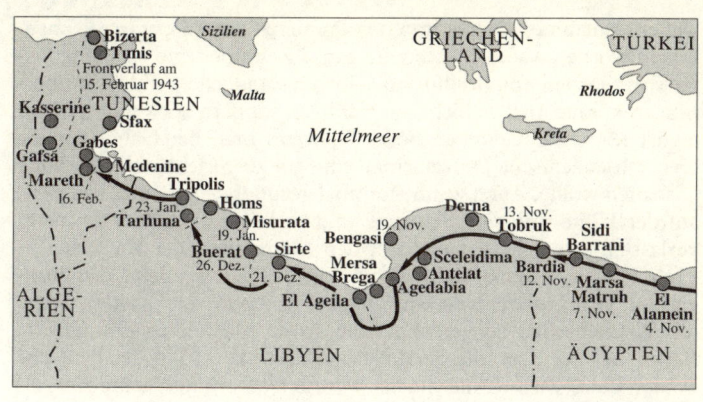

Der Vormarschweg der britischen 8. Armee und Rommels Rückzug
nach Tunesien von November 1942 bis Februar 1943

wie er sie nannte, die hier von den Pionieren der Panzerarmee ange-
bracht worden waren.[21b] Und die ganze Zeit überlegte er, wie er seine Vorgesetzten von der für ihn selbstverständlichen Wahrheit überzeugen könnte, daß es nicht nur richtiger, sondern auch rechtzeitiger
taktischer Entscheidungen bedurfte, wenn man bei Gabes für die
Deutsch-italienische Panzerarmee eine gut zu verteidigende Stellung
ausbauen wollte. Auch wenn Rommel gesundheitlich durchaus nicht
auf der Höhe war, sein Schwung und sein Humor hatten ihn nicht
verlassen. Als sich Rommel mit den Männern seiner Kampfstaffel
Ende November einen Film ansah (gelegentlich wurden Vorführun-
gen mit von Deutschland eingeflogenen Filmen veranstaltet), zeigte
die Wochenschau ausgerechnet die große Massenversammlung in
Berlin, auf der Rommel der Presse erklärt hatte: »Wo der deutsche
Soldat steht, wird er nie hinausgeworfen.« Rommel lachte mit, als
seine Afrikaner in schallendes Gelächter ausbrachen.[21c]

Am 20. November erhielt Rommel einen Funkspruch von Hitler,
in dem es hieß, die Stellung bei Marsa el Brega sei »um jeden Preis«
zu halten. Am gleichen Tag ließ Rommel den Kommandeur der Aufklärungsabteilung der 21. Panzerdivision, des ersten Truppenteils, der
im Februar 1941 in Tripolis gelandet war, zu sich kommen. Major
v. Luck, der sie jetzt führte, war einer seiner alten Kommandeure aus
der 7. Panzerdivision in Frankreich. Rommel hatte Luck zum letzten
Mal am 8. November unmittelbar nach der Alameinschlacht gesehen und in seiner Verzweiflung ganz offen von dem »irrsinnigen
Durchhaltebefehl Hitlers« gesprochen, einem Befehl, der ihn
24 Stunden und viele Menschenleben gekostet hatte. Und damals
hatte Luck erklärt: »Wir alle fühlten, daß wir jetzt zu ›unserem Rommel‹ stehen müssen.« Jetzt trafen sie sich wieder und sprachen ebenso leidenschaftlich und offen miteinander. Daß Rommel gegenüber
Luck so deutlich wurde, lag zweifellos daran, daß er genau wußte,
was ihm bevorstand, und daß er zwischen seinem soldatischen Gehorsam und der Verpflichtung gegenüber seinen Männern hin- und
hergerissen wurde – und das alles für eine oberste Führung, der er
mit jeder Stunde weniger vertraute. Er sagte, der Krieg sei verloren,
und Deutschland müsse sich um einen Waffenstillstand bemühen.[22]
Und mit der zunehmenden Einsicht, daß die strategische Lage
Deutschlands unhaltbar wurde, stellte sich auch der Verdacht ein –
und er sollte bald zur Gewißheit werden –, daß das Regime auch auf
anderen Gebieten unmoralisch und verbrecherisch handelte.

Und doch hatte Rommel seine Loyalität – das heißt seine persönliche Verehrung und Dankbarkeit – gegenüber Hitler noch nicht
endgültig aufgegeben. Zweifellos glaubte er immer noch, daß Hitler
Argumenten zugänglich, daß er das Opfer schlechter Ratgeber sei.
Am 25. November schrieb Rommel an Lucie: »Möge mir der all-

mächtige Gott im kommenden Jahr wie in der Vergangenheit helfen, den Glauben des Führers und des deutschen Volkes an mich zu rechtfertigen.«[23]

So beschloß Rommel, sich ein weiteres Mal persönlich beim »Führer« zu melden. Trotz des enttäuschenden Berichts von Berndt hoffte er, daß es ihm gelingen werde, Hitler mit einem nüchternen und objektiven Bericht zur Vernunft zu bringen. Immerhin war dieser in besseren Tagen für militärische und strategische Argumente offen gewesen. So beschloß Rommel, nach Deutschland zu fliegen.

Inzwischen waren die Reste der Panzerarmee bei Marsa el Brega angekommen, und hier traf Rommel am 22. November mit Bastico zusammen, dem inzwischen zum Marschall beförderten italienischen Oberbefehlshaber in Nordafrika. Am 24. kamen Cavallero und Kesselring zu ihrem nach Rommels Ansicht längst fälligen Besuch zum Arco dei Fileni, dem großen Triumphbogen an der Küstenstraße vor der Grenze zwischen der Cyrenaika und Tripolitanien. Ihnen trug Rommel seine Ansichten über die gegenwärtige strategische Gesamtlage vor.

Er berichtete ausführlich über die Alameinschlacht und erklärte, vor allem der Mangel an Truppen und Material am Boden und in der Luft sei schuld an der Katastrophe gewesen, die sich unter diesen Umständen nicht mehr habe vermeiden lassen. Dann erläuterte er die gegenwärtige Situation. In zwei oder drei Wochen werde der Feind wahrscheinlich eine Armee mit mehr als 400 Panzern zum Angriff bereitgestellt haben, während das Afrikakorps nur über 35 Panzer verfügte. Seine italienischen Truppenbefehlshaber stimmten Rommel zu, der vor zwei Tagen auf einer Kommandeursbesprechung zu dem Schluß gekommen war, daß sich die neue Stellung nicht gegen einen Angriff mit starken Kräften würde halten lassen.[24]

Rommel stellte fest, hinter der Stellung bei Marsa el Brega, die er auf Befehl Hitlers »um jeden Preis« verteidigen solle, gebe es östlich von Tripolis keine Möglichkeit mehr, dem Gegner erfolgreich Widerstand zu leisten. Er werde natürlich bei Marsa el Brega sein Möglichstes tun, man dürfe sich aber keiner Täuschung hingeben. Wenn man eine endgültige Niederlage vermeiden wolle, müsse er freie Hand haben, im Notfall weiter zurückzugehen.

Kesselring, der gerade von Hitler persönlich die Anweisung bekommen hatte, die Verantwortung für die Versorgung im ganzen Mittelmeerraum zu übernehmen (wofür ihm nur begrenzte Möglichkeiten offenstanden), erwiderte, die Vorbereitungen für eine Verteidigung Tunesiens würden eine gewisse Zeit in Anspruch nehmen, und er befürchte, daß die Versorgung der Truppen in Tunesien von Europa aus auf große Schwierigkeiten stoßen würde, wenn die Feldflugplätze in Tripolitanien in britische Hände fielen. Doch Rommel

Das von Anfang an gespannte Verhältnis zwischen den deutschen und italienischen Waffenbrüdern hatte viele Ursachen. Im Hintergrund mag die Erinnerung an den Ersten Weltkrieg eine Rolle gespielt haben, als die Mittelmächte drei erbitterte Jahre gegen die Italiener gekämpft hatten. Daneben wird auch die traditionelle Anglophilie der italienischen Oberschicht und insbesondere des Offizierskorps eine Rolle gespielt haben. Rommel stieß die offenkundige Klassenstruktur seiner italienischen Bundesgenossen ab, die auch im Kriege und sogar während der Schlachten nicht von dem Brauch abließen, Mannschaften, Unteroffizierskorps und Offiziere getrennt zu verpflegen. Daneben spielte natürlich das arrogant-pompöse Verhalten vieler italienischer Offiziere eine Rolle, die in den notgedrungen zur Hilfe gerufenen Deutschen unwillkommene Freunde sahen. Rommel nannte den italienischen General Bastico häufig mit unverhohlenem Spott General Bombastico.

Oben: Rommel hört sich die Lageanalyse der italienischen Generalität an. V.l.n.r.: Navarini, Bastico, Gioda, Rommel, Baldassare, Barbasetti.

Rechts: Lagebesprechung mit dem italienischen Generalstabschef General Gambara.

wies erneut auf die taktischen Gesichtspunkte hin, die nach seiner Meinung nicht übersehen werden durften: Wenn die Panzerarmee zu lange bei Marsa el Brega bliebe, werde sie vernichtet werden, und westlich davon gebe es bis zur tunesischen Grenze keine Möglichkeit, eine starke Verteidigungsstellung aufzubauen. In Tunesien hingegen bestünden bessere Erfolgsaussichten, wenn sich die Panzerarmee mit den dort neu eingetroffenen deutschen Panzerverbänden vereinigte. An eine Gegenoffensive sei nicht zu denken. Der Feind werde den Verteidigern vielleicht die Gelegenheit für einen kurzen Gegenstoß an der Front bieten, aber hinter ihm stünden weit überlegene Kräfte, die jetzt in Ägypten zusammengezogen oder schon auf dem Vormarsch seien. Montgomery werde sich auf keine Risiken einlassen. Zudem sei jedes Unternehmen sinnlos, wenn es ohne strategisches Ziel erfolge. Die einzig vernünftige strategische Lösung sei daher die Konzentration der deutsch-italienischen Kräfte an einer gut zu verteidigenden Stellung in Tunesien und die Vorbereitung auf ein weiteres Ausweichen im hinhaltenden Widerstand. Und obwohl er es nicht ausdrücklich betonte, müßte diesem Rückzug die Evakuierung der Truppe aus Nordafrika folgen, um möglichst starke militärische Kräfte auf dem europäischen Festland bereitzustellen, da dort der Krieg entschieden werden würde. Ein anderes Vorgehen habe keine Aussicht auf Erfolg. Rommel müßte also freie Hand haben, mit dem Rückzug von Marsa el Brega zu beginnen, wenn er es für richtig hielt. Andernfalls würde die italienische Infanterie das gleiche Schicksal erleiden wie ihre Kameraden in den britischen Kriegsgefangenenlagern.

Zweifellos war sich Rommel der Tatsache bewußt, daß er in den Augen Cavalleros, den er für einen intelligenten, aber willensschwachen Schreibtischgeneral hielt, und auch Kesselrings, dem es in erster Linie um den Besitz der Flughäfen im Mittelmeerraum ging, ein Defätist war. Tatsächlich behaupteten die beiden, die Niederlage bei El Alamein hätte Rommel übertrieben pessimistisch gestimmt und ihm den Elan genommen.

Aber auch Cavallero war zu dem Schluß gekommen, daß es vor allem darauf ankam, Tunesien zu halten. Wenn die Achsentruppen Tunesien halten konnten, hatten sie wenigstens die Chance, die Straße von Sizilien zu beherrschen und eines Tages wieder nach Osten vorzugehen. Ginge Tunesien hingegen verloren, dann sei auch Nordafrika verloren. Bei den Meinungsverschiedenheiten der drei Männer ging es weniger um die strategische als um die taktische Frage, ob es für die Vorbereitung der Verteidigung in Tunesien notwendig sei, die Stellungen in Tripolitanien noch längere Zeit zu halten.[25]

Das einzige Ergebnis dieser Besprechungen war ein Befehl Mussolinis vom 26. November, in dem er ebenso wie sechs Tage zuvor

Hitler verlangte, die Stellung bei Marsa el Brega müßte um jeden Preis gehalten werden. Am Tag darauf — es war sein Hochzeitstag — schrieb Rommel an Lucie, versicherte sie seiner Liebe und Dankbarkeit und fuhr dann fort: »Ich fürchte, der Krieg wendet sich nicht zu unseren Gunsten.« Damit hatte er allerdings recht.

Am 28. November flog Rommel nach Rastenburg zum Führerhauptquartier in Ostpreußen, um mit Hitler zu sprechen, und was er hier erlebte, erschütterte ihn. Zum ersten Mal zeigte sich Hitler von einer ganz anderen, äußerst bedenklichen Seite. Er schien sich phantastischen Vorstellungen und Wunschträumen hinzugeben und weigerte sich ganz offenkundig, der Wahrheit ins Auge zu sehen. Zudem war er von Männern umgeben, die nicht wagten, ihm zu widersprechen. Und dieser Mann war der Oberste Befehlshaber der Wehrmacht, der nicht nur über das Leben von Millionen Soldaten, sondern auch über das Schicksal Deutschlands entschied.

Zum ersten Mal auch erlebte Rommel einen von Hitlers notorischen Wutanfällen. Schon bei der Begrüßung kam es zu einem fürchterlichen Zornesausbruch. Hitler empfing Rommel mit der Frage, wie er es wagen könne, seinen Befehlsbereich ohne Erlaubnis zu verlassen, überschüttete Rommel mit einem Wortschwall und wechselte dabei zwischen lautem Gebrüll und drohendem Schweigen.[26] Er beschuldigte die Panzerarmee, ihre Waffen gestreckt und nicht gekämpft zu haben, während er selbst die Ostfront im ersten Winter des Rußlandfeldzuges allein durch den Befehl gerettet habe, die Stellungen um jeden Preis zu halten. Man brauche eben nur Entschlossenheit. Ein starker Brückenkopf in Afrika sei eine »politische Notwendigkeit«, und dieser Brückenkopf müsse gehalten werden, »koste es, was es wolle«.[27]

Dann änderte Hitler seinen Ton und erklärte — wie schon so oft zuvor —, die Versorgungslage werde sich künftig wesentlich bessern. Er befahl Göring, dem Oberbefehlshaber der Luftwaffe, Rommel nach Rom zu begleiten, dort mit dem Duce und den italienischen Behörden zu sprechen und dafür zu sorgen, daß die Truppen in Nordafrika materiell ausreichend unterstützt würden. Dann entließ er den fassungslosen und desillusionierten Rommel mit den Worten: »Warten Sie draußen auf meine Befehle«.[28]

Auch Göring, den Rommel ohnehin nicht ausstehen konnte, schien nicht begreifen zu wollen, worum es ging. Als die beiden Männer mit Görings Sonderzug in Rom ankamen, hatte Rommel jeden Versuch aufgegeben, Göring von der Richtigkeit seiner Ansichten zu überzeugen. Mit Verachtung stellte er fest, daß sich Göring nur für eine Vervollständigung seiner Kunstsammlung interessierte und nicht gewillt war, etwas für die Panzerarmee Afrika zu tun.

Auch bei der Besprechung beim Comando Supremo in Rom, die

unter Görings Vorsitz stattfand, gelang es Rommel nicht, sich mit seinen Argumenten durchzusetzen. Er erhielt den Befehl, die Stellungen in Tripolitanien zu halten. Bei einer zweiten Besprechung lehnte auch Kesselring den Vorschlag Rommels ab, sobald wie möglich mit der ganzen Panzerarmee bis nach Gabes zurückzugehen. Er glaubte, eine Verlegung der Front in einen Raum westlich von Tripolis werde zu einer stärkeren Bedrohung Tunesiens durch die britische Luftwaffe führen, eine Auffassung, die er schon bei seinem Treffen mit Rommel am Arco dei Fileni vertreten hatte. Rommel hielt das alles für Hirngespinste. Die Überlegenheit des Gegners am Boden und in der Luft würde ihn ohnedies zwingen, die Front zurückzunehmen, gleichgültig, was man in Rom oder Rastenburg befahl.

Immerhin gelang es Rommel am Nachmittag, Mussolini zum Nachgeben zu bewegen; diesem kam es darauf an, die italienische Infanterie vor dem Schicksal ihrer Kameraden bei El Alamein zu bewahren, und er erklärte sich deshalb damit einverstanden, daß Rommel östlich von Tripolis bei Buerat an der Kleinen Syrte eine Auffangstellung vorbereitete. Entgegen seinen ersten Befehlen dürfe Rommel schon jetzt beginnen, die nichtmotorisierten italienischen Verbände dorthin zu verlegen. Aber, so erklärte Göring, zugleich müsse man einen neuen Angriff von Marsa el Brega nach Osten vorbereiten.

Zutiefst deprimiert flog Rommel am 2. Dezember nach Afrika zurück. Sein Entsetzen über Hitlers Realitätsverlust hätte sich noch beträchtlich verstärkt, wenn er den Inhalt eines Telefongesprächs zwischen Hitler und Feldmarschall v. Manstein, dem Befehlshaber der deutschen Heeresgruppe Don, am Abend des 29. November gekannt hätte. Zu diesem Zeitpunkt wußte man bereits, daß die 6. Armee unter Generaloberst Paulus bei Stalingrad nach russischen Gegenangriffen eingeschlossen worden war und weder mit dem notwendigen Nachschub versorgt noch ohne fremde Hilfe aus dieser Lage befreit werden konnte. Weiter südlich im Kaukasus stand die Heeresgruppe A. Manstein schilderte Hitler deren gefährliche Lage und wies darauf hin, daß eine Vernichtung der 6. Armee jeden Rückzug aus dem Kaukasus zumindest erheblich erschweren würde. Am Schluß dieses Gesprächs erklärte Hitler: »Herr Feldmarschall, ich muß Sie an etwas erinnern, was ich Ihnen schon wiederholt gesagt habe. Wir werden im kommenden Frühjahr den Kaukasus überschreiten... Dann werden Sie sich in Palästina mit der Armee des Feldmarschalls Rommel vereinigen, die ihnen von Ägypten her entgegenkommen wird. Und dann werden wir mit den dort vereinigten Kräften nach Indien marschieren und den endgültigen Sieg über England besiegeln.«[29]

Am 10. Dezember begann Rommel, die italienische Infanterie aus der Stellung bei Marsa el Brega herauszuziehen, bevor der Feind angegriffen hatte. Er war entschlossen, sich unter keinen Umständen auf das Risiko einer Entscheidungsschlacht einzulassen. Am 17. Dezember legte Rommel Bastico bei einer Besprechung in Buerat eine Statistik über Tonnagen, Hafenkapazitäten und andere logistische Einzelheiten vor,[30] und am 27. Dezember gab Mussolini, mehr von Rommels Argumenten in Rom überzeugt, als er damals erkennen ließ, Bastico die Erlaubnis zum Rückzug nach Tunesien, wenn auch so langsam wie möglich.[31] Am 29. Dezember stand die Panzerarmee hinter der Bueratstellung, die nach der Auffassung von Göring »um jeden Preis« gehalten werden sollte, jedoch jederzeit vom Gegner umgangen werden konnte und deshalb von Rommel als ungeeignet angesehen wurde. Es bedrückte ihn, daß Leute wie Kesselring, die es eigentlich wissen mußten, das nicht begreifen wollten. Kesselring hatte den Italienern gegenüber erklärt,[32] Rommel glaube nicht mehr an den Erfolg und habe das Vertrauen in seine eigenen Fähigkeiten verloren.

Doch das italienische Oberkommando zeigte mehr Verständnis für die Gefahren, die den Resten der italienischen Armee in Afrika drohten. Bastico bemühte sich ehrlich darum, zwischen Mussolini und Rommel zu vermitteln, von dessen Wirklichkeitssinn er jetzt überzeugt war. Die Briten ließen sich Zeit, und in den deutschen Kriegstagebüchern war immer noch von der Phantasielosigkeit des britischen Gegners die Rede.[33] Aber das Tempo der Absatzbewegungen der Panzerarmee nach Westen wurde doch von Montgomery bestimmt. Nach einem Angriff mit stärkeren Kräften am 15. Januar 1943, bei dem die Panzerarmee eine größere Zahl britischer Panzer zerstörte, wich Rommel in eine neue Stellung aus, die Tripolis vor dem Zugriff des Gegners schützte.

Auch diese Stellung wurde am 19. Januar von der 8. Armee mit starken Kräften angegriffen, und Rommel hatte den Eindruck, daß der Gegner diesmal sehr viel energischer vorging als bisher. Es war eine starke Stellung, und hätte Rommel über die gleichen Kräfte und den Kraftstoff verfügt wie am Anfang des Feldzuges, dann hätte er dem Gegner schwere Verluste beibringen können. Doch unter den gegebenen Umständen machte dieser bei seinem Flankenangriff gegen die Linie Tarhuna-Homs rasche Fortschritte. Nach den Erkenntnissen seines Nachrichtendienstes glaubte Montgomery, Rommel werde versuchen, möglichst lange eine möglichst weit im Osten gelegene Verteidigungslinie zu halten.

Das entsprach zwar Rommels Befehlen, nicht aber seinen Absichten. Er stellte das Comando Supremo vor die Wahl, seine Truppen zu retten oder zu verlieren. Am 20. Januar sprach er sehr energisch mit Cavallero, der ihn in Tripolis aufsuchte. Cavallero konnte sich nicht zu einem klaren Befehl durchringen und erklärte, die italienische Infanterie dürfe dem Feind nicht ausgeliefert werden, aber Rommel solle sich darum bemühen, möglichst viel Zeit zu gewinnen.[34] Am 22. Januar befahl Rommel die Räumung von Tripolis und konnte 95 Prozent des dort lagernden Materials herausbringen. Die italienische Infanterie sollte nach Tunesien ausweichen und mit dem Ausbau einer neuen Verteidigungsstellung bei Mareth südlich von Gabes beginnen.[35]

Cavallero kritisierte diese Maßnahme und erklärte, Rommel habe zu früh mit dem Rückzug begonnen. Am 26. Januar schrieb er, Rommel habe seine Stellungen geräumt, ohne Widerstand zu leisten.[36] Das mag gelegentlich so gewesen sein, aber es ist schwer, in jedem einzelnen Fall genau zu bestimmen, wann der Rückzug beginnen muß, wenn man den Feind möglichst lange aufhalten und dabei die eigenen Verluste so gering wie möglich halten will. Anders als Montgomery konnte Rommel den feindlichen Funkverkehr nicht entschlüsseln. Aber noch entscheidender war, daß es bei diesen Rückzügen um die strategische Frage ging, auf die Rommel immer wieder hingewiesen hatte. Welchen Sinn sollte es haben, wenn man den Rückzug verzögerte? Wohin sollte das alles führen? Höchstwahrscheinlich hätte Rommel mit Bestürzung reagiert, wenn er am 20. Dezember 1942 an der Führerbesprechung in Rastenburg teilgenommen hätte, bei der Hitler erklärte, es sei unbedingt notwendig, Nordafrika wieder in die Hand zu bekommen. Ein Rückzug auf die »Festung Europa« wäre ein deutlicher Hinweis darauf, daß es für die Deutschen keine Möglichkeit mehr gebe, den Krieg zu gewinnen.[37]

Am 26. Januar richtete Rommel bei strömendem Regen westlich von Ben Gardane in Tunesien das Hauptquartier der Panzerarmee ein. Am gleichen Tag teilte ihm das Comando Supremo mit, er müsse den Oberbefehl nach Besetzung der Marethlinie einem italienischen General übergeben. Die Panzerarmee war jetzt offiziell ja die »Deutsch-italienische Panzerarmee«. Nun sollte aus ihr die italienische 1. Armee gebildet werden, der dann auch die deutschen Truppen Rommels unterstellt würden.

Der Grund für die sofortige Ablösung des Feldmarschalls war angeblich sein Gesundheitszustand. Tatsächlich aber hatte Mussolini schon Anfang Januar Rommels Ablösung gefordert und das damit begründet, daß Rommel »kein Stratege« sei — eine Ansicht, die man häufig hören konnte und die wahrscheinlich darauf zurückzuführen war, daß Rommel das strategisch Wünschenswerte (eine längere Verteidigung Tripolitaniens) für taktisch undurchführbar hielt.[38] Rommel hatte schon zwei Wochen zuvor von dieser Entschei-

Im Juni 1942 hatte Churchill in der 2. Washington-Konferenz die Entscheidung über eine Landung alliierter Truppen in Nordwestafrika erreicht, mit der dort eine »zweite Front« errichtet werden sollte. Das Unternehmen »Torch« begann im November 1942, als etwa 110 000 alliierte Soldaten unter dem Oberbefehl General Eisenhowers an der marokkanischen und algerischen Küste an Land gingen, um die baldmöglichste Besetzung Tunesiens zu erreichen. Den mit Luft- und Seetransporten nach Tunesien gebrachten Achsenstreitkräften gelang es noch einmal, eine Abwehrfront aufzubauen. Aber nach vergeblichen Angriffen gegen die alliierte Tunisfront und die vor der Mareth-Linie aufmarschierenden Engländer war Rommel schon im März überzeugt, daß Tunesien nicht gehalten werden konnte. Tatsächlich erfüllte sich diese Voraussage binnen weniger Wochen. Am 7. Mai gingen die Häfen Tunis und Bizerta verloren, und wenige Tage später war der letzte Widerstand gebrochen. 250 000 Deutsche und Italiener wanderten in Gefangenschaft, und die gesamte Ausrüstung der acht deutschen und sechs italienischen Divisionen war verloren.

Die Abbildung zeigt Churchill bei einer Konferenz in Nordafrika nach der Kapitulation des »Afrikakorps«. V.l.n.r.: Eden, Alan Brooke, Tedder, Cunningham, Alexander, Eisenhower und Montgomery.

dung erfahren und Berndt noch einmal nach Ostpreußen geschickt, um festzustellen, wie man dort darüber dachte. Berndt führte ein mehr als dreistündiges persönliches Gespräch mit Hitler, dessen Wut auf Rommel sich offenbar gelegt hatte und der jetzt erklärte, er vertraue seinem Feldmarschall und wolle ihn zum Oberbefehlshaber in Nordafrika ernennen — wenn sein Gesundheitszustand es erlaube und die Vorbereitungen für die Schaffung einer aus allen Achsenstreitkräften in Tunesien bestehenden Heeresgruppe abgeschlossen seien. »Berndt überbrachte mir die wärmsten Grüße des Führers, dessen unvermindertes Vertrauen ich wie früher besitze«, schrieb Rommel am 19. Januar an Lucie.[39]

Rommel war gesundheitlich noch immer angeschlagen. Er litt an Übelkeit, Ohnmachtsanfällen, niedrigem Blutdruck, starken Kopfschmerzen und Schlaflosigkeit. So bedauerte er es nicht einmal allzusehr, demnächst abgelöst zu werden. Zwar lag ihm das Schicksal des Afrikakorps am Herzen, aber nach der Vereinigung der deutschen Kräfte würde die Panzerarmee Teil eines größeren Verbandes sein, für den neue Befehlsverhältnisse geschaffen werden mußten. Diese in Tunesien zusammengeführten stärkeren Truppenteile, die über Tunis versorgt werden konnten, würden zunächst bessere Aussichten auf Erfolg haben. Man hatte Rommel aufgefordert, die 21. Panzerdivision am 13. Januar an die tunesische Front zu verlegen, und er hatte das getan — er hatte es sogar selbst vorgeschlagen.

Auch beim italienischen Oberkommando gab es personelle Veränderungen. Rommel bedauerte, daß Bastico am 31. Januar gehen mußte. Er hatte heftige Auseinandersetzungen mit ihm gehabt, sich oft über ihn lustig gemacht und ihn »Bombastico« genannt, wußte aber auch, daß er dem italienischen General viel verdankte. Bastico hatte Rommel oft unterstützt, auch wenn er wußte, daß er sich damit unbeliebt machte. Die Entlassung Cavalleros hat Rommel dagegen nicht bedauert.

Der 12. Februar — Rommel hatte beschlossen, das Kommando erst abzugeben, wenn es ihm direkt befohlen wurde — war der Jahrestag der Ankunft des Afrikakorps in Tripolis. Das Musikkorps des Panzerregiments 8 brachte ihm am Morgen um 8 Uhr ein Ständchen vor seinem Wohnwagen, und am Abend gab er für zwanzig seiner ältesten Afrikakämpfer ein kleines Fest, bei dem ihm der Kommandeur der 90. leichten Division, Graf Sponeck, eine Karte von Afrika mit den Autogrammen aller Gäste überreichte. Rommel selbst bedankte sich mit einer Abschiedsrede.[40] Drei Tage später bezog die Nachhut des Afrikakorps ihre Stellungen bei Mareth. Die Achsenstreitkräfte hatten Tripolitanien geräumt.

Am 4. Februar hielten die Briten in Tripolis eine Siegesparade ab. Ein deutscher Spähtrupp erkannte aus der Ferne Churchill bei seiner

Ankunft im Hafen. Am 3. Februar erfuhr das deutsche Volk, daß die 6. Armee in Stalingrad kapituliert hatte. Die Stadt war zurückerobert worden und mehr als 90 000 Gefangene einschließlich des erst kürzlich zum Feldmarschall beförderten Oberbefehlshabers Paulus waren in sowjetische Gefangenschaft geraten. Stalingrad und El Alamein sowie die Nachwirkungen dieser Niederlagen markierten den Anfang vom Ende der deutschen Wehrmacht.

18

Der Vorhang fällt

Nach Ansicht Rommels war es ein taktischer Fehler, schon bei Mareth eine Stellung einzurichten. Wenn er von der Notwendigkeit des Rückzugs bis nach Gabes sprach, dachte er stets daran, bei Akarit, 65 Kilometer hinter Mareth, eine Auffangstellung zu bauen. Doch auch das hielt er nur für eine Zwischenlösung. Immerhin ließe sich der Feind hier vielleicht so lange aufhalten, bis die Panzerarmee und die bei Tunis zusammengezogenen deutschen Verbände, die gemeinsam die neue 5. Panzerarmee bildeten, den endgültigen Rückzug und die dann folgende Evakuierung nach Europa vorbereitet hatten. Rommel bezweifelte, daß eine weitere Verstärkung dieser Armee und eine lange Verteidigung von Tunesien strategisch einen Sinn haben könnten, stand mit dieser Ansicht jedoch ziemlich allein.

Was die praktische Durchführung betraf, so mußten die deutschen und italienischen Kräfte, wenn man die Marethstellung hinzurechnete, eine viel zu lange Front verteidigen. Die von Rommels Verbänden im Süden und von der 5. Panzerarmee unter Generaloberst v. Arnim im Norden zu haltende Front erstreckte sich über 650 Kilometer. Der Feind, der seine Kräfte noch nicht vereinigt hatte, verfügte über die starke 8. Armee Montgomerys, die von Tripolis stetig gegen die tunesische Grenze vorrückte, und über die Verbände Eisenhowers, dessen Stellvertreter, der britische General Alexander, demnächst die taktische Führung übernehmen sollte. Diese starken britischen und amerikanischen Truppen lagen jetzt in der Mitte Tunesiens und konnten nach Norden in Richtung auf Tunis oder nach Sfax an der Ostküste vorstoßen, um einen Keil zwischen die beiden Flügel der Achsenstreitkräfte zu treiben.

Trotz des Vorteils der inneren Linie reichten nach Rommels Ansicht die deutsch-italienischen Kräfte bei weitem nicht aus, um eine so weit ausgedehnte Front über längere Zeit zu halten. Es würde deshalb notwendig werden, auf einen engeren Raum zusammenzurücken und schließlich die noch verbliebenen Kräfte nach Europa zu evakuieren, wenn die deutsch-italienischen Armeen nicht geopfert werden sollten.

Man würde vielleicht in harten Kämpfen, in gut gewählten Stellungen und klug geführten Rückzugsgefechten Zeit gewinnen können, aber diese Zeit war mit Sicherheit begrenzt. Und was wäre damit für das wichtigste strategische Ziel, die Verteidigung des Reiches, getan? Rommel war überzeugt, daß seine Vorgesetzten augenscheinlich an nichts anderes dachten, als schwache Kräfte auf einem fernen Kriegsschauplatz herumzuschieben, den sie nur von der Landkarte her kannten.

Damit aber wurde Rommel dem deutschen und dem italienischen Oberkommando nicht ganz gerecht. Denn es gab durchaus vertretbare strategische Gründe dafür, die britischen und amerikanischen Streitkräfte in einem längerem Feldzug auf nordafrikanischem Boden zu binden. Zudem erhielte die Verteidigung Südeuropas dadurch eine gewisse Tiefe, und der anglo-amerikanische Schiffsverkehr durch die Straße von Sizilien würde behindert, wenn auch nicht verhindert werden. Rommel wußte, daß Mussolini den Brückenkopf in Tunesien nicht nur für die Verteidigung Europas, sondern auch für die Verzögerung einer anglo-amerikanischen Landung auf dem europäischen Kontinent für entscheidend wichtig hielt. Dennoch waren diese Argumente nur dann stichhaltig, wenn die Achsenkräfte in Tunesien ausreichend versorgt wurden und damit ihre Stellungen längere Zeit halten konnten. Das war jedoch langfristig nicht mehr möglich. Auch hier war das strategisch Wünschenswerte operativ nahezu undurchführbar und durfte deshalb nicht die politischen Entscheidungen bestimmen.

Die Niedergeschlagenheit Rommels während der letzten Wochen in Tunesien kam in seinen Berichten deutlich zum Ausdruck. Er hatte das Vertrauen in die politische Führung verloren und glaubte nicht mehr an den Sinn der ihm gestellten Aufgabe. Sein ganzer Einsatz in Nordafrika hatte mit einem Desaster geendet, und auch der Krieg in Europa schien ein düsteres Ende zu nehmen.

Überdies war Rommel auch gesundheitlich in schlechter Verfassung. Er litt an Wüstengeschwüren, fühlte sich unwohl und war völlig antriebslos. Während des Rückzuges hatte er noch tapfer gegen diese Beschwerden angekämpft und sein Bestes gegeben, jetzt aber zeigte er einen erstaunlichen Mangel an Entschlußkraft. Er durchlebte eine Krise, wie er sie bisher noch nie hatte durchstehen müssen. Und dennoch: Obwohl er sich mit einem Teil seines Selbst, wie schon bei El Alamein, nach seiner Ablösung sehnte, schrieb er am 7. Februar an Lucie: »Alles in mir sträubt sich dagegen, diesen Kriegsschauplatz zu verlassen, solange ich noch aufrecht stehen kann.«[1]

Auch die Befehlsverhältnisse in Tunesien waren zu dieser Zeit sehr unbefriedigend, um nicht zu sagen widersinnig. Nun, da die beiden Achsenarmeen auf relativ engem Raum Rücken an Rücken eingesetzt waren, benötigte man eine gemeinsame Führung. Gegenwärtig lag diese Führung in der Hand von Kesselring, der seine Aufgabe von Italien aus erfüllen mußte. Doch in einer Besprechung am 9. Februar, an der auch Rommel teilnahm und auf der man sich weitreichende Ziele setzte, war man übereingekommen, mit beiden Armeen geschlossen die anglo-amerikanischen Kräfte im Westen anzugreifen. Dabei sollten die der 5. Panzerarmee gegenüberliegenden amerikanischen Verbände vernichtet werden.[2] Anstatt dieses Unternehmen aber einem einzigen verantwortlichen Befehlshaber zu übertragen, sollte die Operation von zwei gleichberechtigten Armeeoberbefehlshabern geleitet werden, die zwar festumrissene, aber nicht unbedingt die gleichen Vorstellungen von der Lösung dieser Aufgabe hatten. Die Koordinierung, das heißt die Lösung von Zweifelsfragen, beziehungsweise die Führung würde in diesem Fall eine vorgesetzte Stelle im fernen Italien übernehmen.

Dann aber war die Bildung der Heeresgruppe Afrika angeordnet worden, der die 1. Italienische und die 5. Panzerarmee unterstehen sollten, allerdings erst ab 23. Februar. Bis dahin behielt Generaloberst v. Arnim seine 5. Panzerarmee, und Rommel führte vier Tage lang eine »Gruppe Rommel«, die im wesentlichen aus seinem alten Afrikakorps bestand, bis er am 23. Februar die Führung der Heeresgruppe Afrika übernahm. Die 1. Italienische Armee, Rommels alte Panzerarmee, war am 20. Februar von dem italienischen General Messe übernommen worden, und jeder wußte, daß am Ende v. Arnim den Oberbefehl über die Heeresgruppe Afrika übernehmen sollte, obwohl der offizielle Befehl dazu noch nicht vorlag.

Rommels alte 21. Panzerdivision unter der Führung von Oberst Hildebrandt (General v. Randow war im Dezember während des Rückzugs gefallen) war inzwischen dem tunesischen Kommando unterstellt und neu ausgerüstet worden, so daß sie jetzt der kampferfahrenste Verband in der 5. Panzerarmee war. Am 1. Februar griff die Division den von Amerikanern gehaltenen Faidpaß an und besetzte ihn. Der Paß führte von Osten nach Westen über den sogenannten östlichen Höhenrücken, der von Norden nach Süden parallel zur Küste über etwa 115 Kilometer bis ins zentrale Tunesien verlief. Die anglo-amerikanischen Kräfte westlich dieses Gebirgszuges hätten östlich in Richtung auf die Küste angreifen können, um die Verbände Arnims von denen Rommels zu trennen. Dazu hätten sie den Gebirgszug überschreiten müssen, was nur über die beiden Pässe in der Mitte, den Faid- und den Foudoukpaß, möglich war. Mit der Einnahme des Faidpasses verhinderte die 21. Panzerdivision ein solches Vorhaben. Außerdem verschaffte sie Arnim eine Ausfallpforte für einen etwaigen Vorstoß nach Westen. Der schmale Korridor zwischen den Kräften Arnims und Rommels wurde jedoch noch unmittelbarer durch einen alliierten Vorstoß nach Osten oder Südosten von

Gafsa aus gegen Sfax oder gegen das weiter südlich gelegene Gabes bedroht. Auch diese Möglichkeit mußte dem Gegner genommen werden.

Die am 9. Februar beschlossene konzentrische deutsch-italienische Operation begann am 14. Februar mit einem zunächst erfolgreichen Angriff der 10. Panzerdivision unter General Freiherr v. Broich und der 21. Panzerdivision vom Faidpaß und vom Maizilapaß aus gegen das kleine arabische Dorf Sidi Bou Zid. Die Amerikaner wurden, da ihnen die deutschen Verbände an dieser Stelle zahlenmäßig und auch artilleristisch überlegen waren, aus ihren Stellungen geworfen und gerieten zum Teil in Panik. 44 amerikanische Panzer, 26 Geschütze und fast 100 weitere Fahrzeuge wurden aufgegeben oder von den Achsenmächten zerstört, als die beiden deutschen Angriffsspitzen westlich von Sidi Bou Zid aufeinandertrafen. Dieses gemeinsame Unternehmen von Verbänden der 10. und der 21. Panzerdivision war ein beachtlicher Erfolg. Es hatte den Decknamen »Frühlingswind« und war der Vorstoß des von Arnim geführten rechten Flügels im Rahmen der vereinbarten gemeinsamen Operation. Der von Rommel geführte Vorstoß am linken Flügel hatte den Decknamen »Unternehmen Morgenlust«.

Rommel begrüßte das Wiederaufleben der Kampftätigkeit besonders aus zwei Gründen: Erstens schwanden jetzt seine Besorgnisse im Hinblick auf die Marethstellung, wo es fatal gewesen wäre, bei einer Verteidigungsschlacht gegen Montgomery zu wissen, daß hinter seiner rechten Flanke in nicht allzu großer Entfernung kampfstarke anglo-amerikanische Verbände standen, die ihn angreifen und seine rückwärtigen Verbindungslinien unterbrechen oder ihm den Rückzug abschneiden konnten. Würde dieser Gegner mit einem empfindlichen Schlag zur Verteidigung gezwungen, hätte Rommel bei der Abwehr eines Angriffs der 8. Armee wesentlich bessere Möglichkeiten und konnte vielleicht sogar mit Verstärkungen rechnen.

Über den zweiten Grund hatte Rommel außer mit Kesselring noch mit niemandem gesprochen. Bei der konzentrischen Operation war es Rommels Aufgabe, mit deutschen und italienischen Truppen der 1. Italienischen Armee von Osten her in Richtung auf Gafsa anzugreifen. Gafsa liegt 115 Kilometer von Gabes entfernt im Landesinnern an der von der Ostküste Tunesiens nach Nordwesten verlaufenden Straße, die über 480 Kilometer nach Constantine in Algerien führt. Die Straße berührt Gafsa, Feriana und Tebessa und überquert den sogenannten westlichen Höhenrücken des Atlasgebirges, der im rechten Winkel zum östlichen Höhenrücken verläuft. Gafsa, eine Stadt mit etwa 10 000 Einwohnern, wurde von Truppen des II. US-Korps unter General Fredendall gehalten. 65 Kilometer nördlich von Gafsa lag Feriana und 80 Kilometer weiter Tebessa, das, wie man wußte, eine größere anglo-amerikanische Versorgungsbasis westlich der algerischen Grenze war.

Rommel hielt es für möglich, daß man den Feind mit einem entschlossenen Angriff zum Rückzug veranlassen konnte, um dann sofort nachzustoßen und aus einem taktischen Erfolg eine siegreiche Schlacht zu machen. Deshalb beschloß er, alle Vorbereitungen dafür zu treffen, nach der Einnahme von Gafsa gegen Feriana und weiter gegen Tebessa vorzustoßen. Das war zwar durchaus mit dem am 9. Februar beschlossenen Unternehmen zu vereinbaren, ging aber weit über das hinaus, was für die unmittelbare Zukunft geplant war. Aber Rommel hoffte auf einen unvorhergesehenen und vielleicht triumphalen Erfolg. Möglicherweise würde die anglo-amerikanische Front in Mitteltunesien aufgebrochen und der Gegner zu einem Rückzug bis nach Algerien gezwungen. Damit wäre die Bedrohung Rommels hinter der rechten Flanke seiner Stellungen bei Mareth beseitigt, und man hätte Zeit gewonnen, starke Verteidigungsstellungen um Tunis und Bizerta auszubauen. Und schließlich würde man dann vielleicht sogar in der Lage sein, Nordafrika zu räumen und die Achsentruppen ohne große Verluste nach Europa zu evakuieren.

So ging Rommel mit großer Zuversicht an seine neue Aufgabe. Am Nachmittag des 15. Februar erreichte das Afrikakorps unter General Freiherr v. Liebenstein mit 70 Panzern der 15. Panzerdivision und der italienischen Panzerdivision Centauro Gafsa, von wo die Amerikaner bereits abgezogen waren. Im Norden gingen Arnims Verbände nach einigen Unstimmigkeiten hinsichtlich der einzelnen Angriffsziele unter der Führung seines Stellvertreters, General Ziegler, gegen Sbeitla vor.

Am folgenden Tag, dem 16. Februar, befahl Rommel General v. Liebenstein, auf der nach Tebessa führenden Straße bis Feriana weiterzumarschieren. Er selbst fuhr nach Gafsa, wo die Amerikaner mit der Sprengung ihres Munitionslagers erhebliche Verluste unter der Zivilbevölkerung verursacht hatten und wo er von der arabischen Menge mit den Rufen »Hitler« und »Rommel« begeistert empfangen wurde.

Eher zufällig waren die Verbände Arnims am rechten Flügel auf ihrem Vorstoß gegen Sbeitla inzwischen weiter nach Nordwesten vorangekommen als ursprünglich vorgesehen. Nachdem die Deutschen Sbeitla und Feriana erreicht hatten, bestand die Möglichkeit, mit starken Kräften parallel nebeneinander den westlichen Höhenrücken zu überschreiten und die Operation zu beginnen, die Rommel vor Beginn des Unternehmens ins Auge gefaßt hatte. In einem Telefongespräch mit ihm erklärte sich Arnim bereit, bis nach Sbeitla vorzugehen. Am nächsten Morgen besetzte das Afrikakorps Feriana. Anschließend wurde der in der Nähe gelegene Feldflughafen Thelepte überrannt, als sich die dort stationierten amerikanischen Flugzeuge noch am Boden befanden.

Rommel war glücklich, mit seinem alten Afrikakorps an einer erfolgreichen Angriffsoperation beteiligt zu sein. Seine Stimmung hatte sich merklich gebessert, und am frühen Nachmittag des 17. Februar schickte er den folgenden Vorschlag per Funkspruch nach Rom: Wenn sich alle drei Panzerdivisionen, die 10., die 15. und die 21., im Raum um Feriana unter seinem Befehl versammelten, würde er gegen Tebessa vorgehen, um das rückwärtige Gebiet der angloamerikanischen Truppen zu überrennen und weiter nach Algerien vorzustoßen. Der Widerstand des Feindes würde zweifellos zusammenbrechen, und die feindlichen Truppen würden in Panik geraten. Auf diesen kühnen Vorschlag reagierte Kesselring positiv. Berndt, der Rommel wie immer begleitete, schrieb an Lucie: »An diesem Abend bestellte er eine Flasche Sekt und meinte, es ginge ihm wie einem Kavalleriegaul, der die Trompete hört.«[3]

Doch am nächsten Morgen gab es infolge unklarer Befehlsverhältnisse Schwierigkeiten. Arnim hatte Bedenken. Ohne daß Rommel es wußte, hatte er weiter nördlich im Abschnitt Tunis einen begrenzten Vorstoß nach Westen geplant, den Rommels Operationen im Gebirge verzögern oder gar vereiteln würden. Außerdem hielt er den von Rommel beabsichtigten Vorstoß über Tebessa bis nach Algerien hinein für zu ehrgeizig und glaubte, daß die Entfernung dorthin zu groß sei. Er fragte Rommel, ob es nicht besser wäre, parallel dazu von Sbeitla aus auf einem weiter östlich gelegenen Weg bis nach Le Kef vorzugehen, einem südwestlich von Tunis gelegenen und nur etwa 100 Kilometer von der Nordküste entfernten Ort.

Der von Arnims beabsichtigtem Unternehmen überraschte Rommel lehnte das entschieden ab. Seiner Ansicht nach hatte die 5. Panzerarmee den erfolgreichen Vorstoß über Sidi Bou Zid hinaus nicht richtig ausgenutzt. Erst am 18. Februar einigten sich Rommel und Arnim auf einen Kompromiß. Danach sollte Rommel, wie er vorgeschlagen hatte, mit den beiden Panzerdivisionen der 5. Panzerarmee, der 10. und der 21., von Feriana und Sbeitla aus vorgehen, aber nur bis nach Le Kef. Am 19. Februar gab das Comando Supremo in einem Funkspruch seine Zustimmung zu diesem neuen Plan.[4] Diese Veränderung von Rommels Plan bedeutete aber, daß die Umfassungsbewegung nicht weit genug in den Rücken des Gegners führen und deshalb auch nicht den erwarteten Erfolg bringen würde.

Um dennoch das Beste aus dem jetzt sehr viel weniger aussichtsreichen Unternehmen zu machen, setzte Rommel am Morgen des 19. Februar seine Panzerkräfte nach Norden in Marsch und übernahm zum letzten Mal persönlich das Kommando. Liebenstein war am 17. verwundet worden, und General Ziegler hatte zunächst die

Führung des Afrikakorps übernommen. Der Vormarsch erfolgte auf drei fast parallel verlaufenden Straßen. Links auf der Straße nach Tebessa, wo ursprünglich der Schwerpunkt liegen sollte, ließ Rommel jetzt einen Aufklärungsverband vorgehen. Auf der Hauptstraße von Sbeitla nach Le Kef ging die 21. Panzerdivision vor, und in der Mitte zwischen beiden Straßen marschierte unter der Führung des erfahrenen Generals Bülowius eine starke Panzerkampfgruppe in nördlicher Richtung über den Kasserinepaß nach Thala. Die Kolonne, die am besten vorankam, wollte Rommel später durch weitere Kräfte verstärken.

Die Schlacht am Kasserinepaß war Rommels letzter Sieg in Afrika. Die links und rechts vorgehenden Kolonnen kamen nur langsam voran, und so verstärkte Rommel am zweiten Tag die mittlere. Nachdem er den Kasserinepaß in Besitz genommen hatte, konnte er nördlich des westlichen Höhenrückens genügend starke Kräfte zusammenführen, um anschließend in jeder gewünschten Richtung weiter vorzustoßen und jede eventuelle Bedrohung seiner Flanke erfolgreich abzuwehren.

Der Paß selbst war ein nur 800 Meter breiter Durchgang zwischen schroffen, bis zu 1 000 Meter hohen Bergen. Er verlief über etwa 1,6 Kilometer durch das Gebirge und führte dann in eine von bewaldeten Hügeln umgebene Senke, wo sich die Straße gabelte. Rechts ging der Weg in nördlicher Richtung weiter nach Thala, und links führte ein ungepflasterter Weg bis zur Straße nach Tebessa. Die Amerikaner hatten die Straßen südlich des Passes stark vermint. Ihre Verteidigungsstellungen lagen in der Senke nördlich des Passes und deckten seine Ausgänge. Sie waren von amerikanischen Pionieren und Infanterie besetzt, die von amerikanischer, britischer und französischer Artillerie und Granatwerfern unterstützt wurden. Diese Kräfte waren aber nicht besonders stark.

Am Spätnachmittag des 19. Februar hatte Bülowius begonnen, die Verteidiger aus dem Paß zu drängen. In bewährter Weise hatte er seine Infanterie die Berge links und rechts des Passes erklettern lassen, von wo aus sie zwischen die feindlichen Stellungen eindrangen und sie zum Teil umgingen. Noch aber hielten die Verteidiger ihre Stellungen. Rommel hatte unterdessen die 10. Panzerdivision unter General Freiherr v. Broich nach Kasserine in Marsch gesetzt und auch die italienische Division Centauro von Feriana heranführen lassen. Am folgenden Morgen fuhr er selbst nach Kasserine hinein. Am späten Vormittag hatte seine Angriffsspitze den Paß bereits überwunden und ging weiter in Richtung auf Tebessa vor. Die 10. Panzerdivision und der Rest der Gruppe Bülowius waren ebenfalls über die engste Stelle hinausgekommen, und Rommel war entschlossen, diesen Erfolg weiter auszunutzen. Die am weitesten vorn eingesetzten Verbände meldeten, daß der Feind an den nach Tebessa und Thala führenden Straßen keinen Widerstand mehr leistete. Am 21. Februar um 19 Uhr fuhr Rommel mit der 10. Panzerdivision in Thala ein.

Am folgenden Tag aber fällte Rommel vielleicht eine der schwersten Entscheidungen in seiner ganzen militärischen Laufbahn: Er brach den Angriff ab.

Er war ganz aus eigener Überzeugung zu diesem Entschluß gekommen. Kesselring hatte ihn am 20. Februar besucht und sich begeistert für ein weiteres Vorgehen gegen Tebessa ausgesprochen. Das war ursprünglich auch Rommels Absicht gewesen und schien jetzt, da die deutschen Kräfte nördlich des Kasserinepasses standen, auch möglich. Kesselring hatte Arnim, der das Unternehmen zunächst sehr skeptisch beurteilt hatte, nun veranlaßt, die meisten Panzerdivisionen Rommel zur Verfügung zu stellen. Die hervorragenden Tigerpanzer hatte er allerdings im Nordabschnitt zurückgehalten, so daß sie nicht in der Schlacht um den Kasserinepaß eingesetzt werden konnten. Rommel hatte die vordersten Infanterieverbände bei ihrem Vorstoß durch den Paß und darüber hinaus begleitet und fühlte sich ermutigt, als er feststellte, daß es die Soldaten offensichtlich beflügelte, ihren alten Befehlshaber wieder bei sich zu wissen. Der wie so oft zu optimistische Kesselring drängte ihn, den Angriff fortzuführen und seinem Glücksstern zu vertrauen. Er schlug auch vor, Rommel offiziell zum Oberbefehlshaber der erst jetzt so benannten Heeresgruppe Afrika zu ernennen. Damit hätte er die Stelle eingenommen, für die ursprünglich Arnim vorgesehen war. Die Idee stammte von Hitler selbst.

Dennoch lehnte es Rommel ab, den Angriff weiterzuführen, und er hatte gute Gründe für seinen Entschluß.[5] Der Widerstand des Gegners versteifte sich, der Feind war nicht geflohen, und zu der erhofften Verfolgung kam es nicht. Beim ersten Kontakt hatten die Amerikaner sehr deutlich gezeigt, wie wenig Kampferfahrung sie besaßen, und an manchen Stellen in ziemlicher Unordnung das Feld geräumt. Aber inzwischen hatte sich die Lage stabilisiert, und Rommel mußte anerkennen, daß sich der Gegner tapfer schlug und die Zähigkeit und Fähigkeit besaß, aus den eigenen Fehlern zu lernen und flexibel zu kämpfen. Zudem war Rommel beeindruckt von der Qualität und der Anzahl der amerikanischen Waffen, die zum großen Teil zerstört oder im Stich gelassen worden waren.

Nach den letzten Meldungen befanden sich starke Panzerkräfte auf dem Marsch in Richtung auf das Kampfgebiet, und da sich der feindliche Widerstand versteift hatte, würde Rommel mehr Zeit benötigen als ursprünglich angenommen, um sein ehrgeiziges Ziel zu verfolgen, tief in den Rücken des Gegners vorzustoßen und den Versuch zu unternehmen, einen ähnlichen Sieg zu erringen wie bei Gazala. Zudem hatte man schon bei Beginn des Unternehmens zu lange gezögert. Einige untergebene Truppenbefehlshaber hatten es an Eigeninitiative fehlen lassen, und auch das hatte Zeit gekostet. Rommel führte jetzt eine Truppe, deren Leistungsfähigkeit er nicht genau kannte und die nicht flexibel genug war. Und wieder einmal herrschte Mangel an Kraftstoff und Munition. Rommels einziger Vorteil war das schlechte Wetter gewesen, dem zu verdanken war, daß die Luftstreitkräfte des Gegners kaum zum Einsatz gekommen waren. Aber auch das würde nicht lange so bleiben, denn die Briten hatten seit einiger Zeit Maschinen vom Typ Hurricane eingesetzt, die Panzer mit Raketen bekämpften, und zwar mit großem Erfolg.

Die Zeit wurde aber auch im Hinblick auf die Lage bei Mareth knapp. Dort mußte man damit rechnen, daß Montgomery demnächst überlegene Kräfte für einen Angriff herangeführt haben würde. Wenn dieser begann, während das Gros der Panzerarmee Afrika in Mitteltunesien eingesetzt war, würde er zweifellos erfolgreich verlaufen — selbst wenn die Deutschen zu dieser Zeit einen geschlagenen anglo-amerikanischen Gegner verfolgen sollten und das Unternehmen mit einem großartigen taktischen Sieg enden würde. Rommel hielt es sogar für notwendig, die 8. Armee zunächst mit einem Präventivschlag aus dem Gleichgewicht zu bringen, bevor Montgomery die Bereitstellung seiner Kräfte zum Angriff gegen die Marethlinie beendet hatte. Um einen solchen Schlag vorzubereiten, brauchte Rommel Zeit, und wenn er das Unternehmen nicht unverzüglich abbrach und zurückmarschierte, würde er diese Zeit nicht mehr haben. Der Offensivschlag gegen Kasserine — sein letzter — war ein taktischer Erfolg gewesen. Er hatte für wenige kurze Stunden noch einmal das beglückende Gefühl gehabt, eine erfolgreiche Schlacht zu schlagen, freie Entscheidungen zu treffen und einen Gegner durch die Energie und das Können der eigenen Truppe und deren Befehlshaber zu besiegen. Diese Schlacht aber fortzusetzen wäre eine Torheit gewesen. Es war der Schatten Montgomerys, der Rommel dazu zwang, auf den endgültigen Erfolg der Unternehmen »Frühlingswind« und »Morgenlust« zu verzichten.

Bald darauf war Rommel wieder bei Mareth. Am 6. März um 6 Uhr morgens griff er die Briten bei Medenine an. Das war das Unternehmen »Capri«.

Gut eine Woche war Rommel der nominelle Oberbefehlshaber der Heeresgruppe Afrika gewesen — ein Oberbefehlshaber, der kein Hauptquartier besaß und der zunächst gar nicht für diese Stellung vorgesehen war. Und schließlich rechnete man damit, daß er Afrika aus Gesundheitsgründen sehr bald würde verlassen müssen. Schon deshalb war seine Autorität nicht unumstritten.

Am 26. Februar hatte Arnim im Norden von Tunesien eine eigene Angriffsoperation mit dem Decknamen »Ochsenkopf« gegen Beja und Medjez-El-Bab begonnen, die er schon seit längerer Zeit plante und von der Rommel erst am 24. Februar unterrichtet worden war, einen Tag nach seiner offiziellen Ernennung zum Oberbefehlshaber der Heeresgruppe.[6] Dieses Unternehmen war in keiner Weise auf die Operationen in Mitteltunesien abgestimmt worden und entsprach mit Sicherheit nicht Rommels Vorstellungen. Nach allem, was er darüber erfahren konnte, war Rommel überzeugt, daß die dabei eingesetzten Kräfte viel zu schwach seien. Eine solche Operation hätte zeitlich mit dem Vorstoß gegen Kasserine und darüber hinaus abgestimmt werden müssen, doch in diesem Fall wurde der Feind nicht abgelenkt, und Rommel befahl nach drei Tagen, das mit drei Kolonnen und starken Panzerverbänden begonnene Unternehmen »Ochsenkopf« abzubrechen, während die 5. Panzerarmee bei ihrem Vorstoß gegen Beja nur noch über 5 Panzer verfügte. Dabei hatte Rommel das ungute Gefühl, für ein militärisches Unternehmen verantwortlich zu sein, an dessen Vorbereitung er selbst gar nicht beteiligt gewesen war.

Darüber hinaus unterhielten die beiden Rommel unterstellten Armeeoberbefehlshaber, Arnim und Messe, ständige Beziehungen zu Kesselring und Rom. Messe hatte als ranghöchster italienischer General auf diesem Kriegsschauplatz wahrscheinlich bestimmte Pflichten (er hatte begonnen, im rückwärtigen Gebiet eingesetzte italienische Soldaten — er behauptete, es seien 88 000 von 120 000 gewesen — an die Front versetzen zu lassen, wo er sie besser gebrauchen konnte).[7] Arnims Verhalten ist verständlich, auch wenn es Rommel gestört haben mag. Er war bis zum 23. Februar als Armeeoberbefehlshaber Kesselring direkt unterstellt gewesen, und man hatte ihn wissen lassen, daß er schon in wenigen Tagen zum Oberbefehlshaber der Heeresgruppe Afrika ernannt werden würde. In der kurzen Interimszeit stand zwischen ihm und Kesselring der diese Beziehungen nur störende erschöpfte Feldmarschall Erwin Rommel.

Wie Berndt an Hitlers Wehrmachtsadjutanten Schmundt, einen aufrichtigen Freund Rommels, schrieb, waren dies in der Tat »merkwürdige Befehlsverhältnisse«. Indessen tauschte Rommel selbst mit Messe Höflichkeiten aus, der in einer Ansprache am 2. März davon sprach, wie stolz die italienischen Soldaten darauf seien, unter Rommel gedient zu haben. Darauf erwiderte Rommel — wie aufrichtig das auch immer gemeint sein mochte —, auch er blicke mit Stolz auf die zwei Jahre zurück, in denen er »Schulter an Schulter mit den italienischen Kameraden« gekämpft habe. Gleichwohl machte die Situation einen fast schon unwirklichen Eindruck auf ihn. In den letzten Tagen seines Aufenthalts in Afrika führte er nur noch ein Schattendasein und mußte sich auf Worte und Gesten beschränken, ohne in der Praxis etwas bewirken zu können.

Die von Rommel geführte Angriffsoperation »Capri« bei Medenine war ein selbstverschuldeter Fehlschlag. Während seiner ganzen militärischen Laufbahn hat er kein Unternehmen geführt, das so wenig seinen sonst so erfolgreichen Methoden entsprach, und daß er unter den damals gegebenen Voraussetzungen überhaupt eine Schlacht begann, überrascht uns noch heute. Montgomery hatte erst kürzlich bei Medenine mit 400 Panzern und 500 eingegrabenen Panzerabwehrgeschützen eine starke Stellung bezogen, die zudem durch beachtliche Artilleriestreitkräfte unterstützt wurde. Durch »Ultra« war er sehr genau über Rommels Absichten unterrichtet und wartete nun gespannt auf den Beginn der Schlacht, deren Ergebnis im Fall eines Sieges ebenso wie bei Alam Halfa eine wesentliche Schwächung der Deutsch-italienischen Panzerarmee sein würde. Die wie immer in günstiger Lage gut ausgebaute Stellung war mit sechs starken Brigaden besetzt und bildete nördlich von Medenine, 36 Kilometer südöstlich der Mareth-Linie mit Front nach Westen einen großen Bogen. Dahinter lag die britische 7. Panzerdivision in Reserve. Die rechte Flanke dieser Stellung reichte bis zur Küste, und Montgomery wußte, daß Rommel, wie schon so oft, die Schlacht mit einem Frontalangriff einleiten würde, um in die britischen Stellungen einzubrechen und den Gegner dann an der linken Flanke zu umgehen.

Rommel erläuterte seinen Kommandeuren, nur Geschwindigkeit und Überraschung könnten den Erfolg bringen. Später schrieb er, ein Sieg wäre nur dann wahrscheinlich gewesen, wenn er angegriffen hätte, bevor Montgomery seine Vorbereitungen für die Schlacht abgeschlossen hatte. Aber Montgomery *war* kampfbereit gewesen. Rommels Vorstoß nach Mitteltunesien hatte ihm reichlich Zeit gelassen. Da er durch »Ultra« ständig auf dem laufenden gehalten wurde, kam eine Überraschung nicht in Frage, und Montgomerys materielle Überlegenheit war auch hier so gewaltig, daß man kaum damit rechnen durfte, etwas dagegen auszurichten — es sei denn, er beging einen schweren Fehler.

Doch Montgomery machte keine schweren Fehler. Methodisch und ohne seiner Truppe zuviel zuzumuten, war er unaufhaltsam entlang der nordafrikanischen Küste nach Westen vorgegangen und hatte sich nur dann zum Kampf gestellt, wenn er seine gewaltige zahlenmäßige und materielle Überlegenheit ins Spiel bringen konnte. Im allgemeinen brachte er seine Stärke nur dann zur Wirkung, wenn er dadurch räumlich und zeitlich nicht aufgehalten wurde. Er wußte, wenn Rommel ihn bei Medenine angriff, würde es sehr bald dazu kommen.

Die von Rommel bei diesem Angriff eingesetzten Kräfte waren viel zu schwach, um es mit einem solchen Gegner aufzunehmen — und der Angriff wurde von einem halbherzigen Oberbefehlshaber geführt, der schon vor langer Zeit zu dem Schluß gekommen war, Nordafrika müsse von den deutsch-italienischen Streitkräften aufgegeben werden. In letzter Zeit — und darin stimmte er mit Arnim überein — war er zu der Überzeugung gelangt, daß die Stellungen zur Vorbereitung der Evakuierung bis auf eine stark verkürzte Linie zurückgenommen werden müßten, die bei Enfideville begann. Er hatte das auch dem OKW vorgeschlagen, da diese Stellungen längere Zeit gehalten werden könnten, die Stellungen bei Mareth hingegen nicht.

Rommel hat nach Medenine nicht zugeben wollen, daß er halbherzig gewesen war, und hat von den zeitraubenden Debatten und Meinungsverschiedenheiten gesprochen, die dem Entschluß zum Beginn des Unternehmens vorausgegangen seien. Und als man sich schließlich über diesen Plan geeinigt hatte, übertrug Rommel die Ausführung — und das war korrekt — dem italienischen General Messe, der als Oberbefehlshaber der 1. Italienischen Armee offiziell verantwortlich war, und zwar für einen Angriff, der fast ausschließlich vom Deutschen Afrikakorps geführt wurde.

Wie bei Gazalla hatte die Schlacht mit einem frontalen Scheinangriff gegen den an der Küste gelegenen rechten Flügel des Gegners begonnen und war diesmal von der italienischen Division Spezia und der 90. leichten Division ausgeführt worden. Dann hatten die drei deutschen Panzerdivisionen versucht, in einem 16 Kilometer breiten Frontabschnitt bei dem markanten Geländepunkt Tadjera Khir und den südlich davon gelegenen Stellungen nordwestlich von Medenine einen Durchbruch zu erzielen. Das Afrikakorps griff mit 150 Panzern gegen die von Montgomery fest eingebauten 500 Panzerabwehrgeschütze an. Zu diesen Geschützen gehörten auch die neuen Siebzehnpfünder, die Rommels Panzer schon auf weite Entfernung zerstören konnten. Die feindliche Stellung war zudem durch einen Minengürtel gesichert. Montgomery wußte genau, wie Rommel — oder General Cramer, der neue Führer des Afrikakorps — vorgehen würde, da es nur wenige Alternativen gab (obwohl Rommel später — wenig überzeugend — erklärt hat, daß die Schlacht vielleicht anders ausgegangen wäre, hätte er seine Panzerkräfte aufgeteilt und einen Zangenangriff von Norden und Süden geführt). Statt dessen hatte er mit seinen geschwächten Panzerdivisionen einen Feind angreifen lassen, der in einer günstig gelegenen und gut ausgebauten Stellung zahlenmäßig stärker und besser ausgerüstet war als je zuvor. An dem

Ausgang dieses Unternehmens konnte kein Zweifel bestehen. Am Ende des ersten Tages dieser Schlacht hatte das Afrikakorps ein Drittel seiner Panzer verloren und nicht den geringsten taktischen Erfolg erzielt, und Rommel mußte sich, ob er wollte oder nicht, mit dieser für ihn sehr bitteren Wahrheit abfinden. Am Tag nach der Schlacht traf beim OKW die Antwort Hitlers auf Rommels Empfehlung für einen Rückzug auf eine neue Verteidigungsstellung bei Enfideville ein. Wie nicht anders zu erwarten, lehnte Hitler den Vorschlag entschieden ab.

Kurz bevor Rommel zu einem Gespräch mit Hitler und einem anschließenden Genesungsurlaub nach Deutschland flog, machte ihm der Kommandeur der Aufklärungsabteilung der 21. Panzerdivision, Luck, einen Abschiedsbesuch und war erschüttert zu sehen, in welchem Zustand sich der Feldmarschall befand. Rommel saß in seinem Befehlsfahrzeug wie schon so oft seit Anfang 1941. Er machte einen kranken und erschöpften Eindruck, und als er Luck ein Foto von sich schenkte, hatte er Tränen in den Augen.[8] Zwei Tage später, am 9. März, übergab Rommel einem ebenso pessimistisch gestimmten Arnim den Oberbefehl über die Heeresgruppe Afrika und flog nach Rom. Er sollte Afrika nicht wiedersehen.

In Rom führte Rommel ein Gespräch mit General Ambrosio, der Cavallero abgelöst hatte. Anschließend ging er mit ihm zu Mussolini und kam im Verlauf des Gesprächs zu der deprimierenden Erkenntnis, daß der »Duce« über die wirkliche militärische Lage auf dem nordafrikanischen Kriegsschauplatz ebensowenig wußte wie der »Führer«. Und das war wahrscheinlich schon seit El Alamein der Fall.

Am folgenden Tag, dem 10. März, flog Rommel zum Führerhauptquartier in die Ukraine, um sich bei Hitler zu melden, der noch ganz unter dem Eindruck der Niederlage bei Stalingrad und dem Verlust der 6. Armee stand. Die Rote Armee war an allen Frontabschnitten stärker geworden und hatte sich von den Katastrophen der ersten achtzehn Kriegsmonate spürbar erholt. Die Vereinigten Staaten hatten der Sowjetunion große Mengen von Kraftfahrzeugen geliefert und damit die Beweglichkeit ihrer Truppen wesentlich erhöht. Aber auch die Produktionskapazität der sowjetischen Rüstungsindustrie war inzwischen so weit gesteigert worden, daß die sowjetischen Truppen jetzt über eine weit größere Zahl hervorragender Panzer verfügten als die Deutschen. Im Gegensatz dazu waren die deutschen Streitkräfte an der Ostfront nur mangelhaft ausgerüstet, und ihr Mannschaftsbestand war stark dezimiert. Im Januar verfügten sie an der ganzen Ostfront über weniger als 500 Panzer, und die einzelnen Truppenteile waren zahlenmäßig so schwach, daß die Kampfkraft nicht mehr der Zahl der an der Front eingesetzten Divisionen entsprach. Die Deutschen waren in die Defensive gedrängt worden und hatten es schwer, ihre Stellungen zu halten.

Abends um 18 Uhr meldete sich Rommel bei Hitler, war auch an den folgenden drei Tagen häufig mit ihm zusammen, nahm an seinen Lagebesprechungen teil und führte lange Gespräche mit ihm. Hitler lebte immer noch in einer von der militärischen Wirklichkeit weitgehend abgeschirmten Welt. Er kündigte Rommel an, dieser werde nach seiner Genesung nach Afrika zurückkehren und dann mit der Heeresgruppe Afrika eine Offensive gegen Casablanca einleiten — ein Vorhaben, das mit der strategischen Realität so wenig zu tun hatte, daß Rommel seinen Ohren nicht trauen wollte. Er hatte gehofft, Hitler endlich davon überzeugt zu haben, daß der Rückzug in Tunesien fortgesetzt und die Verteidigungsstellungen von Mareth auf eine kürzere Front bei Enfideville oder wenigstens auf Akarit zurückgenommen werden müßten. Zunächst schien Hitler darauf einzugehen, so daß Rommel in einem Brief an Arnim mit vorsichtigem Optimismus darüber berichtete. Er schrieb, daß Hitler sehr viel umgänglicher sei, wenn er sich Sorgen mache. Es sei hingegen die Gewalt seiner völlig unbegründeten optimistischen Gefühlsausbrüche, die seine Berater fürchteten und unter denen seine Armeen zu leiden hätten.

Die Zurücknahme der Front nach Enfideville nützte nur kurze Zeit etwas, und während der folgenden zwei Monate nahmen die Ereignisse in Tunesien ziemlich genau den Verlauf, den Rommel und Arnim vorausgesehen hatten. Die Heeresgruppe Afrika ließ sich nicht mehr ausreichend versorgen. In den ersten Wochen war die Versorgung mit Nachschub unter Einsatz starker Luftstreitkräfte noch möglich gewesen, aber die unaufhörlichen Angriffe der Alliierten gegen den Luft- und Seetransport hatten dazu geführt, daß zu der Zeit, als Rommel Afrika verließ, von den monatlich erforderlichen 90 000 Tonnen nur noch die Hälfte herangeführt werden konnte.[9] Die feindlichen Armeen waren den deutschen und italienischen Streitkräften materiell und zahlenmäßig weit überlegen, und die britischen und amerikanischen Luftstreitkräfte beherrschten den Luftraum. Als Arnim zwei Monate später, am 12. Mai, kapitulierte, gingen 238 000 deutsche und italienische Soldaten mit ihm in die Gefangenschaft. 100 000 von ihnen waren Deutsche. Das waren sogar mehr als bei Stalingrad.

Am 11. März, einen Tag nach seiner Ankunft im Führerhauptquartier, wurde Rommel von Hitler mit dem höchsten und nur ganz selten verliehenen deutschen Orden ausgezeichnet, dem Ritterkreuz mit Eichenlaub, Schwertern und Brillanten. Bei dieser Gelegenheit wurde ihm eröffnet, daß er nun doch nicht zur Heeresgruppe Afrika zurückkehren werde. Am 12. März schrieb Goebbels, Rommel habe ein »wunderbares« Gespräch mit Hitler geführt; die eigenartige Sympathie zwischen diesen beiden so grundverschiedenen Männern bestand also trotz aller Fehlschläge und Enttäuschungen noch immer.

Genau zwei Monate später las Rommel den letzten Funkspruch des Afrikakorps, bevor seine alten Afrikaner in die Gefangenenlager einrückten. Das Deutsche Afrikakorps, so hieß es in dem Funkspruch, habe so lange gekämpft, bis es von den Umständen gezwungen worden sei, den Kampf aufzugeben. Es werde jedoch weiterleben. »Heia Safari«. Rommels Kommando in Afrika hatte damit ein unrühmliches Ende genommen.

Schon während des Afrikafeldzuges und auch danach ist immer wieder Kritik an Rommel geäußert worden, die sich gegen seine militärische Urteilsfähigkeit, gegen seine Leistungen, gegen seinen Führungsstil, ja sogar gegen seinen Charakter richtete. Am häufigsten hat man ihm vorgeworfen, daß er die Bedeutung der logistischen Fragen entweder nicht verstanden oder zu wenig beachtet habe. Rommels ständige Klagen über die Versorgungslage, vor allem was den Kraftstoff betraf, wurden als die Hilferufe eines Mannes aufgefaßt, der für seine Schwierigkeiten im Grunde selbst verantwortlich war. Warum, so fragen seine Kritiker, hat er sich über eine Situation beschwert, mit der er hatte rechnen müssen? Rommel wußte sehr wohl, daß seine Versorgungswege feindlichen Angriffen ausgesetzt waren, und zwar sowohl den See- und Luftangriffen zwischen Italien und Nordafrika als auch der zunehmenden feindlichen Luftüberlegenheit auf dem langen Transportweg zu Lande von der Basis nach vorne. Er wußte aber auch — und das war ein ganz wesentlicher Aspekt —, daß er nicht über eine ausreichende Zahl von Versorgungsfahrzeugen verfügte und diese Fahrzeuge um so stärker beansprucht wurden und um so häufiger ausfielen, je weiter die Panzerarmee vorrückte. Diese Faktoren ließen sich ganz einfach berechnen, und die Verluste zur See mußten realistisch einkalkuliert werden, wenn man nicht einem trügerischen Optimismus erliegen wollte. Weshalb also suchte Rommel die Schuld bei anderen und nicht bei sich selbst?

Die meisten dieser Vorwürfe lassen sich jedoch widerlegen. Rommel wußte sehr wohl, daß und wie weit seine Operationen durch die schwierige Versorgungslage behindert wurden. Es verging kaum ein Tag, an dem er sich nicht mit dieser Frage beschäftigte. Man hatte ihm immer wieder die Lieferung bestimmter Nachschubmengen zu einem bestimmten Termin zugesagt, und seine Erwartungen waren immer wieder enttäuscht worden. Daß er sich darüber beschwerte, ist nur menschlich und ebenso verständlich wie sein Verdacht, daß andere, insbesondere die Italiener, nicht alles daransetzten, um ihn zu unterstützen, und daß diejenigen, die für die Bereitstellung der Transportmittel und für ihren militärischen Schutz zur See und in der Luft verantwortlich waren, die Dringlichkeit seiner Anforderungen unterschätzten. Aber er mußte sich auf Annahmen stützen und entschloß sich dazu, lieber günstige als pessimistische zu äußern und seine Operationen darauf zu gründen. Das war eher mutig als vorsichtig und führte gelegentlich eben auch zu vermeidbaren Schwierigkeiten.

Aber es führte oft auch zum Sieg. Die großartigen Erfolge Rommels in der Wüste wurden mit einem Minimum an logistischer Sicherheit errungen und oft nicht einmal mit diesem. Man warf ihm vor, seine Quartiermeisterabteilung zu spät von bereits getroffenen Entscheidungen in Kenntnis gesetzt zu haben, die dann Probleme hatte, mit der neuen Lage fertigzuwerden. In gewissem Sinne sind diese Vorwürfe gerechtfertigt. Rommel war der Ansicht — und diese Überzeugung hat sich im Lauf der Geschichte und nicht nur bei der Panzerarmee Afrika oft als richtig erwiesen —, daß man zwar wenig riskierte, wenn man das Tempo und die Reichweite des operativen Ehrgeizes in erster Linie von Nachschubberechnungen abhängig machte, oft aber auch nur wenig erreichte. Damit hat er immer wieder recht behalten. Er kalkulierte und handelte kühn, manchmal zu kühn. Doch oft genug hatte er damit Erfolg.

Aber eben nicht immer. Daß Rommels taktische Pläne manchmal zu ehrgeizig waren, ist sicher. Aber kann man ihm den gleichen Vorwurf auch im Hinblick auf die Operationen machen, die ihn nach Ägypten, nach Alamein und schließlich in die Niederlage führten? Bis dahin hatte er jede Kritik mit einer ganzen Reihe von Erfolgen entkräften können, aber als er dem Nil und damit dem triumphalen Höhepunkt des Feldzuges am nächsten war, standen seine Chancen schon sehr schlecht, seine Nachschublinie war übermäßig gedehnt, und die Versorgungssituation war düster. Hätte er das vermeiden können?

Die Entscheidung lag nicht allein bei Rommel. Der Vormarsch nach Ägypten wurde in Rom und Berlin unterstützt und von Kesselring, wenn auch mit einigem Zögern, mitgetragen. Der Vorstoß wurde also nicht einem skeptischen Oberkommando aufgedrängt — im Gegenteil. Nach der Schlacht bei Gazala im Juni hatte Rommel geglaubt, eine Chance zu sehen, und es war auch wirklich eine Chance gewesen. Er hatte geglaubt, einen geschlagenen Gegner vernichten und den Sieg vollenden zu können. Aber Auchinleck hatte das verhindert, und Rommel mußte dafür bezahlen. Anschließend erhielt er die Anweisung, zu halten, was er erobert hatte, und sich auf eine

neue Offensive vorzubereiten, denn zu dieser Zeit gab es den
»Orientplan« noch. Seit dem vergangenen Winter konzentrierte Hitler seine Aufmerksamkeit auf den Kaukasus, und wenn der rechte
Flügel der am Orientplan beteiligten Truppen zurückgezogen wurde,
verlor dieser Plan eine entscheidende Komponente. Bei dem gescheiterten Versuch von Alam Halfa und dem Festhalten an El Alamein hatte Rommel auf Befehl gehandelt. Aber angesichts der Versorgungslage und der feindlichen Luftüberlegenheit hatte er das mit
Widerwillen getan. Er hatte die Erfolgsaussichten bei Alam Halfa als
schlecht beurteilt, und einige seiner engsten Mitarbeiter waren überrascht gewesen, als er die Schlacht abbrach. Als er aus seinem Genesungsurlaub zurückkehrte, um bei El Alamein den Oberbefehl
wieder zu übernehmen, wußte er, daß die Schlacht fast mit Sicherheit verloren war. Rommel war nicht risikoscheu, und er sicherte
sich auch nicht nach allen Seiten ab. Aber er sah die Logistik ebenso
klar wie andere Faktoren und traf seine Entscheidungen kühn, aber
rational im Rahmen der Gegebenheiten.

Man hat gesagt, Rommel sei kein großer Stratege gewesen, sondern ein Befehlshaber, dessen Stärke in der Führung nicht allzu
großer Verbände auf dem Schlachtfeld gelegen habe und dem das
Verständnis für die großen Zusammenhänge der Kriegführung fehlte. Betrachtet man jedoch Rommels Erfolge und liest man seine
Schriften, dann kann man dieser Auffassung nicht zustimmen – es
sei denn, man versteht unter einem Strategen einen vollendeten Lo-
gistiker oder einen militärischen Intellektuellen, nicht aber einen
Mann, der die Kunst beherrscht, Truppenbewegungen und Operationen in einem Feldzug zu führen. Ganz im Gegenteil vereinigte
sich in Rommel die Fähigkeit, taktische Grundsätze zu lehren und zu
praktizieren mit einem weitergehenden operativen Geschick. Sein
geistiger Horizont reichte weiter, aber sein Denken war streng praktisch und nicht theoretisch ausgerichtet – wie es das schon immer
gewesen war. Vielleicht hat Rommel es bedauert, nicht dem Generalstab anzugehören, und hat dies bisweilen als einen nicht unerheb-
lichen Nachteil empfunden. Als er zum ersten Mal größere Truppenverbände führen mußte, zeigte er gewisse methodische
Schwächen, die ein gut ausgebildeter Generalstabsoffizier wahrscheinlich vermieden hätte. Aber er hat aus seinen Fehlern gelernt
und sich seinen neuen Aufgaben sehr schnell anzupassen gewußt. Es
war derselbe Rommel, der als Ausbilder junger Offizieranwärter vor
langer Zeit stets wiederholt hatte: »Erzählen Sie mir nicht, was Clausewitz gedacht hat. Sagen Sie mir, was *Sie* denken!«

Die hervorragend geschulten Generalstabsoffiziere in seinem Stab
haben in ihm bald eine Führungsintelligenz von seltenem Ausmaß
erkannt. Rommel hatte auf jeder Ebene mit Spürsinn und Distinkti-

on geführt. Sein persönlich entworfener Bericht über die Kämpfe in Nordafrika war klar, genau, objektiv und großzügig. Die Lehren, die er daraus zog, waren weder durch Verbitterung noch durch Selbstgerechtigkeit getrübt.[10] Wer trotzdem noch an Rommels Urteilsfähigkeit zweifelt, sollte sich daran erinnern, daß er schon im November 1942 erkannt und gesagt hatte, der Krieg sei verloren, und Deutschland könne nur noch auf einen einigermaßen erträglichen Frieden hoffen, wenn es seine Streitkräfte bis an die Landesgrenzen zurückzöge, um das Reichsgebiet so lange zu verteidigen, bis Frieden geschlossen werden könne — und zwar ein Frieden unter einer neuen Führung.

Man hat auch behauptet, Rommel habe seine Operationen wegen seiner Vorliebe für Improvisationen nicht gründlich genug vorbereitet. Das ist sicher nicht ganz falsch, denn er wußte aus Erfahrung, daß er und seine Afrikaner im allgemeinen die besten Erfolgsaussichten hatten, wenn die Schlacht in einer unerwarteten Situation sofort neue Entscheidungen verlangte, und in solchen Situationen war er ganz in seinem Element. Er amüsierte sich über die Eleganz von Lösungen, die sich im nachhinein ergaben: »Der beste Plan«, bemerkte er einmal gegenüber seinem Sohn, »ist der, den man macht, wenn die Schlacht vorüber ist.«[11] Natürlich plante auch Rommel, wenn auch nicht bis in alle Einzelheiten, denn das hielt er für unrealistisch und militärisch falsch: »Kein Plan überlebt die erste Feindberührung.«

Der Eindruck, Rommel sei kein Stratege, war nicht nur dadurch entstanden, daß er sich in Afrika besonders als Taktiker bewährt hatte und als solcher oft improvisieren mußte, und auch nicht deshalb, weil er im Hinblick auf logistische Probleme bewußt Risiken auf sich genommen hatte. Vielmehr warf man ihm vor, bei großen Entscheidungen versagt zu haben. Hier hätte er als Befehlshaber einen Mangel an Weitsicht gezeigt.

Aber auch diese Behauptung läßt sich angesichts der wichtigsten Entscheidungen Rommels in Afrika nicht aufrechterhalten. So war zum Beispiel der Entschluß, unmittelbar nach dem Eintreffen in Nordafrika in der Cyrenaika anzugreifen, zwar riskant, aber richtig. Mit dem unmittelbar anschließenden Angriff auf Tobruk hatte er keinen Erfolg. Das war ein Fehler, und zwar eher ein taktischer als ein strategischer Fehler, denn es wäre besser gewesen, Rommel hätte sich für eine gründlichere Aufklärung und das Heranführen von Verstärkungen mehr Zeit gelassen. Er beschloß jedoch — nicht zum ersten und auch nicht zum letzten Mal —, anstelle eines sorgfältig vorbereiteten Vorgehens den Feind durch schnelles Handeln zu erschüttern und ihn anzugreifen, bevor dieser damit rechnete. Der Versuch scheiterte, und es war ein selbstverschuldetes Scheitern, das aber nichts darüber aussagt, ob Rommel ein Stratege war oder nicht.

Militärische Führer vom Schlage Rommels machen Fehler. Der »Vorstoß zum Draht« während der Operation »Crusader« war mit Sicherheit eine falsche Entscheidung. Rommel hatte sich bei der Beurteilung der Feindlage geirrt und geglaubt, hier böte sich ihm eine Gelegenheit, die es in Wirklichkeit nicht gab. Aber der Entschluß, nach »Crusader« die Cyrenaika zu räumen, war angesichts des Kräfteverhältnisses ebenso vernünftig wie die Entscheidung, sie vor dem zunächst dafür vorgesehenen Zeitpunkt zurückzuerobern. Der Entschluß zum Angriff bei Gazala und alle im Verlauf der Schlacht getroffenen Maßnahmen waren kühn und erfolgreich. Daß Rommels Zeitplan bei dieser Gelegenheit zu optimistisch war, ist sicher richtig, aber das hat angesichts des Erfolgs dieser Operation keine große Bedeutung.

Es war sicher vertretbar, daß Rommel nach Gazala beschloß, die ägyptische Grenze in der Absicht zu überschreiten, um einen (wie er glaubte) schon geschlagenen Gegner zu vernichten. Wie dieses Unternehmen auch ausgegangen sein mag — nur ein ängstlicher Militärtheoretiker oder -historiker würde hier ein Zögern entschuldigen. Rommel hätte, nachdem sein Angriff abgewehrt worden war und Auchinleck ihn bei Alamein geschlagen hatte, den Rückzug antreten können, wobei er eine sehr lange Strecke hätte zurücklegen müssen, damit der Gegner ihn an der Grenze in der Flanke nicht umgehen konnte. Aber zu dieser Zeit hatte er seine Vorgesetzten mit seinem Optimismus und Selbstvertrauen angesteckt, und niemand wollte etwas von einem Rückzug hören. Alam Halfa war seine letzte Chance. Das wußte er und begann die Schlacht, auch wenn er an deren Erfolg zweifelte. Rommel selbst hat gesagt, bei El Alamein habe er schon vor Beginn der Schlacht angesichts der gewaltigen Überlegenheit des Gegners jede Hoffnung auf einen Sieg aufgegeben. Nur gegen einen geringeren Gegner, als Montgomery es war, hätte sich vielleicht ein Unentschieden erzwingen lassen.

Auch der Rückzug gab zahlreiche Anlässe, das Verhalten Rommels zu kritisieren. Montgomery hat damals geschrieben, Rommel habe einen Fehler gemacht, indem er die starke Stellung bei Marsa el Brega aufgab.[12] Tatsächlich hätte die Stellung vielleicht gehalten werden können, obwohl Montgomery die materielle Schwäche der Panzerarmee zu diesem Zeitpunkt wahrscheinlich nicht berücksichtigt hat. Doch Rommel hat damals, ob dies nun falsch oder richtig war, als der Stratege gedacht, der er nach Ansicht seiner Kritiker nicht war. Nach seiner Auffassung hatte ein Zeitgewinn von Tagen oder Wochen keinen Sinn, wenn man dafür die Panzerarmee aufs Spiel setzte und vor allem damit rechnen mußte, daß es unter Umständen nicht mehr gelingen würde, sie mit den Streitkräften in Tunesien zu vereinigen.

Kasserine war ein taktischer Erfolg, aber ein strategischer Fehlschlag, denn Rommel hätte anschließend kaum die Zeit gehabt, den Erfolg auszunutzen, ein Faktor, mit dem er schon vor Beginn der Operation hätte rechnen müssen. Doch zu diesem Zeitpunkt mußte er jede Möglichkeit nutzen, Zeit zu gewinnen, um den Einsatz der Panzerarmee bei der Abwehr eines Angriffs der britischen 8. Armee zu ermöglichen, denn vielleicht bestand dafür noch eine geringe Chance. Zur Zeit der Schlacht bei Medenine — einer halbherzig unternommenen und für ihn ganz uncharakteristischen Operation, bei der es ihm an Vorstellungskraft ebenso fehlte wie an den dafür notwendigen Kräften — wußte Rommel, daß der Krieg ebenso wie der Feldzug in Nordafrika verloren waren. Doch alle diese Ereignisse und Niederlagen sind noch kein Beweis dafür, daß es ihm an strategischem Verständnis gemangelt hat.

Ferner hat man Rommel vorgeworfen, er sei ein Hasardeur gewesen. Er selbst hat diesen Vorwurf entschieden zurückgewiesen und geschrieben, wenn man den Mut habe, ein kalkuliertes Risiko einzugehen, sei das alles andere als ein Glücksspiel. Das ist richtig, aber es ist nicht immer leicht, hier eine klare Grenze zu ziehen. Doch seine Afrikaner haben Rommels Wagemut bewundert und hielten ihn keineswegs für einen waghalsigen oder bedenkenlosen Abenteurer. Sie sagten: »Er war kein Spieler, kein Hasardeur. Er war vielmehr ein Rechner, kühl, ausdauernd, überlegt.«[13] Und obwohl er viel von seinen Untergebenen verlangte — er war »kein bequemer General«[14] —, verlangte er sich selbst am meisten ab.

Rommel ist auch dafür kritisiert worden, daß er seine eigenen Leistungen überbewertet habe. Dieser Vorwurf ist berechtigt. Wie für viele andere Truppenbefehlshaber war auch für Rommel der Kriegsschauplatz, auf dem er kämpfte, der wichtigste. Aber die gleichen Kritiker neigen zu der Auffassung, daß Rommels Feinde seine Leistungen überbewertet und seine Schwächen unterschätzt haben, besonders die Briten, die damit hervorheben wollten, welches militärische Können dazu gehört habe, ihn zu besiegen. Tatsächlich sei Nordafrika für Deutschland im Grunde ein Nebenkriegsschauplatz gewesen, auf dem nur relativ schwache deutsche Streitkräfte eingesetzt waren — höchstens fünf Divisionen in der von Rommel geführten Panzerarmee gegenüber Hunderten von Divisionen an der Ostfront. Deshalb sei Rommel auch kein wirklich bedeutender Heerführer gewesen, und die von ihm und seinen Bewunderern veröffentlichten Schriften verschwiegen seine Schwächen und verfälschten die Wirklichkeit. Guderian hat mit einiger Schärfe erklärt: »Man darf ad maiorem gloriam Rommels nachträglich die Geschichte nicht verbiegen«, und viele andere haben sich im gleichen Sinn geäußert.[15]

Was nun die Bedeutung des Kriegsschauplatzes und die Stärke der dort eingesetzten Truppen betrifft, so sind derartige Argumente wenig überzeugend. Das militärische Können eines Truppenführers hat mit der zahlenmäßigen Stärke der von ihm befehligten Verbände nichts zu tun, denn oft ist es nicht schwieriger, ein Armeekorps zu führen als ein Bataillon – und manchmal sogar leichter. Man darf daher nicht behaupten, daß Rommel weniger Anerkennung verdiene, weil er nur relativ schwache Streitkräfte befehligt hat. Das Gegenteil ist richtig. Und schließlich standen bei El Alamein etwa zwölf Divisionen unter seinem Befehl. Selbst wenn Nordafrika nur ein Nebenkriegsschauplatz gewesen wäre, würde das die Leistungen Rommels nicht schmälern. Tatsächlich aber waren, zumindest solange man noch ernsthaft an die Durchführung des Orientplans dachte, der Nahe Osten und der Kaukasus wichtige und erreichbare strategische Ziele, und die Beherrschung des Mittelmeerraums war eine Voraussetzung für jene globale Konfrontation, mit der Großbritannien der Sieg streitig gemacht werden sollte.

Diese Vorstellung war nicht völlig abwegig. Auch auf alliierter Seite beklagte man oft, daß im Mittelmeerraum zu starke britische Kräfte gebunden würden, besonders die britischen Seestreitkräfte, die man dringender im Atlantik und nach dem Dezember 1941 im Fernen Osten benötigte. Hätten die Briten jedoch den Verlust des Mittelmeerraums hingenommen, dann hätten sie ihre Verpflichtungen dort nicht mehr erfüllen können und zudem auf die reichen Ölvorkommen im Nahen Osten verzichten müssen, und der Krieg wäre womöglich ganz anders verlaufen. Italien hätte gestärkt an der Seite Deutschlands weitergekämpft, und die Deutschen wären in ihrem Rußlandfeldzug durch starke Achsenstreitkräfte im Nahen Osten unterstützt worden, mit denen die in Rußland eingesetzten Verbände in direkte Verbindung hätten treten können.

Ende 1942 waren solche Träume zwar ausgeträumt, und vielleicht hätte man das schon einige Monate früher erkennen können. Doch während Paulus nach Stalingrad vorstieß und Rommel gegen Alexandria vorrückte, glaubte man noch immer an die Realisierbarkeit des Orientplans, und Rommel spielte dabei eine wichtige Rolle.

Schließlich hat man Rommel dafür kritisiert, daß er sich zu sehr von wechselnden Stimmungen habe beeinflussen lassen; nach einem taktischen Sieg sei er zu optimistisch gewesen, und auf jeden Rückschlag habe er zu pessimistisch reagiert. Kein Vorwurf hat ihn mehr gekränkt als dieser. Seine Lagebeurteilungen, die zu dem Vorwurf führten, er sei ein Pessimist: Die Ansicht, daß die Cyrenaika nach »Crusader« geräumt werden müsse, die Überzeugung, daß Nordafrika (und noch mehr) nach El Alamein und nach den anglo-amerikanischen Landungen in Algerien verloren war, seien, wie er mit aller Entschiedenheit behauptete, Ergebnisse einer klaren Erkenntnis der Realitäten gewesen. Und seinen Optimismus begründete er mit dem Hinweis auf seine Erfolge. Wie alle Truppenbefehlshaber hat auch Rommel Fehler gemacht. Aber das Entscheidende waren seine hervorragenden Fähigkeiten als Truppenführer auf dem Schlachtfeld.

Rommel hat sich mit seinem Willen und seiner Persönlichkeit gegenüber seiner Armee und gegenüber seinen Gegnern durchgesetzt. Dabei hat er das Vertrauen seiner Soldaten gewonnen und ihre Siegeszuversicht gestärkt. Immer wieder hat er darauf hingewiesen, daß es für den Truppenführer im wesentlichen darauf ankomme, den Gegner mit möglichst geringen eigenen Verlusten zu besiegen, denn auch nach dem Krieg werde Deutschland seine Männer brauchen.[16] Der Vorwurf, seine Ruhmsucht habe ihn jede Rücksicht auf Menschenleben vergessen lassen, ist durch nichts gerechtfertigt.[17] Generale seines Schlages werden von ihren Soldaten mit sicherem Instinkt als das erkannt, was sie sind. Rommel genoß das Vertrauen sowohl der deutschen als auch der italienischen Soldaten. Es ist zwar richtig, daß ihm ein Untergebener nach dem ersten Angriff auf Tobruk vorwarf, übereilt gehandelt und damit zu hohe Verluste in Kauf genommen zu haben, aber dieser Fehler war nicht charakteristisch für Rommel, und er hatte ihn begangen, weil er die Lage falsch beurteilt, nicht aber weil er das Leben seiner Männer rücksichtslos aufs Spiel gesetzt hatte. Er hatte geglaubt, daß er bei einem entschlossenen Vorgehen zunächst zwar Verluste würde hinnehmen müssen, aber auf die Dauer Menschenleben retten könnte. Diesmal hatte er sich geirrt, aber dennoch gab es nur wenige Befehlshaber, die eine so enge persönliche Beziehung zu ihrer Truppe hatten. Auch die Disziplin der Panzerarmee entsprach der uneingeschränkten Hochachtung der Soldaten für ihren General. Kaum ein anderer militärischer Führer hat so selten Strafmaßnahmen ergreifen müssen, und es hieß, Rommel habe während der ganzen Zeit in Nordafrika keinen einzigen Soldaten vor ein Kriegsgericht stellen lassen.[18]

Der Name Rommels hat auf seine Feinde mit Sicherheit eine starke psychologische Wirkung ausgeübt. Als Rommel nach El Alamein den Rückzug nach Westen antrat, ist Montgomery bei seiner Verfolgung zweifellos auch deshalb so vorsichtig vorgegangen, weil seine Untergebenen und die ganze 8. Armee Rommel für einen gefährlichen Gegner hielten. Geschlagen wurde Rommel schließlich von einem hervorragenden Organisator, dem weit überlegene Kräfte zur Verfügung standen und der entschlossen war, seinen Sieg nicht durch übereilte und riskante Manöver aufs Spiel zu setzen. Rommel hatte keinen Grund, sich darüber zu beklagen. Die Kriegführung besteht nicht nur aus dem geschickten Einsatz der Truppe und gewagten Manövern, und sie verlangt nicht nur Energie und Schwung. Der Krieg ist auch ein Geschäft, dessen Erfolg von der klaren Kalkulation der eigenen Chancen, der Organisation und dem überlegten Einsatz der vorhandenen Kräfte abhängt.

Doch wenn Rommel Erfolg hatte, dann stellte er mit seinem Können jeden Gegner in den Schatten. Fast zwei Jahre lang beherrschte er das Kampfgeschehen in der nordafrikanischen Wüste. Dabei kämpfte er gegen einen Feind, dem mit »Ultra« das bis dahin technisch vollkommenste nachrichtendienstliche Hilfsmittel zur Verfügung stand. »Ultra« lieferte Informationen über die von Rommel geplanten Maßnahmen und ermöglichte es, die Schiffe zu versenken, die die Panzerarmee mit dem notwendigen Nachschub versorgen sollten. In den letzten kritischen Phasen des Feldzugs mußte Rommel zudem gegen weit überlegene feindliche Luftstreitkräfte kämpfen. Und doch gelang es ihm immer wieder, seinen Gegner durch entschlossenes und überraschendes Handeln zu erschüttern und in die Flucht zu schlagen.

Und bis auf wenige seltene Ausnahmen kämpfte Rommel stets gegen einen zahlenmäßig weit überlegenen Feind. Nach der Niederlage wurde sein Genie von seinen Bewunderern in Deutschland der »seelenlosen Rechnerei« der feindlichen Befehlshaber gegenübergestellt.[19] Das ist verständlich, doch obwohl man die Kriegführung als eine Kunst ansehen kann, kommt es doch darauf an zu siegen, und dazu bedarf es auch der klaren Berechnung, sei sie nun seelenlos oder nicht. Jedenfalls steckt viel Wahrheit in dem Urteil, zu dem einer der Kritiker Montgomerys gelangt: »Wenn man bedenkt, was der deutsche Marschall getan hätte, wenn er die Überlegenheit seines Gegners besessen hätte, dann kann man die ganze Mittelmäßigkeit des letzteren ermessen!«[20] Niemand kann bezweifeln, daß Erwin Rommel dem Feldzug im Herbst 1942 eine ganz andere Wendung gegeben hätte, wenn er mit einer starken Luftüberlegenheit, einer gesicherten Versorgung und zahlenmäßiger Überlegenheit an der ägyptischen Grenze gestanden hätte.

V. Teil

1943-1944

19

Die Höhensonne

Nach der afrikanischen Tragödie begab sich Rommel in Deutschland zur Wiederherstellung seiner Gesundheit in ärztliche Behandlung. Das dauerte einige Wochen, und während dieser Zeit widmete er sich, wenn er nicht im Lazarett lag, in Wiener Neustadt der Niederschrift dessen, was er im afrikanischen Feldzug erfahren und gelernt hatte. Die Atmosphäre in Deutschland und die Zukunftsaussichten für das Deutsche Reich waren sehr düster, und in den ersten Monaten des Jahres 1943 wurden sie zusehends düsterer.

An der Ostfront, dem für Deutschland entscheidenden Kriegsschauplatz, war der Verlust der 6. Armee unter Feldmarschall Paulus ein schwerer Schlag gewesen. Zudem hatte eine sowjetische Gegenoffensive die Deutschen gezwungen, ihre Front auf eine Linie 800 Kilometer westlich von Stalingrad zurückzunehmen. Die darauf folgende deutsche Offensive brachte immerhin gewisse Teilerfolge. Die Deutschen eroberten Charkow und drangen nördlich und südlich von Kursk wieder nach Osten vor. Für die Rote Armee entstand dabei eine stark gefährdete Frontausbuchtung nach Westen. Hinter den Flanken dieses Frontbogens hatten die Deutschen im Norden Orel und im Süden Charkow besetzt.

Hitler hatte nach anfänglichem Zögern dem Übergang zur strategischen Defensive im Osten zugestimmt. Er sah sich dazu gezwungen, weil es längere Zeit dauern würde, die im Winter erlittenen ungeheuren Verluste an Menschen und Material auszugleichen, denn oft bestanden die Divisionen nur noch aus einem Rahmen. Nach einer Aufstellung aus dem Hochsommer gab es an der Ostfront insgesamt 182 Divisionen des Heeres und der Waffen-SS, aber diese Zahl entsprach nicht ihrer tatsächlichen Stärke.[1] Einige Divisionen wurden auf ihre volle Mannschaftsstärke aufgefüllt, andere aber nicht, und demographische Erhebungen zeigten, daß die Zahl der wehrfähigen Männer in Deutschland ihren Höhepunkt überschritten hatte und weiter zurückgehen würde. Dabei wurde alles unternommen, Arbeitskräfte für die Industrie in den von Deutschland besetzten Ländern entweder zwangsweise oder unter Zusage der verschiedensten materiellen Vergünstigungen zu rekrutieren.

Auch die Versorgung mit Kriegsmaterial stieß trotz größter Anstrengungen auf erhebliche Schwierigkeiten. Ende Januar verfügte das deutsche Ostheer über nur 500 Panzer. Das waren weniger als die Hälfte der Panzerkräfte, mit denen Montgomery vor drei Monaten bei El Alamein an einer 48 Kilometer breiten Front zu seiner Offensive angetreten war. Allein in Stalingrad war die Ausrüstung für 45 Divisionen verlorengegangen.[2] Die Materialverluste überstiegen bei weitem die Kapazität der Rüstungsindustrie, obwohl diese wesentlich erhöht worden war. Immerhin verfügte man im Sommer an der Ostfront wieder über etwa 2 700 Panzer.

Trotz dieser rapiden Abnahme der Stärke an der Ostfront war entschieden worden, daß die besten Aussichten für eine erfolgreiche strategische Offensive im Jahr 1943 in einer begrenzten Offensive gegen den Kursker Bogen liegen würden, wenn man ihn von den Flanken im Norden und Süden aus angriff. Die beiden Heeresgruppenoberbefehlshaber, Feldmarschall v. Kluge im Norden und Feldmarschall v. Manstein im Süden, vertraten die Auffassung, daß eine solche Offensive so bald wie möglich stattfinden solle. Bei den deutschen begrenzten Offensiven im März, die zur Einnahme von Charkow und Belgorod geführt hatten, hatte der Feind hohe Verluste erlitten, und Kluge und Manstein glaubten, jetzt käme es darauf an anzugreifen, bevor sich die Russen von diesem Schlag erholt hatten, ihre Verteidigungsstellungen ausbauen konnten und von der beabsichtigten Offensive erfuhren.

Die Offensive erhielt den Decknamen »Zitadelle«, und von ihrem Erfolg würde wahrscheinlich das Schicksal der deutschen Armeen im Osten für den Rest des Jahres 1943, wenn nicht sogar für längere Zeit abhängen. Das begrenzte Ziel dieses Unternehmens war die Vernichtung der Streitkräfte der Roten Armee im Kursker Bogen. Die Vorbereitungen hatten im März begonnen, und der Angriff selbst sollte nach Möglichkeit im April erfolgen. Anfang Mai verschob Hitler jedoch den Angriffsbeginn, vor allem deshalb, weil er das Eintreffen der neuen Panzer vom Typ Tiger und Panther abwarten wollte. Die mit einer 8,8cm-Kanone bestückten Tiger waren bereits in Tunesien mit Erfolg eingesetzt worden. Die Panther waren mit der hervorragenden 7,5-cm-Langrohrkanone ausgerüstet, allerdings nicht ganz so stark. Das Unternehmen »Zitadelle« sollte erst Anfang Juli beginnen, und die Verfechter der Offensive glaubten damals und auch später, daß diese Verzögerung ein verhängnisvoller Fehler gewesen sei.

Die Lage an der Ostfront war bedrohlich, und es gab kaum Hoffnung auf einen Sieg. Allenfalls bestand die Möglichkeit, die endgültige Niederlage hinauszuschieben, wenn eine Offensive im Hochsommer einen begrenzten Erfolg brachte. Deutschland kämpfte 1943 aber auch an einer anderen entscheidenden Front, wo die feindliche

Offensive sich mit jeder Woche verstärkte, und auch hier durfte man nicht mit einer Wende zum Besseren rechnen. Im März erhöhte sich die Treffsicherheit der alliierten Luftangriffe auf die Industriezentren und die großen Städte in Norddeutschland. Von Präzisionsangriffen konnte damals zwar noch nicht die Rede sein, aber eine ständig größer werdende Zahl von Bomben und Flugzeugen wurde dabei eingesetzt, und zwar meist in der Nacht. Noch richteten diese Angriffe nicht die furchtbaren Zerstörungen an wie im darauffolgenden Jahr, aber schon jetzt wurden die Zentren einiger deutscher Industriestädte in Schutt und Asche gelegt.

Die anglo-amerikanische Luftoffensive im März 1943 konzentrierte sich auf das Ruhrgebiet, und im Sommer verlegte sie ihren Schwerpunkt nach Hamburg. Gleichzeitig wurden in dieser Zeit auch andere Städte bombardiert, und das bedeutete eine zunehmende Bedrohung der Bevölkerung und der in der Heimat stationierten Streitkräfte. Neben den angerichteten Schäden hatte die Luftoffensive über dem Reichsgebiet auch wesentliche militärische Auswirkungen. Ende 1943 waren 900 000 Mann, etwa ein Drittel der an der Ostfront kämpfenden Streitkräfte, zur Fliegerabwehr in der Heimat eingesetzt. Zudem standen 20 000 Flakgeschütze zur Verfügung, und man kann sich lebhaft vorstellen, was der Einsatz dieser Geschütze an der kämpfenden Front bedeutet hätte. Auch wenn man sich noch gewisse Hoffnungen auf ein Gelingen des Unternehmens »Zitadelle« machte — Deutschland befand sich im Osten und im Luftkrieg in einer verzweifelten Lage.

Eine weitere deutsche Gegenoffensive hatte zunächst gewisse Hoffnungen geweckt, aber im Mai mußten auch sie begraben werden. Admiral Karl Dönitz, der Befehlshaber der deutschen U-Boote, hatte für seine »Wolfsrudel« im Atlantik ein zentralisiertes und sehr erfolgreiches Kommandosystem eingeführt. Er hatte seine Erfolge, wie dies im Krieg oft der Fall ist, zum großen Teil einem gut funktionierenden Nachrichtendienst sowie den Bemühungen zu verdanken, dem Feind die Entschlüsselung des eigenen Funkverkehrs unmöglich zu machen. Im Februar 1942 waren neue Verschlüsselungsgeräte eingeführt worden, und bis zum März 1943 war das Verhältnis zwischen der Zahl der im Atlantik versenkten alliierten Frachtschiffe und der gleichzeitig verlorenen deutschen U-Boote für Deutschland so günstig, daß man von einem Erfolg des U-Boot-Krieges sprechen durfte. Es war der Erfolg einer strategischen Offensive, denn eine Niederlage im Seekrieg konnte die Seemächte, die sich gegen das Deutsche Reich verbündet hatten, entscheidend schwächen.

Doch im Mai, als Rommels Genesungsurlaub zu Ende ging und er sich wieder zum Dienst meldete, hatte sich auch hier das Blatt gewendet. In den ersten Monaten des Jahres 1943 war es den Briten gelungen, den deutschen U-Boot-Code zu knacken, und damit konnte der Gegner alle von der deutschen Kommandozentrale ausgegebenen Befehle abhören und auswerten. Seit März meldeten die U-Boote vermehrte und erfolgreiche Angriffe feindlicher Flugzeuge, die offenbar genau über ihre Positionen informiert waren. Mitte Mai bezeichnete die Kriegsmarine die Verlustrate bei einer Anzahl von Rudelangriffen gegen alliierte Atlantikkonvois als katastrophal, und bei einem Angriff wurden ebenso viele U-Boote versenkt wie feindliche Schiffe. Am 24. Mai stellte Dönitz — wie er hoffte, vorübergehend — die Schlacht im Atlantik ein und beorderte alle U-Boote in ihre Heimathäfen zurück.

Es gab aber noch zwei weitere Fronten. An der einen hatten die Kämpfe noch nicht begonnen, aber es bestand durchaus die Gefahr, daß dies bald geschehen werde: an der Front in Westeuropa. Früher oder später würden die Alliierten an der französischen Küste landen. Solange die Schlacht im Atlantik für Deutschland günstig verlief, war nach deutscher Auffassung kaum mit einer Invasion zu rechnen, und diese Beurteilung war zutreffend. Deutschland verfügte über gute Eisenbahnverbindungen von Osten nach Westen und konnte daher sehr rasch starke Truppenverbände von einem Kriegsschauplatz auf den anderen verlegen. Man glaubte daher, daß man hierfür im Notfall genügend Zeit haben würde, vorausgesetzt, daß die Küstenverteidigung gut vorbereitet war und ihr genügend starke Streitkräfte zur Verfügung standen. Entscheidend war jedoch, daß der Feind nicht an eine Invasion denken konnte, solange die dazu notwendigen Schiffahrtswege über den Atlantik nicht gesichert waren.

Doch auch hier drohte sich das Blatt zu wenden. Die verstärkten alliierten Luftangriffe würden mit Sicherheit Teile der Schienenwege und des rollenden Materials zerstören, und die Situation an der Ostfront konnte dazu führen, daß eine Schaffung zentraler Reserven oder die Verlegung von Streitkräften aus dem Osten in den Westen stark gefährdet oder sogar unmöglich wurden. Doch vor allem würde der Feind künftig die Schiffahrtswege über den Atlantik ohne allzu großes Risiko benutzen können. Deshalb mußte die Westfront im Jahr 1943 früher oder später wesentlich verstärkt werden.

Und schließlich durfte man auch den Mittelmeerraum nicht außer acht lassen.

Anfang Mai erhielt Rommel einen Brief des getreuen SS-Oberführers Alfred-Ingemar Berndt. Berndt, der jetzt wieder bei Goebbels im Reichsministerium für Volksaufklärung und Propaganda war, schrieb, er freue sich zu hören, daß der Generalfeldmarschall demnächst eine neue Aufgabe übernehmen solle, und deutete an, er habe den Eindruck, das künftige Interessengebiet Rommels werde ganz Europa umspannen und sich über 15 000 Kilometer erstrecken.[3] Dabei konnte es sich nur um eine Art Besichtigungskommission handeln, die (wie es dann auch wirklich der Fall war) für den größten Teil der westeuropäischen Küstenlinie verantwortlich war. Allerdings war Berndt offenbar ein Tippfehler unterlaufen, denn der vorgesehene Abschnitt hatte nur eine Länge von ungefähr 1 500 Kilometern.

Was Berndt mit diesem Brief auch immer sagen wollte — und wie Rommel seine Andeutungen auch verstanden haben mag —, das Schreiben enthielt darüber hinaus ganz konkrete Hinweise, die als Mitteilungen eines Ministerialdirektors im Propagandaministerium an einen Feldmarschall im Genesungsurlaub nicht nur Ausdruck einer besonderen Loyalität des alten Afrikaners waren, sondern auch ein Zeichen dafür, daß Berndt über Rommels künftige Verwendung bereits im Bilde war. So fragte Berndt an, ob es nicht möglich sei, aus ausgesuchten ehemaligen Offizieren und Soldaten der Panzerarmee eine Sondereinheit aufzustellen, die, den alten Traditionen der Panzerarmee folgend, bestimmte Aufgaben übernehmen könnte, vielleicht eine Art Elitekommando oder ein Sturmbataillon. Berndt meinte, dieses Bataillon solle aus sechs Kompanien bestehen, die auch über schwere Waffen verfügten. Er schlug sogar die Namen einiger ehemaliger Mitglieder des Afrikakorps dafür vor und erwähnte dabei Behrendt und Armbruster. Man könne, so schrieb er, diesen Truppenteil als »Afrika-Urlauberbataillon« bezeichnen, und seine Aufstellung würde in kürzester Zeit möglich sein, auch wenn es nur für einen begrenzten Zeitraum zur Verfügung stünde. Auf jeden Fall würde der Feldmarschall sehr bald einen kleinen Stab brauchen, der ihn bei der Durchführung seiner nächsten Aufgabe unterstütze, und Berndt habe den Auftrag erhalten, sich mit einigen alten Afrikanern in Verbindung zu setzen. Es gebe zahlreiche Offiziere und Soldaten, die noch vor der Kapitulation in Afrika nach Deutschland ausgeflogen und deshalb nicht in Gefangenschaft geraten seien.

Daß Rommel selbst das Debakel in Tunesien nicht miterlebt hatte, war der deutschen Öffentlichkeit bisher nicht bekannt. Für Hitler und Goebbels galt er als ein Mann, der wegen seines hohen Ansehens bei der Bevölkerung mit der Niederlage nicht in Verbindung gebracht werden dürfe. Es gehörte daher ein gewisses Fingerspitzengefühl dazu, zwei Monate nach seiner Abreise aus Tunesien Rommels Rückkehr nach Europa bekanntzugeben. Die Meldung, die besagte, daß er seit Anfang März nicht mehr in Afrika gewesen war, wurde von Hitler persönlich verfaßt und am 10. Mai der Presse übergeben.

Am 8. Mai — die Briten waren am Tag zuvor in Tunis einmarschiert — erhielt Rommel die telefonische Anweisung, sich in Berlin zu melden, und am Mittag des 9. Mai landete seine Maschine auf dem Flughafen Tempelhof. Um 13 Uhr meldete er sich bei Hitler.

Hitler, der zunächst die Lage im Mittelmeerraum erörtern wollte, empfing Rommel mit den Worten: »Ich hätte schon früher auf Sie hören sollen.«[4] Ganz offensichtlich wollte er das Vertrauensverhältnis zu Rommel wiederherstellen und sich dessen Treue und Ergebenheit versichern. Und das gelang ihm in erstaunlichem Maße. Während der nun folgenden zwei Monate war Rommel ständig mit Hitler zusammen und saß beim Mittag- oder Abendessen oft neben ihm. Als das Führerhauptquartier von Berlin nach Rastenburg in Ostpreußen (die »Wolfsschanze«) verlegt wurde, von wo aus Hitler den Rußlandfeldzug leitete, oder wenn sich Hitler nach Berchtesgaden zurückzog, wo er sich am wohlsten fühlte, wurde er von Rommel begleitet. Rommel nahm an allen Lagebesprechungen teil, erfuhr dort alles über die neuesten Entwicklungen auf den verschiedenen Kriegsschauplätzen und hörte Hitlers oft weitschweifigen und zusammenhanglosen Reden zu, die um strategische und geopolitische Fragen und die Beurteilung der verschiedenen Nationen und ihrer politischen Führer kreisten. Dabei bemerkte Rommel, daß der »Führer« in dem häufig so ungeordneten Redeschwall gelegentlich doch überraschend zutreffende Ansichten äußerte.

Während dieser Monate ist Rommel zweifellos ein weiteres Mal der Faszination Hitlers erlegen. Noch im November 1942 hatte er ganz offen von der Notwendigkeit eines Regierungswechsels gesprochen, wahrscheinlich weniger wegen eines Gewissenskonfliktes als wegen seiner Empörung über die Starrköpfigkeit Hitlers, dessen unsinnige Befehle Tausende von Soldaten das Leben kosten mußten. Doch jetzt, unter dem persönlichen Einfluß des »Führers«, von Hitler als eine Art Feldmarschall im Wartestand (bis er ein neues Kommando erhielt) wieder um Rat gefragt, kehrte etwas von seinem alten Glauben zurück. Mit Befriedigung schrieb Rommel in sein Tagebuch: »Der Führer ist offensichtlich erfreut, mich zu haben. Ich stelle wiederholt fest, daß er mir sein volles Vertrauen schenkt.« Besonders beeindruckte es ihn, daß Hitler auch in schwierigsten Lagen augenscheinlich nichts von seinem Selbstvertrauen verloren hatte und bester Stimmung war.[5]

Und Hitler zeigte nicht nur in seinem Verhalten, daß er Rommel vertraute. Er wußte auch das Vertrauen des Feldmarschalls zu gewinnen; dieser fand jetzt, als er den »Führer« bei dem Versuch erlebte, fast unlösbare Probleme zu lösen, dessen Sorgen er teilte und von dem er um Rat gebeten wurde, wieder zu seiner alten Loyalität zurück. Er glaubte wieder an Hitler, wenn auch nicht ganz uneingeschränkt. Sehr bezeichnend war das, was Rommel gegenüber Manstein äußerte, als er ihn im Juli 1943 in Rastenburg kennenlernte.

Manstein und Kluge waren während der kritischen Phase des Unternehmens »Zitadelle« zu Hitler befohlen worden. Die erste Begegnung zwischen Manstein und Rommel fand in einer sehr gelösten Atmosphäre statt. Manstein war an einem freien Nachmittag zum Schwimmen an einen See gegangen, und als er nackt auf das Ufer zuschwamm, standen dort Rommel und einige andere Offiziere, die am Abend an der Lagebesprechung bei Hitler teilnehmen sollten. Sie begrüßten ihn mit fröhlichem Gelächter. Manstein, der sich auch in solchen Situationen nicht in Verlegenheit bringen ließ, fragte Rommel, was er in Rastenburg zu tun habe. »Ich lasse mich hier von der Höhensonne bestrahlen«, antwortete Rommel. »Ich sauge mich voll mit Sonne und Glauben!« Manstein begriff sofort, was Rommel mit seiner Antwort meinte, und als er fragte, ob er Rommel wiedersehen werde, antwortete dieser: »Ja, unter der Höhensonne!«[6]

Die Höhensonne! Vielleicht hat Rommel das ironisch gemeint, aber es war in der Tat die Art, wie Hitler auf seine Umgebung wirken konnte. Er konnte die Menschen für sich erwärmen, und sie fühlten sich, wenn auch nur für kurze Zeit, irgendwie verwandelt. Bei Rommel kann man es vielleicht seiner Naivität zuschreiben, denn in mancher Hinsicht war er naiv. Es kann auch an der besonderen Gabe Hitlers gelegen haben, den Menschen zu schmeicheln, und damit hat er Rommel wahrscheinlich an seinem schwächsten Punkt, der Eitelkeit, getroffen. Vielleicht ist das die beste Erklärung. Aber daß sich ein so hartnäckiger, erfolgreicher und prinzipientreuer Mann wie Rommel dem Einfluß Adolf Hitlers manchmal nicht entziehen konnte, läßt sich wahrscheinlich nur durch die starke magische Kraft erklären, die von Hitler ausging. Sie wirkte sogar noch, als Rommel seinen eigenen ganz persönlichen Bericht über die Tragödie und die Lehren von Nordafrika schrieb — ein Bericht, der mit Kritik an der deutschen Kriegsführung gespickt war. Und Hitlers magische Kraft war so stark, daß er für eine lange Zeit einen großen Teil der deutschen Bevölkerung in seinen Bann ziehen konnte. Das gelang ihm, weil er sich auf konkrete Erfolge ebenso stützte wie auf Versprechungen und Vorurteile. Die Menschen glaubten, Hitler habe sie vom Vorwurf der Kriegsschuld befreit und sie aus dem Elend der Nachkriegsjahre herausgeführt, aber sie fürchteten auch die Tyrannei des nationalsozialistischen Regimes. Sicherlich gab es in Deutschland und in der deutschen Armee Persönlichkeiten, die sich von dieser magischen Kraft nicht beeinflussen ließen und den »Magier« verachteten, weil er sie belog, weil er sich über alle ethischen Grundsätze hinwegsetzte, sich für ein strategisches Genie hielt, was zahllose Menschen das Leben kostete, weil er sich mit selbstsüchtigen und rücksichtslosen Speichelleckern umgab, oder, wie es wenigstens in einigen Fällen vorkam, wegen seiner schamlosen Bosheit.

Rommel kam nur sehr langsam und dann auch nur teilweise zu dieser Erkenntnis. Er schuldete dem Staatsoberhaupt und Obersten Befehlshaber Loyalität. Er hatte Hitlers Vertrauen gewonnen, und deshalb fiel es ihm nicht leicht, dem Führer das Vertrauen aufzukündigen.

Außerdem glaubte Rommel immer noch, daß er in diesem Krieg für eine gerechte Sache kämpfte. Er war ein Patriot. Für Deutschlands Gegner war es damals fast eine Selbstverständlichkeit, daß ein anständiger Mensch den von Hitler begonnenen Angriffskrieg nicht unterstützen konnte, aber hier irrten sie sich. Für Rommel hatte die Situation Deutschlands in den Jahren 1939 und 1940 die Feldzüge in Polen, Norwegen und Frankreich gerechtfertigt, entweder zur Korrektur der unerträglichen Bestimmungen des Vertrags von Versailles oder als vorbeugende Maßnahmen gegen eine Koalition unversöhnlicher Feinde. Mit dem Feldzug gegen die Sowjetunion war Deutschland nach Ansicht vieler einer sowjetischen Westoffensive zuvorgekommen — obwohl es kaum Beweise dafür gab, was Hitler allerdings nicht störte. Die Ostsiedlung nach einem deutschen Sieg betrachtete man als mögliche Lösung eines alten Problems, nämlich als Sicherung der Grenzen im Osten, und neuer Probleme, nämlich einmal als die Abwehr des Kommunismus und als die Erweiterung des Wirtschaftsraums zur Förderung des deutschen Wohlstands.

Als die Lage im Verlauf des Rußlandfeldzugs immer kritischer wurde, ging es für jeden Deutschen und auch für Rommel um die Verteidigung Europas und der deutschen Heimat gegen einen angeblich barbarischen und unzivilisierten Feind. Rommel hielt diesen Krieg ebenso wie die meisten seiner Landsleute für gerecht. Für ihn war das Kriegsziel die Verteidigung eines vernünftig geordneten Europa, eine Aufgabe, die nur ein energisches und opferbereites Deutschland erfüllen könnte. Im Hinblick auf West- und Südeuropa glaubte Rommel, daß die Italiener, Franzosen und schließlich auch die Briten bei reiflicher Überlegung zu dem Schluß kommen würden, daß freundschaftliche Beziehungen zu Deutschland auch in ihrem eigenen Interesse lagen. Als Rommel daher sein Vertrauen zu Hitler wiedergewonnen und seine Zweifel an dessen Führungsqualitäten zum Teil überwunden hatte, konnte er sich trotzdem noch nicht dazu durchringen, Hitlers außenpolitischen und strategischen Vorstellungen zuzustimmen, während er von der Innen- und Rassenpolitik des Führers nur wenig wußte.

Rommel hatte zu dieser Zeit die Gelegenheit, seine Ansicht über die allgemeine Kriegslage vorzutragen. Dabei versuchte er, Hitler davon zu überzeugen, daß Deutschland einem militärisch, industriell und zahlenmäßig zu starken Gegner gegenüberstand, als daß man noch auf einen uneingeschränkten Sieg hoffen dürfe. Hitler hörte ihm zumindest zu und schien nicht grundsätzlich anderer Meinung zu sein, sagte aber eines Tages in melancholischer Stimmung: »Mit mir schließt niemand Frieden«.[7] Rommel hat diese Worte sicher nicht vergessen. Später vermutete er, wahrscheinlich habe Hitler damals schon genau gewußt, daß der Krieg verloren war. Zwar hat Hitler es immer wieder verstanden, sich selbst und andere zu täuschen, und die Herausforderungen in kritischen Situationen haben ihm gelegentlich wieder Mut gemacht, aber er lebte bereits damals im Schatten der bevorstehenden Katastrophe.

Und doch spürte Rommel gelegentlich auch jenen fatalistischen, brutalen und selbstmörderischen Instinkt in Hitler, der ihn zutiefst erschütterte und ihm, wie er seiner Frau anvertraute, das Gefühl gab, Hitler sei nicht mehr »ganz normal«. Das war im Juli, als Hitler von der Möglichkeit einer Niederlage sprach und dabei äußerte, wenn das deutsche Volk den Krieg verlöre, sollten auch die Überlebenden ruhig zugrunde gehen; ein großes Volk müsse »heroisch sterben«.[8] Rommel war entsetzt gewesen, aber, gewärmt von der »Höhensonne«, war sein Vertrauen noch nicht restlos erschüttert.

Noch immer war unklar, welche Aufgaben auf Rommel warteten. Das hing von der Lage in Italien ab. Nach der Tragödie in Tunesien mußte die deutsche Politik im Mittelmeerraum überdacht werden. Bei seinem Zusammentreffen mit Hitler am 9. Mai hatte Rommel ausdrücklich auf die unzulängliche Qualität der italienischen Streitkräfte hingewiesen und diese Bedenken am folgenden Tag bei einem Gespräch mit Goebbels in gleicher Schärfe geäußert.[9] Er hatte gesagt, man dürfe von den Italienern nicht mehr viel erwarten.

Aber auch die politische Dimension mußte berücksichtigt werden. Man wußte, daß einflußreiche Kreise in Italien nach der Katastrophe in Tunesien mit den Alliierten Frieden schließen und Deutschland im Stich lassen wollten. Hitler selbst glaubte zwar, Mussolini werde ihm treu bleiben. Aber er machte sich kaum Illusionen darüber, daß dieser das Bündnis mit Deutschland noch aufrechterhalten könne, wenn sich die Lage wesentlich verschlechterte. Rommel erklärte, er sei überzeugt, die Italiener würden nicht kämpfen, wenn die Engländer und Amerikaner in Italien landeten. Man müsse vielmehr sogar in Erwägung ziehen, daß die Italiener sich nicht nur weigern würden, weiter am Krieg teilzunehmen, sondern sogar auf die Seite des Feindes überliefen.

Mit dieser Skepsis stand Rommel nicht allein. Eines Tages nahm er Konstantin v. Neurath vom Auswärtigen Amt mit zu einer Besprechung bei Hitler. Neurath, der besonders gut über die Atmosphäre in Italien und die dort kursierenden Intrigen unterrichtet war, schilderte die Stimmung in Rom in derart düsteren Farben, daß der ebenfalls anwesende Keitel im Anschluß an die Begegnung bezeichnenderweise erklärte, man müsse dem »Führer« künftig solche unangenehmen Nachrichten ersparen.[10]

Hitler hatte Rommel zu sich befohlen, um mit ihm die Lage in Italien zu besprechen. Nach dem Verlust von Nordafrika mußte man mit einer feindlichen Invasion irgendwo in Südeuropa rechnen. Sie konnte in Griechenland und auf dem Balkan erfolgen, wo beträchtliche italienische und schwächere deutsche Verbände stationiert waren. Eine zweite Möglichkeit war die Landung anglo-amerikanischer Truppen in Italien. Jede Invasion in Südeuropa würde jedoch eine Schwächung der Ostfront bedeuten, wo im Juli das Unternehmen »Zitadelle« geplant war, und eine Landung in Italien würde, besonders wenn sie den Austritt Italiens aus dem Bündnis zur Folge haben sollte, zu einer Annäherung der Angloamerikaner und ihrer Bomberverbände an die Südgrenze des Deutschen Reiches führen. Deshalb mußte eine solche feindliche Offensive nach Möglichkeit schon weit südlich dieser Grenze zum Stehen gebracht werden, sofern der Einsatz von Bodentruppen dies operativ ermöglichte.

Dazu hatte das OKW zwei Pläne entwickelt, an deren Ausführung Rommel beteiligte werden sollte. Der erste betraf das Unternehmen »Alarich«. Danach sollten weitere starke deutsche Kräfte nach Norditalien einsickern, die Italien gegen eine alliierte Invasion verteidigen oder eine solche Invasion so weit wie möglich im Süden halten sollten. Man nahm mit Recht an, daß man sich dabei nicht auf die Italiener verlassen konnte.

Rommel erhielt nun die Anweisung, das »Einsickern« dieser Truppen nach Italien vorzubereiten. Nach Hitlers Vorstellungen sollten unter Rommels Befehl etwa 20 Divisionen zunächst in Österreich und Bayern zusammengezogen werden. Vorerst sollten vier deutsche Divisionen nach Italien »eingeschleust« werden, und im Fall einer Landung der Alliierten würde Hitler den Befehl geben, die 16 übrigen Divisionen folgen zu lassen. Diese Maßnahmen mußten natürlich politisch sorgfältig vorbereitet werden, um die Gefühle der Italiener nicht zu verletzen. Während das Unternehmen im Juni und Anfang Juli vorbereitet wurde, mußte also alles vermieden werden, was die Italiener veranlassen könnte, gegen eine Besetzung ihres Landes durch deutsche Truppen zu protestieren. Dabei kam es vor allem darauf an, die äußere Form zu wahren. Das Verhältnis zwischen den Bündnispartnern war im Sommer 1943 schon so gespannt, daß es kaum möglich war, ein gemeinsames politisches und militärisches Vorgehen in Erwägung zu ziehen.

Bei dem zweiten Plan des OKW, dem »Fall Achse«, kam es noch weit mehr auf unbedingte Geheimhaltung an. Auch hier sollte Rommel die Führung übernehmen. Der Plan sollte im Fall einer Bündnisaufkündigung wirksam werden, und sah die Entwaffnung der italienischen Streitkräfte, die Beschlagnahme ihrer Ausrüstung und, falls notwendig, die Gefangennahme der italienischen Truppen vor. Von dem Erfolg dieses Unternehmens hing es ab, ob man in der Lage wäre, die bereits in Süditalien zur Verteidigung eingesetzten deutschen Truppen zu versorgen und angesichts eines starken feindlichen Angriffs zu verstärken. Es war klar, daß die Ausführung des »Falls Achse« im einzelnen von den äußeren Umständen abhängen und wahrscheinlich dem Unternehmen »Alarich« folgen mußte, und so waren denn die dafür bestimmten Truppen auch für den »Fall Achse« vorgesehen. Zudem mußte das Problem gelöst werden, ob man den Feldzug gegen die gelandeten anglo-amerikanischen Verbände zeitgleich mit diesen beiden Aktionen oder erst im Anschluß daran führen sollte.

Rommel stellte nun umgehend einen kleinen Stab zusammen, der, wie Berndt es vorausgesagt und mit arrangiert hatte, zum Teil aus alten Afrikanern bestand. Dazu zählten General Gause, der ruhige, prinzipientreue Ostpreuße, sowie Oberst v. Bonin, der auch aus der Panzerarmee Rommels stammte. Im Juni war Rommel ständig zwischen Berlin, Rastenburg und seinem neuen Hauptquartier in einer Kaserne bei Berchtesgaden unterwegs. Am 7. Juni traf er sich kurz mit Guderian auf dessen Bitte in einem Münchner Hotel. Guderian war – nach einer langen Schattenperiode infolge von Meinungsverschiedenheiten mit Hitler – als Generalinspekteur der Panzertruppen wiederverwendet worden und versuchte nun nach Kräften, die in der Rüstungsproduktion herrschenden chaotischen Zustände zu ordnen, um einen klaren Ablauf in die Panzerproduktion zu bringen. Rommel hingegen war zu dieser Zeit überzeugt, daß der Schwerpunkt der deutschen Produktion auf Verteidigungswaffen und Panzerabwehrgeschütze gelegt werden sollte. Mit dem Stahl, dem Geld und der aufwendigen Technologie, die für die Herstellung eines einzigen Panzers notwendig waren, ließen sich verhältnismäßig viele Panzerabwehrgeschütze bauen, und Rommel war überzeugt, daß künftig besonders im Osten zur Verteidigung die Feuerkraft und vor allem die *Zahl* entscheidend war.[11] Für einen Mann, der sich als Meister der beweglichen Kampfführung erwiesen hatte, war das ein bemerkenswerter Sinneswandel.

Gelegentlich nahm sich Rommel aber auch die Zeit, ein paar Tage zu Hause in Wiener Neustadt zu verbringen. Dort befand er sich auch, als am Nachmittag des 4. Juli 1943 deutsche Divisionen, darunter 18 Panzer- oder Panzergrenadierdivisionen, das Unternehmen »Zitadelle« begannen und zum Angriff antraten.

In den ersten Tagen schien die Operation erfolgreich zu verlaufen, aber sehr bald zeigte sich, daß die von Hitler angeordnete Verlegung des Angriffsbeginns um mehrere Wochen nachteilig für die Deutschen war. Die Russen hatten ihre Stellungen stark ausgebaut. Die beiden von Norden und Süden angreifenden Armeen – die 9. Armee (Generaloberst Model) der Heeresgruppe Mitte und die 4. Panzerarmee (Generaloberst Hoth) der Heeresgruppe Süd – mußten sehr bald erfahren, daß die sowjetischen Verteidigungsanlagen nicht nur in beträchtlicher Tiefe und mit vorbildlicher Gründlichkeit angelegt worden waren, sondern auch durch ein Minenfeld verstärkt wurden, in dem auf einer Frontbreite von 1 600 Metern jeweils mehr als 5 000 Panzer- und Schützenminen eingebaut waren.

Am 9. Juli suchte Rommel das Führerhauptquartier in Rastenburg auf und äußerte sich dort zuversichtlich über den Verlauf des Angriffs, der in Wirklichkeit jedoch schon an Schwung verloren hatte. Die Rote Armee hatte östlich des Kursker Bogens eine starke operative Reserve bereitgestellt, um den deutschen Stoß in der Flanke zu fassen, sobald er ins Stocken geriet. Und das geschah sehr bald.

Am folgenden Tag, dem 10. Juli, traf die Nachricht ein, die jeder erwartet, von der man aber gehofft hatte, sie werde erst nach dem erfolgreichen Abschluß der Operation »Zitadelle« kommen: Britische und amerikanische Truppen hatten mit einer Luft- und Seelandung in Südeuropa, auf Sizilien, begonnen. Das war die alliierte Operation »Husky«.

Damit kehrten die Briten auf das europäische Festland zurück, und die amerikanischen Truppen betraten es zum ersten Mal in diesem Krieg. Die erste wichtige deutsche Entscheidung war es, weitere deutsche Truppen nach Sizilien zu verlegen, und fünf Tage später richtete der Kommandierende General des XIV. Panzerkorps, General Hube, sein Hauptquartier auf der Insel ein. Es folgten eine Panzergrenadierdivision und zwei Regimenter Fallschirmjäger. Damit waren auf Sizilien relativ starke deutsche Streitkräfte zusammengezogen worden. Die zweite wichtige Entscheidung gründete sich auf die Erkenntnis, daß es nicht möglich sein würde, Sizilien längere Zeit zu halten. Die Operationen mußten so geführt werden, daß sich die Truppen auf einen gut zu verteidigenden Brückenkopf im Nordosten der Insel zurückziehen und auf Befehl geschlossen über die Straße von Messina auf das italienische Festland übersetzen konnten. Die dritte wichtige Entscheidung war, daß die an diesen Kämpfen beteiligten Truppen unter dem Befehl eines deutschen Generals stehen sollten. Nominell hatte zwar ein italienischer General den Oberbefehl, aber in der Praxis leitete Hube die Operationen, und einen Monat später gelang es ihm, die hier eingesetzten Verbände ohne große Verluste aus Sizilien abzuziehen. Die Deutschen und Italiener beobachteten sich während dieser ganzen Zeit aufmerksam und argwöhnisch, und das deutsche Mißtrauen gegenüber der italienischen Bereitschaft, den Kampf fortzusetzen, war nicht auf das Oberkommando beschränkt.

Das Unternehmen »Zitadelle« war unterdessen ins Stocken geraten, und drei Tage, nachdem die Meldung über den Beginn von »Husky« in Rastenburg eingetroffen war, befahl Hitler die Oberbefehlshaber der dort kämpfenden Heeresgruppen, Kluge und Manstein, zu sich und erklärte, wegen der bedrohlichen Lage in Italien — hier war in der Tat der vollkommene Zusammenbruch der deutschen Front zu befürchten — müsse die Offensive bei Kursk eingestellt werden, und die dort kämpfenden Truppen seien in ihre Ausgangsstellungen zurückzunehmen. Mit der Einstellung von »Zitadelle« verloren die Deutschen endgültig die strategische Initiative an der Ostfront.

Am Abend führten Kluge und Manstein ein sehr offenes Gespräch mit Rommel, und zum Abschied sagte Kluge: »Manstein, das wird ein schlechtes Ende nehmen. Ich bin bereit, mich Ihnen zu unterstellen.«[12]

Er ließ Manstein mit Rommel allein, der ebenfalls erklärte, das Ende werde eine Katastrophe sein. Während der vergangenen zwei Monate hatte er Hitler bei jeder Gelegenheit von der Richtigkeit seiner pessimistischen Lagebeurteilung zu überzeugen versucht. Nun sprach er auch mit Manstein, dem angesehensten Strategen des deutschen Heeres, im gleichen Sinne: Er rechne mit der totalen Katastrophe, und wenn die Alliierten in Europa landeten, werde »das ganze Kartenhaus« in sich zusammenfallen.

Manstein erwiderte, vielleicht werde sich der »Führer« bereit finden, sein Amt als Oberbefehlshaber der Wehrmacht abzugeben, das er mit so katastrophalen Folgen ausgeübt hatte. Dann würde es unter Umständen möglich sein, ein militärisches Patt zu erreichen und einen akzeptablen Frieden auszuhandeln. Aber Rommel glaubte nicht an diese Möglichkeit. Er kannte Hitler besser als Manstein und bezweifelte, daß Hitler jemals auf die militärische Führung verzichten werde. Manstein mochte ein genialer Stratege sein, aber in dieser Beziehung schien er sich Illusionen hinzugeben. Ebenso wie Kluge sagte Rommel: »Auch ich bin bereit, mich Ihnen zu unterstellen.«

Am 15. Juli, dem Tag der Ankunft Hubes auf Sizilien, wurde Rommel offiziell zum Oberbefehlshaber der Heeresgruppe B ernannt, wie die Kommandobehörde, deren Generalstab Rommel in Bayern aufgestellt hatte, jetzt hieß. Man rechnete damit, daß die nach Italien vorgedrungenen feindlichen Hauptkräfte — Sizilien hatte man bereits verloren gegeben — früher oder später zu einer ernsthaften Bedrohung der deutschen Streitkräfte auf dem europäischen Kontinent würden. In diesem Fall sollte die Heeresgruppe B die Verteidigung in Mittelitalien übernehmen. Das aber konnte erst geschehen, wenn sich die Lage im erwarteten Sinn weiterentwickelt hatte, und man brauchte dafür die Zustimmung der Italiener — es sei denn, daß Italien zum Feind überwechselte.

Die Schlacht auf Sizilien nahm ihren Fortgang. Unterdessen begannen die Russen am 18. Juli an der ganzen Ostfront eine Gegenoffensive mit starken Kräften, und am 20. Juli wurde ein Durchbruch auf breiter Front gemeldet. (Wie sich später herausstellte, war diese Meldung übertrieben.) Am 24. traf Rommel im Hauptquartier seiner Heeresgruppe B im Schloß Mühlhof bei Bayerbach ein und sprach zum ersten Mal mit seinen Offizieren. Es war noch nicht sicher, wo und mit welchem Auftrag die Heeresgruppe zunächst eingesetzt werden sollte. Man hatte sich auf die Unternehmen »Alarich« und »Achse« vorbereitet, aber am 23. Juli hatte Rommel überraschend einen neuen Auftrag erhalten. Er sollte nach Griechenland fliegen, um sich ein Bild von der dortigen Lage zu machen. Nun schien es, als werde die Heeresgruppe B unter Umständen nicht in Italien, sondern zur Verteidigung Griechenlands eingesetzt, da sich der Gegner dort zu einer Invasion entschließen könnte, anstatt weiter nach Italien vorzustoßen.

Am 25. Juli flog Rommel nach Saloniki und führte Gespräche mit den dortigen deutschen Kommandobehörden. Aber schon nach weniger als 24 Stunden wurde er nach Rastenburg zurückbeordert. In Rom hatte eine Sitzung des Faschistischen Großrates stattgefunden, einer Körperschaft, deren Tätigkeit sich jahrelang darauf beschränkt hatte, die Beschlüsse des »Duce« gutzuheißen. Nun entzog dieses Gremium Mussolini mit einer gut vorbereiteten Abstimmung das Vertrauen. 18 von 24 Ratsmitgliedern stimmten gegen ihn und verlangten seinen Rücktritt. Als Rommel am 26. Juli um die Mittagszeit in der Wolfsschanze eintraf, herrschte dort ziemliche Verwirrung. Hitlers zuverlässigster Verbündeter war von seinen eigenen Anhängern entmachtet und augenscheinlich festgenommen worden. Neuer italienischer Regierungschef war Marschall Badoglio. Zwei Tage später berichtete Rommel in seinem Tagebuch von einer »Faschistenjagd«, mit der Badoglio Mussolinis Anhänger verfolgen ließ. Unter diesen Umständen konnte das italienisch-deutsche Bündnis nicht mehr lange halten.

In Italien waren immer noch starke deutsche Streitkräfte stationiert. Kesselring war noch Oberbefehlshaber Süd in Rom, und auf Sizilien mußten 70 000 deutsche Soldaten versorgt werden, die die Insel in nächster Zeit räumen sollten. Zwischen ihnen und dem Deutschen Reich lag ein weites gebirgiges Land mit schlecht ausgebauten Verkehrswegen und einer politischen Führung, über deren

Absichten Unklarheit herrschte. Wutentbrannt erklärte Hitler bei seinen Lagebesprechungen, man könne den Italienern nicht mehr trauen. Rom hätte zwar versichert, die Absetzung Mussolinis sei eine rein innenpolitische Angelegenheit und Italien werde an der Achse Berlin-Rom festhalten und weiterkämpfen, er aber glaube kein Wort davon. Auch Rommel tat es nicht. Hitler wollte sofort etwas unternehmen, aber Rommel hielt die Lage für zu kompliziert und schlug vor, erst nach sorgfältiger Überprüfung die notwendigen Maßnahmen zu ergreifen.

Man beschloß, das Unternehmen »Alarich« einzuleiten. Griechenland war jetzt vergessen, und Rommel begann sofort, sich um die Sicherung der Pässe nach Norditalien zu kümmern und die Frage zu klären, wie ihre Besetzung gegenüber den Italienern begründet werden sollte. Die Truppen nach Norditalien zu verlegen, war nicht besonders schwierig, aber es konnte problematisch werden, die Verbindung zu ihnen aufrechtzuerhalten. Deshalb mußten die Italiener davon überzeugt werden, daß dies alles zu ihrer Unterstützung geschehe, auch wenn Rom erklärte, man hätte nicht um eine solche Unterstützung gebeten. Rommel notierte in seinem Tagebuch: »Obgleich der Italiener uns offensichtlich verraten will, ist es politisch nicht möglich einzumarschieren.«[13] Täglich wurde gemeldet, daß es in Lissabon und anderswo Kontakte zwischen den Italienern und den Alliierten gegeben habe und Italien in weniger als zwei Wochen um einen Waffenstillstand nachsuchen werde.[14] Am 30. Juli begann die Verlegung deutscher Truppen nach Süden, nachdem Rommel mit dem Befehlshaber dieser Truppen, General Feurstein, und dem Gauleiter von Tirol über die Sicherheit der Marschwege und die Haltung der italienischen Bevölkerung gesprochen hatte.[15] Nach den Anweisungen des OKW vom 1. August hatte er freie Hand für den Einsatz aller in Italien stationierten deutschen Truppen im Rahmen des »Falles Achse« und durfte, wenn es die Umstände erforderten, die zunächst gegebenen Befehle auch modifizieren.[16] Er selbst sollte zunächst aber nicht nach Italien gehen, und er hielt sich auch an diesen Befehl.

Seinen Soldaten schärfte er ein, daß sie als Gäste nach Italien kämen, um den Italienern dringend benötigte Hilfe zu bringen.[17] Er selbst bemühte sich darum, der Truppe mit gutem Beispiel voranzugehen, und da er wußte, daß er den Ruf hatte, ein »Italiener-Hasser« zu sein, setzte er alles daran, sich »dieses gefährlichen Renommees« zu entledigen.[18] Aber es fiel ihm zunehmend schwerer, eine solche Haltung glaubwürdig zu vertreten. Obwohl die Italiener beteuerten, am Bündnis mit Deutschland unter allen Umständen festhalten zu wollen, hatte der deutsche Nachrichtendienst in Erfahrung gebracht, daß zwei Drittel der Angehörigen des Italienischen Kronrats sich auf einer Sitzung am Abend des 7. August für einen Austritt Italiens aus dem Krieg ausgesprochen hatten, und Rommels Vertrauensmann beim Auswärtigen Amt, Konstantin v. Neurath, berichtete von Kontakten zwischen der italienischen Regierung und dem Oberbefehlshaber der alliierten Truppen, General Eisenhower. Das war eine Bestätigung aller Meldungen, die die Heeresgruppe B täglich erreichten, weshalb auch Rommel keinen Grund sah, an dem Bericht zu zweifeln.

Am 11. August meldete er sich wieder bei Hitler in Rastenburg. Dieser war ebenfalls von der Unzuverlässigkeit der Italiener überzeugt und mit den Vorschlägen Rommels einverstanden, daß man in Italien hintereinander gelegene Verteidigungsstellungen vorbereiten solle, die im Verlauf eines italienischen Feldzuges von den deutschen Truppen besetzt werden sollten. Am 13. August trug der Chef des Generalstabes der Heeresgruppe B, General Gause, seine Beurteilung der Lage in Italien vor und brachte dabei sehr deutlich das auch von seinen Zuhörern geteilte Mißtrauen gegenüber den Italienern zum Ausdruck. Inzwischen waren etwa 6 deutsche Divisionen über die österreichisch-italienische Grenze nach Italien verlegt worden. Zu ihnen gehörten auch die 26. Panzerdivision und die SS-Leibstandarte »Adolf Hitler«. Die 26. Panzerdivision wurde bei ihrem Einmarsch in Bozen von der Bevölkerung begeistert empfangen.

Nun blieb noch die Frage, wer den Oberbefehl über die Achsentruppen in Italien übernehmen sollte. Kesselring hatte durch seine allzu freundliche Haltung gegenüber den Italienern an Gunst verloren.[19] Zudem mußte man natürlich klären, in welchem Ausmaß Italien von den Alliierten bedroht wurde. Am 16. August waren die letzten deutschen Truppen aus Sizilien abgezogen worden. 26 000 Mann und 7 000 Tonnen Kriegsmaterial waren in den vergangenen fünf Tagen auf das italienische Festland zurückgebracht worden. Schon vor Ende der Kämpfe auf Sizilien hatte man über die Möglichkeit gesprochen, für alle Achsenstreitkräfte in Italien ein gemeinsames Oberkommando einzurichten, wobei eine Armee im Norden und eine andere im Süden eingesetzt werden sollte (was später auch geschah), und im Juli hatte Hitler daran gedacht, Rommel zum Oberbefehlshaber dieser Heeresgruppe zu ernennen.[20]

Wenn der Feind weit im Süden Italiens landen sollte (was man für unwahrscheinlich hielt), dann mußten von Süden nach Norden hintereinander gestaffelte Verteidigungsstellungen vorbereitet werden. Diese Stellungen sollten nach Rommels Vorschlag bei Cosenza (am Knöchel des italienischen Stiefels), Salerno, Cassino und in den Apenninen liegen, aber seiner Meinung nach sollte man für die Verteidigung von Süditalien nicht zu starke Kräfte vorsehen. Ihre Versorgung würde schwierig sein — ein für Rommel und für die meisten

Offiziere im deutschen Oberkommando entscheidender Faktor —, und wenn die Alliierten überhaupt in Italien landeten, mußten sie für solche Landungen ihre überlegenen Seestreitkräfte in der Mitte oder im Norden oder vielleicht sogar vor der östlichen und westlichen Küste Italiens einsetzen. In diesem Fall könnten die zu weit in den Süden Italiens verlegten deutschen Streitkräfte abgeschnitten werden. Dagegen sprach jedoch die Auffassung, daß der Feind und die feindlichen Bomberverbände nach Möglichkeit weit im Süden festgehalten werden sollten.

Erst jetzt erhielt Rommel von Hitler persönlich die Erlaubnis, selbst nach Italien zu gehen und das Unternehmen »Alarich« einzuleiten. Er sollte den Italienern den Sinn der deutschen Truppenbewegungen erläutern und die ergriffenen Maßnahmen als völlig normal darstellen. So hoffte man, Zeit zu gewinnen und den Abfall Roms vielleicht sogar ganz verhindern zu können. Am 15. August flog Rommel als Oberbefehlshaber der Heeresgruppe B nach Bologna und wurde auf dem Flughafen von einer Ehrenkompanie der SS empfangen. In einer Villa außerhalb der Stadt nahm er an einer Besprechung mit den italienischen Kommandobehörden teil, in der im Rahmen der angeblich noch normalen Beziehungen über die Stationierung, Unterbringung und die Versorgung der Heeresgruppe B gesprochen werden sollte. Weitere wichtige Themen betrafen die Verteidigung Italiens und die Frage, wer in den einzelnen Landesteilen die Verantwortung dafür übernehmen sollte.

Dabei ließ es sich jedoch nicht vermeiden, über die italienische Regierungspolitik zu sprechen. Der Gesprächsleiter auf italienischer Seite war der Chef des Stabes des Heeres, General Roatta, der sich sichtlich darum bemühte, den Verdacht zu entkräften, die Italiener könnten das Interesse am Krieg verloren haben und den Deutschen ihre wahren Absichten verheimlichen. Er protestierte lautstark gegen jede Andeutung in dieser Richtung. Auf deutscher Seite bestritt der Chef des Wehrmachtführungsstabes des OKW, General Jodl, den Vorwurf, die Deutschen mißtrauten ihren bisherigen Verbündeten. Er wies besonders auf die Notwendigkeit hin, die Nachschubwege für die Versorgung der deutschen Truppen offenzuhalten, die von Deutschland und Sizilien gekommen waren, um Italien gegen feindliche Angriffe zu verteidigen. Zur politischen Lage erklärte Jodl, natürlich habe die Ablösung Mussolinis als Chef einer deutschfreundlichen Regierung durch einen Mann, über dessen Sympathien man sich noch keine Vorstellung habe machen können, die Deutschen beunruhigt.[21] Das löste neue Proteste der italienischen Seite aus. General Roatta erklärte, die Italiener stünden zu ihrem Wort, fühlten sich genauso wie bisher der Achse verpflichtet und seien loyale Bündnispartner in diesem Krieg.

Wie nicht anders zu erwarten, verlangten die Italiener, die deutschen Truppen in Italien müßten dem Comando Supremo unterstellt
werden. Das wurde als unannehmbar abgelehnt, und weitere Vereinbarungen kamen nicht zustande. Noch am gleichen Tag machte die
italienische Regierung dem amerikanischen General Eisenhower die
ersten Angebote für die Einstellung der Feindseligkeiten.

Am folgenden Tag flog Rommel mit Gause nach Innsbruck, um
die Verlegung des Rests der Heeresgruppe B nach Italien zur Vereinigung mit den dort bereits stationierten Divisionen im einzelnen
festzulegen. Die Pläne für den »Fall Achse« wurden noch einmal
überprüft und für den Fall, daß die Lage die Durchführung der Operation erforderlich machen sollte, bestätigt.[22] Rommels Hauptquartier sollte am Gardasee eingerichtet werden.

Dort meldeten sich am 30. August SS-General Wolff und eine Gruppe höherer SS-Offiziere in Rommels Hauptquartier, »um sich ein
Bild davon zu machen, welche Maßnahmen für die innere Sicherheit
in Italien zu treffen seien«.[23]

Am 3. September landeten die ersten anglo-amerikanischen Truppen in Süditalien, und zwar in Reggio di Calabria, gegenüber von
Messina. Am folgenden Tag flog Rommel nach Rastenburg, um mit
Hitler zu sprechen, der ihn zum Mittagessen einlud. Rommel notierte in seinem Tagebuch, Hitler mache »einen ruhigen, zuversichtlichen Eindruck«. Ebenso wie Rommel hielt er es für außerordentlich
wichtig, alle für die Verteidigung der italienischen Küste erforderlichen Maßnahmen zu treffen, und teilte dessen Meinung, daß die Alliierten wahrscheinlich versuchen würden, die Überlegenheit ihrer
Seestreitkräfte im Mittelmeer auszunutzen.

Am 8. September meldete Radio Rom den Abschluß eines Waf-
fenstillstands zwischen Italien und den Alliierten. Die Nachricht
wurde von der italienischen Bevölkerung durchaus positiv aufgenommen. Künftig würden die Italiener in diesem Krieg neutral sein
oder schlimmstenfalls ins feindliche Lager überwechseln. Wenn der
Krieg in Italien weitergehen sollte, würden die Deutschen allein
kämpfen müssen. Die lange erwartete Entscheidung war jetzt gefallen. Am Morgen des 8. September, um 7.50 Uhr, war der Beginn des
»Falls Achse« befohlen worden. Die Italiener mußten unter allen
Umständen daran gehindert werden, die Operationen der deutschen
Streitkräfte in Italien zu unterlaufen.

In den frühen Morgenstunden des 9. September begann der Gegner mit der Anlandung in der Bucht von Salerno südlich von Neapel. In Norditalien hatte Rommel inzwischen 8 Divisionen der Heeresgruppe B zusammengezogen. Seine Pläne für den »Fall Achse«
waren sorgfältig vorbereitet und traten nun in Aktion. Zwei Tage spä-

ter erreichte ihn die Meldung, daß die Italiener im Süden auf der Seite des Gegners gegen deutsche Truppen kämpften. Nach Rommels für diesen Fall erlassenen Befehlen sollten alle italienischen Truppen eingeschlossen, entwaffnet und als Gefangene nach Deutschland abgeschoben werden. Am 19. September, acht Tage nachdem das Codewort für den Beginn der Aktion ausgegeben worden war, meldete die Heeresgruppe B, daß 82 italienische Generale, 13 000 Offiziere und 402 600 Soldaten gefangengenommen und 183 300 von ihnen bereits nach Deutschland abtransportiert worden seien.[24] Damit stand fest, daß die Italiener nicht nur das Bündnis mit Deutschland aufgekündigt hatten, sondern auf die Seite der Alliierten übergewechselt waren, um als kriegführende Macht auf deren Seite anerkannt zu werden.

Nun ergab sich ein weiteres Problem. In Italien entstand bald eine beachtliche — hier und da in den Methoden sogar ziemlich bedrohliche — antideutsche Partisanenbewegung, die schließlich viele deutsche Truppen band. Zudem mußte für den Abtransport alliierter Kriegsgefangener aus italienischen Lagern nach Deutschland gesorgt werden. Das bedeutete, rücksichtslos gegen alle Italiener vorzugehen, die versuchten, diesen zu helfen. Auch bestand überall die Gefahr sporadischer oder systematischer Sabotage. In der Nähe des Gardasees wurden zwei junge Italiener als Saboteure festgenommen und von einem Standgericht zum Tode verurteilt. Das Urteil wurde allerdings von Rommel aufgehoben. Zwar konnte er, wenn es notwendig war, mit aller Härte durchgreifen, vermied aber nach Möglichkeit allzu strenge Strafen. Dennoch war er empört über den Seitenwechsel der Italiener, auch wenn er schon länger damit gerechnet hatte. Am 23. September unterzeichnete er einen Befehl, der allen Truppenteilen seiner Heeresgruppe bekanntgegeben wurde. Darin hieß es, jeder Italiener, der sich nun gegen seine früheren Kameraden wende, habe das Recht auf eine nachsichtige Behandlung verwirkt, und es müsse mit der Härte gegen ihn vorgegangen werden, die derjenige verdiene, der plötzlich mit Waffengewalt gegen seinen eigenen Freund vorgehe.[25]

Die Kämpfe in Süditalien gingen inzwischen mit aller Härte weiter. Die deutschen Truppen hatten umgehend alle von den Italienern ausgebauten Verteidigungsanlagen besetzt, und als die Alliierten bei Salerno landeten, standen südlich von Rom die 6 deutschen Divisionen der 10. Armee unter Generaloberst v. Vietinghoff, zu denen auch die Verbände des Generals Hube gehörten. Aber bis zum 16. September war es nicht gelungen, die alliierten Streitkräfte im Brückenkopf Salerno zur Aufgabe zu zwingen; die Deutschen mußten den Rückzug antreten.

Man mußte daher mit einem längeren Feldzug auf dem italienischen Kriegsschauplatz rechnen. Der Feind hatte auf dem europäischen Festland Fuß gefaßt, und das deutsche Heer kämpfte jetzt an zwei Fronten — an der schmalen und relativ leicht zu verteidigenden Front in Italien und an der weit ausgedehnten russischen Front, wo es kaum günstige Geländeabschnitte für die Verteidigung gab. Zudem mußte man damit rechnen, daß an der Kanalküste demnächst eine dritte Front entstehen würde, an der die endgültige Entscheidung fallen konnte.

Die letzten zehn Wochen in Italien verliefen für Rommel eher undramatisch. Während dieser Zeit blieb er in Norditalien weit hinter der kämpfenden Front und sah sich zur Untätigkeit gezwungen. Er hielt es für unerläßlich, alle deutschen Truppen auf dem italienischen Kriegsschauplatz einem gemeinsamen Oberkommando zu unterstellen, und im Oktober verstärkte sich seine Hoffnung, daß die Heeresgruppe B diese Aufgabe übernehmen würde und er Oberbefehlshaber bliebe. Er glaubte — und er hatte diese Ansicht schon immer vertreten, seit er sich mit den operativen Problemen des Feldzugs in Italien beschäftigte —, daß es falsch sei, zu starke deutsche Verbände südlich von Rom zur Verteidigung einzusetzen, und daß es auf die Dauer günstiger wäre, eine Verteidigungslinie in den Apenninen südlich des Po in der später so bezeichneten »Gotenlinie« einzurichten. Und auch dies sollte nach Rommels Ansicht nur eine Vorpostenlinie sein.

Zu diesem Schluß war er gelangt, weil er die Alliierten für stark genug hielt, auch an der norditalienischen Küste Truppen zu landen. Er ließ dabei aber außer acht, daß die Briten und Amerikaner amphibische Operationen wahrscheinlich nur unter Einsatz starker landgestützter Luftstreitkräfte wagen würden. Da Rommel immer noch unter dem Eindruck der feindlichen Luftüberlegenheit während des Wüstenkriegs stand, unterschätzte er hier die Vorsicht seines Gegners und verließ sich auch nicht darauf, daß vor allem die Briten ihrem Grundsatz treu bleiben würden, sich niemals ohne eine solche Überlegenheit auf eine größere Angriffsoperation einzulassen. Für Rommel waren El Alamein und Alam Halfa traumatische Erfahrungen, die immer noch fortwirkten. Aber das gleiche galt für die Briten im Hinblick auf Dünkirchen. Obwohl sie mit dem Gedanken spielten, nördlich der Reichweite der eigenen Jagdflugzeuge Angriffsoperationen durchzuführen, waren Rommels Gegner nicht bereit, tatsächlich stärkere Kräfte für ein solches Unternehmen einzusetzen.

Doch entgegen Rommels Vorbehalten und ohne seine Argumente zu beachten, wurde entschieden, eine Verteidigungslinie südlich von Rom auszubauen und sie mit starken Kräften zu halten. Das entsprach den Empfehlungen Kesselrings, der immer noch Oberbe-fehlshaber Süd war. In dem gebirgigen Gelände zwischen Neapel und Rom gab es hervorragende Möglichkeiten, leicht zu verteidigen-de Stellungen einzurichten. Aber der Feind erfuhr über »Ultra« von dieser Entscheidung, unmittelbar nachdem sie getroffen worden war, und dieser Umstand beeinflußte entscheidend den weiteren Verlauf des Feldzugs in Italien.

Ob es aus deutscher Sicht die richtige Entscheidung gewesen ist, bleibt bis heute umstritten. Sicherlich war die Verteidigung der itali-enischen Halbinsel nördlich von Rom operativ schwieriger. Wenn es das strategische Ziel war, den Feind nach Möglichkeit daran zu hin-dern, sich den Grenzen des Reiches zu nähern, dann ließ sich diese Entscheidung durchaus vertreten. Zudem hat sich der Hauptein-wand Rommels — die Befürchtung, durch amphibische Operationen des Gegners weiter nördlich abgeschnitten zu werden — als unbe-gründet erwiesen, und vielleicht wäre dies auch schon angesichts der zu geringen Reichweite der feindlichen Jagdflugzeuge (und natürlich auch wegen des Fehlens der notwendigen Zahl von Landungsfahr-zeugen) und der dadurch erzwungenen Einschränkung der operati-ven Möglichkeiten des Feindes von Anfang an erkennbar gewesen. Es gab aber auch noch einen weiteren Punkt: Die Wehrmacht hatte auch auf dem Balkan militärische Aufgaben zu erfüllen, und nun, da für die bisher dort eingesetzten italienischen Truppen ein Ersatz ge-funden werden mußte, würden weitere deutsche Truppen dorthin verlegt werden müssen. Eine Landung des Feindes auf dem Balkan würde sich aber leichter durchführen lassen, wenn dieser sich im un-angefochtenen Besitz von Süd- und Mittelitalien befand.

Andererseits kam auch dem Feind die deutsche Entscheidung ent-gegen, eine Linie südlich von Rom zu verteidigen. Auf alliierter Sei-te gibt es bis heute erhebliche Meinungsverschiedenheiten über Wert und Bedeutung des Feldzugs in Italien. Aber für Brooke zum Bei-spiel konnte die Befolgung der Empfehlungen Kesselrings, denen Hitler zugestimmt hatte, nur dazu führen, daß die Deutschen ihr En-gagement in Italien verstärkten, während ein Rückzug aller deut-schen Truppen nach Norditalien ein Hinweis auf die Absicht gewe-sen wäre, dieses Engagement auf ein Mindestmaß zu reduzieren.[26] Je länger die Nachschubwege für die in Italien eingesetzten deutschen Truppen wurden, desto stärker waren sie feindlichen Angriffen aus-gesetzt und desto kostspieliger würde es sein, sie zu sichern. Das Ziel des Einsatzes alliierter Streitkräfte in Italien war es, dort möglichst starke deutsche Truppen zu binden, die sonst an anderen Fronten eingesetzt worden wären. Das konnte nur in einem längeren Feldzug gelingen, der mit äußerster Härte geführt wurde. Wenn die Deut-schen sich nun dazu entschlossen, eine Linie südlich von Rom zu verteidigen, ließ sich dieses Ziel am ehesten erreichen. Doch für die Alliierten war dieses Unternehmen noch kostspieliger als für die Deutschen, denn sie mußten hier weit von der Heimat entfernt ihre Truppen auf dem Seeweg versorgen — ganz im Gegensatz zur Ökonomie der Kräfte, auf die eine Verteidigungsarmee in einem verteidigungsfähigen Terrain hoffen kann. Aber die Alliierten konnten sich den Einsatz so starker Kräfte eher leisten als die Deutschen. Und der entscheidende Faktor, den Rommel mit Sicherheit nicht übersehen hat, war nicht die Stärke der eingesetzten Streitkräfte, sondern der Schauplatz, wo diese Kämpfe stattfanden. Die in Italien kämpfenden deutschen Truppen konnten Angriffe an anderer Stelle nicht abwehren, und wenn der entscheidende Schlag im Nordwesten Europas geführt wurde, womit man auf jeden Fall rechnen mußte, dann würde das deutsche Heer nicht mehr über die für die Verteidigung notwendige Zahl von Soldaten verfügen.

In all diesen Fragen stimmte Rommel instinktiv mit den Auffassungen seiner intelligentesten Gegner überein. Er war sich der Argumente sehr wohl bewußt, die für das Halten der weit südlich gelegenen Stellungen sprachen, und stellte mit Sicherheit auch die Probleme auf dem Balkan in Rechnung. Aber er war schon seit mehr als einem Jahr überzeugt, daß die entscheidenden Schlachten um Deutschland selbst ausgefochten werden würden und man nur dann auf eine Pattsituation in diesen Schlachten hoffen durfte, wenn alle vorhandenen Kräfte im Osten und Westen statt im Süden konzentriert würden.

Aber selbst dann konnte der Krieg nicht mehr gewonnen werden. Das war angesichts der materiellen und zahlenmäßigen Überlegenheit des Feindes nicht mehr möglich. Wenn man jedoch alle vorhandenen Kräfte an den entscheidenden Punkten zusammenzog, gab es, wie er glaubte, noch die Möglichkeit, daß Deutschland angesichts einer zunächst erfolgreichen Verteidigung im Westen auf irgendeinem Wege ein Unentschieden im Osten erzwingen und mit den Westalliierten einen Frieden aushandeln konnte. Rommel hatte inzwischen die Hoffnung fast aufgegeben, Hitler von der Richtigkeit seiner Ansichten zu überzeugen, hielt aber immer noch an dem Gedanken fest, daß man Hitler trotz seiner Illusionen, seiner Selbsttäuschungen und seiner manischen Besessenheit dazu bringen könne, die strategischen Realitäten anzuerkennen — sofern sie ihm von einem Mann erläutert wurden, dem er vertraute oder dem er früher vertraut hatte. Rommel glaubte — irrtümlich und viel zu spät —, daß er Hitler in einem persönlichen Gespräch noch überzeugen könne. Er glaubte, energisch genug zu sein, um sich gegenüber Hitler durchsetzen und ihn zur Vernunft bringen zu können. Einem guten Freund sagte er zu jener Zeit: »Ich weiß, ich bin der einzige, der gegen Hitler etwas unternehmen kann.« Was das im einzelnen bedeuten sollte, läßt sich heute nicht mehr feststellen.[27]

Eine Lösung all dieser Probleme zeichnete sich noch nicht ab. Gegen die Aktivitäten der Partisanen mußten immer wieder »Säuberungsaktionen« durchgeführt werden, und zwar auch in dem an Kroatien grenzenden Istrien, das gleichfalls im Verantwortungsbereich der Heeresgruppe B lag. Hier war die Wirkung des »Banditenführers« Tito spürbar, der, wie gemeldet worden war, alle Kräfte des Widerstands unter seiner Führung vereinigt und Slowenien die Unabhängigkeit versprochen hatte.[28] An der Hauptfront besetzten zwei Panzerkorps eine Front vom Mittelmeer bis zur Adria, zwischen Gaeta und Pescara und südlich von Cassino. Im Norden verfügte Rommel über neun Divisionen in vier Armeekorps, die nun unter Generaloberst v. Mackensen die 14. Armee bildeten. Außerdem bereitete er Pläne zur Abwehr weiterer feindlicher Landungen von See her vor. Dabei erzürnte es ihn, daß noch immer kein Oberbefehlshaber für den ganzen italienischen Kriegsschauplatz ernannt worden war. Er glaubte, er selbst sei für diesen Posten vorgesehen, mußte sich jedoch eingestehen, daß seine Skepsis gegenüber der deutschen Strategie seine Chancen verringerte. Als er schließlich erfuhr, daß Kesselring nicht wie vorgesehen nach Norwegen versetzt werden würde, sondern den Oberbefehl in ganz Italien übernehmen sollte, nahm er es nur noch mit Resignation zur Kenntnis.

Der Winter rückte immer näher, und alles, was Rommel von der kämpfenden Front im Süden Italiens hörte, bestätigte seine Auffassung, daß Deutschland hier sinnlos seine militärischen Kräfte vergeude.[29] Er hatte vergeblich versucht, Hitler von der Richtigkeit seiner Ansichten zu überzeugen, und vermutete nun, daß die Ernennung Kesselrings ein weiterer Beweis dafür war, daß man keinen besonderen Wert auf seine Meinung legte.[30]

Die kurze Zeit, die Rommel als Oberbefehlshaber der Heeresgruppe B in seinem Hauptquartier am Gardasee zubrachte, war für ihn daher militärisch enttäuschend und persönlich deprimierend. Hier wurde er Zeuge unerhörter Übergriffe der SS und der verschiedensten Parteigrößen sowie der skrupellosen Methoden, mit denen sich einige höhere Offiziere bereicherten. Eines der grausigsten Vorkommnisse war die Ermordung von Juden, die von der SS im Gardasee ertränkt wurden.[31] Zudem versuchte man, sich in seinen Verantwortungsbereich einzumischen, so etwa, als ein Gauleiter für Istrien und Dalmatien ernannt wurde, der nun an der nördlichen Adria Maßnahmen im Zuständigkeitsbereich Rommels ergreifen konnte, die dessen Absichten zuwiderliefen. Das war auch Thema eines wütenden Telefongesprächs, das Rommel im November mit Jodl führte.[32] Rommel reagierte mit äußerster Schärfe auf alle Übergriffe, von denen er hörte, und war aufs höchste verärgert, als er erfuhr, daß viele deutsche Soldaten Geschäfte auf dem schwarzen Markt machten und dort gekaufte Gegenstände nach Hause schickten, obwohl dies verboten war. In einem Tagesbefehl verlangte er, solche Verstöße mit den schärfsten disziplinarischen Maßnahmen zu ahnden.[33] So erlebte er hier einen Feldzug, der Deutschland keinen Vorteil bringen konnte und auf dessen Verlauf er selbst keinen Einfluß mehr hatte, und zwar in einem Krieg, dessen Ausgang er mit dem tiefsten Pessimismus entgegensah.

Mussolini war inzwischen auf Befehl Hitlers in einer kühnen Luftlandeoperation befreit worden und lebte jetzt, von der SS bewacht, ebenfalls am Gardasee. Im Oktober stattete Rommel ihm einen Besuch ab und nutzte die Gelegenheit, ihm nächträglich die bittere Wahrheit über den Feldzug in Nordafrika zu sagen. Rommels Gefühle für die Italiener, auch für diejenigen, unter deren Oberbefehl er zur Regierungszeit Mussolinis in Nordafrika gekämpft hatte, waren jetzt alles andere als freundschaftlich, besonders nachdem er (während des »Falls Achse«) gewaltige Vorräte an militärischer Ausrüstung entdeckt hatte, die noch aus der Zeit stammten, als das Comando Supremo ihm versichert hatte, seine Vorräte an Kriegsmaterial seien erschöpft und es könne die italienischen Truppen in Nordafrika nicht besser versorgen.[34] Rommel hatte schon damals den Verdacht gehegt, daß die Italiener die Versorgung ihrer Streitkräfte mit Kriegsmaterial nicht ernst nähmen, und seine Erfahrungen hatten ihn bis zum Schluß von der Richtigkeit dieses Eindrucks überzeugt. Man darf aber auch den Zorn eines deutschen Offiziers nicht mißbilligen, der feststellen muß, daß die Freunde von gestern heute zu Feinden geworden sind. Rommel wußte — und seine Empörung ist insofern verständlich —, daß die Italiener schon lange beabsichtigt hatten, zum Feind überzulaufen, und zwar schon zu der Zeit, als er mit ihnen noch durchaus freundschaftliche Gespräche geführt und Vereinbarungen zum beiderseitigen Nutzen getroffen hatte.

Ohne Bedauern kehrte Rommel Italien am 21. November endgültig den Rücken. Seine Frau war von Wiener Neustadt in die Nähe von Ulm gezogen und wohnte jetzt in einem Haus, das ihr die Witwe eines Brauereibesitzers zur Verfügung gestellt hatte, der bei einem Fliegerangriff ums Leben gekommen war. Von hier sollte sie Anfang des nächsten Jahres nach Herrlingen ziehen.

Rommel war zwar enttäuscht darüber, daß man ihm nicht das Oberkommando in Italien anvertraut hatte, aber andererseits wäre es ihm schwergefallen, dort einen Feldzug zu führen, den er strategisch für nicht vertretbar hielt und an dessen Wert er zweifelte. Als er sich von den Angehörigen seines Stabes verabschiedete, die in Italien ausharren mußten, verhehlte er nicht, daß der Krieg so gut wie verloren sei. Schwere Zeiten stünden bevor, der Feind werde täglich stärker, und alles Gerede von der »Wunderwaffe« sei reine Propaganda. Der deutsche Soldat werden von Leuten geführt, die unter Wahnvorstellungen litten.[35] Als einer seiner besonders zuverlässigen Stabsoffiziere ihn fragte, vor welchem Gegner Deutschland kapitulieren werde, antwortete Rommel knapp, ein Friede mit dem Feind im Osten komme nicht in Frage. Was das bedeutete, war völlig klar.[36]

20.

Invasion

Nach dem 22. November 1943 nahm sich Rommel eine Woche Urlaub, überwachte den von den Behörden genehmigten Ausbau des Hauses in Herrlingen, unternahm weite Spaziergänge und konnte, ohne von unmittelbaren Entscheidungen bedrängt zu werden, über die Gesamtlage nachdenken. Seine nächste Aufgabe war ein besonderer »Führerauftrag«. Er sollte die Verteidigungsanlagen im Westen, vor allem an der Küste, inspizieren und Hitler persönlich über deren Zustand Bericht erstatten. Dazu mußte er sich über die operativen Erfordernisse für die Abwehr einer offensichtlich bevorstehenden feindlichen Invasion in Westeuropa, aber auch über das strategische Ziel der deutschen Kriegführung klarwerden, und zwar angesichts der Gesamtlage, wie sie sich ihm im Winter 1943/44 darstellte.

Rommel war schon seit mehr als einem Jahr fest davon überzeugt, daß Deutschland den Krieg unter keinen Umständen so gewinnen könne, wie man sich das bisher vorgestellt hatte. Die Anforderungen an Menschen und Material im Rußlandfeldzug waren so groß und die bisherigen Verluste so schwer, daß nur noch die sehr geringe Hoffnung verblieb, die notwendigen Kräfte aufzubieten, um in einer Linie jenseits der deutschen Ostgrenze das weitere Vordringen der Roten Armee zu verhindern. Auch in Italien würde sich die Wehrmacht nur noch eine gewisse Zeit halten können, bevor sie gezwungen wurde, nach Norden auszuweichen. Im Luftkrieg waren die deutsche Bevölkerung und die Rüstungsindustrie immer stärkeren und verlustreicheren Bombenangriffen ausgesetzt.

Jenseits des Ärmelkanals wartete eine mächtige anglo-amerikanische Armee offenbar auf die günstigste Gelegenheit, an der Nordwestküste Europas zu landen. Über ihre Gesamtstärke waren die Deutschen einigermaßen zutreffend unterrichtet, wie das aus allen Lageberichten der Heeresgruppe B hervorgeht. (Im Lauf der Monate begann man allerdings, die Stärke des Gegners zu überschätzen.) Diese Armee würde taktisch von überlegenen Luftstreitkräften unterstützt werden, mit deren Einsatz man natürlich auch schon während der Vorbereitung der Invasion rechnen mußte. Zur See hatte Deutschland die Schlacht auf dem Atlantik verloren, so daß einer Verstärkung der feindlichen Verbände auf dem europäischen Kriegsschauplatz mit Mannschaftsersatz und deren Versorgung mit Munition und Kriegsmaterial nichts mehr im Wege stand. Mit anderen Worten: Die Lage Deutschlands wurde von Tag zu Tag aussichtsloser.

Rommels Ansicht nach würde es zu der schlimmsten militärischen Katastrophe führen, wenn Deutschland im Osten und Westen zu einem Zweifrontenkrieg gezwungen würde. Es schien aussichtslos, den Ansturm anglo-amerikanischer Kräfte über die Reichsgrenzen aufzuhalten, wenn es ihnen gelang, in Nordwesteuropa Fuß zu fassen und weitere Verstärkungen heranzuführen. Die größte und in ihren Schrecken kaum vorstellbare Gefahr aber lag in einem erfolgreichen Vordringen der Roten Armee von Osten.

Angesichts dieser bedrohlichen Situation lag die einzige Hoffnung auf Erfolg — und mit »Erfolg« meinte Rommel eine ausreichend stabile strategische Lage, in der es möglich sein würde, einen erträglichen Frieden auszuhandeln — in der Niederlage eines der beiden Gegner, nach der alle verfügbaren Kräfte gegen den anderen eingesetzt und so unter Umständen eine Pattsituation erreicht werden konnte. Aufgrund der im Winter 1943/44 herrschenden Umstände und der mit größter Wahrscheinlichkeit im Jahr 1944 erfolgenden Invasion über den Kanal bedeutete dies für Rommel, daß Deutschland alle verfügbaren Kräfte einsetzen mußte, um die feindlichen Invasionskräfte möglichst rasch und entscheidend zu schlagen. Sollte es zu längeren Kämpfen an einer neuen »Westfront« kommen, war die Sache Deutschlands verloren. Wenn der Feind jedoch schon zu Beginn, also an der Küste, geschlagen werden konnte, würde es sicherlich eine gewisse Zeit dauern, bis sich die Briten und Amerikaner von diesem Rückschlag erholt hatten und einen neuen Versuch unternehmen konnten. Anschließend würde Deutschland stärkere Kräfte nach Osten verlegen, dort eine starke Abwehrfront errichten und vielleicht sogar eine begrenzte Gegenoffensive führen können, um — in Rußland — Gelände zu gewinnen. In dieser strategischen Lage könnte man vielleicht auf einen Frieden hoffen, ja sogar (wie Rommel oft sagte) auf einen Frieden, bei dem ein vereintes Europa sich zur Verteidigung der eigenen Sicherheit gegen die sowjetischen »Barbaren« im Osten zusammenschloß.

Mit derartigen Vorstellungen hatte sich Rommel schon während des ganzen Sommers beschäftigt, besonders nach der Landung des Feindes auf Sizilien und dem Scheitern des Unternehmens »Zitadelle«. Deshalb ging er jetzt energisch und mit großem Eifer an seine neue Aufgabe. So pessimistisch er die Zukunft Deutschlands auch beurteilte, die einzige Hoffnung sah er jetzt in der erfolgreichen Abwehr der bevorstehenden anglo-amerikanischen Invasion, und er glaubte immer noch, Hitler von der Richtigkeit seiner Ansicht überzeugen zu können — oder sogar schon überzeugt zu haben —, daß ein Feldzug an einer zweiten Front im Westen auf die Dauer zu einer Niederlage führen und der Krieg dann in kürzester Zeit mit den denkbar katastrophalsten Folgen enden würde. Das sprach er auch ganz offen aus, besonders gegenüber alten Freunden, die in letzter Zeit zu seinem Stab versetzt worden waren.[1] Die einzige Chance liege in einem raschen und rechtzeitigen operativen Erfolg im Westen, einer Truppenverstärkung im Osten und in der Hoffnung auf einen anschließenden Frieden mit dem Westen bei einer strategischen Pattsituation. Es war vielleicht nur eine schwache Hoffnung, aber für Rommel war es die einzige. Und da Hitler immer noch zuversichtlich von einer bevorstehenden Steigerung der Rüstungsproduktion sprach,[2] hielt Rommel einen Erfolg im Westen nicht für völlig ausgeschlossen.

Die operativen Schlußfolgerungen, die sich hieraus ergaben, lagen klar auf der Hand, und er fand während der folgenden sechs Monate keinen Grund, sie zu modifizieren: In erster Linie mußten die Küstenbefestigungen, soweit es die Zeit und die dafür zur Verfügung stehenden Menschen und Waffen erlaubten, möglichst stark ausgebaut werden. Rommel unternahm deshalb sofort nach seinem Urlaub auf Befehl Hitlers eine Besichtigungsreise durch das vom Feind bedrohte Küstengebiet in West- und Nordwesteuropa. Die vorhandenen Anlagen erwiesen sich als völlig unzulänglich, und dies mußte in den Wochen oder Monaten, die der Feind ihm noch lassen würde, von Grund auf geändert werden.

Rommel begann seine Inspektion in Dänemark, wo er am 30. November zu einem zehn Tage währenden Aufenthalt eintraf. Der Generalstab der Heeresgruppe B, der ihn hierbei unterstützen sollte, hatte den Befehl bekommen, sich zunächst in einem Schloß in Fontainebleau einzurichten, um später die Führung an einem Abschnitt der Westfront zu übernehmen. Die ganze Front von Holland bis zu den Pyrenäen und entlang der französischen Mittelmeerküste unterstand dem Oberbefehlshaber West, Generalfeldmarschall Gerd v. Rundstedt. Rommel selbst war zwar Hitler direkt unterstellt, mußte jedoch Rundstedt unterrichten. Am 15. Januar 1944 sollte er zusätzlich unter Rundstedt den Befehl über den Abschnitt der nördlichen von zwei Heeresgruppenabschnitten übernehmen. Zu diesem Abschnitt der Heeresgruppe B gehörten Holland, Belgien und Nordfrankreich.

Gause, immer noch Chef des Generalstabes, und drei weitere Generalstabsoffiziere begleiteten Rommel. Mit dabei waren auch Offiziere der Luftwaffe und der Kriegsmarine. Admiral Ruge, der Vertreter der Kriegsmarine bei der Heeresgruppe B, wurde zu einem zuverlässigen und treuen Freund Rommels. Er hatte den Feldmarschall in Italien kennengelernt und war ein Mann, mit dem Rommel gern zusammen war und mit dem er sich offen und ehrlich unterhalten konnte.

Im Dezember und Januar setzte Rommel seine Inspektionsreisen fort, inspizierte Küstenbataillon auf Küstenbataillon und sprach mit den Kommandeuren und Soldaten, vom General bis zum Unteroffizier, über die bevorstehenden Aufgaben. Dabei legte er seine eigenen Grundsätze dar: Der Gegner muß an der Küste vernichtet werden, und zwar kurz nach oder, wenn möglich, schon vor der Anlandung. Die Hauptkampflinie sei der Strand.[3] Zu diesem Zweck mußte die Küstenverteidigung ganz erheblich verstärkt werden, denn bisher reichte die Küstenartillerie an keiner Stelle aus, und die Stellungen waren nicht sicher genug ausgebaut. Überall dort, wo eine Landung möglich war, sollten mehrere parallel hintereinander liegende, mehrere Kilometer breite Minenfelder angelegt werden, und zwar mit einer Tiefe von bis zu acht Kilometern. Dazu benötigte man viele Millionen Minen, die Rommel und sein Pionierkommandeur, General Meise, bei allen geeigneten deutschen und französischen Rüstungsbetrieben herstellen ließen. Die Minenfelder sollten durch das Feuer aus befestigten Stützpunkten gedeckt werden, in denen mancherorts auch Panzer eingebaut wurden. Zur Täuschung des Gegners wurden Scheinstellungen mit fiktiven Gefechtsständen und den dazugehörigen falschen Lagekarten eingerichtet und in ein von der Heeresgruppe ausgearbeitetes Programm zur Irreführung des Feindes eingearbeitet.

Im Meer unmittelbar vor der Küste sollten vier Gürtel aus Unterwasserhindernissen angelegt werden, die dem Gegner die Landung bei Ebbe wie bei Flut erschweren sollten. Da man mit dem Einsatz starker feindlicher Luftlandetruppen rechnete, die mit Lastenseglern und Fallschirmen abgesetzt werden konnten, um die Verbindungswege hinter der deutschen Front zu blockieren, ließ Rommel in den möglichen Landungsgebieten lange Stangen in den Boden rammen, die sogenannten »Rommelspargel«, und traf Vorbereitungen für einen eventuell erforderlichen Gegenangriff. So bereicherte er das Arsenal des Abwehrkampfes ständig mit neuen Ideen und Experimenten. Er war, wie Meise bewundernd sagte, der bedeutendste Pionier des Zweiten Weltkrieges.

Als »Inspekteur des Atlantikwalls« setzte Rommel seine Inspektionsreisen auch im gesamten bedrohten Küstenraum fort, nachdem er die direkte operative Verantwortung für einen Teil davon übernommen hatte. Im Anschluß an seine Reise nach Dänemark fuhr er für wenige Tage nach Hause und reiste dann am 18. Dezember zu seinem Stab nach Fontainebleau, der dort am Abend zuvor Quartier bezogen hatte. Seine ersten Begegnungen mit Rundstedt verliefen in einer kameradschaftlichen Atmosphäre. Am 19. Dezember schrieb er Lucie: »Heute habe ich mit R. zu Mittag gegessen. Er ist sehr charmant, und ich glaube, alles wird gutgehen.«[4] Vom 20. Dezember bis zum Ende des Jahres inspizierte Rommel den Abschnitt der 15. Armee des Generalobersten v. Salmuth (Calais, Boulogne, Pas de Calais und Sommemündung). Das war die im Norden des Befehlsbereichs der Heeresgruppe B eingesetzte Armee. Vom 2. bis zum 5. Januar bereiste er die holländische und belgische Küste bis zur Scheldemündung. Dieser Küstenstreifen gehörte zum Bereich des Wehrmachtbefehlshabers Niederlande (General Christiansen) und befand sich ebenfalls im Abschnitt der Heeresgruppe B. Vom 16. bis zum 20. Januar war er in Trouville, Honfleur, Fécamp, Le Havre und an der Seinemündung, wo er 1940 seine großen militärischen Erfolge errungen hatte. Anschließend inspizierte er den Abschnitt der 7. Armee unter Generaloberst Dollmann in der Normandie und der Bretagne und kehrte Ende des Monats noch einmal dorthin zurück, um die Anlagen bei Cherbourg in Augenschein zu nehmen. Anfang Februar war er wieder am Pas de Calais. Überall erläuterte er den Kommandeuren, der Feind müsse schon hier an der Küste geschlagen oder, wenn es ihm gelang, einen Brückenkopf zu bilden, sofort wieder in die See zurückgetrieben werden.

Die Sorglosigkeit der dort eingesetzten Truppen, die er bei den Gesprächen mit den Kommandeuren feststellen mußte, beunruhigte ihn. Offenbar hatte sich das bequeme Leben in Dänemark und zum Teil auch in Frankreich im Gegensatz zu der gespannten Lage in dem von feindlichen Bombenangriffen heimgesuchten Deutschland sehr nachteilig auf die Schlagkraft der Truppe ausgewirkt. Jedenfalls war für den Ausbau der Verteidigungsstellungen und der Minenfelder bisher noch viel zu wenig getan worden, weshalb es unbedingt erforderlich war, unter Einsatz allen verfügbaren Materials und starker Arbeitskräfte den Ausbau der Befestigungen mit äußerster Energie voranzutreiben. Die Beschaffung des Materials war bis zum Schluß mit großen Schwierigkeiten verbunden, aber die Tatkraft, mit der Rommel persönlich eingriff, wirkte Wunder. Dennoch fehlte es überall an ausreichenden Arbeitskräften. Die Leistungsfähigkeit der Organisation Todt, die für den Ausbau der Stellungen verantwortlich war, reichte nicht aus, und so mußten auch französische Zivilarbeiter eingesetzt werden. Da Rommel aber Wert auf gute Beziehungen zur französischen Bevölkerung legte, geschah dies auf freiwilliger Basis.

Trotzdem mußte ein großer Teil der Arbeiten von den Soldaten ausgeführt werden, und manche Truppenkommandeure waren der Ansicht, daß Rommel ihre Soldaten überforderte. Salmuth, der von Rommels Stab als »etwas träge«[5] beurteilt wurde, machte Rommel während einer Inspektion den Vorwurf, er verlange als Oberbefehlshaber der Heeresgruppe zuviel körperliche Arbeit von seinen Soldaten, so daß sie im Falle einer Invasion zu erschöpft sein würden, um militärisch noch etwas zu leisten. Rommel reagierte empört, und es kam zu einem heftigen Wortwechsel, in dessen Verlauf Salmuth erklärte, das intensive Festungsbauprogramm triebe die Kommandeure zum Wahnsinn.[6] Aber die Kommandeure konnten nicht umhin, die erstaunliche Leistungsfähigkeit ihres Oberbefehlshabers anzuerkennen, und sogar Salmuth gab später zu: »Eine neue Phase hob an, als Feldmarschall Rommel erschien.«[7] Rommel schien allgegenwärtig, und wenn er in seinem großen Horch durch die französischen Städte und Dörfer fuhr, hörte man immer wieder den Ruf: »*C'est Rommel.*«[8a]

Nach dem 15. Januar umfaßte der Verantwortungsbereich der von Rommel geführten Heeresgruppe B die Atlantikküste und die Küste des Ärmelkanals nördlich der Loiremündung. In diesem weiten Gebiet waren ihm, von Norden nach Süden, die folgenden Verbände unterstellt: der Wehrmachtbefehlshaber Niederlande General Christiansen, die 15. Armee unter Generaloberst v. Salmuth und die 7. Armee unter Generaloberst Dollmann. Die Grenze zwischen der 15. und der 7. Armee verlief westlich der Seine in südlicher Richtung nach Le Mans. Damit gehörten der Pas de Calais und die östliche Normandie zur 15. und der Rest der Normandie und die Bretagne zur 7. Armee. Im Befehlsbereich der Heeresgruppe B waren außerhalb der Niederlande 30 Infanteriedivisionen eingesetzt, und zu ihnen gehörten 8 Fallschirmjägerdivisionen der Luftwaffe. Von diesen 30 Infanteriedivisionen gehörten 17 zur 15. und 13 zur 7. Armee.

Qualitativ unterschieden sich diese Divisionen zum Teil sehr stark voneinander. Während der vergangenen zweieinhalb Jahre hatte sich das strategische Interesse auf andere Gebiete konzentriert, und die Westfront war vernachlässigt worden. Der Westen war mehr oder weniger ein Ruheraum gewesen, und die hier stationierten Einheiten bestanden zum Teil aus älteren, gesundheitlich nicht voll diensttauglichen Soldaten, die nach den schweren Strapazen an der Ostfront Erholung brauchten. Der Dienst bei der Besatzungstruppe war im allgemeinen leicht und das Leben relativ angenehm. Die meisten Divisionen hatten nicht die volle Kriegsstärke und waren daher auch nicht voll einsatzfähig. Die Versorgungsfahrzeuge der Infanterie waren mit Pferden bespannt, und sogar daran herrschte ein gewisser Mangel. Auch die Ausrüstung war in vielen Fällen unvollständig. Lediglich die SS-Divisionen waren oft mit neuen Waffen ausgerüstet worden, und ihre Einheiten hatten im allgemeinen die volle Kriegsstärke.

Neben seinen Bemühungen um die Stärkung der Kampfmoral

der zur Küstenverteidigung eingesetzten Truppen hielt es Rommel für seine wichtigste Aufgabe, für das Auffüllen des Mannschaftsbestands dieser Divisionen und die Verbesserung ihrer Ausbildung zu sorgen. Dabei half ihm der Umstand, daß auch Hitler der Abwehr einer feindlichen Invasion im Westen jetzt den Vorrang gab. In seiner Weisung Nr. 51 vom 3. November 1943 wies er besonders darauf hin. Ihr Inhalt stimmte ebenso wie der einer früheren Weisung Nr. 40 vom 23. März 1942 durchaus mit Rommels Ansichten über die zur Abwehr der Invasion zu treffenden Maßnahmen überein.[8b]

Rommel nutzte diesen Umstand aus und drängte unermüdlich auf die Erfüllung der auch von Hitler erhobenen Forderungen. Es wurden jetzt auch jüngere Jahrgänge zum Wehrdienst eingezogen, wodurch ihr Anteil an der Truppe erhöht wurde. Die Divisionen im Westen wurden zahlenmäßig verstärkt. Im Rahmen dieses Ausbaus wurde jetzt auch die 2. Panzerdivision an die Westfront verlegt, und damit erhöhte sich die Zahl und das Kaliber der Panzerabwehrgeschütze. Im Hochsommer waren im Westen insgesamt fast 2 000 Panzer, Sturmgeschütze und Panzerabwehrgeschütze bereitgestellt. Das alles führte zu einer wesentlichen Stärkung der Kampfmoral dieser Verbände, die bisher kein besonderes Interesse an ihrer Aufgabe gezeigt hatten. Das OKW schrieb diese positive Entwicklung in erster Linie der Energie und dem Einfluß Rommels zu. Auch die Armeeoberbefehlshaber begrüßten diese sichtlichen Veränderungen in der Gesamtsituation. Salmuth, der bekannte, daß er früher gegenüber Rommel der übertriebenen persönlichen Reklame bisher gewisse Vorbehalte gehabt habe, erkannte sehr bald, daß es mehr eine Propagandakampagne der Partei als Rommels selbst gewesen war. Er war beeindruckt von Rommels klarer Urteilsfähigkeit und seiner sympathischen, hilfsbereiten Art, und obwohl er ihn dafür kritisierte, daß er zu viel von seinen Soldaten verlangte, erkannte er doch an, daß der Feldmarschall einen bemerkenswerten Einfluß auf seine Untergebenen hatte.

Gewiß begleitete Rommel auf seinen Reisen oft ein ganzer Troß von Fotografen und Presseleuten. Auch nahm er in seinem Befehlszug eine größere Zahl von Akkordeons mit, die er dann zur Freude der Soldaten an die Truppe verteilte.[8c] Aber er tat es in der Erkenntnis, daß sich die Soldaten gerne von einem bekannten und beliebten Vorgesetzten führen ließen, der Verständnis für sie hatte. Im übrigen beeindruckte er jeden, der mit ihm in Berührung kam, durch seine persönliche Bescheidenheit und die Bereitschaft zuzuhören. Rommel konnte außerordentlich schwierig sein, und viele alte Afrikaner könnten das bestätigen, aber wie Salmuth sagte, wirkte sich sein Erscheinen bei der Truppe in jeder Beziehung positiv aus.[8d]

Die Befestigungsanlagen sowie die Zahl und die Qualität der Truppen, die sie verteidigen sollten, waren nach Rommels Vorstellung vielleicht der wichtigste Faktor für den erfolgreichen Kampf an der Küste. Es gab jedoch noch ein zweites Problem, über dessen Lösung sich Rommel und seine Vorgesetzten niemals völlig einigen konnten.

Es war sehr wahrscheinlich, daß der Feind trotz des sorgfältigen Ausbaus der Befestigungen, der Minenfelder und der Unterwasserhindernisse (für deren Anlage wahrscheinlich mehr Zeit gebraucht werden würde, als zur Verfügung stand) und trotz des geschickten Einsatzes der Soldaten, die diese Anlagen besetzt hielten, an einer geeigneten Stelle mit starken Kräften einen Brückenkopf einrichten und damit die Möglichkeit schaffen könnte, den Verteidigungsgürtel zu durchbrechen. In diesem Fall war es unbedingt erforderlich, den Gegenangriff möglichst schnell und mit möglichst starken Kräften zu führen. Dazu benötigte man bewegliche Truppen, also Panzer und Panzergrenadiere, die an der richtigen Stelle bereitgestellt werden mußten, um der Heeresgruppe und den ihr unterstellten Kommandeuren sofort zur Verfügung zu stehen. Nach Rommels Ansicht würde es unmöglich sein, solche Verbände in kurzer Zeit aus weiterer Entfernung heranzuführen, denn größere Truppenbewegungen waren angesichts der gegnerischen Luftüberlegenheit kaum möglich. Rommel mußte darum, wie er erklärte, von Anfang an über ausreichend starke Panzerverbände verfügen, und diese mußten sich in unmittelbarer Küstennähe befinden.

Mit dieser Ansicht aber stieß er auf heftigen Widerstand. Im Verantwortungsbereich der Heeresgruppe B befanden sich zum größten Teil Panzer- und Panzergrenadierdivisionen, die dem OB West vorbehalten waren. Sie unterstanden der »Panzergruppe West«, also einer Kommandobehörde knapp unter der einer Panzerarmee. Ihr Befehlshaber war General Leo Freiherr Geyr v. Schweppenburg. Er war ebenso wie Rommel Württemberger und wie sein Vorgesetzter Rundstedt ein kluger, weitblickender Mann. Er hatte lange im Ausland gelebt, war Militärattaché in Belgien, Holland und Großbritannien und einer der ersten Kommandeure eines Panzerregiments gewesen, als Teile der deutschen Kavallerie auf Panzer umgerüstet worden waren.[9] Zudem war er Generalstäbler und als solcher hielt er Rommels Verteidigungskonzept für falsch.

Zwar war Geyr der Ansicht, daß ein starker und rechtzeitiger Gegenangriff notwendig sei, aber er glaubte, dazu seien ausreichende Kräfte erforderlich. Seiner Meinung nach konnten die verfügbaren Mittel, so energisch sie auch verbessert würden, ein Festsetzen des Gegners auf dem französischen Festland nicht verhindern, und der beste und einzige Weg, damit fertig zu werden, bestand in einer Gegenaktion der zusammengefaßten Panzermasse. Diese Panzermasse müsse man für ein solches Unternehmen zurückhalten und dürfe sie nicht für Aktionen von lediglich örtlicher Bedeutung zersplittern. Geyr wies darauf hin, daß die wenig leistungsfähigen Infanteriedivisionen im »Atlantikwall« für eine nachhaltige Verteidigung nicht geeignet seien, und sah in der Küstenzone nur eine Vorpostenlinie, an der man eine Hauptschlacht nicht schlagen dürfe. Geyr hatte das Führerhauptquartier in Berchtesgaden aufgesucht und die Unterstützung für die Bildung einer Panzerreserve des OKW erhalten. Diese Panzerreserve sollte die Panzergruppe West bilden.

Darüber hinaus konnte niemand mit Sicherheit voraussagen, wo die Hauptlandung erfolgen würde. Die deutsche Feindaufklärung wurde durch die gegnerische Luftüberlegenheit und die verschiedensten Täuschungsmanöver der Alliierten so erfolgreich behindert, daß Rommel bitter feststellte: »Ich weiß nichts Sicheres vom Gegner.«[10] Man konnte daher nur Vermutungen anstellen und mußte sich dabei auf die Informationen der Abteilung Fremde Heere West stützen, die jedoch nur Angaben über die topographischen und klimatischen Gegebenheiten und die Gezeitenfolge sowie eine grobe Schätzung der Gesamtstärke der in England versammelten Kräfte enthielten. Und diese Schätzungen waren, wie sich später herausstellte, häufig auch übertrieben. So erfuhren die Briten durch »Ultra«, daß Rundstedt am 8. Mai in einer Lagebeurteilung die Vermutung geäußert hatte, der Gegner werde »in der ersten Angriffswelle« mit 20 Divisionen angreifen. Das war zwar wirklich eine Überschätzung der feindlichen Angriffsverbände, aber mit der »ersten Welle« meinte Rundstedt wahrscheinlich die in den ersten Tagen der Invasion eingesetzten feindlichen Verbände und nicht die Kräfte, die in den ersten Stunden den Brückenkopf an der Küste bilden würden. Tatsächlich hatten es die Deutschen schon sehr bald mit 20 feindlichen Divisionen zu tun.

Nach Ansicht Geyrs mußte man damit rechnen, daß die in einem Abschnitt unmittelbar hinter der Küste bereitgestellten Panzerdivisionen geraume Zeit brauchen würden, wenn sie für einen Gegenangriff verlegt werden mußten. Es sei deshalb besser, den Gegner in Frankreich eine Front errichten zu lassen, um dann erst in einem günstigen Augenblick mit geballter Macht zuzuschlagen. Geyr vertraute dabei auf die bewährte deutsche operative Überlegenheit und hielt zudem Rommels Sorge über die Wirkung der feindlichen Luftüberlegenheit für übertrieben. Die beweglichen deutschen Kräfte würden in der Dämmerung und in der Dunkelheit ohne große Schwierigkeiten dorthin verlegt werden können, wo sie am dringendsten gebraucht würden.[11] Rommel hingegen wolle die Panzer nur taktisch einsetzen, und das widerspräche den geltenden militärischen Grundsätzen. Es sei vielmehr notwendig, die Panzer zur rechten Zeit geschlossen angreifen zu lassen. Geyr erklärte ganz offen, er bezweifle, ob Rommel die Grundsätze der Panzerkriegführung begriffen habe.

An der Westfront standen nun nach den eingetroffenen Verstärkungen 11 Panzer- und Panzergrenadierdivisionen. Die Meinungsverschiedenheiten über ihre Verwendung und die dabei geltenden Befehlsverhältnisse dauerten noch eine Zeitlang an. Die Küstenabschnitte, an denen man mit einer feindlichen Landung rechnete, waren der Pas de Calais, die Küste beiderseits oder nördlich der Sommemündung, der Abschnitt zwischen Somme und Seine und die Küste der Normandie, besonders an der Halbinsel Cotentin. Man vermutete, das erste Ziel jeder Landung werde es sein, sich möglichst bald in den Besitz eines größeren Hafens zu setzen, um dort weitere Kräfte und vor allem möglichst viele schwere Panzer an Land zu bringen. Damit sei zunächst in Boulogne oder Calais, zweitens in Dieppe oder Le Havre und drittens in Cherbourg zu rechnen. Die Deutschen ahnten nicht, daß die Alliierten die künstlichen »Mulberry«-Häfen entwickelt hatten, und sie unterschätzten zudem die technischen Möglichkeiten, mit den Landungsfahrzeugen auch schweres Gerät an Land zu bringen.

Geyr v. Schweppenburg, dessen These vom Generalinspekteur der Panzertruppen Guderian und in gewisser Weise auch von Rundstedt unterstützt wurde, hielt es für richtig, die für einen entscheidenden Gegenschlag vorgesehenen Kräfte in einem Raum nahe Paris geschlossen bereitzustellen. Er empfahl zwei Bereitstellungsräume im bewaldeten Gelände nördlich und südlich der französischen Hauptstadt. Die Entfernung von Paris bis Montreuil im Herzen des Pas de Calais beträgt 200 Kilometer, nach Neufchâtel zwischen Somme und Seine sind es 236 Kilometer und nach Caen in der Normandie etwa 225 Kilometer. Jeder der genannten Orte ist keine 30 Kilometer von der Küste entfernt, und um aus dem Raum Paris dorthin zu gelangen, müßte ein Panzerverband durchschnittlich 185 Kilometer zurücklegen. Das war eine recht große Entfernung, vor allem, wenn man damit rechnen mußte, daß diese Panzerkolonnen gegnerischen Luftangriffen ausgesetzt sein würden. Geyr war sogar bereit, bei diesen Verlegungen auch Verzögerungen hinzunehmen, da man seiner Ansicht nach mit den geschlossen zurückgehaltenen Panzerkräften entscheidende Schläge gegen den Feind führen konnte, während Gegenangriffe von aufgesplitterten Verbänden nicht die gleiche Wirkung haben würden. Aus dem Raum Paris konnte das jeweilige Schlachtfeld — auch im ungünstigsten Fall — rascher als vom Pas de Calais aus erreicht werden, um in die Normandie zu gelangen (oder umgekehrt). Hier müßten durchschnittlich 270 Kilometer zurückgelegt und überdies die beiden Flüsse Seine und Somme überquert werden, deren Brücken wahrscheinlich vorher von feindlichen Bombenflugzeugen oder durch Sabotage zerstört werden würden. Und wahrscheinlich wäre es sogar günstig, den Gegner mit starken Kräften weiter vordringen zu lassen, denn damit würde er sich einem entscheidenden Gegenangriff durch die deutschen Panzerkräfte aussetzen – sofern diese eben nicht in kleinen Formationen entlang der ganzen Küste zu örtlichen Gegenstößen bereitgestellt würden wie etwa im Waldgebiet der Normandie, wo sich das Gelände nicht für den Einsatz von Panzern eignete.

Es gab aber auch noch einen anderen Gesichtspunkt. Geyr glaubte – und das widersprach in gewisser Weise seiner ersten Lagebeurteilung –, daß die Invasion vom Einsatz starker Luftlandetruppen begleitet sein werde, die den Auftrag haben würden, die rückwärtigen Verbindungen zu blockieren und die deutschen Truppen im Kampfgebiet zu isolieren. Die weiter rückwärts geschlossen in Reserve gehaltenen Panzerkräfte würden diese Luftlandetruppen ohne große Schwierigkeiten wirksam bekämpfen können.

Der Meinungsstreit über diese Fragen dauerte bis in die ersten Monate des Jahres 1944. Rommel räumte ein, daß es prinzipiell durchaus richtig sei, die vorhandenen Kräfte nach Möglichkeit geschlossen einzusetzen, aber angesichts der Überlegenheit des Gegners in der Luft müsse man in diesem Fall anders verfahren. Die im rückwärtigen Gebiet bereitgestellten Panzer würden zu viel Zeit benötigen, um das Schlachtfeld zu erreichen, und dann nicht mehr in der Lage sein, die Entscheidung zu erzwingen. Entscheidend seien deshalb die ersten Stunden nach der Landung des Gegners, solange dieser noch damit zu tun habe, die Befestigungsanlagen unmittelbar an der Küste zu überwinden. Deshalb sei die Eröffnungsphase der Kämpfe die wichtigste: In den ersten Stunden komme es mehr auf die Zeit als auf die Stärke der Kräfte an, die den Gegenangriff führten. Das bedeute, daß die Panzertruppen, auch wenn sie nicht stark genug seien, an Ort und Stelle für ein sofortiges Eingreifen in unmittelbarer Nähe der Küste bereitstehen müßten. Zwar müsse man zumindest an drei verschiedenen Abschnitten mit feindlichen Landungen rechnen und die Reserven darum entsprechend aufteilen, immerhin aber würden auf diese Weise überall Abwehrkräfte bereitstehen, die anschließend verstärkt werden könnten.

Bei der Entscheidung, wo die stärksten Kräfte für den Gegenschlag bereitgestellt werden sollten, war man auf Vermutungen angewiesen. Rommel entschied sich zunächst instinktiv für die Sommemündung, von wo aus man einen südlich von Boulogne oder östlich von Dieppe gelandeten Gegner angreifen konnte. Doch später schloß er auch eine Landung in der Normandie nicht aus, wo im allgemeinen günstigere Wetterbedingungen herrschten. In jedem Fall aber komme es darauf an, sofort zuzuschlagen.[12]

Die Kontroverse dauerte an. Bei einer Besprechung mit Jodl am 20. Januar wurde beschlossen, die Panzerdivisionen so bereitzustellen, daß sie jederzeit rasch in die Kämpfe eingreifen konnten — kein besonders origineller Beschluß. Fünf Tage später erfuhr Rommel, daß das OKW die Bereitstellung der Panzerdivisionen in der Nähe der Küste »angesichts der allgemeinen Lage« abgelehnt hatte. Am nächsten Tag folgte Geyr einer Einladung Rommels zum Mittagessen, und am Morgen darauf fanden weitere Besprechungen statt.[13]

Während der folgenden drei Wochen setzte Rommel seine Inspektionsreisen fort und besuchte auch seinen südlichen Nachbarn, den Oberbefehlshaber der Heeresgruppe G, Generaloberst Blaskowitz, in Bordeaux. Am 17. Februar war er wieder in Paris, um an einem Kriegsspiel der Panzergruppe West teilzunehmen, zu dem auch Guderian erschien. Auch in den späteren Besprechungen wurde keine Einigung erzielt. Inzwischen ging es nicht nur um die Frage, wo die Reserven bereitgestellt werden sollten, sondern auch darum, wer den Oberbefehl an der gesamten Westfront übernehmen und die letzten Entscheidungen treffen sollte. Das Oberkommando, also der Wehrmachtführungsstab, versuchte, hier eine Kompromißlösung zu finden. Es wollte Rommels Forderungen zum Teil entsprechen, sich selbst aber die Entscheidungsgewalt über einige Panzerdivisionen vorbehalten. Man hoffte, den Streit um die Zuständigkeiten damit beigelegt zu haben, aber diese Hoffnung trog. Nach einer weiteren Besprechung mit Geyr am 9. April notierte Rommel in seinem Tagebuch, die starken Meinungsverschiedenheiten zwischen ihnen beiden bestünden weiter.[14] Auch ein Gespräch mit Rundstedt am folgenden Tag brachte keine Lösung. Einige Panzerdivisionen wurden weit von der Küste entfernt bereitgestellt, und zwar außerhalb von Rommels Zuständigkeitsbereich. Geyr glaubte nicht an die Möglichkeit einer erfolgreichen Verteidigung an der Küste.

Rommels Vorschläge wurden also nicht akzeptiert, und die Spannungen zwischen ihm und Geyr nahmen zu. Am 27. April schrieb Rommel seiner Frau über »Geyr von Schweppenburg, zu dem ich neulich sehr schroff geworden bin, weil er sich nicht meinen Plänen beugen wollte«[15]. Am 28. April begaben sich Geyr und Guderian zu Rommel zu einer abendlichen Besprechung, von der es im Kriegstagebuch der Heeresgruppe B heißt, es seien »erschöpfende Gespräche über den Einsatz der uns zugeteilten Panzerkräfte« geführt worden,[16] aber auch dabei kam man zu keinem Ergebnis, das Rommel befriedigt hätte.

Es mutet eigenartig an, daß der Oberbefehlshaber West keine endgültige Entscheidung traf oder wenigstens eine klare Empfehlung aussprach — in einer Angelegenheit, die für die künftigen Operationen und seine eigene Autorität so entscheidend war. Feldmarschall

Gerd v. Rundstedt war zur Zeit der großen Erfolge der »Gespensterdivision« als Oberbefehlshaber der Heeresgruppe A der Vorgesetzte Rommels gewesen. Beim Unternehmen »Barbarossa« hatte er die Heeresgruppe Süd befehligt, die zunächst in die Ukraine und anschließend auf Rostow und in das Donez-Becken vorgestoßen war. Dennoch schrieb Geyr, Rundstedt verstünde nichts von den Grundsätzen der Panzerführung — eine gewagte Behauptung.[17] Zudem glaubte er, Rundstedt sei gegenüber Rommel zu nachgiebig. Rundstedt war jetzt 68 Jahre alt, hochgebildet, intelligent, höflich, zurückhaltend und geachtet. Er war der Doyen der deutschen Generalität.

Seine Auffassungen über die Aufgaben eines Oberbefehlshabers entsprachen einer alten Tradition. Er hielt es für falsch, sich mit Einzelheiten zu befassen, sondern traf seine Entscheidungen nach der Lagekarte. Die praktische Durchführung überließ er seinen Untergebenen, die er gelegentlich an der Front besuchte.[18] Seinen Vorgesetzten gab er Empfehlungen, wenn er dies für notwendig hielt, neigte aber nicht zum Widerspruch. Seine Lagebeurteilungen gründeten sich auf ein umfassendes militärisches und historisches Wissen sowie auf reiche Erfahrungen in hohen militärischen Führungspositionen.

Rundstedt war jetzt schon zwei Jahre im Westen, und das strategische Interesse hatte während dieser Zeit an anderer Stelle gelegen. In seinem Alter brachte er nicht mehr die Energie auf, mit der Rommel an seine Aufgaben ging, und da er sich zudem der Tatsache bewußt war, daß der »Führer« und Oberste Befehlshaber der Wehrmacht ohnehin bei allen wichtigen Entscheidungen das letzte Wort hatte, schien ein Eingreifen in Streitigkeiten von Untergebenen überflüssig zu sein. Gleichwohl kannte Rundstedt die Mängel in seinem Befehlsbereich. In einer Lagebeurteilung vom Oktober 1943 hatte er seine Auffassungen in aller Deutlichkeit dargelegt und immerhin erreicht, daß Hitler der Stärkung der Westfront den Vorrang eingeräumt und Rommel seinen Führerauftrag gegeben hatte. Doch Rundstedt machte sich keine Illusionen und entwickelte keinen großen Tatendrang. Den bevorstehenden Feldzug beurteilte er nach orthodoxen Gesichtspunkten. Er rechnete mit einer Begegnungsschlacht an oder in der Nähe der Küste. Wenn der Feind dort gebunden und geschlagen werden konnte, wie es sein neuer und energischer Oberbefehlshaber der Heeresgruppe B glauben machen wollte, schön und gut. Sollte das nicht möglich sein, dann würde man versuchen müssen, den Gegner in Westfrankreich in einer Bewegungsschlacht zu schlagen, die wie bisher den geschickten Einsatz konzentrierter beweglicher Kräfte verlangte. Sein Untergebener Rommel schien zu glauben, wenn es so weit käme, dann sei der Krieg verloren. Rundstedt sah die Lage nicht so düster.

Deshalb war er eher geneigt, Geyr recht zu geben, und Guderian, der ihn häufig aufsuchte, war der gleichen Meinung. Die Haltung Guderians war klar und kompromißlos, er bekannte sich zu den Grundsätzen, von denen er sich schon immer hatte leiten lassen. Eine Konzentration der Kräfte erforderte für den Fall, daß diese Kräfte begrenzt waren — und das traf auf die deutschen Panzerverbände zu —, daß ihr Einsatz zunächst von dem für den gesamten Kriegsschauplatz verantwortlichen Oberbefehlshaber angeordnet werden mußte. Wenn Rundstedt Einfluß auf das Kampfgeschehen nehmen wollte, dann mußte er zunächst über alle vorhandenen Reserven verfügen können. Im weiteren Verlauf der Schlacht konnte er sie natürlich je nach Lage der Dinge einem der unter seinem Kommando stehenden Befehlshaber für den operativen Einsatz unterstellen. Guderian hatte vorgeschlagen, alle Panzer- und Panzergrenadierdivisionen in zwei geschlossenen Gruppen bereitzustellen, die eine nördlich und die andere südlich von Paris.

Schließlich wurde für die Verwendung der Panzerkräfte im Westen eine Kompromißlösung gefunden. Im ganzen waren es 11 Panzer- und Panzergrenadierdivisionen, die letzteren ohne Kampfpanzer, aber voll motorisiert und mit zahlreichen Sturmgeschützen ausgerüstet. Von diesen Divisionen waren drei im Raum der Heeresgruppe G (Generaloberst Blaskowitz) stationiert, die für die französische Atlantik- und Mittelmeerküste verantwortlich war. Eine, die 19. Panzerdivision, stand in Holland, die 17. Panzergrenadierdivision in der Nähe der Abschnittsgrenze zwischen den beiden Heeresgruppen im Raum Saumur und Niort, unmittelbar südlich der Loire. Sechs Divisionen befanden sich im Raum der Heeresgruppe B. Von diesen sechs waren drei, die 1. SS-Panzerdivision in Belgien, die 12. SS-Panzerdivision in Lisieux und die Panzerlehrdivision (unter Rommels ehemaligem Generalstabschef Bayerlein) in Chartres sowie die 17. Panzergrenadierdivision OKW-Reserve und gehörten zu Geyrs Panzergruppe West, während diese selbst — aus unerfindlichen Gründen — ursprünglich der 7. Armee des Generalobersten Dollmann unterstellt war. Die restlichen drei Divisionen, die 2. Panzerdivision im Pas de Calais, die 116. Panzerdivision bei Rouen und die im Mai 1943 neu aufgestellte 21. Panzerdivision im Raum Falaise und Caen, sollten bei Beginn der Kämpfe Rommel unterstellt werden. Allerdings durften sie nur mit Genehmigung des OKW in andere Bereitstellungsräume verlegt werden, und dies bedeutete wieder eine Einschränkung von Rommels Verfügungsgewalt. Der Versuch Rommels, weitere Divisionen der Panzergruppe West für sich in Anspruch zu nehmen (er wollte die 12. SS-Panzerdivision westlich von Lisieux stationieren), scheiterte.

Im Grunde war dieser Kompromiß für keinen der Beteiligten befriedigend. Guderian betrachtete die Verteilung der Panzerverbände als eine gefährliche Aufsplitterung. Geyr hatte noch schwächere Reserven, als er sie nach seiner Theorie brauchte, und erkannte, daß die Kräfte eher zersplittert als konzentriert worden waren. Und Rommels Ansicht nach wurde ein großer Teil der mobilen Reserven zu weit von den besonders bedrohten Frontabschnitten entfernt bereitgestellt – ob sich diese nun in der Normandie, am Pas de Calais oder irgendwo dazwischen befanden. Ein sofortiger Gegenangriff konnte an keiner Stelle von mehr als einer Panzerdivision geführt werden. Das aber würde unter Umständen nicht genügen. Jodl versicherte ihm am 7. Mai, er könne mit der Freigabe der OKW-Reserve rechnen, sobald man wisse, wo der Schwerpunkt der feindlichen Invasion liege, aber solche Zusagen können verändert werden, und ein Oberbefehlshaber kann auf ihre Einhaltung nicht so vertrauen wie auf die Aussage eines mit allen Vollmachten ausgestatteten Vorgesetzten. Die unklaren Befehlsverhältnisse führten dazu, daß Geyr in einigen Fällen einander widersprechende Befehle von Rommel, Rundstedt und Hitler erhielt.

Gelegentlich muß es erlaubt sein, sich im Rückblick auch über Alternativlösungen Gedanken zu machen. Wenn sich Rommel im Hinblick auf die Verteidigung der nach seiner Ansicht besonders gefährdeten Frontabschnitte in jeder Hinsicht hätte durchsetzen können, dann wäre am Tag der alliierten Landung wenigstens eine weitere Panzerdivision sofort zum Gegenangriff verfügbar gewesen, und das hätte vielleicht die Entscheidung gebracht. In der Seine-Bucht hätten, wie Rommel es immer wieder verlangt hatte, wirkungsvolle Minenfelder angelegt werden können. Andererseits hatte er sein Augenmerk auch auf das Gebiet zwischen Somme und Seine gerichtet und damit gerechnet, daß der Feind Abbéville und vielleicht sogar Le Havre einnehmen könnte, und glaubte auch noch nach der tatsächlichen Landung in der Normandie an diese Möglichkeit. Rommel vermutete, es werde wahrscheinlich mehrere weitere und vielleicht aufeinander folgende Landungen geben, doch seine Voraussagen waren nicht zutreffender als die anderer Beteiligter. Er hatte immer geglaubt, die Alliierten würden dort landen, von wo aus sie im weiteren Verlauf ihrer Operationen auf dem kürzesten Wege nach Paris gelangen könnten, und deshalb richtete sich sein Blick besonders auf den Küstenabschnitt nördlich der Seinemündung, obwohl die relativ geschützte Lage der Seinebucht ihn veranlaßte, eher an eine feindliche Landung in der Normandie zu denken. Dennoch wurde der Verteidigungsabschnitt der 15. Armee stärker ausgebaut als der Abschnitt der 7. Armee, wo die Landung tatsächlich erfolgte, und die Angriffe der alliierten Bombenflugzeuge, mit denen der Gegner getäuscht werden sollte, veranlaßten die Heeresgruppe B, am 3.

Juni zu melden, daß die Bombenangriffe im Abschnitt Dieppe-Dünkirchen die Vermutung bestätigten, daß der Feind hier mit starken Kräften landen werde.[19] Nachdem die Abschußrampen der V-Waffen fertiggestellt waren, rechnete man auch damit, daß die Alliierten so früh wie möglich in den Pas de Calais vorstoßen würden.

Rommels Vorstellung, der Feind müsse unbedingt schon unmittelbar nach der Landung an der Küste geschlagen werden, war wohlbegründet, und seine Befürchtungen hinsichtlich der Auswirkungen feindlicher Luftangriffe auf die Beweglichkeit der zu Gegenangriffen eingesetzten deutschen Verbände erwiesen sich als gerechtfertigt, wenn auch nicht überall. Andererseits waren die auf seine Anweisung gebauten Verteidigungsanlagen weniger wirksam, als er gehofft hatte. Sein Bauprogramm war angesichts der dafür zur Verfügung stehenden Zeit, der Arbeitskräfte und des Materials zu ehrgeizig gewesen, obwohl die Stellungen zweifellos wesentlich verstärkt worden waren. Man hatte jedoch die Fähigkeit der Alliierten unterschätzt, ihre Streitkräfte an Land zu bringen und Hindernisse zu überwinden.

Darüber, was geschehen wäre, wenn man den Vorschlägen Geyrs gefolgt wäre und die deutschen Panzerverbände von den Anfangskämpfen ferngehalten hätte, kann man nur Vermutungen anstellen. Wahrscheinlich hätten die Invasionsstreittruppen sehr viel früher ihren Vormarsch zur Seine oder darüber hinaus antreten können, wären sie nicht durch solche oder weniger starke Panzerangriffe bedroht worden. Ob sie es getan hätten, kann man nicht mit Sicherheit sagen. Zweifellos hätte Montgomery zunächst eine starke logistische Basis eingerichtet, bevor er mit stärkeren Kräften weiter vorgegangen wäre, und zwar ohne Rücksicht darauf, wie die Deutschen reagierten, und dazu hätte er eine gewisse Zeit gebraucht. Wie sich zeigte, blieben die Operationen der alliierten Streitkräfte nach der Landung an der französischen Küste zunächst hinter ihrem Zeitplan zurück, aber der Vormarsch erfolgte dann etwa so, wie man es vorausgesehen hatte. Wahrscheinlich hätten die Alliierten, wenn sie nicht auf den Widerstand der deutschen Panzer gestoßen wären, ihre Operationen etwa innerhalb des gleichen Zeitraums ausgeführt. Die deutschen Panzerkräfte, die gegen den feindlichen Brückenkopf vorgehen sollten, hätten dem Gegner erhebliche Verluste beigebracht, und die Alliierten, die schließlich weiter vorstießen, hätten schon in den ersten Kämpfen Verluste hinnehmen müssen.

Über die Ergebnisse eines Zusammenstoßes zwischen relativ frischen alliierten und deutschen Streitkräften im Nordwesten Frankreichs läßt sich nichts Bestimmtes sagen. Um bei ihren Aktionen Erfolg zu haben, hätten die Verteidiger irgendwo, wenn auch nur vorübergehend, den gegnerischen Angriff zum Stehen bringen müssen. Jede bewegliche Kampfführung muß in einem bestimmten Rahmen erfolgen. Wenn dies das deutsche Konzept gewesen wäre, dann hätten ihnen die dafür benötigten Truppen wahrscheinlich nicht zur Verfügung gestanden, es sei denn, die an der Küste eingesetzten Verteidigungskräfte wären so schwach gewesen, daß sie kaum in der Lage gewesen wären, den Gegner aufzuhalten. Die bewegliche Kampfführung wird jedoch entscheidend durch die daran beteiligten Luftstreitkräfte beeinflußt, und diesen Umstand hat Rommel niemals aus den Augen verloren. Die Verteidiger hätten praktisch auf jede eigene Luftaufklärung verzichten müssen und wahrscheinlich versucht, begrenzte taktische Erfolge zu erringen, während die feindlichen Hawks jederzeit geschlossen eingesetzt werden konnten, um den Feind mit überlegenen Kräften am Boden und in der Luft zu bekämpfen.

Die Vorschläge Geyrs wurden überzeugend vorgetragen, blieben aber rein theoretisch. Aus historischer Sicht war es zwar vertretbar, an der äußeren gegnerischen Flanke bewegliche Kräfte zu versammeln, um den Gegner von hier aus anzugreifen, aber 1944 hätte sich ein solches Manöver in der Normandie kaum ausführen lassen. So muß man zugeben, daß Rommel die Situation instinktiv richtig erfaßt hatte, denn für eine bewegliche Kampfführung waren die der Wehrmacht zur Verfügung stehenden Bodentruppen und Luftstreitkräfte denen des Gegners so weit unterlegen, daß auf eine solche Kampfführung verzichtet werden mußte. Und seine Hauptthese, daß Deutschland von Westen und Osten her gleichzeitig verschlungen würde, wenn sich der Krieg auf dem westlichen Kriegsschauplatz noch längere Zeit hinzöge, war mit Sicherheit richtig.

Geyr hielt bis zum Schluß an seiner Ansicht fest. Er glaubte, Rommel habe die Stärke der feindlichen Luftmacht überschätzt und gegen die Grundsätze der beweglichen Kampfführung verstoßen, und es wäre möglich gewesen, die Operationen in Westfrankreich mit konzentrierten Streitkräften zum Erfolg zu führen. Er warf Rommel vor, das nicht versucht und nach Beginn der Schlacht keine starke Panzerreserve gebildet zu haben, um die Panzer mit unverbrauchten Infanteriedivisionen in vorderster Linie zu entlasten (obwohl er nicht sagte, woher Rommel diese Infanteriedivisionen hätte nehmen sollen). Auch später hat er Rommel noch »Pessimismus und einen Mangel an strategischer Schulung« vorgeworfen.[20] Doch nicht erst nach dem Kriege, sondern schon am 15. Juni hat er Guderian gegenüber zugegeben, daß größere Truppenbewegungen bei Tage unmöglich gewesen seien, und gesagt, daß die feindliche Luftüberlegenheit so gewaltig gewesen sei, daß man bei allen operativen Entscheidungen darauf habe Rücksicht nehmen müssen. Über die Operationen am 7. Juni schrieb er, die feindlichen Luftstreitkräfte hätten die Straßenverbindungen durch ihre Bombenangriffe an Engstellen in Dörfern, an Brücken und Flußübergängen so weit blockiert, daß man kaum noch Umwege habe finden können.[21]

Geyr mußte zugeben, daß alle Truppenbewegungen nur nachts stattfinden konnten. Aber eine Gegenoffensive mit Panzern, die nur in der Dunkelheit bewegt werden können, hat wenig Aussicht auf Erfolg. Er schrieb auch, es sei nicht mehr möglich, an der Invasionsfront Panzerverbände über Kompaniestärke einzusetzen, ohne schwere Verluste zu riskieren. Genauso war es. In dieser Hinsicht stimmte er mit Rommel überein, doch das widerspricht seiner späteren Aussage, man hätte mit dem konzentrierten Einsatz beweglicher Kräfte Erfolge erzielen können, wenn Rommel es nicht verboten hätte.

Eher zu rechtfertigen war seine Ansicht, unmittelbar nach der feindlichen Landung seien begrenzte Ausweichmanöver notwendig gewesen. Er wollte sogar das ganze bewaldete Gelände räumen, weil es sich nicht für den Einsatz von Panzern eignete. Alle Truppenführer hatten kein Verständnis für die sture Weigerung Hitlers, ihnen irgendwelche »operativen Freiheiten« zuzugestehen.

Doch das alles waren Probleme, die erst in der Zukunft zu lösen waren, und zwar in einer nach Rommels Ansicht schon hoffnungslosen Lage. Zunächst kam es in erster Linie darauf an, die Abwehrschlacht gegen die Invasionstruppen unmittelbar an der Küste vorzubereiten. Die Kritik an Rommel, es habe ihm das notwendige strategische Verständnis gefehlt, das er für die Erfüllung seiner Aufgaben brauchte, traf nicht den Kern der Sache. Für ihn stand die Frage im Vordergrund, was in der jeweiligen Lage praktisch unternommen werden müsse, um zu einem militärischen Erfolg zu gelangen. Dieser praktische Sinn hatte sein Handeln seit jeher bestimmt, und in dieser Beziehung hatte er ganz klare Vorstellungen.

Zunächst hatte er eine ganz ähnliche Auffassung vertreten wie Hitler. Hitler war ebenso wie Rommel entschlossen, die Küste im Bereich der dort angelegten Befestigungen zu verteidigen, aber er wurde dafür kritisiert, daß er von Anfang an nicht bereit war, den Befehlshabern im Westen die geringste Handlungsfreiheit zuzugestehen. Nachdem die Invasion erfolgt war, führte seine starre Haltung zu absurden und erfolglosen Versuchen, von einem weit entfernten Bunker aus ein Einzelgefecht zu leiten. Diese Haltung — und die Kritik daran — bestimmte auch die Vorgänge an der Ostfront. Auch hier war Hitlers wilde Entschlossenheit, kein örtliches Ausweichen zur Verbesserung der allgemeinen Lage zuzulassen, die Wehrmacht teuer zu stehen gekommen, als sie mehr als einmal eine praktisch nicht zu verteidigende Stellung unter blutigen Verlusten hatte halten müssen.

Aber die Küsten Europas boten Verteidigungsmöglichkeiten, wie es sie an keinem russischen Fluß gab. Und in Rußland lag hinter der deutschen Front — bis es dort zur Wende und zum großen Rückzug kam — ein weites Land. In Frankreich dagegen war die Entfernung von der Nordküste bis zur Reichsgrenze nicht sehr groß. Wo die Reserven auch immer bereitgestellt wurden, sobald der Feind auf französischem Boden Fuß gefaßt hatte, hätte Hitler eine sofortige Gegenoffensive verlangt, wahrscheinlich in Verbindung mit dem Befehl, eine weit vorn liegende und nicht zu verteidigende Linie zu halten. Es ist unwahrscheinlich, daß andere operative Konzepte der Wehrmacht größere Erfolge gebracht hätten, als sie in der Schlacht in der Normandie erreicht wurden. In Wirklichkeit ist es sicherlich so gewesen, daß die Niederlage der Deutschen an der Westfront nicht mehr zu vermeiden war, nachdem die Alliierten auf französischem Boden Fuß gefaßt hatten. Jetzt konnte man auch mit den geschicktesten Manövern nichts mehr erreichen.

Rommel war am 9. März mit dem Führungsstab der Heeresgruppe B von Fontainebleau in das vornehme alte Château La Roche Guyon an der Seineschleife bei Bonnières umgezogen. In die überhängenden Klippen am Nordufer der Seine waren tiefe Tunnel als Bunker für die Offiziere und Mannschaften des Hauptquartiers gesprengt worden. Das Schloß gehörte dem Herzog von Rochefoucauld. Zwischen ihm und seiner Familie und Rommel und seinen Offizieren entwickelten sich gute persönliche Beziehungen. Rommel liebte Frankreich und genoß das französische Landleben. Er legte großen Wert darauf, daß sich auch die Beziehungen zwischen seinen Soldaten und der französischen Zivilbevölkerung auf gegenseitige Achtung stützten und so freundlich wie möglich waren.

Doch weder er noch die anderen Truppenbefehlshaber hatten irgendeinen Einfluß auf die Tätigkeit des Sicherheitsdienstes (SD), der seine Befehle weder von der Heeresgruppe, dem Oberbefehlshaber West noch vom Militärbefehlshaber Frankreich, General von Stülpnagel in Paris, sondern vom Reichsführer SS, Heinrich Himmler, erhielt. Daß gewisse Vorkehrungen für die Aufrechterhaltung der inneren Sicherheit getroffen werden mußten, konnte niemand leugnen. Die Aktivitäten der Résistance, deren Angehörige von der Besatzungsmacht als Terroristen bezeichnet wurden, erforderten eine ständige Überwachung und bestimmte Vorsichtsmaßnahmen. Es kam häufig vor, daß vor Bombenanschlägen und Attentatsversuchen auf prominente Persönlichkeiten (zu denen auch Rommel gehörte) gewarnt wurde. Die Sicherheitsmaßnahmen mußten auch mit der Kriminalpolizei abgestimmt werden. Schon am 9. Dezember während der Inspektionsreise Rommels nach Dänemark wurde gemeldet, daß ein Anschlag auf seinen Sonderzug geplant sei. So mußte man ständig mit solchen Überfällen rechnen. Für die Gegenmaßnahmen war die SS verantwortlich, und Rommel konnte sich in einem Land sicher fühlen, dessen Bevölkerung gegenüber der Besatzungsmacht im allgemeinen eine freundliche Haltung einnahm und keinen Grund hatte, mit der Behandlung durch die Deutschen unzufrieden zu sein.

Unter den Fenstern seiner Zimmer im Schloß lag ein Rosengarten, er arbeitete an einem Renaissance-Schreibtisch, an dem Louvois im Jahre 1685 die Aufhebung des Edikts von Nantes unterschrieben hatte, und unternahm häufig Spaziergänge in der schönen Umgebung. Gelegentlich nahm er sich auch die Zeit für längere Ausritte. Er hatte sich zwei Dackel gekauft, die nun zu seinem kleinen Haushalt gehörten und über deren spaßiges Verhalten er oft nach Hause berichtete. Bald kam auch ein größerer Hund, Ajax, hinzu. Am 30. März schrieb er an Lucie: »Eigentlich müßten wir für Ajax Hundesteuer bezahlen«, und fügte hinzu, der jüngere Dackel sei zwar »sehr komisch, aber noch nicht ganz stubenrein«.[22] Manchmal nahm Rommel auch an Hasenjagden teil, die ihm großen Spaß machten. Allerdings wiegte er sich nicht in dem Glauben, daß Hitler-Deutschland in Frankreich sehr beliebt sei. Am 23. April notierte er in seinem Tagebuch: »Wie friedlich erscheint doch die Welt, und doch, welcher Haß ist gegen uns.«[23]

Meist war Rommel jedoch in seinem großen Befehlsbereich unterwegs, um die Verteidigungsanlagen zu inspizieren. Gelegentlich — wie zum Beispiel vom 23. April bis zum 3. Mai — fuhr er an die Atlantikküste, in die Pyrenäen und an die Mittelmeerküste, wo er die Befestigungen im Abschnitt seines Nachbarn Blaskowitz inspizierte, denn er hatte das Inspektionsrecht über den gesamten »Atlantikwall«. Überall bemühte er sich darum, die Kampfmoral zu stärken und die Truppenkommandeure davon zu überzeugen, daß der Krieg im Westen entschieden werden würde, und zwar bald. Mit Befriedigung registrierte er alle Fortschritte, mußte mancherorts aber auch feststellen, daß nachlässig gearbeitet worden war und es der Truppe an Verständnis für ihre Aufgabe fehlte. Das deprimierte ihn. Der Erfolg hing wie immer von der Qualität der militärischen Führer ab, vor allem der Divisionskommandeure, und diese ließ manchmal zu wünschen übrig.

Die militärische »Familie« Rommels in La Roche Guyon bestand aus einem kleinen Kreis von Offizieren, von denen die meisten schon zu seiner Umgebung in Nordafrika gehört hatten. Sein Ia war Oberst von Tempelhoff, mit dem er in Italien vertrauensvoll zusammengearbeitet hatte. Meist begleitete Tempelhoff Rommel auf seinen Inspektionsreisen. Er war mit einer Engländerin verheiratet und kannte Rommel schon seit 1938. Damals hatte Rommel den Ruf, ge-

Im Frühjahr 1944 inspizierte Rommel das französische Küstengebiet. Sehr bald wurde ihm klar, daß der Zustand der Verteidigungsanlagen für eine Abwehr der erwarteten Invasion höchst unzureichend und kein geschlossenes Konzept erkennbar war. In den wenigen verbleibenden Monaten bis zur Landung der Alliierten suchte Rommel zusammen mit Speers Organisation Todt nachzuholen, was jahrelang vernachlässigt worden war.

Oben: Rommel mit General Edgar Feuchtinger bei der Besichtigung einer bereitstehenden Panzerartillerieabteilung.

Rechts: Im Frühjahr 1944 wurden gigantische Bunkeranlagen errichtet, deren Fernkampfbatterien die erwartete Invasionsflotte schon weit vor der Küste zerschlagen sollten. Fast alle diese Bunker wurden bereits in den ersten drei Tagen überrollt.

genüber dem Nationalsozialismus positiver eingestellt zu sein, als viele andere Offiziere aus Tempelhoffs Bekanntenkreis. Aber in Italien hatte Tempelhoff oft mit Rommel darüber gesprochen, daß es dringend notwendig sei, bald Frieden zu schließen, und hatte erlebt, wie Rommel nach Gesprächen mit Hitler manchmal ermutigt, dann aber auch wieder deprimiert zurückgekehrt war. Nach der Begegnung mit dem Führer am 21. März berichtete Rommel zunächst begeistert, er habe Hitler in allen Punkten überzeugen können, aber schon nach einer halben Stunde rief er aus: »Was hat er mir eigentlich gegeben?«[24]

Mit Tempelhoff verband Rommel ebenso wie mit den anderen Offizieren seines Stabes ein wirkliches Vertrauensverhältnis. Sie alle arbeiteten harmonisch zusammen, und als Rommel sie verlassen mußte, vermißten sie ihn. Sie vermißten seine anregenden Ideen in den gemeinsam geführten Gesprächen, die er jedoch nie zu beherrschen suchte, denn Rommel konnte ebenso gut zuhören wie reden. Sie vermißten seinen Humor und die Art, wie er auch über sich selbst lachen konnte. Als Admiral Ruge eine Bemerkung über einen roten Fleck im Gesicht des Feldmarschalls machte, sagte Rommel lachend, dieser Fleck erscheine immer, wenn er sich das Gesicht mit heißem Wasser gewaschen hätte, und daran könne man erkennen, ob er sein Gesicht gewaschen habe.[25] Sie vermißten sein lebhaftes Interesse für neue Ideen. Wenn irgend jemand eine technische Neuerung vorschlug, rief er den Betreffenden am folgenden Morgen an und machte seine eigenen Vorschläge für die Verbesserung dieser Idee. Er war aufgeschlossen, geistig beweglich und umgänglich, und seine Offiziere waren sich darin einig, daß nur die Männer in seiner unmittelbaren Umgebung seinen wahren Wert kannten. Gesundheitlich ging es ihm sehr viel besser, und er zeigte eine erstaunliche Leistungsfähigkeit, obwohl er gelegentlich unter Ischias litt.

Der Leiter der Personalabteilung, der II a, war Oberst Freyberg. Zuständig für den Feindnachrichtendienst war der Ic, Oberst Staubwasser, der vorher dem englischen Referat der Abteilung Fremde Heere West im OKH angehört hatte. Staubwasser war in Dresden Rommels Schüler gewesen. Rommel schätzte auch ihn und nahm ihn oft auf seine Spaziergänge mit den Hunden durch die Wälder in der Umgebung von La Roche Guyon mit. »Schauen Sie hinunter in das Seinetal«, sagte Rommel bei einer dieser Gelegenheiten und machte ihn auf die friedliche Schönheit jenes Sommers vor der Invasion aufmerksam. Dann sprach er von den schrecklichen Verwüstungen, die jede Nacht von den feindlichen Bombern in Deutschland angerichtet wurden, und von der Notwendigkeit, Frieden zu schließen.[26] Dabei erwähnte er auch, daß die Alliierten niemals mit Hitler verhandeln würden — wie Hitler es ihm selbst vor einiger Zeit verbittert gesagt hatte.

Zu Rommels Stab in La Roche Guyon gehörten auch der General der Pioniere der Heeresgruppe, General Dr. Meise, der Rommels Fachkenntnisse auf seinem Spezialgebiet besonders zu würdigen wußte, und Oberst Lattmann, der als Höherer Artilleriekommandeur für die schweren Waffen der Heeresgruppe zuständig war. Lattmann war ein alter Freund der Familie Rommel, und mit ihm sprach der Feldmarschall ganz offen über seine Sorgen, wie er das mit den meisten seiner Offiziere tat. Lattmann und seine Frau bewunderten Rommel rückhaltlos, und als einige Mitglieder ihrer Familie später in ernste Schwierigkeiten mit den nationalsozialistischen Behörden gerieten, tat Rommel alles, um ihnen zu helfen.

Der Kommandeur der Verbindungstruppen, General Gehrcke, lebte ebenso wie eine Reihe von Adjutanten und Ordonanzoffizieren in La Roche Guyon. Einer von diesen, Hauptmann Lang, führte Rommels persönliches Tagebuch nach dem Diktat des Feldmarschalls. Zwei Tagebücher berichteten über die täglichen Aktivitäten Rommels und seiner Besucher zu dieser Zeit. Es waren die offiziellen »Tagesberichte des Oberbefehlshabers«,[27] in denen oft der Inhalt des noch persönlicheren Tagebuchs Rommels zusammengefaßt wurde,[28] manchmal auch mit denselben Worten. Aber in dem nach Diktat geschriebenen persönlichen Tagebuch kamen mehr die rein menschlichen Überlegungen, Gefühle und Befürchtungen des Feldmarschalls zum Ausdruck.

Auch ein Verbindungsoffizier der Luftwaffe war im Schloß untergebracht. Er muß es manchmal nicht ganz leicht gehabt haben, denn Rommel sprach gelegentlich sehr verächtlich über die Luftwaffenführung, offenbar ein Ausdruck des Abscheus, den er gegenüber Göring empfand. Zwischen dem Vertreter der Kriegsmarine, Admiral Ruge, und Rommel bestand ein sehr freundschaftliches Verhältnis. Ruge mochte und bewunderte Rommel und achtete seine Bescheidenheit, Schlichtheit und Anspruchslosigkeit. Zwischen ihnen herrschte Harmonie. Einen nationalsozialistischen Führungsoffizier gab es bei der Heeresgruppe B nicht. Rommel sprach oft vom Wiederaufbau und der unbedingt notwendigen friedlichen Vereinigung Europas nach dem Krieg.[29]

Der Führungsstab arbeitete unter dem Chef des Stabes. Zur Zeit des Umzugs nach La Roche Guyon war das der zuverlässige, kenntnisreiche Gause, der Rommel schon in allen nur denkbaren Situationen erlebt hatte. Er kannte ihn als strahlenden Sieger nach seinen großen Triumphen und hatte ihn nach den schweren militärischen Rückschlägen in Afrika als verzweifelten und zutiefst deprimierten Mann erlebt. Am 15. April wurde Gause auf Antrag Rommels von General Speidel abgelöst, einem württembergischen Landsmann des Feldmarschalls. Speidel war ein hochintelligenter und erfahrener Generalstabsoffizier. Bei dem am 20. April für Gause gegebenen Abschiedsessen hielt Rommel eine ausgezeichnete Rede. Vom Wehrmachtführungsstab war Speidel, bevor er zur Heeresgruppe B gestoßen war, vor der »abstoßenden Krankheit« Rommels, seinem Pessimismus, gewarnt worden.

Der Energie Rommels war es zu verdanken, daß jetzt im Westen eine bessere Zusammenarbeit bestand als zuvor. Die verschiedenen Organisationen, die am Ausbau des »Atlantikwalls« arbeiteten, unterstanden den verschiedensten Dienststellen. Die Soldaten des Heeres, der Marine und der Luftwaffe unterstanden ihren jeweiligen Befehlshabern. Die große Organisation Todt unterstand dem Rüstungsminister Albert Speer. Der Militärbefehlshaber Frankreich, General v. Stülpnagel, hatte gewisse Befugnisse, die sich mit anderen überschnitten, besonders soweit es die Zivilbevölkerung und damit zusammenhängende Maßnahmen betraf. Der SD unterstand, wie schon erwähnt, Heinrich Himmler, und für die Zusammenarbeit mit der nominellen französischen Regierung unter Marschall Pétain war der deutsche Botschafter in Paris, Otto Abetz, mit einigen Sondervollmachten verantwortlich. Die Befehlsbefugnisse Rommels und Rundstedts waren streng begrenzt, und deshalb war es notwendig, die verschiedenen Aufgabengebiete innerhalb dieser komplexen Struktur zu koordinieren. Auf diesem Gebiet war bisher zu wenig geschehen, doch mit Rommels begeistertem Einsatz und Speidels Geschick und Intelligenz besserten sich die Zustände zusehends. Die Vorbereitungen für die Abwehr einer feindlichen Invasion beschleunigten sich, und Rommel fand auf seinen Inspektionsreisen mehr Grund für Lob als für Tadel. In der Zeit vom 9. bis zum 11. Mai bereiste er den Pas de Calais und die Normandie. Einen besonders guten Eindruck machte die 21. Panzerdivision unter General Feuchtinger. Bei diesen Reisen kam Rommel oft durch Gegenden, die er schon 1940 als Kommandeur der »Gespensterdivision« kennengelernt hatte, und am Abend des 17. Mai nahm Rommel, nachdem er die 91. (Luftlande-) Division inspiziert hatte, mit den Offizieren dieser Division an einem Essen bei Kerzenlicht teil. Dabei berichtete er über seine Erlebnisse im Feldzug von 1940 und erzählte, wie ihm ein französischer General bei St. Valéry auf die Schulter geklopft und gesagt hätte: »Sie sind viel zu schnell!«[30] Später sprach er über die versäumten Gelegenheiten in Afrika.[31]

Am folgenden Tag inspizierte er ein Bataillon Tartaren und stellte zu seiner Freude fest, daß sie sich mit großer Begeisterung für die deutsche Sache einsetzten. Es gab damals an der Westfront einige russische Verbände, die im Rahmen der Wehrmacht eingesetzt waren.[32] Rommel hat auf solche Begeisterung immer positiv reagiert, die Leistungen der Soldaten anerkannt und sich über ihre gute Stimmung gefreut. Er verstand es, sie mitzureißen, und ihre Haltung inspirierte ihn. Auf seinen Reisen lehnte er jede übertriebene Gastfreundschaft ab, aß häufig irgendwo in einem Soldatenheim, unterhielt sich dort mit den Soldaten und scherzte mit ihnen. In solchen Augenblicken hätte er nirgendwo anders sein wollen. Immer wieder erklärte er seinen Gesprächspartnern, der Krieg werde in Frankreich entschieden werden, und er sei froh, hier an der Vorbereitung der letzten Entscheidungsschlacht teilnehmen zu können. Die kurzen Vorträge, die er seinen Untergebenen auf solchen Reisen hielt, waren beispielhaft in ihrer Eindringlichkeit und Klarheit. Am 13. Mai notierte er in seinem Tagebuch, gewisse Leute hätten ihn früher als ungeeignet abgeschrieben, wie man auch die französische Küste als für die Verteidigung nicht geeignet abgeschrieben habe. Jetzt werde er diese beiden Behauptungen widerlegen. Trotz des Widerstands aller Skeptiker habe sein Oberster Befehlshaber ihm diese Aufgabe übertragen: »Der Führer vertraut mir, und das genügt mir auch.«[33] Da das Tagebuch nach Diktat geschrieben wurde, ist es möglich, daß solche Bekenntnisse hineingekommen sind, um die einwandfreie Haltung des Verfassers zu dokumentieren, auch wenn sie nicht ganz ehrlich gemeint waren. Aber das ist unwahrscheinlich, denn es war nicht Rommels Art, sich auf diese Weise beliebt zu machen. Allerdings war es in der Hitlerzeit in Deutschland nicht ungewöhnlich, daß man versuchte, sich auf diese Weise vor politischer Diskriminierung zu schützen.

Jeder Deutsche griff begierig alle Gerüchte auf, die von den schwierigen Verhältnissen in Großbritannien sprachen, und auch Rommel war ebensowenig wie die meisten seiner Landsleute immun gegen ein solches Wunschdenken. Am 26. April schrieb er an seine Frau: »In England ist die Stimmung schlecht, ein Streik folgt dem nächsten, der Ruf ›Nieder mit Churchill und den Juden!‹ und für den Frieden wird lauter. Schlechte Vorzeichen für ein so gewagtes Offensivunternehmen!«[34] In vielen Gesprächen und Briefen hat er sich zu dieser Zeit bemüht, sein Vertrauen zu Hitler und dessen Urteilskraft wiederzugewinnen, zu einer Urteilskraft, die es Adolf Hitler ermöglichen könnte, militärische Erfolge für politische Ziele zu nutzen. Rommel hat stets die Ansicht vertreten, daß das politische Ziel ein möglichst baldiger Friede sein müsse.

Doch sein Vertrauen zu Hitlers Einsichtsfähigkeit und Friedenswillen war nicht gerechtfertigt. Es gab genug Grund zu ernsten Sorgen, und obwohl Rommel sich redlich bemühte, allen Schwierigkeiten zu trotzen, und nach Hause schrieb, daß er zuversichtlich in die Zukunft blicke, machte er sich besonders im Hinblick auf die feindliche Luftherrschaft schwere Sorgen. Zudem war es bisher auch nicht möglich gewesen, die notwendigen Panzerreserven heranzuführen. Sein Fingerspitzengefühl widersprach dem Optimismus, den er sich einzureden suchte. Einen alten Bekannten fragte er, ob denn die Lage jetzt nicht günstiger sei als damals vor Tobruk.

»Jawohl, Herr Marschall, aber die Sorgen sind wohl geblieben!«

»Ja, da haben Sie recht!« erwiderte Rommel und murmelte dann: »Ich ahne nichts Gutes.«[35]

Am 19. Mai wurde Rommel von Hitler zu seiner erfolgreichen Arbeit in Frankreich beglückwünscht, und obwohl das in durchaus freundlichem Ton geschah, blieb alles beim Alten, und seine dringenden Anforderungen wurden nicht berücksichtigt. Dennoch glaubte er, Hitler in einem persönlichen Gespräch veranlassen zu können, sich mit seiner ganzen Autorität für die geforderten Verbesserungen einzusetzen. Am 28. Mai notierte er in seinem Tagebuch, er habe den Eindruck, daß »die Männer um den Führer« diesem oft die Wahrheit vorenthielten. Rommel glaubte immer noch, er sei der Mann, der das unter Umständen ändern könne.

Inzwischen war es klar, daß die Zeit knapp wurde. Rommel taten die Franzosen, die jetzt immer häufiger den schweren anglo-amerikanischen Bombenangriffen ausgesetzt waren, aufrichtig leid. Er wußte, daß diese Angriffe das sicherste Zeichen dafür waren, daß die große Schlacht unmittelbar bevorstand, aber er fühlte mit den Menschen, die den Schlägen ausgesetzt waren, die eigentlich ihren ungebetenen deutschen Gästen galten. Am Pfingstsonntag, es war der 29. Mai, schrieb er an Lucie: »Die Anglo-Amerikaner lassen von ihrem Dauerbombardement allerdings nicht ab. Die Franzosen leiden darunter besonders. Innerhalb von 48 Stunden gab es 3 000 Tote unter der Bevölkerung. Unsere Verluste sind meist recht gering.«[36] Es war jedoch nicht die bedauernswerte Lage der Franzosen, sondern das Fehlen einer wirksamen Unterstützung der unter seinem Kommando stehenden deutschen Truppen mit dem dringend benötigten Kriegsmaterial, das ihm die größten Sorgen bereitete.

Rommel hatte immer gute Beziehungen zu Hitlers Wehrmachtadjutant Schmundt unterhalten, und er hoffte, daß dieser ihm ein Gespräch mit dem Führer vermitteln könne. Demnächst würde seine Frau ihren 50. Geburtstag feiern, und nach den Voraussagen des Feindnachrichtendienstes würden die Wetterbedingungen Anfang Juni für eine feindliche Landung ungünstig sein. So beschloß Rommel, sich zwei Tage Urlaub zu nehmen, seiner Frau ein Paar französische Schuhe mitzubringen und sich zu Hause in Herrlingen bereitzuhalten, falls es Schmundt gelingen sollte, in das Tagesprogramm des Führers ein Gespräch mit ihm einzubauen. Hitler war zu dieser Zeit in Berchtesgaden, und die Fahrt von Württemberg zum Berghof würde nicht sehr lange dauern. Schmundt erklärte sich bereit, sein möglichstes zu tun, sobald Rommel zu Hause eingetroffen sei, und dieser bereitete sich darauf vor, Anfang Juni von La Roche Guyon abzureisen, wenn es bis dahin nicht zu einer Krise gekommen war. Am 3. Juni meldete er sich bei Rundstedt, der ihm erlaubte, am folgenden Tag aufzubrechen. Seine Absicht war es, dringend um die Verlegung zwei weiterer Panzerdivisionen, eines Flakkorps und einer Nebelwerferbrigade in die Normandie[37] zu bitten, die ihm persönlich unterstellt werden sollten. Lang und Tempelhoff, der bei dieser Gelegenheit seine Frau in Bayern besuchen konnte, sollten ihn begleiten.

Rommel hatte stets die Gelegenheit genutzt, persönlich mit Kriegsgefangenen zu sprechen. Er glaubte, bei solchen Begegnungen etwas über die Stimmung, die Atmosphäre und die Meinungen im feindlichen Lager erfahren zu können. Noch jetzt sprach er manchmal über den neuseeländischen Brigadier Clifton, der immer wieder versucht hatte, aus der Gefangenschaft zu entfliehen, und über andere Gefangene.[38] Als er am 20. Mai vom Generalstab der 15. Armee erfuhr, daß ein feindlicher Offizier vor der Küste gefangengenommen worden war, der sich offenbar an einem Aufklärungsunternehmen oder einem Sabotageakt beteiligt hatte, befahl er sofort, den Mann nach La Roche Guyon zu bringen. Wäre er an einem Sabotageunternehmen beteiligt gewesen, dann hätte das seine Hinrichtung bedeuten können. Schon nach wenigen Stunden erschien dieser Offizier, Leutnant George Lane, bei Rommel.

Lane war aus Ungarn geflohen, in die britische Armee eingetreten und dort zum Offizier befördert worden. Jetzt diente er bei den Kommandotruppen, den Sondereinheiten, die dazu ausgebildet worden waren, an Stoßtruppunternehmen gegen die feindliche Küste teilzunehmen. Lane diente in einer sehr speziellen Einheit, dem X-Trupp des 10. Kommandos. Es bestand aus tapferen Männern, die aus dem von Deutschland besetzten Europa geflohen waren, um in der britischen Armee zu dienen, im allgemeinen unter falschen Namen, denn für sie war die Gefahr sehr groß, in deutsche Gefangenschaft zu geraten, und besonders gefährlich war es für die Juden unter ihnen. Wäre Lane unter seinem ungarischen Namen Lanyi in Gefangenschaft geraten, dann wäre er sicher vom SD übernommen und erschossen worden. Als Kriegsgefangener britischer Nationalität wurde er nun als Soldat und nicht als Saboteur behandelt.

Der X-Trupp, 10. Commando hatte in einer Reihe sehr gefährlicher und schwieriger Einsätze an der französischen Küste versucht, sich ein genaueres Bild von der Lage und Stärke der Hindernisse unter Wasser und im Vorfeld der Küste zu machen. Es war gemeldet worden, daß die Deutschen einen neuen Minentyp hätten, der nun von Freiwilligen untersucht werden sollte, und man war sich bewußt, daß diese Freiwilligen nur eine geringe Chance hatten, wieder zurückzukehren. Dies war der vierte Einsatz von Lane an der französischen Küste gewesen, und er war mit einem Pionieroffizier in einem Schlauchboot nahe der Sommemündung gelandet. Dort waren sie zunächst auf einen deutschen Spähtrupp gestoßen, hatten fliehen können und waren wieder auf See hinausgepaddelt, wo sie feststellten, daß das kleine Boot, das sie aufnehmen sollte, verschwunden war. Sehr bald wurden sie von einem Vorpostenboot gestellt und gefangengenommen. Zunächst sagte man ihnen, sie würden als Saboteure erschossen werden. Doch dann setzte man Lane mit verbundenen Augen in ein Fahrzeug, und nach einer längeren Fahrt wurde er von einem deutschen Offizier, der perfekt Englisch sprach, mit Handschlag begrüßt. Es war Tempelhoff. Nach einem kurzen Gespräch sagte ihm dieser, er solle sich »ein wenig säubern«, denn er werde einer »sehr wichtigen Persönlichkeit« vorgestellt werden. Auf die Frage Lanes, wer das sei, sagte Tempelhoff: »Feldmarschall Rommel.«

Später erinnerte sich Lane, daß er sofort den Eindruck gehabt hatte, Rommel sei ein sympathischer Mann, mit dem er unter anderen Umständen sicher sehr gut ausgekommen wäre. Er war freundlich, in keiner Weise anmaßend gewesen, hatte nicht versucht, ihn einzuschüchtern und ihn durchaus höflich behandelt. Rommel saß am Ende eines langen Zimmers an seinem Schreibtisch, und als Lane hereinkam, stand er auf, ging ihm entgegen und schüttelte ihm die Hand. Rommel sprach ganz natürlich und sogar mit einem gewissen humoristischen Unterton (Lane, der die deutsche Sprache beherrschte, sprach jedoch Englisch, um seine Identität zu verbergen, und deshalb mußte ein Dolmetscher das Gespräch übersetzen). Rommel erwähnte, allerdings ohne ihm zu drohen, die »Saboteure«, und Lane erwiderte, wenn der Feldmarschall ihn für einen Saboteur hielte, hätte er ihn wahrscheinlich nicht eingeladen (sie saßen an einem Tisch und tranken Tee). Rommel lächelte und fragte: »Eingeladen?«

Lane nickte und sagte, er fühle sich geehrt. Dann sprach Rommel von der Notwendigkeit, daß England und Deutschland Seite an Seite kämpfen müßten. Als Lane erwiderte, das könnte zu Schwierigkeiten führen, da die Briten manches an der deutschen Politik abstoßend fänden, blickte Rommel ihn fragend an. Lane erwähnte die Juden.

Ohne näher auf dieses Problem einzugehen meinte Rommel, jedes Land habe seine Juden, und sagte: »Unsere sind anders als Ihre«. Rommel äußerte sich sehr positiv über Frankreich und die Franzosen und sagte, wenn Lane die Augen offenhielte, würde er sehen, daß die Bevölkerung gut mit der Besatzungsarmee auskäme (worauf Lane ihm zu bedenken gab, daß er mit verbundenen Augen nicht sehr viel sehen könne). Rommel, der gelegentlich in seinem Tagebuch notiert hatte, die Franzosen schätzten die Deutschen mehr als die Engländer, blieb beim Thema und meinte, die Franzosen seien selten so zufrieden gewesen wie jetzt.

Das Gespräch fand in einer freundlichen und entspannten Atmosphäre statt.[39] Das also war Erwin Rommel im Umgang mit einem Mann, der ihm auf Gedeih und Verderb ausgeliefert war, am Vorabend der Ereignisse, die sein persönliches Schicksal und das seines Landes entscheiden sollten.

Man hatte im deutschen Heer schon ganz zu Beginn der Hitlerdiktatur mit Verschwörungen gegen den Diktator und das nationalsozialistische Regime gerechnet, aber solche Versuche scheiterten im allgemeinen sehr bald und hatten keine nachhaltigen Folgen. Niemals kam es dabei sehr weit (wie etwa bei der beabsichtigten Festnahme Hitlers für den Fall, daß er 1938 den Befehl zum Einmarsch in die Tschechoslowakei geben sollte), und zwar einmal wegen der bemerkenswerten Erfolge Hitlers, zweitens aber auch, weil solche revolutionären Unternehmungen nicht die notwendige Unterstützung fanden. Deutsche Offiziere sind von Natur aus keine Rebellen. Der auf Hitler geleistete persönliche Eid wurde sehr ernst genommen. Militärrevolten und die Machtübernahme durch das Millitär entsprachen nicht der deutschen Tradition. Und nachdem Hitler Deutschland in den Feldzügen gegen Polen und Frankreich zum Sieg geführt hatte, wo seine geniale Kühnheit angeblich über die nervöse Vorsicht seiner militärischen Berater oder zumindest einiger von ihnen triumphierte, war Hitler nahezu unangreifbar geworden. Man darf auch nicht vergessen, daß die meisten höheren Offiziere der Wehrmacht und unter ihnen auch viele, die Hitler haßten und die nationalsozialistische Partei verachteten, die allgemeine Richtung der deutschen Außenpolitik für gerechtfertigt hielten. Sie glaubten, Deutschland habe das Recht, seine Grenzen zu sichern und zu berichtigen, und was den Angriff auf die Sowjetunion betraf, so waren viele überzeugt, daß Deutschland mit diesem Angriff einer sowjetischen Aggression zuvorgekommen sei. Seit sich nun das Blatt gewendet hatte, fühlte sich Deutschland natürlich durch einen erbarmungslosen und barbarischen Feind bedroht, und deshalb war es notwendig, sich geschlossen gegen ihn zu wehren.

Die Beteiligung an einer Verschwörung gegen das Staatsoberhaupt und den Obersten Befehlshaber der Wehrmacht erforderte daher ungewöhnlichen moralischen und physischen Mut. Die einzelnen Verschwörer hatten für ihren Entschluß die verschiedensten Motive. Für einige — Leute wie Moltke und Bonhoeffer und die idealistischen jungen Menschen, die schon 1942 hingerichtet wurden, nachdem sie in München antinazistische Flugblätter verteilt hatten — ging es im wesentlichen um eine moralische Frage. Für sie waren die Worte, Taten und politischen Entscheidungen der Nazis ganz einfach kriminell, und zwar schon bevor das ganze Ausmaß dieser Kriminalität bekannt geworden war. Diese Menschen wußten genug. Sie protestierten oder hatten sich vor ihrem Tode an einer Verschwörung beteiligt. Auch zahlreiche Offiziere des Heeres hatten genug gesehen, gehört oder an der Ostfront unmittelbar erfahren. Für diese Männer war es Hitler, der Deutschland verraten hatte, und sie beschlossen, jedes Risiko einzugehen, um diesem Verrat ein Ende zu setzen. Sie wurden sich der furchtbaren Wahrheit bewußt, bei der Verteidigung Deutschlands gleichzeitig einen Massenmörder zu verteidigen. Es waren diese Männer und Frauen, von denen Churchill nach dem Krieg gesagt hat, sie »kämpften ohne Hilfe von innen oder von außen, angetrieben allein von der Unruhe ihres eigenen Gewissens«.[40]

Mit irgendeiner Hilfe von außen durften sie nicht rechnen. Wenn sie im geheimen den Kontakt zu den Alliierten aufzunehmen suchten, wurden sie ausgesprochen kühl behandelt. Das Gefühl, die Deutschen seien unverbesserlich, war bei den Gegnern Deutschlands tief verwurzelt, und sie glaubten, Hitler sei nur der letzte, wenn auch verabscheuungswürdigste teutonische Aggressor, und alle deutschen Friedensfühler seien nur Versuche, angesichts der unvermeidlichen Katastrophe einigermaßen günstige Bedingungen auszuhandeln. Im übrigen hätten die Verschwörer gegen Hitler kaum eine Chance auf Erfolg. Solche Ansichten waren verständlich, auch wenn sie sich im Grunde nicht rechtfertigen ließen und manchmal sehr zweifelhafte Motive dahinterstanden, so daß es im Rückblick peinlich ist, sich daran zu erinnern.

Viele Verschwörer wurden aus den verschiedensten Gründen zu ihren Entschlüssen geführt. Ein politischer Grund war, daß das Nazisystem korrupt war. Eine theoretische Überlegung führte sie zu der Einsicht, daß der Hitlerstaat nicht ihren Idealvorstellungen von einem Rechtsstaat entsprach. Der Hauptgrund war jedoch ein pragmatischer und lag in der klaren Erkenntnis, daß Hitler das Land in die Katastrophe führte. Diejenigen, die sich vor allem von moralischen Motiven leiten ließen — wie die späteren Generationen —, neigten dazu, die Menschen, die sich erst später oder zu spät zum Widerstand gegen Hitler entschlossen hatten, geringschätzig als Opportunisten zu bezeichnen, die ihre Einstellung nicht aus grundsätzlichen Erwägungen geändert hätten. Auch Rommel hat man diesen

Vorwurf gemacht, wenn auch oft ohne genau zu wissen, wo er stand.[41]

Man bestreitet jedoch nicht den moralischen Wert des Widerstandes vieler Verschwörer, besonders der Wehrmachtangehörigen unter ihnen, wenn man sagt, ihr Verhalten sei auch und ganz wesentlich von ihrer Überzeugung bestimmt worden, Hitler werde Deutschland in den Abgrund führen. Sie erkannten — und das war eine strategische Erkenntnis — daß der Krieg endgültig verloren war, und zwar unter zunehmend grausigeren Umständen. Sie machten Hitler für viele strategische Entscheidungen verantwortlich, die zu einer so furchtbaren Katastrophe geführt hatten. Sie wußten, daß Hitler ein Paria in der internationalen Völkergemeinschaft war und das deutsche Volk in den Augen aller Menschen mit diesem Ungeist identifiziert wurde. Sie folgerten daraus, daß unbedingt Frieden geschlossen werden müsse, und zwar ein Friede, der sich erst erreichen ließ, wenn Hitler entmachtet war.

Einige Verschwörer waren schon vor längerer Zeit zu der Überzeugung gekommen, daß dies angesichts der im nationalsozialistischen Deutschland herrschenden Unterdrückung und Gewalt bedeutete, daß Hitler sterben mußte. Er würde niemals freiwillig zurücktreten. Er war umgeben von selbstsüchtigen Opportunisten und Speichelleckern, die wußten, daß sie nur überleben konnten, wenn dieses Regime an der Macht blieb. Ein »Faschistischer Großrat«, der Mussolini abgesetzt hatte, konnte nicht einberufen werden. Die offiziellen Regierungsbehörden wurden zum größten Teil von der Partei beherrscht. Die Polizei befand sich in der Hand einer skrupellos geführten SS, einem Staat im Staate. Wenn Hitler ausgeschaltet werden sollte, dann war ein Attentat die einzige Möglichkeit. Und es bereitete den führenden Persönlichkeiten in der Widerstandsbewegung große Schwierigkeiten, sich zu dieser Erkenntnis durchzuringen. So wurde diese Frage im Kreis des Widerstands zum Thema endloser Diskussionen.

Doch die Katastrophe stand unmittelbar bevor, und eine Entscheidung mußte getroffen werden. Einige der tapferen Männer und Frauen des deutschen Widerstandes sind dafür kritisiert worden, daß sie so lange gezögert hätten, bis feststand, daß Deutschland den Krieg verlieren würde. Das hieß mit anderen Worten, sie seien bereit gewesen, aus den Erfolgen Hitlers Nutzen zu ziehen, und hätten sich erst gegen ihn gewandt, als sie erkannten, daß er scheitern mußte.[42] Dieser Vorwurf ist verständlich, trifft aber nicht den Kern der Sache. Viele Verschwörer — und die meisten Deutschen — haben der Außenpolitik Hitlers zum großen Teil zugestimmt, und zwar aus verständlichen Gründen, auch wenn sie sich in ihren Erwartungen irrten. Außerdem hatten sie es schwer, sich gegen die Meinung der großen Mehrheit der Bevölkerung durchzusetzen, solange Hitler mit seiner Politik erfolgreich und daher unangreifbar war. Ein Machtwechsel wäre zu dieser Zeit nicht möglich gewesen, und die Attentatsversuche mußten scheitern. Nach Hitlers Tod hätte auch keine neue Regierung die Zustimmung einer Bevölkerungsmehrheit gefunden. So kam es nicht zu der heroischen Selbstopferung aus Gewissensgründen, die von den Kritikern gefordert wurde, aber das wäre in anderen Ländern nicht anders gewesen.

Auch hinsichtlich der moralischen Dimension gab es Zweifel. Nur wenige deutsche Offiziere hatten etwas gegen die harte Behandlung der Bevölkerung in den besiegten und nun von deutschen Truppen besetzten Ländern wie Polen einzuwenden, sofern es dabei nicht zu Verbrechen kam. Als sich der Widerstand gegen die deutsche Besatzungsmacht verstärkte, wurde es immer schwieriger, eine klare Grenze zwischen hartem und kriminellem Vorgehen zu ziehen. »Terroristische« Ausschreitungen verlangten wirksame Gegenmaßnahmen, wenn die deutschen Kriegsanstrengungen nicht behindert werden sollten. Gelegentlich wurden Geiseln genommen, und einige von ihnen wurden zur Vergeltung für die Ermordung deutscher Soldaten sogar erschossen, und das geschah auf Befehl der Militärbehörden nicht nur im Osten, sondern auch in Italien und Frankreich. Ironischerweise gehörten auch einige prominente Widerstandskämpfer gegen Hitler zu den Offizieren, die solche Vergeltungsmaßnahmen angeordnet hatten (die nach der fast überall geltenden Interpretation des internationalen Rechts unzulässig waren). Rommel hatte das Glück, nicht an der Ostfront eingesetzt zu werden, wo die Angehörigen des Heeres oft zu Zeugen unerhörter Greueltaten wurden, die von anderen verübt wurden. Und im Westen hatte er für die Aufrechterhaltung der Ruhe und Ordnung im zivilen Sektor nicht die persönliche Verantwortung. Wenn ihm in Italien solche Fälle vorgetragen wurden, hat er sich im allgemeinen durchaus menschlich verhalten.

Die meisten höheren deutschen Offiziere lehnten den Nationalsozialismus zwar ab, überließen es aber anderen, sich an den Verschwörungen zu beteiligen, während sie selbst die schwierigen Aufgaben zu erfüllen suchten, die der Krieg ihnen stellte. Es gab aber auch tapfere Männer, die sich von Hitler und seiner Weltanschauung aus moralischen Gründen so abgestoßen fühlten und sich um die bevorstehende Katastrophe so große Sorgen machten, daß sie sich unter äußerst gefährlichen Umständen zusammenfanden und auf ein aktives Eingreifen vorbereiteten, und zwar schon zu einer Zeit, als die deutschen Armeen noch überall Erfolge zu verzeichnen hatten. Ein Attentat auf Hitler (das jedoch mißlang) war schon für den August 1941 geplant, als dieser den Stab einer Heeresgruppe an der

Ostfront besuchte.[43] Ein weiteres Attentat wurde bei einem ähnlichen Besuch im März 1943 vorbereitet. Diesmal wurde eine Bombe in dem Flugzeug versteckt, mit dem Hitler nach Rastenburg zurückfliegen sollte. Aber auch dieser Versuch scheiterte, denn der Zünder an der Bombe versagte, und Hitler konnte sicher landen.[44] Es gab auch andere Attentatsversuche, bei denen Hitler aus nächster Entfernung getötet werden sollte, und zwar einmal beim Besuch einer Ausstellung und ein anderes Mal bei der Besichtigung neuer Uniformen. Aber alle diese Versuche mißlangen. In den meisten Fällen waren die Attentäter bereit, ihr eigenes Leben für Deutschland zu opfern. Viele dieser hochherzigen Idealisten hatten Freunde oder Verwandte unter den höchstrangigen Offizieren der Wehrmacht, und in all diesen Fällen hatte man sich um die Unterstützung einer ausreichenden Zahl von Befehlshabern und deren Truppen an der Front und in der Heimat bemüht. Die SS würde dem Regime wahrscheinlich die Treue halten, und nach einem mit Gewalt herbeigeführten Machtwechsel würde es zu inneren Unruhen kommen. Aber trotzdem würde es notwendig sein, den Krieg an den Fronten weiterzuführen und die Stellungen zu halten. Das alles verlangte eine intelligente und gründliche Vorbereitung durch die militärischen Fachleute — und die Gestapo war überall.

Es liegt in der Natur von Verschwörungen, daß es dabei zu Meinungsverschiedenheiten über Ziele, Methoden und Persönlichkeiten kommt, und diese Fragen lassen sich unter solchen Umständen nicht in einer offenen Debatte lösen. So war es auch in Deutschland. Es gab keinen geschlossenen Widerstand, sondern die Gegner des nationalsozialistischen Regimes hatten sich in kleineren Gruppen zusammengeschlossen, die einander zum Teil mißtrauten oder in ihren politischen Zielen nicht übereinstimmten.[45]

Im Frühjahr und Sommer 1944 nahm eine neue Gruppe von Verschwörern ihre Tätigkeit auf. Die Kriegslage wurde täglich bedrohlicher, und die durch die alliierten Bombenangriffe angerichteten Zerstörungen wurden mit jedem Tag unerträglicher. Einige führende Mitglieder der deutschen Opposition, die sich zum Teil sogar offen gegen den Nationalsozialismus ausgesprochen hatten, waren von der Gestapo verhaftet worden — unter anderen Bonhoeffer im April 1943 und Moltke im Januar 1944. Bei der Wehrmacht war General Oster von der Abwehr entlassen worden und wurde von der Gestapo überwacht, und auch sein Vorgesetzter, Admiral Canaris, hatte seinen Abschied nehmen müssen. Beide waren entschiedene Gegner Hitlers, Oster schon seit der Zeit der Machtergreifung. Rommels neuer Generalstabschef bei der Heeresgruppe B, General Hans Speidel, stand ganz auf ihrer Seite.

Am Sonntag, dem 4. Juni, brach Rommel in Begleitung von Lang und Tempelhoff nach Deutschland auf. Zu Hause angekommen, rief er am nächsten Tag Schmundt auf dem Berghof an, der ihm mitteilte, Hitler werde ihn am Donnerstag, dem 8. Juni, zu einem Gespräch empfangen. So blieben ihm noch zwei geruhsame Tage zu Hause. Am Dienstag, dem 6. Juni, war der Geburtstag seiner Frau, und am frühen Morgen dieses Tages stand Rommel auf, ging im Schlafrock nach unten ins Wohnzimmer und bereitete persönlich den Geburtstagstisch für seine Frau vor. Da läutete das Telefon. Es war Speidel. Der Feind hatte starke Luftlandetruppen in der Normandie abgesetzt und sich bisher dort behaupten können. Man war sich noch nicht klar darüber, ob es der Beginn der lange erwarteten Invasion war oder nicht.

Um 10 Uhr rief Rommel noch einmal bei ihm zurück. Inzwischen hatte sich die Lage geklärt. Die Offensive aus der Luft und von See her hatte begonnen. Es war die Invasion.

21.

Die letzte Schlacht

Damit begann Rommels letzter Feldzug, ein Feldzug, zu dessen Opfern auch er selbst gehören sollte und der mit der totalen Niederlage der deutschen Wehrmacht endete.

Rommel führte diesen Kampf unter großen inneren Qualen. In den letzten Wochen vor seiner Verwundung spürte er in Herz und Verstand eine tiefe Zerrissenheit, von der er nicht wußte, wie sie zu heilen war. Gleichsam zwei Persönlichkeiten kämpften in seinem Innern gegeneinander. Die eine war der loyale und disziplinierte Soldat, der er stets gewesen war und der in einer Schlacht gegen einen überlegenen Feind kämpfte, die er ohne eigenes Verschulden verlor.

Zweitens war da der Patriot in ihm, der überzeugt war, daß die einzige Hoffnung Deutschlands im Frieden lag und sein Volk vor der endgültigen und totalen Vernichtung nur gerettet werden konnte, wenn es gelang, ein Einvernehmen mit den Westmächten zu erzielen. Die beste und vielleicht einzige Voraussetzung für eine solche Vereinbarung aber war es, im Westen zeitweilig Erfolge zu erzielen, um die Bedrohung Deutschlands durch einen Zweifrontenkrieg für kurze Zeit abzuwenden. Diese Überzeugung führte Rommel dazu, sich nach Kräften um einen Sieg in der Abwehrschlacht im Westen zu bemühen. Als sich jedoch zeigte, daß diese Schlacht verloren ging, hielt er den Friedensschluß für um so dringender und rang sich zu der bitteren Erkenntnis durch, daß der Frieden nun nicht mehr nach einem militärischen Patt, sondern nur noch angesichts der unmittelbar bevorstehenden militärischen Katastrophe erreicht werden konnte.

Das entscheidende Hindernis aber, das sich einem solchen Friedensschluß entgegenstellte, war der »Führer« selbst. Immerhin hatte Hitler wenigstens in dieser Hinsicht Realitätssinn gezeigt, als er Rommel gegenüber angedeutet hatte, niemand werde Frieden mit ihm schließen. Er hatte, wie sogar Rommel widerwillig zugeben mußte, nahezu alle Regeln der Zivilisation gebrochen und wurde in einem großen Teil der Welt nicht einfach als feindlicher Staatsmann, sondern als Verbrecher angesehen. Hitler, der zehn Jahre lang Rommels Oberster Befehlshaber gewesen war und dessen Wirken für

Deutschland Rommel dankbar bewundert hatte — dieser Hitler, das mußte sich Rommel nun eingestehen, war Deutschlands Verderben. Solange Hitler an der Macht blieb, konnte Deutschland mit nichts anderem rechnen als mit der Fortführung des Krieges, mit der Zerstörung seiner Städte und dem unaufhaltsamen Vordringen der Roten Armee von Osten her.

Man kann sagen, daß sich der Sinneswandel Rommels ähnlich wie die Schlacht in der Normandie innerhalb von drei Zeitabschnitten vollzog. Die erste Phase dauerte zwölf Tage, vom Beginn der Invasion bis zum 17. Juni, als Hitler die Oberbefehlshaber der Westfront zu einer Lagebesprechung bei Soissons zu sich befahl.

Nach dem zweiten Telefongespräch mit Speidel am 6. Juni fuhr Rommel von Herrlingen wieder nach Frankreich zurück. In Nancy machte er halt und rief in seinem Hauptquartier in La Roche Guyon an, um sich zu vergewissern, daß die 21. Panzerdivision, der einzige Panzerverband, der in der Nähe des Landungsabschnitts bereitstand, zum Gegenangriff eingesetzt worden war. Das war geschehen, und zwar um 7.30 Uhr, fünf Minuten nachdem die am weitesten östlich (und am nächsten) eingesetzten feindlichen Kräfte an Land gegangen waren.

Doch die Truppenteile der 21. Panzerdivision waren über einen weiten Raum verteilt. Ihre vier Panzergrenadierbataillone waren beiderseits der Orne im Raum von Caen und nördlich davon eingesetzt, um die 716. Infanteriedivision, die die Befestigungsanlagen in diesem Küstenabschnitt besetzt hatte, zu verstärken. Die Panzergrenadiere waren beweglich und mit schweren Waffen ausgerüstet und daher in der Lage, einen Gegenangriff zu führen. Aber der Divisionskommandeur, General Feuchtinger, beklagte sich verständlicherweise darüber, daß die von Rommel befohlene Zersplitterung der Division ihren geschlossenen Einsatz unmöglich machte.[1] Nach Rommels Überzeugung aber war eine solche Verteilung der Kräfte weniger entscheidend als die Möglichkeit, sofort dort zu reagieren, wo die ersten Schläge des Feindes fielen. Aus dieser Sicht war die Verstärkung der 716. Division durch Kräfte, die einen solchen Gegenangriff führen konnten, vertretbar. Dennoch konnte die nun aufgesplitterte Division nicht so wirkungsvoll wie als geschlossener Verband operieren. Sie verfügte über 127 Panzer IV und 40 Sturmgeschütze, aber wie Rommel vorhergesagt hatte, stießen alle Truppenbewegungen zunächst auf große Schwierigkeiten, denn im ganzen Operationsgebiet herrschten während der ersten beiden Tage nach Beginn der Invasion chaotische Verkehrsverhältnisse.

Als Rommel am Abend des 6. Juni um 21.30 Uhr in La Roche Guyon eintraf, wurde er sofort über die Lage unterrichtet, soweit sie

Das Frühjahr 1944 war von zum Teil erbitterten Auseinandersetzungen zwischen dem Führerhauptquartier, dem Oberbefehlshaber West, Generalfeldmarschall v. Rundstedt, und Rommel über den mutmaßlichen Invasionspunkt und die zweckmäßige Taktik bei der Abwehr geprägt. Rommel hielt Truppenbewegungen angesichts der feindlichen Luftüberlegenheit nach der Landung für kaum noch möglich. Daraus zog er die Folgerung, möglichst alle Kräfte nahe der Küste zu konzentrieren und alles auf die Chance zu setzen, die gelandeten Truppen innerhalb weniger Tage ins Meer zurückzuwerfen. Das Führerhauptquartier rechnete jedoch mit einer zweiten, entscheidenderen »Hauptlandung« an anderer Stelle und weigerte sich daher, alle Reserven Rommel schon zu diesem frühzeitigen Termin freizugeben. Auch Rundstedt beharrte auf seinem Plan, die Alliierten erst einmal landen zu lassen, um sie dann im Landesinnern in einer großen Umfassungsschlacht zu vernichten. Der Verlauf der Invasion zeigte dann, daß die deutschen Kräfte für beide Vorhaben viel zu schwach waren.

Das Bild zeigt Rommel in einer Besprechung mit Generalfeldmarschall v. Rundstedt (rechts) und Generalfeldmarschall v. Blaskowitz (links).

bekannt war. Am 5. Juni und auch schon früher hatte der deutsche Nachrichtendienst Sendungen des britischen BBC abgehört und entschlüsselt, in denen die Résistance aufgefordert worden war, sich für die Invasion bereitzuhalten. Aus diesen Sendungen ließ sich aber nicht entnehmen, wo die Landungen erfolgen würden, und der Oberbefehlshaber West hielt sie nicht für zuverlässig genug, um die deutschen Truppen zu alarmieren. Die Heeresgruppe B verfügte nur über eine schwach besetzte Abteilung Ic für den Feindnachrichtendienst, die zudem nicht die Möglichkeiten besaß, derartige Quellen zu sammeln und auszuwerten.[2] Da die Heeresgruppe vom OB West nicht über den Inhalt solcher Meldungen unterrichtet worden war, waren keine entsprechenden Befehle ergangen, und die 7. Armee hatte keine besonderen Vorsichtsmaßnahmen getroffen. Ganz unerwartet waren dann die feindlichen Fallschirmjäger gelandet.

Im Morgengrauen war die riesige Invasionsflotte vor der Küste aufgetaucht. Im Ostteil des vom Feind angegriffenen Küstenabschnitts, nördlich von Caen, hatte die 21. Panzerdivision erst am frühen Abend des 6. Juni von Westen nach Osten einen aus Infanterie und Shermanpanzern bestehenden britischen Verband angegriffen, der von der Küste in südlicher Richtung vorging und sich dann bei Hermanville zur Verteidigung einrichtete. Die Division hatte 13 Panzer verloren und war vom Gegner zum Stehen gebracht worden, obwohl eine schwache Gruppe weiter westlich die Küste erreicht hatte. Die Ornebrücken nördlich von Caen waren von feindlichen Fallschirmjägern genommen worden. Weiter westlich hatte der Gegner im Küstenabschnitt zwischen Arromanches und Courseulles eine etwa 16 Kilometer breite Front gebildet und war im westlichen Teil des Abschnitts der 716. Infanteridivision nordöstlich von Bayeux etwa 10 Kilometer tief landeinwärts vorgestoßen. Auch nördlich von Colleville war der Feind an zwei Stellen mit starken Kräften gelandet, hatte dort erhebliche Verluste gehabt und war von der 716. Division zwischen den sich unmittelbar an der Küste erhebenden Klippen festgehalten worden. Bei einer zweiten Landung westlich der Viremündung war es dem Gegner jedoch gelungen, einen ausgedehnten Brückenkopf im Abschnitt der 709. Infanteriedivision zu bilden, der sich jetzt vergrößerte. Man hatte eine Landung dort nicht erwartet, weil sich das sumpfige Gelände bei Carentan im Süden der Halbinsel Cotentin nicht für den Einsatz von Panzern zu eignen schien. Indessen waren die beiden nächsten Panzerdivisionen der OKW-Reserve, die 12. SS-Panzerdivision bei Lisieux und die Panzerlehrdivision bei Chartres, am Nachmittag Rundstedt und damit der Heeresgruppe B unterstellt worden.

Der Feind war also gelandet und hatte einige voneinander getrennte flache Brückenköpfe gebildet; es war nicht gelungen, ihn durch Gegenangriffe ins Meer zurückzudrängen. Allerdings hatte er es nicht vermocht, sich an bestimmten beherrschenden Punkten wie etwa bei Caen festzusetzen.

Kommentatoren auf beiden Seiten haben bei der Beurteilung dieser Ereignisse Rommels Anordnungen und seine Abwesenheit zu dieser Zeit kritisiert. Man hat ihm vorgeworfen, daß er die Kampfkraft der 21. Panzerdivision durch ihre Verteilung auf ein weites Gebiet geschwächt und es versäumt habe, an anderen von der alliierten Invasion bedrohten Küstenabschnitten wirksame Gegenangriffe zu ermöglichen, weil hier keine Panzerkräfte bereitgestellt worden waren. Aber Rommel war sich durchaus der Tatsache bewußt gewesen, daß nicht hinter jedem Abschnitt der vom Feind bedrohten Küste Panzer stehen konnten. Ein sofortiger oder rechtzeitiger Gegenangriff mußte erfolgen, solange sich der Feind noch in der Zone der Küstenbefestigungen befand, und die Zeit, die zur Heranführung dieser Panzerkräfte gebraucht wurde, ließ sich nur gewinnen, wenn die Küstenbefestigungen dort, wo man mit einem Angriff rechnen mußte, verstärkt wurden. Hätte man ihm einen größeren Teil der OKW-Reserve aus der Panzergruppe West unterstellt, hätte Rommel einige Panzer weiter westlich bereitstellen können, um rechtzeitig Gegenangriffe in Richtung auf Bayeux oder Carentan führen zu können. Aber seine eigenen Reserven reichten nicht aus, um auf diese Weise das Blatt zu wenden.

Im Hinblick auf Rommels Abwesenheit und die Zeit, die bis zu seiner Rückkehr verlorenging, ist die These vertreten worden, Rommel hätte am 6. Juni dafür sorgen können, daß die Gegenangriffe früher begannen, ja vielleicht das OKW oder sogar Hitler persönlich dazu bewegen können, die Panzerreserven früher freizugeben.[3] Da dies nicht geschah, seien wertvolle Stunden verstrichen. Speidel ist das offenbar nicht gelungen, obwohl er sich im Namen Rommels und mit Zustimmung Rundstedts an das OKW gewandt hatte. Rommels Kritiker glauben zudem, er persönlich hätte den Beginn des Gegenangriffs der 21. Panzerdivision beschleunigen können, der sich nicht nur verzögerte, weil die Division nicht geschlossen bereitstand, sondern auch, weil man sich zunächst über den Einsatz der Panzerkräfte nicht einigen konnte und widersprüchliche Befehle gegeben wurden. Doch da die feindliche Luftüberlegenheit ohnehin alle größeren Truppenbewegungen bei Tage verzögert hätte, da außerdem die Bereitstellungsräume der Panzerreserven (der 12. SS-Panzerdivision bei Lisieux, 50 Kilometer von Caen entfernt, und der Panzerlehrdivision bei Chartres) zu weit von den feindlichen Brückenköpfen entfernt waren und Rommel den entscheidenden Schlag erst führen konnte, wenn sich herausstellte, daß nun tatsächlich die lang erwartete Hauptlandung stattgefunden hatte, ist es mehr als zweifelhaft, ob Rommels Anwesenheit, so anspornend sie vielleicht auch gewirkt hätte, den Gegenangriff mit Panzern am 6. Juni beschleunigt haben würde. Allerdings war der Himmel am Vormittag des 6. Juni bewölkt und die Sicht schlecht, so daß die 12. SS-Panzerdivision schon am frühen Nachmittag auf dem Schlachtfeld hätte eintreffen können, wenn das OKW die Panzerreserven rechtzeitig freigegeben hätte. Aber das alles sind nur Vermutungen.

Es ist sicher richtig, daß auch ein stärkerer und früherer Gegenangriff der 21. Panzerdivision nur an einem relativ schmalen Frontabschnitt eine gewisse Wirkung erzielt hätte, wenn man bedenkt, mit wie starken Kräften die Alliierten angriffen, mit welch verheerender Wirkung die Verteidiger von der feindlichen Luftwaffe bombardiert und mit Schiffsgeschützen beschossen wurden (deren Treffsicherheit die Deutschen in Erstaunen versetzte), mit welcher Stärke der Gegner gleichzeitig an den verschiedensten Frontabschnitten vorging und wie erfolgreich die Luftlandungen verliefen. Die Alliierten hatten der Invasion den Decknamen »Overlord« gegeben, und sie sollte diesem Namen alle Ehre machen. Hier triumphierten materielle Überlegenheit, Scharfblick, Praxisnähe und Planungsvermögen. Nur wenn man Rommels »ketzerischem« Vorschlag gefolgt wäre, ihm weitere Panzerdivisionen zu unterstellen, die er unmittelbar an der Küste einsetzen konnte, hätte die Schlacht vielleicht einen anderen Ausgang nehmen können.

Enttäuschend für Rommel war, daß der feindliche Angriff durch die unter Wasser und an der Küste angelegten Hindernisse kaum aufgehalten wurde. Hätte er im Westabschnitt mehr Zeit gehabt, dann wären die Erfolgsaussichten besser gewesen. An einigen Abschnitten, besonders am Strand von Courseulles, hatten sich viele Landungsfahrzeuge festgefahren und waren von Rommels Minen und Unterwasserhindernissen versenkt worden, und einige seiner betonierten Stützpunkte konnten den Angreifern lange Zeit standhalten; aber am Ende des vom Gegner so bezeichneten »D-Day« war die Invasion Frankreichs gelungen. Was Rommel zu verhindern gehofft hatte, war geschehen, wenngleich sich das Schlachtfeld auf den Raum unmittelbar an der Küste oder wenige Kilometer dahinter beschränkte und der Gegner in Richtung auf Caen nur etwa 7 Kilometer vorangekommen war.

Noch immer aber herrschte Ungewißheit, ob die Operation in der Normandie tatsächlich der Hauptschlag des Gegners war. Das von den Alliierten geplante Täuschungsmanöver mit dem Decknamen »Fortitude« sollte bei den Deutschen den Eindruck erwecken, eine noch nicht eingesetzte neue Armee stünde im Südosten Englands bereit und bedrohe den Pas de Calais. Und der deutsche Nachrichtendienst ließ sich in der Tat täuschen und berichtete im Juni und Ju-

li über die »Heeresgruppe Patton«, die angeblich im Osten und Südosten Englands zwischen Brighton und dem Humber läge und aus
bis zu 30 »starken Verbänden« (vielleicht Divisionen) bestünde.
Doch abgesehen davon gab es sowohl in den Vereinigten Staaten als
auch in Großbritannien eine beachtliche Zahl frischer amerikanischer Divisionen, die früher oder später eingesetzt werden konnten.
Es hatte sich gezeigt, daß die Alliierten über eine große Zahl von
Landungsfahrzeugen aller Art verfügten. Das Gelände im Pas de
Calais eignete sich hervorragend für weitere Anlandungen, denn hier
bot sich die Möglichkeit, anschließend in Richtung auf Paris vorzustoßen und die Deutschen, die sich gegen einen aus der Normandie
anrückenden Feind verteidigten, in der Flanke anzugreifen. Rommel
hat, solange er in der Normandie war, also bis Mitte Juli, mit der
Möglichkeit einer zweiten feindlichen Landung gerechnet. Man hat
das als Fehleinschätzung kritisiert, die durch erbeutete feindliche Dokumente widerlegt worden sei,[4] aber auch das OKW hat an diese
Möglichkeit geglaubt. Noch am 17. Juni und später hat Hitler selbst
von dieser Gefahr gesprochen. Der deutsche Nachrichtendienst, der
weder über eine verläßliche Luftaufklärung noch über irgendwelche
mit »Ultra« vergleichbaren Nachrichtenquellen verfügte, war praktisch blind. Über die Absichten des Gegners ließen sich daher nur
Vermutungen anstellen, die sich auf die Geländekenntnis, Wettervor-
hersagen und die Erfahrung stützten. Aber da der Gegner angesichts
seiner haushohen materiellen Überlegenheit praktisch alles tun
konnte, was er wollte, grenzte es fast an ein Wunder, daß diese Vermutungen manchmal sogar zutrafen.

Am 7. Juni war Rommel in seinem Hauptquartier geblieben und
suchte sich in einem Gespräch mit Geyr v. Schweppenburg ein Bild
von der allgemeinen Lage zu machen. Sehr viel später hat Geyr das
OKW für die Entscheidung kritisiert, Rommel die Reservepanzerdi-
visionen unterstellt zu haben. Er beklagte sich nicht ganz zu Unrecht
darüber, daß man ihn nicht von dieser Verlegung der 12. SS-Panzerdivision und der Panzerlehrdivision unterrichtet hatte, und erklärte,
wenn man ihm die Reservedivisionen gelassen hätte, hätte er in der
Zeit um den 24. Juni einen konzentrierten Gegenangriff in nördlicher
Richtung führen können.[5] Doch inzwischen beteiligten sich diese
Divisionen an der Abwehrschlacht und konnten nicht mehr heraus-
gelöst werden. Es standen aber auch keine weiteren Infanteriedivisionen mehr zur Verfügung, und ohne Unterstützung durch Panzerkräfte wäre die Stellung durchbrochen worden, und ein regelloser
Rückzug hätte begonnen. Wenn nicht schon in wenigen Tagen ein
außerordentlicher Erfolg erzielt werden konnte, würde Deutschland
in eine Lage geraten, von der Rommel schon lange gesagt hatte,
daß sie zur endgültigen Katastrophe führen mußte: Es würde in

Die Schlacht in der Normandie wurde weniger durch strategische Geniestreiche der Alliierten oder durch taktische Fehler der Deutschen entschieden als durch die ungeheure Materialüberlegenheit sowohl zu Lande als auch in der Luft. Vor allem waren es die von den Deutschen nicht vorhergesehenen technischen Innovationen wie die Errichtung künstlicher Häfen, die einige hundert Meter vor der Küste angelegt wurden und von denen aus über Pontonbrücken auch das schwerste Kriegsmaterial an die Küste gebracht werden konnte.

Oben: Am berühmten »Omaha Beach«, einem der Brennpunkte des Invasionsgeschehens, rollen schon nach wenigen Tagen amerikanische gepanzerte Fahrzeuge an Land.

Rechts: Der zweite Brennpunkt »Utah Beach«, wo in stärkerem Maße auch die in den vergangenen Jahren neu aufgestellten französischen Kräfte in den Kampf eingriffen. Während die Deutschen glücklich waren, wenn eine ganze Panzerdivision noch über 50 Panzer verfügte, standen am Strand Tausende von englischen, amerikanischen und französischen Panzern, unbehelligt durch die deutsche Luftwaffe.

einem lange dauernden Krieg zwischen zwei Hauptfronten zerrieben werden.

Rommels Aktivitäten während der folgenden zehn Tage sind zum größten Teil in dem Tagebuch, das beim Führungsstab der Heeresgruppe B geführt wurde,[6] und in den Berichten nachzulesen, die täglich von dem Generalstabsoffizier aufgezeichnet wurden, der ihn begleitete.[7] In diesen Dokumenten hat man jedoch aus verständlichen Gründen den Inhalt der oft sehr leidenschaftlich geführten Gespräche mit den einzelnen Truppenkommandeuren nicht wiedergegeben, denn alle Beteiligten standen zu der Zeit unter einem enormen physischen und seelischen Druck. In groben Zügen sind Rommels Aktivitäten jedoch dokumentiert, ebenso die von ihm gegebenen Anordnungen und seine jeweilige Lagebeurteilung. So unvollständig diese Aufzeichnungen auch sein mögen, sie zeigen deutlicher als das, was wir viel später aus den Erinnerungen Beteiligter erfahren, welche Ansichten er offiziell geäußert und welche Entscheidungen er getroffen hat. Das gleiche gilt für die Protokolle seiner Begegnungen mit Hitler, auch wenn sie vielleicht später redigiert worden sind und nicht die ganze Wahrheit sagen.

Die beiden Frontgebiete, um die sich Rommel die größten Sorgen machte, waren im Osten der Abschnitt um Caen und im Westen die Halbinsel Cotentin. Wenn man dem Feind ein weiteres Vorgehen in diese beiden Richtungen verwehren konnte, gab es noch die Hoffnung, ihn mit Gegenangriffen zu zerschlagen, auch wenn das nur in begrenztem Rahmen geschehen konnte. Wenn dem Gegner der Zugang nach Caen verwehrt wurde, hatte er an der linken Flanke keinen festen Angelpunkt und gab sich auf diese Weise eine Blöße, und ohne Cherbourg fehlte ihm ein größerer Hafen. Am 7. und 8. Juni kam es westlich und östlich der Orne, nördlich von Caen zu schweren Kämpfen. Die 12. SS-Panzerdivision hatte jetzt in die Schlacht eingegriffen und führte am Abend des 8. Juni mit ihren starken Panther-Panzern einen Angriff in Richtung Küste.

Am 9. Juni traf die Panzerlehrdivision, von Chartres kommend, im Frontabschnitt von Caen ein. Zwei weitere Infanteriedivisionen, die 346. und die 711., waren vom Seinebecken nach Westen verlegt worden, um die mit Front nach Westen kämpfenden deutschen Verteidigungskräfte östlich der Orne zu verstärken. Zudem bildeten jetzt drei Panzerdivisionen einen Abwehrring um Caen. Geyr plante einen begrenzten Vorstoß von Caen aus nach Norden beiderseits der Gleise einer Schmalspurbahn bis nach Anisy und Anguarny südlich von Douvres, um einen Keil in die britische Front zu treiben. Im Westen hatte der Feind Isigny genommen, war aber in dem schwierigen, von zahlreichen Hecken durchzogenen Gelände südlich davon sowie in dem sumpfigen Gebiet zwischen der Küste, Carantan und La Mère Eglise nur langsam vorangekommen. Noch hielt die deutsche Front.

Doch der Feind stand jetzt an einer fast durchlaufenden Front, und seine Brückenköpfe wurden ununterbrochen verstärkt. Am 10. Juni hatten die Amerikaner eine Linie kurz vor dem Fluß Merderet westlich von Carentan erreicht, während am folgenden Tag die britische 51. Highland-Division im Abschnitt östlich der Orne und nördlich des Bois de Bavent nach Süden angriff. Dieser Angriff wurde in wenigen Stunden mit örtlichen Gegenangriffen abgewehrt. Rommel vertrat die Ansicht, daß an allen Abschnitten solche kurzen Vorstöße erfolgen sollten, denn das war alles, was mit den ihm zur Verfügung stehenden Kräften und angesichts der feindlichen Luftüberlegenheit möglich war. Dennoch mußten die Panzerkräfte östlich der Orne schwere Verluste hinnehmen.

Am 10. Juni besuchte Rommel Geyr im Hauptquartier der Panzergruppe West in einem Obstgarten bei Le Caine, 32 Kilometer südlich von Caen, um die Versorgungslage für Kraftstoff und Munition zu erörtern. Auch hier gab es Schwierigkeiten, da der Feind die Depots und Nachschubwege ständig angriff und die Versorgungsfahrzeuge einen Umweg von 200 Kilometern machen mußten.

Noch am gleichen Nachmittag wurde das Hauptquartier Geyrs bombardiert. Wie Rommel schrieb, wußte man nicht, ob Zivilisten den Standort verraten hatten oder der Feind ihn durch Funkpeilung ermittelt hatte (in Wirklichkeit war es »Ultra« gewesen). Fast alle Angehörigen des Stabes wurden dabei getötet, und die von der Panzergruppe West geplante Offensive konnte nicht stattfinden. Am folgenden Tag hatte Rommel eine Besprechung mit Rundstedt.

Die Kämpfe an der Westfront waren zur Materialschlacht geworden. Die von Rommel geführten Verbände wurden durch das Feuer der Bodentruppen, der Schiffsgeschütze und der Luftstreitkräfte eines Gegners zerschlagen, der offenbar über unerschöpfliche Munitionsvorräte verfügte. Rommel war wie schon zu Beginn der Schlacht davon überzeugt, daß man in dieser Situation auch durch eine Konzentration der Kräfte und taktische Gegenangriffe nichts erreichen könne. Die feindliche Luftüberlegenheit und das für solche Operationen ungeeignete Gelände ließen das nicht zu. Man konnte nur versuchen, die in der immer länger werdenden Front entstandenen Lücken zu schließen und dort, wo sich die Gelegenheit ergab, energisch zuzuschlagen, um den Gegner am weiteren Vordringen zu hindern. Doch oft machte das intensive feindliche Feuer selbst örtliche und begrenzte Gegenangriffe unmöglich, und die Verluste an Menschen und Material nahmen in besorgniserregender Weise zu. Nur gelegentlich gab es einen kleinen Hoffnungsschimmer. Häufig schien der Schwung des gegnerischen Angriffs nachzulassen, der Feind nutzte taktische Erfolge erst nach einigem Zögern aus und konnte in einzelnen Fällen sogar wieder zurückgedrängt werden, wenn es den Deutschen gelang, ihre Kräfte an bestimmten Frontabschnitten zu konzentrieren. Die Tiger-Panzer mit ihren 8,8-cm-Kanonen, die sich hier wie in Afrika im Kampf Panzer gegen Panzer glänzend bewährten, erzielten einige erstaunliche Erfolge, selbst wenn sie einzeln oder nur in kleinen Gruppen eingesetzt wurden.

Am 11. Juni begann die britische 7. Panzerdivision Caen im Westen zu umgehen und besetzte am 13. Juni das 24 Kilometer südwestlich von Caen gelegene Villers-Bocage. Ein einziger Tiger-Panzer stieß von Süden kommend in die Stadt vor, schoß alles zusammen, was sich ihm entgegenstellte, und zwang die Briten zum Rückzug. Caen war jetzt von vier deutschen Panzerdivisionen eingeschlossen. Die Panzerlehrdivision und die 12. SS-Panzerdivision hatten sich unter dem Befehl des I. SS-Panzerkorps mit der 21. Panzerdivision vereinigt und wurden am 13. Juni durch die 2. Panzerdivision verstärkt, die auf einem anstrengenden Marsch vom Pas de Calais hierher verlegt worden war. Damit waren fast alle Panzerkräfte Rommels vereinigt; mit weiteren Verstärkungen war nun nicht mehr zu rechnen. Nördlich der Seine stand nur noch die 116. Panzerdivision für einen Einsatz bereit, falls die Situation es erforderte. Am Nachmittag des 12. Juni besuchte Rommel den Divisionskommandeur, General Graf Schwerin, kehrte aber am 13. wieder zum I. SS-Panzerkorps in den Orne-Abschnitt zurück.

Am gleichen Tag gelang es dem Feind, die beiden Brückenköpfe im Westen zu verbinden, nachdem Carentan am Tage zuvor gefallen war. In diesem Abschnitt wurden die Verteidiger weiter nach Westen zurückgedrängt, und es konnte nur noch wenige Tage dauern, bis der Feind die Halbinsel Cotentin abgeschnitten hatte. Am 14. Juni erreichte Rommel nach einer abenteuerlichen Fahrt das Hauptquartier des LVII. Panzerkorps unter General v. Funck im Westen der Halbinsel Cotentin und fuhr dann weiter zur 2. Panzerdivision nach Bremoy bei Villers-Bocage. Hier hatte die Panzerlehrdivision inzwischen einen britischen Panzerangriff abgewehrt und 25 feindliche Panzer abgeschossen.

Unterwegs konnte sich Rommel auch ein Bild von der Stimmung der kämpfenden Truppe und ihrer Kommandeure machen. Er stellte fest, daß die Moral der Soldaten in vorderster Linie erstaunlich gut war, aber aus dem rückwärtigen Gebiet wurde gemeldet, daß es zu Plünderungen bombardierter Häuser gekommen war und sich einzelne Soldaten in den Dörfern herumtrieben, die behaupteten, ihre Einheiten nicht finden zu können, offenbar aber auch keinen Versuch dazu unternahmen. Deshalb war es notwendig, das rückwärtige Gebiet und die einzelnen Dörfer intensiver von der Feldgendarmerie kontrollieren zu lassen.[8] Doch im allgemeinen überwog der Eindruck, daß an der Disziplin der Truppe nichts auszusetzen war, vor allem bei der Waffen-SS, die sich in einem bemerkenswert guten Zustand befand. Anders als die meisten Divisionen der Armee hatten die SS-Divisionen die volle Mannschaftsstärke, waren besser ausgerüstet und hatten energische Kommandeure. Allerdings kam es zwischen den Angehörigen der Waffen-SS und den Soldaten des Heeres manchmal zu Spannungen, da die SS-Männer dazu neigten, die Befehle von Offizieren des Heeres zu mißachten, und weil sie einen eigenen Korpsgeist hatten.

Die deutschen Divisionen wurden inzwischen immer stärker vom Gegner bedrängt, und Rommel begann, an der Richtigkeit seiner eigenen Befehle zu zweifeln. Zunächst hatte er Hitlers Auffassung geteilt, man dürfe auf keinen Fall zurückweichen, und selbst vom ersten Tag an immer wieder die Ansicht vertreten, die Schlacht müsse innerhalb des Verteidigungsgürtels an der Küste gewonnen werden. Doch nun hatte der Feind die erste Schlacht gewonnen und an der Küste Fuß gefaßt. Obwohl alles nur menschenmögliche unternommen worden war, diesen Gegner zurückzuwerfen, kam es jetzt darauf an, die Verteidigungskräfte umzugliedern, um aus dem Feuerbereich der Schiffsgeschütze herauszukommen. Dazu bedurften die örtlichen Befehlshaber einer gewissen Entscheidungsfreiheit, die ihnen dort, wo es taktisch notwendig war, bestimmte Ausweichmanöver erlaubte. Doch das verhinderte (wie Rommel es schon so oft erlebt hatte) ein persönlicher Befehl Hitlers, der jeden Rückzug untersagte. So mußte praktisch jede Truppenbewegung vom OKW genehmigt werden — ein geradezu absurdes Eingreifen höherer Stellen in taktische Einzelheiten. Eine Umgruppierung der 77. Infanteriedivision, die Rommel vorgeschlagen hatte, um eine Lücke am südlichen Rand der Halbinsel Cotentin zu schließen, mußte zum Beispiel von Rundstedt befohlen werden, der das aber trotz Rommels Drängen ablehnte und statt dessen erklärte, die Lage sei nicht so kritisch, wie sie von der Heeresgruppe B beurteilt würde.[9] Und als Rommel um Erlaubnis bat, wenn notwendig Truppen von Süden nach Cherbourg verlegen zu dürfen, da der dortige Hafen von Bedeutung war, erhielt er am Nachmittag des 16. Juni den Führerbefehl: Kein Rückzug nach Cherbourg.[10]

Zu dieser Zeit besuchte Rommel die einzelnen Korps und die Panzergruppe West. Gelegentlich, aber nicht immer, begleiteten ihn die Kommandierenden Generale auch zu den Divisionsstäben, wo er von den Divisionskommandeuren oder ihren Ersten Generalstabsoffizieren über die Lage unterrichtet wurde. Obwohl er auch die 7. und die 15. Armee besuchte, beschränkte er sich nicht darauf, seine Befehle nur über diese Stäbe weitergeben zu lassen (auch Montgomery hat es in ähnlichen Situationen nicht getan). Das Schlachtfeld in der Normandie hatte eine relativ geringe Ausdehnung, und auf diesem engen Raum standen sich große Massen von Soldaten und Kriegsmaterial gegenüber. Wenn Entscheidungen getroffen wurden, dann mußte das sofort geschehen, und es war Rommels Art, sich persönlich ein Bild zu machen und dann ohne Zögern Entscheidungen zu treffen und seine Wünsche zum Ausdruck zu bringen. In der Normandie kämpften die Verbände auf jeder Seite in engem Zusammenhang mit den jeweiligen Nachbarn, und wenn auf deutscher Seite das strikte Einhalten des Dienstweges diese Zusammenarbeit sonst oft zu behindern pflegte, wurde dieser Fehler zumindest in der Normandie nicht begangen. Auf diese Weise wurde die durch das Eingreifen höherer Stellen oft entstehende Verwirrung vermieden, und die Führung im Gefecht übernahmen in diesem begrenzten Raum die einzelnen Truppenkommandeure.

Am 17. Juni fuhr Rommel zum zeitweiligen Führerhauptquartier nach Margival bei Soissons in der Champagne. Es war im Rahmen der Vorbereitungen für die Invasion Englands von 1940 eingerichtet worden, die niemals stattgefunden hatte. Rommel nahm diese Gelegenheit wahr, mit Hitler zu sprechen und ihm den Ernst der Lage vor Augen zu führen.

Taktisch hatte er die Schlacht zwar mehr oder weniger nach seinen eigenen Vorstellungen führen können, aber der Erfolg war ihm versagt geblieben, weil der Gegner im und hinter dem Verteidigungsgürtel nicht so schwere Verluste erlitten hatte und nicht so lange aufgehalten wurde, wie er gehofft hatte. Sein Konzept war sicherlich richtig gewesen. Aber seine Kritiker, die ihm zu verstehen gegeben hatten, sein Programm sei zu ehrgeizig und werde sich in der vorgesehenen Zeit mit den vorhandenen Kräften und Hilfsmitteln nicht durchführen lassen, sahen sich jetzt zum Teil bestätigt. Doch immerhin hatte er mit seinem Abwehrsystem und den von ihm getroffenen Maßnahmen den Feind tagelang aufgehalten und die Invasion zu einem verlustreichen Unternehmen gemacht, das langsamer vorankam als geplant und als die Pessimisten es erwartet hatten. An einzelnen Abschnitten hatte der Gegner schwere Verluste hinnehmen müssen. Aber auch die unvermeidlichen Verluste der Verteidiger waren besorgniserregend hoch gewesen.

Die Gegenangriffe hatten zumindest tiefe feindliche Vorstöße in das Innere Frankreichs verhindert. Es waren Angriffe mit begrenztem Ziel gewesen, von deren Notwendigkeit Rommel jedoch überzeugt war. Alle Truppenbewegungen waren durch die schweren Bombenangriffe der feindlichen Luftstreitkräfte stark behindert worden, wie Rommel das vorhergesagt hatte, und er blieb auch weiterhin davon überzeugt, daß seine Schlußfolgerungen richtig gewesen waren. Aber gewisse Truppenbewegungen waren doch möglich gewesen, auch wenn viele Fahrzeuge bei feindlichen Luftangriffen zerstört worden waren. Neben den vier Panzerdivisionen in der Normandie sollte eine fünfte, die 1. SS-Panzerdivision, am 18. Juni aus Belgien eintreffen, und eine sechste, die 2. SS-Panzerdivision, befand sich auf dem Marsch von Südfrankreich ins Kampfgebiet. Außerdem hatte man Rommel die Zusage gegeben, Hitler werde die Verlegung von zwei weiteren Panzerdivisionen aus Rußland befehlen, und zwar der 9. und 10. SS-Panzerdivision. Sie würden in einer Woche eintreffen. Danach sollte es drei Wochen nach Beginn der Invasion zu einer Konzentration deutscher Panzerkräfte in der Normandie kommen, und nichts deutete darauf hin, daß der Feind auch noch an anderen Stellen der Küste landen würde, um das zu verhindern.

Der Ernst der Lage, der, wie er hoffte, Hitler beeindrucken würde, war nach Rommels Ansicht auf zwei klar ersichtliche Faktoren zurückzuführen, und obwohl er die Bedeutung des einen wahrscheinlich unterschätzte, war ihm die des zweiten durchaus bewußt. Die gegenwärtige Situation war die Folge der von Rommel vorhergesehenen absoluten Luftüberlegenheit des Gegners und der materiellen Überlegenheit der feindlichen Bodentruppen, die außerordentlich geschickt und zügig mit Material versorgt würden. Die Normandie wurde zusehends zu einem zweiten El Alamein. Die Lage ließ sich durchaus mit der in Nordafrika vergleichen, nur daß sie bedeutend gefährlicher war. Und es gab noch einen weiteren taktischen Faktor: die Schiffsgeschütze, die den Verteidigern, soweit sie sich in deren Reichweite befanden, schweren Schaden zufügten. Das alles verstärkte den Pessimismus Rommels auf strategischer Ebene.

Bei der Besprechung am 17. Juni machte Hitler, wie Rommel in seinem Tagebuch notierte, »einen frischen Eindruck« und konnte bei seinen Zuhörern für kurze Zeit neue Hoffnungen wecken. Rommel war in Begleitung von Rundstedt gekommen, und beide Feldmarschälle hatten ihre Generalstabschefs mitgebracht. Auch Jodl und Schmundt nahmen an der Besprechung teil. Rommel ergriff als erster das Wort und erläuterte sehr detailliert Lage und Stärke der feindlichen Truppen auf der Karte. Er verglich die Situation mit der in Nordafrika; auch hier nutzte der Feind seine gewaltige materielle Überlegenheit, um den Gegner niederzuwalzen. Am katastrophalsten wirkte sich jedoch das Fehlen deutscher Flugzeuge und Fliegerabwehrwaffen aus. Truppenbewegungen seien angesichts der feindlichen Luftüberlegenheit kaum noch möglich, und deshalb bereite auch die Versorgung der vorn eingesetzten Verbände die größten Schwierigkeiten. Die Bodentruppen kämpften zwar tapfer gegen einen überlegenen Feind, aber die Schlacht würde in der Luft verloren werden. Anschließend bat Rundstedt um die Erlaubnis, die im Nordteil der Halbinsel Cotentin befindlichen Divisionen auf Cherbourg zurücknehmen zu dürfen.

Dann sprach Hitler. Er sagte, daß ein Teil der Halbinsel Cotentin aufgegeben werden müsse, ließe sich jetzt nicht mehr vermeiden, aber Cherbourg müsse verstärkt und bis Mitte Juli um jeden Preis gehalten werden. Dazu müsse ein besonders tüchtiger Kommandant ernannt werden. Ohne Cherbourg werde der Gegner in große, vielleicht sogar kritische Versorgungsschwierigkeiten geraten. Dann versprach Hitler, das Seegebiet zwischen Le Havre und der Ostküste der Halbinsel Cotentin von der Luftwaffe und der Kriegsmarine verminen zu lassen und damit die Versorgung der feindlichen Truppen in der Normandie von See aus zu unterbinden. Im übrigen begnügte sich Hitler damit festzustellen, daß ihm die Bereinigung der Lage ostwärts der Orne wichtig erscheine. Als Rundstedt kurz auf die Frage einging, an welchen Stellen der Küste der Gegner noch landen könnte, erwiderte Hitler, die Briten hätten jetzt auch ihre erfahrensten Divisionen in der Normandie eingesetzt. Das zeige, daß der Feind entschlossen sei, seine Erfolge in der Normandie auszunutzen, und daß dort der Schwerpunkt seiner Operationen läge, obwohl eine Landung an der Küste des Pas de Calais noch möglich sei. Nun versuchte Rundstedt, doch noch zu einem Einvernehmen in der Lagebeurteilung zu kommen. Er schlug vor, der Feind müsse daran gehindert werden, aus dem Brückenkopf auszubrechen, aber »taktische Veränderungen des eigenen Frontverlaufs seien je nach Lage vorzunehmen« (eine geschickte Formulierung). Es müßten Reserven für den Fall eines feindlichen Ausbruchs aus dem Brückenkopf bereitgestellt werden. Schließlich warnte Rommel davor, die Panzerdivisionen bis in den Feuerbereich der Schiffsgeschütze vorrücken zu lassen, und wies darauf hin, daß sie bei größeren Angriffsoperationen mit schweren Verlusten rechnen müßten. Soweit das möglich sei, sollten die Infanteriedivisionen die Stellungen halten und die Panzer als Reserve an die Flanken der möglichen Stoßrichtung eines feindlichen Ausbruchs und außerhalb der Reichweite der feindlichen Schiffsgeschütze als Reserve zurückgezogen werden.

Abschließend betonte Hitler noch einmal, daß der Nordteil der Halbinsel Cotentin und damit auch Cherbourg so lange wie möglich gehalten werden müßten. Eine reine Defensivschlacht im Rest des Brückenkopfes zwischen Caen und Carentan würde es dem Feind auf die Dauer erlauben, seine materielle Überlegenheit weiter auszubauen, und sei deshalb abzulehnen. Der Gegner müsse vielmehr angegriffen werden, und zwar so, wie er, Hitler, es schon gesagt habe, mit dem Einsatz von See- und Luftstreitkräften, die das Heranführen von Nachschub und Verstärkungen verhindern würden.

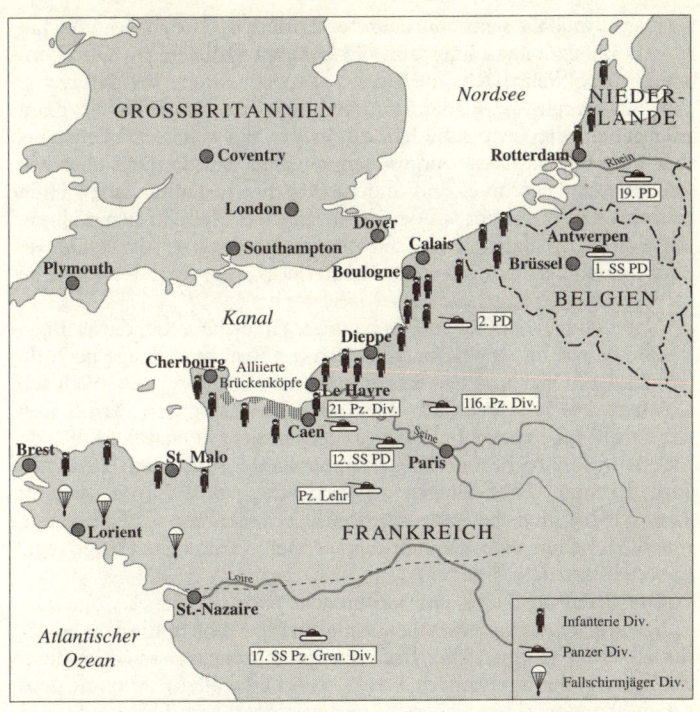

Die Verteilung der Heeresgruppe B im Juni 1944

Damit mußten sich seine Zuhörer zufriedengeben.[11] Rommel hatte gehofft, daß sich Hitler und die höheren Offiziere im Oberkommando der Wehrmacht nach der Lagebesprechung in Margival an die Front begeben würden, um sich dort von den örtlichen Kommandeuren die Lage schildern zu lassen. Ein solcher Frontbesuch war ursprünglich auch vorgesehen gewesen, wurde dann aber wieder abgesagt. Rommel und andere Oberbefehlshaber haben Hitler und das OKW immer wieder dafür kritisiert, daß sie sich während der ganzen Schlacht in der Normandie niemals in der Nähe der Front gezeigt hatten und »daß viel zuviel vom grünen Tisch aus befohlen wird«.[12]

Nach dem Krieg hat Jodl behauptet, Hitler habe bei dieser Lagebesprechung mit einem Wutausbruch auf Rommels Frage nach der weiteren Entwicklung des Krieges reagiert. Das mag sein. Vielleicht hat Jodl dies im Rückblick aber mit einem Gespräch verwechselt, das zwölf Tage später bei einer Lagebesprechung stattfand, bei der die Atmosphäre besonders gespannt war.[13] Außerdem berichtete Jodl, Rommel habe einigen SS-Verbänden vorgeworfen, sich mit ihren Übergriffen die französische Zivilbevölkerung zu Feinden gemacht zu haben, eine Behauptung, die nicht gerade dazu beigetragen habe, Hitler zu besänftigen.

Der Zufall wollte es, daß unmittelbar nach der Lagebesprechung von Margival ein vier Tage dauernder heftiger Sturm die Versorgung der alliierten Truppen über See unmöglich machte (was Hitler durch den Einsatz der Kriegsmarine hatte erreichen wollen). Aber die deutschen Truppen sahen sich nicht in der Lage, diesen Umstand für eine neue Offensive zu nutzen.

Die zweite für Rommels Sinneswandel entscheidende Phase war die Zeit vom 18. bis zum 29. Juni, in der er ein weiteres Mal mit Hitler zusammentraf. Die Lage in der Normandie wurde mit jedem Tag unhaltbarer. Am 18. Juni war auch das britische Oberkommando zu der Überzeugung gekommen, daß der Brückenkopf jetzt fest in alliierter Hand war und die erste Phase des Unternehmens »Overlord« ihren erfolgreichen Abschluß gefunden hatte. In der »Bocage«, dem von Hecken durchzogenen Gelände im Zentrum der Normandiefront, unternahm der Feind zahlreiche von konzentriertem Artilleriefeuer und Tieffliegerangriffen unterstützte größere oder kleinere Vorstöße. Das waren besonders verlustreiche Kämpfe, bei denen jeder kleine Geländegewinn auf beiden Seiten einen hohen Blutzoll forderte. Bei der Heeresgruppe B glaubte man noch immer, zuweilen größere taktische Erfolge als der Gegner zu haben, aber im Lauf der Zeit erschöpften sich diese Kräfte in einem Zermürbungskrieg, wo an einer relativ schmalen Front zwei Millionen Soldaten gegeneinander kämpften. Bei seinen Frontbesuchen hatte Rommel einen guten Eindruck von der kämpfenden Truppe, aber er wußte, welchen Strapazen seine Männer ausgesetzt waren.

Rommels Aufmerksamkeit galt jetzt nicht nur der Schlacht in der Normandie, sondern er rechnete auch weiterhin mit einer möglichen Landung nördlich der Seine, und bei einem Besuch der 116. Panzerdivision am 19. Juni sprach er davon, daß die Alliierten auch noch zwischen Seine und Somme landen könnten — die Abteilung Fremde Heere West hatte die Stärke der noch in England bereitstehenden alliierten Truppen weit überschätzt. Zwei Tage später besuchte er die Division noch einmal und sprach mit Graf Schwerin über taktische Probleme, die sich während der bisherigen Kämpfe ergeben hatten. Anstatt in die Befehlsbefugnisse der einzelnen Einheitsführer einzugreifen, brachte Rommel in dieser Zeit bei allen Frontbesuchen nur seine Wünsche zum Ausdruck, machte Vorschläge und vermittelte den Offizieren, mit denen er sprach, seine Eindrücke. Mit anderen Worten: Er verhielt sich wie ein Oberbefehlshaber, der sich auf seine Untergebenen verlassen kann, sie am leichten Zügel führt, nach Möglichkeit ermutigt, Eindrücke mit ihnen austauscht und ihnen zuhört, anstatt sie anzufahren. Das entsprach auch seiner Stellung als Oberbefehlshaber einer Heeresgruppe, zeigte vielleicht aber auch, in welcher Gemütsverfassung er sich befand.

Denn in den letzten Junitagen spürte Rommel deutlicher als je zuvor, daß die Katastrophe unmittelbar bevorstand. Nach der Besprechung mit Hitler am 17. Juni hatte er zwar zunächst noch einmal einen gewissen inneren Auftrieb verspürt und dem skeptischen Befehlshaber der Panzergruppe West, Geyr, am folgenden Tag mitgeteilt, wie die Besprechung verlaufen war. Aber der Feind wurde täglich stärker, die feindliche Luftwaffe flog einen Einsatz nach dem anderen, Bomben und Granaten fielen, unzählige Soldaten starben, und Rommel mußte erkennen, daß auch auf taktische Erfolge nicht mehr zu hoffen war, es sei denn, es handelte sich um wenige, örtlich begrenzte und rein defensive Kampfhandlungen. Und wenn das alles war, was man auf taktischer Ebene erreichen konnte, welche Hoffnungen bestanden dann noch strategisch? Ja, welche Hoffnungen bestanden überhaupt noch für Deutschland?

Nur selten gab es noch Lichtblicke. Als Rommel am 21. Juni Sepp Dietrich besuchte, sagte dieser, er sei überzeugt, mit den Panzerdivisionen des I. SS-Panzerkorps jeden britischen Vorstoß abwehren zu können. Am 12. Juni waren die lange erwarteten V-Waffen gegen England abgefeuert worden, und das hatte die Zuversicht an der deutschen Front wieder gestärkt. Da es an Mannschaftsersatz fehlte, freute sich Rommel, als der Kommandeur der 21. Panzerdivision, General Feuchtinger, ihm sagte, er könne, wenn das zulässig sei,

2 000 französische Freiwillige einstellen, die nur darauf warteten, gegen die Briten zu kämpfen. So etwas ließ wieder hoffen. Aber niemand, der Augen im Kopf hatte, konnte übersehen, daß sich die Verteidiger nicht mehr lange würden halten können und die Ereignisse sich unaufhaltsam und unumkehrbar auf das Ende zu entwickelten.

Am 26. Juni besprach Rommel die Lage mit Rundstedt und rief ihn am nächsten Abend noch einmal an. Er fragte, ob Rundstedt damit einverstanden wäre, daß er, Rommel, den »Führer« noch einmal in Berchtesgaden aufsuchte, um ihm den ganzen Ernst der Lage vorzutragen. Am 17. Juni hatte Hitler versprochen, dem Feind mit Hilfe neuer »Wunderwaffen« die Nachschubwege abzuschneiden. Selbst wenn diese Maßnahmen eingeleitet werden sollten, würde es eine gewisse Zeit dauern, bis sie sich auswirkten – doch bis jetzt gab es noch keinerlei Anzeichen dafür. Die Situation der Bodentruppen wurde mit jedem Tag kritischer. Rommel glaubte, das OKW oder einige seiner Mitglieder sagten Hitler nicht die Wahrheit. Er hatte am Tag zuvor mit General Thomale, dem Chef des Stabes des Generalinspekteurs der Panzertruppe, gesprochen und ihn dringend gebeten, sich einen eigenen objektiven Eindruck zu verschaffen und Hitler darüber zu berichten. Dieser Eindruck konnte nur im höchsten Maße besorgniserregend sein. Am 27. Juni hatte Cherbourg kapituliert, nachdem die Verteidiger vorher die Hafenanlagen so weit zerstört hatten, daß sie während der folgenden vier Wochen nicht mehr zu gebrauchen waren.

Rommel war mit seinen Überlegungen seit dem 17. Juni ein gutes Stück weitergekommen. Eine sich so rasch verschlechternde taktische Lage mußte auch weitreichende strategische Auswirkungen haben, und daraus mußten die entsprechenden politischen Schlüsse gezogen werden. Bisher hatte Rommel nur mit wenigen darüber gesprochen, aber sehr bald sollte sich der Kreis derer, denen er sich anvertraute, wesentlich erweitern. Man mußte in kürzester Zeit mit einer entscheidenden Niederlage in der Normandie rechnen, und diese Niederlage würde das Ende Deutschlands bedeuten.

Rundstedt stimmte dem Vorschlag Rommels zu und erklärte sich bereit, ihn zu begleiten. Am 28. Juni brachen sie auf und trafen sich verabredungsgemäß in der Nähe von Paris auf der nach Deutschland führenden Nationalstraße. Diesmal hatte Rommel Tempelhoffs Stellvertreter, Major Wolfram, und auch Lang mitgenommen.

Rommel und Rundstedt führten ein längeres Gespräch, und Wolfram konnte hören, wie Rommel sagte: »Herr Rundstedt, ich bin mit Ihnen der Meinung, der Krieg muß sofort beendet werden. Ich werde es dem Führer klar und unmißverständlich sagen.«[14] Auf der Weiterfahrt sprach Rommel noch einmal ganz offen mit Wolfram und bemerkte: »Ich fühle mich dem deutschen Volk gegenüber verantwortlich.« Er sagte, er betrachte die Last, die ihm aufgebürdet worden sei, nicht nur als die eines militärischen Befehlshabers. Die ganze Welt stünde jetzt im bewaffneten Kampf gegen Deutschland. An einen Sieg sei nicht mehr zu denken. Der Feind habe im Westen Fuß gefaßt, und der Krieg müsse beendet werden.[15] Am gleichen Tag erfuhr Rommel, daß der Oberbefehlshaber der 7. Armee, Generaloberst Dollmann, an Herzversagen gestorben sei.

Die Nacht verbrachte Rommel zu Hause und fuhr am nächsten Morgen nach Berchtesgaden. Dort traf er zunächst auf Goebbels und Himmler. Nach einem Gespräch mit ihnen hatte er den Eindruck – und äußerte es auch gegenüber Wolfram –, Verbündete für sein Vorhaben gefunden zu haben, Hitler die ungeschminkte Wahrheit zu sagen und ihn aufzufordern, die Konsequenzen daraus zu ziehen. Wolfram wollte das nicht glauben und bezweifelte auch, daß es Rommel gelungen war, Himmler auf seine Seite zu ziehen, indem er lobende Worte über den Kampfwert der Waffen-SS geäußert hatte. Himmler sei, wie Wolfram meinte, »undurchsichtig«.[16]

Vor der Besprechung mit Hitler konnte Rommel noch anderthalb Stunden mit Guderian reden. Nach dem wahrscheinlich unvollständigen Gesprächsprotokoll ging es dabei um Waffenlieferungen an die Panzerdivisionen und die Vorbereitung weiterer Operationen. Um 18 Uhr begann die Lagebesprechung mit Hitler. Außer Rundstedt nahmen auch Keitel und Jodl vom OKW daran teil. Nach zweieinhalb Stunden erschienen zudem die Oberbefehlshaber der Luftwaffe und der Kriegsmarine, Reichsmarschall Göring und Großadmiral Dönitz, sowie der Oberbefehlshaber der Luftflotte 3 im Westen, Feldmarschall Sperrle.

Am Schluß faßte Hitler in einer weitschweifigen Rede seine Vorstellungen zusammen, die allesamt von völlig falschen Voraussetzungen ausgingen und deren Absurdität auf bestürzende Weise erkennen ließen, wie weit sein Realitätsverlust inzwischen gediehen war. Er erklärte, vor allem komme es darauf an, die feindliche Offensive zum Halten zu bringen, um dann den feindlichen Brückenkopf zu zerschlagen. Das werde in erster Linie Aufgabe der Luftwaffe sein; außerdem würde die Verminung der Küstengewässer die Alliierten daran hindern, ihre Truppen mit Nachschub zu versorgen. Es würden die verschiedensten neuen Waffen und 1 000 Flugzeuge aus der neuesten Produktion eingesetzt werden, und in spätestens vier Wochen würden zahlreiche Torpedoboote und U-Boote im Ärmelkanal operieren. Zudem würden demnächst zahlreiche neue Transportfahrzeuge aus dem Reich nach Westen in Marsch gesetzt werden.[17] Soweit das offizielle Gesprächsprotokoll. Doch schon zu Beginn der Besprechung war es zu einem Wortwechsel gekommen, der von keinem Generalstabsoffizier oder Stenographen aufgezeichnet wurde.

Hitler hatte Rommel aufgefordert, als erster zu sprechen, und Rommel hatte, wie es seine Absicht war, zunächst erklärt, dies sei die letzte Gelegenheit für ihn, dem Führer die ganze Lage im Westen deutlich zu machen. Dann fuhr er fort: »Die ganze Welt steht gegen Deutschland, und dieses Kräfteverhältnis...«

Doch schon hier herrschte ihn Hitler mit den Worten an, der Herr Feldmarschall möge sich mit der militärischen und nicht mit der politischen Lage befassen. Rommel erwiderte, die Situation verlange, daß die ganze Lage behandelt würde. Doch Hitler wies ihn scharf zurecht und verlangte, er solle sich auf die militärische Lage beschränken.

Rommel tat es, und die Besprechung nahm ihren Verlauf. Gegen Ende unternahm Rommel jedoch noch einen letzten Versuch. Nachdem er die Luftwaffe für ihr Versagen barsch kritisiert hatte, sagte er, er könne nicht gehen, ohne mit Hitler »über Deutschland« gesprochen zu haben. Hitler erwiderte in eisigem Ton: »Herr Feldmarschall, ich glaube, Sie verlassen besser das Zimmer!« Rommel stand auf und ging hinaus.[18] Er hat Hitler nicht wiedergesehen.

Von nun an wußte Rommel genau, wo er stand, und in den letzten zweieinhalb Wochen seiner aktiven Dienstzeit, der letzten Phase des inneren Klärungsprozesses, sprach er mit vielen, die ihn unter dem Eindruck der nahenden Katastrophe gefragt hatten, was nun mit der Armee und mit Deutschland geschehen werde. Er tat auch weiterhin seine Pflicht, besuchte die Truppen an der Front, bemühte sich darum, den Soldaten Mut zu machen, korrigierte Fehlentscheidungen und unterbreitete Vorschläge für taktische Verbesserungen, und zwar mit der gleichen Energie und Tatkraft wie bisher. Es nicht zu tun, hätte für ihn einen Verrat an seinen Soldaten bedeutet. Er war ihr Oberbefehlshaber, und Deutschland befand sich noch im Krieg. Soweit es Rommel möglich war, sollten die feindlichen Angriffe abgewehrt und der Gegner zum Stehen gebracht werden, und in diesen letzten Wochen war Rommel überall. Doch Deutschland brauchte den Frieden, und da der Oberste Befehlshaber nicht gewillt war, diesen Frieden herbeizuführen, mußte ein anderer die Führung übernehmen, der die Kraft und den Willen hatte, sich durchzusetzen. Schon bald nach Beginn des Feldzuges hatte Rommel auf einem seiner Spaziergänge mit Ruge festgestellt, es komme offenbar darauf an, sich um den Frieden zu bemühen, solange das deutsche Heer noch einen Teil des von ihm besetzten Gebiets halten könne. Aber das würde nicht mehr lange möglich sein.[19]

Am Tag nach seiner Rückkehr aus Deutschland besuchte Rommel Geyr und teilte ihm mit, was sich bei Hitler abgespielt hatte — zumindest einiges davon. Sie sprachen über die Lage bei Caen.

Wahrscheinlich würde der Feind versuchen, dort mit starken Kräften durchzubrechen. Geyr wollte die drei Divisionen des I. SS-Panzer-korps etwa 35 Kilometer südlich von Caen im bewaldeten Gelände bei St. Laurent-de-Condé bereitstellen, um gegen ein massiertes feindliches Vorgehen in günstigem Gelände einen Gegenangriff zu führen. Rommel war mit diesem Vorschlag nicht einverstanden. Wie schon am Anfang hielt er es auch jetzt noch für richtig, wenigstens einen Teil der Panzer unmittelbar östlich und südöstlich von Caen aufzustellen und auf diese Weise die Front zu verstärken. Nehme man das Gros der Panzer so weit zurück, wie Geyr es vorschlug, dann würde die Infanterie bei einem feindlichen Angriff aufgerollt.

Es war sein letztes Gespräch mit Geyr, der wenig später auf Be-fehl Hitlers abgelöst wurde. Geyr hatte einen ungeschminkten Lage-bericht verfaßt, der dem OKW vorgelegt worden war. Darin empfahl er die Aufgabe des »Bogens von Caen« und die Besetzung einer neu-en Verteidigungsstellung in der Linie von Aveney im Osten über Vil-lers-Bocage bis Caumont und entlang der Orne sowie den Übergang zu einer taktisch »elastischen« Kampfführung.[20]

Neuer Befehlshaber der Panzergruppe wurde General Eberbach. Schon am Tag seines Eintreffens, am 5. Juli, fuhr Rommel zu ihm und sprach mit ihm über die Lage im Abschnitt Caen.[21] Wenn der Feind östlich der Orne in südlicher Richtung angreife, womit zu rechnen war, müsse er mit Panzerabwehrkanonen, Nebelwerfern und Panzern zerschlagen werden. Die Verteidigung müsse aus großer Tiefe heraus geführt werden.

Bei einem Nachtangriff starker feindlicher Bomber wurden am 7. Juli große Teile der Stadt Caen zerstört und zahlreiche Zivilisten getötet, während die Verteidiger nur verhältnismäßig geringe Verlu-ste erlitten. Am 10. Juli besuchte Rommel diesen Teil der Front, der zum Abschnitt des LXXXIV. Korps und des I. SS-Panzerkorps gehörte. Der hier eingesetzte Infanterieverband war die 16. Luftwaf-fenfelddivision, die auf Rommel einen desolaten Eindruck machte. Sie hatte allerdings schwere Verluste gehabt, besonders unter den Offizieren höherer Dienstgrade. Erst in den letzten Tagen waren drei Bataillonskommandeure gefallen.

Allen Divisionen, einschließlich der Panzerdivisionen, fehlte es an Mannschaften und Ausrüstung, und auch die Divisionen an anderen Frontabschnitten, zum Beispiel bei der 15. Armee, hatten schon bei ihrem Eintreffen in der Normandie nicht die volle Kampfstärke.[22] Noch zweimal, und zwar am 12. und 15. Juli, kehrte Rommel in den Abschnitt östlich von Caen zurück, machte Vorschläge für den Aus-bau der Stellungen und die Tiefengliederung der Verteidigung. Dabei ließ er dort, wo es möglich war, vorn eingesetzte Panzerverbände durch Infanterie ablösen. Aber er lehnte es ab, die Front zurückzunehmen. Dem Kommandierenden General des II. Fallschirmjäger-korps bei Vire, General Meindl, sagte er: »Die Front muß unter allen Umständen gehalten werden.«[23]

Rommel war sich aber durchaus bewußt, welchen Belastungen die Soldaten ausgesetzt waren. Einer der ihm unterstellten Kommandeure schrieb: »Unsere Soldaten gehen angesichts der gewaltigen materiellen Überlegenheit des Feindes in gedrückter Stimmung in die Schlacht. Ständig fragen sie: ›Wo bleibt die Luftwaffe?‹ Das Gefühl der Hilflosigkeit gegenüber der ungehindert operierenden feindlichen Luftwaffe wirkt sich lähmend aus, und während die Bomben fallen, ist die Reaktion der unerfahrenen Soldaten geradezu erschütternd.«[24] In der Tat waren die Verluste durch Artilleriefeuer und Bombenangriffe erschreckend. Jedem auch nur mit schwachen Kräften geführten feindlichen Angriff gingen flächendeckende Bombardements voraus. Am 14. Juli besuchte Rommel ein Fallschirmjägerregiment, in dem von den seit Beginn der Schlacht eingetroffenen 1 000 Soldaten der Ersatzmannschaften mehr als 800 gefallen waren. Der Chef des Generalstabes der Panzergruppe West bemerkte zu Rommel: »Die Moral unserer Truppe ist gut, mit Mut allein kann man aber gegen den Materialeinsatz des Gegners nicht ankommen.«[25] Es war der getreue Gause, Rommels ehemaliger Stabschef, der jetzt Chef bei Eberbach war. Die Truppenbefehlshaber waren überall der Verzweiflung nahe. Im Osten hatte am 23. Juni eine große russische Offensive im Mittelabschnitt nördlich der Pripjet-sümpfe begonnen, und Anfang Juli hatte die Rote Armee eine breite Lücke in die deutsche Front gerissen, Minsk genommen und marschierte nun durch Polen nach Westen. Schon bald sollten die Russen die Weichsel erreichen. In seiner Verzweiflung sprach Rommel gelegentlich sogar von Selbstmord, wies diesen Gedanken aber sofort wieder zurück, denn unter diesen Umständen sei der Selbstmord nichts anderes als Fahnenflucht.[26]

Offiziere, die schon lange unter Rommel gedient hatten und ihn gut kannten, sprachen ganz offen mit ihm, und auch er sagte ihnen freimütig seine Meinung. Am 10. Juli fragte Rommel auf einer Fahrt zum LXXXIV. Korps seinen Artillerieoffizier: »Nun, Lattmann, wie denken Sie denn über das Ende des Krieges?«

»Herr Feldmarschall, daß wir den Krieg nicht mehr gewinnen können, ist mir klar. Aber ich hoffe doch, daß wir noch so viel Kraft besitzen . . .«, und er wollte fortfahren: ». . . einen anständigen Frieden zu erreichen.«

Rommel scheute sich nicht, ihm ganz offen zu sagen: »Ich will versuchen, mein Ansehen bei den Alliierten zu nutzen, um einen Waffenstillstand abzuschließen, auch gegen Hitlers Willen.« Noch hatte Rommel die Hoffnung nicht völlig aufgegeben, daß die Briten und Amerikaner eines Tages bereit sein könnten, sich an der Verteidigung Europas gegen die Sowjetunion zu beteiligen, und sprach darüber auch mit Lattmann.[27] Einige Tage darauf, am 15. Juli, hatte er eine Unterredung mit Warning, dem Ia der 17. Luftwaffenfelddivision. Warning hatte in Nordafrika zu Rommels Stab gehört und war auch bei El Alamein dabeigewesen, war also ein alter Bekannter. Er fragte Rommel ganz offen: »Herr Feldmarschall, was soll eigentlich hier werden? Nur zwölf deutsche Divisionen versuchen, die ganze Front zu halten!«

»Ich will Ihnen etwas sagen«, antwortete Rommel. »Der Feldmarschall von Kluge und ich haben dem Führer ein Ultimatum gestellt. Militärisch ist der Krieg nicht zu gewinnen. Hitler muß eine politische Entscheidung treffen.«

»Und wenn der Führer das ablehnt?«

»Dann öffne ich die Westfront«, sagte Rommel, »denn es gibt nur noch eine wichtige Entscheidung — daß die Angloamerikaner eher in Berlin sind als die Russen.«

Mit seinem alten Generalstabschef Westphal, der jetzt auch in Frankreich war, sprach Rommel im gleichen Sinn.[28] Später sagte er seinem Sohn Manfred, die Zeit für das Öffnen der Westfront sei unwiderruflich gekommen, sobald die Angloamerikaner durchgebrochen seien. Dann sollte der Widerstand nach Möglichkeit gleichzeitig an der ganzen Front aufgegeben werden, und der Schwung der militärischen Operationen müsse den weiteren Verlauf der Geschichte bestimmen, da man es versäumt habe, die politische Initiative zu ergreifen.[29] Doch zum Zeitpunkt dieses Gesprächs war alles so weitergelaufen wie bisher.

Das von Rommel und Feldmarschall v. Kluge gestellte »Ultimatum« wurde tatsächlich am folgenden Tag, dem 16. Juli, unterzeichnet. Geyr war nicht der einzige gewesen, den Hitler nach der Besprechung vom 29. Juni entlassen hatte. Auch Feldmarschall v. Rundstedt sollte durch einen Offizier abgelöst werden, der dem Oberbefehlshaber der Heeresgruppe B seinen Defätismus und seinen Ungehorsam austreiben würde. Rundstedt hatte dem OKW einen pessimistischen Bericht geschickt und wie Geyr empfohlen, die Front zumindest am Brückenkopf bei Caen zurückzunehmen. Dabei hatte er sich mit Recht auf Rommel berufen und von der Notwendigkeit gesprochen, dem verantwortlichen Befehlshaber zumindest so viel operative Freiheit zu lassen. Der Bericht hatte Hitler mißfallen. Auf die Frage Keitels, was er denn nun vorschlüge, hatte Rundstedt kurz erwidert: »Frieden machen!«

Kluge war Hitlers Wahl als Nachfolger Rundstedts. Er war 1940 Rommels Armeeoberbefehlshaber gewesen und hatte die 4. Armee auf ihrem triumphalen Siegeszug durch Frankreich geführt. Im Winter 1941 hatte er Feldmarschall v. Bock als Oberbefehlshaber der Heeresgruppe Mitte an der Ostfront abgelöst. Vor seinem Dienstantritt als OB West war Kluge vom OKW in die Lage eingewiesen worden, und er wußte natürlich aus eigener Erfahrung, wie eigenwillig Erwin Rommel war, der nun außerdem noch den Ruf eines Pessimisten hatte.

Die Begegnung der beiden Männer fand am 3. Juli unmittelbar nach Kluges Eintreffen in Frankreich in gespannter Atmosphäre statt. Die Feldmarschälle trafen sich in Gegenwart von Speidel und Tempelhoff in La Roche Guyon. Ohne Rücksicht darauf, daß auch Rommel Feldmarschall war, sagte ihm Kluge in ziemlich schroffem Ton, er werde sich nun daran gewöhnen müssen, zu gehorchen. Der in dieser Bemerkung enthaltene Vorwurf des Ungehorsams traf Rommel tief. Er hatte bisher alle Befehle gewissenhaft befolgt, und sein einziger »Ungehorsam« war es gewesen, daß er Hitler ein ungeschminktes Bild von der Lage vermittelt hatte. Am 5. Juli schickte er Kluge einen Lagebericht,[30] in dem er erklärte, daß Cherbourg und die Halbinsel Cotentin nicht mehr lange gehalten werden könnten, und erwähnte auch, um welche Maßnahmen er schon früher wiederholt, aber vergeblich ersucht hatte. Auch auf die Folgen der feindlichen Luftüberlegenheit machte er Kluge aufmerksam und beklagte sich noch einmal bitter darüber, daß man der Heeresgruppe B nicht die Divisionen der Panzergruppe West zur Verfügung gestellt hatte. Diese Versäumnisse und nicht etwa sein vermeintlicher Ungehorsam hätten schließlich zu der augenblicklichen katastrophalen Lage geführt. Der Bericht wurde mit einem kurzen Anschreiben abgeschickt, in dem Rommel erklärte, die abfälligen Bemerkungen Kluges in Gegenwart von Offizieren seines Stabes hätten ihn zutiefst verletzt; er bitte den Oberbefehlshaber West um die Angabe der Gründe für diese Anschuldigungen. Eine Kopie des Berichts, aber ohne das genannte Anschreiben, schickte er über Schmundt, der den Empfang höflich bestätigte, an Hitler.

Kluge war ein intelligenter, erfahrener Offizier, und schon bald hatte er sich einen eigenen Eindruck von der Lage verschafft, der bestätigte, was Rommel ihm vorgetragen hatte. Jetzt kam es nicht mehr darauf an, wie es dazu hatte kommen können und ob es möglich gewesen wäre, das Schlimmste zu verhüten. In der gegenwärtigen Lage mußte man jederzeit mit der Katastrophe rechnen. Die Front würde nur noch wenige Wochen gehalten werden können. Die deutschen Verteidiger wurden in einer Materialschlacht gewaltigen Ausmaßes zerschlagen. Der Feind verfügte jetzt über 40 Divisionen, aber die bloße Zahl der feindlichen Verbände besagte noch nichts. Was zählte, war die Tatsache, daß die Angloamerikaner augenscheinlich über unbegrenzte Reserven an Mannschaften, Kriegsmaterial und Nachschub jeder Art verfügten, während die Mittel der Wehrmacht nahezu erschöpft waren. In den ersten beiden Juliwochen kamen Kluge und Rommel häufig zusammen, und am 12. besprachen sie die Lage bei einem gemeinsamen Essen in La Roche Guyon. Am 16. schickte Rommel das von ihm im Gespräch mit Warning als »Ultimatum« bezeichnete Schreiben an Kluge.[31] Er nahm an, daß der Bericht sofort an Hitler weitergeleitet werden würde. Die Deutschen hatten seit dem 6. Juni 117 000 Mann verloren, darunter 2 700 Offiziere. In der gleichen Zeit waren an der Westfront nur 10 000 Mann Ersatz eingetroffen. Es war an der Zeit, sich der Wahrheit zu stellen.

In seinem kurzen und sachlichen Dokument erklärte Rommel, die Krise in der Normandie werde demnächst ihren Höhepunkt erreichen. Die Soldaten kämpften zwar heldenhaft, aber die Stärke des Feindes, vor allem ihrer Panzer und Artillerie, der Mangel an eigenen Ersatzmannschaften, die Unerfahrenheit vieler deutscher Truppenteile und die Intensität des Artilleriefeuers und der Bombenangriffe, denen die kämpfende Truppe ausgesetzt war, bedeuteten, daß der Feind »in absehbarer Zeit« in das französische Hinterland durchbrechen würde. Rommel nannte zwar keinen bestimmten Zeitpunkt dafür, aber was er sagen wollte, war klar, und er wußte, daß Kluge ihm aufgrund seiner eigenen Beobachtungen zustimmte. Die deutschen Panzerreserven waren viel zu schwach, um in dieser Situation noch etwas bewirken zu können. Die Luftwaffe hatte überhaupt nicht mehr in die Kämpfe eingegriffen. Dem zweieinhalb Seiten langen Entwurf dieses Berichts hatte Rommel handschriftlich den folgenden Satz angefügt: »Es ist meines Erachtens nötig, die politischen Folgerungen aus dieser Lage zu ziehen.«

Speidel und Tempelhoff, die einen erneuten Wutanfall Hitlers befürchteten, überredeten Rommel, das Wort »politisch« zu streichen. Er tat es und unterzeichnete dann seinen Bericht.

Am folgenden Tag, dem 17. Juli, besuchte er den Kommandierenden General des I. SS-Panzerkorps, Sepp Dietrich, und wollte den gefährdeten Abschnitt östlich der Orne inspizieren. Um 16 Uhr verließ er Dietrich und fuhr auf der über St. Pierre nach La Roche Guyon führenden Straße weiter. Überall mußte jetzt mit feindlichen Jagdbombern gerechnet werden, und um kein zu großes Risiko einzugehen, befahl Rommel seinem Fahrer, vor Livarot eine Nebenstraße einzuschlagen, um einige Kilometer nördlich von Vimoutiers wieder auf die Hauptstraße einzubiegen und dann in Richtung auf die Seine und das Hauptquartier der Heeresgruppe in östlicher Richtung weiterzufahren.

Am 15. Juli, einen Tag bevor Rommel sein »Ultimatum« unterzeichnete und an Kluge abschickte, flog der Chef des Generalstabes des deutschen Ersatzheeres (dessen Stab im alten Oberkommando des Heeres in der Bendlerstraße untergebracht war), Oberst Claus Graf Schenk v. Stauffenberg, von Berlin zum Führerhauptquartier nach Rastenburg. Dort traf er um 11 Uhr vormittags ein und rief General Olbricht in Berlin an. Wie vorgesehen, gab Olbricht nun Befehle für die Verlegung von Truppen nach Berlin an die zuständigen Dienststellen weiter. Das entsprach dem offiziellen Alarmplan mit dem Decknamen »Walküre«. Danach sollten die in verschiedenen Ausbildungseinrichtungen in der Nähe von Berlin stationierten Truppen alarmiert und nach Berlin verlegt werden. Ihre angebliche Aufgabe war die militärische Sicherung von Regierungsgebäuden und anderen wichtigen Einrichtungen für den Fall, daß unter den Millionen von ausländischen Zwangsarbeitern in Deutschland Unruhen ausbrachen, eine Möglichkeit, mit der man schon seit einiger Zeit rechnete. Es gab jedoch keine Meldungen über eine Erhebung dieser Zwangsarbeiter. Vielmehr hatte Stauffenberg in seiner Aktentasche eine Bombe mitgebracht.

Stauffenberg, der auf eine brillante militärische Laufbahn zurückblicken konnte, war in der Verschwörung, die nun ihren dramatischen Höhepunkt erreichen sollte, eine Art Katalysator. Manche hielten ihn für leichtfertig und unberechenbar, aber alle bewunderten seinen Mut. Nach einer gründlichen Befragung seines Gewissens war Stauffenberg zu der Überzeugung gekommen, daß der Tyrannenmord moralisch zu rechtfertigen sei, und war damit zur treibenden Kraft des ganzen Unternehmens geworden.[32] Jetzt sollte er an einer Lagebesprechung bei Hitler teilnehmen und den Zünder der Bombe so einstellen, daß sie während der Besprechung detonierte und Hitler tötete. Es war schon der zweite Besuch Stauffenbergs in Rastenburg, zu dem er die Bombe mitgenommen hatte. Das erste Mal hatte das Attentat am 11. Juli erfolgen sollen, aber Stauffenberg war unverrichteterdinge nach Berlin zurückgekehrt, weil Himmler, der nach Ansicht einiger Verschwörer ebenfalls aus dem Weg geräumt werden sollte, nicht an der Besprechung teilgenommen hatte.

Sobald feststand, daß das Attentat gelungen war, sollten in Berlin die entsprechenden Maßnahmen folgen (deshalb der Anruf bei Olbricht zur Alarmierung der Truppen für den Fall »Walküre«). Unter Generaloberst a. D. Beck als Staatsoberhaupt sollte eine neue Regierung gebildet werden. Feldmarschall v. Witzleben sollte Oberbefehlshaber der Wehrmacht werden, und der ehemalige Oberbürgermeister von Leipzig, Dr. Goerdeler, war als Reichskanzler vorgesehen.

Nach dem Umsturz sollten die Truppenführer im Westen so bald wie möglich Verbindung zu ihren militärischen Gegnern im alliierten Lager aufnehmen, um mit ihnen Gespräche über die Aufnahme von Friedensverhandlungen zu führen. Rommel hatte in zahlreichen Unterredungen seine Überzeugung zum Ausdruck gebracht, daß dies zur rechten Zeit geschehen müsse, und Speidel sowie andere Offiziere im Stab des Oberbefehlshabers West und der Heeresgruppe B wußten, zumindest grundsätzlich, in welche Richtung sich nach den Hoffnungen der Verschwörer die Ereignisse nach einer »Absetzung« des Führers entwickeln sollten.

Um 13 Uhr begann die Besprechung in Rastenburg. Wieder rief Stauffenberg in Berlin bei Olbricht an, aber als er in den Besprechungsraum zurückkam, stellte er fest, daß Hitler schon nach wenigen Minuten gegangen war. Nach einem zweiten Anruf Stauffenbergs verständigte Olbricht alle Einheiten, daß es sich nur um einen Probealarm gehandelt habe, und befahl ihnen, wieder in die Kasernen zurückzukehren. Die nächste Lagebesprechung in Rastenburg, auf der Stauffenberg über den Personalersatz berichten sollte, der vom Ersatzheer der kämpfenden Truppe zur Verfügung gestellt werden konnte, wurde für den 20. Juli anberaumt. Wenn alles plangemäß verlief, sollte die Truppe wieder mit dem Stichwort »Walküre« alarmiert werden.

Am 16. Juli bat der Kommandeur des Special Air Service, Major William Fraser, in England das britische Oberkommando um die Erlaubnis, ein Sonderkommando mit Fallschirmen in dem von den Deutschen besetzten französischen Gebiet mit dem Auftrag abzusetzen, »den Feldmarschall Rommel oder einen höheren Offizier aus seinem Stab zu töten oder gefangenzunehmen und nach England zu bringen«. Der Stab des SAS hatte von einer bereits in Burgund abgesetzten stärkeren Abteilung, die die Zufahrtsstraßen für den Mannschaftsersatz der in Frankreich kämpfenden deutschen Truppen blockieren sollte, erfahren, daß sich Rommel in La Roche Guyon aufhielt. Der Führer dieser Gruppe hatte freundschaftliche Beziehungen zu einem Franzosen aufgenommen, der Mitglied der Résistance war und einen Besitz in der Nähe von La Roche Guyon hatte. Er kannte die Verhältnisse dort und war über die Gewohnheiten Rommels, seine Spaziergänge und die Wege, die er benutzte, genau unterrichtet. Nachdem der Vorschlag Frasers, das Unternehmen gegen Rommel von dem dort schon eingesetzten Kommando durchführen zu lassen, abgelehnt worden war, erhielt der Stab des SAS die Erlaubnis, eine zweite Gruppe, die aus zwei Offizieren und vier Soldaten bestehen sollte, nach Frankreich zu schicken. Der Einsatzbefehl wurde am 20. Juli unterschrieben, und der Funkspruch, mit dem der Beginn des Unternehmens für die Nacht vom 25. zum 26. Juli angekündigt wurde, traf am 23. beim Stab des SAS ein. Beim Oberkommando der britischen 21. Heeresgruppe in der Normandie hatte man beschlossen, »den betreffenden Gentleman lieber zu töten als gefangenzunehmen«[33].

Auf seiner Fahrt am 17. Juli bog Rommel mit seinem Wagen wie vorgesehen wieder auf die nach Vimoutiers führende Hauptstraße ein. Im Fond des Wagens saß der Obergefreite Holke als Luftbeobachter. Rommel wurde auf dieser Fahrt außerdem von Major Neuhaus und Hauptmann Lang begleitet.

Plötzlich rief Holke, feindliche Flugzeuge seien im Anflug. Die Maschinen kamen im Tiefflug heran. Rommel befahl seinem Fahrer Daniel, schneller zu fahren, bis man an einer geeigneten Stelle den Wagen verlassen und Deckung suchen konnte. Doch bevor sie dort angekommen waren, eröffnete das erste Flugzeug das Feuer. Der Wagen geriet ins Schleudern und landete im linken Straßengraben. Rommel war bereits schwer verletzt, als das nächste Flugzeug eine zweite Salve auf das Fahrzeug und seine Insassen abfeuerte.

Das nächste Militärlazarett war ein Luftwaffenortslazarett in dem 40 Kilometer entfernt an der Straße nach Rouen gelegenen Bernay. Zunächst wurde Rommel von einem Arzt in einem französischen Krankenhaus in Livarot in der Nähe der Unfallstelle versorgt, das zu einem Kloster gehörte. Es dauerte aber eine dreiviertel Stunde, bis Lang ein Fahrzeug beschaffen konnte, das Rommel dorthin brachte. Anschließend wurden der bewußtlose Rommel und Daniel nach Bernay verlegt. Rommel hatte einen schweren Schädelbruch und Wunden an der Schläfe und im Gesicht. Daniel erlag seinen Verletzungen.

Am folgenden Tag, es war der 18. Juli, griff die britische 2. Armee östlich von Caen und östlich der Orne in dem Abschnitt an, wo Rommel schon seit geraumer Zeit mit stärkeren feindlichen Operationen gerechnet hatte. Dem Vorgehen der britischen Truppen ging einer der stärksten Bombenangriffe voraus, die es in diesem Krieg gegeben hat. Er dauerte drei Stunden, von 5.30 bis 8.30 Uhr. Bei strahlendem Wetter ging das britische VIII. Korps unter General O'Connor mit drei Panzerdivisionen und einer Infanteriedivision an der linken Flanke in südlicher Richtung vor. Zugleich griff das II. Kanadische Korps unter General Simonds die Stadt Caen an.

Am Abend hielten die Deutschen, obwohl ihre vorderen Stellungen vom Feind überrannt worden waren und sie schwere Verluste erlitten hatten, noch immer den Höhenzug von Bourguebus südlich von Caen, nachdem sie zahlreiche feindliche Panzer abgeschossen hatten. Es war dem Feind nicht gelungen, aus dem Brückenkopf auszubrechen und den Gegner zu vernichten. Die deutschen Panzerabwehrgeschütze hatten, unterstützt von den unmittelbar hinter der Front eingesetzten Panzerregimentern, ganze Arbeit geleistet. Noch konnten die Deutschen ihre Stellungen halten.

22.

»Für die Ehre Deutschlands«

Am Donnerstag, dem 20. Juli 1944, zerstörte eine gewaltige Explosion die Baracke, in der Hitler im Führerhauptquartier von Rastenburg eine Lagebesprechung abhielt.[1] Einige Teilnehmer, unter ihnen Hitlers Wehrmachtsadjutant Schmundt, wurden getötet oder erlagen kurz darauf ihren Verletzungen. Doch Hitler überlebte den Anschlag.

Stauffenberg hatte die Bombe zum dritten Mal in seiner Aktentasche aus Berlin mitgebracht und unmittelbar vor Beginn der Besprechung den Zeitzünder eingestellt. Anschließend hatte er die Aktentasche mit der Bombe und dem schon laufenden Zeitzünder unter den Kartentisch gestellt und dann den Raum verlassen, um wenige Minuten nach Beginn der Besprechung »ein Telefongespräch zu führen«. Draußen hatte er bis zur Explosion gewartet und war dann abgefahren. Der Posten an der Einfahrt zum Sperrkreis I des Hauptquartiers hatte ihn nach einer kurzen Erklärung durchgelassen. Fünfundzwanzig Minuten später erreichte Stauffenberg den Flugplatz und flog sofort nach Berlin.

In der Baracke hatte offenbar jemand die Aktentasche ein Stück weit unter die schwere Eichenholztischplatte geschoben, die wahrscheinlich einen Teil der direkten Wirkung der Explosion abfing. Stauffenberg, der die Zerstörung der Baracke aus nächster Nähe beobachtet hatte, konnte sich nicht vorstellen, daß jemand in so unmittelbarer Nähe der Bombe überlebt haben könnte. Aber Hitler hatte nur geringfügige Verletzungen erlitten.

In der ersten Meldung, die Berlin um 13 Uhr erreichte, hieß es, Hitler sei tot. Doch schon wenige Minuten später ließ Keitel, der ebenso wie Hitler am Leben geblieben war, diese Meldung mit einer neuen Durchsage korrigieren: »Der Führer lebt.« Kurz darauf brach die Verbindung ab.

Die Verschwörer in Berlin glaubten in ihrem verzweifelten Optimismus, man habe sie mit der zweiten Meldung nur täuschen wollen. Der erste Anruf war von General Fellgiebel gekommen, dem Chef des Heeresnachrichtenwesens, der selbst an der Verschwörung beteiligt war. Man war vorher übereingekommen, daß alle Funksprüche mit der kurzen Mitteilung »Führer tot« beginnen sollten, und das war geschehen. Aber die zweite Meldung war angeblich aus dem Büro des Feldmarschalls Keitel, des Chefs des OKW gekommen.[2] Nun herrschte allgemeine Verwirrung. Die Telefonleitung nach Rastenburg war offenbar gestört, wahrscheinlich auf Veranlassung Fellgiebels, mit dem das vorher abgesprochen worden war. Jetzt mußten die Verschwörer in Berlin alle weiteren Maßnahmen treffen. Die zuständigen militärischen Dienststellen mußten über den Tod Hitlers unterrichtet werden. Das geschah auch, und einige Befehlshaber erhielten die Nachricht über Telefon. Diejenigen, die die Nachricht erwartet hatten, hielten sie für zutreffend. Der Oberquartiermeister Kluges, Oberst Finckh, rief am frühen Nachmittag Speidel in La Roche Guyon an und sagte: »Attentat! Führer ist tot!«[3] Am späten Nachmittag meldete sich auch General Blumentritt, der Chef des Generalstabes des Oberbefehlshabers West, bei Speidel und sagte nur ein Wort: »Tot!«[4] Aber in Berlin begann man an der Richtigkeit dieser Nachricht zu zweifeln. Das Unternehmen »Walküre« wurde verschoben. War Hitler wirklich tot?

Um 15.15 Uhr war die telefonische Verbindung nach Rastenburg wiederhergestellt, Keitel sprach kurz mit dem Befehlshaber des Ersatzheeres und Stauffenbergs Vorgesetzten, Generaloberst Fromm, und teilte ihm mit, was geschehen war. Er sagte ihm, der Führer lebe und habe die Situation fest in der Hand. Mussolini sei zu einem Besuch nach Rastenburg gekommen, und Hitler habe ihn bereits empfangen und ihm sogleich die zerstörte Baracke gezeigt, aus der er »wie durch ein Wunder« lebend herausgekommen sei. Indessen habe er, Keitel, mit Himmler vereinbart, daß der Sicherheitsdienst und die Gestapo freie Hand erhalten müßten, ohne Rücksicht auf Rang und Dienststellung jeden zu vernehmen, der im Verdacht stehe, an dem feigen Anschlag beteiligt gewesen zu sein. Ausnahmen dürfe es hier nicht geben.

Mit den ersten von den Verschwörern verbreiteten Nachrichten waren auch die Namen einiger Mitglieder der neuen Regierung bekanntgegeben worden. (Zu ihnen gehörte Feldmarschall v. Witzleben als Oberbefehlshaber der Wehrmacht.) Diese Funksprüche wurden in Rastenburg mitgehört, und das Führerhauptquartier ließ sie sofort über Funk für ungültig erklären. Alle Dienststellen wurden angewiesen, nur Befehle aus Rastenburg zu befolgen.

Bis 16 Uhr hatten die Verschwörer in Berlin das Unternehmen »Walküre« noch nicht ausgelöst. Nun beorderte der Stadtkommandant, General v. Hase, der ebenfalls zu den Verschwörern gehörte, den Kommandeur des Wachbataillons »Großdeutschland«, Major Remer, zu sich und befahl ihm, das Regierungsviertel in Berlin mit drei Kompanien abzusichern. Die Zugänge dorthin müßten streng bewacht werden, und niemand, weder Minister noch General, sei durchzulassen. Remer kehrte in die Kaserne zurück und erteilte seine Befehle. Inzwischen war es 16.30 Uhr.[5]

Am gleichen Tag war ein Beamter des Goebbelsschen Propagandaministeriums, Dr. Hagen, in Berlin, um vor den Offizieren des Wachbataillons einen Vortrag zu halten. Als Remer von General Hase zurückkehrte, sprach er mit Hagen, der ihm erzählte, er glaube, am Vormittag den ehemaligen Oberbefehlshaber des Heeres, Feldmarschall v. Brauchitsch, in Uniform in Berlin gesehen zu haben. Das war zwar ein Irrtum, doch das seltsame Zusammentreffen der Ereignisse, das Gerücht über den Unfall, den Hitler erlitten haben sollte, der überraschende Befehl an das Wachbataillon und das plötzliche Auftauchen eines bekannten ehemaligen höheren Offiziers weckten das Mißtrauen Hagens. Er äußerte sich in diesem Sinne gegenüber Remer, der Hagen zustimmte, als dieser ihm sagte, er wolle sofort zu Goebbels gehen, der sich in Berlin aufhielt.[6]

Inzwischen bestiegen Remers Kompanien die Fahrzeuge. Die Befehle waren gegeben und die Grenzen des Kordons festgelegt. Eine vierte Kompanie wurde als Reserve bereitgestellt. Dann meldete sich Remer wieder bei Hase. Dort hörte er, wie zwei Offiziere davon sprachen, daß Reichsminister Goebbels festgenommen werden müsse. Remer wurde mißtrauisch, aber Hagen war bereits unterwegs.

Um 16.40 Uhr traf Stauffenberg in großer Erregung bei der Dienststelle des Ersatzheeres im Gebäude des OKW in der Bendlerstraße ein, das nun, da hier die Schlüsselfiguren der Verschwörung saßen, zum Nervenzentrum des Unternehmens geworden war. Er war noch in dem Glauben, das Attentat sei gelungen und »Walküre« bereits im Gange. Der Alarm war jedoch eben erst ausgelöst worden. Vor einer guten Stunde hatte Fromm telefonisch mit Keitel gesprochen — und trachtete jetzt danach, sich möglichst von den Verschwörern zu distanzieren.

Aber die ersten Befehle der Verschwörer (die auch schon bald der Gestapo vorlagen) waren erteilt oder sollten demnächst ergehen. Sie bestätigten auch die Übernahme des Oberbefehls durch Witzleben. Um 18 Uhr ergingen weitere Befehle an alle Wehrkreise, wonach führende nationalsozialistische Funktionäre, die Kommandanten der Konzentrationslager und alle höheren SS-Führer verhaftet werden sollten. Die Befehle trugen den Namen Fromms, den die Verschwörer vorläufig festgenommen hatten. Stauffenberg hatte die Befehle gegengezeichnet.

Inzwischen regten sich bei den Verschwörern ernste Zweifel am positiven Ausgang des ganzen Unternehmens; aber da die Sache schon zu weit gediehen war, um sie wieder abzublasen, redeten sie sich ein, wenn sie Berlin in der Hand behielten und es ihnen gelänge, die militärischen Kommandostellen und besonders das Oberkommando im Westen davon zu überzeugen, daß die Regierung gestürzt worden sei, könne der Staatsstreich doch noch gelingen. Bis 21.25 Uhr gingen die Befehle von der Bendlerstraße weiter an die Truppe heraus, und zwar jetzt im Namen des Generalobersten Hoepner, eines führenden Verschwörers, der von Witzleben zum Befehlshaber des Ersatzheeres anstelle Fromms ernannt worden war. Auch die letzte der zahlreichen Botschaften an alle Militärbezirke und Kommandostellen begann mit den Worten: »Der Führer Adolf Hitler ist tot!«[7]

Um 18.30 Uhr hatten Remers Männer wie befohlen das Regierungsviertel abgeriegelt, und Remer selbst meldete sich wieder bei General v. Hase. Er hatte erwartet, Hagen dort anzutreffen und von ihm Näheres über die wirkliche Lage zu erfahren, aber statt dessen fand er dort nur die Mitteilung Hagens vor, Remer solle sich unverzüglich bei Goebbels melden.

Dies teilte Remer den Offizieren von Hases Stab mit, woraufhin v. Hase jedoch befahl: »Remer, Sie bleiben hier!«[8] Trotz dieses Befehls verließ Remer die Kommandantur und fuhr ins Propagandaministerium. Dort wurde er von Goebbels empfangen, der unter vier Augen mit ihm sprach. Auf seine Frage erklärte Remer, er stehe loyal zum Führer.

Goebbels sah ihn schweigend an und schüttelte ihm die Hand. Dann reichte er ihm das Telefon. Hitler war selbst am Apparat und bevollmächtigte Remer, der die Stimme Hitlers sofort erkannte, alle Maßnahmen zu treffen, die nach seiner Überzeugung erforderlich seien, um die Reichsregierung zu retten.[9]

Remer fuhr in seine Kaserne zurück und befahl dem Wachbataillon, sich im Garten von Goebbels' Haus in der Hermann-Göring-Straße zu versammeln. Dort ließ er seine Männer um 20.30 Uhr antreten, und Goebbels sprach zu ihnen. Er sagte, das Bataillon habe eine historische Aufgabe. Remer erläuterte ihnen, er habe vom Führer persönlich einen Auftrag bekommen.

Aber nicht nur das Wachbataillon war im Rahmen des Unternehmens »Walküre« alarmiert worden. Remer hörte jetzt, daß sich auf dem Fehrbelliner Platz eine Panzereinheit bereitgestellt hatte. Nun nahm er Verbindung zu diesen Panzern auf und teilte den Männern mit, Hitler habe ihm die Befehlsgewalt über alle verfügbaren Streitkräfte übertragen, worauf man ihm zu verstehen gab, »daß über die gepanzerten Kräfte ganz allein Generaloberst Guderian die Befehlsgewalt habe«. Bevor es zu ernsthaften Differenzen kam, erschien Oberstleutnant Gehrke, ein ehemaliger Kommandeur des Wachbataillons »Großdeutschland«, und bedeutete den Männern der Panzereinheit, alles sei in Ordnung, und er erwarte, daß sie treu zum Führer stünden. Remer hatte bereits Verstärkungen und schwere Waffen von der Reserve-Wachbrigade in Cottbus angefordert, brauchte sie jetzt aber nicht mehr.

Er war inzwischen überzeugt, daß sich die zentrale Befehlsstelle der abtrünnigen »Verräter« in der Bendlerstraße befand. Dorthin schickte er eine Kompanie unter der Führung von Oberleutnant Schlee mit dem Auftrag, das Gebäude zu sichern und festzustellen, was darin vorging. Nachdem Schlee das Gebäude umstellt und die Eingänge mit Posten gesichert hatte, ging er hinein und wurde aufgefordert, sich bei General Olbricht zu melden. Er wußte allerdings nicht, daß Olbricht der Kopf der Verschwörung war.

Schlee hatte seinen Männern gesagt, wenn er in zwanzig Minuten nicht wieder herauskäme, sollten sie das Gebäude stürmen und durchsuchen. Als er in das Vorzimmer Olbrichts kam, verbot ihm ein Oberst (es war Mertz v. Quirnheim, eine Schlüsselfigur des Putsches), den Raum zu verlassen. Es gelang ihm aber doch, noch hinauszukommen. Jetzt war ihm alles klar, und auch Remer hatte keine Zweifel mehr. Es handelte sich, wie Goebbels sie informiert hatte, um einen Militärputsch im Zusammenhang mit einem Attentat auf den »Führer«. Und das Nervenzentrum dieses Umsturzversuchs war tatsächlich hier in der Bendlerstraße. Inzwischen war es 21.15 Uhr.

In Paris hatte man bis jetzt abgewartet. Irgendwann am Nachmittag hatte Oberstleutnant Cäsar v. Hofacker mit Berlin telefoniert, und man hatte ihm mitgeteilt, Hitler, Himmler und Göring seien tot. Das war das Signal für die sogenannte »Westlösung«,[10] das allerdings viel zu spät eintraf, denn schon bald nach 13.00 Uhr hatten hier die verschiedensten Gerüchte und unbestätigten Meldungen die Runde gemacht. Hofacker, der dem Stab Stülpnagels angehörte, war ein Vetter von Stauffenberg und Reserveoffizier der Luftwaffe. Er war ein entschiedener Gegner des Regimes, und Stülpnagel hatte ihn praktisch von allen anderen Pflichten entbunden und beauftragt, als Verbindungsoffizier zwischen Berlin und Paris die »Berliner Lösung« und die »Westlösung« aufeinander abzustimmen.

Es gab nämlich zwei jeweils selbständig arbeitende Gruppen von Verschwörern. Die Gruppe in der Reichshauptstadt sollte den gesamten Staatsapparat übernehmen und sogleich umfassende politische Maßnahmen ergreifen, die schon seit Monaten oder gar seit Jahren festgelegt und zum Teil schriftlich fixiert worden waren. Die erste der in der Berliner Lösung vorgesehenen Maßnahme war es, Hitler auszuschalten, und zwar auf jede nur mögliche Art. Die Voraussetzung für den Beginn der Westlösung war das Gelingen der

Berliner Lösung. Im Westen kam es vor allem darauf an, die Loyalität der kämpfenden Truppe für die neue Regierung nach dem Sturz Hitlers zu sichern, um dann sobald wie möglich unter Soldaten einen Waffenstillstand auszuhandeln.

Das Befehlszentrum dieser zweiten, westlichen Verschwörergruppe war das Hauptquartier Stülpnagels, des Militärbefehlshabers Frankreich in Paris. Nicht alle, die ganz oder teilweise in die Pläne für die Westlösung eingeweiht waren, kannten die Einzelheiten der im Rahmen der Berliner Lösung zu treffenden Maßnahmen. Man rechnete in Paris mit einer Art Staatsstreich in Deutschland, bei dem Hitler irgendwie abgesetzt werden sollte, aber nur wenige waren sich darüber klar, daß dies die Ermordung Hitlers bedeuten könnte, und einige lehnten eine solche Lösung entschieden ab. Wenn aber der »Führer« — auf welche Art auch immer — abgesetzt worden war, dann verlor auch der von der Wehrmacht geleistete Eid auf ihn seine Gültigkeit.

Das entscheidende Problem, das sich dann in Frankreich ergab, war die Ausschaltung der SS (allein in Paris waren es 1 200 Mann) und der ihr unterstellten Behörden, des Sicherheitsdienstes (SD) und der Gestapo. Wenn sie sofort ausgeschaltet würden, würde es zumindest keine Möglichkeit mehr geben, die Truppe zum Widerstand gegen den Staatsstreich aufzurufen. Sobald die entsprechende Nachricht aus Berlin eintraf, sollten daher die Führer des SD und der Gestapo in Paris festgenommen und vor ein von Stülpnagel einzusetzendes Kriegsgericht gestellt werden. Das alles war vorbereitet worden, und am späten Nachmittag des 20. Juli begannen die Festnahmen. Damit befand sich die ganze Militärverwaltung in Paris, wenn auch nur für kurze Zeit, in den Händen der Verschwörer.

Die Mitglieder des Führungsstabes der Heeresgruppe B in La Roche Guyon wurden an diesem Abend von furchtbaren Zweifeln geplagt. Speidel und einige andere wußten, daß dramatische Ereignisse bevorstanden, die zu Verhandlungen und zum Frieden führen sollten. Und als Speidel am Nachmittag von Finckh angerufen worden war und die Worte gehört hatte: »Der Führer ist tot«, hatte er geglaubt, die Sache sei bereits entschieden. Als die Meldung widerrufen wurde, glaubte man zunächst nur an ein letztes verzweifeltes Täuschungsmanöver aus der engeren Umgebung Hitlers. Auch Goebbels' Auftritt in einer Rundfunksendung um 19 Uhr war vielleicht nur ein verzweifelter Versuch, die Lage noch zu retten. Goebbels hatte erklärt, ein verbrecherischer Anschlag gegen das Leben des Führers sei fehlgeschlagen, und Hitler sei noch am Leben. Aber konnte das nicht gelogen sein?

Stülpnagel war in Begleitung von Speidels Schwager Horst, der in der Militärverwaltung arbeitete, und Hofacker von Paris nach La Roche Guyon gekommen. Die Stimmung an diesem Abend war düster. Stülpnagel hatte inzwischen in Berlin angerufen und mit Beck gesprochen, aber Beck hatte ihm seine Sorgen nicht nehmen können. Er meinte, ob Hitler tot sei oder nicht – und man durfte kaum hoffen, daß Keitel gelogen habe –, man müsse so handeln, als sei das Attentat gelungen. Die Verschwörer in Paris hatten die vorgesehenen Maßnahmen ergriffen und einige hundert SS-Führer festgenommen, ohne daß ein Schuß gefallen war; was jedoch in Rastenburg oder Berlin geschah, war noch völlig ungewiß. Das Abendessen wurde schweigend eingenommen.[11]

Da Tempelhoff persönlich mit Stauffenberg und Mertz v. Quirnheim bekannt war, schlug Hofacker ihm schließlich vor, in Berlin anzurufen und sich zu erkundigen, was wirklich los war. Tempelhoff ging in sein Büro und rief Stauffenberg an. Der genaue Zeitpunkt dieses Gesprächs läßt sich nicht mehr feststellen, aber Hofacker, der um Mitternacht nach Paris zurückgekehrt war,[12] befand sich noch in La Roche Guyon, und Stauffenberg war noch in der Bendlerstraße und noch ein freier Mann. Doch plötzlich wurde das Gespräch von Berlin aus unterbrochen. Im gleichen Augenblick kam Hauptmann Dummler, der das Kriegstagebuch der Heeresgruppe führte, ins Zimmer und nahm seinem Vorgesetzten den Hörer aus der Hand. Dabei sagte er: »Herr Oberst, was machen Sie denn? Sie kommen noch in Teufels Küche!«

Es war ein vorsorglicher Akt der Insubordination. Als Tempelhoff ins Speisezimmer zurückkam, sah Kluge ihn fragend an, und Tempelhoff sagte nur: »Nein!«[13] Kluge, der seit Rommels Verwundung gleichzeitig OB West und Oberbefehlshaber der Heeresgruppe B war, schwieg. Die Verschwörer waren mehrmals an ihn herangetreten und hatten gehofft, ihn für ihre Sache zu gewinnen. Es war von eminenter Wichtigkeit, daß er sich ebenso wie Rommel an den Vorbereitungen der Waffenstillstandsverhandlungen mit dem Feind beteiligte. Aber nun, da man nicht genau wußte, ob Hitler noch am Leben war . . .

Dann distanzierte sich Kluge ganz offen von der Verschwörung, zu der sich einige andere und besonders Hofacker mutig und ebenso offen bekannten. Kluge sagte sogar, Stülpnagel werde sicher festgenommen und wahrscheinlich erschossen werden.[14] Noch vor Mitternacht fuhr Stülpnagel mit den anderen Offizieren seines Stabes wieder nach Paris. Am nächsten Morgen erhielt er von Keitel den Befehl: »Melden Sie sich sofort in Berlin.«

In der Bendlerstraße in Berlin wußte Generaloberst Fromm, der noch immer von Stauffenberg festgehalten wurde, seit dem späten

Nachmittag, daß Hitler lebte. Er wußte auch, daß er unter Umständen vor Gericht gestellt werden würde, wenn nicht wegen der unmittelbaren Beteiligung am Attentat, so doch zumindest weil er versäumt hatte, die Pläne der Verschwörer, die ihm nicht entgangen sein konnten und denen er vielleicht sogar zugestimmt hatte, seinen Vorgesetzten zu melden. Remers Männer hatten jetzt das ganze Regierungsviertel besetzt, und es war klar, daß sie nicht auf der Seite der Verschwörer standen. Nachdem es Schlee gelungen war, Olbrichts Zimmer zu verlassen, war er mit einer Gruppe Soldaten zurückgekommen. Ihnen folgte sehr bald Oberst Gehrke. Nun wurden die Verschwörer in der Bendlerstraße entwaffnet. Fromm wurde freigelassen und erklärte, er übernehme wieder seine Pflichten als Befehlshaber des Ersatzheeres.

Mit Zustimmung von Gehrke verurteilte er Stauffenberg, Olbricht, v. Haeften und Mertz v. Quirnheim zum Tode. Beck, der am Nachmittag in Zivil in die Bendlerstraße gekommen war, unternahm einen Selbstmordversuch, wurde schwer verletzt von einem Feldwebel ins Nebenzimmer gezogen und dort mit seiner eigenen Pistole erschossen. Stauffenberg und die anderen verurteilten Offiziere wurden im Innenhof des Gebäudes an der Bendlerstraße von einem Exekutionskommando aus Unteroffizieren der Kompanie von Schlee erschossen. Die Hinrichtung fand um 0.30 Uhr statt.[15]

Um Mitternacht hatte Hitler im Rundfunk verkündet, »eine ganz kleine Clique ehrgeiziger, gewissenloser und zugleich verbrecherischer, dummer Offiziere« habe versucht, ihn zu töten. Dieser Versuch sei fehlgeschlagen. Er, Adolf Hitler, sei am Leben und immer noch Oberster Befehlshaber der deutschen Wehrmacht und Führer des deutschen Volkes. Nun werde die Gerechtigkeit ihren Lauf nehmen.

Schon nach wenigen Stunden begannen die Untersuchungen, und vom 21. Juli an legte der Chef des Reichssicherheitshauptamtes, SS-Obergruppenführer Kaltenbrunner, dem Reichsleiter Martin Bormann im Führerhauptquartier fast täglich einen ausführlichen Bericht über die Ergebnisse der jüngsten Nachforschungen und Vernehmungen der Gestapo vor.[16a]

Der Umfang der Berichte Kaltenbrunners und der darin zusammengetragenen Beweismittel ist erstaunlich. Der ganze Verlauf der Verschwörung in Deutschland, in Frankreich und innerhalb der Wehrmacht ist in diesen Berichten in allen Einzelheiten festgehalten, und jedes kleinste Ereignis, jedes auch nur im geringsten belastende Gespräch, jede zufällige Bemerkung und jeder persönliche Kontakt mit Verdächtigen wurde hier dokumentiert, bewertet und an der richtigen Stelle eingeordnet. Die Verschwörer hatten ihre Gedanken und Pläne in zahlreichen Aufzeichnungen schriftlich niedergelegt. So gab es Listen von Persönlichkeiten, die als Mitglieder einer künftigen Regierung vorgesehen waren, Proklamationen an das deutsche Volk und die deutsche Wehrmacht, Papiere über die Außenpolitik, über ein künftiges Europa, über die Bildungs-, die Religions-, die Rassenpolitik, über Verfassungsfragen, die Rechtspflege, die bürgerlichen Freiheiten und die Freiheit des Gewissens. Sie alle wurden sorgfältig analysiert, kommentiert und als Anlagen den Berichten Kaltenbrunners an Bormann beigefügt, damit dieser sie auch Hitler vorlegen konnte.

Der Inhalt eines großen Teils dieser Dokumente zeugt von dem Mut, der Intelligenz und dem Weitblick der Verschwörer, und obwohl der Umsturzversuch vollständig und in schmerzlicher Weise scheiterte und die Verschwörer es vielleicht an der nötigen Diskretion und dem erforderlichen Realismus hatten fehlen lassen, gebührt denen, die ihn unternommen haben, alle Ehre, und die kompromißlose Sprache ihrer Aufzeichnungen verbrannte fast das Papier, auf das sie geschrieben waren. Hier hieß es: »Mit blutbefleckten Händen ist Hitler seinen Irrweg gewandelt, Tränen, Leid und Elend hinter sich lassend.« Diese Aufzeichnungen haben auch bei den erbittertsten Feinden der Verschwörer mit Sicherheit nicht ihre Wirkung verfehlt. Kaltenbrunner hat das, was er hier aufgedeckt hatte, mit großer Sorgfalt und gründlich kritisiert. Es war so, als habe er es kaum ertragen können, eine wohlbegründete Auffassung zu dokumentieren, so verräterisch und feindlich gegenüber dem Nationalsozialismus sie auch gewesen sein mochte, ohne zugleich auch die nach seiner Ansicht richtige, anständige und zwingende nationalsozialistische Haltung darzustellen, als müsse er sich vergewissern, daß diese offizielle Auffassung die richtige war.

Hitler ging bei der Behandlung der ganzen Angelegenheit von Anfang an von sehr realistischen und politisch wohlbegründeten Gesichtspunkten aus. Das zeigte sich schon im Wortlaut seiner Erklärung, die er unmittelbar nach dem Attentat über den Rundfunk abgegeben hatte. Es durfte unter keinen Umständen der Eindruck entstehen, daß die »Verschwörerclique« typisch für irgendeine militärische oder zivile Bevölkerungsgruppe war. Hatte Hitler zuerst wutschnaubend gegen die »blaublütigen Schweine« gewettert, so durfte, nur weil einige Verschwörer adlige Namen trugen, nicht der ganze Adel für dieses »Verbrechen« verantwortlich gemacht werden, und das galt auch für die Generalität, für das Offizierkorps und für die Wehrmacht, auch wenn sich einige Generale und Offiziere an dem Umsturzversuch beteiligt hatten. Hitler hatte nicht die Absicht, sich diese Teile der Bevölkerung unnötig zu Feinden zu machen. Am 24. Juli schrieb Bormann an alle Gauleiter und Reichsleiter, daß es der ausdrückliche Wunsch Hitlers sei, diesen Eindruck zu vermeiden.[16b] Die Schuldigen müßten in den Augen der Öffentlichkeit isoliert werden.

Aber alle Vernehmungen und Berichte zeigten sehr deutlich, daß das eigentliche Verbrechen Stauffenbergs und der anderen nicht nur der Mordversuch war. Es war ihr »Defätismus« und »Pessimismus«. Diese Worte werden in Kaltenbrunners Berichten immer wieder verwendet, und zwar als Erklärung für das Verhalten der Beschuldigten, die versucht hätten, ihr Vorgehen mit dieser pessimistischen Haltung zu rechtfertigen. Das entsprach auch wirklich den Tatsachen, und gegen diesen Vorwurf hätte sich Rommel, gleichgültig wie er selbst über das Attentat dachte, auch nicht wehren können, denn er war durchaus begründet.

Drei Tage nach dem Attentat wurde Rommel in das Lazarett von Le Vesinet in St. Germain bei Paris verlegt. Er war ein schwieriger Patient. In den ersten Tagen, noch in Bernay, hatten ihn Ruge (der dann bis zu Rommels Entlassung fast täglich nach Le Vesinet kam), Speidel, Tempelhoff und Lang besucht. Rommel hatte unter starken Schmerzen gelitten und war in einem abgedunkelten Zimmer untergebracht worden. In Le Vesinet fühlte er sich tagsüber schon besser, aber die Nächte waren schwer zu ertragen. Dennoch hoffte er schon jetzt, bald wieder zur Truppe und zu seiner Pflicht zurückkehren zu können. In der Normandie konnten die Deutschen ihre Stellungen gerade noch halten, aber es würde nicht mehr lange dauern, bis der Feind aus dem Brückenkopf ausbrechen und, wie Rommel vorausgesagt hatte, tief ins französische Hinterland vorstoßen würde.

Einer der ersten, die Rommel in Bernay besuchten, war sein Artilleriekommandeur Oberst Lattmann. Er durfte aber noch nicht mit ihm sprechen. Speidel hatte Lattmann gebeten, die Mütze und den Marschallstab Rommels mitzubringen. Als er nach seinem Besuch wieder in den Wagen steigen wollte, wurde er von dem französischen Arzt angesprochen, der Rommel nach seiner Verwundung die erste Spritze gegeben hatte. Er zeigte tiefes Mitgefühl, und Lattmann erlebte nicht zum ersten Mal, wie beliebt Rommel bei den Franzosen war.[17] Zu den ersten Besuchern gehörte auch Lang, der Rommel am 21. Juli sprechen durfte und ihn über das Attentat informierte. Rommel war, wie Lang später berichtete, offensichtlich erschüttert. Das kommt auch in dem ersten Brief zum Ausdruck, den er nach seiner Verwundung am 24. Juli an seine Frau schrieb: Er danke Gott dafür, daß der Attentatsversuch gescheitert sei.[18] Er hätte sich zu jener Zeit auch gar nicht anders zu diesem Ereignis äußern können, denn es hätte mit Sicherheit den Argwohn der Zensur erregt, wenn Rommel in seiner Korrespondenz zu diesem dramatischen Ereignis nicht Stellung genommen hätte. Im gleichen Brief schrieb er, vor kurzem habe er seine persönliche Lagebeurteilung »nach oben« weitergegeben. Damit meinte er sein »Ultimatum«. Er hielt es für richtig, sich ganz offen und unverblümt dazu zu bekennen.

Als Rommel nach Le Vesinet verlegt worden war, durften seine Besucher länger bei ihm bleiben. Der Genesende zeigte sich gereizt, aber gesprächig. Natürlich besuchten ihn alle Mitglieder seines Stabes und die ihm unterstellten Truppenbefehlshaber − Tempelhoff, Staubwasser von der Heeresgruppe B und Generaloberst v. Salmuth von der 15. Armee. Ruge las ihm täglich vor. Sein alter Freund Kurt Hesse, der zunächst Lehrer an der Kriegsschule in Dresden, 1940 als Kriegsberichterstatter in Frankreich gewesen und jetzt Feldkommandant in St. Germain war, besuchte ihn Anfang August und blieb eine Stunde bei ihm. Rommel sagte ihm ganz offen seine Meinung: Hitler habe nichts aus Stalingrad gelernt. Der Krieg sei verloren und müsse beendet werden. Gegenüber Lattmann, der ihn ebenfalls regelmäßig besuchte, machte er ähnliche Andeutungen: Nach seiner Genesung müsse er noch einmal mit Hitler sprechen und ihn zur Einsicht bringen. Das sagte er auch Ruge.[19] Unter welchen Bedingungen auch immer − der Krieg müsse beendet werden. Das deutsche Volk habe genug durchgestanden.

Lattmann hörte das alles nicht zum ersten Mal. Schon in der Normandie hatte Rommel ihm zu verstehen gegeben, daß unbedingt Friedensverhandlungen eingeleitet werden müßten, und zwar mit oder ohne Hitler.[20] Aber das Attentat überschattete jetzt solche Gespräche, und Lattmann muß ebenso wie die anderen Gesprächspartner Rommels manche dieser Äußerungen als durchaus gefährlich empfunden haben. Kurt Hesse erinnerte sich später, daß Rommel ihn beim Abschied lange angesehen und gesagt hatte: »Hesse, ich glaube, es ist das beste, daß ich einen vor den Kopf bekommen habe!«[21] Auch Kluge hatte ihn besucht, aber es gibt keine Aufzeichnungen darüber, was während dieses Besuchs besprochen wurde.

Stülpnagel hatte Paris am 21. Juli verlassen, war in der Nähe von Verdun aus seinem Wagen gestiegen und hatte versucht, sich zu erschießen. Aber er wurde gerettet und in einem sehr schlechten Zustand nach Deutschland gebracht. Durch den Schuß hatte er das Augenlicht verloren. Auch der Generalquartiermeister des Heeres, General Wagner, ein häufiger Gast in La Roche Guyon, hatte sich das Leben genommen. Inzwischen erstreckten sich die Untersuchungen der Gestapo auf alle deutschen Truppenstäbe und militärischen Einrichtungen. Niemand machte sich Illusionen über die Brutalität, mit der hier vorgegangen wurde, und jeder wußte, mit welcher Strafe diejenigen rechnen mußten, denen eine Schuld nachgewiesen werden konnte.

Die meisten Frontoffiziere hatten kaum etwas gegen die Maßnahmen der Gestapo einzuwenden. In der Beurteilung der politischen Führung gab es zwar erhebliche Meinungsverschiedenheiten, aber Rommels ehemaliger Generalstabsoffizier v. Mellenthin gab wahrscheinlich die vorherrschende Stimmung wieder, wenn er im Rückblick schrieb: »Die Reaktion an der Front war eindeutig. Wir waren sprachlos, als wir erfuhren, daß ein deutscher Offizier fähig gewesen war, dieses Attentat zu verüben, besonders zu einer Zeit, als unsere Männer an der Ostfront um das Überleben kämpften . . . Die Frontsoldaten waren empört, als sie von dem Attentat auf Hitler hörten, und weigerten sich entschieden, es gutzuheißen.«[22] Als Mellenthin das nach dem Krieg schrieb, wußte er sehr viel mehr über die Hintergründe des Attentats, aber was er über die Haltung der deutschen Soldaten schreibt, klingt durchaus glaubwürdig. Sehr viele Deutsche, Zivilisten wie Soldaten, billigten die Verfolgung der Verschwörer. Und viele hochrangige Offiziere hatten nichts Eiligeres zu tun, als sich von den »Verrätern« zu distanzieren und dem Regime ihre unverbrüchliche Treue zu bekunden. In der ganzen Wehrmacht wurde jetzt der Hitlergruß eingeführt, und Guderian als neuer Chef des Generalstabes des Heeres schrieb in einem Tagesbefehl an die Generalstabsoffiziere: »Jeder Generalstabsoffizier muß ein NS-Führungsoffizier sein.«[23]

Auf viele wirkte es natürlich schockierend, daß unter denen, die dem um das Überleben kämpfenden Vaterland — augenscheinlich — einen Dolchstoß versetzt hatten, Männer waren, deren Namen sich mit den ruhmreichen Zeiten der deutschen und preußischen Militärgeschichte verbanden. Ein Ehrenhof wurde gebildet, dessen Vorsitz zunächst Feldmarschall v. Rundstedt übernahm und der die Beweismittel für die Beteiligung von Offizieren an dem Umsturzversuch untersuchen sollte. Diese Beweismittel waren zum größten Teil von der Gestapo zusammengetragen worden. Der Ehrenhof hatte nun zu entscheiden, wer aus der Armee ausgestoßen und als gemeiner Verbrecher vor den Volksgerichtshof gestellt werden sollte. Kaltenbrunner berichtete mit besonderer Genugtuung, die Bevölkerung habe es mit großer Erleichterung zur Kenntnis genommen, daß Hitler auf wundersame Weise dem Attentat entgangen war, und empfinde jetzt einen abgrundtiefen Haß auf die »Reaktionäre«, die sie als den inneren Feind erkannt habe. Die Menschen seien nun mehr denn je zum totalen Krieg entschlossen.

Die Feinde Deutschlands hingegen hielten das alles zunächst nur für Machtkämpfe innerhalb des gegnerischen Lagers. Es dauerte lange, bis sie begriffen, was die einsame und mutige Entscheidung der Verschwörer, die nun gnadenlos von der Gestapo verfolgt wurden, wirklich bedeutete.

Am 8. August wurde Rommel zu seiner Familie nach Herrlingen gefahren, wie immer entschlossen, sein persönliches Mißgeschick mit Fassung zu tragen. Seinem Burschen, dem Obergefreiten Loistl, sagte er: »Solange man den Kopf nicht unter der Achsel trägt, ist es nicht schlimm!«[24] Aber hinter dieser scherzhaften Äußerung lag eine bittere Ironie. Die Gestapo arbeitete mit Hochdruck und unterrichtete den Ehrenhof von ihren Erkenntnissen. Sie konnte beweisen, daß viele höhere Offiziere in Frankreich an der Verschwörung beteiligt waren, und am 29. August wurde der erblindete Stülpnagel zusammen mit Hofacker und anderen zum Tode verurteilt und noch am gleichen Tag hingerichtet.

Rommel hat das Schicksal Stülpnagels als sehr schmerzlich empfunden. In den vergangenen zwei Monaten hatte er sehr unter dem Verlust ihm nahestehender Menschen gelitten. In der Normandie waren 140 000 Mann der Heeresgruppe B gefallen, mehr als während des gesamten Wüstenkrieges; unter ihnen waren viele höhere Offiziere, die er gut gekannt hatte. Sein alter Freund Schmundt war durch die Bombe Stauffenbergs getötet worden, und nun hatte Stülpnagel in Berlin unter der Hand des Henkers sterben müssen. Und Kluge, dessen Beziehungen zu Rommel nicht immer ganz ungetrübt gewesen waren, wenngleich er sich am Ende doch zu den gleichen Grundauffassungen bekannte, hatte Gift genommen, als er den Befehl erhielt, nach Deutschland zurückzukehren.

Zuvor aber hatte er Hitler in einem widerwärtig unterwürfigen Brief versichert, er habe seinem Führer innerlich näher gestanden, als dieser vielleicht geahnt habe.[25] Aber Kluge wußte, daß er sich durch einige seiner Worte und Taten in den Augen Hitlers als Defätist kompromittiert hatte, der mit dem Gegner verhandeln wollte, auch wenn er nichts mit dem Attentat zu tun gehabt hatte. Als er am Abend des 20. Juli von Tempelhoff erfuhr, daß Hitler noch am Leben war, hatte Kluge eine Verwandte im Lazarett von Le Vesinet angerufen und sie gebeten, ihm, wie verabredet, eine Giftkapsel zu schicken.

Drei Wochen ließ Kluge noch verstreichen. Mit dem Fall von Falaise am 15. August war die Niederlage in der Normandie besiegelt, und es begann ein allgemeiner und regelloser Rückzug. Kluge übergab den Oberbefehl an Feldmarschall Model und wurde nach Deutschland zurückbefohlen. Dr. Goerdeler, der als Reichskanzler der neuen Regierung vorgesehen war, wurde, nachdem er einen Monat untergetaucht war, am 12. August von der Gestapo festgenommen und sagte in einer Vernehmung aus, er habe im vergangenen Jahr mit Kluge gesprochen und ihm gesagt, es werde nach dem verlorenen Krieg Sache des Militärs sein, einen möglichst günstigen Frieden für Deutschland auszuhandeln. Nach der Aussage Goerde-

Eine der letzten, wenn nicht die allerletzte Aufnahme Rommels zeigt ihn auf der Terrasse seines Hauses in Herrlingen bei Ulm. Hier erschienen am 14. Oktober 1944 die Generale Burgsdorf und Maisel vom Führerhauptquartier und händigten Rommel eine Giftkapsel aus. Deutschlands populärster Feldmarschall wurde vor die Wahl gestellt, sich vor dem Volksgerichtshof wegen seiner vermeintlichen Mitwisserschaft an dem Staatsstreich zu verantworten, oder aber im Falle des Freitodes ein Staatsbegräbnis zu erhalten, womit auch seiner Familie alle Ansprüche erhalten bleiben würden. Rommel teilte seine Entscheidung seiner Frau Lucie und seinem Sohn Manfred mit, stieg mit Burgsdorf und Maisel in den Wagen, und nur wenig später wurde der Tote im Standortlazarett in Ulm eingeliefert.

lers war Kluge derselben Meinung gewesen und hatte ihm zugesagt, die Sache mit seinen Offizierskameraden zu besprechen.[26] Andere Verdächtige hatten gestanden, daß Stauffenberg als Zentralfigur der Verschwörung erklärt habe, die Oberbefehlshaber der Heeresgruppen hätten sich zur Mitarbeit bereit erklärt, sobald die Sache angelaufen wäre.[27] Da Kluge wußte, was ihm bevorstand, nahm er sich das Leben.

Sehr bald, nachdem Rommel nach Hause zurückgekehrt war, hatte sein jetzt fünfzehnjähriger Sohn Manfred, der als Luftwaffenhelfer bei einer Flakbatterie diente, einen mehrwöchigen Urlaub erhalten, um seinem Vater zur Seite stehen zu können. In diesen Wochen hatte er Gelegenheit, den Vater besser kennenzulernen, der sich seit Kriegsbeginn nicht viel um den Sohn hatte kümmern können. Rommel war ein begabter Lehrer und nutzte gern jede Gelegenheit, seine Gesprächspartner und Untergebenen zu belehren. So erteilte er nun auch Manfred regelmäßig Mathematikunterricht.[28] Aber er litt häufig an starken Kopfschmerzen, und auch sein Sehvermögen war beeinträchtigt, so daß ihm das Lesen schwerfiel und Schmerzen bereitete. In Le Vesinet hatte Ruge ihm vorgelesen. Nun, in Herrlingen, tat es Manfred. Rommel hingegen erzählte viel.

Er sprach freimütig über alles, was ihm in den Sinn kam, und manchem, der ihn damals besuchte oder nur zufällig ein solches Gespräch mit anhörte, fiel die Unvorsichtigkeit Rommels auf, mit der er so offen seine Meinung äußerte.[29] Hitler, erklärte Rommel, habe den Verstand verloren und werde sich bis zu seinem Tod weigern, Frieden zu schließen. Rommel berichtete seinem Sohn von den verhängnisvollen Versuchen Hitlers, in die militärischen Operationen einzugreifen, vor allem aber von der Weigerung des »Führers« einzusehen, daß Deutschland den Krieg verloren habe und vom Osten überrannt würde, wenn es im Westen nicht kapitulierte. Was dem deutschen Volk in diesem Fall bevorstünde, könne man sich in seiner Grauenhaftigkeit gar nicht vorstellen.

Dieser kompromißlose Pessimismus des Vaters irritierte Manfred, dem es schwerfiel zu verstehen, daß sein Vater, der in der Öffentlichkeit als Held galt, das Regime mit solcher Entschiedenheit ablehnte. Aber Rommel begründete seine Haltung in langen Gesprächen in allen Einzelheiten und ließ keinen Zweifel daran, wo er stand. Wäre er nicht verwundet worden, erklärte Rommel, dann hätte er damals versucht, dem Feind im Westen das Tor nach Deutschland zu öffnen, und vielleicht wäre es ihm sogar gelungen, hier den Krieg durch direkte Verhandlungen zu beenden — auch entgegen seinen Befehlen, trotz seiner Gehorsamspflicht und ohne Rücksicht auf den »Führer«. Daß ein Mann, der bisher von jedem Soldaten unbedingten Gehorsam verlangt hatte, in dieser Weise sprach, war in der

Tat beunruhigend. Bevor Manfred zum Wehrdienst eingezogen worden war, hatte Rommel ihm geschrieben: »Oft wird Dir so ein Befehl ungelegen kommen, oft wirst Du den Sinn nicht verstehen. Gehorche bedingungslos.«[30] Jetzt predigte derselbe Mann die Rebellion und rechtfertigte sie.

Rommels Ansichten über das Attentat gegen Hitler waren jedoch ebenso kompromißlos, wenngleich längst nicht mehr von den freundschaftlichen Gefühlen beeinflußt, die er Hitler einst entgegengebracht hatte. Rommel lehnte den Tyrannenmord grundsätzlich ab und hielt ihn für die falsche Lösung. Er bewunderte den Mut Stauffenbergs und des Berliner Kreises, und es erschütterte ihn zutiefst, daß einige seiner Bekannten in die Verschwörung verwickelt waren und mit ihrem Leben dafür hatten bezahlen müssen. Er glaubte aber, daß es nach dem gewaltsamen Tod Hitlers in Deutschland zum Bürgerkrieg gekommen und Hitler womöglich sogar zum Märtyrer geworden wäre, so daß die Gefahr einer neuen Dolchstoßlegende gedroht hätte. Deshalb hielt er es für sehr viel besser, Hitler vor Gericht zu stellen, sofern es gelang, ihm irgendwelche Verbrechen nachzuweisen. Rommel konnte sich nicht vorstellen, daß das deutsche Volk nach der Ermordung Hitlers bereit sein würde, eine neue Regierung widerstandslos anzuerkennen, oder daß die Alliierten die Verschwörer als Verhandlungspartner akzeptieren könnten. Er war überzeugt, daß der Krieg nur mit der Kapitulation der Streitkräfte beendet werden könne, und zweifelte nicht daran, daß auch dies nur unter großen Schwierigkeiten zu erreichen sei. Niemand kannte den deutschen Soldaten besser als Rommel, und er wußte, daß jeder Versuch, die Wehrmacht für einen Staatsstreich gegen Hitler zu gewinnen, scheitern würde.

Auch die Vorbereitungen des Attentats hat Rommel scharf kritisiert. Es sei, so sagte er verächtlich, bezeichnend gewesen, daß für eine so schwierige Aufgabe mit Stauffenberg ein Offizier gewählt worden sei, der körperlich stark behindert war. So unberechtigt dieser Vorwurf auch war, in Rommels Augen nahm sich das, was er vom Ende der Verschwörung des Berliner Kreises gehört hatte, wie der typische Dilettantismus eines Unternehmens aus, das man irgendwo am grünen Tisch vorbereitet hatte. Wo, so fragte er, waren die zuverlässigen Truppen, die entsprechend eingewiesen und bereitgestellt werden mußten, um gegebenenfalls auch nach einem Mißlingen des Attentats eingesetzt werden zu können?[31]

Vielleicht ließ Rommel außer acht, wie schwierig und gefährlich es war, in einem von Himmlers SS beherrschten Staat einen Umsturz vorzubereiten. Zweifellos hat es bei der Planung und Ausführung des Attentats Verzögerungen und Ungereimtheiten gegeben. Es gab auch Meinungsverschiedenheiten über die politischen Ziele, und es ist gewiß nicht einfach gewesen, die praktischen Vorbereitungen eines derart riskanten Unternehmens mit den idealistischen Vorstellungen von einer wie immer gearteten neuen Weltordnung in Übereinstimmung zu bringen. Natürlich sprachen viele äußere Umstände gegen den Erfolg des Unternehmens, aber dennoch glaubten die Beteiligten, allein der Versuch werde eines Tages zur Wiederherstellung der deutschen Ehre beitragen. Und damit sollten sie recht behalten.

Im September erfuhr Rommel, daß Speidel überraschend als Chef des Generalstabes der Heeresgruppe B abgelöst worden sei.

Die Westfront war zusammengebrochen. Was Rommel erwartet hatte, war eingetreten, und zwar ziemlich genau zu dem von ihm vorhergesagten Zeitpunkt. Im Westen des Normandie-Brückenkopfes waren die Amerikaner schließlich durchgebrochen, in südliche Richtung vorgestoßen, nach Westen umgeschwenkt, um die Bretagne zu besetzen, und dann mit dem Gros ihrer Kräfte nach Osten in Richtung auf Paris vorgerückt. Am 25. August hatten die Briten links von den Amerikanern die Seine unweit von Rommels altem Hauptquartier La Roche Guyon überschritten und waren Ende des Monats bis nach Amiens vorgestoßen. Am 3. September marschierten sie in Brüssel ein. Die deutschen Truppen befanden sich auf der Flucht an die Reichsgrenze, um nach Möglichkeit neue Verteidigungsstellungen an der Mosel und am Rhein zu beziehen. Es war die Umkehrung des Feldzugs von 1940: Überall marschierten Tausende deutscher Soldaten in die alliierten Kriegsgefangenenlager, ohne die Gelegenheit gehabt zu haben, sich noch einmal zum Kampf zu stellen.

Trotz dieser katastrophalen Niederlage gelang es Mitte September, die Front wieder einigermaßen zu stabilisieren. Die Verluste an gefallenen und in Gefangenschaft geratenen deutschen Soldaten waren zwar gewaltig, aber viele hatten in Richtung Osten entkommen können und waren von erfahrenen Organisationsstäben in aller Eile neu gegliedert worden. Bestimmte strategische Räume — besonders die Ufer der Schelde, um dem Feind den Zugang nach Antwerpen zu verwehren — waren für eine nachhaltige Verteidigung vorbereitet. An einigen Frontabschnitten zögerten die Alliierten, ihre triumphalen Erfolge auszunutzen, denn der rasche Vormarsch hatte zu logistischen Problemen geführt, die ein weiteres Vordringen erschwerten. Mitte September trat eine gewisse Atempause ein, und das deutsche Heer, das bei den Kämpfen in der Normandie zerschlagen schien, bewies eine erstaunliche Widerstandskraft und stellte sich wieder zum Kampf.

Rommel verfügte offenbar über zuverlässige Informationsquellen und verfolgte täglich alle diese Ereignisse. So erfuhr er schon sehr früh von einer beabsichtigten deutschen Gegenoffensive (die schließlich in den Ardennen stattfand), hielt sie jedoch für völlig falsch. »Jeder Schuß«, sagte er, »den wir im Westen gegen die Anglo-Amerikaner abgeben, trifft nur uns selbst.«[32] Am 3. September war er offiziell als Oberbefehlshaber der Heeresgruppe B abgelöst worden, und drei Tage später erschien Speidel in Herrlingen. Auch Speidel war ohne Angabe von Gründen abgelöst worden. Nun wollte er Rommel dazu bewegen, noch einmal an Hitler heranzutreten und mit ihm über eine Friedensinitiative zu sprechen. Er glaubte, daß vielleicht Guderian ein solches Gespräch vermitteln könnte.

Doch schon am folgenden Tag wurde Speidel in seiner Wohnung verhaftet. Inzwischen war auch Rommel überzeugt, von unsichtbaren Feinden umgeben zu sein. Er hatte das untrügliche Gefühl, daß sein Haus überwacht wurde, und seiner Frau und dem Hauspersonal ging es ähnlich. Man vermutete den SD oder die Gestapo am Werk und schloß sogar einen Attentatsversuch nicht aus. Auf seinen täglichen Spaziergängen, auf denen er sich oft von seinem Sohn Manfred begleiten ließ, nahm er stets eine Waffe mit und hatte auch seinem Sohn eine Pistole gegeben. Den Ortskommandanten hatte er gebeten, sein Haus von einem Militärposten bewachen zu lassen.

Es war eine seltsame Situation für einen bekannten Feldmarschall, der ja nicht öffentlich verdächtigt wurde. Aber Rommel zweifelte nicht daran, daß Hitler Mittel und Wege finden würde, um ihn zu beseitigen, sofern er dazu entschlossen war. Vielleicht würde man in Berlin zögern, offen gegen ihn vorzugehen, könnte es aber möglicherweise so tun, daß die Öffentlichkeit nichts davon erfuhr. Das Verbrechen, dessen man ihn beschuldigen würde, war, so vermutete Rommel, sein vermeintlicher Defätismus, die Überzeugung, daß der Krieg im Westen verloren sei. Er hatte das Hitler und auch Keitel gegenüber ganz offen zum Ausdruck gebracht.

Daß ein so populärer Befehlshaber solche Auffassungen vertrat, hielt man in der Umgebung Hitlers wahrscheinlich für zu gefährlich, und so hat der nationalsozialistische Kreisleiter von Ulm Rommel damals denn auch gewarnt und ihm gesagt, der SD habe behauptet, der Feldmarschall glaube nicht mehr an den Sieg.[33] Da Rommel gegenüber dem OKW und auch Hitler sinngemäß genau das geäußert hatte, hat er wahrscheinlich nur mit den Schultern gezuckt. Aber diese Warnung ließ das Schlimmste befürchten.

Nachdem Speidel verhaftet worden war, fuhr der Oberbürgermeister von Stuttgart, Dr. Strölin, noch am gleichen Tag nach Herrlingen, um den Feldmarschall zu fragen, ob er etwas tun könne, um seinem ehemaligen Chef des Generalstabes, ihrem gemeinsamen Vertrauten, zu helfen. Strölins Haus war am 10. August durchsucht worden. Düstere Gewitterwolken zogen sich über Deutschland zusammen, und immer deutlicher zeichnete sich die Katastrophe ab. Rommel wußte, daß Strölin jetzt ein unversöhnlicher Feind des Nationalsozialismus war. Schon im vergangenen Winter hatte Strölin in einem Gespräch mit Rommel erklärt, Rommel sei vielleicht der einzige, der aufgrund seines hohen Ansehens Deutschland in eine neue Zukunft führen könne. Auch Rommel hatte zugeben müssen, daß das Vaterland vor der Katastrophe stand. Zwar hatte er sich nicht zu der Frage geäußert, ob er bereit sei, eine führende Rolle zu übernehmen; er hatte aber erklärt, er halte es für seine Pflicht, Hitler die Lage klarzumachen und ihn zu den unausweichlichen Konsequenzen zu führen.[34] Dies war ihm nicht gelungen.

Anfang Oktober entwarf Rommel einen Brief an Hitler, in dem er sein Bedauern über die Verhaftung von Speidel zum Ausdruck brachte, den er als hervorragenden Offizier bezeichnete, für dessen Loyalität er sich verbürgen könne.[35] Der Brief wurde nicht abgeschickt, denn am 4. Oktober entschied der Ehrenhof in Berlin unter dem Vorsitz von Keitel, daß Speidel keine Schuld nachgewiesen werden könne.

Am 7. Oktober erhielt Rommel von Keitel den Befehl, sich in Berlin zu melden. Dazu sollte ihm ein Sonderzug zur Verfügung gestellt werden. Als Rommel im Führerhauptquartier anrief, um sich nach dem Zweck dieser Reise zu erkundigen, konnte er keine Verbindung zu Keitel bekommen, sprach aber mit dem Nachfolger Schmundts als Chef des Heerespersonalamtes und Chefadjutant Hitlers, General Burgdorf, der wie er Lehrer an der Infanterieschule in Dresden gewesen war. Burgdorf versicherte, daß alles in Ordnung sei. Man wolle mit dem Feldmarschall lediglich über seine künftige Verwendung sprechen. Rommel erklärte, er könne jetzt nicht reisen — er hatte einen Termin bei seinem Arzt, Dr. Albrecht, in Tübingen. Albrecht wünschte, daß er den Termin einhielt, und verbot ihm aus ärztlichen Gründen, nach Berlin zu fahren.

Am 11. Oktober erhielt Rommel Besuch von seinem alten Kameraden Major Streicher, den er schon aus der Zeit des Ersten Weltkriegs kannte. Nach einem langen und ausführlichen Gespräch mit dem Feldmarschall sagte Streicher, Rommel sei »sehr, sehr ernst, viel ernster als sonst« gewesen. Rommel hatte gegenüber Streicher geäußert, er habe sich geweigert, nach Berlin zu fahren. Er traue »ihnen« nicht. Seine Feinde, wer das auch immer sei, rückten ihm immer näher.[36] Am gleichen Tag kam auch Rommels Vertrauter aus Frankreich, Admiral Ruge, zum Abendessen. Das Gespräch dauerte bis Mitternacht. Am folgenden Tag fuhr Rommel, obwohl er über Kopfschmerzen klagte, mit Ruge nach Augsburg. Auch zu Ruge sagte er, er habe es abgelehnt, nach Berlin zu fahren, denn er wäre dort wahrscheinlich nicht lebend angekommen.[37] Am 13. Oktober be-

suchte Rommel einen alten Kameraden aus der Zeit beim Württembergischen Gebirgsbataillon, Oskar Farny, und ließ diesem gegenüber durchblicken, er sei sich sicher, daß Hitler ihn loswerden wolle.

Mancher mag damals vielleicht den Eindruck gehabt haben,
Rommel litte nach seinem schweren Unfall unter einer Art Verfol-
gungswahn. Tatsächlich aber war es auch hier wieder seine altbe-
währte Intuition, die ihn so oft schon vor drohenden Gefahren gewarnt hatte. Sie trog ihn auch diesmal nicht. Am Nachmittag nach
seinem Besuch bei Farny läutete das Telefon in Herrlingen, und
Loistl nahm den Hörer ab. Es war die Reaktion auf die Weigerung
Rommels, nach Berlin zu kommen. Der Anrufer sagte, am nächsten
Morgen, dem 14. Oktober, würden zwei Generale Rommel in seinem Haus aufsuchen, und zwar Burgdorf und sein Amtsgruppen-
chef General Maisel.

23.

Was wußte Rommel?

Inwieweit war Rommel, wenn überhaupt, an der Verschwörung beteiligt?

Zeitgenössische Hinweise darauf gibt es nur sehr wenige, und auch sie widersprechen einander zum Teil. Jeder Versuch, gegen das Regime vorzugehen, galt im Dritten Reich als Hochverrat, und deshalb ist über die Vorbereitungen des Attentats und die Beteiligung daran kaum etwas zu Papier gebracht worden. Aus den heute noch vorliegenden Quellen lassen sich kaum irgendwelche klaren Erkenntnisse gewinnen, denn die Aufzeichnungen enthalten so viele Euphemismen und Zweideutigkeiten, mit denen aus Sicherheitsgründen der wahre Inhalt verschleiert werden sollte, daß sie den Historiker auch heute noch in die Irre führen können. Bei späteren, aus der Erinnerung verfaßten Berichten hat es sich manchmal nicht vermeiden lassen, daß neue Erkenntnisse die Vergangenheit in einem anderen Licht erscheinen lassen. Welche Rolle Rommel gespielt und was er gewußt hat, erfahren wir hauptsächlich aus späteren Niederschriften, und oft sind es nur Vermutungen über sein Verhalten, die sich aus der Kenntnis seines Charakters ergeben. Wenn wir ein zutreffendes Bild vom Ablauf der Verschwörung und von der Haltung Rommels gewinnen und seine eigenen Aussagen, soweit sie durch zuverlässige Zeugen belegt sind, richtig deuten wollen, dann müssen wir berücksichtigen, daß sie oft unter besonderen und potentiell gefährlichen Umständen gemacht wurden.

Bei dem Versuch, diese Frage zu beantworten, muß zwischen drei Zeitabschnitten unterschieden werden: erstens die Zeit vor der Invasion in der Normandie, dann die Zeit bis Ende Juni 1944, als Rommel offenbar jede Hoffnung aufgegeben hatte, die feindliche Offensive erfolgreich abzuwehren oder den Feind im Westen länger als wenige Wochen am weiteren Vordringen zu hindern, und drittens die Zeit von Ende Juni bis zum Attentat auf Hitler.

Seit El Alamein hatte sich Rommel über die Führungsqualitäten Hitlers keine Illusionen mehr gemacht. Gegenüber Untergebenen, die sein Vertrauen besaßen, hatte er erklärt, der Krieg könne nicht gewonnen werden, Hitler müsse die Führung anderen überlassen, und die Innenpolitik des Staates müsse eine radikale Wende nehmen.[1] Die Ursachen dieser pessimistischen Einschätzung waren zweifellos die militärischen Konsequenzen, die sich aus Hitlers persönlicher Führung ergeben hatten, vor allem die Niederlagen bei Stalingrad und El Alamein, die für Deutschland den Wendepunkt in diesem Krieg markierten und auf die persönliche Unfähigkeit Hitlers zurückzuführen waren. Und dieser durchaus realistische Pessimismus – ein Beweis für Rommels Objektivität bei der Beurteilung der Gesamtlage – beherrschte sein Denken mehr oder weniger während der nicht sehr ereignisreichen Zeit in Italien bis zu seinem Eintreffen in Frankreich. Rommel war jetzt überzeugt, daß der Krieg beendet werden müsse, aber in einer militärischen Lage, die Deutschland vor einem lange dauernden Mehrfrontenkrieg bewahrte, den es am Ende verlieren mußte. Sollte es doch dazu kommen, würde ganz Deutschland von seinen Gegnern überrannt werden.

Inwieweit und wie lange Rommel glaubte, daß diese unmittelbar bevorstehende (aber immer noch vermeidbare) Katastrophe von Hitler zu verantworten sei, läßt sich nicht mit Bestimmtheit sagen. Allerdings war er sich klar darüber – und kaum jemand konnte sich dieser Erkenntnis verschließen –, daß der Feind höchstwahrscheinlich nicht bereit sein würde, mit Hitler zu verhandeln, und zwar ohne Rücksicht auf die jeweilige militärische Lage. Auch Hitler glaubte nicht daran und hatte es Rommel gegenüber in sehr deutlichen Worten zum Ausdruck gebracht. Doch schien es Rommel, als mache sich Hitler noch immer Illusionen über einen möglichen Endsieg und sei sich über den Ernst der militärischen Krise nicht im klaren. Die Schuld daran gab er den Duckmäusern und Opportunisten in seiner Umgebung, die es nicht wagten, Hitler die Wahrheit zu sagen. Zwar vermochte Hitler zuweilen den Ernst der Lage zu erkennen, war aber ganz offensichtlich nicht bereit, der vollen Wahrheit ins Auge zu sehen. Gleichwohl gab Rommel lange Zeit die Hoffnung nicht auf, an Hitlers militärische Kompetenz appellieren zu können (die er ja früher sehr hoch eingeschätzt hatte) und die richtigen Worte zu finden, um seinem »Führer« die harten Tatsachen begreiflich zu machen.[2]

Aber Rommel hat die Augen nicht vor den moralischen Fragen verschlossen, die weit über alle strategischen und politischen Probleme hinausgingen. Zu Weihnachten 1943 sprach er mit seiner Familie von den bedrückenden Vorgängen, über die ihn Strölin unterrichtet hatte. Dieser hatte ihm grauenerregende Einzelheiten über das Schicksal von Juden anvertraut, die von Stuttgart in den Osten »umgesiedelt« worden waren. Er hatte Rommel einen 1943 von ihm selbst verfaßten, sehr mutigen Bericht gezeigt, in dem er die Judenverfolgungen scharf verurteilte und der zur Folge hatte, daß er alsbald massiven Drohungen ausgesetzt gewesen war.[3] Damals lebten noch einige, wenn auch nicht mehr viele Juden in Deutschland, aber die drohenden Schatten des Holocaust zeichneten sich auch schon für Rommel am Horizont ab. Er hatte schon früher von Kameraden, besonders von Generaloberst Blaskowitz, von den in Polen und Rußland verübten Verbrechen gehört, und als Manfred in seiner jugendlichen Begeisterung den Entschluß gefaßt hatte, in die Waffen-SS einzutreten, hatte sein Vater ihm das kurz und bündig verboten und das Verbot damit begründet, daß er von Massenerschießungen und Morden der SS im Osten erfahren habe.[4]

Und doch ist es Rommel damals wahrscheinlich unmöglich gewesen, Hitler persönlich mit diesen Greueltaten in Verbindung zu bringen. Als Strölin bei einem Besuch in Herrlingen im Februar 1944 von der Notwendigkeit sprach, Hitler »auszuschalten«, sagte Rommel: »Herr Strölin, wenn Sie eine solche Meinung haben, wäre ich Ihnen sehr verbunden, wenn Sie das nicht vor meinem minderjährigen Sohn sagen würden.«[5] Vielleicht wollte er Strölin zur Vorsicht mahnen oder vermeiden, daß sein Sohn mit diesen Problemen belastet wurde. Aber was er sagte, entsprach auch seiner Überzeugung: daß die Verbrechen der Nazis den Untergebenen Hitlers und nicht Hitler selbst anzulasten seien. Im Krieg geschahen überdies auf beiden Seiten Grausamkeiten, und bei den Verbrechen, von denen Strölin gesprochen hatte, handelte es sich, so schrecklich sie gewesen sein mochten, vielleicht um Einzelfälle, ja vielleicht waren auch die Berichte darüber übertrieben. Der Verantwortungsbereich des »Führers« lag auf einer höheren Ebene. Was Strölin ihm anvertraut hatte, beunruhigte Rommel natürlich, aber noch sah er sich deshalb nicht veranlaßt, sich endgültig von Hitler abzuwenden.

Dennoch kam in dem Gespräch mit Strölin sehr deutlich der Pessimismus zum Ausdruck, mit dem er die militärische Situation beurteilte, und er signalisierte wiederum die Bereitschaft, die ihm durch die Ereignisse aufgezwungene, außerordentlich schwierige Rolle zu übernehmen, wenn er sagte: »Ich glaube auch, daß ich mich für die Rettung Deutschlands einsetzen muß.«[6] Was ihn jedoch in der Zeit vor der Landung der Alliierten am stärksten beschäftigte, war die militärische Herausforderung und die Aufgabe, die er als Soldat übernehmen mußte, und es ist gewiß nicht leicht, eine solche Aufgabe mit ganzem Herzen zu erfüllen, wenn man sich gleichzeitig darauf vorbereitet, den eigenen Obersten Befehlshaber abzusetzen.

1944 waren zwei verschiedene Personengruppen an der Verschwörung beteiligt, der Berliner Kreis in der Reichshauptstadt und die für die »Westlösung« verantwortlichen Persönlichkeiten in Frankreich. Obwohl beide dem gleichen Grundkonzept folgten, demzufolge Hitler ausgeschaltet und Friedensverhandlungen eingeleitet werden sollten, war es schwierig und gefährlich, eine ständige Verbindung zwischen Berlin und Paris aufrechtzuerhalten. Der Chef des Generalstabes der Heeresgruppe B, General Speidel, nahm eine Schlüsselstellung in der westlichen Verschwörergruppe ein. Man hat später geglaubt, eine seiner wichtigsten Aufgaben sei es gewesen, Rommel für die Beteiligung an der Verschwörung zu gewinnen, und wir wissen, daß Rommel ihn besonders geschätzt hat.[7] Auch Speidel bewunderte Rommel. Wie dieser stammte er aus Württemberg, kannte Rommel schon sehr lange und stand sich gut mit ihm. Eine Beteiligung des hochangesehenen und bei der Bevölkerung beliebten Feldmarschalls am Umsturz hätte die Aussichten auf Erfolg wesentlich erhöht, und Speidel hat nach dem Krieg geschildert, daß er während seiner Zugehörigkeit zur Heeresgruppe B von April bis zur Invasion mit Stülpnagel über Staatsstreichmaßnahmen in Frankreich gesprochen und auch Rommel über diese Pläne auf dem laufenden gehalten habe.[8] So erwähnt er auch eine Besprechung, die am 15. Mai 1944 in Marly bei Paris stattfand und an der er selbst, Rommel, Stülpnagel und Stülpnagels Chef des Stabes teilnahmen. Gegenstand der Unterredung war die Frage, was im Fall eines erfolgreichen Staatsstreiches zu geschehen habe. Man dachte daran, als Gegenleistung für die Zusage der Briten und Amerikaner, die Bombenangriffe auf Deutschland einzustellen, Hitler festzunehmen und dann in Friedensverhandlungen einzutreten. Speidel berichtet bei dieser Gelegenheit, daß Rommel ein Attentat auf Hitler entschieden abgelehnt habe.

Das alles fand unmittelbar vor Beginn der Invasion statt. Rommel soll nach Aussagen Speidels auch weiteren Gesprächen über das gleiche Thema zwischen Speidel, Freiherr v. Neurath (dem früheren Reichsaußenminister) und Strölin zugestimmt haben, die dann am 27. Mai im Hause Speidels in Freudenstadt geführt wurden. Im Anschluß daran habe sich Rommel zur Mitarbeit bereit erklärt und gesagt, Deutschland müßten weitere Opfer erspart werden. Außerdem einigte man sich darauf, daß diese revolutionären Schritte − die, soweit es das Heer im Westen betraf, einer gegen die bestehende staatliche Ordnung gerichteten Militärrevolte gleichkamen − nach Möglichkeit erfolgen sollten, bevor die Invasion begonnen hatte.

Es muß außerordentlich schwierig gewesen sein zu beurteilen, inwieweit sich ein solches Vorhaben durchführen ließ. Und über die möglichen politischen Konsequenzen eines erfolgreichen Militärputsches ließ sich schon gar nichts sagen. Es war allgemein bekannt, daß die Alliierten auf der »bedingungslosen Kapitulation« Deutschlands bestanden, und diese Forderung war mit beträchtlicher Wirkung von Berlin propagandistisch ausgenutzt worden, da diese Haltung die Unversöhnlichkeit der Feinde Deutschlands zeige. Doch diejenigen, die überzeugt waren, daß Deutschland den Krieg verlieren werde, durften auch nicht darauf hoffen, die endgültige Katastrophe eines Zusammenbruchs der Ostfront und die Besetzung Deutschlands durch die Rote Armee verhindern zu können. Die hier geschilderten Ereignisse der ersten Phase vor der alliierten Invasion lassen deutlich erkennen, daß Rommel, zumindest was die im Westen zu ergreifenden Maßnahmen betraf, an der Verschwörung beteiligt war und dem Versuch zustimmte, mit den Westalliierten zu einem Friedensschluß zu gelangen. An den Vorbereitungen für das Attentat auf Hitler ist er dagegen mit Sicherheit nicht beteiligt gewesen.

Aber die Sache ist so einfach nicht. Es ist zunächst schwer, wenn auch nicht unmöglich, sich vorzustellen, daß Rommel es vermocht hätte, zwei so gegensätzliche Rollen überzeugend zu spielen. Auf der einen Seite hatte er sich mit der für ihn typischen Energie und Entschlossenheit der Aufgabe gestellt, die Streitkräfte auf die Abwehr der feindlichen Landung vorzubereiten, wobei er einen möglichen Erfolg sogar für denkbar hielt. Er mag geglaubt haben, die Herstellung einer möglichst günstigen militärischen Lage sei die notwendige Voraussetzung für einen Verhandlungsfrieden, und war als militärischer Befehlshaber ganz bei der Sache. Und doch war er offensichtlich bereit, gegen seinen Obersten Befehlshaber vorzugehen, und zwar nach Möglichkeit noch bevor die Armeen im Westen den Abwehrkampf begonnen hatten und obwohl er daran zweifelte, daß die Mehrzahl der deutschen Soldaten den Staatsstreich gegen Hitler unterstützen würden.

Die beiden Vorgehensweisen schließen einander nicht völlig aus. Jeder Berufssoldat, besonders wenn er so pflichterfüllt wie Rommel war und so sehr in diesem Beruf aufging wie er, hätte alles darangesetzt, seine militärische Aufgabe nach bestem Vermögen zu erfüllen, hätte sich aber auch gleichzeitig an einem Plan beteiligen können, den fast aussichtslosen Krieg durch Verhandlungen und die erforderlichen politischen Schritte zu beenden. In dieser Situation muß Rommel unter außergewöhnlichen inneren Spannungen gelitten haben. Aber es waren eben auch außergewöhnliche Zeiten. Rommel hat geglaubt, daß die Wehrmacht ohne weiteres dazu gebracht werden könnte, sich auf die Seite der Verschwörer zu stellen. Aber ein von geachteten Oberbefehlshabern unternommener Schritt in Richtung auf den Frieden wäre vielleicht von den Soldaten akzeptiert worden, sofern die Friedensbedingungen annehmbar gewesen und die dazu führenden Maßnahmen überzeugend begründet worden wären.

Zweifellos haben auch die Argumente seiner Umgebung ihre Wirkung auf Rommel nicht verfehlt. Der aktivste Verschwörer im Westen, Stülpnagel, verstand sich sehr gut mit ihm. Sie waren zusammen an der Infanterieschule in Dresden gewesen und seit jener Zeit gute Kameraden. Rommel schätzte den hochintelligenten Generalstabsoffizier, der seinen »Vetter« gleichen Namens als Militärbefehlshaber in Frankreich abgelöst und schon seit langer Zeit erkannt hatte, daß Hitler Deutschland ins Verderben führen werde. Rommel schätzte auch Speidel und dessen Intelligenz und Urteilsfähigkeit. Und während er auch weiterhin alles unternahm, um die bevorstehende Schlacht zu gewinnen, ist er vielleicht doch bereit gewesen, sich über deren gefährliches Vorhaben unterrichten zu lassen und ihnen zu erlauben, gegebenenfalls in seinem Namen zu handeln. Da er es selbst für unbedingt notwendig hielt, Frieden zu schließen, könnte er schon relativ früh den Vorbereitungen und Planungen für Verhandlungen mit dem Feind zugestimmt haben. Merkwürdig allerdings klingt in diesem Zusammenhang jene Tagebucheintragung, die er noch zwei Tage vor der Besprechung in Marly, am 13. Mai, diktiert hatte: »Der Führer vertraut mir, und das genügt mir auch.«[9] Vielleicht war das nur eine Schutzbehauptung. Wir wissen es nicht.

Vieles spricht jedenfalls dafür, daß es damals bei den Gesprächen zwischen Rommel, Stülpnagel, Speidel und anderen Offizieren vor allem darum gegangen ist, welche Maßnahmen unter bestimmten Voraussetzungen zu treffen seien. Wenn Friedensverhandlungen Aussicht auf Erfolg haben sollten, dann mußte sich die Lage in Berlin vorher entscheidend verändert haben, und unter dieser Voraussetzung hätte es Rommel trotz seiner Loyalität keine Schwierigkeiten bereitet, sich auf die Seite der Verschwörer zu stellen. Für den Fall, daß eine entsprechende Initiative vom Zentrum der Verschwörung ausging, mußten bereits Pläne für die Entmachtung der SS und der Gestapo vorliegen, so daß man mit Zustimmung des Heeres von einer relativ sicheren militärischen Basis aus Waffenstillstandsverhandlungen hätte führen können. Es ist durchaus glaubhaft, daß Rommel bereit gewesen ist, bis zu diesem Punkt mit den Verschwörern zusammenzuarbeiten, und das wäre auch mit der tatkräftigen Erfüllung seiner militärischen Pflichten und seiner entschiedenen Ablehnung eines Attentats gegen Hitler vereinbar gewesen, die von allen, die mit ihm gesprochen haben, und auch von Speidel bestätigt wird. Ebenso glaubhaft ist es, daß Rommel die Auffassung vertreten hat, derartige Pläne müßten vorbereitet und nach Möglichkeit schon vor der Invasion in die Tat umgesetzt werden. Dabei gingen die Verschwörer allerdings von der völlig unrealistischen Annahme aus, Großbritannien und die Vereinigten Staaten könnten sich 1944 bereit finden, die Kampfhandlungen einzustellen und Deutschland freie Hand gegen die Sowjetunion zu geben, wenn Hitler ausgeschaltet würde.

Doch dann begann am 6. Juni eine neue Phase. Die Alliierten landeten und bildeten ihre Brückenköpfe an der französischen Küste. Der Invasion mit einem Staatsstreich zuvorzukommen, war jetzt nicht mehr möglich.

Während der nun folgenden drei Juniwochen war Rommel fast ausschließlich damit beschäftigt, die Abwehrschlacht zu führen, eine Schlacht, die, wie er Ende des Monats erkennen mußte, bereits verloren war. Wäre sie gewonnen worden (wie Rommel gehofft hatte, und zwar als Voraussetzung für die Bereitschaft des Feindes, in Verhandlungen einzutreten), dann wäre die Stellung Hitlers durch den deutschen Sieg gestärkt worden, und das hätte das Scheitern des ganzen Friedensplans bedeutet. Doch das ist eine rein theoretische Frage. Der erhoffte Sieg blieb aus.

Jetzt kam es darauf an, eine militärische Lage zu schaffen, die die günstigsten Voraussetzungen für Friedensverhandlungen bot. Das Beste, worauf man hoffen durfte, nachdem die ersten Gegenangriffe gescheitert waren, war ein zeitweiliges Unentschieden, das Halten einer festen Verteidigungslinie. Und das sollte, wie Rommel glaubte, von einem letzten Versuch begleitet werden, Hitler zu überzeugen. Immer noch hielt Rommel an der Vorstellung fest, der »Führer« könnte sich angesichts der unmittelbar bevorstehenden militärischen Niederlage zu Zugeständnissen bereit finden, zu denen man ihn durch Argumente nicht würde bewegen können. Deshalb konzentrierte sich Rommel in erster Linie darauf, Hitler aufgrund der militärischen Tatsachen zu überzeugen. Bisher war es in Berlin noch nicht zu einem Staatsstreich gekommen, und wahrscheinlich hat Rommel in dieser Phase auch nicht damit gerechnet, hätte ihn aber auch nicht unbedingt begrüßt, jetzt, da die für die Verteidigung im Westen vorgesehenen Truppen nicht mehr am Ärmelkanal standen, sondern bereits gegen den gelandeten Gegner kämpften. Rommel mag bereit gewesen sein, sich vor der Invasion an einer von ihm so bezeichneten »Operation« zu beteiligen, also an einem Staatsstreich, aber jetzt lagen die Dinge anders.[10]

Die Lage hatte sich zwar geändert, aber nicht gebessert, und nachdem Rommel am 17. und am 29. Juni vergeblich versucht hatte, Hitler von der Richtigkeit seiner Lagebeurteilung zu überzeugen, wußte er, daß die Zeit drängte. Die relative Stabilität der militärischen Situation, wie sie vor der Invasion bestanden hatte, war verlorengegangen. Es bestand nicht mehr die geringste Chance dafür, daß sich das Unentschieden noch länger als wenige Wochen würde halten lassen. Um den auf die Katastrophe zusteuernden Ablauf der Ereignisse aufzuhalten und das Schlimmste zu verhüten, mußte Frieden geschlossen werden, und das bedeutete die Kapitulation mit allen sich daraus ergebenden Konsequenzen. Daß man ihm seinen Pessimismus oder (wie Kluge es getan hatte) seinen Ungehorsam vorwarf, berührte Rommel nicht. Er kannte die Situation auf dem Schlachtfeld und wußte, daß er nichts mehr daran ändern konnte. Er hatte sein Bestes getan. Später hat man behauptet, er habe die 2. Panzerdivision absichtlich in Reserve gehalten, um sie für die Unterstützung eines Staatsstreichs einsetzen zu können, aber diese Vermutung ist von denen, die die wirkliche Lage kannten, als falsch zurückgewiesen worden, und ein solches Verhalten hätte der Grundhaltung Rommels in keiner Weise entsprochen.[11] Er hatte militärisch alles getan, was in seinen Kräften stand. An Rommel ist oft kritisiert worden, daß er in erster Linie — oder »nur« — ein Taktiker und kein Stratege gewesen sei, aber es war seine klare und präzise Einschätzung des taktischen Gefechtsverlaufs, auf der sein sicheres Urteil über die strategischen und damit politischen Folgen beruhte: Deutschland hatte den Krieg verloren.

Damit begann für Rommel die dritte und letzte Phase, und das waren die ersten drei Juliwochen. Zu dieser Zeit sprach er ganz offen — viel zu offen — darüber, daß er auf eigene Initiative die Westfront öffnen wolle, um es den Streitkräften der Westalliierten zu überlassen, den Umsturz in Deutschland herbeizuführen.[12] Durchaus folgerichtig war er zu der Überzeugung gelangt, daß dies in dem Augenblick geschehen müsse, in dem der Gegner unaufhaltsam aus dem Brückenkopf ausgebrochen war. Rommel konnte sich nicht vorstellen, seinen Armeen, bevor sie geschlagen waren, zu befehlen, die Waffen zu strecken und in Gefangenschaft zu gehen. Erst wenn die Angloamerikaner mit ihren überlegenen motorisierten Kräften, die über ausreichend Kraftstoff verfügten, den deutschen Widerstand gebrochen hatten und tief ins Hinterland vorstießen, würde die Sache ganz anders aussehen. In diesem Sinne sprach Rommel mit einer ganzen Reihe von Offizieren, unter anderem auch mit Sepp Dietrich, und war überzeugt, daß auch Leute wie Dietrich einen solchen Befehl befolgen würden.[13]

Es gab auch die Möglichkeit, sich mit feindlichen Kommandostellen in Verbindung zu setzen. In dieser dritten und letzten Phase seiner Überlegungen war sich Rommel durchaus der Tatsache bewußt, daß er eines Tages von seinen Landsleuten für sein Verhalten verurteilt werden könnte, aber er wußte, daß er sich für den richtigen Weg entschieden hatte.[14] Bis dahin mußte er alles tun, um Leben zu retten und dafür zu sorgen, daß die Ehre seiner Männer gewahrt blieb. Er mußte weiterkämpfen und bereit sein, zur rechten Zeit persönlich in Verhandlungen mit dem Gegner einzutreten. Da Rommel jetzt seine uneingeschränkte Bereitschaft zu staatsstreichartigen Maßnahmen bekundet hatte, könnte man sagen, daß er in diesem Augenblick zum aktiven »Verschwörer« geworden war.

Während dieser Phase von Ende Juni bis zum 20. Juli 1944 reiften die Pläne für das Attentat. Der Berliner Kreis erwartete den Höhepunkt der Verschwörung in der Reichshauptstadt, und es gab Männer, die sich darauf vorbereiteten, Hitler zu töten. Inwieweit war Rommel in diese konkreten Pläne eingeweiht?

Er wußte natürlich, daß die Verschwörung zu Friedensverhandlungen führen sollte, was durchaus seinen Vorstellungen entsprach. Unter den Verschwörern gab es eine Reihe von Persönlichkeiten, die davon überzeugt waren, daß das Unternehmen nur zum Erfolg führen könne, wenn Hitler getötet würde. Speidel, Strölin und wahrscheinlich auch Stülpnagel hatten diese Ansicht in Gesprächen mit Rommel vertreten, und er hatte sich seinerseits jedesmal dagegen ausgesprochen. Da aber auch ihm bewußt war, daß niemand mit Hitler Frieden schließen würde und die Katastrophe seit Mitte Juni bevorstand, ist es unwahrscheinlich, daß er es für seine Pflicht gehalten haben könnte, den Inhalt solcher Gespräche zu melden. Insofern hat er sich in den Augen Hitlers der »Mitwisserschaft« schuldig gemacht.

Ob Rommel aber wirklich in Einzelheiten des geplanten Attentats eingeweiht worden ist, darf man bezweifeln. Zwar kursierten zu dieser Zeit die verschiedensten Gerüchte, aber wenn Rommel davon nicht ausdrücklich unterrichtet worden ist, dann konnte er nicht wissen, daß man sich für das Attentat entschieden hatte. Jedenfalls hat er sich vor und nach dem Attentat eindeutig und energisch dagegen ausgesprochen. Er hielt es nicht nur für politisch unklug und schädlich für die eigene Sache (eine Ansicht, die vielleicht ganz falsch, aber mit Sicherheit aufrichtig war), sondern ein solches Vorgehen widersprach seiner innersten Überzeugung. Die Ermordung des verfassungsmäßigen Staatsoberhaupts war für Rommel ebenso verabscheuungswürdig wie töricht. Wenn Hitler Verbrechen begangen hatte, mußte er abgesetzt und vor Gericht gestellt werden, durfte aber auf keinen Fall zum Märtyrer gemacht werden. Man müsse deshalb korrekt mit ihm verfahren. Rückblickend mögen solche Skrupel angesichts der Millionen, für deren Tod Hitler verantwortlich war, unangemessen und sogar absurd erscheinen, aber Rommel hat dieses Problem nicht im Rückblick und auch nicht in diesem Zusammenhang gesehen.

Er war vielleicht ein harter Soldat, aber einen Mord lehnte er ab und hielt es für unehrenhaft, einen Vorgesetzten aus dem Hinterhalt umzubringen. Nach seinem Tode und einige Monate nach dem Ende des Krieges in Europa gab seine Frau eine öffentliche Erklärung ab, in der sie betonte, daß ihr Mann nicht an den Vorbereitungen oder der Ausführung des Attentats am 20. Juli 1944 beteiligt gewesen sei.[15] Sie sagte das zu einer Zeit, in der die Teilnahme an den Vorbereitungen des Attentats bereits als besonders anerkennenswert galt. Daß sie sich mit ihrer Aussage zu einer damals durchaus unpopulären Haltung bekannte, macht ihre Erklärung nur um so glaubwürdiger. Es ist nicht anzunehmen, daß sie die Wahrheit nicht gekannt hat, und sie hatte den Mut, die Wahrheit zu sagen.

Es gibt aber auch Quellen, aus denen hervorgeht, daß Rommel von den Attentatsvorbereitungen unterrichtet worden ist. Als Staubwasser am 20. Juli in La Roche Guyon zu Tempelhoff sagte, nach Rundfunkberichten habe der Führer einen Attentatsversuch überlebt, antwortete dieser: »Falsch! Der Führer ist tot. Der Feldmarschall, der Chef [Speidel] und ich waren im Bilde. Die Sache ist lange in Vorbereitung gewesen.«[16] Sollte Tempelhoff dies wirklich gesagt haben, dann fragt sich immer noch, ob mit dem »Feldmarschall« Kluge oder Rommel gemeint war. Nachdem Kluge als Oberbefehlshaber West auch zum Befehlshaber der Heeresgruppe B ernannt worden war, hatte er sein Stabsquartier ebenfalls in La Roche Guyon.

Die zweite Quelle ist Stülpnagel. Nach seinem Selbstmordversuch war er nach Deutschland zum Verhör gebracht worden und hatte angeblich den Namen Rommels fallenlassen. Offenbar glaubte Stülpnagel, alle für die Westlösung erforderlichen Maßnahmen mit Rommel aufeinander abgestimmt zu haben, also die Ausschaltung des SD und der Gestapo sowie die Verbindungsaufnahme zu den Alliierten für den Fall, daß in Berlin der Regierungswechsel erfolgt war. Insofern hätte Stülpnagel die Ermittler auf die bis dahin richtige Spur zu Rommel geführt, aber auch das bedeutet noch nicht, daß Rommel aktiv an dem Attentat beteiligt war. Daß Rommel angesichts seines engen Umgangs mit Stülpnagel in Verdacht geriet, war allerdings fast unvermeidlich. Ihre Hauptquartiere waren nicht weit voneinander entfernt, und Stülpnagel hatte als Militärbefehlshaber in Frankreich die Möglichkeit, die SS auszuschalten. Rommel befehligte praktisch alle Truppen an der Westfront, und wenn die Verbindung zu den Alliierten aufgenommen werden sollte, um einen Waffenstillstand auszuhandeln, dann war er dafür der richtige Mann. Was bei den Untersuchungen über die Rolle Stülpnagels ermittelt werden konnte, wies deutlich auf die Zusammenarbeit mit Rommel hin. Anders hätte er diese Rolle nicht spielen können.

Am 17. Mai hatte sich Stülpnagel mit Beck und einem weiteren Mitverschwörer, Baron v. Teichmann, getroffen, und Beck hatte Teichmann und Stülpnagel gebeten, Rommel sobald wie möglich wissen zu lassen, nach Ansicht des designierten Reichskanzlers Goerdeler müsse Hitler umgebracht werden. Eine Verhaftung käme nicht in Frage – Hitler müsse sterben. Der Bericht Teichmanns zeigt, daß Beck die Haltung Rommels kannte und offenbar wußte, daß sich dieser entschieden gegen ein Attentat ausgesprochen und erklärt hatte, man müsse gerichtlich gegen Hitler vorgehen. Rommel mußte daher umgestimmt werden.[17] Im übrigen fand die Begegnung zwischen Stülpnagel und Beck nur zwei Tage nach der Besprechung Stülpnagels mit Rommel bei Marly statt, so daß sich Stülpnagel sehr wohl der Tatsache bewußt war, daß Rommel das Attentat ablehnte. Unklar ist jedoch, ob das von Beck so dringend geforderte Gespräch mit Rommel stattgefunden hat, und wenn ja, ob es Teichmann und Stülpnagel gelungen ist, ihn umzustimmen.

Die dritte Quelle ist Speidel. Inwieweit dieser seine Erkenntnisse mit Rommel auch geteilt haben mag, er gehörte zu den führenden Persönlichkeiten unter den Verschwörern im Westen, und allein diese Tatsache genügte — sofern man sie ihm nachweisen konnte —, um ihn an den Galgen zu bringen. Er hat es jedoch vehement bestritten, Einzelheiten über das Attentat gewußt zu haben;[18] er sei durch falsche oder irrtümliche Aussagen belastet worden. Nach dem Krieg hat er jedoch behauptet, er habe gewußt, daß es Pläne gab, Hitler zu beseitigen; über Einzelheiten des Attentats sei er jedoch nicht unterrichtet worden. In diesem Fall hätte er auch Rommel nicht zum Mitwisser machen können.

Die wichtigste Quelle ist Oberst Cäsar v. Hofacker, dessen Aussagen sich auch auf die Rolle Speidels beziehen. Hofacker besuchte in Begleitung von Speidels Schwager, Dr. Horst, der Regierungsrat in Stülpnagels Militärverwaltung war, im Juli das Hauptquartier der Heeresgruppe B. Den Abend des 20. Juli verbrachte er in La Roche Guyon. Am 9. Juli besuchten beide Männer Rommel, und Hofacker sprach mit ihm im Auftrag von Stülpnagel über den Ernst der allgemeinen Lage.[19] Hofacker spielte in der Zusammenarbeit mit beiden Verschwörergruppen eine wichtige Rolle, denn seine Aufgabe war es, die Maßnahmen in Frankreich und in Berlin aufeinander abzustimmen. Später ist behauptet worden, er habe Rommel und Speidel bei dieser Gelegenheit über das bevorstehende Attentat unterrichtet. Als er aus La Roche Guyon zurückkehrte, erzählte Hofacker einem Kameraden, Rommel sei über das Attentat unterrichtet worden (und auch über die Absicht, nach Möglichkeit auch Göring und Himmler zu töten) und habe sich bereit gezeigt, das Seinige zum Gelingen des Plans beizutragen.[20] Vielleicht hat Hofacker jedoch nur das gesagt, was er selbst glauben wollte.

Diese Aussage (daß Hofacker Rommel von dem bevorstehenden Attentat unterrichtet habe) wurde später als Beweis für Rommels Mitschuld gewertet. Es gab aber auch noch eine andere Version dieses Vorgangs, die mit der ersten nicht übereinstimmt. Danach hätte Hofacker nicht Rommel, sondern Speidel unterrichtet, und Speidel habe zugegeben, dieses Gespräch geführt zu haben, jedoch behauptet, er habe anschließend pflichtgemäß Rommel davon unterrichtet.

Was bei der Untersuchung dieser Vorgänge im einzelnen zutage gefördert wurde, läßt sich heute nicht mehr feststellen. In dem Ehrenhofverfahren gegen Speidel Anfang Oktober, bei dem Keitel den Vorsitz führte, legte Kaltenbrunner die oben erwähnte zweite Version als Beweismittel vor, daß nämlich Hofacker am 9. Juli Speidel über das bevorstehende Attentat unterrichtet und Speidel diese Mitteilung pflichtgemäß an Rommel weitergegeben habe. Die Mitglieder des Ehrenhofs, die geneigt waren, Speidel von der Mitschuld an dem Attentat freizusprechen (dafür sprach sich besonders auch Guderian aus), akzeptierten Kaltenbrunners Version und die nach ihrer Meinung entlastende Aussage Speidels, er habe den Inhalt des Gesprächs mit Hofacker seinem Vorgesetzten gemeldet und damit seine Pflicht getan.[21] Kaltenbrunner war mit dieser Auffassung des Ehrenhofs nicht einverstanden, und offensichtlich war auch Rommel, dessen Fall nicht vom Ehrenhof untersucht worden ist, seiner Pflicht nicht nachgekommen.

Speidel hat das alles später bestritten und behauptet, die ganze Sache sei erlogen gewesen. Ein Vernehmungsprotokoll über die Aussagen Hofackers, das wahrscheinlich manches klären würde, gibt es nicht. Auch über das Verhör von Speidel gibt es keine schriftlichen Aufzeichnungen. So können wir nicht sagen, was die Gestapo von Hofacker erfahren hatte und ob seine Aussagen den Tatsachen entsprachen. Wir müssen hier aber noch auf fünf weitere Punkte zu sprechen kommen, auch wenn damit nicht alle noch bestehenden Unklarheiten ausgeräumt werden.

Erstens schrieb Speidel später, er habe während seines Verhörs mit Hofacker den Eindruck gehabt, dieser sei gefoltert worden.

Zweitens behauptete Kießel, jener Beamte, der die Verhöre durchgeführt hatte, Hofacker habe zugegeben, am 9. Juli mit Rommel über die »allgemeine Lage« gesprochen zu haben, und dabei habe dieser erklärt: »Wenn der Führer nicht will, muß man ihn zwingen.« Kießel berichtete aber auch, Hofacker habe bestritten, daß dabei über das Attentat gesprochen worden sei.[22] Diese Aussage widerspricht anderen angeblichen Erklärungen Hofackers.

Drittens berichtete Horst, der Hofacker zu seinem Besuch bei Rommel am 9. Juli begleitete, daß Hofacker auf der gemeinsamen Rückfahrt nach Paris nicht besonders guter Laune gewesen sei. Das wäre sicher anders gewesen, wenn er den Feldmarschall dazu hätte bewegen können, dem Attentat zuzustimmen. (Es gibt aber auch Hinweise darauf, daß Hofacker das geglaubt hat.[23]) Horst bestritt auch, daß überhaupt über dieses Thema gesprochen worden sei.[24] Es gibt keine besonderen Gründe, diese im Jahr 1975 gemachte Aussage zu bezweifeln.

Viertens, und das ist vielleicht der wichtigste Punkt, findet sich in Kaltenbrunners Bericht an Bormann kein Wort zu diesem Thema.

Hofacker wird oft darin erwähnt, denn es bestand kein Zweifel daran, daß er in der Verschwörung eine führende Rolle gespielt hat, und wahrscheinlich hat er das auch nie bestritten. Diejenigen, die ihn kannten, bezeichneten ihn als einen fanatischen Regimegegner. Sein Vater war im Ersten Weltkrieg Rommels Divisionskommandeur gewesen, und man kann sich daher vorstellen, daß es ihm nicht schwergefallen ist, eine Verbindung zum Feldmarschall herzustellen. Hätte Hofacker bei seinem Verhör behauptet, daß Speidel und demzufolge auch Rommel an den Vorbereitungen zum Attentat beteiligt gewesen seien, dann wäre das mit Sicherheit in Kaltenbrunners Tagesbericht an Bormann aufgenommen worden. Aber zu diesem Thema enthalten die Berichte kein Wort. Das von Kaltenbrunner vorgelegte Material belastet Hofacker schwer, aber es geht dabei in erster Linie um dessen Aussagen, daß das Oberkommando im Westen geglaubt habe, der Krieg sei verloren und der Feind werde sich schon nach sechs Wochen auf dem Weg nach Paris befinden, weshalb Verhandlungen aufgenommen werden müßten. Wie sich zeigte, erwies sich diese Voraussage als zutreffend. Hofacker ist sehr oft verhört worden, und zwar zuerst in Frankreich. Dabei hat die Gestapo seine Aktivitäten in den kritischen Tagen vom 9. bis zum 20. Juli genau rekonstruiert. Nach seinem Besuch bei Rommel in La Roche Guyon war er nach Berlin gefahren, wo er, wie Kaltenbrunner schreibt, berichtete, der feindliche Durchbruch stehe unmittelbar bevor.[25] Das war natürlich »Defätismus und Pessimismus« und verriet den Einfluß Rommels, der mit Sicherheit derselben Auffassung war. Diese Meldungen haben den Berliner Kreis zweifellos veranlaßt, seine Vorbereitungen zu beschleunigen, da nun offenkundig war, daß die Zeit knapp wurde. Für Kaltenbrunner und Bormann waren das verwerfliche und verräterische Machenschaften, die jedoch nicht bewiesen, daß Rommel an den Vorbereitungen für das Attentat beteiligt war.

Schließlich müssen wir uns auch mit der Rolle von Oberst Eberhard Finckh beschäftigen. Finckh hatte kurz zuvor die Quartiermeisterabteilung beim Oberbefehlshaber West (v. Kluge) übernommen. Er war am 23. Juni nach Berlin gefahren und hatte stundenlange Gespräche mit Stauffenberg geführt, mit dem er eng befreundet war und den er schon längere Zeit nicht mehr gesehen hatte. An diesen Gesprächen hatten auch Olbricht und Mertz v. Quirnheim teilgenommen. Sie hatten Finckh (nach dessen Aussagen) gefragt, wie er die allgemeine Lage beurteile. In seinem späteren Verhör sprach Finckh von Stauffenbergs starker Persönlichkeit und von seinem Fanatismus. Er sagte, Stauffenberg habe verächtlich über die Feldmarschälle gesprochen, die es nicht fertiggebracht hätten, Hitler vom Ernst der Lage zu überzeugen. Angeblich hat Finckh zwei Tage später das Hauptquartier der Heeresgruppe B besucht und Rommel gesprochen. Dabei soll er ihm über das geplante Attentat und die Beteiligung Stauffenbergs berichtet haben.[26] Damals waren allerdings die Einzelheiten des bevorstehenden Attentats noch nicht festgelegt, so daß Finckh, wenn überhaupt, vielleicht nur über die Möglichkeit als solche gesprochen hat.

Finckh, der selbst an den Vorbereitungen beteiligt war, wurde verhaftet, verhört und zum Tode verurteilt. In den letzten vier Berichten Kaltenbrunners über ihn und seine Aussagen werden auch seine Gespräche mit Stauffenberg, seine besondere Hochachtung für Stauffenberg sowie seine Behauptung erwähnt, keine politischen Ambitionen gehabt zu haben. Hofacker hatte bei seinen Verhören angegeben, Finckh habe zu jenen unpolitischen Soldaten gehört, die eine Änderung der militärischen Befehlsverhältnisse unter Aufrechterhaltung des gegenwärtigen politischen Systems für möglich hielten.[27] In den nach dem Krieg von den Alliierten durchgeführten Vernehmungen Keitels hat dieser ausgesagt, er glaube, sich neben Hofacker auch noch an einen anderen Offizier in Kluges Stab erinnern zu können, dessen Aussagen die »Mitwisserschaft« Rommels hinsichtlich des Attentats bestätigten, und wenn das richtig ist, dann könnte es sich um Finckh handeln.[28] Aber ebenso wie im Fall Hofacker gibt es in den Berichten Kaltenbrunners keine Hinweise darauf. Natürlich könnte Rommels Name auf höheren Befehl aus diesen Berichten gestrichen worden sein (die allerdings noch im Original existieren). Doch auch in dem ganzen Briefwechsel zwischen Kaltenbrunner und Bormann findet sich nicht der geringste Hinweis, der vermuten läßt, daß die Namen irgendwelcher prominenter Persönlichkeiten später daraus gestrichen worden sind.

Aber es gibt noch einen sechsten Punkt. Hofackers Aussagen — unter welchen Umständen sie auch zustande gekommen sein mochten, und ob sie nun falsch oder richtig waren — wurden Keitel vorgelegt, als Hitler mit ihm über den schlimmen »Verrat« des Feldmarschalls Rommel sprach. Neben anderem hatte Hofacker angeblich erklärt, Rommel habe ihn am 9. Juli in La Roche Guyon gebeten, »den Herren in Berlin zu sagen«, daß sie mit ihm, Rommel, rechnen könnten.[29] Das wurde von Horst bestritten, der bei der Vernehmung zugegen war. Aber selbst wenn Hofacker die Wahrheit gesagt hatte, bedeutete das noch nicht, daß über das Attentat gesprochen worden war. Rommel hatte damals schließlich in beunruhigender Weise immer wieder ganz offen erklärt, er sei bereit, sich an Friedensverhandlungen zu beteiligen.

Rommel hat sich später an den Besuch von Hofacker am 9. Juli erinnert, und als Speidel ihn nach dem Attentat im Lazarett besuchte, erklärte Rommel ihm, daß er die Unterredung mit Hofacker nun unter einem anderen Blickwinkel betrachte.[30] Also hat Hofacker damals vielleicht nur Andeutungen gemacht, deren Bedeutung Rommel erst begriff, nachdem die Ereignisse, auf die Hofacker angespielt hatte, eingetreten waren. Ob Hofacker seinen Mitverschwörern in dem falschen Glauben, Rommel von der Notwendigkeit des Attentats überzeugt zu haben, diesen Eindruck vermittelt hat, läßt sich heute nicht mehr feststellen.[31] Worauf es ihnen ankam, war die Meinung Rommels darüber, wie bald mit dem militärischen Zusammenbruch zu rechnen sei, und seine Zusage, sich im richtigen Augenblick an den Verhandlungen mit dem Feind zu beteiligen.

Möglich ist auch, daß Hofacker schon früher, und zwar im Juni, bei Rommel gewesen ist, der nach einem späteren Bericht Hofackers[32] unter vier Augen mit ihm gesprochen und gesagt habe, man solle »lieber heute als morgen« handeln. Im Kontext dieser angeblichen Aussage Hofackers konnte damit nur ein Staatsstreich gemeint sein, was jedoch keineswegs die Ermordung Hitlers bedeuten mußte. Gleichwohl wurden die Aussagen Hofackers als wichtigster Beweis für die Mitwisserschaft Rommels angesehen. Vielleicht hat man sie auch für eine Bestätigung dessen gehalten, was man bei der Untersuchung des Falls Speidel vermutet hatte. Alle diese Unterlagen wurden Hitler vorgelegt.[33]

Aber wie zuverlässig ist das ganze Beweismaterial? Es stützte sich auf die Behauptung, daß Hofacker mit Rommel oder mit Speidel über das Attentat gesprochen habe und daß Speidel den Inhalt seines Gesprächs Rommel gemeldet hätte. Diese Behauptung wurde von Kießel, der Hofacker verhört hatte, von Horst, von Speidel und ganz sicher auch von Rommel noch wenige Minuten vor seinem Tod als falsch bezeichnet. Über dieses angebliche Gespräch gibt es zwei Versionen, und zwar in den Kaltenbrunner-Berichten und in einer späteren Aussage von Hofacker, die dieser aber nicht während der Untersuchung seines Falls im Rahmen eines Verhörs gemacht hatte.

Andere haben sich seither sehr viel eindeutiger über die Beteiligung Rommels geäußert. Dr. Hans Bernd Gisevius, Abwehroffizier und Mitglied des Widerstands, hat als Zeuge in Nürnberg ausgesagt, es habe einen »sehr peinlichen Eindruck« gemacht, als Rommel »vorschlug, Hitler zu ermorden«.[34] Die Behauptung, Rommel habe einen solchen »Vorschlag« gemacht, widerspricht allen anderen bisher bekannten Aussagen. Seine Mitwisserschaft, seine direkte Beteiligung an den Vorbereitungen des Attentats und vor allem die Vermutung, Rommel habe vorgeschlagen, daß Hitler auf diese Weise beseitigt werden müsse, erscheinen als zumindest wenig beweiskräftig. Gisevius hat auch davon gesprochen, daß Beck Rommels Namen erwähnt habe. Beck habe angeblich gesagt, Rommel, der bisher ein überzeugter Anhänger Hitlers gewesen sei, habe jetzt im Juli 1944 von der Notwendigkeit gesprochen, nicht nur Hitler, sondern gleichzeitig auch Himmler und Göring zu beseitigen. Das alles waren offenbar Gerüchte in einer Atmosphäre, in der vieles behauptet wurde, was sich nicht beweisen ließ. Die Verschwörer wollten glauben, daß sich Rommel, wenn auch viel zu spät, auf ihre Seite gestellt habe. Rommel selbst hat im übrigen niemals mit Gisevius und auch nicht mit Beck gesprochen.

Eine andere Vermutung läßt sich ebensowenig beweisen, klingt aber wahrscheinlicher. Rommel hatte ein Attentat stets abgelehnt und wußte nichts Genaues über dessen Vorbereitung. Natürlich war ihm bekannt, daß es manchen Befürworter eines Attentats gab und daß zu ihnen einige seiner Vertrauten zählten. Zudem hoffte er brennend auf einen möglichst baldigen Regimewechsel und das Ende des Krieges. Trotz aller gelegentlichen Zweifel hatte er mit Sicherheit erkannt, daß ein Verbleiben Hitlers im Amt das größte Hindernis für einen Frieden war. Am Tag seiner Verwundung hatte er beim Verlassen des Hauptquartiers der Panzergruppe West dem General Eberbach gesagt, der Führer müsse »verschwinden«.[35] Aber die persönliche Teilnahme am Attentat, an einem Mord, kam für Rommel nicht in Frage. Wenn er auch nur andeutungsweise von solchen Vorbereitungen erfahren hat, war dies ungenau, zweifelhaft und seiner Ansicht nach bedauerlich.

Immerhin muß aus den Vernehmungsprotokollen, auch wenn sie hinsichtlich der Beteiligung Rommels am Attentat einen falschen Eindruck erweckten, deutlich hervorgegangen sein, daß der Oberbefehlshaber der Heeresgruppe B nicht mehr an den Sieg glaubte und bereit war, sich an Verhandlungen mit dem Feind zu beteiligen, was viele alte Bekannte auch ohne Kenntnis der Gestapoakten hätten bestätigen können. Daran bestand kein Zweifel — und das alles erfüllte schon den Tatbestand des Hochverrats, zumal da die ganze Atmosphäre von Mißtrauen und Verdächtigungen gekennzeichnet war. Stauffenberg soll nach dem Zeugnis einiger Mitverschwörer gesagt haben, die »Führer der Heeresgruppen würden mitmachen, wenn die Aktion erst einmal im Laufen sei«, und wahrscheinlich ist der SD zu dem gleichen Schluß gekommen.[36]

Am 14. Oktober erhielt Manfred Rommel einen kurzen Heimaturlaub, nachdem er eine Woche bei seiner Flakbatterie Dienst getan hatte. Er nahm den Zug und kam schon vor 7.00 Uhr in Herrlingen an. Ein alter Bekannter und Offizier im Stabe Rommels, Hauptmann Aldinger, war als persönlicher Ordonnanzoffizier zum Feldmarschall abkommandiert worden. Aldinger war Reserveoffizier und hatte im Ersten Weltkrieg im gleichen Bataillon wie Rommel gedient. 1940 hatte er Rommels »Gespensterdivision« angehört und war anschließend mit ihm in Nordafrika und dann in der Normandie gewe-

Rommels alter Gegenspieler, Feldmarschall v. Rundstedt, mit dem er tiefgreifende Differenzen bei der Konzeption zur Abwehr der alliierten Landung gehabt hatte, hielt in einer grotesken Farce die Trauerrede bei dem von Hitler angeordneten Staatsakt für Rommel. Er rühmte die afrikanischen Siege des Generals, pries seine echt nationalsozialistische Gesinnung und gelobte den weiteren bedingungslosen Kampf im Sinne des toten Feldmarschalls; für die Witwe hatte er nur eine knappe Verbeugung. Das war der noble »Doyen« der deutschen Feldmarschälle gewesen, der auch jenem Gremium vorgesessen hatte, das alle Beteiligten am 20. Juli aus der Armee ausstieß und damit Freisler und dem Galgen überantwortete.

Das Telegramm Hitlers, der den Selbstmord des beliebten Truppenführers erzwungen hatte, zeugt von derselben Heuchelei, obwohl der ausdrückliche Hinweis auf die Kämpfe in Nordafrika schon eine demonstrative Abwertung der Leistung Rommels in Italien und Frankreich zu enthalten scheint.

✳ 42 Telegramm   Deutsche Reichspos.

aus   o. Aus den relde 45/44 w. 16. 10. 44 15.34 Uhr

Aufgenommen		Übermittelt	
Tag: Monat: Jahr: Zeit: 16. 10. 44 19.00 Uhr	Telegramm des Führers An Frau	Tag: Zeit: 16. 10. 44 19.3o	
von: durch: Ulm Schindler	Lucia Rommel	am: durch: Herrlingen Schindl	
Amt Herrlingen	Herrlingen bei Ulm Donau.		

Nehmen Sie zu dem schweren Verluste den Sie durch den

Tod Ihres Gatten erlitten haben mein aufrichtiges Beileid

entgegen. Der Name des Generalfeldmarschall Rommel wird für

immer mit den Heldenhaften Kämpfen in Nordafrika verbunden sen

sein.

Adolf Hitler

Für dienstliche Rückfragen

E. Z. 6. 43   × C 187 Dia A 5 (Kl. 29) sen. Er war ein Altersgenosse Rommels, ein Freund der Familie und lebte ebenfalls in Herrlingen.

Wenige Stunden nach seinem Eintreffen begleitete Manfred seinen Vater auf einem Spaziergang. Rommel sagte ihm, er erwarte zwei Generale, die angeblich seine zukünftige Verwendung mit ihm besprechen würden, er wisse jedoch nicht genau, ob das wirklich der Anlaß ihres Besuchs sei. Dann kehrten Vater und Sohn wieder nach Hause zurück.

Um die Mittagszeit erschienen die Generale Burgdorf und Maisel. An der Fahrstraße vor dem Grundstück Rommels befand sich ein Tor, von dem die Auffahrt bis vor das Haus führte. Rommel hatte seinen Burschen Loistl angewiesen, das Tor offenzuhalten, da er Gäste erwarte. Loistl wunderte sich darüber, daß der Wagen der Gäste draußen auf der Straße stehenblieb. Nachdem er den Generalen die Mäntel abgenommen und sie angemeldet hatte, bat er den Fahrer — einen SS-Mann, wie er bemerkte —, ins Haus zu kommen. Dieser lehnte jedoch ab; er habe seine Befehle und wisse, was er zu tun habe.[37] Nun bemerkte Loistl einen zweiten Mercedes, der in der Nähe geparkt hatte, und sah, daß ein Zivilist aus diesem Wagen mit dem Fahrer der Generale sprach.

Nachdem Rommel die Generale empfangen hatte, schickte er Manfred aus dem Zimmer und blieb während der folgenden fünfundvierzig Minuten mit Burgdorf und Maisel allein.

Burgdorf hatte seinen Auftrag von Keitel erhalten mit dem Hinweis, der Befehl käme direkt von Hitler.[38] Feldmarschall Rommel sei an der Verschwörung beteiligt gewesen, seine Schuld werde durch die Aussagen des Oberstleutnants v. Hofacker bewiesen. Der Führer fühle sich durch seinen Verrat zutiefst verletzt, denn er habe Rommel besonders geschätzt.[39]

Hitler hatte entschieden, daß die Öffentlichkeit nichts vom Hochverrat des besonders populären Feldmarschalls erfahren dürfe. Rommels Name sollte nach Möglichkeit nicht mit der Verschwörung in Verbindung gebracht werden.[40] Deshalb sollte Rommel mit den Beweismitteln (Keitel gab Burgdorf zu diesem Zweck eine Kopie der Aussagen und Erklärungen Hofackers mit) konfrontiert und vor eine Alternative gestellt werden: Er könne sich von Burgdorf festnehmen lassen, um wegen Hochverrats vor Gericht gestellt zu werden, oder er könne »den Weg des Offiziers« gehen. Wenn er sich für das letztere entscheide, werde er ein Staatsbegräbnis erhalten. Seine Familie werde unbehelligt bleiben. Offiziell werde es heißen, Rommel sei eines natürlichen Todes gestorben.[41] Burgdorf sollte ein schnellwirkendes Gift mitnehmen.

Burgdorf und Maisel traten zusammen mit Rommel, ihrem Gastgeber und Opfer, aus dem Herrenzimmer. Sie begaben sich in den Garten und gingen dort auf und ab, während Rommel nach oben ging, um Lucie in ihrem Zimmer aufzusuchen. Unterwegs rief er Loistl und bat ihn: »Schicken Sie mir jetzt Manfred und in einer halben Stunde Aldinger.« Dann verschwand er.[42]

Was Frau Rommel später über ihr letztes Zusammensein mit ihrem Mann berichtete, war ebenso eindeutig wie ergreifend. Rommel teilte ihr mit, man habe ihm auf Befehl Hitlers die Wahl gelassen, sich entweder das Leben zu nehmen oder vor den Volksgerichtshof gestellt zu werden. Offenbar hatte er seinen schweren Entschluß bereits gefaßt, denn er erklärte: »In einer Viertelstunde bin ich tot.«[43] Burgdorf und Maisel hätten ein Gift mitgebracht, das innerhalb von drei Sekunden wirke.

Rommel erklärte, man beschuldige ihn der Beteiligung an den Ereignissen des 20. Juli, die Aussagen der Generale v. Stülpnagel und Speidel und des Oberstleutnants v. Hofacker hätten ihn belastet. Er fügte hinzu, es gebe angeblich noch andere belastende Umstände. Goerdeler (mit dem Rommel nie ein Wort gesprochen hatte) hätte Rommels Namen als künftigen Reichspräsidenten erwähnt.[44]

Rommel bemerkte zu Lucie, er habe Burgdorf und Maisel erklärt, daß an diesen Beschuldigungen nicht das geringste wahr sei; sie könnten deshalb nur erpreßt oder unter Folter erzwungen worden sein. Er sagte, er brauche ein Verfahren vor dem Volksgerichtshof nicht zu fürchten und könne alles, was er getan habe, offen und ehrlich rechtfertigen. Er sei jedoch überzeugt, daß es niemals zu einer Gerichtsverhandlung kommen werde – vorher werde man ihn irgendwie verschwinden lassen. Das Gerede von der »zukünftigen Verwendung«, die Burgdorf in dem Telefongespräch angedeutet hatte, sei eine brutale Täuschung gewesen. Man habe von vornherein beabsichtigt, ihn umzubringen. Er war überzeugt, daß dies das Ende war. Dann verabschiedete er sich.[45]

Jetzt kam auch Manfred, und Rommel informierte ihn über alles und auch darüber, welche Entscheidung er getroffen hatte. Wiederum erläuterte er die angeblichen Aussagen von Speidel und Stülpnagel und die Behauptung Goerdelers, die ihn mit dem Attentat in Verbindung brachte.[46] Auch Manfred hatte den sicheren Eindruck, daß sein Vater glaubte, die Geständnisse Speidels und Stülpnagels existierten nicht oder seien durch Folterungen erzwungen worden.[47] Rommel sagte seinem Sohn, die Familie werde, nachdem er seine Entscheidung getroffen habe, unbehelligt bleiben. Dann verabschiedete er sich von Aldinger.

Ebenso wie Loistl hatte auch Manfred einige in der Nähe des Hauses geparkte Wagen bemerkt, in denen, wie er mutmaßte, bewaffnete Männer in Zivil saßen. Sein Vater verabschiedete sich sehr gefaßt von ihm. Dann begleiteten Aldinger und Manfred den Feld-marschall zu einem der wartenden Autos. Rommel trug Mantel und Mütze und hatte den Feldmarschallstab in der Hand. Im Wagen war-teten Burgdorf und Maisel. Rommel kletterte auf den Rücksitz.

Fünfzehn Minuten später läutete das Telefon. Am anderen Ende der Leitung war das in der Wagnerschule in Ulm untergebrachte Re-servelazarett: Feldmarschall Rommel habe offenbar einen Herzanfall erlitten. Zwei Generale hätten ihn in einem Wagen zum Lazarett ge-bracht. Er sei tot.

24.

Ein unvermeidliches Ende

In einer Botschaft, in der er seiner persönlichen Betroffenheit sowie der Trauer der Wehrmacht und des ganzen deutschen Volkes Ausdruck verlieh, ordnete Hitler ein Staatsbegräbnis an. Die ausführliche Mitteilung enthielt eine Darstellung der militärischen Laufbahn Rommels und eine Würdigung seiner heroischen Verdienste um das Vaterland von 1914 bis zu seinem Tod.[1]

Der Ablauf des Staatsbegräbnisses war in allen Einzelheiten peinlich genau festgelegt worden. Verantwortlich für die Durchführung war das Wehrkreiskommando V, das zwei Tage nach der Beisetzung eine Mitteilung über die Begleichung der Bestattungskosten erhielt.[2] Ein Sonderzug für die Trauergäste fuhr am Tag zuvor um 19 Uhr in Berlin ab und sollte am Mittwoch, dem 18. Oktober, um 10.40 Uhr in Ulm ankommen. Die Trauerfeier sollte um 13 Uhr im Rathaus von Ulm beginnen, wo Rommel aufgebahrt sein würde. Die Ehrenwache sollten Offiziere des Heeres mit gezogenem Degen stellen, und auf dem Sarg sollten der Marschallstab, der Degen und die Orden Rommels liegen. In Vertretung des Führers würde Feldmarschall v. Rundstedt einen Kranz niederlegen und in einer kurzen Ansprache sein Beileid zum Ausdruck bringen. Er sollte sein Ulmer Hotel sieben Minuten vor 13 Uhr verlassen und um 13 Uhr das Rathaus betreten, vor dem Sarg salutieren und in der vordersten Reihe neben Frau Rommel und an der Spitze zahlreicher militärischer und ziviler Würdenträger Platz nehmen. Die Trauerparade, die dem Sarg bis zum Rathaus folgen würde, sollte aus zwei Ehrenkompanien des Heeres mit Musikkorps und einer dritten, aus Angehörigen der Luftwaffe, der Kriegsmarine und der Waffen-SS zusammengesetzten Kompanie bestehen.

Genau um 13 Uhr begann das Trauerzeremoniell, das mit dem zweiten Satz von Beethovens 3. Sinfonie, der Eroika, eingeleitet wurde. Es folgte die Ansprache Rundstedts. Rundstedt erinnerte an Rommels große militärische Erfolge, die Verdienste, die er sich um das Vaterland erworben hatte, und seine tragische Verwundung in der Normandie. Er erwähnte Rommels Leistungen in Frankreich und in Nordafrika, wo er gegen einen zahlenmäßig weit überlegenen Feind hatte kämpfen müssen und mit der Eroberung von Tobruk seinen größten Sieg erfochten hatte. Als tapferer Soldat sei er, erfüllt von nationalsozialistischem Geist, seinen Weg gegangen: »Sein Herz gehörte dem Führer.« Dann wandte sich Rundstedt direkt an den Verstorbenen, und die Ironie seiner Worte kann nur vermutet werden: »Ihr Heldenmut weist uns allen erneut die Parole: ›Kampf bis zum Sieg‹.«

Während Rundstedt den von Hitler gestifteten Kranz am Sarge niederlegte, sang die Gemeinde das alte deutsche Soldatenlied »Ich hatt' einen Kameraden«. Dabei ertönten die neunzehn Schüsse des Ehrensaluts einer vor dem Rathaus aufgefahrenen Batterie. Nachdem Rundstedt an seinen Platz zurückgekehrt war, schloß die Zeremonie mit dem Deutschlandlied. Nun hätte sich Rundstedt an die Angehörigen wenden sollen, um ihnen offiziell sein und Hitlers Beileid auszusprechen. Statt dessen sagte Rundstedt, wie sich die Anwesenden später erinnerten, nur ein paar kurze und kühle Worte, verneigte sich vor dem Sarg und verließ das Rathaus. Der Trauerzug ging durch die von Menschen erfüllten Straßen, an denen Soldaten Spalier standen, zum Krematorium. Dort fand eine weitere Feier statt, bei der Freiherr v. Esebeck eine Rede hielt. Rommels Asche wurde später auf dem Dorffriedhof von Herrlingen beigesetzt. Für Rommels Frau war diese ganze Zeremonie eine abgrundtiefe Perfidie gewesen.

Im März 1945 erhielt Frau Rommel einen Brief, in dem ihr mitgeteilt wurde, der »Führer« habe den Wunsch geäußert, für Rommel ein Denkmal errichten zu lassen. Mit der Ausführung sei Professor Kreis beauftragt worden, ein Architekt, der für die Ausgestaltung aller deutschen Soldatenfriedhöfe verantwortlich war. Frau Rommel solle sich nun für eine der ihr vorgelegten Entwurfzeichnungen entscheiden. Vorgeschlagen wurde ein mächtiger Löwe auf einem steinernen Sockel. Für Lucie waren derartige Pläne so widerwärtig wie die Beileidsbekundungen Hitlers, der den Tod ihres Mannes angeordnet hatte. Die Arbeiten an dem Denkmal wurden nicht begonnen, und so steht heute auf Rommels Grab nur ein schlichtes Holzkreuz.

Aber was Lucie selbst später über das Schicksal ihres Mannes geäußert hat, war so schlicht und wahr wie Rommels Charakter: »So endete das Leben eines Mannes, der sich sein Leben lang mit seiner ganzen Persönlichkeit in den Dienst des Vaterlandes gestellt hatte.«[3]

Für einige Leute des OKW wie Keitel und Jodl war die Tatsache, daß Rommel den Selbstmord gewählt hatte, der deutliche Beweis für seine Schuld. Da sie zu wissen glaubten, wie sehr Hitler den Feldmarschall geschätzt hatte, und wie schwer es ihm fiel, an dessen Schuld zu glauben, sagten sie sich: Wäre Rommel unschuldig gewesen, dann hätte er sich nicht in sein Schicksal ergeben, sondern sich persönlich an den Führer gewandt. Angesichts seiner großen Popularität hätte er zudem die Möglichkeit gehabt, sich an die Öffentlichkeit zu wenden, entweder während der Verhandlungen des Volksgerichtshofes oder auf irgendeine andere Weise. Daß er stillschweigend gegangen sei, habe sie, wie sie später aussagten, davon überzeugt, daß Hofacker recht gehabt habe.[4] Rommel sei von den Attentatsplänen unterrichtet gewesen und habe sich daher als Mitwisser schuldig gemacht.

Das war jedoch nicht der Fall. Wenn er seiner Frau gesagt hat, daß er ein Gerichtsverfahren nicht fürchten müsse und an dem Attentat auf Hitler nicht beteiligt sei, dann klingt das ebenso überzeugend wie die Aussage Lucie Rommels nach dem Krieg.[5] Sie kannte ihn so gut wie niemand sonst. Zwischen Rommel und seiner Frau bestand ein bemerkenswert großes Vertrauensverhältnis, und angesichts des unmittelbar bevorstehenden eigenen Todes lügt man nicht. Aber Rommel war überzeugt, daß man ihn töten wollte, und zwar wahrscheinlich schon, bevor man ihm die Gelegenheit gegeben hatte, sich zu rechtfertigen. Zudem hätte er, wenn er sich anders entschieden hätte, seine Familie in Gefahr gebracht, während man ihm zugesichert hatte, daß seine Angehörigen nach einem Selbstmord nicht belästigt werden würden. So traf er seine Entscheidung.

Das war aber nicht alles. Der entscheidende Faktor war — und dessen war er sich durchaus bewußt —, daß man ihn zwar über den genauen Ablauf des Attentats nicht unterrichtet hatte, er jedoch bereit gewesen war, persönlich alle notwendigen Maßnahmen für einen baldigen Friedensschluß zu ergreifen. Er hatte mit vielen seiner Freunde offen darüber gesprochen. Und das kam durchaus schon einem Hochverrat gleich. Wenn er dafür vor Gericht gestellt und verurteilt werden würde, dann würden er und seine Angehörigen die Folgen tragen müssen. An dem Verbrechen beteiligt gewesen zu sein, das ihm von Burgdorf und Maisel vorgeworfen wurde, bestritt er entschieden, denn er hatte niemals der Ermordung Hitlers zugestimmt. Aber jenes zweiten »Verbrechens« hatte er sich schuldig gemacht. Eine etwas seltsame Bestätigung dafür ist vielleicht die Tatsache, daß Himmler Frau Rommel (durch Berndt) sagen ließ, er, Himmler, habe mit dem manipulierten Selbstmord Rommels nichts zu tun.[6] Himmler, dem der SD, die SS und die Gestapo unterstanden, hatte keinerlei Mitgefühl für die Verschwörer, die Hitler hatten umbringen wollen, aber er dachte schon jetzt daran, selbst an die Alliierten heranzutreten. Er sah die Katastrophe kommen und hatte vielleicht mehr Verständnis für Rommels Drängen auf einen baldigen Frieden als Hitler es haben konnte.

Man hat gesagt, daß die Ablehnung der Ermordung Hitlers durch einen Mann, der entschlossen war, gegen den Willen des Führers zu handeln und aus Hitlers Beseitigung oder Entmachtung persönlichen Nutzen zu ziehen, unlogisch und nicht gerade bewundernswert gewesen sei. Das ist verständlich, aber es läßt sich nicht bestreiten, daß Rommel anders dachte. Für ihn waren das Attentat und der Versuch, Friedensverhandlungen einzuleiten, zwei ganz verschiedene Dinge. Seine »Schuld« bestand darin, daß er anders als Hitler geglaubt hatte, der Krieg sei verloren, und überzeugt gewesen war, Hitler führe Deutschland in die Katastrophe. Diese »Schuld« bereute er nicht, wie er auch stets furchtlos seine persönliche Überzeugung vertreten hatte, auch wenn er sich damit unbeliebt machte. Nach seinem »Ultimatum« an Kluge, das dieser Hitler vorlegen sollte, hat Rommel, wie Speidel berichtet, gesagt: »Jetzt habe ich Hitler noch einmal eine Chance gegeben. Wenn er keine Konsequenzen zieht, handeln wir.«[7] Rommel hatte mit Recht das Gefühl, immer offen seine Meinung gesagt und entsprechend seiner Überzeugung gehandelt zu haben. Das mag naiv gewesen sein, aber es entsprach seinem Charakter. Doch Rommels Naivität ging nicht so weit, daß er annahm, man werde ihm seine Bereitschaft vergeben, mit dem Feind zu verhandeln, und er könne die Rolle des Generals Yorck von Wartenburg bei Tauroggen spielen, ohne von den Nationalsozialisten dafür bestraft zu werden.

Rommel hatte schon seit einiger Zeit das Gefühl gehabt, dem Tod nahe zu sein, den er nie gefürchtet hat. In den dramatischsten und erfolgreichsten Perioden seines Lebens hatte er ihn stündlich vor Augen gehabt, und er hätte wie Caesar bei Shakespeare ausrufen können:

Die Tapfern kosten einmal nur den Tod.
Von allen Wundern, die ich je gehört,
Scheint mir das größte, das sich Menschen fürchten,
Da sie doch sehen, der Tod, das Schicksal aller,
Kommt, wann er kommen soll.

Der Tod kam zu Rommel, als er, innerlich zerrissen und verzweifelt, nach einem Ausweg aus einer hoffnungslosen Lage suchte. Als glühender Patriot hatte er sein Leben in den Dienst des Vaterlandes gestellt, und nun waren die Quellen seines Patriotismus durch die versteckten Gemeinheiten vergiftet, die im Namen des Patriotismus begangen wurden. Er hatte als tapferer Soldat außergewöhnliche Erfolge erzielt und erleben müssen, daß seine Ansichten und das Opfer des Lebens seiner Männer durch die von manischen Vorstellungen bestimmten Entschlüsse eines Despoten entwertet wurden, der sich von Illusionen leiten ließ. In seinem Leben waren die Grundsätze des menschlichen Anstands bestimmend gewesen, die nun von der skrupellosen Führung des eigenen Landes bewußt mißachtet wurden. Er hatte sich mit aller ihm zur Verfügung stehenden Energie für die Ehre, die Größe und die Sicherheit Deutschlands eingesetzt, und jetzt sollte dieses deutsche Vaterland vom Feind überrannt werden und ein Schicksal erleiden, dessen besondere Tragik darin lag, daß es von der eigenen Führung provoziert worden war. Das »unvermeidliche Ende« kam, als alles, woran Rommel geglaubt hatte, von einer grausamen Wirklichkeit widerlegt wurde. Er hatte vergeblich gehofft, und nun war es Zeit, den Tod zu kosten.

Am 20. Oktober wurde ein von Adolf Hitler unterzeichneter Tagesbefehl veröffentlicht, in dem die besonderen Verdienste Rommels gewürdigt wurden. Auch in der deutschen Presse erschienen ausführliche Nachrufe, und trotz aller Entbehrungen und schweren Verluste wurde Rommels Tod von der Bevölkerung im ganzen Land mit aufrichtiger Anteilnahme aufgenommen. Aufgrund seiner hervorragenden militärischen Leistungen, die von Presse und Rundfunk stets entsprechend gewürdigt wurden, war er zum Nationalhelden geworden. In den Kreisen, die so etwas zu denken wagten, munkelte man sogar davon, daß Rommel Oberbefehlshaber der Wehrmacht werden würde, wenn dem Führer »etwas zustoßen« sollte.[8] Auch die ausländische Presse berichtete ausführlich über Rommels Tod. Am 16. Oktober brachte die Londoner »Times« einen Nachruf mit mehr als tausend Worten. Mit der auch von Churchill bei der Beurteilung des Gegners im Kriege für angemessen gehaltenen Zurückhaltung erkannte die »Times« Rommels taktische Fähigkeiten durchaus an, brachte ihn jedoch mit der NSDAP in Verbindung, obwohl er dieser Partei niemals angehört hatte, und schilderte ihn als einen ehemaligen »SA-Führer« in Hitlers Leibwache, der eine besondere Vorliebe für die »Methoden eines Gangsters im Bürgerkrieg« gehabt habe. Das waren unsinnige Behauptungen, die keineswegs der Wahrheit entsprachen und Rommel selbst zweifellos geärgert hätten.

Als nach dem Krieg die näheren Umstände von Rommels Tod bekannt geworden waren, gewann er natürlich wieder an Ansehen. Das Interesse konzentrierte sich nun auch auf seine Haltung gegenüber dem Naziregime, und dank der Tatsache, daß er sich bis zum erzwungenen Selbstmord Hitler widersetzt hatte, wurde Rommel nachträglich zum Helden des deutschen Widerstands hochstilisiert.[9] Doch schon bald wurden auch andere Stimmen wieder laut, die erklärten, Rommel sei ein überzeugter Anhänger Hitlers gewesen, bis sich das Blatt militärisch gewendet habe — ein ehrgeiziger Opportunist, der sich nicht etwa von moralischen Grundsätzen hätte leiten lassen.[10] Auch diese Beurteilung wird der Persönlichkeit Rommels nicht gerecht.

Seine Rolle in der Verschwörung war zwiespältig. Man hat ihm vorgeworfen, den Krieg beenden zu wollen, ohne bereit zu sein, die dafür notwendigen Maßnahmen zu ergreifen. Zwar sei er ein Patriot gewesen und habe Hitler entmachten wollen, aber schließlich seien die persönlichen Bindungen an seinen »Führer« zu stark gewesen. Sein Bursche, der Gefreite Loistl, hat erklärt, dem ehrlichen Charakter des Feldmarschalls sei der Gedanke an eine Verschwörung völlig fremd gewesen, und jemand, der eine so enge Beziehung zu seinem Vorgesetzten hatte wie Loistl, wird so etwas im allgemeinen richtig beurteilen können. Rommel war wirklich ein Patriot mit einem offenen und ehrlichen Charakter. Und er war ein moralisch anständiger, ritterlicher Mensch, der sich dem Wohl seiner Landsleute und den Traditionen seines Vaterlands verpflichtet fühlte und in seinem persönlichen Verhalten großzügig, rücksichtsvoll und gerecht war. Er litt unter den Verwüstungen, die der Krieg mit sich brachte und gehörte nicht zu jenen militärischen Führern, die sich an den Schrecken und den Leiden freuen, die sie dem Gegner beibringen müssen. Nur selten hat er wirklich hassen können.

Und Rommel liebte sein Vaterland. Er war bereit, sich für Deutschland zu opfern. Für das Vaterland zu kämpfen, war für ihn eine ganz besondere Herausforderung und ein Privileg. Er gehörte einer Generation von Deutschen an, die nicht ohne Grund glaubte, daß die Opfer, die der erste Weltkrieg gefordert hatte, vergeblich gewesen waren, weil es vielen an Patriotismus, Mut und Energie gefehlt habe. Es war eine verbitterte und enttäuschte Generation.

Dann war Hitler gekommen. Und Rommel war Hitler dankbar dafür, daß er, wie Rommel es sah, Deutschland befreit und wieder aufgebaut hatte. Er hatte die innere Ordnung wiederhergestellt, die innere Zerrissenheit beseitigt, die Wirtschaft wiederaufgerichtet, die Schmach der Niederlage im Ersten Weltkrieg beseitigt und das internationale Ansehen, die Würde und die Größe Deutschlands zurückgewonnen. Das persönliche Vertrauen zu Hitler aber verlor Rommel angesichts der verhängnisvollen strategischen Entscheidungen und Hitlers Weigerung, den Tatsachen ins Auge zu sehen; Rommel mußte erkennen, daß dieses Versagen auf die vollständige geistige Instabilität Hitlers zurückzuführen war. Und schließlich erschütterte es Rommel zutiefst, als er näheres über die Verbrechen Hitlers erfuhr, obwohl er sich zunächst wahrscheinlich eingeredet hatte, daß nicht der »Führer«, sondern vor allem andere dafür verantwortlich waren. Die Blindheit, mit der dieser geradlinige Schwabe mit seinem gesunden Menschenverstand glauben konnte, daß Hitler an diesen unglaublichen Greueltaten nicht ebenso beteiligt war wie seine Gefolgsleute, setzt einen bis heute in Erstaunen. Aber es war eine Blindheit, die er mit Millionen anderer Deutscher teilte. Bis kurz vor seinem Ende hat Rommel gelegentlich immer noch einen Rest seiner ursprünglichen Hingabe an den Führer gespürt. Das entsprach schließlich seiner Auffassung vom Begriff der Loyalität und Pflichterfüllung. Und es entsprach der Verpflichtung, die er mit seinem Treueid auf sich genommen hatte. Und damit zeigte Rommel die gleiche Haltung wie alle jene anständigen, patriotischen Deutschen, die ebenfalls dankbar dafür waren, daß Hitler, wie sie es sahen, die Ordnung wiederhergestellt und das Vaterland aus einer düsteren Vergangenheit in eine leuchtendere Zukunft geführt hatte. Das Ausmaß des Unrechts, dem diese ahnungslosen Menschen dienen mußten, kannten nur sehr wenige.

Und im Umgang mit Hitler war Rommel stets aufrichtig gewesen. Andere haben es vermieden oder gefürchtet, offen mit Hitler zu sprechen, oder sie haben (wenn auch nur selten) schon sehr bald erkannt, daß es unmöglich war, ihm mit logischen Argumenten oder moralischen Vorhaltungen beizukommen. Rommel mag im Umgang mit Hitler voreingenommen und naiv gewesen sein, aber er war ehrlich, offen und geradlinig. In seiner Naivität glaubte er, Hitler sei bereit, vernünftig über die Dinge zu reden und vernünftige Entscheidungen zu treffen. Er bildete sich ein, daß auch Hitler die moralischen Grundsätze anerkennen müsse, die jedem zivilisierten Menschen als Richtschnur dienen. Doch schließlich mußte Rommel erkennen, daß er sich geirrt hatte, und zwar viel zu lange.

Das lag zum Teil daran, daß Rommel wie die meisten seiner Landsleute nicht erkennen wollte oder konnte, wer Hitler wirklich war, obwohl er ihn gut kannte. Es lag aber auch an Hitlers außergewöhnlichem Charakter. Die Geschichte des 20. Jahrhundert wäre unerklärlich, wenn Adolf Hitler ein für jeden erkennbar böser, abstoßender, im persönlichen Umgang brutaler oder lächerlich wirkender Mensch gewesen wäre. Für einige wenige Deutsche hatte er eine dieser Eigenschaften oder sogar alle zusammen, aber auf die meisten wirkte er ganz anders. Sie hielten ihn für hochbegabt, für eine faszinierende Persönlichkeit mit einem erstaunlichen Gedächtnis, einer raschen Auffassungsgabe und der Fähigkeit, komplexe Zusammenhänge zu begreifen, einer fast übernatürlichen Gabe, in die Zukunft zu sehen und daraus die richtigen Schlüsse zu ziehen, mit einer phänomenalen Willenskraft und einer grenzenlosen Vaterlandsliebe. Das und nicht der Mann, der für die unvorstellbaren Massenmorde verantwortlich war, nicht der Wahnsinnige, der Deutschland in den Abgrund gerissen hatte, war der Hitler, den die meisten in ihm sahen, die unter seinen Einfluß gerieten. Und das war auch Rommels Hitler, bis es ihm angesichts des katastrophalen Verlaufs des Krieges, den Hitler ausgelöst hatte, klar wurde, wie sehr er sich getäuscht hatte und daß das Bild, das er sich von diesem Mann gemacht hatte, nicht der Wirklichkeit entsprach. Die Bereitschaft eines tüchtigen und disziplinierten Volkes, Befehle zu befolgen und bestimmte Aufgaben zu übernehmen, ohne viel darüber nachzudenken, welcher Zweck letztlich damit verfolgt wurde, mag vielleicht die Ursache dafür sein, daß die Deutschen eher der Gefahr ausgesetzt waren als andere, wenn auch unbewußt, zu Komplizen der Verbrechen des Regimes zu werden. Aber nur die Tatsache, daß Hitler von Millionen ebenso idealisiert worden ist wie von Rommel, kann begreiflich machen, daß er eine große Nation in den Abgrund einer Katastrophe führen konnte, und daß nur wenige Menschen bereit gewesen sind, sich ihm entgegenzustellen.

Auch die militärischen Leistungen Rommels sind zu verschiedenen Zeiten ganz unterschiedlich beurteilt worden. Die Behauptung, Rommel sei ein Taktiker, aber kein Stratege gewesen, und der Vorwurf, er habe die logistischen Gegebenheiten aus Unbedachtsamkeit oft zu wenig berücksichtigt, sind von vielen kritiklos übernommen worden. Um jedoch zu einem zutreffenden Urteil zu kommen, bedarf es einer gründlichen Analyse, denn Verallgemeinerungen helfen uns nicht weiter. Rommels Schriften[11] sind von vielen als lehrreich beurteilt worden, aber andere halten sie (nicht ganz zu unrecht) für unvollständig und sehen darin den Versuch des Verfassers, sich selbst zu rechtfertigen. Zudem ist Rommel dafür kritisiert worden, daß er mit den Leistungen anderer ständig unzufrieden gewesen sei und ihnen ihre Fehler vorgeworfen habe. Diese Kritik ist in mancher Hinsicht berechtigt, aber Rommel war nicht der einzige bedeutende Soldat, dem man diesen Vorwurf machen kann. Viele haben auch Anstoß daran genommen, daß die Bedeutung Rommels vom Feind überschätzt und durch den deutschen Propagandaapparat übertrieben dargestellt worden sei.[12] Aber schließlich müssen seine guten und auch seine weniger guten Leistungen selbst für sich sprechen.

Unbestritten ist die Tatsache, daß Rommel ein Meister der beweglichen Kampfführung und ein hervorragender Truppenführer war. Wo er erschien, hat er seine Männer dazu inspiriert, ihr Bestes zu geben. Mit seiner raschen Auffassungsgabe und Entscheidungsfreudigkeit, seiner Energie und Kühnheit bei der Ausführung seiner Entschlüsse gehörte er zu den wirklich bedeutenden Heerführern, und seine Leistungen haben in der Kriegsgeschichte ebenso deutliche Spuren hinterlassen wie die des Prinzen Ruprecht, mit dem ihn Montgomery in einem für ihn uncharakteristischen Gedankenflug einmal verglichen hat.[13] Sicher hat er gelegentlich schwere Fehler begangen. Der erste Angriff auf Tobruk war übereilt und schlecht vorbereitet, der »Stoß zum Draht« erfolgte aufgrund einer falschen Lagebeurteilung, die Schlacht von Alam Halfa bot kaum die Aussicht auf Erfolg und mußte schon bald abgebrochen werden, Medenine war eine Katastrophe. Aber bei den Siegen, die er in den meisten Fällen gegen einen weit überlegenen Gegner erfocht, zeigte er die Qualitäten des »echten Rommel«. Die besten Beispiele sind die zweimalige Eroberung der Cyrenaika, von Gazala und Kasserine und auch der lange, schließlich zur Niederlage führende Rückzug nach Tunesien ebenso wie seine Erfolge bei Cosna und am Monte Matajur im Ersten Weltkrieg. Ob er 1914 in Frankreich zu Pferde, in Rumänien oder den italienischen Alpen zu Fuß oder auf dem Fahrrad seinen Männern vorausstürmte, die »Gespensterdivision« 1940 im raschen Vormarsch bis an die Kanalküste führte oder den Feind mit den Panzern der Panzerarmee in der afrikanischen Wüste verfolgte, Rommel war, um mit Speidel zu sprechen, »unser Rommel — immer derselbe Rommel«.[14] Überall war er der brillante Truppenführer, und überall führte er seine Soldaten von vorne.

Aber er war mehr als ein tapferer und genialer taktischer Befehlshaber. Er war ein nachdenklicher Mensch und entwickelte aus seinen persönlichen Erfahrungen und Beobachtungen militärische Grundsätze, die er zu Papier brachte und aus denen andere etwas lernten und noch heute lernen.

Auf höherer Ebene hat Rommel die entscheidenden strategischen Probleme klar erkannt. Gewiß hat er als Truppenführer dem Gefecht den Vorrang gegeben. Darin lag seine Stärke, und er wußte, daß die intelligentesten strategischen Pläne scheitern müssen, wenn die kämpfende Truppe die Gefechte nicht gewinnt. Hier galt der Grundsatz, daß sich die strategischen Möglichkeiten aus dem taktischen Erfolg ergeben. Aber Rommels sicheres Fingerspitzengefühl für das Geschehen auf dem Schlachtfeld, das ihm sagte, wie und wo er den Feind besiegen konnte, war keineswegs unvereinbar mit dem Verständnis für den Einsatz stärkerer Verbände im größeren Rahmen. Seine militärischen Schriften wie seine Erfolge als Befehlshaber überzeugen uns davon, daß er zum Beispiel in Rußland die großen operativen Aufgaben glänzend gelöst hätte, wahrscheinlich sogar besser als die meisten. Seine Ansichten über die große Strategie und die Kriegführung im allgemeinen waren zwar nur theoretisch begründet, zeigten aber einen beachtlichen Einfallsreichtum und die Fähigkeit, in großen Zusammenhängen zu denken. Daß er an ein Gelingen des »Orientplans« glaubte, spricht zwar nicht für sein strategisches Verständnis, aber schließlich haben auch Hitler, das OKH und sogar die britischen Chiefs of Staff zumindest vorübergehend daran geglaubt.

Rommel war in fast jeder Hinsicht ein Realist. Er war ein sparsamer, fleißiger Schwabe mit einem ausgesprochenen Sinn für das Praktische. Zuletzt hat man ihm seinen »Pessimismus« vorgeworfen, aber er hatte den Ernst der militärischen Lage klar erkannt und machte sich keine Illusionen mehr. Er hatte nicht immer recht. Das kann man von keinem militärischen Befehlshaber sagen. Aber Selbsttäuschung oder die Weigerung, sich unangenehmen Tatsachen zu stellen, waren nur selten die Ursache solcher Irrtümer. Als er in der Normandie erkennen mußte, daß größere Truppenbewegungen unmöglich waren und die alliierte Überlegenheit, besonders in der Luft, nur noch kleinere Gefechte zuließen, zog er daraus die richtigen Folgerungen und weigerte sich, nach Ausflüchten zu suchen. Als er in Nordafrika sah, daß die Panzerarmee vor der materiellen Überlegenheit des Feindes den Rückzug antreten und jede weitere Schlacht vermeiden mußte, sagte er es ganz offen. Und als er erkannte, daß der Krieg verloren war, sagte er auch das.

Daß Rommels Pessimismus anschließend kritisiert worden ist, darf uns nicht verleiten, die Tatsache zu übersehen, daß er zu diesem Zeitpunkt durchaus gerechtfertigt war. Auch dürfen wir die andere entscheidend wichtige Tatsache nicht übersehen, daß Rommel immer bereit gewesen ist, Gefahren ins Auge zu sehen, und in seiner Risikobereitschaft gelegentlich sogar zu weit gegangen ist. Er hat sich nie gescheut, die im Krieg unvermeidlichen Risiken auf sich zu nehmen, wenn auch erst nach reiflicher Überlegung. Er hat gewußt, daß der Krieg eine unsichere Sache ist und vieles vom Zusammentreffen unvorhersehbarer Gegebenheiten abhängt, so daß Kühnheit, ein gewisser Optimismus und vor allem rasches Handeln eher zum Erfolg führen können (und es im allgemeinen auch tun), als jeder Versuch, den Ausgang eines Unternehmens genau vorauszuberechnen. Rommel hielt es nicht für richtig, die Schlacht so lange hinauszuzögern, bis die äußeren Umstände es erlaubten, den Sieg mit Sicherheit vorauszusagen. Hätte er das getan, dann hätte es keinen Afrikafeldzug gegeben, wie dieser Feldzug auch immer ausgegangen sein mag.

Montgomery hat behauptet, seine Erfolge der Tatsache zu verdanken, daß er nie eine Schlacht verloren habe, und damit hatte Montgomery recht, denn seine Taktik hat sich bewährt. Doch diese Taktik eignet sich nur für den Truppenführer, der über die dafür notwendige Zeit und die erforderlichen Mittel verfügt. Rommel fehlte es meist an beidem. Er ist nie in der glücklichen Lage gewesen, so lange warten zu können, bis sich die Situation und das Kräfteverhältnis zu seinen Gunsten verändert hatten. Immer wieder hat er gegen einen weit überlegenen Gegner kämpfen müssen, und seine Leistungen können nur unter Berücksichtigung dieser Tatsache ausreichend gewürdigt werden. Er mußte die zahlenmäßige Unterlegenheit mit taktischem Geschick ausgleichen. Dabei kommt einem immer wieder der schon zitierte Ausruf in den Sinn: »Wenn man bedenkt, was der deutsche Marschall getan hätte, wenn er die Überlegenheit seines Gegners besessen hätte, dann kann man die ganze Mittelmäßigkeit des letzteren ermessen!«[15] Im Krieg muß man sich immer wieder für eine von mehreren Schwierigkeiten entscheiden, und Rommel hätte oft die Wahl zwischen Untätigkeit und einem kalkulierten Risiko gehabt. Er war überzeugt, daß das Schicksal einem Feldherrn die Untätigkeit nur selten verzeiht.

Wir wissen, daß Rommel schließlich geschlagen wurde. Er unterlag seinen Feinden. Doch obwohl es im Krieg darauf ankommt zu siegen, kann das nicht das einzige Kriterium für die Beurteilung eines militärischen Talents sein. Man kann den Krieg als ein Geschäft ansehen, dessen Erfolg sich in der Schlußbilanz erweist, aber die Kriegführung ist auch eine Kunst. Schließlich wurde auch Napoleon geschlagen, ebenso Montrose und Lee. Doch kaum jemand wird bestreiten können, daß diese Männer geniale Heerführer waren. Mit all seinen Schwächen darf sich Erwin Rommel als Führer seiner Soldaten im Kampf mit ihnen in eine Reihe stellen.

Anmerkungen

Für einige der am häufigsten genannten Quellen gelten die folgenden Abkürzungen:

BA-MA: Bundesarchiv-Militärarchiv, Freiburg i. Br.

EPM: EP Microfilm Ltd, Wakefield, Yorkshire England (gefolgt von den entsprechenden Seriennummern). In diesen Dokumenten sind auch alle Protokolle von Interviews enthalten, die David Irving bei den Vorarbeiten für sein Buch »The Trail of the Fox« (deutsch: »Rommel«) geführt und auf Mikrofilm aufgenommen hat.

IWM: Imperial War Museum, London

IZM: Institut für Zeitgeschichte, München.

NAW: National Archives, Washington, DC.

1. »Macht mir den rechten Flügel stark!«

1 Winston S. Churchill, Marlborough: His Life and Times (Harrap, 1936)
2 G. F. R. Henderson, Stonewall Jackson (Longmans Green, 1911)
3 Churchill, a. a. O.
4 Clarendon, History of the Rebellion (Clarendon Press, 1888)
5 Ausführlich besprochen in K. Demeter, The German Officer Corps in Society and State (Weidenfald & Nicolson, 1965)
6 Im Besitz des Verfassers
7 Feldmarschall Graf Waldersee. Vgl. auch G. A. Craig, The Politics of the Prussian Army (Clarendon Press, 1955)
8 Erich Ludendorff, Mein militärischer Werdegang, München 1933, S. 154, 182 ff.
9 Der Schlieffenplan, der eine sofortige Offensive im Westen empfahl, war eine Abkehr von früheren Vorstellungen. Der ältere Moltke hatte geglaubt, die natürliche Barriere des Rheins und die territorialen Gewinne von 1870 ermöglichten es Deutschland, im Westen in der Defensive zu bleiben (das war das strategische Ziel dieses Krieges gewesen) und im Osten offensiv zu werden. Moltke, der politisch dachte, wußte, für eine Offensive im Westen brauche man entweder die Zusammenarbeit mit Belgien, oder man müsse die territoriale Integrität des Landes verletzten, und das bedeute eine Strategie des hohen politischen Risikos. Von 1892 an hatte der Schlieffenplan das alles verändert.

2. Der Sturzflug des Falken

1 Nach dem Schlieffenplan sollte der durch Belgien vorgehende rechte Flügel siebenmal stärker sein als der linke und am 31. Tag nach der Mobilmachung Abbéville und den Ärmelkanal an der Sommemündung erreichen. Das wäre der 31. August. Nach den deutschen Plänen rechnete man ebenso wie nach den Plänen aller anderen an einem möglichen Krieg beteiligten Staaten mit einem kurzen Krieg.
2 Erwin Rommel, Infanterie greift an, 5. Aufl., Potsdam 1938, S. 19.
3 Ebd., S. 20.
4 Ebd., S. 20.
5 Ebd., S. 21.
6 Ebd., S. 41 f.
7 Ebd., S. 43.
8 Ebd., S. 45.
9 Ebd., S. 68.
10 Ebd., S. 73.

3. Das Gebirgsbataillon

1 Rommel, Infanterie, S. 77.
2 Theodor Werner, zit. nach: David Irving, Rommel, München 1980, S. 24.
3 Rommel, Infanterie, S. 80.
4 Ebd., S. 82.
5 Ebd., S. 83.
6 Ebd., S. 84.
7 Manfred Rommel.
8 Rommel, Infanterie, S. 92.
9 Ebd., S. 97.
10 Ebd., S. 108.
11 Ebd., S. 116.
12 Ebd., S. 121 f.
13 Ebd., S. 163.
14 Ebd., S. 196.

4. Pour le Mérite

1 Der Frieden von Brest-Litowsk wurde erst am 3. März 1918 mit Deutschland geschlossen, aber schon langer vorher, während der blutigen Unruhen der »Oktoberrevolution« (nach dem russischen Kalender), hatte jede Bedrohung Deutschlands vom Osten her aufgehört.
2 Heute wie ein großer Teil dieses Kriegsschauplatzes in Slowenien gelegen, aber 1917 gehörte es natürlich zu Österreich-Ungarn.
3 Das Deutschen Alpenkorps war trotz seines Namens kein Korps, sondern eine aus mehreren deutschen Kontigenten wie dem Württembergischen Gebirgsbataillon und dem Bayerischen Leibregiment gebildete Gebirgsdivision.

4 Rommel, Infanterie, S. 239.
5 Ebd., S. 67.
6 Ebd., S. 247.
7 Ebd., S. 247.
8 Ebd., S. 258 f.
9 Ebd., S. 274.
10 Ebd., S. 328.
11 Verleihung am 10. November 1917. Rommel sagte später, er habe sich tatsächlich seinerzeit darüber beschwert, daß Schörner nach dem Matajur dieser Orden verliehen worden sei.
12 Rommel Papers

5. Der unpolitische Soldat

1 Für das dramatische Wechselspiel dieser revolutionären Zeit und die Haltung des Militärs siehe Francis L. Carsten, Reichswehr und Politik 1918–1933, 3. Aufl. Köln/Berlin 1966, S. 13 ff.
2 John Wheeler-Bennett, Die Nemesis der Macht. Die deutsche Armee in der Politik 1918–1945, Düsseldorf 1954, S. 147.
3 Carsten, Reichswehr, S. 146.
4 Hans v. Luck, Gefangener meiner Zeit. Ein Stück Weges mit Rommel, Herford/Bonn 1991, S. 25 f.
5 Personalakte Rommel, BA-MA, Pers. 6/5, Bl. 8.

6. Finsternis und Morgendämmerung

1 IZM ED 100/186.
2 Vgl. z.B. Albert Speer, Erinnerungen, Frankfurt/Main 1969.
3 Zitiert aus L. und R. Heston, The Medical Casebook of Adolf Hitler (William Kimber, 1979) von Hugh L'Etang (Leeds University, 1991).
4 Peter Hoffmann, Claus Schenk Graf v. Stauffenberg und seine Brüder. Das Geheime Deutschland, Stuttgart 1982, S. 132. In jüngster Zeit ist allerdings auf die Fragwürdigkeit dieser Berichte hingewiesen worden. Vgl. Joachim Fest, Staatsstreich. Der lange Weg zum 20. Juli. Berlin 1994, S. 42.
5 Walter Görlitz, Kleine Geschichte des deutschen Generalstabes, 2. Aufl., Berlin 1977, S. 285 ff.
6 Sir John Wheeler-Bennett sagte dem Autor kurz vor seinem Tod, er habe vor kurzem – nicht näher beschriebene – neue Belege dafür gefunden, daß wenigstens einige Reichswehrführer »bis zum Hals« in den Ereignissen vom 30. Juni 1934 steckten.
7 Manfred Rommel
8 Erinnerung des Autors.
9 Rudolf Absolon, Die Wehrmacht im Dritten Reich, Bd. 3, Boppard/Rhein 1975, S. 319.
10 J. Wheeler-Bennet, Hindenburg. The Wooden Titan, London, 1967.
11 Young, Rommel, S. 60.
12 Interview mit Manfred Rommel, EPM 3.

13 Ebd.
14 Interview mit Frau Kirchheim, EPM 3.
15 Interview mit Manfred Rommel, EPM 3.

7. Ein persönlicher Auftrag

1 Demeter, Offizierkorps, S. 244.
2 David Irving, Rommel. Eine Biographie, 2. Aufl. Hamburg 1979, S. 44 f.
3 Young, Rommel, S. 65.
4 Heinz Guderian, Erinnerungen eines Soldaten, Neckargemünd 1951, S. 42 ff.
5 Wheeler-Bennett, Nemesis, S. 413.
6 Alexander Stahlberg, Die verdammte Pflicht. Erinnerungen 1932 bis
   1945, Berlin, Frankfurt/Main 1987.
7 Robert O'Neill, Fritsch, Beck and the Führer, in: Corelli Barnett (Hrsg.),
   Hitler's Generals, London 1989, S. 35 ff.
8 IZM ED 100/186.
9 H. Krausnick, Judenverfolgung, in: Anatomie des SS-Staates, Bd. 2,
   S. 261
10 K. Hildebrandt, Das Dritte Reich. München/Wien 1979, S. 72
11 Carsten, Reichswehr und Politik, S. 223 (Zitat), 270
12 Interview mit Manfred Rommel, EPM 3.
13 Manfred Rommel
14 Irving, Rommel, S. 46.
15 Interview mit Manfred Rommel, EPM 3.
16 Irving, Rommel, S. 47.
17 Anita Prazmowska, Eastern Europe between the Wars, in: History To-
   day, October 1990.
18 Vgl. z.B. Feldmarschall Erich v. Manstein, Verlorene Siege, Bonn 1958,
   S. 17.
19 Brian Bond, »Brauchitsch«, in: Barnett, Hitlers Generals, S. 81.
20 Manstein, Verlorene Siege, S. 19 f.
21 Zit. nach: Ursachen und Folgen. Vom deutschen Zusammenbruch 1918
   und 1945 bis zur staatlichen Neuordnung Deutschlands in der Gegenwart. Eine Urkunden- und Dokumentensammlung, hrsg. v. H. Michaelis u. E. Schraepler, Bde. 9–23, Berlin 1964–1976.
22 NAW T 77/858.

8. Führung von vorne

1 Aus welchem Grund der Zug so hieß, läßt sich heute nicht mehr feststellen. Ein ähnlicher Sonderzug, in dem Görings Stab untergebracht
   war, hieß »Asien«. Aber Hitler hatte eine besondere Vorliebe für ro-
   mantisch klingende Decknamen (so wählte er für den 1941 beginnenden
   Feldzug gegen Rußland, den Höhepunkt seiner ehrgeizigen Bestrebungen, den Decknamen »Barbarossa« nach dem berühmten Stauferkai-
   ser). »Amerika« war im übrigen der Name eines kleinen Dorfs bei Ge-
   luwe südöstlich von Ypern. In der Nähe dieses Dorfes hatte der Gefreite Hitler 1914 als Meldegänger Verdienste erworben und war mit dem

Eisernen Kreuz II. Klasse ausgezeichnet worden. Man könnte sich durchaus vorstellen, daß Hitler, als er nun als Oberster Befehlshaber der Wehrmacht über einen eigenen Befehlsstand verfügte, diesen nach dem belgischen Weiler nannte, wo er noch ein einfacher Soldat gewesen war.

2 KTB Führerbegleitbataillon, NAW TT 77/858.
3 Ebd.
4 Krausnick, in: Anatomie des SS-Staates, Bd. 2, S. 287 ff.
5 David Irving, Hitlers Krieg. Die Siege 1939–1942, München 1985, S. 49 f.
6 Manfred Rommel.
7 Heeresadjutant bei Hitler 1938–1943. Aufzeichnungen des Majors Engel, hrsg. v. Hildegard v. Kotze, Stuttgart 1974, S. 68.
8 Interview mit Manfred Rommel, EPM 3. Auf dem gleichen Tonband sind zahlreiche Interviews, persönliche Kommentare und Erinnerungen aufgezeichnet.
9 Manstein, Verlorene Siege, S. 71.
10 Engel, Heeresadjutant.
11 Zitiert in: Liddell Hart, Rommel Papers. Rommels Bericht über den Afrikafeldzug, der in diesem Buch enthalten ist, erschien im deutschen Original als: Erwin Rommel, Krieg ohne Haß, hrsg. v. Lucie-Maria Rommel und Fritz Bayerlein, 3. Aufl. Heidenheim/Brenz 1956.
12 Vgl. z.B. Matthew Cooper, The German Army 1933-1945 (Macdonald & Janes, 1978).
13 Liddell Hart a.a.O.

9. »Bis zum letzten Atemzug von Mensch und Tier«

1 Leutnant Braun, Panzerregiment 25, NAW T 84/277.
2 Hasso v. Manteuffel, Die 7. Panzerdivision im Zweiten Weltkrieg, Köln 1965.
3 Luck, Gefangener, S. 56.
4 Braun a.a.O.
5 Vgl. David Fraser, Alanbrooke (Collins, 1982).
6 BA-MA, N 117/1.
7 Manteuffel a.a.O.
8 BA-MA, N 117/1.
9 Manteuffel a.a.O.
10 Ebd.
11 Liddell Hart a.a.O.

10. Die Gespensterdivision

1 Rommel Papers.
2 Ebd.
3 »Artillerie nach vorn«, NAW T 84/277.
4 IZM ED 100/175.
5 Joachim C. Fest, Hitler. Eine Biographie, Frankfurt-Berlin-Wien 1973.
6 Wheeler-Bennett, Nemesis, S. 569.
7 Zitiert in Michael Balfour und Julian Frisby, Helmuth v. Moltke (Macmillan, 1972).

8 Nach der Beschreibung Rommels ging die 7. Panzerdivision beim Flächenmarsch in einer rechtwinkligen Formation vor. Sicherlich gab es dabei auch gewisse Variationen. So ließ Rommel die Panzerabteilungen sowohl an beiden Flanken als auch an der Spitze der gesamten Division vorrücken und berichtet wiederholt, daß er den Panzern befohlen habe, mit nach der Seite geschwenkten Türmen aus der Bewegung heraus zu feuern. Bei den Räderfahrzeugen kam es an Engstellen häufig zum Stau und damit zu Verzögerungen. Obwohl die ganze Division beim Flächenmarsch eine Länge von etwa 20 Kilometern bei einer Frontbreite von 2 Kilometern hatte und die Fahrzeuge daher innerhalb dieses Raumes relativ weit auseinandergezogen waren (die Zwischenräume zwischen den einzelnen Fahrzeugen betrugen durchschnittlich 150 Meter), ist dieser Durchschnitt wahrscheinlich nur selten erreicht worden. Rommel hat die Panzer im allgemeinen in relativ eng geschlossener Formation eingesetzt.

9 Luck, Gefangener, S. 63 ff.

10 BA-MA, Pers. 6/15, Bl. 90.

11 BA-MA, N 117/6.

11. Sonnenblumen in Afrika

1 Hildebrand, a.a.O.

2 Enno v. Rintelen, NAW MS B 493. Rinteln befand sich seit 1936 in Rom.

3 Leichte Divisionen waren motorisiert und besaßen nur eine Panzerabteilung. Die 5. leichte Division war aus Teilen der 3. Panzerdivision zusammengesetzt, zu ihr gehörte das Panzerregiment 5. Später wurde daraus die 21. Panzerdivision.

4 IWM AL 1349/11.

5 Hans-Otto Behrendt, Rommels Kenntnis vom Feind im Afrikafeldzug, Freiburg 1980.

6 »Ultra« war das maßgebliche, streng geheime britische Entschlüsselungssystem, mit dem der deutsche Führungsfunkverkehr entschlüsselt wurde.

7 Behrendt, a. a. O.

8 Lutz Koch, Rommel. Der »Wüstenfuchs«. Eine Biographie, hrsg. v. Adalbert v. Taysen, 2. Aufl. München 1979, S. 36.

9 Behrendt, a.a.O.

10 Ebd.

11 Rommel, Krieg ohne Haß, S. 27.

12 Ebd., S. 28.

13 v. Mellenthin, Panzer Battles 1939-1945, Cassell 1955.

14 Siehe z.B. »Rommel wie er wirklich war«, Deutsche Soldatenzeitung, September 1952.

15 Hanns Karl v. Esebeck, Afrikanische Schicksalsjahre. Geschichte des Deutschen Afrikakorps unter Rommel, 2. Aufl. Wiesbaden 1961.

12. Der »Seydlitz« des Panzerkorps

1   Behrendt, a.a.O.
2   Ebd.
3   Rommel, Krieg ohne Haß, S. 34 f.
4   Ebd. S. 48.
5   Behrendt, a.a.O.
6   An den Verfasser.
7   v. Schwerin, Interview, EPM 3
8   Behrendt, a.a.O.
9   Ebd.
10 Nigel Hamilton, Monty. Master of the Battlefield (Hamish Hamilton, 1983).
11 Behrendt, a.a.O.
12 F.H. Hinsley, British Intelligence in the Second World War, Bd. 2 (HMSO, 1981).
13 Behrendt, a.a.O.; v. Schwerin, Interview, EPM 3.
14 Luck, Gefangener, S. 148 ff.
15 Irving, Rommel, S. 130 f.
16 v. Schwerin, Interview, EPM 3.
17 IZM ED 100/175.
18 Behrendt, a.a.O.
19 Siehe Martin Gilbert, The Holocaust (Collins, 1986).
20 Balfour und Frisby, a.a.O.

13. »Panzergruppe Afrika«

1   Behrendt a.a.O.
2   Am 26. November 1941 erhielt sie die offizielle Bezeichnung »90. leichte Afrikadivision«.
3   Generaloberst (Franz) Halder, Kriegstagebuch, hrsg. v. Hans-Adolf Jacobsen, Bd. 3, Stuttgart 1964, S. 48.
4   v. Taysen, Interview, EPM 3.
5   IWM 14/542.
6   John Terraine, Right of the Line (Hodder & Stoughton, 1985).
7   Behrendt a.a.O.
8   21 Pz KTB, IWM GMDS 18572/2.
9   Tagebücher Rommel, EPM 9. (Diese Tagebücher wurden bei seiner Kampfstaffel oder auf dem Gefechtsstand geführt und berichten von den stündlichen Ereignissen.)
10   v. Mellenthin a.a.O.
11   v. Esebeck a.a.O.
12   IWM GMDS 18572/2.
13   IWM AL 897.
14   v. Mellenthin a.a.O.
15a IWM AL 897.
15b Fritz Bayerlein, in: Liddel Hart, a.a.O.
16   W.G.F. Jackson, The North Africa Campaign 1940-1943 (Batsford, 1975).

17 Behrendt a.a.O.
18 Siehe z. B. Generalmajor Freyberg, »The New Zealand Division in Cyrenaica« (offizieller Bericht).

14. »Rommel an der Spitze«

1   Behrendt a.a.O.
2   Ebd.; vgl. auch Kahn, Hitler's Spies.
3   Armbruster, Interview, EPM 1. Armbruster, ein halber Italiener, war Offizier in Rommels Stab und diente bei den meisten Konferenzen als Dolmetscher.
4   Am 22. Januar wurde die Panzergruppe Afrika zur »Panzerarmee Afrika« erhoben.
5   Behrend a.a.O.
6   Franz a.a.O.
7   Armbruster, Interview, EPM 1.
8   Bayerlein, in: Rommel, Krieg ohne Haß, S. 104.
9   BA-MA, N 117/2.
10 Hubatsch, Hitlers Weisungen, S. 130 f.
11 Rommel, Krieg ohne Haß, S. 390.
12 Koch, Rommel, S. 56 f.
13 Luck, Gefangener, S. 113.
14 Franz a.a.O.
15 Behrendt a.a.O.
16 Nach Erinnerung des Verfassers.
17 Siehe z.B. Reuth, Des Führers General.
18 IWM AL 2596.
19 Tagebücher Rommel EPM 9.
20 Neumann-Silkow war verwundet worden, Ravenstein während des Unternehmens »Crusader« in Gefangenschaft geraten und Sümmermann am 10. Dezember bei einem Fliegerangriff gefallen.
21 Rommels Ic v. Mellenthin hat nach dem Krieg behauptet, er habe die britische Kampfkraft unterschätzt, und sie sei später überschätzt worden. Rommel wußte, mit wie vielen Panzerbrigaden er es zu tun hatte, glaubte jedoch, die infanteristischen Kräfte des britischen XIII. Korps würden nur von einer und nicht von zwei Panzerbrigaden unterstützt. Sein Stab hatte eine vorn eingesetzte indische Brigade übersehen und an ihrer Stelle eine andere vermutet. Im großen und ganzen wurde die Feindstärke jedoch richtig eingeschätzt, und es fällt einem schwer, Mellenthin zuzustimmen, wenn er sagt, wenn Rommel alles gewußt hätte, dann hätte er vielleicht nicht angegriffen. Für die Schlacht, die er plante, waren die Unterschiede in der Beurteilung der Feindstärke nicht entscheidend, wenngleich er sich angesichts der Tatsache, daß der Feind über weitere 150 Panzer der Typen Matilda und Valentine verfügte, die Angelegenheit vielleicht doch noch einmal überlegt hätte. Vgl. v. Mellenthin a.a.O.; Behrendt a.a.O., Anlage 3.
22 KTB 90. leichte Division.
23 Mellenthin a.a.O.
24 Dazu ausführlich Carver, Dilemmas of the Desert War.

25 Hinsley a.a.O., Bd. 2, Anhang 16.
26 In diesem Fall mißtraute der Kommandeur der britischen 1. Panzerdivision (General Lumsden) den Fähigkeiten des Kommandeurs der 7. Panzerdivision (General Messervy).
27 Es waren südafrikanische Fahrzeuge, aber die britischen, südafrikanischen und indischen Kräfte kämpften gemeinsam in der britischen Armee, und deshalb verwenden wir grundsätzlich das Wort »britisch«, soweit es sich nicht um die Bezeichnung einzelner Truppenteile handelt.
28 Behrendt a.a.O.
29 Robin Edmonds, persönliche Mitteilung.
30 Man hatte fälschlicherweise angenommen, »Venezia« sei der Gesamtplan für die Gazala-Schlacht. Es war jedoch nur das Kennwort für einen Teil davon – die weite Umgehung von Bir Hacheim.

15. »Heia Safari«!

1 »Kein Operationsplan reicht mit einiger Sicherheit über das erste Zusammentreffen mit der feindlichen Hauptmacht hinaus.« Moltke, Über Strategie (1871), in: Kriegstheorie und Kriegsgeschichte. Carl v. Clausewitz. Helmuth v. Moltke [Schriften und Kommentar], hrsg. v. Reinhard Stumpf, Frankfurt/Main 1993, S. 430.
2 Armbruster, Interview, EPM 1.
3 v. Waldau, Tagebuch EPM 1.
4 Armbruster, Interview EPM 1; Tagebücher Rommel EPM 9.
5 Sir Edward Tomkin, persönliche Mitteilung.
6 Behrendt a.a.O.
7 Tomkin; siehe auch Louis Saurel, Rommel (Paris, 1967).
8 v. Waldau, Tagebuch EPM 1.
9 90. Leichte Division KTB, IWM AL 831.
10 Rommel Tagebücher, EPM 9.
11 Ebd.
12 Ebd.
13 Ebd.
14 Koch, Rommel, S. 70 f.
15 Ebd.
16 Koch, Rommel, S. 77. Hitler sagte es aber haßerfüllt.
17 BA-MA N 117/3.
18 Armbruster, EPM 1.

16. Das Ende vom Lied

1 DAK KTB, IWM AHB VII/87.
2 IWM AL 2596.
3 Armbruster, EPM 1.
4 IWM AL 2596.
5 Ebd.
6 Ebd.
7 Martin van Crefeld, Rommel's Supply Problem 1941-42, RUSI Journal, September 1974.

8   Rommel, Krieg ohne Haß, S. 200.
9   General Sir Alan Brooke, der spätere Feldmarschall Viscount
    Alanbrooke, Chef des Reichsgeneralstabes (d.h. des britischen Heeres),
    war der einzige militärische Vorgesetzte, den Montgomery verehrte.
10 Rommel Tagebücher.
11 Die Briten hatten den Deutschen eine falsche Einsatzkarte zugespielt,
    die vielleicht die Deutschen bei ihrer Entscheidung über die Stoßrich-
    tung beeinflußt hat.
12 Rommel Tagebücher.
13 Armbruster, EPM 1.
14 IWM AL 898/3.
15 Behrendt, a.a.O.
16 IWM AL 2596.
17 Esebeck, Schicksalsjahre, S. 128.
18 IWM AL 898/3.
19 IWM AL 1349/2.
20 Besprechungsnotiz, EPM 11.
21 Tagebuch Cavallero, EPM 2.
22 IWM AL 898/3.

17. Wasserscheide

1   Nach deutscher Zeit war es eine Stunde früher als nach britischer. Für
    die Briten begann der Feuerüberfall zu Beginn der Alameinschlacht um
    21.40 Uhr. Etwas irritierend war die Tatsache, daß die deutsche Zeit
    während der Schlacht Anfang November um eine Stunde vorgestellt
    wurde.
2   Behrendt, a.a.O.
3   Ebd.
4   IWM 2596.
5   Rommel Tagebücher, EPM 9.
6   Cavallero Tagebücher, EPM 2.
7   Ebd.
8   Westphal, Erinnerungen, S. 181.
9   Cavallero Tagebücher, EPM 2.
10 Ebd.
11 Behrendt, a.a.O.
12 Warning, Interview, EPM 3.
13 Kesselring, Soldat, S. 169.
14 Irving, Rommel, S. 298.
15 Constantin v. Neurath, Interview, EPM 3.
16 Cavallero Tagebücher, EPM 2.
17 Ebd.
18 Ebd.
19 Rommel, Krieg ohne Haß, S. 278 f.
20 Z.B. Hamilton a.a.O.
21a Rommel Tagebücher, EPM 9.
21b Franz, a.a.O.
21c Armbruster, EPM 1; Manfred Rommel, EPM 3.

22 Luck, Gefangener, S. 142 f., 152 f.
23 IWM AL 2596.
24 Besprechungsprotokoll, 22. und 24. November 1942, EPM 11.
25 Cavallero Tagebücher, EPM 2.
26 v. Neurath, EPM 3.
27 Rommel Tagebücher, EPM 9.
28 Koch, Rommel, S. 97.
29 Stahlberg, a.a.O.
30 IWM AL 1026.
31 Ebd.
32 Cavallero Tagebücher, EPM 2.
33 Vgl. z. B. Kriegstagebuch der 164. Division, 17. Januar 1943, IWM
    AL 881.
34 Cavallero Tagebücher, EPM 2.
35 Rommel Tagebücher, EPM 9.
36 Cavallero Tagebücher, EPM 2.
37 IWM AL 1026.
38 Cavallero Tagebücher, EPM 2.
39 IWM AL 2596.
40 Rommel Tagebücher, EPM 9.

18. Der Vorhang fällt

 1 IWM AL 2596.
 2 Rommel Tagebücher, EPM 9.
 3 IWM EAP 21-X-14/9.
 4 Rommel Tagebücher, EPM 9.
 5 Ebd.
 6 Ebd.
 7 Ebd.
 8 v. Luck, a.a.O.
 9 IWM AL 1025.
10 BA-MA, N 117/7.
11 Manfred Rommel, Interview, EPM 3.
12 Montgomery and the Eigth Army: Selected Papers of Field Marshal
    Viscount Montgomery, Document 35 (Bodley Head, for Army Records
    Society, 1991).
13 Esebeck, Schicksaljahre.
14 Ebd.
15 Streich, Vortrag, EPM 3.
16 Westphal, a.a.O.
17 Vgl. z.B. Heckmann, Rommels Krieg in Afrika, Bergisch Gladbach
    1976).
18 Westphal, a.a.O.
19 BA-MA, N 117/21.
20 Ebd.

19. Die Höhensonne

1 Zu dieser Zeit standen 38 deutsche Divisionen im Westen, 15 in Skandinavien und 20 im Mittelmeerraum, davon 14 auf dem Balkan. Vgl. Albert Seaton, The Russo-German War 1941-45 (Arthur Barker, 1971).
2 Cooper a.a.O.
3 BA-MA, N 117/4.
4 Liddell Hart a.a.O.
5 Rommel Tagebücher, EPM 11.
6 Stahlberg a.a.O. (deutsche Ausgabe).
7 Rommel Papers; Manfred Rommel, »Betrachtungen über das Jahrhundert 1891-1991«, Stuttgarter Zeitung, 1991.
8 Liddell Hart a.a.O.
9 Rommel Tagebücher, EPM 11.
10 Koch, Rommel, S. 126, 132.
11 Liddell Hart a.a.O.
12 Stahlberg a.a.O.
13 Rommel Tagebücher, EPM 11.
14 NAW T 311/276.
15 Ebd.
16 NAW T 77/792.
17 Rommel Tagebücher, EPM 11.
18 Ebd.
19 Liddell Hart a.a.O.
20 Goebbels, Tagebücher, 27. Juli 1943 (übersetzt von Louis Lochner, Hamish Hamilton, 1948).
21 Rommel Tagebücher, EPM 11.
22 Ebd.
23 Rommel Tagebücher, EPM 11.
24 NAW T 311/276.
25 NAW T 311/276.
26 Siehe z. B. Fraser a.a.O.
27 Koch, Rommel, S. 144.
28 NAW T 311/276.
29 Koch, Rommel, S. 150.
30 Ebd., S. 140 ff.
31 Manfred Rommel, Interview, EPM 3.
32 Franz a.a.O.
33 NAW T 311/276.
34 Koch a.a.O.
35 Franz a.a.O.
36 v. Tempelhoff, Interview, EPM 3.

20. Invasion

1 Luck, Gefangener, S. 185 f.
2 Liddell Hart a.a.O.
3 Friedrich Ruge, Rommel und die Invasion, Stuttgart 1959.
4 IWM AL 2596.

5   v. Tempelhoff, Interview, EPM 3.
6   Generaloberst Hans v. Salmuth, Erinnerungen, EPM 4.
7   Ebd.
8a v. Esebeck, IWM AL 1579.
8b Trevor-Roper (Hrsg.), Hitler's War Directives, a.a.O.
8c Ruge, a.a.O.
8d von Salmuth, EPM 4.
9   Warning, Interview, EPM 3.
10 Koch, Rommel, S. 161.
11 Die Ansichten Geyr v. Schweppenburgs über die vorläufige Kräftever-
    teilung und den Verlauf des Feldzuges sind ausführlich erläutert in dem
    Bericht der Panzergruppe West, NAW MS B466, und in einem Inter-
    view, NAW MS ETHINT 13. Seine Ansichten sind auch in Artikeln in:
    An Cosantoir (Bde. IX und X, 1949-50) und anderen Zeitschriften ent-
    halten und finden sich auch bei Guderian a.a.O.
12 Ruge a.a.O.
13 BA-MA, N 117/22.
14 BA-MA, N 117/22.
15 IWM EAP 21-X-14/9.
16 BA-MA, N 117/22.
17 Geyr v. Schweppenburg, siehe Fußnote 11 oben.
18 Ruge a.a.O.
19 IWM AL 510/1/3.
20 NAW MS B 466
21 Geyr von Schweppenburg, a.a.O.
22 IWM AL 2596.
23 Rommel Tagebücher EPM 11.
24 Tempelhoff, EPM 3.
25 Ruge, a.a.O.
26 Staubwasser, Interview, EPM 3.
27 BA-MA, N 117/22.
28 EPM 11. Ruge hat auch einen genauen Bericht über die täglichen Be-
    wegungen und Probleme verfaßt. Siehe Ruge a.a.O.
29 Ruge, a.a.O.
30 BA-MA, N 117/22.
31 Rommel Tagebücher, EPM 11.
32 BA-MA, N 117/22.
33 Rommel Tagebücher, EPM 11.
34 IWM AL 2596.
35 Koch a.a.O.
36 IZM, ED 100/175
37 BA-MA, N 117/22.
38 Rommel Tagebücher, EPM 11; siehe z.B. 17 Mai 1944.
39 George Lane, persönliche Mitteilung. Lane wurde später mit dem Mili-
    tary Cross für Tapferkeit ausgezeichnet.
40 Richard Lamb, The Ghosts of Peace (Michael Russell, 1987).
41 Vgl. z. B. H. B. Gisevius, Bis zum bitteren Ende, Zürich 1946.
42 Siehe z. B. Wheeler-Bennett, a.a.O.
43 Terence Prittie, Germans Against Hitler (Hutchinson, 1964).
44 Ebd.
45 Vgl. Gisevius, a.a.O.

21. Die letzte Schlacht

1 Siehe Carlo d'Este, Decision in Normandy (Collins, 1983).
2 »Aufzeichnungen über die Nichtalarmierung der Siebenten Armee am 6. Juni 1944«, EPM 3.
3 General Siegfried Westphal, schriftliche Unterlagen von Liddell Hart, King's College, London, zitiert in d'Este a.a.O.; siehe auch Saurel a.a.O.
4 Siehe 20. Kapitel, Anmerkung 15 oben.
5 Ebd.
6 BA-MA, N 117/22.
7 Ebd.
8 Ebd.
9 Ebd.
10 BA-MA, N 117/22.
11 BA-MA, N 117/23.
12 Koch a.a.O.
13 Aussage von Jodl vor dem Internationalen Militärgericht, Nürnberg.
14 Wolfram, Interview, EPM 3
15 Ebd.
16 Ebd.
17 BA-MA, N 117/23.
18 Wolfram, Interview, EPM 3.
19 Ruge a.a.O.
20 NAW MS B 466.
21 BA-MA, N 117/23.
22 Ebd.
23 Ebd.
24 General v. Lüttwitz, zitiert in: Flower und Reeves (Hrsg.), The War (Cassell, 1960)
25 BA-MA, N 117/23.
26 Ruge a.a.O.
27 Lattmann, Interview, EPM 3.
28 Westphal, Interview, EPM 3.
29 Manfred Rommel.
30 Betrachtungen, 3. Juli 1944. Kopie im Besitz des Verfassers.
31 Heeresgruppe B, Betrachtungen zur Lage, 15. Juli 1944. Kopie im Besitz des Verfassers.
32 Freiherr v. dem Bussche-Streithorst, persönliche Mitteilung
33 HQ SAS Operationsanweisung 32. Kopie mit dazugehörigen Funksprüchen, EPM 3.

22. »Für die Ehre Deutschlands«

1 Pierre Galante mit Eugene Silianoff, Operation Valkyrie (Harper & Row, 1981).
2 Der Austausch von Nachrichten zwischen Rastenburg und Berlin wird ausführlich besprochen in: Peter Hoffmann, Widerstand, Staatsstreich, Attentat, 2. Aufl. München 1971, S. 478 ff. Die zweite Nachricht kam augenscheinlich über General Fellgiebel von Rastenburg. Diese Nachrichtenverbindung wurde nie ganz unterbrochen.

3 Tempelhoff, EPM 3.
4 Dummler, Interview, EPM 3. Dr. Dummler, ein Reserveoffizier, führte das Kriegstagebuch der Heeresgruppe B.
5 Remer, Meldung vom 22. Juli 1944, NAW T 84/21.
6 Hagen, Bericht, NAW T 84/19.
7 NAW T 84/21.
8 Bericht Remer, NAW T 84/21.
9 Bericht Hagen, NAW T 84/19.
10 Bericht von Walter Bargatzky, eines Verschwörers in der Militärverwaltung Paris, EPM 4.
11 Bargatzky, EPM 4.
12 Ebd.
13 Tempelhoff, EPM 3.
14 Bargatzky, EPM 4.
15 Fromm wurde am 7. März 1945 vom Volksgerichtshof selbst zum Tod verurteilt. Das Gericht stellte fest, daß er am 20. Juli nur gehandelt habe, um seine eigene Haut zu retten, nicht aber aus Überzeugung. Bis dahin habe er den gleichen Defätismus gezeigt wie die Verschwörer. Nach einer Zeugenaussage hatte er am 3. Juli gesagt, es wäre das beste, wenn sich der Führer das Leben nähme. Das genügte. Vgl. Kaltenbrunners Berichte an Bormann, NAW T 84/19/20/21.
16a Zuerst veröffentlicht als »Spiegelbild einer Verschwörung«, Stuttgart 1961, 2. Aufl. 1984.
16b NAW T 84/21.
17 Lattmann, EPM 3.
18 Liddell Hart a.a.O.
19 Ruge a.a.O.
20 Lattmann, EPM 3.
21 Kurt Hesse, Interview, EPM 3.
22 v. Mellenthin a.a.O.
23 IWM AL 1579.
24 Loistl, Interview, EPM 3.
25 Aussage von Jodl vor dem Internationalen Militärgericht, Nürnberg
26 Goerdelers erste Vernehmung, NAW T 84/21.
27 NAW T 84/21.
28 Manfred Rommel, Brief, EPM 4.
29 Siehe z.B. Major Streicher, Loistl, Manfred Rommel, Interviews, EPM 3.
30 IZM ED 100/176.
31 Manfred Rommel.
32 Manfred Rommel, EPM 3.
33 Lucie Rommel, EPM 4.
34 Young a.a.O.
35 Liddell Hart a.a.O.
36 Major Streicher, EPM 3.
37 Young a.a.O.

23. Was wußte Rommel?

1   Siehe 18. Kapitel.
2   Young, Rommel, S. 262 ff.
3   Ebd.
4   Die Waffen-SS, die unter dem Befehl der Wehrmacht kämpfenden mi-
    litärischen Verbände der SS, hatten nichts mit den anderen Organisatio-
    nen der SS wie etwa den »Einsatzgruppen« zu tun, die für die Massen-
    morde in den deutsch besetzten Ostgebieten eingesetzt wurden. Gele-
    gentlich hat man auch der Waffen-SS solche Verbrechen vorgeworfen,
    manchmal mit Recht, aber nicht immer. Im großen und ganzen waren
    die Angehörigen der Waffen-SS tapfere und tüchtige Soldaten. Trotz-
    dem gab es manchmal ein Fragezeichen in Bezug auf ihre Loyalität geg-
    nüber dem Heer. Zu jener Zeit dienten fast eine Million Männer in den
    38 Divisionen der Waffen-SS.
5   Manfred Rommel, Interview, EPM 3.
6   Koch, Rommel, S. 167.
7   Schwerin, Interview, EPM 3.
8   Hans Speidel, Invasion 1944, 3 Aufl. Tübingen, Stuttgart 1950, S. 81 ff.
9   Rommel Tagebücher, EPM 11.
10 Speidel, Invasion, a.a.O.
11 Ruge in: An Cosantoir (Bd. XI, 1951), hier werden auch die Generäle
    Blumentritt und Zimmermann zitiert.
12 Siehe 21. Kapitel, Lattmann, Warning u.a.
13 Manfred Rommel, Interview, EPM 3.
14 Manfred Rommel.
15 Frau Lucie Rommel, EPM 4.
16 Staubwasser, Interview, EPM 3.
17 »Bericht des Barons v. Teichmann«, EPM 4.
18 Speidel, Interview, EPM 3.
19 SS-Obersturmbannführer Dr. Georg Kiessel, Verhör, EPM 4.
20 Gotthard Freiherr v. Falkenhausen, EPM 4.
21 Bericht eines Mitglieds des Ehrengerichts, des Generals Kirchheim. Der
    Ehrenhof begnügte sich offenbar damit, seine Urteile auf Berichte (zum
    großen Teil »Geständnisse«) zu stützen, die ihm von Kaltenbrunner vor-
    gelegt wurden, ohne selbst die Hauptbeschuldigten anzuhören. Kirch-
    heims Nachkriegsbericht wurde als zutreffend von Guderian gegenge-
    zeichnet. Siehe: »Dokumente zur Ehrengerichtsverhandlung gegen
    Speidel, 4. 10. 44«, EPM 4.
22 Kiessel, EPM 4.
23 Siehe Fußnote 20 oben.
24 Dr. Horst, Interview, EPM 3.
25 NAW T 84/19.
26 Hoffmann, Widerstand, S. 418.
27 NAW T 84/20.
28 Keitel, Vernehmungsbericht, 28. September 1945, EPM 4.
29 Ebd.
30 Speidel, EPM 4.
31 Cäsar v. Hofacker wurde ebenso wie Stülpnagel und andere Ende Au-
    gust zum Tode verurteilt, aber erst im Dezember hingerichtet.

32 Bargatzky, EPM 4.
33 Zeugenaussage Jodls vor dem Internationalen Militärgerichtshof in Nürnberg am 2. Oktober 1945.
34 Zeugenausage Gisevius' in Nürnberg, IMT, Bd. 12.
35 CSDIC (UK), Bericht GRGG 1347, 19. August 1945, EPM 4.
36 NAW T 84/20.
37 Loistl, Interview, EPM 3.
38 Keitel, Verhör, EPM 4.
39 Aussage Jodl, s. Anm. 33.
40 Ebd.
41 Keitel, EPM 4.
42 Loistl, Interview, EPM 3.
43 Zit. nach Fest, Staatsstreich, S. 314.
44 Rommels Name erscheint nicht in den (häufig ergänzten) Listen und Organisationstabellen für eine nach der Absetzung Hitlers zu bildende deutsche Regierung unter Goerdeler. Siehe Hoffmann, Widerstand, S. 435; Prittie a.a.O. und zahlreiche Vernehmungsprotokolle, NAW T 84/20). Einige Zeitzeugen (z.B. Koch, Rommel) behaupten, Rommel sei schon 1943 gefragt worden, ob er einen führenden Posten in einer neuen Regierung übernehmen wolle, habe das aber abgelehnt mit der Begründung, er verstünde nichts von Politik. Das klingt glaubwürdig, aber zweifellos haben sich schon damals Menschen, die mit den Verhältnissen unzufrieden waren, über solche Möglichkeiten Gedanken gemacht. Das hat allerdings mit einer Verschwörung oder mit einem Attentat noch nichts zu tun.
45 »Bericht über den Tod des Generalfeldmarschalls Erwin Rommel von Frau Lucie-Maria Rommel«, EPM 4.
46 Manfred Rommel, Erklärung vom 27. April 1945, EPM 4.
47 Manfred Rommel, Brief vom 13. November 1974, EPM 4.

24. Ein unvermeidliches Ende

1   Funkspruch OKW vom 17. Oktober 1944, NAW T 84/277.
2   OKH-Befehl vom 20. Oktober 1944, NAW T 84/277.
3   »Bericht über den Tod des Generalfeldmarschalls Erwin Rommel von Frau Lucy-Maria Rommel«, EPM 4.
4   Siehe Keitel, Jodl, EPM 4.
5   Siehe Kapitel 23.
6   Manfred Rommel, Interview, EPM 3.
7   Speidel, EPM 4.
8   Major Ehrnsperger, EPM 3. Ehrnsperger hat die Generäle Burgdorf und Maisel nach Herrlingen begleitet.
9   z. B. Young, Rommel.
10 z. B. Heckmann, Rommels Krieg; Macksey, Rommel.
11 Rommel, Krieg ohne Haß; The Rommel Papers.
12 z. B. Reuth, Des Führers General.
13 Fernsehinterview.
14 Speidel, EPM 4.
15 Siehe Kapitel 18.

Bibliographie

Michael Balfour und Julian Frisby, Helmuth von Moltke (Macmillan, 1972)
Corelli Barnett, Wüstengenerale, Hannover 1961, Neudr. Herrsching ca. 1981.
Ders. (Hrsg.), Hitler's Generals (Weidenfeld & Nicolson, 1989).
Ders., Engage the Enemy More Closely (Hodder & Stoughton, 1991).
Fritz Bayerlein, »El Alamein«, in: The Fatal Decisions (Michael Joseph, 1956).
Hans-Otto Behrend, Rommels Kenntnis vom Feind im Afrikafeldzug, Freiburg 1980.
Ralph Bennett, ULTRA in the West (Hutchinson, 1979).
Martin Blumenson, Rommel's Last Victory (Allen & Unwin, 1968).
Brian Bond, France and Belgium 1939 - 1940 (Davis-Poynter, 1975).
Stephen Brooks, (Hrsg.) Montgomery and the Eighth Army (Army Records Society and Bodley Head, 1991).
Alan Bullock, Hitler und Stalin, Berlin 1991.
Francis L. Carsten, Reichswehr und Politik 1918—1933, 3. Aufl. Köln, Berlin 1966.
Michael Carver, El Alamein (Batsford, 1962).
Ders., Tobruk (Batsford, 1962).
Ders., Dilemmas of the Desert War (Batsford, 1986).
Alun Chalfont, Montgomery. Rommels Gegenspieler, Wiesbaden, München 1977.
Matthew Cooper, The German Army, 1933-45 (Macdonald & Janes, 1978).
Richard Cox, Operation Sealion (Thornton Cox, 1974).
Gordon A. Craig, Die preußisch-deutsche Armee 1640—1945, Düsseldorf 1960, Neudr. 1980.
Karl Demeter, Das deutsche Offizierkorps in Gesellschaft und Staat 1650—1945, 2. Aufl. Frankfurt a. M. 1965.
Carlo D'Este, Decision in Normandy (Collins, 1983).
Charles Douglas-Home, Rommel (Weidenfeld & Nicolson, 1974).
David Eisenhower, Eisenhower at War (Collins, 1986)
Gebhardt Engel, Heeresadjutant bei Hitler 1938—1943, hrsg. v. Hildegard von Kotze, Stuttgart 1974.
R.C.K. Ensor, England, 1870-1914 (Clarendon Press, 1936).
Hanns Gert von Esebeck, Afrikanische Schicksalsjahre. Geschichte des Deutschen Afrika-Korps unter Rommel, 3. Aufl. Wiesbaden 1961.
Joachim C. Fest, Hitler, Eine Biographie, Frankfurt a. M., Berlin, Wien 1973.
Pierre Galante (mit Eugene Silanoff), Operation Valkyrie (Harper & Row, 1981)
Leo Freiherr Geyr v. Schweppenburg, The Critical Years (Allen Wingate, 1952)

Martin Gilbert, The Holocaust (Collins, 1986).

Hans Berndt Gisevius, Bis zum bitteren Ende, Zürich 1950.

Joseph Goebbels (übersetzt von Taylor), Diaries 1939-41 (Hamish Hamilton, 1982).

Ders., Tagebücher aus den Jahren 1942—1943, hrsg. v. Louis P. Lochner, Zürich 1948.

Walter Görlitz, Kleine Geschichte des deutschen Generalstabes, 2. Aufl. Berlin 1977.

Heinz Guderian, Erinnerungen eines Soldaten, Heidelberg 1951.

Franz Halder, Kriegstagebuch, hrsg. v. Hans-Adolf Jacobsen, Stuttgart 1962-64.

Nigel Hamilton, Monty (Hamish Hamilton, 3 Bde., 1981-86).

Max Hastings, Overlord (Michael Joseph, 1984).

Wolf Heckmann, Rommels Krieg in Afrika, Bergisch Gladbach 1976.

Klaus Hildebrand, Das Dritte Reich, München, Wien 1979.

F.H. Hinsley, British Intelligence in the Second World War (4 Bde., HMSO, London 1979—1988).

Peter Hoffmann, Widerstand, Staatsstreich, Attentat. Der Kampf der Opposition gegen Hitler, 2. Aufl. München 1971.

Alistair Horne, To Lose a Battle (Macmillan, 1969).

Walher Hubatsch, Hitlers Weisungen für die Kriegsführung 1939—1945, 2. Aufl. Koblenz 1983.

David Hunt, A Don at War (William Kimber, 1966).

David Irving, Hitlers Krieg, 2 Bde. München, Berlin 1983.

Ders., Rommel. Eine Biographie, Hamburg 1978.

William Jackson, The North African Campaign 1940-43 (Batsford, 1975).

Ders., Overlord, Normandy 1944 (Davis-Poynt, 1978).

David Kahn, Hitler's Spies (Hodder & Stoughton, 1978).

John Keegan, The Mask of Command (Jonathan Cape, 1987).

Albert Kesselring, Soldat bis zum letzten Tag, Bonn 1953.

Lutz Koch, Rommel. Der »Wüstenfuchs«. Eine Biographie, hrsg. v. Adalbert v. Taysen, 2. Aufl. München 1979.

Richard Lamb, Montgomery in Europe (Buchan & Enright, 1983).

Ders., The Ghosts of Peace (Michael Russel, 1987).

Ronald Lewin, Rommel, 2. Aufl. Stuttgart, Berlin, Köln, Mainz 1970.

Ders., The Life and Death of the Afrika Korps (Batsford, 1977).

Ders., ULTRA Goes to War (Hutchinson, 1978).

Donald Lindsay, Forgotten General (Michael Russel, 1987).

Basil H. Liddell Hart (Hrsg.) The Rommel Papers (Collins, 1953).

Ders., Geschichte des Zweiten Weltkrieges, 2 Bde. Düsseldorf, Wien 1972.

Hans v. Luck, Gefangener meiner Zeit. Ein Stück Weges mit Rommel, Herford, Bonn 1991.

Erich Ludendorff, Meine Kriegserinnerungen, Berlin 1919.

Alexander Mackee, Caen (Souvenir Press, 1964).

Kenneth Macksey, Rommel. Schlachten und Feldzüge, Stuttgart 1982.

Ders., Guderian (Macdonald & Janes, 1975).

Erich v. Manstein, Verlorene Siege, Bonn 1955.

Hasso v. Manteuffel, Die 7. Panzer Division im Zweiten Weltkrieg, Köln 1965.

Friedrich-Wilhelm v. Mellenthin, Panzer Battles (Cassell, 1955).

Bernard L. Montgomery of Alamein, Memoiren, München 1958.

Jacques Mordal, Rommel (Paris, 1973).

Robert O'Neill, The German Army and the Nazi Party (Cassell, 1966).

Richard Overy, The Road to War (Macmillan, 1990).

Barrie Pitt, The Crucible of War (Jonathan Cape, 1980).

Terence Prittie, Germans Against Hitler (Hutchinson, 1964).

Ralf Georg Reuth, Des Führers General, München, 1987.

Erwin Rommel, Infanterie greift an. Erlebnis und Erfahrung, 5. Aufl. Potsdam 1938.

Erwin Rommel, Krieg ohne Haß, hrsg. v. Lucie-Maria Rommel u. Fritz Bayerlein, 3. Aufl. Heidenheim/Brenz 1956 (auch in: Liddell Hart, The Rommel Papers, s.d.).

Friedrich Ruge, »The Invasion of Normandy«, in: Decisive Battles of World War II (Putnam, 1965).

Ders., Rommel und die Invasion. Erinnerungen, Tübingen 1949.

Louis Saurel, Rommel (Paris 1967).

H.W. Schmidt, With Rommel in the Desert (Harrap, 1951).

Albert Seaton, Der russisch-deutsche Krieg 1941−1945, hg. v. Andreas Hillgruber, Frankfurt a. M. 1973.

Ders., The German Army 1939-45 (Weidenfeld & Nicolson, 1982).

Frido v. Senger und Etterlin, Krieg in Europa, Köln, Berlin 1960.

Albert Speer, Erinnerungen, Frankfurt a. M. 1969.

Hans Speidel, Invasion 1944. Ein Beitrag zu Rommels und des Reiches Schicksal, 3. Aufl. Tübingen, Stuttgart 1950.

Spiegelbild einer Verschwörung, hrsg. v. Hans-Adolf Jacobsen, 2 Bde., 2. Aufl. Stuttgart 1984.

Alexander Stahlberg, Die verdammte Pflicht. Erinnerungen 1932 bis 1945, Berlin, Frakfurt a. M. 1987.

John Strawson, The Battle for North Africa (Batsford, 1969).

Ders., Alamein (Dent, 1981).

Christopher Sykes, Troubled Loyalty (Collins, 1968).

A.J.P. Taylor, Die Ursprünge des Zweiten Weltkrieges, 2. Aufl. Gütersloh 1962.

John Terraine, Right of the Line (Hodder & Stoughton, 1985).

Walter Warlimont, Im Hauptquartier der deutschen Wehrmacht 1939−1945, Frankfurt a. M. 1962.

Siegfried Westphal, Kommentar in: The Fatal Decisions (Michael Joseph, 1956).

Ders., Erinnerungen, 2. Aufl. Mainz 1975.

John Wheeler-Bennett, Die Nemesis der Macht. Die deutsche Armee in der Politik 1918−1945, Düsseldorf 1954.

Ders., Hindenburg − The Wooden Titan (Macmillan, 1936).

Chester Wilmot, The Struggle for Europe (Collins, 1952).

Elizabeth Wiskemann (Hg.), The Anatomy of the SS State (Collins, 1968).

Desmond Young, Rommel, Wiesbaden 1950.

Zeittafel

15. November 1891: Erwin Eugen Johannes Rommel in Heidenheim/Württemberg geboren

19. Juli 1910: Fahnenjunker im Infanterieregiment König Wilhelm I. (6. Württembergisches) Nr. 124 in Weingarten

15. März 1911: Zur Kriegsschule in Danzig kommandiert (bis 25. 11.)

27. Januar 1912: Zum Leutnant befördert

1. März 1914–31. Juli 1914: Kommandiert zum Feldartillerieregiment 49

1. August 1914: Truppendienst beim Infanterieregiment 124

21. August 1914–September 1914: Teilnahme an den Kämpfen von Longwy-Longuyon, an der Maas und westlich von Verdun, Zugführer

2. September 1914: Bataillonsadjutant im II. Bataillon seines Regiments

24. September 1914: An der Hüfte verwundet, Lazarettaufenthalt, Ende September Eisernes Kreuz II. Klasse

13. Januar 1915: Kompanieführer 9./IR 124, Argonnen

29. Januar 1915: Stoßtruppunternehmen gegen feindliche Stellung in den Argonnen, Eisernes Kreuz I. Klasse

Juni 1915: Großangriff in den Argonnen

August 1915: Am Bein verwundet

18. September 1915: Oberleutnant

4. Oktober 1915: Versetzung zum Württembergischen Gebirgsbataillon als Kompanieführer

29. Dezember 1915: Teilnahme an den Kämpfen des Gebirgsbataillons in den Hochvogesen

Mitte Oktober 1916: An die rumänische Front verlegt

27. November 1916: Heirat mit Lucia (Lucie) Maria Mollin in Danzig

6. Dezember 1916: Bukarest wird von den Deutschen eingenommen

7. Januar 1917: Angriff gegen Gagesti

Anfang 1917–Juli 1917: In die Vogesen verlegt, Kämpfe am Hilsenfirst

August 1917–Oktober 1917: Das Gebirgsbataillon kehrt nach Rumänien zurück. Einsatz an der Front am Berg Cosna

August 1917: Am linken Unterarm verwundet

19. August 1917: Der Cosna wird genommen

Oktober 1917: Mit dem Gebirgsbataillon nach Italien an die Isonzo-Front (Julische Alpen) verlegt

24. Oktober 1917: Deutscher Angriff auf den Monte Matajur

26. Oktober 1917: Der Matajur wird genommen

17. Oktober–November 1917: Vormarsch zur Piave

10. November 1917: Einnahme von Longarone

10. Dezember 1917: Rommel wird mit dem Orden »Pour le Mérite« ausgezeichnet

11. Januar 1918: Zum Generalkommando z.b.V. 64 an der Westfront versetzt, Ordonnanzoffizier (Juli-Anfang September zu Landwehr- und Landsturmtruppen kommandiert)

18. Oktober 1918: Hauptmann

11. November 1918: Waffenstillstand an der Westfront

21. Dezember 1918: Zum Infanterieregiment 124 zurückversetzt

21. März 1919: Sicherheitskompanie Friedrichshafen

25. Juni 1919: Kompanieführer im Reichswehr-Schützenregiment

18. Oktober 1919: Neu vereidigt

1. Januar 1921: Als Kompanieführer im 13. (Württembergischen) Infanterieregiment

Dezember 1921—September 1924: Chef der Maschinengewehrkompanie

Dezember 1928: Manfred Rommel geboren

September 1929—September 1933: Lehrer an der Infanterieschule in Dresden

1. April 1932: Major

30. Januar 1933: Adolf Hitler wird Reichskanzler

1. Oktober 1933: Kommandeur des III. (Jäger-)Bataillons des Infanterieregiments 17 in Goslar. Oberstleutnant

30. Juni 1934: Röhmputsch

2. August 1934: Tod Hindenburgs. Neuvereidigung der Wehrmacht auf Adolf Hitler

September 1934: Rommel trifft zum ersten Mal mit Hitler zusammen

16. März 1935: Wiedereinführung der allgemeinen Wehrpflicht

15. Oktober 1935: Lehrgangsleiter an der Kriegsschule in Potsdam

September 1936: Kommandiert zum militärischen Begleitkommando Hitlers beim Reichsparteitag in Nürnberg

21. Februar 1937: Verbindungsoffizier der Wehrmacht zum Reichsjugendführer (Nebenamt, bis 31. 8. 1938)

1937: Das Buch »Infanterie greift an« wird veröffentlicht

1. Oktober 1937: Oberst

Oktober 1938: Kommandant des Führerhauptquartiers bei der Besetzung des Sudetenlands (Mob.-Stelle)

10. November 1938: Kommandeur der Kriegsschule Wiener Neustadt

März 1939: Kommandant des Führerhauptquartiers beim Einmarsch in Böhmen, Mähren und dem Memelland (Mob.-Stelle)

1. August 1939: Generalmajor

23. August 1939: Kommandant des Führerhauptquartiers

15. Februar 1940: Kommandeur der 7. Panzerdivision im Frankreichfeldzug

26. Mai 1940: Ritterkreuz des Eisernen Kreuzes

9 Februar 1941: Generalleutnant

27. Februar 1941: Befehlshaber der deutschen Truppen in Libyen (Deutsches Afrikakorps)

12. Februar 1941: Ankunft in Tripolis

März 1941—April 1941: Erste Offensive in der Cyrenaika. Erster Angriff gegen Tobruk

20. März 1941: Ritterkreuz mit Eichenlaub

1. Juli 1941: General der Panzertruppe

1. September 1941: Befehlhaber der Panzergruppe Afrika

18. November 1941: Britische Offensive nach Libyen (Operation Crusader). Rommels Rückzug durch die Cyrenaika

20. Januar 1942: Ritterkreuz mit Eichenlaub und Schwertern

21.—29. Januar 1942: Zweite Cyrenaika-Offensive

22. Januar 1942: Oberbefehlshaber der Panzerarmee Afrika

1. Februar 1942: Generaloberst

26. Mai 1942—20. Juni 1942: Gazala-Offensive

21. Juni 1942: Eroberung von Tobruk

22. Juni 1942: Generalfeldmarschall

21. Juni 1942—1. Juli 1942: Vormarsch nach El Alamein/Ägypten

1.—26. Juli 1942: Erste Schlacht bei El Alamein

15. August 1942: Montgomery wird Oberbefehlshaber der britischen 8. Armee

30. August 1942—2. September 1942: Schlacht von Alam Halfa.

19. September 1942: Rommel zum Genesungsurlaub nach Deutschland. General der Panzertruppe Stumme führt in Vertretung Rommels die Panzerarmee Afrika.

30. September 1942: Rommel im Berliner Sportpalast.

23. Oktober 1942: Beginn der britischen Offensive bei El Alamein

25. Oktober 1942: Rommel kehrt nach Afrika zurück

3. November 1942: Haltebefehl Hitlers

4. November 1942: Druchbruch Montgomerys bei El Alamein, Beginn des Rückzugs der Panzerarmee

8. November 1942: Britische und amerikanische Streitkräfte landen in Französisch-Nordafrika (Operation »Torch«)

14. Februar 1943: Deutsch-italienische Operationen im Süden Tunesiens

19.—21. Februar 1943: Schlacht am Kasserine-Paß.

23. Februar 1943: Oberbefehlshaber der Heeresgruppe Afrika

6. März 1943: Rommel verläßt Afrika

10. Juli 1943: Angloamerikanische Landung in Sizilien (Operation »Husky«)

15. Juli 1943: Oberbefehlshaber der Heeresgruppe B

25. Juli 1943: Mussolini wird vom Faschistischen Großrat abgesetzt

15. August 1943: Heeresgruppe B in Norditalien

9. September 1943: Angloamerikanische Landung bei Salerno, Entwaffnung der italienischen Streitkräfte (Fall »Achse«)

21. November 1943: Heeresgruppe B nach Frankreich verlegt, Rommel zugleich Inspekteur des Atlantikwalls

6. Juni 1944: Invasion

6. Juni 1944—15. August 1944: Schlacht in der Normandie.

17. Juli 1944: Rommel bei einem Tieffliegerangriff bei Vimoutiers schwer verwundet. Lazarett, Genesungsurlaub in Herrlingen bei Ulm

20. Juli 1944: Attentat des Obersten i. G. Graf Stauffenberg auf Hitler im Führerhauptquartier »Wolfsschanze« bei Rastenburg, Ostpreußen

August 1944: Durchbruch an der Normandiefront. Deutscher Rückzug

4. September 1944: In die Führerreserve versetzt

7. Oktober 1944: Rommel erhält den Befehl, sich in Berlin zu melden

14. Oktober 1944: Die Generale Burgdorf und Maisel besuchen Rommel in Herrlingen: Selbstmord Rommels

18. Oktober 1944: Staatsbegräbnis in Ulm.

(Quelle: Personalnachweis Erwin Rommel, BA-MA, Pers. 6/15)

Register

Abbildungsverzeichnis